조선시대 불교계 고승과 비구니

황 인 규

동국대학교에서 역사교육과 불교문화를 공부하여 문학박사 학위를 취득했다. 현재 동국대학교 역사교육과 교수로 재직하고 있으며, 한국 중세사와 불교교육 및 문화사상사에 관심을 갖고 연구하고 있다.

학술저서로는『무학대사연구-여말선초 불교계의 혁신과 대응』(혜안, 1999),『고려후기·조선초 불교사 연구』(혜안, 2003),『고려말·조선전기 불교계와 고승연구』(혜안, 2005),『고려시대 불교계와 불교문화』(국학자료원, 2011) 등이 있다. 교양서로는『마지막 왕사 무학대사』(밀알, 2000),『다시 보는 한국의 고승』(민창, 2005)이, 공저서로『조계종사-고중세편』(조계종, 2004),『천태종사』(천태종, 2010) 등이 있다.

조선시대 불교계 고승과 비구니

황 인 규 지음

2011년 11월 7일 초판 1쇄 발행

펴낸이 | 오일주
펴낸곳 | 도서출판 혜안

등록번호 | 제22-471호
등록일자 | 1993년 7월 30일

⑨ 121-836 서울시 마포구 서교동 326-26번지 102호
전화 | 3141-3711~2 / 팩시밀리 | 3141-3710
E-Mail hyeanpub@hanmail.net

ISBN 978-89-8494-434-3 93220

값 32,000 원

조선시대 불교계 고승과 비구니

황 인 규 지음

혜안

책머리에

조선왕조는 유교문화만이 존재했던 것처럼 아는 경우가 적지 않다. 심지어 우리 역사 5천년이 모두 그렇게 살았던 것처럼 오해하는 경우도 있으나, 그러한 시기는 17세기 이후에나 해당된다. 또한 조선왕조의 건국과 더불어 불교에서 유교로 교체되어갔다. 이에 불교는 침체되어 사찰은 산중에서 그 명맥을 이어갔으며, 승려들은 천민으로 전락되었다고 알려지기도 하였다.

과연 그러했을까?

한국 역사상 불교를 가장 큰 규모로 탄압했던 시기는 조선왕조의 기틀을 세운 태종과 세종대이다. 태종은 불교를 고려말의 1/10 규모로 축소시켜 그 이전의 시대에 비해 매우 침체되었다. 하지만 조선불교의 규모나 위상은 오늘날의 것에 비교한다면 결코 작지 않았다. 성종대 유생의 상소에 의하면, 양종에 소속한 사찰이 9,500여 소에 달하고 승려가 10만 5~6천 인이라고 하였을 정도다. 실록에 조선전기 서울에 거주하는 승려는 양반 출신이었다거나, 승려의 열전이라고 할 『동사열전』에 208명의 고승전기가 실려있는데 그중 183명이 조선의 고승이다.

본서는 이러한 문제의식에서 출발하여 조선시대에도 불교가 나름대로 전개되었던 사실을 주요 비구와 비구니 고승을 중심으로 밝히고자 하였다.

조선 건국직후 유불교체제가 바로 이루어지지 못하고 조선중기 이후로 미루어지게 된 것은, 조선 불교계 고승의 숨은 노력이 있었기 때문이다. 석가모니 삼촌의 108대 후손으로, 고려에 2년 7개월 동안 머물렀던 지공의 상수제자 나옹혜근은 양주 회암사를 중심으로 불교부흥을 도모하다가 순교하였다. 나옹과 대불사에 동참하였던 무학자초는 조선 건국후 왕사로 책봉되어, 그 유업을 계승하고 한양 천도시 서울의 주산을 인왕산으로 할 것을 주장하였다. 비보 4대 사찰을 지정하고 인왕산사를 중심으로 사찰을 정립하였다. 하지만 태종대를 거처 세종대 선교 양종 본산체제로 전환되고, 판사급 고승들이 불교계를 운용 및 전개하였다. 근대의 본산체제가 일제 불교의 그것을 수용했다기보다 조선 선교양종 본산체제의 전통을 계승했다. 고승들은 불교계의 현안 문제에 대해 상소를 하면서 불교의 발전을 나름대로 도모했다. 조선 명종대 비록 16년간이라는 짧은 기간이었지만, 선교 양종의 부흥을 갖게 되었고 승과의 실시로 서산과 사명과 같은 고승을 배출하여 조선후기, 이른바 산중불교 시대를 열게 하였다.(이상 제1부)

국가 당로자나 조선후기 사회에서 불교의 위상이 재인식된 계기는 임진왜란에 의승병으로 참여했기 때문이다. 왜군에게 평양까지 밀리다가 평양성전투에서부터 승리하기 시작하였으며, 벽제관전투에 이어 노원평전투 후 한성을 탈환하였다. 그리고 충무공 이순신 장군의 승리에는 수많은 의승 수군의 역할이 매우 컸다.

임진왜란시 분조를 담당했던 광해군은 끝내 왕의 칭호를 받지 못했지만, 신흥 국가 세력으로 등장한 청나라와 명나라 사이에서 중립 외교를 통해 나라의 위기를 구했다. 광해군은 중국에서 석가모니 진신사리를 어머니 공빈 김씨의 능침사찰인 파주 보광사에 모시게 하였다. 그 일을 임진왜란시 의승병으로 활동했던 서산의 동문인 부휴선수와 제자 벽암각성이 주관하게 하였다.

당시 성리학적 세계관이 서원을 중심으로 펼쳐지고 있었지만, 심지어 조선의 문예부흥기인 영조·정조대에도 왕실의 능침사찰은 계속 운영되었다. 정조가 뒤주에 갇혀 죽은 아버지 사도세자의 능을 수원 화성에 이장하여 능침사찰로 용주사를 중창한 것은 널리 알려진 사실이다. 할아버지 영조가 어머니 능침사찰을 파주 보광사로 지정해 운용한 것을 본 뜬 것이다. 조선시대뿐만 아니라 한국 역사상 신분이 가장 천하였다는 영조의 친모 숙빈 최씨를 위한 것이었다. 선조 이래 조선후기 왕실은 방계출신이었고, 이를 극복하기 위해 친불교적 성향 때문이라고 하지만 더 중요한 것은 조선시대에도 면면히 이어왔던 불교 정신과 문화의 소산이었다.

그러한 것 중 하나가 바로 불교계의 순교 고승들의 값진 희생정신이다. 고려말의 나옹혜근, 조선초의 행호, 조선중기 허응보우, 조선후기 환성지안 등이 그 대표적인 고승이다. 또한 조선후기 수선사 16국사를 추념하고 송광사를 한국 불교를 대표하는 삼보종찰 중 승보종찰로 위상을 정립하여 조선 산중불교를 전개하였다.(이상 제2부)

아울러 불교계 고승들 뿐 아니라 불교계의 양 날개를 이루었던 비구니의 활동과 노력을 잊어서는 안 될 것이다. 세계 역사상 21세기는 여성과 아이들의 시대라고 할 만큼 여성과 아이들의 위상이 매우 커졌지만, 전근대 시대는 그러하지 못했다. 그런데 『삼국유사』에는 놀랍게도 욱면이라는 여자노비가 성불했다는 내용이 실린 것에서 짐작이 되듯이, 조선중기 이전의 우리 사회는 우리가 아는 것보다 매우 자유롭고 여성의 위상이 매우 높았다. 그런 여성의 지도자가 바로 여승인 비구니였다. 하지만 아쉽게 도 기록이 매우 제한적이기 때문에 그 전모를 알기가 쉽지 않다.

신라 모례(모록)을 보살펴 주었던 사씨 부인이 최초의 비구니가 된 이후 수많은 비구니와 그 도량이 창건되어 운용되었다. 그 가운데 가장 알려진 것은 왕실 및 귀족 사녀의 도량이라고 할 정업원이다. 정업원은 이미 고려시대부터 존재하여 조선중기 무렵까지 폐치를 거듭하면서도 도성불교 의 마지막 보루였으며, 지방사찰과 소통하면서 불교계를 주도 또는 후원하 였다. 특히 왕후·공주 등 왕실녀의 불교 신행과 비구니 출가는 계속되어 후궁 10여 명이 태종이 죽자 한꺼번에 출가한 이래 조선후기까지 계속되었 다. 특히 태조의 딸 경순공주와 문종의 딸이자 단종의 누이인 경혜공주는 조선시대뿐만 아니라 한국사 유일한 공주출신 비구니다.

따라서 조선 불교는 비구 고승과 비구니 고승을 중심으로 조선전기 선교양종 본산체제에 운용되었고, 조선후기 산중불교시대에도 나름대로 전개되어갔다. 특히 서산과 부휴의 문도를 중심으로 산중에서 수행과 교육으로 전개해 나갔고, 그러한 분위기 속에 비구니들은 불교의 순수성을 지켜가며 대처육식의 일제불교에 오염되지 않고 수행과 교육에 전념하였다. 그 후 근현대 불교의 화두였던 정화운동에도 적극적인 참여를 하였으며, 그중 일부 비구니는 현대 세계 유일의 비구니 종단을 세우기도 하였다. (이상 제3부 및 부록)

불교의 개창자 붓다는 태어나면서 '天上天下 唯我獨尊'이라고 외쳤다. 세계와 우주에서 자신만이 가장 존귀하다는 가르침이었다. 인간뿐만 아니라 생물과 무생물을 포함한 모두가 자신의 존귀함을 깨닫고 또 하나의 자신이라고 할 남과 더불어 살아가야 한다는 것이다. 그러한 정신을 본받아 함께 나누며 사랑하며 아름다운 結社, 香徒의 불교 공동체가 이루어졌으면 하는 바람 간절하다.

이 책은 그동안 학회에 발표한 글을 모아 재정리, 수정 보강한 것이다. 공부를 하면서 오류나 단견으로 미흡함이 있겠지만, 조선불교에 대한 새로운 이해를 갈구하고자 하는 바램이 담겨 있다. 이 책이 나오기까지 교정을 보아준 동국대 역사교육과 대학원생 김태원, 송미경과 고려대 대학원생 신선혜, 그리고 언제나 따뜻한 사랑을 함께 하고 있는 우리 가족에게 고마움을 전한다. 특히 표지그림을 제공·지도해주신 동국대 미술사학과 정우택 교수님과, 이 책을 기꺼이 출판을 허락한 도서출판 혜안의 오일주 사장님, 김태규 부장님을 비롯한 관계자들께 감사드린다. 유정무정, 모든 이들과 지혜와 자비를 함께 나누고 싶다.

불기 2555년 단기 4344년 11월
동악에서 조선 산중불교의 전개를 생각하며
저자 황인규 두손 모음

목 차

제3부 조선시대 비구니 도량과 왕실 비구니   241

제1부

조선전기 불교와 고승의 동향

제1장 무학대사와 인왕산사의 고승

1. 머리말

仁王山은 서울을 둘러싸고 있는 內四山이지만 그 산에 얽힌 내력에 대해서 아는 이는 별로 없는 듯하다. 인왕산 하면 호랑이를 떠올린다. 곰과 더불어 호랑이는 우리나라 사람들에게 친숙한 동물이며, 그래서 산중왕의 산신으로 추앙되기도 한다. 특히 인왕산에 호랑이가 많아서 "인왕산 모르는 호랑이 없다"는 말까지 있었다.[1] 이처럼 인왕산 호랑이는 국도인 한양에 출몰하는 등 실록에 기록될 정도로 유명했다.[2] 仁王이란 말이 금강신(金剛力士)이라는 뜻을 가지고 있으므로, 인왕산에는 사찰도 꽤 많았을 것이다. 그러나 실록에 기재되어 있는 몇 개소의 사찰 외에는 알 수 없다. 그 사찰들도 궁궐을 내려다보는 위치에 있다고 하여 철거되었고[3] 그 후 인왕산 사찰들이 역사무대에 다시 부상하기 시작한 것은 20세기 초반이다.[4]

---

1) 김기빈, 「인왕산(仁旺山) − 서울의 서쪽을 지켜주는 우백호」, 『600년 서울 땅이름이 야기』, 살림터, 1993, 27~28쪽.

2) 『세조실록』 권22, 세조 6년(1460), 12월 5일 정축조 ;『세조실록』 권22, 세조 6년 (1460), 12월 6일 무인조 ;『세조실록』 권31, 세조 9년(1463), 12월 9일 계사조 ;『세조 실록』 권34, 세조 10년(1464), 12월 6일 을유조 ;『성종실록』 권293, 성종 25년(1494), 8월 3일 기미조.

3) 『연산군일기』 권51, 연산군 9년(1503), 11월 9일 임신조. 인왕사에 대해서 서술된 학술지는 다음의 교양지에 실린 정보가 유일하다.(이철교, 「서울의 전통사찰, 寺址 − 인왕사 − 」, 『다보』 봄호, 1994.9, 58~59쪽.)

4) 20세기 이후의 인왕사와 관련한 정보를 소개하면 다음과 같다. 즉 1912년 朴銑默 거사가 禪巖精舍라는 이름의 암자를 세웠다, 그 후 1914년 炭翁이 大願庵을, 1922년

본고는 인왕사를 비롯한 인왕산의 불교를 조망해보려고 하나, 이에 대한 기록이나 연구는 전무하다시피하다.[5] 실록을 비롯한 정사류, 문집류, 야사류, 설화류 등 제 자료를 종합·분석하여 인왕산과 인왕사 등의 산내의 여러 사찰들에 대해서 살펴보고자 한다.

2. 인왕산과 한양전도

(1) 무학대사와 한양정도

조선시대 이래 현재까지 국도는 한양[6]이었다. 漢陽이라는 말은 한강의 이북이라는 뜻으로 오늘날 江北이다. 한양을 지키는 主山은 지금의 청와대 뒷산인 백악산이고 한양을 진호하는 鎭山(혹은 後山)은 北漢山이다. 대개 후산과 주산은 같지만 한양의 경우에는 이처럼 다르다.

그리고 한양을 둘러싸고 있는 外四山은 北漢山(837m)·德陽山(125m)·冠岳山(629m)·龍馬山(348m)이고, 內四山은 白岳山(342m)·仁王山(338m)·南山(262m)·駱駝山(125m)이다. 그러한 산이 형성된 것은 기원전 6000년이지만 역사무대에 본격적으로 부각된 것은 조선왕조가 창업되고 한양이 국도로

西翁이 극락전을, 1924년 慈仁이 安逸庵을, 1927년 春潭이 다시 극락전을, 1930년 妙法이 致誠堂을 각각 세우면서 여러 개의 암자가 한 터에 군집되었다. 1942년 이들을 통합하여 인왕사라는 이름으로 등록했는데, 이렇게 여러 개로 독립된 암자를 하나의 절 이름과 또 전체를 대표하는 주지도 한 사람으로 등록하기는 했으나, 실제로는 각 암자마다 따로 주지가 있고 운영도 별도로 이루어지기 때문에 통일된 체계를 지니지 못하고 있다. 현재 전통사찰 인왕사로 등록된 사찰은 본원정사·관음전·보광사·대웅전·극락정사 등 5개이다.(이철교, 「서울의 전통사찰, 寺址-인왕사-」, 『다보』 봄호, 1994.9, 58~59쪽 ; 사찰문화연구원. 『전통사찰총서 4-서울』, 사찰문화연구원, 1994.)

5) 다만 문명대 교수가 인왕사의 역사와 사상에 대해서 정리한 글이 참조된다(문명대, 「인왕산 인왕사(仁王寺)의 역사와 사상」, 제105회 (사)한국미술사연구소 학술발표회, 한국미술사연구소, 한국불교미술사학회 주최 호국 인왕산 인왕사, W 컨벤션센터 회의실, 2008.9.)

6) 漢城과 奠都가 맞으나 관습상 漢陽과 定都 또는 遷都로 사용된다. 본고에서는 이를 혼용했음을 밝혀둔다.

정해진 후다.

처음의 국도 후보지는 계룡산 일대가 아닌 한양이었다. 고려초 道詵의 제자 如哲이 북한산 승가사를 중심으로 남경 일대에서, 선종대 개경의 구산사 승려 영현이 신혈사에서 활동하였다.[7] 그러나 한양이 역사에 본격적으로 등장한 것은 숙종대 남경경영 이후다. 대각국사 의천도 승가굴을 방문하는 등 남경에 대한 관심이 높았다.[8] 고려후기 남경인 양주 땅은 불교도 사이에 주목되었다.

> 가을 7월 갑자일에 내시 李白全을 시켜 御衣를 南京 임시 대궐에 가져다 두게 하였다. 이때에 어떤 승려가 圖讖에 근거하여 말하기를, "扶蘇山에서 갈려 나온 것이 左扶蘇로서 阿思達이라고 하는바, 이는 옛날 楊州 땅입니다. 만일 거기에 궁궐을 짓고 왕이 계신다면 나라의 운명이 8백 년 더 연장될 수 있습니다"라고 하였기 때문에, 이런 명령이 있었던 것이다.[9]

이와 같이 고종 때 불교도간에는 양주 땅인 아사달에 새로운 궁을 짓게 되면 나라의 운명을 800년 더 연장시킬 수 있으리라는 阿斯達(阿思達) 신앙이 감돌고 있었다.[10] 고려말 불교계의 중흥조인 太古普愚에 의해 한양천도가 제기되는 등 한양이 부각되었다. 즉 『고려사』에 의하면, '승려 普愚가 풍수설로 왕을 달래기를 "한양에 수도를 옮기면 36국이 조공하러 올 것입니다"라고 하였다. 왕이 그 말에 유혹되어 한양에 크게 궁궐을 지었다'고 하였다.[11]

7) 李穡, 「三角山重修僧伽窟記」, 『동문선』 권64, 記 ; 황인규, 「고려전기 사굴산문계 고승과 선종계」, 『한국선학』 17호, 2007.
8) 『고려사』 권11, 숙종세가, 숙종 4년(1099) 9월 정묘조.
9) 『고려사』 권23, 고종세가, 고종 21년(1234) 7월조 ; 『고려사절요』 권16, 고종 21년(1234) 7월조 ; 『동사강목』 제10하, 갑오년 고종 21년－몽고 태종 6년(1234).
10) 안계현, 「제3절 한국의 신화와 불교」, 『한국불교사연구』, 동화출판사, 1982, 58쪽.
11) 『고려사』 권106, 윤해열전 부 윤택. 한양천도에 대해서는 태고보우의 행장에도 언급되어 있다.(維昌, 「太古行狀」, 『太古和尚語錄』.)

  이렇듯 보우가 제기한 한양천도는 그의 문도 세대인 무학에 의해 결실을
보게 된다. 당시 국도의 후보지는 10여 곳으로 떠올랐지만, 그 가운데
가장 유력했던 곳은 계룡산·무악·한성(한양)이었다. 왕사 무학은 이성계를
회암사에서 만나 계룡산으로 함께 가서 도읍터를 둘러보고 궁궐공사를
진행케 하였지만, 경기도 관찰사 하륜 등의 반대로 무산되었다.
  한양이 국도의 후보지로 다시 부상하면서 무악과 백악산 일대가 도읍터
후보지로 거론되었다. 하지만 무악은 도읍터로서 형국이 너무 협소하다고
부적격 판정이 났다. 그리하여 한양의 내사산인 백악산 일대와 인왕산
일대가 궁궐터로 부상하게 되었다. 그리고 인왕산은 儒者들 사이에서도
王氣의 땅이라고 알려져 있었다.

  내가 말하기를, '도선의 비결에 서쪽에 孔巖이 있고, 또 붉은 색깔로 글씨
  쓴 石壁이 있다 했는데, 공암은 두 곳에서 볼 때 모두 서쪽이 있으니
  모름지기 붉은 글씨를 찾아야 결정할 수 있을 것이다.' 하였다. 그리하여
  마침내 붉은 글씨를 仁王洞 돌 위에서 찾았는데 자획이 마멸되어 쉽사리
  식별할 수는 없었으나, 이를 얻어 국도 건립의 논의를 정하였던 것이다.
  다만 전면의 산악이란 어떤 산을 가리키는 것인지 알 수 없으나, 華山
  아니면 반드시 負兒岳일 것이다." 하였다.[12]

  조선초기 문신 서거정은 道詵秘訣을 인용해 인왕동이 도읍터라는 사실을
지적하였다. 조선후기 문신 李裕元(1814~1888)의 문집에서도 그러한 사실
을 지적하고 있다.[13]
  야사에 의하면, 무학은 궁궐터를 정할 때 북한산으로 향하였고 碑峰에

---

 12) 徐居正(1420~1488), 『筆苑雜記』 권2.
 13) 李裕元(1814~1888), 「仁王洞의 丹書」, 『林下筆記』 권13, 文獻指掌編. "道詵秘記에,
    '서쪽에 孔巖이 있는데 또 丹書가 있다.' 하였다. 따라서 石壁과 공암은 두 곳으로서
    모두 서쪽에 있으니 단서를 찾아야만 도읍의 건설에 대한 결정을 내릴 수 있는
    일이었다. 드디어 인왕동의 돌 위에서 이 단서를 찾아내어 마침내 뜻을 결정하고
    여기에 수도를 건설하였다."

올랐는데 길을 잘못 들었다는 비문의 글을 보고 다시 길을 돌렸다고 한다.[14] 이처럼 도읍터는 한양으로 정해졌지만 도읍의 중심지, 즉 궁궐과 도성의 터를 어디로 할 것인가가 문제가 되었다. 무학은 王氣를 품은 땅인 인왕산을 주산으로 정하고자 했다. 물론 인왕산이 왕기를 품은 땅이라는 것은 先覺國師 道詵의 종풍을 이은 고승들에게 계승되었다. 그러한 고승은 고려중기 妙淸을 거쳐 고려말 懶翁의 문도 宏演[15]과 無學, 무학의 문도 惠澄 등이다.[16]

광해군대 국가재조운동시 성조 이성계와 더불어 무학이 부각되었고 무학을 계승한 性智가 등장하여 인왕산이 다시 부각되었다.[17] 성지는 '인왕산은 돌산으로 몹시 기이하게 솟아 있으며, 仁王이란 두 글자가 바로 길한 讖言이다. 그러므로 만약 王者가 그곳에 살 경우 국가의 운수를 늘릴 수 있고 태평시대를 이룰 수 있다.'고 주장했다.[18] 여하튼 무학은 漢陽奠都時 인왕산을 주산으로 삼을 것을 제안했다.

태조는 크게 기뻐하여 스승의 예로써 대접하고, 이내 定都할 곳을 물으니,

14) 북한산 碑峰에 있던 碑는 종래 道詵國師碑 또는 無學大師關係碑라 알려져 있었으나, 秋史 金正喜(1786~1856)가 발견하여 고증한 바와 같이, '妖僧 無學이 枉尋에서 여기에 왔을 때의 碑'(혹은 「道詵國師碑」)가 아니라 신라 「眞興王巡狩碑」인 것이다. (김정희, 「眞興二碑攷」, 『완당선생전집』 권1, 攷, 17쪽 ; 『완당선생전집』 권상, 신성문화사, 1972 ; 최남선, 「신라 진흥왕의 재래 三碑와 신출현의 마운령비」, 『청구학총』 2, 1930 ; 『육당최남선전집』 권2, 현암사, 1973, 534쪽 ; 황인규, 『무학대사연구』, 혜안, 1999.)

15) 『신증동국여지승람』 권17, 충청도 임천군 불우 普光寺 ; 『용재총화』 권8 ; 『연려실기술』 별집 권14, 文藝典故 文集 ; 「高麗國師道詵傳」, 『조선사찰사료』 권하, 377~379쪽.

16) 『용비어천가』 제29장. 『한국전통문화연구』 9, 효성여대 전통문화연구소, 1994, 67~68쪽 ; 황인규, 「선각국사 도선의 종풍 계승 및 전개」, 『한국선학』 20, 한국선학회, 2008.

17) 『영조실록』 권3, 영조 1년(1725), 1월 11일 경술조.

18) 『광해군일기』 권101, 광해군 8년(1616), 3월 24일 갑오조. 성지는 술승 내지 광승이라 기록되는 등 당시 유자들에 의해 왜곡되었지만, 조선 영조대 무학과 같은 존재로 인식되기도 하였다. 性智에 대해서는 다음의 글을 참조하기 바람.(황인규, 「광해군과 봉인사」, 『역사와 실학』 38, 역사실학회, 2009.)

무학이 바로 한양을 점쳐 말하기를, "仁王山을 鎭山으로 삼고, 白岳과 남산을
청룡과 백호로 삼으시오." 하였다.
鄭道傳이 난색을 보이며 말하기를, "예로부터 '제왕은 모두 南面하고 다스렸
다.'는 말은 들었어도 동향하였다는 말은 듣지 못하였습니다." 하니, 무학이
말하기를, "내 말을 듣지 아니하면, 2백 년을 지나서 내 말을 생각할 것입니
다." 하였다.[19]

무학은 仁王山을 鎭山으로 하고 남산과 백악산을 백호와 청룡으로 하여
도읍을 동향으로 해야 한다고 주장하였다. 이에 반하여 鄭道傳은 군주는
남쪽을 바라보며 정사를 펼쳐야 하는 만큼 主山은 오늘날 청와대 뒷산인
백악산으로 하되, 궁궐을 남향으로 해야 한다고 주장하였다.[20] 결국 정도전
의 주장대로 되었지만, 무학의 말을 듣지 않으면 훗날 화가 닥칠 것임을
경고하였다.[21]

그러한 사실은 실록 등 정사류에서는 찾아지지 않고 야사류에서만 보인
다. 때문에 신빙성에 다소 문제가 있을 수 있지만 대체적인 정황은 수용할
수 있다. 현대 지리학에서 風水地理學을 과학적으로 연구하는 입장에 의하
면, 만약 무학의 주장대로 仁王山을 주산으로 삼았다면 지금처럼 강남이

---

19) 車天輅, 『五山說林草稿』; 『大東野乘』 卷5. "太祖大喜 待以師禮 仍問定都之地 無學仍
   卜也 仁王山作鎭 白岳南山爲左右龍虎 鄭道傳難之曰 自古帝王皆南面而治 未聞東向也
   無學曰 不從吾言 垂二百年當思吾言."
20) 촌산지순, 『조선의 풍수』, 최길성 역, 민음사, 1990, 573쪽. 이러한 내용은 鄭道傳의
   문집인 『三峰集』 권8 부록 事實편에도 그대로 실려 있다. 그것은 1791년(정조
   15) 왕명으로 『삼봉집』을 다시 간행하였는데, 이때에 鄭道傳의 事實에 대한 기록을
   보완해서 실었기 때문이다.(한영우, 『삼봉집』해제.) 즉 차천로의 문집인 『五山說林
   草稿』와 象村 金欽의 문집인 『象村彙言』을 통해 엮었다고 밝히고 있다. 이러한
   것은 하나의 사실로서 인정된 것이라고 생각된다. 즉 鄭道傳이 국도 전도뿐만
   아니라 무학의 국도 전도를 하나의 사실로서 다룬 것이라 볼 때 역사적 사실로서
   볼 수 있을 것 같다.
21) 무학은 신라의 고승 義相大師가 지었다는 秘記를 인용하여 자신의 주장대로 하지
   않고 鄭氏 성을 가진 자의 주장대로 하면 5代를 가지 못해 자리다툼이 있게
   되고 2백 년이 못 가서 나라가 어지러워 흔들리는 亂이 일어날 것이라고 하였다.(車
   天輅, 『五山說林草稿』; 『大東野乘』 권5.)

발달하지 않고 강북의 신설동과 청량리 일대를 중심으로 하는, 보다 균형적인 발전을 했을 것이다.[22]

(2) 한양의 內四山 인왕산

그 후 인왕산은 한 동안 역사에서 부각되지 못하고 서쪽에 있는 산 정도로 알려져 있었다. 즉 '인왕산'이라는 산 이름은 조선초기에 西峰이나 西山이라고 불렸다.

> 임금이 西峯 밑에 거둥하여 사직단 쌓는 것을 보았다.[23]
> 西山에 거둥하여 성 쌓을 터를 살폈다.[24]
> 큰 비가 내리어 新都 西山의 큰 돌이 무너졌다.[25]

위의 인용한 실록에 등장하는 '서산'의 용례는 더 찾아지지만,[26] 인왕산을 지칭하는 고유의 이름은 찾아지지 않고 방향을 나타내는 '서봉', '서산'이라고 하고, 필운산이라고도 했다.

실록에 의하면, 조선 중종 32년(1537) 명나라 사신이 왔을 때, 중종이 사신 일행을 위해 경회루에서 연회를 베풀면서 사신 龔用卿에게 주산인 백악과 서쪽 인왕산의 이름을 붙여줄 것을 요청하였다. 이에 공용경은 북쪽의 백악을 '拱極', 서쪽의 인왕을 '弼雲'이라 하였다. 이는 '右弼雲龍'에서 따온 것이다. 雲龍이란 오른쪽에서 임금을 보필한다는 뜻이다. 경복궁의 정전인 근정전에서 남쪽을 향해 보면 인왕산이 오른쪽에 위치하기 때문이다.[27] 필운산이라는 산이름은 정착되지 못하였지만 '弼雲洞'과 '弼雲臺'라

---

22) 최창조, 『한국의 풍수사상』, 민음사, 1984, 226쪽.
23) 『태조실록』 권7, 태조 4년(1395), 2월 27일 신묘조.
24) 『태조실록』 권8, 태조 4년(1395), 윤9월 25일 병술조.
25) 『정종실록』 권1, 정종 1년(1399), 4월 4일 갑진조.
26) 실록에서 세종대왕이 사냥을 하거나 구경한 西山은 인왕산이다.
27) 『중종실록』 권84, 중종 32년(1537), 3월 14일 계사조.

는 지명은 지금도 있다.[28]

그 후 『세종실록』지리지에도 인왕산에 대한 기록은 찾아지지 않지만 조선후기 지리지에 '仁王山 高麗稱岐峯'[29]이라 했듯이 인왕산은 고려시대 '岐峯'이라 불렸다. 조선후기 실학자 유득공은 기문 「春城遊記」에서 '마치 사람이 팔짱을 끼었던 양팔을 풀어놓은 것 같기도 하고, 양 어깨에 날개가 돋힌 듯하다'라고 묘사한 바 있다.[30] 또한,『한경지략』에도 '인왕산은 도성이 산마루를 타고 쌓아져 있는데 험준한 곳을 曲城이라고 한다.'[31]고 했다. 곡성은 그 생김새 때문에 불리어진 이름이다. 조선초 문인 崔淑精(1433~1480)은 인왕산에 대하여 다음과 같이 읊은 바 있다.

한 굽이 숲과 샘이 좋은데, 천 그루 나무들 맑네.
끊어진 巖壁에 이끼 끼어 푸르고, 그윽한 시내엔 절로 난 꽃 환하여라.
겹겹의 봉우리에 구름 엉겨 그림자 지고, 절반쯤 저 고개 위에 소나무 서서 소리가 나네.
세상 공명 꿈인 양 생각 없는데, 게으른 습성 이래서 이루어졌네.[32]

조선초 문인 慵齋 成俔(1439~1504)은 인왕산을 한양의 명승지로 꼽았다. 한성 都中에 좋은 경치가 적기는 하나 그중에서 놀 만한 곳은 三淸洞이 가장 좋고, 仁王洞이 다음이며, 雙溪洞·白雲洞·靑鶴洞이 그 다음이라고 했다.[33]

이상에서 보듯이, 인왕산은 조선시대 한양이 국도로 정해지면서 부각되

---

28) 서울특별시 시사편찬위원회,『서울의 산』, 1997, 148~150쪽. 인왕산에 대한 대체적인 설명은 다음의 글도 참조가 된다(김영상, 「6. 인왕산 기슭」,『서울육백년-북악·인왕·무악기슭』, 대학당, 1996, 253~260쪽.)
29) "仁王山 高麗稱岐峯 皆石峯層崖 有白雲洞 玉流洞 茂溪洞 弼雲臺 洗心臺 舊有仁王寺 金剛窟 福世庵 慈壽仁壽 兩尼院"(읍지 ; http : //e-kyujanggak.snu.ac.kr/GDS.)
30) 유득공, 「春城遊記」,『泠齋集』권15, 雜著.
31) 『漢京識略』권2, 山川條.
32) 『신증동국여지승람』권3, 漢城府.
33) 성현,『용재총화』권1 :『대동야승』.

었고, 인왕동은 인왕사가 있는 골짜기에서 나온 말이다. 그러면 언제부터 인왕산이라고 불렸을까?

실록에 의하면, 세종 15년(1433) 왕이 영의정 황희 등에게 명하여 지금의 남산인 목멱산에 올라 산수를 살피게 하였을 때 인왕산의 이름이 처음으로 찾아진다. 즉 '白嶽이고, 백악에서 반 마장쯤 내려와서 한 산줄기를 이루었으니, 이것이 仁王山이고, 인왕산에서 2마장쯤 내려오다가 남쪽으로 회돌아서 주산에 절을 하고 섰다.'고 하였다.[34]

우리나라 지명이나 산이름이 대개 절의 이름에서 유래하듯이, 인왕산도 마찬가지다. 광해군대 고승 性智는 이러한 사실을 다음과 같이 지적한 바 있다. 즉 '仁王山은 釋迦의 美稱으로, 산에 예전에 仁王寺가 있었으므로, 그렇게 이름한 것이었다.'[35] 숭유억불기에 있어서 산 이름이 금강역사의 뜻을 지닌 인왕산이라고 했다. 실록에 의하면, 태조 6년(1397) '仁王寺에 거둥하여 內願堂 祖生을 보았다.'[36]는 기록도 찾아진다.

그렇다면 인왕사는 언제 창건되었을까? 이에 대하여 확실하게 고증해줄 만한 기록은 찾아지지 않는다. 다만 현대에 제작된『봉은본말사지』에 의하면 '한양정도 후 인왕산 호국도량으로 창건하여 내원당 조생을 주지로 삼았다'고 한다.[37] 인왕사는 고려시대 평양에도 있었으나 개경에 있었는지는 알 수 없다.[38] 혹 인왕사가 왕실의 도량인 내원당과 정업원처럼 고려시대에 존재했을 가능성도 있으나, 그 사실여부는 알 수 없다.

『봉은본말사지』의 기록처럼, 인왕사는 한양정도 직후인 태조 5년 무렵 창건되었다. 그리하여 인왕산은 후대의 지리지에 '仁王山은 백악 서쪽에

---

34)『세종실록』권61, 세종 15년(1433), 7월 9일 경신조.
35)『광해군일기』권101, 광해군 8년(1616), 3월 24일 갑오조. 인왕은 석가의 뜻이 아니다. 즉 인왕은 금강신, 금강역사, 二王이라 불린다. 실록의 번역서나 인왕산에 관련된 기록에서 仁旺이라 표기한 것은 오류이며, 仁王으로 사용해야 한다.
36)『태조실록』권11, 태조 6년(1397), 6월 23일 계묘조.
37) 권상로,『한국사찰전서』, 인왕사조.
38)『고려사』권19, 의종세가, 의종 23년(1169) 임오조 ;『고려사』권54, 오행지, 금조 ;『증보문헌비고』권10, 상위고10 물이2 석이 고려조.

있다.'39)고 실리게 된 듯하다. 여하튼 불교를 탄압한 왕조의 궁궐 가까이에 위치한 內四山 가운데 한 산(右白虎)이 불교식 이름인 인왕산이라 부르게 된 것이다. 그 당시까지 불교적 문화전통이 남아있었기 때문이다.

3. 인왕산의 불교와 무학대사

(1) 무학대사의 裨補寺刹 지정과 仁王寺

무학은 한양정도에 적극 참여했지만 인왕산을 주산으로 정하는 데는 실패하였다. 하지만 국도 漢陽을 지키는 4大 裨補寺刹을 지정하였다.40) 무학이 지정한 4대 사찰이란 內四山인 白岳山·仁王山·南山·駱駝山의 둘레에 서 지키는 사찰을 이름한다. 즉 한양의 동쪽 靑蓮寺, 서쪽 白蓮寺, 남쪽 三幕寺(혹은 佛巖寺), 북쪽 僧伽寺 등의 사찰이다. 이에 대해서는 『奉恩本末寺誌』에 다음과 같이 설명하고 있다.

> 無學이 漢陽에 불교의 護國的 특색으로, 또는 密敎的 만다라에서 寺刹을 건립하였다고 이해될 수 있는 것이다. 東靑蓮·西白蓮·南三幕·北僧伽가 바로 그것이다. 이것이 모두 創寺補國·鎭邪壓氣 등 密敎的 전형인 것이니, 道詵의 裨補說도 이와 마찬가지이다. 산천과 국토를 하나의 영적 활동체로 보아 인신의 脉勢를 따라서 針灸 등을 응용하는 活手段을 쓴다는 것이 고려 이후의 創寺裨補의 비결이었던 것이다. 고려초 道詵國師의 裨補說이 한 번 나오매 고려 500년의 불교는 순전히 鎭護祈祐的이었으며, 조선초에도 그것은 조금도 변화하지 않았다.41)

이렇듯 무학이 도선의 비보사찰설을 계승하여 한성을 비보케 하는 사찰

---

39) 『신증동국여지승람』 권3, 漢城府 산천조.

40) 『봉은본말사지』 京山의 사찰 서문.

41) 위와 같음. 『봉은본말사지』에 의하면, 무학은 조선 건국초 한양전도 무렵 약사상·미타상·관음상을 조성하여 藥師寺·僧伽寺·少林窟에 각기 모셨다고 한다.(황인규, 앞의 책, 1999.)

을 지정했다는 것인데, 불교의 護國的 특색이나 密敎的 曼茶羅사상을 실현시
키려 했던 것이다. 그러한 내용은 현대의 기록이기 때문에 믿기 어려울지
모른다. 그러나 무학은 양주 檜巖寺를 중심으로 도성의 사찰들을 재배치하
였는데, 漢陽을 중심으로 하는 불교계 세력의 재편이었다.

한양은 楊州의 남쪽부분으로, 앞서 언급한 바와 같이 고종대 아사달신앙
이 유행한 바 있고, 우왕대에도 三蘇 중에 左蘇가 檜巖이라는 설이 제기될
정도로 중요한 땅이었다.[42] 그러한 사상을 배경으로 하여 무학은 楊州의
檜巖寺를 불교홍법의 메카로 삼으려 했던 지공과 나옹, 그리고 무학 자신의
三和尙의 도량으로 삼았고, 이를 발판으로 하여 한양의 도성을 비보하는
사찰을 지정하였다.[43] 한양을 진호하는 4대 비보사찰뿐만 아니라 관악산
일대나 도성 주변의 사찰인 자운암·개운사·일선사 등도 비보사찰로 지정하
였던 것이다. 그러한 사실도 다음의 기록에서 잘 설명하고 있다.

　　도성 안에 태조가 세운 興天寺·興德寺·興福寺·支天寺·仁王寺 등과 세조가
　　세운 福世庵·圓覺寺 등이 모두 대표적인 裨補寺刹이었으며, 그 밖에 安逸院·
　　慈壽院·仁壽院 등의 內願堂이며, 또 성안의 尼寺 10여 개소 중 淨業院도
　　그 대표적인 것이다. 태조는 鎭護裨補思想으로 信佛을 다하였다.[44]

즉, 한양의 도성 안에 인왕사와 더불어 태조가 세운 興天寺·興德寺·興福
寺·支天寺 등의 사찰과, 世祖가 세운 福世庵과 圓覺寺 등의 사찰, 그리고
安逸院·慈壽院·仁壽院·淨業院 등 왕실 비구니 도량을 창건 또는 지정하였다.

그런데 무학은 한양을 진호하는 비보사찰의 지정뿐만 아니라 도성 터를
지정하고 한양건설에도 참여했다. 그러한 사실도 실록 등 정사류에서는
찾아지지 않고 야사나 설화류에서만 찾아지고 있어서 아쉽기 그지없다.

무학이 국도를 정할 때에 西江 廣興倉 뒤에 위치한 臥牛山에 큰 창고

---

42) 『고려사』 권134, 신우열전, 신우 5년 11월조.
43) 황인규, 「무학자초의 홍법활동과 회암사」, 『삼대화상논문집』 2, 1999.
44) 『봉은본말사지』 경산의 사찰편.

터를 잡았다거나,[45] 南小門을 창건하였다는 기록은 믿을 만한 것이 아닌가 하며, 무학이 한양건설에 직접 참여하였다.[46] 한양건설에 僧徒들을 지휘하였는데, 무학의 문도인 祖生에게서 그러한 사실을 확인할 수 있다.

> 內願堂監主 祖生이 임금을 뵈었다. 이보다 먼저 임금이 새 도읍을 건설하고자 하였으나, 民力을 쓰게 됨을 염려하여 말하였다. "승려들 중에 노는 사람이 많으니 마땅히 모아서 역사시켜야 되겠다." 각 종파의 승려가 이 말을 듣고는 승려들을 권유 모집하여 役事에 나가고자 하는 사람이 수십 명이 되었다. 祖生이 인솔하여 나아오니 임금이 기뻐하여 조생에게 음식물을 주고, 각 종파의 승려에게는 명주와 綿布를 내려 주었다.[47]

祖生이 新都 건설에 승도들을 참여시키고자 불교계에 건의하였는데, 각 종파에서 호응하였다는 것이다. 조선 건국초 유가종 고승 宗林이 판교원을 건립했던 사실과 비견되는 일이다.[48] 궁궐 공사와 도성 축조에는 전국의 장정과 승도들도 동원되었는데,[49] 이는 고중세이래 隨院僧徒的 전통의

---

45) 『영조실록』 권33, 영조 9년, 3월 14일 을미조. "金在魯曰 臥牛山諺傳 聖祖定鼎時無學 尋龍到此日 此天作富局遂定倉基."

46) 『영조실록』 권3, 영조 1년(1725), 1월 11일 갑술조. 남소문은 세조 2년(1456) 건립되었다는 주장도 있다.(李丙燾, 「南小門과 開閉問題」, 『鄕土서울』 창간호, 1957.) 그러나 필자는 『영조실록』의 기록에서 보듯이 태조 때 무학이 건립한 것으로 보고자 한다. 南小門은 태조 때 8개 성문 가운데 水口門이 남소문이 아니었을까 한다. 남소문은 장충단에서 한강으로 넘어가는 곳에 있었으나 일제가 1913년 도시계획이라는 미명하에 없애버렸다.(서울시, 『서울 육백년사』, 1977 ; 황인규, 앞의 책, 1999.) 여기서 남소문을 원위치에 복원하는 것도 신중히 생각해 보아야 할 일이다.

47) 『태조실록』 권4, 태조 2년(1393), 11월 19일 경신조. "內願堂監主祖生進見 先是上欲營 新都 慮用民力 曰僧徒遊手者衆 宜集而役之 各宗僧聞之 有欲勸募僧徒赴役者數十輩 祖生引進 上悅 飯祖生賜各宗僧絹及綿布."

48) 이에 대한 자세한 사실은 다음의 논문을 참조하기 바람(황인규, 「여말선초 유가종승과 불교계의 동향」, 『동국사학』 39, 2003 ; 황인규, 『고려후기·조선초 불교사연구』, 혜안, 2003.)

49) 『태조실록』 권6, 태조 3년(1394), 12월 4일 기사조 ; 『태조실록』 권7, 태조 4년, 2월 19일 계미조 ; 서울시, 『서울성곽』, 1976, 10쪽 ; 이에 대해서는 다음의 논저를 참조하기 바람.(황인규, 「한양전도와 무학자초」, 『동국역사교육』 4, 1996 ; 황인규,

계승이었다.

뿐만 아니라 무학은 도성의 터를 정하는데도 참여하였다고 생각된다. 한양의 도읍터를 정할 때처럼 도성의 터를 살피러 갈 때 태조와 동행하였기 때문이다.[50] 다음의 설화류가 그것을 말해주고 있다.

태조가 한양도성을 쌓을 때 선바위를 성안으로 넣느냐 또는 성 밖으로 내놓느냐 하는 문제를 두고 왕사인 무학과 유생인 鄭道傳 사이에 날카로운 의견대립이 있어 쉽게 결말이 나지 않았다. 그 까닭은 선바위를 성안에 두면 불교가 흥성하지만, 그렇지 않으면 반대로 유교가 불교를 누르게 되기 때문이라는 것이다. 많은 논의 끝에 태조는 결국 정도전의 의견을 따라 선바위를 성 밖에 내고 성을 쌓기로 결정하였는데, 이때 무학이 "이제 중이 선비의 책 보따리나 짊어지고 다니게 되었구나" 하고 크게 탄식했다고 한다.[51]

한양도성의 축성시 인왕산 부근의 성 터를 놓고 무학과 정도전이 서로 의견이 팽팽하게 대립하였다는 것이다. 무학은 서울을 정하고서 인왕산을 주산으로 삼을 것을 주장했다. 즉, 노승이 나한에 예배하는 형세를 가졌기 때문에 중바위인 인수봉 밖으로 성을 쌓아야 나라가 평안하고 흥할 것이라 하였다. 이에 반하여 정도전은 인수봉 안으로 쌓아야 유교가 흥한다고 주장하였고, 그의 의견대로 인수봉 안으로 성을 쌓게 되었다고 한다. 그 이후 승려들은 유교 선비의 책 보따리나 가져가게 되는 신세로 전락되었다는 것이다.[52]

『무학대사연구-여말선초 불교계의 혁신과 대응』, 혜안, 1999 ; 황인규, 『마지막 왕사 무학대사』, 밀알출판사, 2000.)

50) 김용국, 「서울전도의 동기와 전말」, 『향토서울』 1, 1957, 98쪽.

51) 한정섭, 『불교설화대사전』, 이화문화사, 1991, 426쪽.

52) 『동국여지비고』 권2, 한성부 산천 禪岩條 ; 이러한 것은 설화류에서도 전하고 있다.(한정섭, 『불교설화대사전』, 이화문화사, 1991 ; 최정희, 『한국불교전설』, 우리출판사, 1986, 16쪽.) 이상의 내용은 다음의 논저를 정리 요약 서술했음을 밝혀둔다.(황인규, 「제1장 불교계의 국도 선정 2) 궁궐과 도성의 지정」, 『무학대사연구-여

현재 그러한 사실을 입증해줄 만한 기록은 찾아지지 않으나, 인왕산의 한 바위가 그러한 정황을 말해주는 듯하다. 그것이 바로 선바위(禪庵 또는 立庵)라 부르는 바위이다. 인왕산 서쪽 기슭 인왕사 부근에 있는 두 개의 큰 돌인데, 바위의 모습이 마치 스님이 장삼을 입고 서 있는 것 같다 해서 ‘禪’자를 따 그렇게 부른다고 한다. 조선 태조와 왕비의 상이라는 설도 있지만, 태조와 무학의 상이라는 설도 있어서 주목된다. 그 바위 아래에서 태조와 무학이 왕조창업을 위해 기도하였다고 한다.[53] 후술하는 바와 같이, 20세기 초반 무학대사와 스승 나옹화상, 이태조 등의 인물을 모시는 국사당이 남산에서 옮겨왔다.[54]

본래 남산의 정상에 국사당이 건립된 것은 다음과 같은 이유이다. 남경의 중심 터는 木覓壤, 즉 남산과 용산 일대를 지칭한다. 때문에 한양전도 후 內四山인 목멱산(남산)도 매우 중요시되었다.

실록에 의하면, 남산을 木覓大王으로 봉하고 호국의 신으로 삼아 개인적인 제사는 금하고 국가의 공식행사로 祈雨祭와 祈晴祭를 지냈다.[55] 조선 건국과 한양정도에 대한 사실을 白岳과 木覓山의 신령에게 고유하고,[56] 태조 4년 이조에 명하여 白岳을 鎭國伯으로, 南山을 木覓大王으로 삼아, 卿大夫와 士庶人은 제사를 올릴 수 없게 하였다.[57]

말선초 불교계의 혁신과 대응』, 혜안, 1999.)

53) 여말선초 태조와 무학, 혹은 무학이 왕조창업을 위해 기도한 사찰은 전국적으로 분포하고 있다. 이에 대한 자세한 사실은 다음의 저서를 참조하기 바람.(황인규, 앞의 책, 1999.)

54) 仁王山은 王氣가 서려 있는 땅으로 불교계가 중요시한 산이며, 특히 무학대사가 기도하였던 곳이며, 서울의 랜드마크가 되고 있는 국사당이 세워져 있을 뿐만 아니라, 그의 像이라고 전하고 있는 선바위(禪庵, 立庵, 祈子岩)가 있는 곳이다. 더욱이 그의 문도인 祖生이 주지로 있었고 無學의 종풍을 계승했을 광해군대 고승 性智가 중요시한 곳이다. 숭유억불기에도 궁궐이 내려다보인다고 하여 인왕산의 사찰들이 철거되었지만 역사성이나, 특히 불교 인연처로 크게 주목할 필요가 있다.

55) 『태조실록』 권8, 태조 4년(1395), 12월 29일 무오조 ;『태종실록』 권23, 태종 12년 (1412), 2월 6일 신유조.

56) 『태조실록』 권6, 태조 3년(1394), 12월 3일 무진조.

실록에 의하면, 조선초 종묘와 백악, 그리고 목멱신에게 제사를 지낸
사례가 적지 않게 찾아진다.[58] 태종 12년 白岳과 木覓의 神主를 고쳐서
만들었고 태종 14년 山川의 祀典제도를 확정하였다.[59] 목멱신사를 설치해
국가적 의례 행사를 하였다. 그와 관련하여『漢京識略』에는 다음과 같은
기록이 찾아진다.

> 목멱산 꼭대기에 있다. 매년 봄과 가을에 醮祭를 행한다. 남산 꼭대기에
> 國祀堂이 있다. 이것이 木覓神祠이다. 祠堂 가운데 畵像이 있는데, 이것이
> 유명한 승려 無學의 화상이라고 전한다. 매년 봄과 가을 목멱신사의 제사
> 때 사당 가운데 화상을 池閣에 옮긴다.[60]

이와 같이 남산 꼭대기에 목멱신사라는 사당이 있었고, 매년 봄·가을에
醮祭를 지냈다고 한다.[61] 국사당이란 서울을 수호하는 神堂으로, 조선
태조 때부터 국가에서 祈雨祭나 祈晴祭 등 제사를 지냈다. 즉 풍수지리적으
로 남산은 서울을 지키는 4대 산 가운데 朱雀 혹은 案山으로 여겨질 만큼
중요한 산이었다. 이 산에 국사당을 지어 놓고 무학의 진영을 봉안하였다는
것은, 그의 위상을 가늠케 한다. 안변 釋王寺에서도 봄·가을로 제사를
지내는 것도 그러한 맥락에서 이해된다.[62] 이 국사당은 일제 강점기인
1925년 무학이 기도하였던 곳인 인왕산으로 이전되었던 것이다.[63] 일제가

---

57)『태조실록』권8, 태조 4년(1395), 12월 29일 무오조.
58)『태종실록』권15, 태종 8년(1408), 5월 22일 경오조 ;『태종실록』권18, 태종 9년
　　(1409), 7월 5일 을해조 ;『태종실록』권21, 태종 11년(1411), 5월, 21일 신사조 ;『태
　　종실록』권21, 태종 11년(1411), 5월 23일 계미조.
59)『태종실록』권28, 태종 14년(1414), 8월 21일 신유조.
60)『漢京識略』卷1, 祠廟, 木覓神祠. "南山頂有國祀堂 則木覓神祀 祀中 有畵像 俗稱僧無學
　　像 每於春秋木覓神祠時 祠中畵像 則移于池閣." 국사당의 한자표기는 國師堂으로
　　사용되고 있으나,『한경지략』의 기록처럼 木覓神祠인 國祠堂이 맞다.
61)『신증동국여지승람』권3, 한성부 산천조.
62)『정조실록』권32, 정조 15년(1791), 5월 6일 경진조.
63) 서울특별시사편찬위원회,「국사당」,『서울 명소고적』, 단기 4291, 동위원회, 153쪽.

남산 기슭에 일본의 전쟁영웅 노기 마레스케(乃木希典, 1849~1912)의 신사
인 乃木神祀[64]를 지으면서 그보다 더 높은 곳에 국사당이 있는 것을 못
마땅하게 여겼기 때문이다.

　　인왕산에는 무학의 문도인 祖生이 인왕사 주지로 활동하였다. 조생이
무학의 문도라고 추정되는 것은 다음과 같은 사실 때문이다. 즉 조생은
태조 2년(1393) 11월에 태조를 알현하고 개성의 도읍 건설에 승려를 징집할
것을 청하였다.[65] 조생은 인왕사 내원당 당주였으며,[66] 定宗代 興天寺의
주지가 되었다.[67] 특히 인왕사는 무학이 비보사찰로 지정한 바 있기 때문에
인왕사 주지였던 조생은 무학의 문도이며, 祖禪이나 祖琳 등과 도반이었
다.[68]

　　이처럼 조생은 인왕산의 사찰인 인왕사 당주와 내원당 감주로 활동했
다.[69] 고려말 내원당 감주는 弘慧國師 中亘과 龜谷覺雲에 이어 璨英·天浩·祖
異·元珪 등이 재임하였는데, 대개 가지산문계 太古普愚나 白雲景閑의 문도
였다.[70] 그러나 조선왕조의 창업에 참여한 무학이 태조의 왕사로 책봉되면

---

64) 乃木神祀의 터는 현재 서울시 중구 예장동 리라초등학교 옆 사회복지법인 남산원이
　　다. 신사 입구에 놓여있었던 손 씻는 돌항아리 2개, 등불을 켰던 등롱 등이 운동장
　　주변에 남아 있다.
65) 『태조실록』 권4, 태조 2년(1393), 11월 19일 경신조.
66) 『태조실록』 권11, 태조 6년(1397), 6월 23일 계묘조 ; 『태조실록』 권13, 태조 7년
　　(1398), 1월 21일 기사조.
67) 『정종실록』 권2, 정종 1년(1399), 8월 12일 기유조.
68) 『태조실록』 권4, 태조 2년(1393), 11월 19일 경신조 ; 祖禪은 호가 鐵虎인데 무학이
　　태종 2년 회암사 감주로 임명될 때 더불어 주지로 임명된 바 있다. 고려말 무학과
　　더불어 조인규 가문의 원당인 과천 청계사의 주지였다. 조선에 대해서는 실록에
　　2건, 『양촌집』에 1건의 기사가 보이고 있다.(『태종실록』 권4, 태종 2년(1402),
　　7월 13일 갑오조 ; 『태종실록』 권4, 태종 2년(1402), 8월 2일 계축조 ; 권근, 「津寬寺
　　水陸造成記」, 『양촌집』 권12 ; 이색, 「安心寺 指空懶翁 舍利石鐘碑」, 『한국금석전문』
　　중세 하, 1226쪽 ; 황인규, 「무학자초의 문도와 그 대표적 계승자」, 『삼대화상연구
　　논문집』 3, 2001 ; 황인규, 『고려후기·조선초 불교사연구』, 혜안, 2003.)
69) 『태조실록』 권11, 태조 6년(1397), 6월 23일 계묘조 ; 『태조실록』 권13, 태조 7년
　　(1398), 1월 21일 기사조.
70) 황인규, 「백운경한과 고려말 선종계」, 『한국선학』 9, 한국선학회, 2004 ; 황인규,

서 왕사의 다음 승직인 내원당 감주는 무학의 문도인 조생이 맡게 된
듯하다.

조생은 스승 무학을 따라 한양정도에 참여하고 한양건설에도 참여하여
興天寺 寺主가 되었다. 흥천사는 태조의 계비인 神德王后의 능침사찰로
창건되었고, 세종대에는 선종의 본산이 되는 중요사찰이다. 이 사찰의
초대주지는 尙聰이었고,[71] 그 후 세종대 초반에 활동한 천태종계 고승
行乎가 취임하기 전의 시기에는 무학의 문도들인 조생이나, 云悟 또는
宗眼 등이 주지를 맡았다.[72] 왕실의 가장 중요사찰인 흥천사와 더불어
祖生이 주지를 한 인왕사는 福世庵 아래, 금강굴의 동쪽에 위치해 있었다.[73]
인왕사는 내원당과 더불어 당시 중요사찰이었던 것 같으나 자세한 사실은

『고려말·조선전기 불교계와 고승연구』, 혜안, 2005.

71) 『태조실록』 권14, 태조 7년(1398), 5월 13일 기미조 ; 權近, 「興天寺造成記」, 『陽村集』
권12 ; 『동문선』 권78 ; 황인규, 「조선전기 천태고승 행호와 불교계」, 『한국불교학』
35, 2003 : 황인규, 『고려말·조선전기 불교계와 고승연구』, 혜안, 2005.

72) 『태종실록』 권17, 태종 9년(1409), 1월 24일 정묘조 ; 『세종실록』 권23, 세종 6년
(1424), 2월 14일 경신조 ; 황인규, 「여말선초 선승들과 불교계의 동향」, 『백련불교
논집』 9, 1999 ; 황인규, 「조선전기 천태고승 행호와 불교계」, 『한국불교학』 35,
2003.

73) 『동국여지승람』 권3, 한성부 불우 금강굴. 인왕산 쪽으로 조금 올라가는 길에
'치마바위'라는 곳이 있다고 한다. 여기에 큰 주춧돌이 여러 개 남아 있고 기와도
수습되고 있는 것으로 보아 이곳이 바로 예전의 인왕사가 있었던 곳이 아닌가
하는 추측을 할 수 있는데, 확실치 않다. 선학의 연구에 의하면, 인왕사의 위치와
형세에 대하여 다음과 같이 서술하였던 바 있다. "인왕사 정상은 군부대이며,
이 정상에서 서남쪽으로 골짜기를 타고 내리면 바로 유명한 인왕사 샘(泉)과
인왕사 터가 연이어지고, 서쪽 능선으로 내려오면 유명한 불상 바위가 되는데,
이 불상 바위는 인왕불 바위이다. 이 인왕불은 인왕산과 인왕사를 상징하는
자연불상으로 중요하며, 이 바위 밑에 넓은 굴이 있는데 이것이 바로 금강굴로
알려져 있다. 바로 인왕사 터에서 서쪽이 된다. 이처럼 인왕사는 인왕산에서
가장 중요하고 가장 수행하기 좋은 곳에 위치하고 있어서 인왕산의 상징 사찰로
크게 주목 받고 있는 것이다."
이에 덧붙여 인왕사의 문화재와 관련하여서도 다음과 같이 잘 정리한 바 있다.
즉 "현재 절터 일부와 옛 우물 등이 창건기의 것으로 인정되며, 인왕산과 인왕사의
근거가 되는 佛巖과, 불암 밑에 있던 금강굴, 정상의 복세암 터 등이 확인되며,
그외에 후불탱화, 괘불탱화, 영정, 불상 등이 다수 남아 있다."(문명대, 앞의 글.)

알 수 없다. 훼불주 연산군에 의해 철거되었고, 그 후 치폐를 거듭하다가 오늘에 이르고 있다.

(2) 인왕산과 사찰－內願堂 · 福世庵 · 金剛窟 · 尼社

실록에 의하면, 인왕산에는 내원당, 인왕사, 금강굴, 복세암, 니사, 나한당 등의 사찰들이 있었다고 한다.[74] 이들 사찰들에 대하여 좀 더 구체적으로 검토하기로 한다. 내원당에 대하여 살펴보기로 한다.

> 세종이 內佛堂을 창건하니 『여지승람』에 "內佛堂은 인왕산에 있다." 하였다. 공경대부와 臺諫·유생들이 모두 글을 올려 극력 간하였으며, 判院事 李順蒙 역시 승정원에 나가서 논란하여 아뢰었다. 전교하기를, "文士가 불교를 물리치는 것은 마땅하지만, 宰臣들이 어찌 불교의 시비를 알고서 반박하는 것이냐?" 하니, 이순몽이 아뢰기를, "사람들이 모두 그르다고 하기 때문에 신도 그르다고 하는 것이고, 사람들이 모두 논란하여 간하기 때문에 신도 논란하여 간하는 것입니다. 온 나라가 그르다고 하는 것을 전하께서 어찌 홀로 하실 수 있겠습니까?" 하였다.(『용재총화』)[75]

내원당(내불당)은 세종이 祖宗을 위하여 인왕산에 창건한 것이라고 한다. 태조대 초반에 내원당은 개성에 있었으므로, 인왕산에 있는 인왕사가 내원당의 역할을 하다가, 그 후 태종 9년(1409) 창덕궁 문소전 곁에 창건되었다. 하지만 세종 15년(1433) 철거되었다가 세종 30년(1448) 다시 창건되어 성종 1년(1470) 이전까지 존속하였다.[76] 특히 인왕산 내원당은 세종대에 창건된 사실이 실록에 여러 번 기록되어 있지만,[77] 본래 內願堂이 창덕궁의

---

74) 위와 같음.

75) 『용재총화』권7 ; 『연려실기술』별집, 권13, 政敎典故 僧敎.

76) 내원당의 치폐에 대해서는 다음의 논문을 참조하기 바람.(이기운, 「조선시대 내원당의 설치와 치폐」,『한국불교학』29, 2001.) 내원당과 인왕사, 비구니 도량과의 관계에 대해서는 좀 더 깊은 천착이 필요하다.

77) 『단종실록』권10, 단종 2년(1454), 1월 4일 병진조 ; 『성종실록』권3, 성종 1년(1470),

안쪽 담(重墻) 밖의 文昭殿 동쪽 곁에 있었는데 세종 30년 7월 문소전 서북쪽 공터에 다시 창건된 사실을 말하는 것이다.[78] 이처럼 도성 궁궐의 내원당은 세종이나 세조와 정희왕후 등 왕실의 보호를 받았다.[79]

그리고 복세암은 다음의 기록에서 보듯이 안암사, 정업원 등의 비구니 도량과 더불어 국초에 비보사찰로서 창건되었다.

예조에서 都城의 안팎을 순행하여 살피고, 경작을 금지하고 나무를 심는 등의 편의한 조목을 만들어 아뢰었다.…. —. 국초에 도읍을 세울 때에 산과 물의 向背를 살펴서 寺社를 건립하여 풍수의 부족함을 도와서 재변을 진압하고 물리쳤는데, 그 후 사찰로서 福世庵·安巖寺·淨逸庵·香室庵·首頂庵·望城庵·隱菴·日出庵·大高山寺·小高山寺·立巖寺·道藏洞寺·淨業院과 같은 것이 세워졌다.[80]

『신증동국여지승람』이나 『동국여지비고』에 의하면, 福世菴은 세조조에 창건되어[81] 왕실의 중요사찰인 원각사와 內願堂과 더불어 왕실의 보호를 받았다.[82]

(왕이) 하교하였다. "지금 이후로는 奉先寺·檜巖寺·龍門寺·正因寺·水鍾寺·開慶寺·上院寺·洛山寺, 그리고 淨業院·福世菴·演窟菴 등의 절은 內需司로 하여금 맡아서 檢察하게 하라."[83]

2월 11일 경신조.

78)『세종실록』권121, 세종 30년(1448), 7월 21일 을사조 ;『문종실록』권7, 문종 1년(1451), 4월 14일 임오조.
79)『성종실록』권10, 성종 2년(1471), 5월 14일 병술조.
80)『성종실록』권7, 성종 1년(1470), 9월 26일 신축조.
81)『동국여지비고』제2편, 漢城府 ;『세조실록』권11, 세조 4년(1458), 2월 13일 임인조 ;『용재총화』권1.
82)『세조실록』권45, 세조 14년(1468), 3월 18일 무인조 ;『예종실록』권3, 예종 1년(1469), 1월 6일 신유조 ;『성종실록』권35, 성종 4년(1473), 10월 2일 경신조 ;『성종실록』권55, 성종 6년(1475), 5월 10일 무오조 ;『성종실록』권91, 성종 9년(1478), 4월 5일 병신조.

이와 같이 복세암은 봉선사·회암사·용문사·정인사 등의 사찰들과 더불어 예조가 아닌 내수사에서 감찰하도록 하는 등 왕실의 보호를 받았다. 이러한 것은 오래가지 못하였다. 즉 복세암은 도성의 西岳 꼭대기에 있었고,[84] 그 밑에 위치한 인왕사,[85] 金剛窟 등의 사찰들이 궁궐을 내려다보는 위치에 있다고 철거케 하였다.[86]

또한 인왕동에는 羅漢堂이 있었다고 한다. 즉, 실록에 의하면, '경성 안의 仁王洞 羅漢堂은 귀천을 가릴 것 없이 잇달아 왕래하여, 오히려 뒤떨어질세라 다투어서 나아가되, 금하고 막는 자가 없다.'[87]고 한다. 이렇듯 인왕산 나한당에는 사람들의 불교신행활동이 매우 융성하였지만, 세종 18년(1436) 그마저 철거되고 말았다.[88]

뿐만 아니라 인왕동에는 尼社(尼舍)들도 있었다. 이 니사들은 세조가 창건한 것인데,[89] 유생들의 철거요구에도 불구하고 '盤石坊의 두 곳 여승의 집은 산을 의지해 깊숙하고 궁벽하여 民家에 멀리 있어서 여러 여승이 거처할 만하고, 仁王洞의 한 곳 여승의 집은 世祖朝 때에 창건한 이유' 때문에 철거를 면할 수 있었으나,[90] 그 후 언제까지 존재했는지 알 수 없다. 그 후 중종 때 승려가 인왕산에 초막을 지었다는 기록으로 미루어 보아,[91] 인왕산의 사찰 철폐령에도 불구하고 치폐가 거듭되었던 것 같다. 인왕산의 산이름을 낳은 인왕사가 산내 대표적인 도량이었다.

83) 『성종실록』 권173, 성종 15년(1484), 12월 17일 경오조.
84) 『연려실기술』 별집 권16, 地理典故, 산천의 形勝.
85) 『성종실록』 권204, 성종 18년(1487), 6월 2일 경오조.
86) 『연산군일기』 권51, 연산군 9년(1503), 11월 9일 임신조.
87) 『세종실록』 권72, 세종 18년(1436), 6월 10일 을사조.
88) 위와 같음.
89) 『성종실록』 권55, 성종 6년(1475), 5월 27일 을해조.
90) 『성종실록』 권56, 성종 6년(1475), 6월 12일 기축조 ; 『성종실록』 권57, 성종 6년 (1475), 7월 19일 병인조.
91) 『중종실록』 권83, 중종 32년(1537), 2월 20일 기사조.

4. 맺음말

仁王山이 漢陽을 진호하는 內四山 가운데 하나로 주목받기 시작한 것은 조선왕조가 개창된 후 한양이 국도로 선정되면서부터이다. 그 이전에 西山(右白虎) 또는 岐峯으로 불리었지만, 한양정도 직후에 仁王寺가 창건되면서 인왕산이라고 불렸다. 仁王이란 말은 불교의 金剛力士라는 뜻이다. 한양이 국도로 선정된 후 왕사 無學이 주산으로 정할 것을 제안하였으나, 백악산이 주산이 되므로, 한양의 주산은 되지 못하고 右白虎에 머물고 말았다. 그 후 무학자초를 계승하였다고 생각되는 광해군대의 고승 性智도 王氣가 있는 땅이라고 하여 중요시하였다.

무학은 양주 檜巖寺를 축으로 하여 한양을 비보하는 4대 사찰을 지정 운영하였는데, 한양을 중심으로 하는 불교계의 재편이었다. 인왕사를 비롯한 개운사·일선사 등 도성 안팎의 사찰을 비보사찰로 지정하였다. 그리하여 무학은 한양의 案山이자 랜드마크인 木覓山 神祠인 國祀堂에 모셔져 백성들의 추앙을 받았다. 일제 강점기 목멱신사는 무학이 중요시 하였던 인왕산으로 옮겨졌다.

인왕산에는 여러 사찰들이 창건되었을 것이나 숭유억불시책의 강화로 현재 확인되는 사찰은 몇몇 사찰에 지나지 않는다. 산 정상의 福世庵과 그 밑의 仁王寺·金剛窟·尼社(尼舍)·羅漢堂·內願堂 등의 사찰이 있었지만, 사림정치 시행기인 성종대를 거쳐 연산군대에 이르러 대부분 철거되었다.

인왕산의 사찰 가운데 특히 주목되는 사찰은 인왕사와 내원당이다. 왕사 무학의 문도인 祖生이 內願堂 監主와 仁王寺 주지를 겸직하면서 스승 무학에 이어 한양건설에 참여하였고, 왕실원찰인 興天寺 주지를 역임하였다. 그리고 인왕산에 내원당이 창건되어 한 때 도성 궁궐의 왕실불교의 보루가 되었고, 尼社(尼舍)가 건립되어 궁궐 내 淨業院 등 왕실 비구니승방과 더불어 왕실 여성불교의 중심도량이 되었던 것이다.

제2장 선교양종의 본산과 고승

1. 머리말

조선왕조의 건국 직후인 태종 6년에서 세종 6년에 걸친 20년 사이에 대불교탄압시책이 단행되었다. 특히 세종 6년 단행된 선교양종 본산인 도회소를 중심으로 하는 36사체제는 조선중기 '무종단 산중불교'시대가 이루어지기까지 사찰의 운영 또는 통제의 근간이 되었다.

조선초 불교탄압시책으로 사찰과 사원전 및 사원노비가 이전의 1/10로 축소되었으나, 불교계의 규모와 사세는 여전히 대단하였다. 예컨대 성종 11년 무렵 양종에 소속한 사찰이 9,500여에 달하고 승려가 10만 5, 6천[1]이라 하였다.[2] 또한 성종대 '도내의 절이 큰 고을에는 백여나 되었고 작은 고을에는 40, 50이었으며 또 새로 짓는 것이 많았다'[3]는 기록이나 조선중기에 편찬된 『신증동국여지승람』이나 조선후기에 편찬된 『여지도서』에 여전히 사찰의 수가 1,600여에 달하고 있다.[4] 이처럼 조선불교계는 고려시대에

---

1) 세조·성종대의 승려수도 큰 차이를 보이고 있다. 세조 13년 호패발급시 승려 수가 30만, 성종 11년 정극인의 상소에서는 10만 5,6천이라 하였다.(『성종실록』 권122, 성종 11년(1480), 10월 26일 임신조.) 보다 자세한 것은 다음의 논문을 참조하기 바람.(이봉춘, 「조선 성종조의 유교정책과 배불정책」, 『불교학보』 28, 1988.)

2) 이는 오늘날 사찰 수의 4배, 승려 수의 10배에 달하는 규모라고 한다. 이재창, 「조선조 사회에 있어서의 불교교단」, 『한국사학』 7, 1986.

3) 『성종실록』 권259, 성종 22년(1491), 11월 29일 신축조.

4) 조선시대 사찰의 수적 추이를 보면, 중종대 편찬된 『신증동국여지승람』에 1,638소, 영조대 편찬된 『여지도서』에 1,537소(승려 수는 2만 8천여 명 상회 추정), 1918년에 편찬된 『조선불교통사』에 1,283소(산내암자 포함 1,478소)로 수적인 감소를 보이

비하면, 그 규모나 사세가 축소되었지만, 불교의 침체기라고만 설명될 일이 아니다. 비록 숭유억불시책이 국가정책의 기조가 되었으나, 조선중기까지 정신문화계에 있어서는 고려시대 못지않게 지배적인 위치를 점하고 있었던 것이다.

그동안 조선전기 억불시책이나 불교시책에 대한 연구들은 이러한 점들을 간과하지 않았나 한다. 성리학자들이나 위정자들이 숭유억불시책을 가속화해갈 때 불교교단의 주체적이고 자주적인 입장에서 어떠한 대응이 있었는가는 향후 조선불교의 존립과도 관계된 중요문제이다.

본고는 숭유억불시책이 전개되는 가운데 조선전기 불교계의 중심기관이었던 선교양종의 都會所體制가 세종 6년(1424)부터 연산군 10년(1504) 무렵까지 81년간 어떻게 운용되었는가를 살피는데 그 목적이 있다. 특히 선교양종의 본산의 역할과 그 위상은 무엇이었는가? 그리고 양종의 本山을 이끌었던 도회소의 수장인 判事들의 실체를 알아보고, 그들이 불교계를 어떻게 통할하였는가에 대해서 살펴보고자 한다.

2. 본산의 역할과 위상

한국불교 역사상 불교계의 본산제의 시행은 세종 6년(1424) 승정기구인

고 있다.(이병희,「조선시대 사찰의 수적 추이」,『역사교육』61, 1997.) 참고로 중앙승가대 불교사학연구소에서 작업·간행하고 조계종에서 증보·편찬한 대한불교조계종의『한국근현대불교사연표』, 2000에 의하면, 일제강점기 불교교세는 사찰 1,237~1,412여 소, 승려 6,247~8,340명이었다.(1916년 : 사찰 1,412소, 승려 8,340명(비구 6,920, 비구니 1,420), 1941년 : 사찰 1,326소, 승려 6,247명.(비구 5,211, 비구니 1,036)(1925년의 사찰 수 885소는 너무 차이가 나 제외함.) 조선초 불교탄압 이후의 조선 중·후기의 1,700여 소의 사찰이 20세기 전반기인 일제강점기 1,200~1,400여 소로 축소되었다. 이는 일제 총독부 총계연보(1915)에 사찰 1,401소, 승려 8,247명과 대체로 일치하고 있다. 그 후 21세기 전후하여 사찰과 승려 수는 크게 증가하였던 것으로 조사되었다. 즉, 대한불교진흥원에서 편찬한『한국불교총람』에 의하면, 1993년판 : 사찰 1만2천6백80소, 승려 3만8백1명, 2008년판 사찰 : 1만5,000여 소에 일고 있다는 것이다. 실제 교세의 확장에서 비롯된 것으로 보이는데, 이에 대한 정밀한 천착이 필요하다.

승록사를 폐치하고 흥천사와 흥덕사를 양종의 도회소로 삼는 것에서 비롯
된다. 본산체제는 세종 6년부터 명종 20년(1565)까지 142년간 본산체제가
실시되었으나, 그 후 광무 3년(1899) 전국 首寺利制가 시행되기까지 335년간
무종단의 산중불교시기였다. 세종 6년 본산체제의 시행 이후 현재까지
불교계의 본산체제의 시행을 그 성격에 따라 구분하여 표를 만들면 다음과
같다.

　　(1) 조선전기 선교양종 본산체제기 ＜142＞
　　제1기 선교양종 본산체제기 : 세종 6년(1424)～연산군 10년(1504) ＜81＞
　　제2기 선교 1종 본산체제기 : 연산군 10년(1504)～명종 5년(1550) ＜47＞
　　제3기 선교양종 본산 복설체제기 : 명종 5년(1550)～명종 20년(1565) ＜16＞
　　(2) 조선후기 무종단 산중불교시기 ＜331＞
　　제4기 무종단시기 : 명종 20년(1565)～선조 25년(1592) ＜28＞
　　제5기 都摠攝·糾正所시기 : 선조 25년(1592)～인조 1년(1623) ＜32＞
　　제6기 도성출입금지 산중불교시기 : 인조 1년(1623)～고종 32년(1895)
　　　　＜273＞
　　(3) 근대불교 본산체제기 ＜47＞
　　제7기 전국 首寺利體制시기 : 광무 3년(1899)～1910년 ＜12＞
　　제8기 寺利令 본산체제기 : 1910년～1945년 ＜36＞
　　(4) 현대불교 본산[總務院]체제기 ＜67＞
　　제9기 총무원제 : 1945년～현재(2011) ＜67＞

　위의 표에서 보듯이, 세종 6년 본산체제가 처음 시행된 후 명종 20년(1565)
까지 142년간의 조선전기 선교양종본산제의 시기와 명종 20년 이후 광복의
시기까지 381년간의 조선후기 무종단 산중불교시기, 그리고 1945년 광복후
현재까지 67년간 현대불교 본산체제기로 구분할 수 있다.
　그러므로 한국불교에서 본산체제는 일제 강점기 사찰령에 의해 시작된
것이 아니라 세종 6년에 이미 시행되었음을 알 수 있다. 조선불교에서

본산체제가 가장 전형적으로 실시된 시기는 제1기와 제3기이며, 조선후기 산중불교시기라는 불교의 침체기속에서도 도총섭과 규정소를 중심으로 한 본산시대가 있었다는 사실이 주목된다. 근대불교시기에 있어서는 대한제국기 전국 首寺利體制期를 거쳐 일제의 사찰령에 의하여 31본산체제가 시행되었고, 광복 후 그것을 계승해 총무원제가 실시되었다. 그 가운데, 본산체제가 실시된 시기는 조선전기인 제1기~제3기와 조선후기의 제5기, 그리고 근대불교기의 제8·9기와 현대불교시대이다.

현대 이전의 본산체제는 불교계 교단의 주체적인 참여에 의하여 이루어진 것이 아니라, 정부의 외적 강제에 의하여 실시되어 중앙집권식 제도를 취한 것이 그 특징이다. 그러한 제도의 장점도 있을 수 있으나, 共議(公議)[5]나 9산 문도회,[6] 총림법회[7] 및 談禪法會[8] 등 불교의 고유한 전통적인 민주제도를 되찾아야 할 것이다.

본고는 조선전기인 제1기를 중심으로 제2기까지의 본산체제에 대해서 검토하고자 한다. 먼저 불교역사상 처음으로 등장하는 세종대 본산체제에 대해서 살펴보면 다음과 같다. 조선초부터 본격화된 불교탄압시책은 태종대 7종 242체제를 거쳐 세종 6년 선교양종 각기 18사를 선정하고 首寺利格인 본산을 두는 방식을 취하였다. 세종 6년 시행된 본산체제의 내용은 다음의 글에서 단적으로 알 수 있다.

예조에서 아뢰었다. "釋氏의 도는 禪·敎 兩宗뿐이었는데, 그 뒤에 정통과 방계가 각기 所業으로써 7종으로 나누어졌습니다. 잘못 전하고 거짓을 이어받아, 근원이 멀어짐에 따라 말단이 더욱 갈라지니, 실상 그 스승의

---

5) 강석주·박경훈, 『불교근세백년』, 중앙신서, 1980, 83~85쪽.

6) 민지, 「군위 인각사 보각국존정조탑비문」, 『조선금석총람』상 ; 이익배, 「승주 불대사 자진원오국사정조탑비」, 『조선금석총람』상 ; 유창, 「태고화상행장」, 『태고화상어록』권하, 『한국불교전서』6.

7) 「龍潭寺叢林會牓」, 『동국이상국집』권25.

8) 이규보, 「용담사총림회방」, 『동국이상국집』권25 ; 이규보, 「西普通寺行同前牓」, 『동국이상국집』권25.

도에 부끄럽게 되었습니다. 또 서울과 지방에 寺社를 세워, 각 종파에 분속시켰는데, 그 수효가 엄청나게 많으나, 승려들이 사방으로 흩어져서 절을 비워두고 거처하는 자가 없으며, 계속하여 修葺(보수)하지 않으므로 점점 무너지고 허물어지게 되었습니다.

그러므로 曹溪·天台·摠南 3종을 합쳐서 禪宗으로, 華嚴·慈恩·中神·始興 4종을 합쳐서 敎宗으로 하며, 서울과 지방에 승려들이 우거할 만한 곳을 가려서 36개소의 절만을 두어, 양종에 분속시킬 것입니다. 그리고 田地를 넉넉하게 급여하고 우거하는 승려의 인원을 작정하며 무리지어 사는 규칙을 작성하여, 불도를 정하게 닦도록 할 것입니다. 이어 僧錄司를 혁파하고, 서울에 있는 興天寺를 禪宗都會所로, 興德寺를 敎宗都會所로 하며, 나이와 행동이 아울러 높은 자를 가려 뽑아 양종의 行首와 掌務를 삼아서 승려들의 일을 살피게 하기를 청합니다. 이제 분속하려는 서울과 지방의 사사와 우거하는 승려의 정원과 급여할 전지의 결수를 가지고 낱낱이 아룁니다.…" (임금이) 그대로 따랐다.[9]

위의 예조의 상언에 의하면, 불교의 도는 본래 선교양종뿐이었는데 7종으로 나뉘어 그 근원에서 벗어났기 때문에 각 종파에 분속된 사찰을 제대로 관리치 못하였다. 때문에 선교양종으로 통폐합하고 36寺를 선정하여 분속시키고 田地와 인원을 배당하라고 하였다. 그리고 승록사를 혁파하고 서울에 소재하고 있는 흥천사와 흥덕사를 都會所로 삼고 그 수장인 行首와 掌務를 뽑아 승려들의 일을 살피게 하라고 하였다. 그리고 행수와 장무는 나이와 행실이 높은 자 가운데 선발토록 하였다.

7宗을 선교양종의 2종으로 통폐합한 것은, 선교양종 가운데 가장 종세가 컸던 조계종과 화엄종으로 흡수 병합하였다고 할 수 있다. 즉, 조계종·천태종·총남종을 선종으로, 화엄종·자은종·중신종·시흥종을 교종으로 통폐합하였다고 하였으나, 선종으로 흡수된 천태종과 총남종, 그리고 교종으로 흡수된 자은종·중신종·시흥종은 각기 종파가 지닌 고유성이 말살되게

---

9)『세종실록』권24, 세종 6년(1424), 4월 5일 경술조.

되었고, 따라서 선종은 조계종으로, 교종은 화엄종으로 불리었다. 선교양종
으로 통합 이전부터 '선종을 합하여 조계로, 오교를 합하여 화엄으로',10)
'조계·화엄 양종'이라 불리었고,11) 그리고 통합 이후 '흥천사와 흥덕사가
양종'12)이라 지칭되기도 하였다.

조선시대에 새로 세워진 흥천사·흥덕사·개경사가 포함되었고, 태조와
관계가 깊은 석왕사와, 태종과 관계가 깊은 각림사가 포함되었다. 그리고
개경 주위의 사찰로서 숭효사·연복사·관음굴·광명사·신암사·감로사·영통
사 등의 사찰이 포함되었다. 결국 경기지역의 사찰이 17寺이며, 그 나머지
19개 사찰이 전국에 걸쳐 골고루 분포되었다.

이처럼 36사는 국도인 한성을 중심으로 한 불교계를 재편성하면서 왕실
과 밀접하였던 왕실의 陵寢寺刹이나 水陸社로 선정되었다. 그 가운데 흥천사
와 흥덕사가 본산으로 지정된 것은 두 사찰이 조선왕조를 개창한 태조의
두 대비를 위해 능침사찰로 창건되었으며, 도성내 유일의 큰 사찰이었기
때문이었다.

이와 같이 승정기구인 승록사가 폐지되고 흥천사와 흥덕사가 선교종의
도회소를 맡게 되었다. 국가적인 승정기구가 없어지고 수사찰격인 본산사
찰이 그 기능을 맡게 된 것을 의미한다. 36사는 한성을 중심으로 하면서도
전국적으로 골고루 분포되었다. 그런데 36사 외의 寺社에 대하여 居僧의
배정수나 田地의 급여가 전혀 없었으며, 그러한 寺社는 자연히 폐사되었을
것이므로, 곧 혁거로 간주되어야 할 것이라는 견해도 있다.13) 그러나 36사는
본산으로서의 그 자격을 인정하고 그 밖에 사사를 모두 혁거한 것은 아니다.
왜냐하면 세종 36사 외에도 『신증동국여지승람』에 1,638寺가 존치하는
것으로 나타나고 있기 때문이다.14) 많은 사찰들에 대한 통치는 조정만의

---

10) 『태종실록』 권3, 태종 2년(1402), 4월 22일 갑술조.
11) 『태종실록』 권13, 태종 7년(1407), 1월 22일 정축조 ; 『세종실록』 권28, 세종 7년
   (1425), 4월 1일 경자조.
12) 『세종실록』 권80, 세종 20년(1438), 2월 26일 경진조.
13) 이봉춘, 앞의 글, 1988, 181쪽.

힘으로는 쉽지 않았을 것이므로, 불교계에 의지할 수밖에 없었을 것이다. 즉, 조정의 불교계 행정기구라고 할 승록사를 없애고 예조가 그 책무를 이어받았지만, 현실적으로는 본산인 도회소가 불교계를 전체적으로 통할하게 되었을 것이다.

그리고 선교양종 36사는 세종 7년 5월에 이르기까지 세 차례 일부의 사찰이 교체되었다. 즉 교종의 전주 景福寺·창평 瑞峯寺와 선종의 구례 華嚴寺·은율 亭谷寺·태인 興龍寺의 5사 대신에 강릉 上院寺와 금강산 正陽寺가 교종에, 유후사의 興敎寺·순천 松廣寺·금강산 長安寺가 선종으로 교체되었다.[15] 이를 표로 제시하면 다음과 같다.

〈표 1〉 세종대 선교양종 본산사찰

		선종	교종
서울		★※흥천사	★※흥덕사
유후사		★숭효사	★광명사
		★연복사	★신암사
		(흥교사)	
경기도	개성	●관음굴	★감로사
	양주	★승가사	★장의사
		☆※개경사	★소요사
		★◇회암사	
		●◇진관사	
	해풍		☆◇연경사
	송림		☆영통사
	고양	★대자암	

---

14) 한우근, 『진단학보』, 25·26·27합, 1964, 100쪽 : 『유교와 정치』, 일조각, 124쪽. 이와 관련하여 성종대 1만여 사찰이 있었다는 기록은 매우 주목할 만한 사실이다. 즉 실록에 의하면 다음과 같은 기록이 있다. "전 正言 丁克仁이 대궐에 나아와 上書하였다. '1. 불교가 이 세상에 유익한 지 신은 어리석어서 의심하여 알지 못하겠습니다. 兩宗에 소속된 寺社를 헤아려보면, 전라도가 2천, 경상도가 3천, 충청도가 1천 5백, 강원도와 황해도가 아울러서 1천, 永安道와 평안도가 아울러서 1천, 경기·京山이 1천이니, (그 수가) 대개 1만보다 적지 아니하고, 승도의 수도 10만 5, 6천보다 적지 않습니다.'(『성종실록』 권122, 성종 11년(1480), 10월 26일 임신조.)" 그러나 당시 사찰수가 1만여 寺에 달했는지는 좀 더 검토해 볼 일이다.

15) 『세종실록』 권26, 세종 6년(1424), 10월 25일 병인조.

충청도	공주	계룡사	
	보은		속리사
	충주		보련사
경상도	진주	단속사	
	경주	기림사	
	거제		● ◇견암사
	합천		해인사
	창평		〈서봉사〉
전라도	구례	◇〈화엄사〉	
	태인	〈흥룡사〉	
	전주		〈경복사〉
	순천	(송광사)	
강원도	고성	★◇유점사	
	회양		● ◇표훈사
	원주	★△각림사	
	강릉		★(상원사)
	금강산	(장안사)	(정양사)
황해도	은율	〈정곡사〉	
	문화		월정사
	해주		★신광사
평안도	평양		영명사
함경도	안변	★△석왕사	

* 세종 7년 5월 교체사찰 〈 〉 혁거, ( ) 신입
* ★ 왕실원당, ☆ 능침사찰, ● 수륙사 사찰
  ◇ 혁거예외사찰, ※조선시대 창건 사찰, △ 태조·태종 관련 사찰

그러면 양종의 본산의 역할은 어떠하였을까? 이와 관련하여 다음의 글을 보기로 한다.

선교 양종에 유시하였다. "승도로서 권선문을 위조하여 가지고 민가와 관가를 횡행하며 재화를 강제로 빼앗아 폐단을 일으키는 자와, 어두운 밤중에 인가를 출입하며 처를 얻어 파계하는 자와, 賊黨과 사귀어 남의 재물을 도둑질하는 자를 경중에서는 양종에서 항상 검거하여 예조에 보고하고 임금에게 아뢰어 추국하고, 外方에서는 양종에 소속된 여러 사찰에서 듣고 본 것을 자세히 갖추어 所居邑에 고하여 추국해서 임금에게 아뢴다.

만약 宿嫌(오래된 혐의)을 가지고 무고하여 죄를 씌운 자는 그에 해당하는
벌을 주도록 하여라."16)

양종은 예조에 소속되어 지휘를 받았으며,17) 간혹 승정원의 지휘를
받기도 하였다.18) 양종의 도회소는 출가19) 및 도첩,20) 京中의 승려의 불사
관리,21) 승려의 파계방지,22) 사찰의 중수23) 등의 일을 관장하였다. 그리고
그러한 양종에는 1백여 결의 토지를 지급하였고24) 양종의 승려들은 세종
20년(1438) 수교에 따라 임기를 1년으로 제한하였다.25)

그러면 양종의 수장인 판사에 대하여 좀더 구체적으로 살펴보기로 한다.

선종에서는 대선에서 中德으로, 중덕에서 선사로, 선사에 올라 대선사가
되는데, 판사를 임명한 사람은 都大禪師라 한다. 교종에서는 대선에서
중덕이 되고, 중덕에서 대덕이 되며, 대덕으로부터 올라 大師가 되는데,
판사에 임명된 자는 都大師라 한다. 양종에서는 내외의 절을 각각 15개씩
나누어 관장한다. 중덕에 오른 자는 주지로 추천하여 임명하고, 선종과
교종은 三望을 갖추어 예조에 올리며, 예조는 이조에 옮기고 임금에게

---

16) 『세조실록』 권14, 세조 4년(1458), 12월 18일 임신조.
17) 『세조실록』 권21, 세조 6년(1460), 7월 4일 무인조.
18) 『세조실록』 권13, 세조 4년(1458), 7월 16일 신축조.
19) 『성종실록』 권4, 성종 1년(1470), 3월 6일 을유조.
20) 『세조실록』 권21, 세조 6년(1460), 7월 4일 무인조.
21) 『세조실록』 권13, 세조 4년(1458), 7월 16일 신축조.
22) 『세조실록』 권15, 세조 5년(1459), 2월 8일 신유조 ; 『세조실록』 권23, 세조 7년(1461),
    3월 15일 병진조.
23) 실록에 의하면, 옛터에 사찰을 중수할 때에는 양종에 알리어 예조에 보고토록
    하였다.(『성종실록』 권163, 성종 15년(1484), 2월 12일 병술조.)
24) 『성종실록』 권94, 성종 9년(1478), 7월 16일 을해조.
25) "현재 거주하는 焚修僧을 모두 쫓아내어 보내고, 다시 持戒와 操行이 있는 자를
    택하여 거주하게 하고, 이제부터 양종에 入接한 승려들을 正統 3년의 수교에
    따라 1년[周年]이 되면 서로 교체하도록 항식을 삼고, 만약에 여염에 출입하는
    자가 있으면 엄히 금하도록 하라."(『성종실록』 권140, 성종 13년(1482), 4월 11일
    기유조.)

낙점을 받는다.26)

양종의 판사는 都大禪師와 都大師로 불리었으며, 15寺 정도의 사찰을 관장하였다고 하여 대체적인 내용은 실록의 기록과 일치하고 있다. 양종의 주지는 서울과 지방에서 직책을 갖고 있는 도반승 가운데서 나이가 높고 계율을 지키는 자를 택해서 임용하게 하였다. 그리고 판사는 도성에서 말을 타고 달릴 수 있도록 예우하였다.27)

의정부에서 예조의 呈文에 의하여 아뢰었다. "지금 興天寺에 살고 있는 승도는 모두 내쫓고, 선교의 양종으로 하여금 京外에서 직책을 가지고 있는 道伴僧 가운데서 나이가 높고 계율을 지키는 자를 택하여, 금년 9월에 입주케 하고 명년 9월이면 갈아서 내보내게 하는 것으로 일정한 법식을 삼게 하십시오." 그대로 따랐다.28)

즉, 나이와 행동이 아울러 높은 자를 가려 뽑아 양종의 行首와 掌務를 삼아서 승려들의 일을 살피게 하였다.29) 다음의 인용한 글에서 보듯이 첫 선교 양종의 행수와 장무는 중호와 혜진이었다.

…이제 判禪宗事 中皓와 掌務인 中德 寶惠와 大禪師 祖衍과 判敎事 惠眞과 掌務인 大師 信暐 등….30)

판선종사사 중호와 판교종사 혜진은 판사급 행수였음을 알 수 있으며, 양종은 行首와 掌務가 본산인 도회소의 최고의 직위에 있으면서 불교계를 통할하였다. 그런데 눌재 양성지의 상소를 보게 되면, 양종의 판사가 중국의

---

26) 『용재총화』 권9.
27) 『성종실록』 권56, 성종 6년(1475), 6월 22일 기해조.
28) 『세종실록』 권82, 세종 20년(1438), 9월 8일 기축조.
29) 『세종실록』 권24, 세종 6년(1424), 4월 5일 경술조.
30) 『세종실록』 권27,. 세종 7년(1425), 1월 25일 병신조.

승관제에서 나왔음을 밝히고 있다.

> 1. 僧司를 설치하는 일입니다.
> 신이 그윽이 보건대, 중국의 관제에 천하의 州郡에는 모두 僧綱道紀司가
> 있거나 혹은 僧徒會司가 있는데, 우리나라의 양종판사가 바로 거기에서
> 택한 것입니다. 그러나 그 제도에는 미비한 것이 있습니다.
> 금후로 양종에서는 그대로 判事 1員을 두고, 4품 이하의 6品階에 또한
> 각각 2員을 두되 승려와 朝官으로써 참여하여 제수하게 하고, 각기 都提調
> 1인·提調 2인을 두어 京外 僧人의 일을 고찰하게 하며, 외방은 매 고을마다
> 僧司를 두되 승려와 品官鄕吏 각 1인이 하게 하십시오. 수령과 감사는
> 검거하여, 小事는 笞罪로 수령이 처단하고, 中事는 杖罪로 감사가 처단하며,
> 徒刑·流刑의 죄는 양종으로 옮겨 시행하고, 死罪 이상은 임금에게 아뢰어
> 죄를 주십시오.[31]

우리나라의 兩宗의 判事는 중국의 관제 가운데 하나인 州郡의 僧綱道紀司
나 僧徒會司에서 택했음을 밝히고 있다. 예종 1년부터 양종에서 그대로
판사 1원을 두고, 4품 이하의 6품계에 각각 2員을 둔다. 그리고 승려와
朝官으로써 참여하여 제수하게 하고, 각기 都提調 1인·提調 2인을 두어
京外 僧人의 일을 고찰하게 하며, 지방은 매 고을마다 僧司를 두되 승려와
품관향리 각 1인을 두게 하였다.

그리고 양종은 지방의 소속된 사찰들을 통할하였다. 양종은 京中을 전담
하였고, 거기에 소속된 지방의 諸寺를 거느리고 승려들을 통할하였다.

> 左參贊 河演이 상언하였다. "…1. 양종 寺社의 수가 너무 많아서 국가에
> 무익하니, 엎드려 바라건대, 京中은 선·교 각각 2사로 하고, 개성부와 각
> 도에는 선·교 각각 1寺, 평안·함길도에는 선·교 중에 1사로 하고, 그 외에는
> 없애서 그 田地를 의창에 속하고 하고, 각 1寺에 주지·부주지·입주지 각각
> 1명, 都事 4명을 각기 職品으로써 임명하면, 저들이 각각 명분을 얻어서

---

31) 『예종실록』 권6, 예종 1년(1469), 6월 29일 신사조.

은밀한 행위를 하지 못하여, 그 도를 온전히 할 것입니다."[32]

하연의 상소에 의하면, 세종 22년 양종의 분속된 사찰수를 축소하자고 하면서 각 1寺에 住持·副住持·立住持로 각 1명, 都事 4명을 각기 職品으로 임명하자고 하였다. 그 이전의 1寺에 배당된 승관은 주지·부주지·입주지 각 1명과 도사 4인 이상이었을 것이다.

그런데 세조대 승려 호패법의 시행시 지방의 본사의 업무를 맡았던 승려들이 '諸山 巨刹의 執事',[33] '諸山의 維那寺',[34] '諸寺의 色掌僧'[35]이라고 나타나고 있는데, 그들이 바로 36사 본산사찰의 주지를 포함한 집무승이다.

다음으로 선교양종의 변천에 대하여 살펴보기로 한다.

본산체제가 시행된 지 불과 1년도 안된 세종 7년 유생들의 양종 혁파 주장이 제기되었다.[36] 세종 18년 사헌부에서 선·교 양종을 1종으로 하여 성 밖으로 내쫓을 것을 주장하였다.[37] 구체적으로 본산 사찰을 도성 밖의 津寬寺로 정하라고 주장하기도 하였다.

사헌부 대사헌 李叔畤 등이 시국의 폐단을 조목으로 들어서 올렸다. "1.…또 興德寺·興天寺 등의 절은 양종의 본사로 유독 서울 안에 있습니다. 閭閻에 뒤섞여 승려들이 민가에 출입하기를 평민과 다름이 없이 하므로, 도성을 숙청하고자 하는 뜻에 어그러지고 있습니다. 성상께서는 두 절을 혁파하고, 선종과 교종을 합하여 1종이 되게 하여 津寬寺로 옮기게 하고, 적당하게 전토를 주도록 하십시오. 그 나머지 각 사찰의 전토도 모두 혁파하여 없애고 국용에 충당하시기 바랍니다.…"[38]

32) 『세종실록』 권88, 세종 22년(1440), 3월 23일 을축조.
33) 『세조실록』 권26, 세조 7년(1461), 10월 9일 을해조.
34) 『세조실록』 권25, 세조 7년(1461), 8월 12일 기묘조.
35) 『세조실록』 권30, 세조 9년(1463), 1월 12일 임인조.
36) 『세종실록』 권37, 세종 7년(1425), 1월 23일 병신조.
37) 『세종실록』 권73, 세종 18년(1436), 6월 1일 을축조.
38) 『세종실록』 권72, 세종 18년(1436), 6월 18일 계축조.

대사헌 이숙치는 선교양종의 본사가 서울 도성 안에 있어서 승려들이 민가에 출입하는 등 도성이 깨끗하지 못하므로, 본산 두 절을 없애고 1종으로 만들어 도성 밖의 진관사로 본산을 삼으라고 하였다. 그리고 그 나머지 지방의 사찰들의 전토도 없애라고 하였다.

그 후 세종 22년 양종의 寺社 수가 너무 많다고 하여 京中은 禪·敎 각각 2寺로 하고, 개성부와 각 도에는 선·교 각각 1寺, 평안·함길도에는 선·교 중에 1寺로 하고, 그 외에는 없애서 그 전지를 의창에 속하게 하고, 각 1寺에 住持·副住持·立住持 각각 1명, 都事 4명을 각기 직품으로 임명하자고 하였다.[39]

이렇듯 선교양종체제의 변화가 진행되는 가운데 연산군대에 이르러 도회소인 흥덕사가 원각사로 이전되고 흥천사가 화재로 인하여 건물 자체가 소실되어 도회소가 제 역할을 할 수 없었다.

> 興天寺에 불이 났다. 지난해 불난 興德寺와 흥천사가 모두 도성 안에 있어 兩宗이라 칭하였는데, 1년이 못 되어 모두 불탔다.[40]

흥덕사는 그보다 몇 달 전인 연산군 10년 7월 원각사에 옮겨졌는데[41] 그 후 5개월 후인 같은 해 12월 승려들이 원각사에서 축출되었다.[42] 그리고 그 이듬해 2월 기녀들을 교육시키는 장악원으로 변했다.[43] 흥천사 도회소도 그 이듬해 5월 이미 궁중의 말을 기르는 마구간이 되어버렸다.[44] 그리하여 양종도회소는 갑자사화를 거치고 난 연산군 10년 4월 이후 조정의 의논이나 절차나 특별한 명분도 없이 돌연히 철폐되었다.[45]

---

39) 『세종실록』 권88, 세종 22년(1440), 3월 23일 을축조.
40) 『연산군일기』 권56, 연산군 10년(1504), 12월 9일 을축조.
41) 『연산군일기』 권54, 연산군 10년(1504), 7월 무술·계묘·을해조.
42) 『연산군일기』 권56, 연산군 10년(1504), 12월 26일 임오조.
43) 『연산군일기』 권57, 연산군 11년(1505), 2월 11일 정묘조.
44) 『연산군일기』 권58, 연산군 11년(1505), 5월 29일 계축조.
45) 이봉춘, 「연산조의 배불책과 그 추이의 성격」, 『불교학보』 권29, 1992.

그 후 유생들의 합법적인 철폐운동은 계속되었는데, 다음의 글은 그 가운데 하나이다.

태학생 蔡沈 등이 글을 올렸다.
"…전하께서 이미 고치거나 새로 짓는 일을 그만두도록 명하셨습니다. 그리고 기신재를 혁파하고 양종 및 모든 사찰의 주지들을 혁파하며, 온 나라 지방의 모든 승려들을 머리 기르게 하여 평민으로 만드십시오. 그리하여 불교가 다시는 우리 성인의 도를 훼방하고 어지럽히지 못하게 한다면, 우리 도의 다행일 뿐 아니라 참으로 조정이 다행일 것입니다."
임금이 전교하였다. "내가 숭상하는 것이 아니라 이미 조종조에서 행하던 일이니, 반드시 하루아침에 고쳐 없앨 것은 아니다."[46]

결국 교단의 도회소는 다음의 글에서 보듯이, 과천 청계사에 설치·운용하여 그 명맥을 이어가고 있었다.

廢朝로부터 도성안의 사찰을 모두 폐해서 관청(公府)를 만들어서 양종은 이름만 밖에 의탁해서 淸溪寺를 선종이라 했다.[47]

연산군대부터 도성내의 사찰은 폐치되어 양종은 이름만 있고 청계사만이 선종의 본산이 되었다는 것이다. 그러한 내용은 실록에서조차 기록을 찾을 수 없을 만큼 유명무실해져 갔던 것 같다.

본래 청계사는 趙仁規 가문의 원당으로 중창되어 고려말 無學自超와 제자 鐵虎祖禪이 주지로 있었던 중요사찰 가운데 하나였지만,[48] 조선전기 불교계에 그렇게 크게 부각된 사찰은 아니었다. 다만 청계사는 세종대에

---

46) 『중종실록』 권6, 중종 3년(1508), 5월 8일 을사조.
47) 李耔(1480~1533), 『陰崖日記』 ; 『해동야언』 권3 「중종 상」 ; 이긍익, 『연려실기술』 권7, 중종 고사본말조.
48) 이색, 「영변 安心寺指空懶翁舍利石鐘碑」, 『한국금석전문』 중세 하, 음기 ; 황인규, 「조인규가문과 수원 만의사」, 『수원문화사연구』 2, 1998 : 황인규, 『고려후기·조선초 불교사연구』, 혜안, 2004.

資福寺로서 지정되었던 바 있다. 그 후 삼한국 대부인 안씨·광평대군·평원대
군이 머물며 독경한 바 있고,[49] 문종대 信眉의 제자 雪正과 道明이 한
때 거주하며 왕실의 보호를 받았다.[50] 그 후 선사 信浩가 발원하여 안씨와
경정공주와 효령대군이 주지 覺頓과 함께『화엄경』1,470판으로 인출하였
다.[51] 그러한 사실로 미루어 보아 성종대 순교를 당하는 각돈이 수륙사인
津寬寺의 주지를 하면서 불교계를 주도하였는데,[52] 청계사를 양종의 본산
으로 삼지 않았나 한다.[53]

    양종에 소속된 지방의 여러 사찰들도 시기에 따라 치폐를 거듭하였다.
즉, 선교양종의 본산체제가 시행된 지 1년 남짓한 기간 동안 36사 가운데
일부 사찰이 교체되었다. 전주 경복사를 혁거하고 수륙사인 강릉 상원사를
편입하였고,[54] 구례 화엄사와 은율 정곡사를 혁거하고 정종의 원당이면서
능침사찰인 송광사와 정종의 능인 후릉의 능침사찰인 흥교사를 새로 편입
하였다.[55] 그리고 山水勝處의 사찰이 아니라는 이유로 태인 흥룡사와 창평
의 서봉사 대신에 금강산의 장안사와 정양사를 새로 추가하였다.[56]

    그리고 양종의 사찰 수를 줄이라는 주장이 제기되기도 하였다. 즉, 의정부
左參贊 河演의 上言에 따르면, 양종의 사찰의 수가 너무 많으므로 서울은
선교 각 2사, 개성부와 각 도에 각 1사, 평안·함경도에 선교양종 중 1사로,
모두 11사로 축소하자고 하였다.[57] 구체적으로 중요하지 않은, 선왕의

49)『세종실록』권108, 세종 27년(1445), 4월 26일 기사조.
50)『문종실록』권1, 문종 즉위년(1450), 4월 5일 무인조 ;『문종실록』권1, 문종 즉위년
     (1450), 4월 6일 기묘조 ;『문종실록』권1, 문종 즉위년(1450), 4월 9일 임오조.
51)「화엄경발」,『동문선』권103 ;『단종실록』권6, 단종 1년(1453), 6월 24일 기유조.
52) 각돈에 대해서는 다음 논문을 참조하기 바람.(황인규,「조선전기 불교계의 고승탄압
     과 순교승」,『불교사연구』4·5합, 중앙승가대 불교사학연구소, 2004.)
53) 이에 대해서는 다음의 논문을 참조하기 바람.(황인규,「나암보우와 조선불교계의
     고승」,『보조사상』24, 2005.)
54)『세종실록』권24, 세종 6년(1424), 4일 28일 계유조.
55)『세종실록』권26, 세종 6년(1424), 10월 25일 병인조.
56)『세종실록』권28, 세종 7년(1425), 5월 12일 신사조.
57)『세종실록』권88, 세종 22년(1440), 3월 23일 을축조.

능침사찰이 아닌 연복사와 영통사를 없애라고 하였으나, 시행되지 못하였다.[58]

그리하여 사림이 본격적으로 중앙무대로 부상해가던 성종대에 이르면서 양종내 사찰수의 변동이 있었던 것 같다. 양종내 불당으로 세종 6년 36사체제 외의 사찰이 등장하게 되었는데, 성종대 무렵에 양종의 사찰이 43소에 이르렀다.

> 司憲府 執義 金春卿 등이 상소하였는데, 대략 이러하였다. "…이제 땅을 가진 큰 절이 43소이고, 그 땅이 9천9백10여 結이며, 그 稅는 年分의 上下의 등급으로 거두어도 2천6백여 斛보다 적지 아니할 것인데, 하물며 上上의 稅이겠습니까? 이것을 가지고 쓸데없는 43소의 절의 승려를 봉양하니 국가에 무슨 도움이 되겠습니까?…이제 국가에서 3년마다 재주를 상고하고 함께 시험하므로 양종의 승도가 문무과에 비기며, 그 출신자는 中德이 되고 대사가 되며, 주지가 되어 대략 우리 유교의 시험 선발과 같아서, 저들이 스스로 이르기를, '유교와 불교는 풍화가 같다.'고 하니, 어찌 마음이 아프지 않겠습니까?…"[59]

위의 인용문에서 보이는 '땅을 가진 큰 절 43소'가 양종의 소속의 사찰이라 생각되나 구체적으로 어떤 사찰들인지는 알 수 없다. 아래 인용문에서 언급한 왕실이나 능침사찰인 원각사와 봉선사·복세암·용문사·만덕사 등의 사찰이라고 생각된다.

> (임금이) 예조에 교지를 내렸다. "양종 안의 佛堂으로, 圓覺寺·莊義寺·津寬寺·奉先寺·福世菴·龍門寺·萬福寺 등의 절은 선왕께서 특별히 보호하셨던 곳이라 잡인을 출입하게 하는 것은 未便하니 엄중히 금지하도록 하고, 어기는 자는 制書有違律로써 논하도록 하라."[60]

---

58) 『성종실록』 권96, 성종 9년(1478), 9월 24일 임오조.
59) 『성종실록』 권96, 성종 9년(1478), 9월 29일 정해조.
60) 『성종실록』 권157, 성종 14년(1483), 8월 16일 병자조. 制書有違律은 制書에 적힌

　이와 관련하여 다음의 글에서 보듯이, 국가에서 반승을 베푼 사찰이
당시의 대표적인 사찰로, 본산 36사 외의 사찰들이다.

> "국가에서 1년에 飯僧하는 비용을 관찰하면, 開慶寺는 소금이 53석 5두,
> 檜巖寺는 소금이 60석, 津寬寺·莊義寺는 소금이 모두 20석, 淨業寺·正因寺는
> 소금이 모두 60석, 衍慶寺·福泉寺는 소금이 93석 5두, 崇孝寺·報恩寺는
> 소금이 모두 50석, 覺林寺·大慈寺·龍門寺는 소금이 모두 1백20석, 內佛堂은
> 소금 5석, 末醬 5석 5두, 쌀 31석 2두, 麻布 8필, 면포 10필, 奉先寺는 소금
> 1백석, 말장 6석 5두, 黃豆 48석, 쌀 48석, 마포 10필, 면포 20필, 圓覺寺는
> 소금 10석, 말장 6석 5두, 황두 48석, 마포 10필, 면포 20필, 演窟菴·福世菴은
> 소금이 모두 10석 6두, 말장 5석, 쌀 27석 6두, 兩宗은 소금이 모두 40석이고
> 選僧하는 해는 쌀이 모두 30석, 황두가 30석이니, 1년의 소비가 적지 않은
> 데 이릅니다.…"[61]

　세종 6년 선교양종에 공인되지 않은 사찰들이 나타나고 있는데, 그
사찰들이 바로 새롭게 46사에 편입된 것들이 아닐까 한다. 즉 정업사·복천
사·용문사·봉선사·원각사·연굴암·복세암 등의 사찰들이 바로 본산체제하
의 사찰들이고, 숭효사·신암사·회암사·개경사·소요사·대자암 등의 사찰들
은 세종 6년 본산 36사에서 탈락된 것이다.[62] 특히 원각사는 이미 세조대
새롭게 부상한 본산사찰로 '양종과 원각사'라 특기될 정도였다.[63] 그렇듯
본산체제하의 본산에 분속된 사찰들이 치폐를 거듭하다가 연산군 10년
무렵 도성내 본산은 없어지고 근기지방인 과천 청계사가 본산의 명맥을
근근이 이어갔다. 그렇지만 본산의 수장들이 본산체제를 운용하면서 종단
을 이끌어갔을 것이다.

　　임금의 명령을 어긴 행위를 처벌하던 법규이다.
61)『성종실록』권199, 성종 18년(1487), 1월 23일 갑자조.
62) 참고로 태종 7년 자복사로 지정된 사찰 가운데 신혈사·백암사·보제사·단향사·천홍
　　사·사천왕사·쌍암사·정림사·용천사·엄광사·원홍사 등의 사찰은『신증동국여지
　　승람』에 폐치되었다.(『신증동국여지승람』각 군현 불우조 참조.)
63)『성종실록』권121, 성종 11년(1480), 9월 5일 임오조.

3. 고승 판사와 불교계

그러면 선교양종의 본산의 판사는 어떤 승려들이 임용되었으며, 어떤 활동을 하였는지 살펴보기로 한다. 판사의 임기가 1년이므로 판사급 고승들이 많았을 것이나, 현재 확인되는 고승은 13인에 불과하고 교종의 경우는 확인 불가가 더욱 심하지만, 각 시대별 선교양종의 판사를 열거하면 다음과 같다.

시기	선종판사
세종 7년 무렵	中皓
세종 15년 무렵	中演
세종 20년 무렵	行乎
세종 25년 무렵	卍雨
세종 27년 무렵	松隱學蒙
세종 30년 무렵	少言
세종 31년 무렵	垣珠
세조 4년 무렵	信眉(禪敎宗都摠攝)
세조대	一菴學專
세조대	仁允
문종 즉위년 무렵	守眉(王師)
성종 13년 무렵	乃浩
연산군 2년 무렵	普文

선교양종체제가 시작된 후 처음으로 선종판사로 나타나는 인물은 中皓이다.[64] 실록에 다음과 같은 기록이 찾아진다.

64) 참고로 양종의 본산체제가 시행되기 전 흥천사의 역대 주지를 열거하면 다음과 같다. 즉 태조 5년(1396년) 8월 神德王后의 願堂으로 흥천사가 낙성되고(權近「興天寺造成記」,『陽村集』권12 ;『東文選』권78.) 태조 7년(1398년) 5월 尚聰興天社 監主를 임명하였다.(『태조실록』권14, 태조 7년(1398), 5월 13일 기미조.) 그리고 정종 1년(1399) 무렵 祖生이 흥천사의 法主를 하고(『정종실록』권2, 정종 1년(1399),

司諫院 左司諫 柳季聞 등이 상소하였다.

"…다만 (그 도를) 행한 지 이미 오래므로 갑자기 다 도태할 수 없으므로, 이에 오교·양종을 줄여, 성안의 興天寺를 선종에 속하게 하시고, 興德寺를 교종에 속하게 하시고, 거기에 거주하는 승려의 定數를 1백20으로 하고, 給田이 1백여 결이요, 노비가 40구인데다가 작위까지 더하였으니, 그 덕이 지극히 優渥하시고, 은혜 또한 지극히 후하신 것이었습니다.

이제 判禪宗事事 中皓와 掌務인 中德 寶惠와 大禪師 祖衍과 判敎宗事 惠眞과 掌務인 대사 信暐 등이 비록 석가의 徒弟라 말하나…일찍이 이를 도모하지 않고 (일신의) 안위만을 힘써, 드디어 승려들로 하여금 사방으로 흩어지게 하여 절을 비게 하고 祝釐를 게을리하여, 각각 1백20명이 거처할 곳에 그 闕員이 1백여 명에 이르므로, 그 까닭을 조사해 물으니, 모두 출입하는 것으로 대답하고 있으니, (이는) 성상의 은덕을 저버리고, (저희들의) 잘못을 가리움이 분명합니다.

…엎드려 바라옵건대, 전하께서 저 중호·보혜·조연·신위 등을 有司에 내리어 법에 의하여 죄를 科하게 하시고, (선종·교종의) 양종을 혁파하고, 選職을 폐지하며, 40세 이상의 승도로 하여금 산수 좋은 곳으로 나가 거하게 하여 불도를 닦게 하고는 그 전토를 삭감하여 軍需를 보충하고, 그 노비를 빼앗아 殘弊한 驛에 예속하도록 하소서.…" 명하였다. "(이 소는) 형조에 내리게 하고, 중호 등은 율을 상고하여 아뢰도록 하라."[65]

정부 당로자가 선교양종을 본산으로 운용하겠다는 내용이 아니라, 판사급 고승들의 잘못을 지적하면서 선교양종체제가 시행된 지 1년도 안된 선교양종의 본산을 혁파하라는 내용이다. 중호는 세종 6년 2월 무렵 종안에 이어 세종 7년 교종의 혜진과 더불어 선종의 판사로서 흥천사 주지를 하였다. 중호는 세종 8년 태종의 원찰이었던 각림사 주지로 가기 전까지[66]

8월 12일 기유조.) 태종 9년(1409년) 1월 무렵 云悟가 흥천사 주지를 하였다.(『태종실록』 권17, 태종 9년(1409), 1월 24일 정묘조.) 이어 세종 6년(1424) 2월 무렵 宗眼이 흥천사 주지를 취임하였다.(『세종실록』 권23, 세종 6년(1424), 2월 14일 경신조.)
65) 『세종실록』 권37, 세종 7년(1425), 1월 23일 병신조.
66) 『세종실록』 권31, 세종 8년(1426), 3월 9일 계묘조.

선교양종체제의 첫 선종 판사였다. 중호는 승록사의 관원으로 있다가
행촌이암 가문의 원찰인 백암사의 주지를 역임하였던 바 있다.[67]

 중호는 선종의 판사로서 사찰의 정해진 승려 수를 많이 비게 하였다는
죄목으로 사간원에 의하여 태형을 받고 환속을 당할 뻔하였다.[68] 그리고
세종 8년 각림사 주지로 부임하여 개경사 주지 설우와 해초 등과 더불어
다시 은그릇 사건에 휘말리게 되었다.[69] 그 후 세종 21년 다시 사찰의
결원을 생기게 하였다고 하여 탄핵을 받기도 하였다. 이렇듯 중호는 고려말
이래 고승을 배출한 고성이씨 가문출신 백암사 승려로서, 선종의 본산인
흥천사 주지와 태종의 원찰인 원주 각림사 주지를 역임하는 등 중요 고승이
었다. 그리고 선종의 행수는 중호이고 장무는 보혜였으므로, 본산의 최고의
승직은 行首와 掌務로 나뉘었음을 알 수 있다.

 그 후 세종 15년 무렵 흥천사 주지로 나타나고 있는 승려는 中演이었다.

> 興天寺의 주지 中演이, (중국) 사신 昌盛이 공양드리러 왔을 때에, 몰래
> 石燈盞 두 벌을 가져다가 頭目에게 주고 氈衫을 샀으므로, 有司가 重罰에
> 처하기를 청하니, 杖 1백 대의 형에 해당한 贖錢을 받고 그의 職牒을 회수하라
> 고 명령하였다.[70]

 세종 15년 무렵 중연이 흥천사 주지였는데, 명나라 사신 昌盛이 공양드리
러 왔을 때 몰래 石燈盞 두 벌을 가져다가 頭目에게 주고 氈衫을 샀다는
죄목으로 직첩을 회수당하였다. 세종 6년 무렵 흥천사 주지였던 종안과
대사 신영 등과 함께 술과 유밀과를 사용하였다고 탄핵을 받았었다.[71]
특히 화엄종 選試時 음주를 하였다고 처벌을 받았다.[72] 이처럼 흥천사

67) 「장성감무관」, 『한국고대중세금석문연구』, 서울대, 2000.
68) 『세종실록』 권27, 세종 7년(1425), 1월 25일 병신조 ;『세종실록』 권27, 세종 7년
    (1425), 2월 5일 을사조.
69) 『세종실록』 권31, 세종 8년(1426), 3월 9일 계묘조
70) 『세종실록』 권62, 세종 15년(1433), 11월 19일 무술조.
71) 『세종실록』 권23, 세종 6년(1424), 2월 14일 경신조.

주지로서 선종을 총괄하는 판사로 있었지만, 유생들에게 탄핵을 받은 기사로 얼룩져 있다.[73]

　그 후 세종 20년 흥천사 주지로 선종판사로 나타나고 있는 승려는 천태종계 行乎였다.

　　승려 行乎가 咸陽으로부터 오니, 명하여 興天寺에 머무르게 하였다.[74]

　　승려 行乎를 보내어 산으로 돌아가기를 명하고, 길 연변의 각 고을 수령과 각 驛丞들에게 傳旨하였다. "지금 내려가는 전 判禪宗事 行乎에게 그 供億(접대)을 힘써 정결하게 하고, 감히 소홀하게 말지어다." 또 전라도 관찰사에게 傳旨하여 쌀과 소금 각 10석을 주게 하였다.[75]

　행호는 세종 21년 전 判禪宗事라고 하였는데, 흥천사에 왔을 때가 세종 20년 7월이었으므로 세종 20년 7월부터 그 이듬해까지 선종판사에 있었다. 행호는 세종이 즉위하면서 判天台宗事로 불리었던 판사급 고승이었으나 세종 6년 천태종이 조계종, 즉 선종으로 병합되었으므로 판사직에서 물러날 수밖에 없었다. 그러나 태종의 원찰인 원주 각림사와 태종의 아들이자 세종의 동생인 성녕대군의 원찰인 고양의 대자암의 주지를 맡는 등 불교계에서 중요역할을 다하였다.

　행호는 세종 20년 세종이 한성에 초빙할 때까지 지리산 일대와 강진 등에 머무르면서 사찰들을 중창하며 불법을 크게 폈다.[76] 이처럼 행호는

72) 『세종실록』 권23, 세종 6년(1424), 3월 27일 계묘조.
73) 세종 6년 실록에 보이는 중연은 대사라는 승계를 지니고 화엄종 즉 교종의 禪試를 주관하였던 고승이므로 흥천사 주지 中演과 다른 인물이라고 생각될 수 있다. 그러나 후술하는 바와 같이, 선종계가 교종을 아우르는 위치에 있었기 때문에 생긴 현상이므로 동일인물이다.
74) 『세종실록』 권82, 세종 20년(1438), 7월 18일 경자조.
75) 『세종실록』 권85, 세종 21년(1439), 5월 12일 기미조.
76) 김종직, 「山中人辭」, 『점필재집』 문집, 권1 ; 김종직, 「宿金臺寺寺曾爲高僧行乎所住」, 『점필재집』 시집, 권11.

천태종이 조계종과 더불어 선종으로 통합되고 국가공인 사찰이 36사로 제한되는 상황에서도 사찰을 중창하고, 특히 천태종의 본산이라고 할 백련사를 중창하였다. 이렇듯 행호가 백련사를 중창하였다는 것은, 천태종이 선종에 통합되었지만 천태종의 영수인 도대선사로서 기존의 천태종을 통하여 불교를 크게 일으키려고 한 것이 아닐까 한다. 세종 20년부터 그 이듬해까지 선종의 본산인 흥천사 주지를 하였으나, 성리학자들의 끈질긴 반대로 대자암에 얼마간 있다가 세종 29년 유배되어 제주도에서 죽음을 당하였다.[77]

그 후 세종 25년 무렵 흥천사 주지는 幻庵混修의 문도인 卍雨가 하였으므로,[78] 만우도 선종판사였다.

檜巖寺 住持僧 卍雨로 하여금 興天寺에 이주하도록 명하고, 이어서 의복을 하사하고, 禮賓寺에서 3품 관직에 해당하는 祿을 주게 하였다. 만우가 李穡과 李崇仁을 만나 詩를 논한 것을 들은 적이 있었다. 詩學을 점차 알게 되었다. 지금 杜詩를 주해하게 되어 (만우에게) 의심나는 점을 물어보기 위해서였다.[79]

만우는 태고보우의 법손으로서, 처음 이름이 屯雨이며 호가 千峰이었다.[80] 만우는 1357년에 태어나 나옹혜근과 혼수의 행장을 지었다. 1378년

77) 『세종실록』 권85, 세종 21년(1439), 4월 18일 을미조 ; 黃景源, 「朝山大夫 司諫院正言 致仕 丁先生 墓碣銘 幷序」, 『不愚軒集』 卷首 ; 黃胤錫, 「有明朝鮮國 故通政大夫 行司諫院正言 不愚軒 丁公行狀」, 『不愚軒集』 卷首. 행호에 대해서는 다음 논문을 참조하기 바람.(황인규, 「조선전기 천태고승 행호와 불교계」, 『한국불교학』 35, 2003.12.)
78) 이에 대해서는 다음 논문을 참조하기 바람.(황인규, 「여말선초 선승들과 불교계의 동향」, 『백련불교논집』 9, 1999.)
79) 『세종실록』 권100, 세종 25년(1443), 4월 27일 임자조.
80) 만우와 관련해서는 다음과 같은 기록이 찾아진다.(이색, 「千峰說」, 『목은문고』 권10 ; 「雲龜谷求緣化文」, 『목은시고』 권21 ; 이숭인, 「偶吟 錄奉千峰方外契」, 『도은집』 권2 ; 유방선, 「奉贈雨千峰」, 『태재집』 권1 ; 성현, 「幻庵混修」, 『용재총화』 권9 ; 「釋混修號幻庵」, 『용재총화』 권6 ; 박팽년, 「任香軒記」, 『朴先生遺稿』 ; 卍雨, 「送日本僧文溪」, 『동문선』 권10 ; 「山中」, 『동문선』 권10 ; 『세종실록』 권31, 세종 8년(1426),

예천 보문사 주지로 있다가 스승 龜谷覺雲과 함께 전에 머물렀던 황악산 직지사를 중창하였다.

　젊어서도 학식이 많고 정신적인 풍모가 뛰어나 佛門의 高第나 儒家의 스승으로 존경받았다. 만우는 화엄종승 義砧과 杜甫詩를 유생들에게 지도할 만큼 문학에 뛰어나 李穡·李崇仁·成石璘과 朴彭年 등 유생들과 교유하였다.81) 세종대 90여 세까지 생존하였으며, 『千峰集』을 남겼다고 한다.82) 여말선초의 대문인인 이숭인과 성현이 지적한 바와 같이, 만우는 혼수의 법을 이은 상수제자로 보아야 할 것이며,83) 회암사 주지로 있다가 興天寺 주지84)를 하였다.

　그 후 세종 27년 무렵 선종판사는 松隱學蒙이었다. 그에 대해서는 다음과 같은 기록이 유일하다.

　백암사는 高麗 侍中 杏村 李文貞公의 願刹인데, 그의 아들 平齋 李敬公과 손자 李容軒 國老가 각기 先人의 뜻을 이어서, 출가한 자손 중에 操行이 있는 자를 가리거나 혹은 승려 중에 명망이 있는 자를 간택하여 이 절을 주관하게 함으로써 서로 전하여 수호해 온 지가 이미 100여 년이 되었다. 지난번에는 행촌의 외증손인 判禪宗事 松隱蒙大師가 이 절을 주관하였고, 그의 高弟가 바로 道庵 成上人인데 송은이 도암에게 이 절을 전하였으니, 도암 또한 산문에서 宿望이 있는 사람이다.

　그가 이 절에 머무른 지 거의 30여 년에 이르는 동안, 도풍을 크게 선양함으로

　　　1월 21일 병신조 ;『세종실록』권32, 세종 8년(1426), 5월 8일 신축조 ;『세종실록』
　　　권101, 세종 25년(1443), 4월 27일 임자조 ;『세종실록』권101, 세종 25년(1443),
　　　6월 2일 을유조 ;『세종실록』권106, 세종 26년(1444), 5월 22일 임자조 ;『세종실록』
　　　권112, 세종 28년(1446), 4월 23일 경신조.)
　81) 성현, 「幻庵混修」, 『용재총화』권6 ; 이색, 「千峰說」, 『목은문고』권10 ; 이숭인,
　　　「送雨千峰上人遊方序」, 『도은집』권4 ; 심경호, 「여말선초의 詩僧, 卍雨와 義砧」,
　　　『김지견박사 화갑논총 동과 서의 사유세계』, 민족사, 1991.
　82) 성현, 「幻庵混修」, 『용재총화』권6 ;『증보문헌비고』권250.
　83) 이숭인, 「題千峰詩卷後」, 『도은집』권2 ; 성현, 「幻庵混修」, 『용재총화』권9.
　84) 『세종실록』권101, 세종 25년(1443), 4월 27일 임자조.

써 명성 높은 고승들이 마치 비린내를 좋아하여 달려드는 개미들처럼 도암을 歆仰하여 서로 다투어 달려왔다.

생각하건대 徐居正이 예전에 興天寺로 송은을 찾아뵈었더니, 송은이 서거정을 族姪이라 하여 정성껏 대우해 주고 이어 송은에 대한 說을 지어 달라고 부탁하였는데, 송은은 다시 백암사로 가게 되었다.

그 후 서거정이 설을 지어서 도암을 통하여 부쳐드렸더니, 뒤에 송은이 서거정에게 이르기를 "그대의 설이 노승의 기본 취지에 잘 부합한다." 하고는 도암을 돌아보고 이르기를 "반드시 기록해 놓아야 한다."고 하였다. 그 후 얼마 안 되어 송은이 示寂하였으므로 지금은 송은을 생각만 할 뿐 만날 수가 없으나, 도암을 만나니 애오라지 스스로 위로가 된다. 도암은 본디 양주 불암리 사람인데, 서거정의 별장 또한 그 이웃에 있었다. 도암의 나이는 나보다 다섯 살이 아래인데, 왕래하며 서로 종유한 지가 거의 50년이 되었다. 스님은 항상 백암사에 머무르다가 혹 서울에 오거든 반드시 먼저 나를 방문하곤 했는데, 금년 봄에는 흥천사에 와서 結夏를 하고 가을 기후가 점차 서늘해지자 또다시 산으로 돌아가려 하면서 재차 찾아와서 나에게 이별을 고하였다.

그리고 말하기를 "백암사는 鐵城府院君의 자손들이 대대로 수호하는 원찰인데 公 또한 행촌의 外玄孫이니, 공의 한마디 말씀을 얻어서 길이 산문의 광영으로 삼고 싶습니다." 하므로 서거정이 말하기를 "행촌의 내외 자손으로 지금 조정에서 벼슬한 이는 몇 천백 인이요, 심지어는 왕실의 외척이 된 이도 있으니, 비록 서거정 같은 하찮은 外孫이 아니라도 또한 반드시 그 일을 크게 빛내 줄 이가 있을 터인데 다시 무슨 말을 하겠는가." 하였다. 그리고는 우선 絶句 5수를 써서 보내 드리고 겸하여 地主 曹斯文에게 부치는 바이다.[85]

85) 서거정, 「送道庵上人還白奄寺」, 『四佳詩集』 권45 第21, 詩類. "白奄寺 高麗侍中杏村李文貞公願利也 子平齋文敬公 孫容軒國老 承先志 擇子孫之出家有操行者 或選緇徒之有聲望者 主寺 相傳護守 百有餘年 頃者 杏村外曾孫判禪宗事松隱蒙大師 住是寺 其高弟曰道庵成上人 松隱傳之道庵 道庵亦山門之有宿望者 駐是寺 今幾三十餘年 宣揚道風 高禪韻釋 歆仰爭趨 如蟻慕羶 仍念 居正 昔謁松隱興天寺 松隱以 居正爲族姪 待遇款至 仍索松隱說 松隱還向白庵 居正 作說 因道庵奉寄 後松隱語 居正 曰 子之說 深得老僧本趣 顧語道庵曰 當誌之 未幾 松隱示寂 今思松隱 不得見 見道庵 聊復自慰 道庵本楊州佛

송은학몽은 고려말 시중 杏村 李嵒(1279~1364)의 외종손으로, 이암의 외현손인 高第 道庵과 白菴寺에 주석하였다. 앞서 백암사의 고승으로 선종판사를 지냈던 중호는 행촌 이암의 외손이었는데, 외현손인 송은학몽이 다시 선종판사에 올랐다. 고려말 이존비의 집안인 고성이씨 가문에서 수선사 제13세 법주 각진국사 복구를 비롯한 고승을 배출하였는데,[86] 조선초에 이르기까지 고승을 배출하였다.

학몽은 문인 사가정 서거정의 족질이기도 하였는데 학몽의 수제자인 道庵도 고성이씨 가문출신이면서 涵虛堂 己和의 문인이었다.[87] 이러한 정황으로 미루어 보건대, 학몽은 기화와 도반일 가능성이 있고 무학자초의 손제자다. 조선초 나옹의 법손이 불교계를 주도하였던 사실을 확인시켜주고 있다.

그 후 세종 30년 무렵 선종판사로서 흥천사 주지로 나타나는 고승은 少言이다.

跋文
…正統十三年戊辰正月 禪判都大禪師 少言跋…
施主
…判禪宗事興天寺住持大禪師 少言…[88]

巖里人 居正 別業 亦在其隣 道庵 弟於我五歲 往復相從 幾五十年 上人常駐錫白庵 或來京師 必先訪我 今春 來興天寺結夏 秋序漸涼 亦復還山 再來留別 且曰 白庵 鐵城子孫世守之願利 公亦杏村之外玄孫 願得一語 永爲山門之榮 居正 曰 杏村內外子孫 今簪紱立朝者幾千百人 至有貴接椒房戚里者 雖非眇末外孫如 居正 者 亦必有張皇者 復何言哉 姑書絶句五首奉送 兼寄地主曹斯文云."

86) 이달충, 「각진국사비명」, 『동문선』 권118 ; 『조선금석총람』 상. 고성이씨 가문의 승려들에 대해서는 다음의 논문을 참조하기 바람.(김창숙, 「14세기 각진복구와 정토사에 관한 고찰」, 『한국불교학』 29, 2001.)
87) 기화, 『함허당어록』 : 『한국불교전서』 7.
88) 「現行西方經 跋文」, 개교59주년기념 제4회 한국대장회 ; 『이조전기불서전관목록』, 동국대 불교문화연구소, 동국대 도서관, 1965, 41쪽.

소언에 대해서는 元旵이 集錄한『현행서방경』의 발문을 쓴 사실 외에는
더 이상 알려진 바 없다. 세종 29년 화엄대사 義聰과 조계종의 祖禪이
직지사에서 간행하였고 2년 후 소언이 다시『현행서방경』을 간행하였다.
안평대군 용과 익령군 후가 모연하고 소언과 해인사 주지 대사 允正과
전 송광사 주지 대선 弘義 등이 참여하였다. 祖禪은 호가 鐵虎이며 自超가
1402년(태종 2)에 檜巖寺 監主로 임명될 때 더불어 주지로 임명된 인물이며,
고려말 自超와 더불어 趙仁規 가문의 원당인 과천 淸溪寺[89])의 주지였다.[90]
자초의 문도였으므로, 소언도 무학자초의 문도이거나 친밀한 사이였다고
추정된다.

그 이듬해인 세종 31년 9월 무렵 선종판사는 坦珠였다. 탄주는 세종대
활동한 회암사의 시승이었으며,[91] 시승이었던 환암혼수의 제자 만우와
친밀한 사이였을 것이다. 탄주는 왕명으로 세조대의 삼화상 신미와 더불어
수륙사를 영국사로 옮기는 문제를 간여하였다.[92] 그리고 다음과 같은
기록을 찾을 수 있다.

세종대왕 31년 가을 7월 19일 계묘의 일이었다, 전하께서 의정부에 교지를
내려 말씀하기를 일찍이 태종께서 문소전 곁에 불당을 세워놓고 列聖들의
명복을 기원한 일이 있었다. 오늘날 문소전은 다른 곳으로 옮겨 놓았으나
아직까지 불당을 건축하지 않고 있으니, 선왕께서 하시던 바가 땅에 떨어질
까 심히 두렵다.…이 공사를 7월 28일에 시작해 그 해 겨울 11월 20일에
마쳤다. 모두 26칸이 되는 아주 훌륭한 건물이었다.…또한 대자암 주지
신미와 불초 김수온을 명하여 三佛禮懺文을 찬하게 하였다.…12월 초2일
부터는 모든 관아에서 사형과 도살 같은 것을 금지시켰다. 이날 신미대사와
판선종사 탄주 등 비구승 51인이 여기 새로 지은 불당에 모여 있었다.[93]

89) 이에 대한 자세한 사실은 다음의 논문을 참조하기 바람.(황인규,「조인규가문과
   수원 만의사」,『수원문화사연구』2, 1998.)
90) 李穡,「安心寺指空懶翁舍利石鐘碑」,『한국금석전문』중세 하, 1226쪽.
91)『세종실록』권84, 세종 21년(1439), 2월 19일 정유조.
92)『세종실록』권124, 세종 31년(1449), 4월 21일 경오조.

탄주는 새로 이전한 문소전 곁에 불당을 짓고 대자암 주지 신미와 김수온에게 명하여 삼불예참문을 짓게 하였다. 탄주는 판선종사로서 그 해 12월 2일 신미 등 50여 승려들을 모이게 하여 법회를 개최하였다.

세조대 선교 양종판사로 주목되는 인물은 왕사로 책봉된 妙覺王師 守眉다.

전라도 관찰사 成任에게 御書로 諭示하였다.
"전 禪宗判事 守眉는 나의 잠저 때부터 구면으로 알고 지내는 사이다. 화려한 것을 싫어하고 조용한 곳을 찾아서 떠난 뒤로 소식이 서로 끊겼다. 지금 들으니, 道岬寺를 중건한다고 하는데, 지금 여름철 안거와 慶讚에 자기 스스로 비록 말하지 않는다 하더라도 어찌 부족한 바가 없을까 생각한다. 나의 옛날 아는 사람인 것을 생각하면 더욱 慨嘆이 앞선다. 監司가 나의 뜻을 본받아 수시로 마땅히 緣化를 도와주라."
그때 머리를 깎은 승려의 무리들이 겉으로 연화를 한다고 내걸고서 민간을 크게 소란시켰다. 심지어 가짜로 승려의 모양을 하고 실제 마음으로는 그렇지 않은 자들이 있어서 하지 못하는 짓이 없을 정도였으나, 公私간에 능히 금지할 수가 없었다. 수미가 禪宗判事가 되어서 상서하여 이 폐단을 금지하여 막을 조문을 아뢰었다. 비록 시행은 되지 않았으나, 당시 모두가 그를 칭찬하였다. 얼마 지나지 않아 병으로 사양하고 도갑사로 돌아가니, 僧人 가운데 操行이 있는 자라고 이를 만하였다.[94]

선종의 승려 壽眉가 承政院에 나아가 아뢰었다.
"승도들이 횡행하며 求請하는 자가 있으니, 청컨대 이를 금하십시오." 하니, 음식을 내려 주었다.[95]

---

93) 김수온, 「舍利靈應記」, 『拭疣集』 권2, 記類. "上之三十有一年秋七月十九日癸卯 傳旨于議政府曰 太宗嘗建佛堂于文昭殿之側 所以追冥福於列聖者也 文昭殿今旣徙建 而佛堂未營 于恐墜先王之願…始於七月二十八日壬子 畢於冬十一月二十日壬寅 總二十六間 凡百制度 極一時之盛…命大慈庵住持臣信眉及臣守溫 撰三佛禮懺文…十二月初二日甲寅 百官禁刑戮屠殺 是日信眉及判禪宗事臣垣珠等五十一比丘 會於新寺…."

94) 『세조실록』 권10, 세조 10년(1464), 4월 13일 을미조.

95) 『세조실록』 권14, 세조 4년(1458), 9월 6일 경인조.

승려 守眉가 전라도에 있으면서 奉書하여 아뢰었다.

"僧人의 社長들이 혹은 圓覺寺의 佛油를 모연한다 일컫고, 혹은 洛山寺를 營建하는 화주라고 일컬어, 여러 고을의 민간에게 폐를 끼치는 자가 자못 많습니다." 임금이 內贍寺正 孫昭를 보내어 가서 국문하게 하였다.96)

수미가 선종판사가 되어 승정원에 직접 나가 상소한 때는 세조 4년 9월이다. 승려가 직접 승정원에 나가 상소문을 올린 것은 매우 드문 예인데, 여기에서 그가 불교계에서 차지하는 위상을 짐작할 만하다.

守眉는 신미와 동시대 인물로 壽眉라고도 하였고,97) 세조에 의해 왕사로 책봉되었다. 아마도 위의 인용한 기록은 수미가 왕사 재임시의 일인 듯하다. 수미는 대략 13세인 1418년(태종 18) 무렵 출가하여 20세인 1425년(세종 7) 무렵 법주사에서 신미와 수행하였다.

수미는 벽계정심의 제자이면서 지엄의 도반이었다.98) 신미와 동생 김수온과 더불어 궁궐안의 내원당에서 법회를 주관하였고 문도들과 함께 복천사와 오대산 상원사를 중창하였다. 1457년(세조 3) 무렵 도갑사로 내려와 문도 洪月과 함께 중창하였는데, 이때 세조의 지원을 받았다.99) 비문에 의하면, 수미는 태종의 불교탄압에 의해 禪席이 황폐하고 영락하여 희미하여졌을 때 이를 막아 종문의 큰 힘이 되었다고 한다.100) 그리하여 공경대부로부터 일반 민중들에 이르기까지 정신적 존경을 받았다.101)

96) 『세조실록』 권46, 세조 14년(1468), 5월 4일 계해조.
97) 申叔舟(1417~1475), 「禪宗判事 壽眉 見訪 翼朝詩謝」, 『保閑齋集』 권7 ; 「送禪宗判事 壽眉 師運道岬」, 『保閑齋集』 권7.
98) 성총, 「영암 도갑사 묘각왕사비」, 『조선금석총람』 하 ; 『조선사찰사료』 상.
99) 『세조실록』 권33, 세조 10년(1464), 4월 13일 을미조.
100) 성총, 「영암 도갑사 묘각왕사비」, 『조선금석총람』 하 ; 『조선사찰사료』 상.
101) 성총, 「영암 도갑사 묘각왕사비」, 『조선금석총람』 하 ; 『조선사찰사료』 상. 수미에 대해서는 다음의 논문을 참조하기 바람.(황인규, 「고려후기·조선초 가지산문계 고승의 동향」, 『구산논집』 8, 2003 ; 황인규, 「세조대의 삼화상 신미와 묘각왕사 수미」, 『한국불교학결집대회논집』 Vol 2 No 1, 2004. 5 ; 황인규, 「조선전기 불교계 고승과 목우자 선풍-조계종 법통상의 고승을 중심으로」, 『보조사상』 21, 보조사

그 후 문종대 선종판사는 이후 세조에 의하여 삼화상으로 존경받게
되는 慧覺尊者 信眉였다.

　　임금이 말하였다. "信眉에 대한 칭호는 선왕께서 정하신 것이다. 다만 未寧하심
　　으로 인하여 시행하지 못하였을 뿐이요, 내가 한 것이 아니다.…"102)

　　司憲府에서 상소하였다. "이달 초 6일 政批로 승려 信眉를 禪敎都摠攝 密傳正
　　法 悲智雙運 祐國利世 圓融無碍 慧覺尊者로 삼았다.…"103)

신미는 문종이 즉위하자 선교도총섭을 제수받아 선종과 교종을 아울렀
다. 실록에 의하건대, 신미가 받은 승직은 조선왕조 개창이래 처음 있는
일이 아닌가 한다. 신미는 永山金氏로, 아버지 沃溝鎭兵馬使 訓과 어머니
영흥이씨 사이에서 장자로 태어나 이름을 守省이라 했고 둘째 동생이
乖崖 金守溫(1409~1481)이다. 신미는 20세 전후에 출가하여 속리산 법주사
에서 나이도 동갑인 수미와 함께 수행하였다.104) 스승은 속리사 주지였던
演熙이었다.

세종 28년 신미는 수양대군·안평대군 등과 함께 법회를 열어 주관하고105)
왕실의 원당인 가평 현등사에도 거주하였다.106) 그 후 세종 31년 수륙사가
개최되었던 진관사에서 영국사로 옮기려고 하였을 때 관여했고,107) 속리산
복천사를 중창하여 수륙사 주관사찰로 삼았다.108)

　　상연구원, 2003.)
102) 『문종실록』 권2, 문종 즉위년(1450), 7월 8일 경술조.
103) 『문종실록』 권2, 문종 즉위년(1450), 7월 16일 무오조.
104) 성총, 「영암 도갑사 묘각화상비문」, 『조선금석총람』 하 ; 『조선사찰사료』 상.
105) 『세종실록』 권112, 세종 28년(1446), 5월 27일 갑오조. 기문에 의하면, 세종 31년(1449)
　　 무렵 신미는 대자암의 주지였다.(김수온, 「사리영험기」, 『식우집』 권2.)
106) 「운악산현등사사적」, 『봉선사본말지』.
107) 『세종실록』 권124, 세종 31년(1449), 4월 21일 경오조.
108) 『문종실록』 권9, 문종 1년(1451), 9월 5일 경자조. ; 『문종실록』 권2, 문종 즉위년
　　 (1450), 6월 22일 갑오조.

유생들의 거센 반대를 무릅쓰고 판선교종직을 제수받았고 문종이 즉위
하자 '禪敎都摠攝 密傳正法 悲智雙運 祐國利世 圓融無碍 慧覺尊者'라는 승직
을 다시 제수받아 선교양종을 통솔하는 위치에 올랐다. 신미는 세조로부터
존경을 받아 두 제자 학열과 학조와 더불어 삼화상이라 불렸다. 예종대에도
두 제자, 그리고 수미와 함께 왕실의 빈전법석을 주관하면서 불교계를
주도하였다.109)

그 다음 판선종사로서 흥천사 주지로 있었던 승려는 一菴學專이었다.

선종과 교종 갈렸으나 도는 아직 아니 갈렸거니, 교종 역시 선문으로
도로 합치네. 일암께서 선가의 일을 주관하고 있지만, 양쪽에서 모두 불가
존장으로 받드네. 사물이치 깨달음에 어찌 계율만 지키랴. 역류하여 응당
도의 근원을 꿰뚫을 것을, 스님 지닌 가량이야 본디 끝이 없거니와, 조사풍을
떨치어 부처 은혜 깊은 것을….110)

이러한 글을 남긴 『삼탄집』의 저자인 李承召(1422~1484)가 致仕한 시기
가 1482년(성종 13)이었으므로, 일암이 선종판사를 하였을 때는 성종 13년
무렵이었다고 추정된다. 일암은 '千峰所命一菴松堂'111)이라는 구절을 보아
천봉만우의 제자인 듯하며, 문도는 성종 15년 무렵 회암사 주지를 지내는
策卡112)과 雪岑의 제자인 戒浩가 있었다.113)

학전은 崔恒·申叔舟·成三問·徐居正·李承召 등의 문인들의 시문집에 상당

---

109) 이에 대한 자세한 사실은 다음 논문을 참조하기 바람.(황인규, 「세조대의 삼화상고
 ─신미와 두 제자 학열과 학조」, 『한국불교학』 26, 2004.)

110) 李承召(1422~1484), 「訪興天住持一菴 旣故 書懷呈似」, 『三灘集』 권7 詩. "禪敎雖分道
 不分 敎宗還是合禪門 一菴今判禪家事 兩足皆推釋苑尊 悟物豈惟持戒律 逆流應得透眞
 源 上人伎倆元無盡 振祖師風報佛恩…."

111) 신숙주, 「一菴松堂卷記」, 『보한재집』 권14.

112) 『성종실록』 권173, 성종 15년(1484), 12월 14일 정묘조·12월 15일 무진조·12월
 17일 경오조·12월 19일 임신조.

113) 서거정, 「送卡上人詩序」, 『사가집』 문집 권6 ; 서거정, 「送戒浩上人觀歸平山 三首」,
 『사가집』 시집 제30권 18.

히 나오는 것으로 미루어보아, 그들과 교유하였던 사실을 알 수 있다.[114]
학전은 언제부터인지 모르지만 개경사 주지였고 도반인 듯한 萬德이 있었
다.[115] 제자 印師가 송광사에 머물렀고,[116] 德尙와 戒浩도 그의 제자였다.[117]
학전은 성종 11년 무렵 흥천사를 중창하였는데, 흥덕사를 중창한 學能과
함께 유생들의 탄핵을 받아 죽음을 당하고 말았다.[118]

그 다음 시기의 선종판사를 역임한 고승은 乃浩이다.

> 司憲府 大司憲 蔡壽가 箚子를 올렸다.
> "…지난날에 禪宗의 승려 乃允이 判事 乃浩의 不法한 일을 本府에 상소하여,
> 본부에서 이를 국문하여 일의 사실을 알아낸 것이 많았습니다. 乃浩가
> 尼僧 惠明 등이 있는 곳에 출입한 일은 더욱 명백합니다.…그리고 지난날
> 하교하기를, '乃浩는 어떤 승려인지 나는 알지 못하나, 大妃殿에서 전교하시
> 기를, '행실이 높은 승려이다.'고 하셨기 때문에, 특별히 판사를 제수하였
> 다.'고 하셨습니다.…" 하였는데, 들어주지 않았다.[119]

내호는 행실이 높은 고승으로 소혜왕후(인수대비)에게 인정을 받아 선종
판사로 임명되었으나, 유생들의 탄압을 받았다.[120]

---

114) 학전에 관련된 기록 가운데 중요하다고 생각되는 시문을 소개하면 다음과 같다.
    (崔恒, 「贈學專上人」, 『太虛亭集』 詩集 권1 ; 申叔舟, 「辛巳七月十四日 一菴見訪開話
    風雨驟至有感作秋雨辭以贈」, 『保閑齋集』 권1 ; 신숙주, 「題一菴松堂圖」, 『보한재집』
    권2 ; 신숙주, 「謝開慶寺住持一菴惠山疏」, 『보한재집』 권6 ; 신숙주, 「送一菴弟子德
    尙下禪歸嶺南」, 『보한재집』 권6 ; 신숙주, 「送一菴弟子印師住松廣」, 『보한재집』 권1
    1 ; 성삼문, 「題一菴」, 『成謹甫集』 권1 ; 서거정, 「寄開慶寺住持一菴」, 『四佳集』 시집
    권13, 11 ; 서거정, 「雨中寄一菴萬德兩上人」, 『사가집』 시집 권20, 13 ; 서거정, 「送卜
    上人詩序」, 『사가집』 문집 권6 ; 서거정, 「送戒浩上人觀歸平山 三首」, 『사가집』 시집
    권30, 18 ; 李承召, 「次徐剛中韻浩上人歸觀」, 『三灘集』 권7.)
115) 서거정, 「雨中寄一菴萬德兩上人」, 『사가집』 시집 권20.
116) 신숙주, 「送一菴弟子印師住松廣」, 『보한재집』 권11.
117) 신숙주, 「一菴弟子德尙下禪歸嶺南」, 『보한재집』 권6 ; 서거정, 「送戒浩上人觀歸平山
    三首」, 『사가집』 시집 권30, 18 ; 李承召, 「次徐剛中韻浩上人歸觀」, 『三灘集』 권7.
118) 『성종실록』 권117, 성종 11년(1480), 5월 28일 정미조.
119) 『성종실록』 권140, 성종 13년(1482), 4월 13일 신해조.

그 후 연산군 때 선종판사로 나타나고 있는 승려는 普文이다.

지평 李自堅·정언 柳世琛이 尹湯老의 일에 대하여 論啓하였으나, 들어 주지 않았다. 이자견이 또 아뢰었다. "…풍문에 의하면, 승려 學祖 및 禪宗判事 普文과 원각사 주지 衍熙가 다 송씨의 佛事에 참여하였다고 하므로, 신들이 연희에게 물으니, 연희의 대답이, '나는 가지 않았고, 학조와 보문만이 가서 참여하였다.' 하므로, 또 보문에게 물으니, 숨기고 불복합니다. 그 언사가 같지 않으니, 돌아가서 국문해야 합니다."
(임금이) 전교하였다. "學祖 등은 승려로서 불사에 참여하였는데, 무슨 죄가 있겠는가. 송씨의 일에 대하여는 비록 진실로 말한 바와 같다 할지라도, 내가 두 번이나 말했는데, 그대들이 듣지 않으니, 이와 같이 한다면 나라가 나라꼴이 안 될 것이다."121)

보문122)은 연산군 2년 무렵 선종판사로서 활동하였다. 특히 보문은 원각사 주지 연희, 그리고 삼화상 학조와 함께 帶方夫人 宋氏가 개최한 법회를 주관하였으나, 역시 유생들의 탄압을 받았다. 원각사 주지 연희는 신미의 스승으로, 만덕사 주지였던 正心과 함께『금강경』을 교정·간행했으며, 벽송지엄(1464~1534)의 교학사였던 演熙와 동일인물로 추정된다.

그 외에 선종판사로 나타나는 고승은 仁允인데 신숙주가 남긴 시문 가운데 '奉呈判禪公'이라는 글귀나 詩題 '次前 呈判禪宗仁允'에 의해 알 수 있다.123) 그러나 인윤은 일암학전과 시를 주고받았던 동시대 인물인

---

120)『성종실록』권140, 성종 13년(1482), 4월 5일 계묘조. 그 외에 내호에 관련된 기록은 다음에서도 찾아진다.(『성종실록』권140, 성종 13년(1482), 4월 14일 임자조 ;『성종실록』권140, 성종 13년(1482), 4월 18일 병진조.)

121)『연산군일기』권14, 연산군 2년(1496), 4월 4일 신축조.

122) 보문에 대한 문집의 기록은 다음과 같은 기록이 찾아진다.(鄭士龍(1491~1570), 「書普文詩卷」,『湖陰雜稿』권5.)

123) 신숙주,「次前韻 呈判禪宗 仁允」,『保閑齋集』권6, 七言小詩. "昨方困坐 童子忽傳小簡 曰自一菴 令讀之 詩一絶也 遂以爲一菴之詩 即賡韻戲答 旣去 更看小簡 則乃自判禪公 非一菴也 其迷妄誠可笑也 方悟心不可著如是 又用前韻爲三絶 奉呈判禪公侍者以自笑 且自解云 一片心同事不同 井梧籬菊共秋風 讀來滿紙空文字 只有靈光暗已通 眞妄相凌

듯하나 구체적으로 언제 선종판사를 했는지는 좀 더 고찰이 요망된다.

다음으로 敎宗判事에 대하여 살펴보기로 한다. 기록으로 교종판사로
나타나고 있는 고승을 열거하면 다음과 같다.

시기	교종판사
세종 7년 무렵	惠眞
세종 28년 무렵	一雲
세조 때	雪俊
문종 2년 무렵	順善堂 雲叟
성종대 초반	海超絶菴
성종대 초반	佛泉
성종 11년 무렵	學能

세종 6년 선교양종체제 시행 이후 교종판사로 나타나고 있는 승려는
惠眞이다.

> 司諫院 左司諫 柳季聞 등이 상소하였다.
> "…다만 (그 도를) 행한 지 이미 오래므로 갑자기 다 도태할 수 없으므로,
> 이에 五敎·兩宗을 줄여, 성안의 興天寺를 선종에 속하게 하시고, 興德寺를
> 敎宗에 속하게 하시고, 거기에 거주하는 승려의 定數를 1백20으로 하고,
> 給田이 1백여 결이요, 노비가 40구인데다가 작위까지 더하였으니, 그 덕이
> 지극히 높으시고, 은혜 또한 지극히 후하신 것이었습니다.
> 이제 判禪宗事事 中晧와 掌務인 中德 寶惠와 大禪師 祖衍과 判敎宗事 惠眞과
> 掌務인 대사 信暐 등이 비록 석가의 徒弟라 이릅니다.…"[124]

세종 6년 선교양종체제 실시 때 교종판사는 혜진이었고 장무는 信暐였다.

異同 此心迷誤逐狂風 終知未免眼中眚 拍手呵呵笑一通 本來無異又無同 一點圓光萬劫
風 便覺妄除眞自在 已從諸祖借神通."
124) 『세종실록』 권37, 세종 7년(1425), 1월 23일 병신조.

惠眞은 『해동불조원류』에 보이는 옥봉혜진이며,[125] 당호가 회월헌 또는 眞拙齋였다.[126] 惠眞은 自超가 准月軒이라고 이름을 지어주었으며, 기화가 사형이라 부르며 道와 마음이 같았다고 하는 등 가까운 도반이었다. 혜진은 한 때 慈母山에서 활동하였고,[127] 60여 세로 금강산에서 입적하였으며, 己和가 추모불사를 하였다.[128] 그리고 혜진이 都僧統이나 判敎宗事였으며, 제자 尙絅과 상신 등이 탄압받았던 기록이 찾아진다.[129]

그 후 세종 28년 무렵 교종판사는 흥덕사 주지로 나타나고 있는 一雲인데, 관련 기록은 다음과 같다.

> 二齋를 津寬寺에서 베풀었다. 이때에 興德寺 주지승 一雲이 禱病으로부터 設齋에 이르기까지 모두 설법을 주장하여 재물을 많이 얻었다. 하루는 綿布 두어 필을 성균관의 학관과 제생에게 나누어 보내고, 인하여 詩를 붙이기를, "공맹이 만일 우리 불씨를 만난다면 필연코 와서 뵙고 뜰에 꿇으리라." 하였다. 학관은 받고 제생들은 이를 퇴각하였는데, 학관이 길에 쫓아가서 이를 빼앗고 술을 장만하여 제생들에게 먹이었다. 제생들은 알지 못하였다.[130]

일운은 흥덕사 주지였으므로 교종판사로서 화엄종을 주관하였을 것이다. 세종 11년 이전 화엄종 사찰인 원주 法泉寺에 머무른 바 있고,[131] 흥덕사에 있다가 斷俗寺에 머물기도 하였다.[132] 일운은 경상도 사찰[133]에서

---

125) 사암채영, 「無學」, 『해동불조원류』 : 『한국불교전서』 10.

126) 권근, 「졸재기」, 『양촌집』 권11.

127) 『세종실록』 권6, 세종 1년(1419), 11월 28일 무진조.

128) 혜진에 대한 좀 더 자세한 연구는 다음의 논문을 참조하기 바람.(황인규, 「무학자초의 문도와 그 대표적 계승자」, 『삼대화상연구논문집』 3, 2001.)

129) 『세종실록』 권23, 세종 6년(1424), 2월 14일 경신조 ; 『세종실록』 권27, 세종 7년(1425), 1월 25일 병신조 ; 『세종실록』 권27, 세종 7년(1425), 2월 5일 을사조.

130) 『세종실록』 권112, 세종 28년(1446), 4월 6일 계묘조.

131) 李原(1368~ 1429), 「寄一雲上人」, 『容軒集』 권2, 詩 ; 尹祥(1373~1455), 「送一雲法師 還山」, 『別洞集』 권1, 詩.

132) 서거정, 『필원잡기』 권2 ; 『해동야언』 2, 世宗紀.

올라와 세종 24년 4월 무렵 興天寺 慶讚會 法主로 부름을 받기도 하였다.[134]
세종 28년 소헌왕후의 병이 깊어지자 승려 80여 명을 이끌고 정근기도를
하여 많은 시주물을 얻었다고 한다.[135] 그러나 다음의 글에서 보는 바와
같이 그 얼마 후 입적하였다.

> 司憲府 大司憲 尹炯과 司諫院 知司諫 李活 등이 아뢰었다.….
> 윤형 등이 다시 청하였으나 대답하지 않았다. 또 아뢰었다.
> "태종께서 寺社와 田民을 고치되, 다 고치지 않은 것은 바로잡으면 吉하다는
> 뜻입니다. 또 태종께서 佛寺를 영건하면 죄를 科하는 법을 세웠으니, 후세에
> 통행하고자 한 것입니다. 지금 절을 짓고자 하니 입법한 뜻에 어떻겠습니까.
> 또 근일의 일로 보더라도 中宮을 위하여 기도하던 때에 승려 一雲이 作法을
> 하였는데, 조금 뒤에 죽었고, 승려 行乎가 法主가 된 뒤에 오래지 않아서
> 또한 죽었으니, 이것으로 말한다면 佛力이 증험이 없는 것을 선명하게
> 볼 수 있는 것입니다.…"[136]

일운은 세종의 비 소헌왕후(1395~1446)의 병환을 위해 작법을 하였는데
조금 뒤에 죽었다고 하였으므로, 세종 28년에서 30년 사이에 입적하였다고
할 수 있다.[137]
그 다음 교종판사로 나타나고 있는 인물은 단종 즉위 무렵인 1452년의
順善堂 雲叟이다.

지금 判敎宗事인 順善堂 雲叟는 禪林의 영수이다. 내가 그 명성을 들은

---

133) 경상도 사찰이란 일운이 머물렀던 사찰인 단속사로 추정된다.
134) 『세종실록』 권95, 세종 24년(1442), 4월 24일 갑인조.
135) 『세종실록』 권111, 세종 28년(1446), 3월 15일 임오조 ; 『세종실록』 권112, 세종
     28년(1446), 4월 6일 계묘조.
136) 『세종실록』 권121, 세종 30년(1448), 7월 18일 임인조.
137) 그런데 천태종 고승 행호도 세종 20년 흥천사 주지로서 선종판사를 하다가 유생들의
     끈질긴 비판을 받아 세종 21년 제주에 유배되어 순교를 당하였다. 따라서 일운도
     순교를 당하였을 가능성이 없지 않다.

지가 오래되었으나 한 번도 만난 적이 없었다. 올해 여름에 비로소 興德寺에서 만나 뵈었는데, 스님이 나를 예우하고 진심으로 사랑하였다.…138)

위의 글에 의하면, 단종이 즉위한 무렵 선종의 영수로서 불교계를 주도하였던 고승은 판교종사 운수였다. 서거정이 운수라는 이름을 들은 지 오래되었는데 흥덕사에서 처음 만나 「계룡산 가섭암 중창기」를 전해 받았다. 운수는 王都의 氣가 서려 있는 계룡산에 자리하고 있는 가섭암을 세종 29년 중창하였다.

그 후 세조대 교종판사로 나타나고 있는 인물은 雪峻이다.

徐居正 등이 또 箚子를 올렸다.
"신 등이 雪俊을 율에 의거하여 죄를 물어 充軍하도록 청하였으나, 교지를 받들건대, 단지 杖 80대로 죄를 면하게 하라고 하였습니다. 게다가 사물의 이치를 조금 알기 때문에 겸하여 글씨를 베껴쓰면서 거짓을 행하여 세상을 속이고, 요행으로 인연하여 교종판사가 되어서 그 기세를 스스로 떨치며, 여염에 출입하면서 정욕을 마음대로 하고 욕심을 마음대로 부리어 더러운 소문이 조정에 가득합니다. 귀가 있고 눈이 있는 자라면 누구인들 보고 듣지 아니하였겠습니까? 그 머리를 잘라서 모든 저잣거리에다 매달아도 족히 그 죄를 바로잡을 수가 없을 것입니다.
지금 正因寺의 주지가 되어 전의 마음을 고치지 않고, 죽은 여승(尼) 海敏을 追善한다고 핑계하여 일컫고 크게 법회를 열어서 추잡하고 더러운 여승과 부녀자들을 불러 모아서 이틀 밤을 머물렀으며, 우리 陵寢을 더럽히고 그 三寶를 더럽히고 무너뜨렸으니, 불법하고 불경한 것이 이보다 심할 수가 없습니다.….
『大典』에서는, '私罪를 범하여 杖 80대에 해당하는 자는 告身의 3등을 追奪한다.'고 하였으니, 지금 雪俊은 이미 杖 80대의 決罰을 거쳤으니, 『大典』에 의거하여 告身 3등을 빼앗고, 正因寺의 주지노릇을 하지 말게

138) 서거정, 「鷄龍山迦葉菴重新記」, 『四佳文集』권2, 記. "今判教宗事順善堂雲叟 禪林領袖也 余久聞名 未嘗一接緒餘 今年夏 始相見於興德寺 師待我禮.…"

하소서. 이것이 신 등의 원하는 바이니, 엎드려 바라건대 전하께서 받들어
주십시오."

그때 掌令 金自貞이 箚子를 가지고 오니, 임금이 전지하기를, "雪俊이 敎宗判
事가 된 것은 곧 세조께서 낙점하신 것이다. 그런데도 이르기를, '요행에
인연하였다.'라고 하는 것은 무엇인가?…"[139]

雪峻은 세조가 교종판사로 임명하였던 고승이다.[140] 설준은 사족의 아들
로,[141] 1479년(성종 10) 60세가 이미 넘었다고 하였으므로, 출생 시기는
1419년(세종 1) 이전 무렵임을 알 수 있다. 설준은 안평대군 이용의 문하에서
글을 배우고 젊어서 머리를 깎고 승려가 되었다. 출가 후 1444년(세종
26) 승과에 합격하여 대선에 올랐다. 세조가 교종판사를 내리고 정인사가
중창되자 주지로 있다가[142] 1489년(성종 20)에 입적하였다.[143]

설준은 세종 28년 신미의 제자 대선사 학열과 대선사 학조와 더불어
利禪宗師 守眉·衍慶寺 주지 弘濬·前 檜巖寺 주지 曉雲·前 大慈寺 주지 智海·前
逍遙寺 주지 海超·대선사 斯智 등과 『釋譜詳節』을 편집하였던 바 있다.[144]
뿐만 아니라 설준은 己和의 제자이며 연경사 주지였던 弘濬·曉雲·전 대자암
주지 智海·判敎宗都大師 絶菴海超·대선사 斯智·學悅 등과 함께 불경간행사
업에 참여하였다. 설준이 지니고 있던 승직은 判華嚴大禪師였다. 1473년(성
종 4) 4월 초파일에 낙성법회를 열었고 주지에 취임하였다.

설준은 신미의 도반인 듯하다.[145] 설준은 설잠이 18세 무렵 불법을

139) 『성종실록』 권32, 성종 4년(1473), 7월 27일 병진조.
140) 성종 13년 선종판사 乃浩도 탄압을 받았는데 태상전인 정희왕후가 행실이 높아
　　주지로 임명한 승려이다.(『성종실록』 권140, 성종 13년(1482), 4월 18일 병진조.)
141) 『성종실록』 권24, 성종 11년(1480), 11월 3일 을미조,
142) 김수온, 「정인사중창기」, 『식우집』 권2 ; 『신증동국여지승람』 권11, 고양군조.
143) 설준에 대한 내용은 다음의 논문을 참조하기 바람.(황인규, 「조선전기 불교계의
　　고승탄압과 순교승」, 『불교사연구』 4·5합, 중앙승가대 불교사학연구소, 2004 ; 황
　　인규, 『고려말·조선전기 불교계와 고승연구』, 혜안, 2005.)
144) 『釋譜詳節』 서문, 『역주 석보상절』, 세종대왕기념사업회, 1991.
145) 判敎宗師로서 正因寺 住持였던 雪峻은 다음과 같은 기문에서 찾아진다.(김수온,

가르쳤고 10년 후인 1462년 다시 만나 설잠이 시를 20수나 바친 설잠의 스승이다.[146] 설준은 교종의 도회소인 흥덕사에 머물면서 교종을 통할하였다.[147] 그러므로 1476년 7월 신미와 두 제자 학열과 학조, 그리고 해초와 더불어 표적이 되었다.[148] 유생들은 설준이 음탕하고 방종하여 계행이 없으며, 사족의 부녀자들을 모아 음란한 행동을 거리낌 없이 하는 등 죄가 대단히 무겁다고 죄를 논하라고 하였다.[149] 결국 서거정을 비롯한 유생들은 설준의 죄를 물은 후 환속하여 充軍시키라고 주창하였다.[150]

하지만 성종은 설준의 나이가 60이 넘었다는 핑계를 대면서 들어주지 않았다.[151] 결국 설준은 1479년(성종 10) 변방인 회령지방에 充軍되었다가 1489년(성종 20) 회령의 갑사에게 살해되고 말았다.[152]

그 다음 교종판사를 하였던 고승은 絶菴海超이다.[153] 해초의 당호는 송월헌, 호는 절암이었고, 上院寺 持音으로도 있었으며, 교종판사를 거쳐

「正因寺重創記」, 『拭疣集』 권2 ; 김수온, 「次河東府院君韻贈正因寺雪峻長老」, 『拭疣集』 권4 ; 신숙주, 「題正因寺住持雪峻詩卷」, 『保閑齋集』 권9 ; 서거정, 「送峻上人遊妙香山序」, 『四佳集』 文集 권5 ; 남효온, 「宿正因寺上雪峻和尙 二首」, 『秋江集』 권3 ; 崔恒, 「贈雪峻上人 三首」, 『太虛亭集』 詩集 권1 ; 『성종실록』 권24, 성종 3년(1472), 11월 2일 을미조.) 설준은 신미와 함께 『유석질의론』을 간행하는데 참여한 바 있으며, 신미의 도반인 듯하다.

146) 김시습, 『贈峻上人 二十首』, 『매월당집』 권3, 釋老.
147) 『예종실록』 권5, 예종 1년(1469), 5월 18일, 신축조.
148) 『세조실록』 권45, 세조 14년(1468), 1월 7일 무인조 ; 『성종실록』 권35, 성종 4년(1473), 10월 2일 경신조 ; 『성종실록』 권68, 성종 7년(1476), 6월 26일 정유조 ; 『성종실록』 권103, 성종 10년(1479), 4월 13일 기해조.
149) 『성종실록』 권24, 성종 3년(1472), 11월 3일 을미조 ; 『성종실록』 권32, 성종 4년(1473), 7월 18일 정미조 ; 『성종실록』 권103, 성종 10년(1479), 4월 13일 기해조.
150) 『성종실록』 권32, 성종 4년(1473), 7월 27일 병진조
151) 『성종실록』 권103, 성종 10년(1479), 4월 5일 신묘조 ; 『성종실록』 권103, 성종 10년(1479), 4월 6일 임진조 ; 『성종실록』 권103, 성종 10년(1479), 4월 17일 계묘조 ; 『성종실록』 권103, 성종 10년(1479), 4월 18일 갑진조.
152) 『성종실록』 권234, 성종 20년(1489), 11월 29일 계미조.
153) 신숙주, 「題敎宗判事海超絶菴松月軒詩卷」, 『保閑齋集』 권10, 五言古詩. "上人倚絶菴 世界正寥廓 月色滿九天 風聲傳萬壑 且莫嗤世人 渠亦愛聲色 聲色惱渠心 寧復辨松月 松枯月亦落 聲色應終滅 於是倚絶菴 渠心始眞寂."

判教宗都大師에 올랐으며,154) 설잠이 애도를 표했던 고승이다.155) 해초는
정인사 주지 판교종사 雪峻과 己和의 제자이며, 연경사 주지였던 弘濬,
그리고 曉雲·智海·斯智·學悅 등과 함께 불경간경사업에 참여하였다. 해초는
문신 조말생의 아들이자 대언 趙從生의 형인 開慶寺 주지 雪牛와 각림사의
주지 中晧와 어울릴 만큼 중요 고승이었다.156) 해초와 설우, 중호는 세종
8년에 일어난 白銀文案사건으로 탄핵의 대상에 오르기도 하였고, 설준과
함께 사통하여 물의를 빚기도 하였다고 악평으로 기록되어 있다.157) 해초는
성종 7년 무렵 역참의 역승신분으로 속하였다가 성종 8년 시해되고 말았
다.158) 앞서 행호가 제주도에 유배되어 목이 베어 죽은 이후 첫 사례이다.

그 다음 교종판사로 나타나고 있는 인물은 佛泉인데 신숙주가 남긴
詩題 '題教宗判事佛泉屛簇'에 의해 알 수 있다.159) 하지만 불천에 대해서
더 이상 알려진 사실이 없다. 다만 교종판사를 역임한 시기를 추정하면
다음과 같다. 바로 근처의 시문 가운데 인산군 홍윤성(1425~1475)이 정승에
올라 사신으로 간 시기는 1467년(세조 13)이고,160) 그 다음의 시문 중

154) 소세양, 「贈上院寺持音僧海超」, 『陽谷集』 권7 ; 신숙주, 「題教宗判事海超絶菴松月軒詩卷」, 『保閑齋集』 권10.
155) 이에 대한 자세한 연구는 다음의 논문을 참조하기 바람.(황인규, 「청한설잠의 승려로서의 불교계 활동과 교유인물」, 『한국불교학』 40, 한국불교학회, 2005 : 황인규, 『고려말·조선전기 불교계와 고승연구』, 혜안, 2005 수록.)
156) 『세종실록』 권31, 세종 8년(1426), 3월 9일 계묘조. 해초에 대한 내용은 다음의 논문을 참조하기 바람.(황인규, 「조선전기 불교계의 고승탄압과 순교승」, 『불교사연구』 4·5합, 중앙승가대 불교사학연구소, 2004.)
157) 『세종실록』 권32, 세종 8년(1426), 5월 5일 무술조 ; 『세조실록』 권45, 세조 14년(1468), 1월 7일 무진조.
158) 『성종실록』 권73, 성종 7년(1476), 11월 24일 갑자조 ; 『성종실록』 권75, 성종 8년(1477), 1월 6일 을묘조. 해초에 대한 보다 자세한 사항은 다음의 논문을 참조하기 바람.(황인규, 「조선전기 불교계의 고승탄압과 순교승」, 『불교사연구』 4·5합, 중앙승가대 불교사학연구소, 2004.)
159) 신숙주, 「題教宗判事佛泉屛簇」, 『保閑齋集』 권11, 七言古詩. "近山蔥蘢遠山靑 西岑落日玻瓈明 潮來黯黯島嶼沒 潮去森森洲渚生 孤舟五兩風力微 溪水入江橋下淸 胸中湖海老猶病 安得一往倚風檣."
160) 신숙주, 「題仁山君洪允成使還詩卷」, 『보한재집』 권11.

'皇帝臨御七年冬'[161]이라는 구절은 1464년에 죽음을 맞이한 영종을 의미하고, 그로부터 7년 후면 1471년(성종 2) 무렵이 된다. 또한 신숙주가 1475년(성종 6)에 죽었으므로, 불천이 교종판사로 있었던 시기는 성종대 초반으로 추정된다.

그 다음 흥덕사 주지로서 교종판사에 재임하였으리라 추정되는 승려는 學能이다.

成均館 생원 金敬忠 등 4백6인이 상소하였다.

"…지난번에 중 學能이 興德寺를 중창하는 것으로 명목을 삼아 貴近한 자에게 아부하고 민간의 백성을 유혹하고 요망하고 허탄한 말이 임금에까지 도달하였습니다.…그러므로 학능의 술책이 한 번 시험되자 妖僧 學專이 이어서 화답하여 興天寺를 중창한다는 명목으로 또한 요망하고 허탄한 말이 임금에 도달하였습니다. 전하께서 관원을 정하여 그 일을 감독하게 하고 군사를 주어 그 역사에 복역하게 하여 工役을 일으킴이 아침, 저녁으로 있기 때문에 중(方袍圓頂)의 무리가 분주하게 서로 경하하면서 그 말이 행해지고 도가 다시 행하여지는 것을 기뻐하고, 속이고 유혹하는 술책으로 못하는 짓이 없습니다.

그리하여 원각사의 요승 雪誼 등이 널리 遊手의 무리를 모아, 명색은 安居라고 하나 齋올리고 밥 먹이는 비용이 문득 巨萬을 헤아리니, 邪道의 조짐이 이미 크게 퍼졌습니다.….

신 등이 이것을 들은 지 수 일 만에 먹는 것이 목에 넘어가지 않고 잠을 자도 자리가 편안하지 못하여 요망한 근원이 된 것을 연구하여 보니, 요승 學能은 앞에서 창도하고 요승 學專은 뒤에서 화답하며 雪誼가 또 이어서 이 세 중이 함께 같은 편이 되어 백성의 耳目을 더럽혔으니, 당시 인심의 바른 것을 허물어뜨린 것이 이와 같음이 없습니다.….

신 등이 들으니, 邪와 正은 양립하지 못한다고 합니다. 지금의 律에 이르기를, '요망한 말을 한 자는 벤다.' 하였으니, 원하건대, 전하는 邪正과 消長(성쇠)의 이치를 밝히시고 前代 治亂의 연유를 거울삼아 정도를 붙들고 邪道를

---

161) 신숙주, 「送成重卿赴燕京」, 『보한재집』 권11.

막아서 양종의 토목의 역사를 파하고, 설의가 요망한 술책을 쓴 죄를 바로잡아 市朝에 공개하여 죽인다면, 온 나라 신민이 사도가 정도를 이기지 못한다는 것을 알고 또한 전하의 聰明하고 睿智한 덕을 알 것입니다. 신 등은 또 들으니, 예전에 말하기를, '악을 제거하려면 근본을 힘써야 한다.' 하였고, 또 말하기를, '풀을 뽑으면서 뿌리를 뽑지 않으면 끝내 다시 난다.' 하였습니다. 지금 설의의 죄는 마땅히 베어야 하지마는, 창도하고 화답하여 앞에서 시작한 學能·學專 같은 자도 또한 베어야 합니다.…"162)

學能은 성종 11년 무렵 흥덕사를 중창한 것으로 보아 흥덕사 주지 및 교종판사였다고 추정된다. "興德寺를 重創하고자 貴近한 자들을 모집하였는데, 금번에 學專이 이어서 興天寺를 중창하고 신도들을 모집 동원하고자 하였다. 뿐만 아니라 원각사의 요승 雪誼 등이 널리 遊手의 무리를 모아 안거라는 명목 하에 齋를 올리고 반승불사를 하였는데, 그 비용이 巨萬을 헤아릴 정도로 불교가 널리 퍼졌다"는 것이다.

그리하여 성균관 생원 김경충을 비롯한 유생 460명이 상소를 올려 요승으로 몰아붙이면서 양종의 토목의 역사를 파하고 설의가 요망한 술책을 쓴 죄를 바로잡아 시장과 조정에 공개하여 죽이라고 하였다. 흥덕사와 흥천사는 선교양종의 도회소가 설치된 중요사찰이고 원각사도 이에 버금가는 중요사찰인데, 이를 중창하고자 하자 유생들의 탄압을 받았던 것이다.163)

4. 맺음말

이상으로 선교양종의 본산체제가 성립된 세종 6년(1424)부터 폐치되는 연산군 10년(1504)까지 81년간 어떻게 운용되었는가를 선교양종의 본산과 그 수장인 判事를 중심으로 살펴보았다. 고려 말부터 본격화된 숭유억불시

---

162) 『성종실록』 권117, 성종 11년(1480), 5월 28일 정미조.
163) 이에 대한 연구는 다음의 논문을 참조하기 바람.(황인규, 「조선전기 불교계의 고승탄압과 순교승」, 『불교사연구』 4·5합, 중앙승가대 불교사학연구소, 2004 : 『고려말 조선전기 불교계와 고승연구』, 혜안, 2005.)

책에 의해 세종 6년 선교양종체제가 성립되었고 승정기구인 승록사가
혁거되었으므로, 불교교단의 중심은 엄연히 도회소인 선교양종의 본산인
흥천사와 흥덕사가 중심이 되었을 것이다. 그러나 현재 남아 있는 기록들에
의한다면, 불교를 억압하였던 내용들이 주류를 이루고 있기 때문에 선교양
종의 실체에 대하여 제대로 알기 쉽지 않다.

　그러한 선교양종의 운용에 대하여 살펴본 결과, 선종과 교종의 본산인
흥천사와 흥덕사가 특별히 예우를 받은 내용은 별로 찾아지지 않는다.
선교양종 36사 가운데 절반이상이 왕실원당 및 능침사찰들이었고, 그
때문인지 본산 보다 왕실원당 및 능침사찰이 더 위상이 높았다고 할 수
있다. 불교계의 입장에서도 반드시 본산이 중요시된 것 같지는 않은데,
불교계를 주도하였던 고승들이 대부분 본산의 수장인 판사를 역임하지
않았다. 국가불교를 지향했던 본산체제에 대하여 불교계가 소극적으로
대응한 것이라 생각되지만, 불교계의 대응 방식 가운데 하나였다.

　기본적으로 양종의 본산은 이전의 승정기구인 승록사의 기능을 계승했
다. 즉, 승정인 승려의 출가 및 도첩, 주지파견 및 승직 및 승계제수, 승려의
기강단속 등이었다. 양종은 行首와 掌務를 중심으로 한 수반으로 운영되었
는데, 都大禪師와 大都大師로 불리었고, 한성 승려의 제반업무를 담당하였
다. 또한 지방의 諸山의 여러 사찰을 통할하고 예조에 소속되어 있었고,
지방의 諸寺는 각 지방의 승려의 제반 사무를 관장하였다.

　선교양종의 본산의 수장인 판사를 누가하였는가는 당시 불교계와 긴밀
한 관련이 있다. 선교양종의 판사의 임기가 1년이었다면 본산체제가 81년간
시행되었으므로 많은 판사가 있었을 것이나, 현재 기록으로 찾아지는
판사를 지낸 고승은 선종의 경우 1/6, 교종의 경우 1/13에 지나지 않는다.

　현재 기록으로 선종 본산의 판사로 나타나고 있는 고승은 세종대의
中皓·中演·行乎·卍雨·松隱學蒙·少言·坦珠 등이고, 세조대의 信眉·一菴學專·
仁允, 문종대의 守眉, 성종대의 乃浩, 연산군대의 普文 등이다. 그 가운데
慧覺尊者 信眉와 妙覺王師 守眉는 선교 양종을 통할하는 위치에 있었고

중호·중연·소은학몽·소언·탄주·학전·내호·보문 등은 이름조차 생소하다. 조선전기 불교계를 주도하였던 太古普愚와 懶翁惠勤의 문손이라는 시각에 서 보게 되면, 태고보우의 문손은 만우·수미·탄주 등이고 중호·행호·송은학 몽·일암학전·신미 등은 나옹혜근의 문손이다.

　기록으로 교종판사로 나타나고 있는 고승은 세종대 惠眞·一雲·雪峻, 문종대의 順善雲叟, 성종대의 絶菴海超·佛泉·學能 등이다. 그 가운데 혜진은 무학자초의 문도인 옥봉혜진인 듯하고 설준과 절암해초는 雪岑 金時習의 스승이자 나옹혜근과 가까운 문도(문손)이다.

　결국 조선전기 불교계 교단의 중추를 이루고 있는 양종의 본산의 수장인 判事는 태고보우의 문손 보다는 나옹혜근의 문손들이 장악하였다. 조선전 기 불교계는 현 조계종의 법통상의 고승들 보다는 나옹혜근의 문손들이 주도하였다는 사실을 재확인시켜준다. 아울러 교종의 본산 주지까지 교종 승보다는 선종승들이 장악하였다는 것은 선종이 교종 보다 우월했다는 사실을 반증해 주고 있다. '敎宗還是合禪門(교종은 선문으로 합치네)'[164] 글귀나 '今判敎宗事順善堂雲叟 禪林領袖也(지금 판교종사 순선당 운수는 선림의 영수이다)'[165]라는 글귀를 통해 단적으로 알 수 있다.

　그리고 선교양종의 본산은 선교양종체제가 출범한 지 1년도 안 되어 선교양종을 혁파하거나 1宗으로 축소하여 도성 밖으로 쫓아내자는 주장이 심심치 않게 제기되었다. 더욱이 선교양종의 판사급 고승들이 유생들의 심한 탄핵을 받았고, 심지어는 순교를 당하는 고승들도 있었다. 즉, 바로 판사나 판사출신으로서 순교를 당한 고승은 선종계의 行乎·學專·乃浩와 교종계의 雪峻·絶菴·學能 등이었고, 그 나머지 행적을 거의 알 수 없는 고승들의 경우도 그와 같았을 것이다. 그만큼 불교계의 중추적 위치에 있었던 고승들이 표적이 된 것은 어쩌면 당연한 일인지 모르나, 그들의 피와 땀이 조선불교를 수호하게 하고 오늘의 불교를 있게 하였다.

---

164) 이승소, 「訪興天住持一菴 旣故 書懷呈似」, 『三灘集』 권7, 詩.
165) 서거정, 「鷄龍山迦葉菴重新記」, 『四佳集』 권2, 記.

제3장 불교계 고승의 상소와 대응

1. 머리말

고려말 숭유억불운동이 본격화되고 개국초 국가의 기본시책이 되었지만, 조선중기까지 정신·문화계에 있어서 불교가 차지하는 비중은 결코 적지 않았다. 대부분의 승려들이 억불시책이 가속화됨에 따라 산중으로 들어가거나 사회현실에 소극적인 경우도 없지 않았지만, 일부 선각자들은 불교의 흥성을 위해 목숨까지 내놓기도 하였다.[1)]

본고는 이러한 숭유억불시책으로 불교계에 대한 탄압이 강화되는 가운데에서도 불교계의 전면에 나서서 활동한 승려들의 상소에 대하여 살펴보고자 한다.

그동안 불교계의 상소문에 대한 검토는 白谷處能(1617~1618)의 상소를 중심으로 태조대 흥천사 감주 尙聰에 국한되어 논의되어 왔지만,[2)] 본고는

---

1) 황인규, 「조선전기 불교계의 고승탄압과 순교승」, 『불교사연구』 5·6 합집, 중앙승가대 불교사학연구소, 2004 : 황인규, 『고려말·조선전기 불교계와 고승연구』, 혜안, 2005.

2) 불교계 고승의 상서로 尙聰의 上書(태조 7년)는 泗溟惟政의 「甲午疏」(1594년, 선조 27), 「乙未疏」(1595), 「丁酉疏」(1597), 義嚴의 「丙申疏」(1596), 白谷處能의 「諫廢釋敎疏」와 더불어 佛敎問題를 다룬 조선시대 6대 상소문 중의 하나이다. 특히 「諫廢釋敎疏」는 그 내용이나 양적인 면에서 가장 중요한 것으로 평가되고 있다. 하지만 조선전기 불교계의 상소는 상총의 것만이 알려져 있을 뿐이다. 불교계의 상소문에 대한 연구로는 다음의 논문들이 있다.(김영태, 「이조대의 불가상소」, 『불교학보』 10, 동국대 불교문화연구소, 1973 ; 김용조, 「백곡처능의 간폐석교소에 관한 연구」, 『한국불교학』 4, 1979 ; 김기녕, 「조선시대 호불론 연구-함허와 백곡을 중심으로-」, 동국대 박사학위논문, 2000 ;『현정론, 간폐석교소 : 조선시대의 호불론』, 한국불교연구원, 2003.)

실록에 기재되어 있는, 조선전기 승려들의 상소를 각 시기에 따른 불교사의
흐름과 비교하여 검토하고자 한다.

2. 왕실 관련 주청

실록에 나타난 승려의 상소3)를 태조대부터 연산군대에 이르기까지 그
주체자 및 그 내용을 알기 쉽게 열거하면 다음과 같다.

〈표 2〉 승려의 상소 및 건의문

왕대	주체자	승계 및 승직	대상	내용
1) 왕실 관련 사찰 고승의 奏請				
태종 7년	尙浮	兩街都僧統	왕	계림 백률사의 전단관음상을 개경사에 이안토록 청함
태종 12년	釋休	覺林寺 주지	왕	승려들이 田稅件으로 고소를 당한 것을 취하고 요역이 많다고 상언함
세조 11년	京外의 僧人		왕	원각사 중창에 참여한 승려들에게 도첩을 주도록 상언함
세조 12년	省愚	福泉寺 승려	호조	복천사의 田地의 收租를 상언함
성종 14년	學祖	봉선사 주지	왕	봉선사 주지를 자기와 친분이 있는 행겸을 임명토록 청함
성종 21년	能了	연경사 주지	왕	절을 보수하도록 椽木을 청함
성종 23년	奉先寺 僧侶		왕	수륙재 비용의 마련을 위해 상언함
연산군 2년	慈壽宮	尙宮 崔氏	왕	20세 이하의 비구니를 환속시키지 말 것을 상언함
연산군 2년	莊義寺 僧侶		예조	절이 퇴락하였으므로 선공감으로 하여금 수리토록 요청함
2) 국가 관련 사찰 고승의 上言				
태종 6년	海宣	別窯 화주	왕	별와요를 설치토록 상언함
세종 5년	明昊	한증승	왕	한증소를 짓게 해달라고 상언함
세종 6년	해선	별요 화주	왕	별와요를 재설치하여 운용토록 상언함
세종 9년	天祐·乙乳	대선사	예조	한증소의 운영비를 마련하고자 상언함

---

3) 본고에서 사용하고 있는 상소의 다른 이름인 '奏請', '上言', '上疏' 용어는 의미상
구분이 아니라 용어의 단조로움을 피하기 위한 것에 불과하다.

세종 32년	覺敦	진관사 간사승	안평 대군	방납을 원활히 할 수 있도록 상언함
3) 불교계 관련 고승의 上疏				
태조 7년	尙浮	兩街都僧統	왕	승려의 음주를 금지할 것을 청함
태조 7년	尙聰	興天寺 監主	왕	교단의 쇄신을 위해 보조선풍으로 진작시킬 것을 상언함
태종 2년	自超	왕사	태상왕	태상왕이 육선을 들 것을 청함
태종 6년	省敏과 승려들	曹溪寺 승려	왕	불교계 탄압시책을 거둘 것을 수백 명 승려들과 함께 신문고를 치고 상언함
태종 9년	云悟	興天寺 주지	왕	종단의 백은을 국가에 상납하고 불사 비용을 마련하고자 상언함
세조 4년	守眉	왕사	승정원	승도들의 緣化폐단을 금지하라고 상언함
세조 14년	수미	왕사	왕	승인의 募緣폐단을 금지하라고 상언함
예종 1년	信眉	혜각존자	왕	승려의 시험과목을 현실에 맞게 조정하라고 언문으로 상언함

위의 표에서 나타난 바와 같이, 실록에 나타난 상소 및 건의문은 23건에 이르고 있다. 이를 왕대별로 나누어보면 태조대 2, 태종대 6, 세종대 4, 세조대 4, 예종대 1, 성종대 2, 연산군대 2건에 이르고 있어서, 각 왕대별로 고르게 분포되어 있다. 내용상으로 구별해보면, 왕실관련사찰 9건, 국가관련사찰 5건, 불교계 전체 8건에 이르고 있는데, 그 가운데 가장 중요한 것은 불교계 전반에 걸친 상소라고 할 수 있다.

즉, 태조대 양가도승통 상부와 홍천사 감주 상총의 상소가 있었고, 태종대 자초와 성민이 상언을 올렸다. 그리고 세조대의 왕사 수미와 예종대의 혜각존자 신미가 불교계 전반에 대하여 시정사항을 요구하면서 상소를 올렸다. 상소자는 대부분 고위급 고승들이라는 사실을 알 수 있는데, 상소처는 왕이나 6조, 그리고 승정원이다. 승려가 승정원에 출입하는 것은 금지되어 있었던 듯하지만, 신미와 학조는 승정원에 직접 나아가 상소를 올렸다.[4] 학조의 경우 유생들에 의해 크게 문제가 되기도 하였다.[5]

---

4) 『세조실록』 권14, 세조 4년(1458), 9월 6일 경인조.

5) 『성종실록』 권181, 성종 16년(1485), 7월 4일 임자조.

아쉽게도 그들이 올린 상소 내용이 전부 전하고 있는 경우는 한 건도 없고 그 중요내용만 알 수 있을 뿐이다. 상소문은 대부분 한문으로 작성되었지만 신미의 경우처럼 언문으로 작성한 사례도 찾아져 주목된다.[6] 상소문의 내용은 승려의 규율문제, 불교계 교단의 분위기 쇄신, 사사전의 혁거의 원상회복, 승려의 선발자격, 사찰 재산 보호, 사찰의 중수 요구 등이다.

상소를 올린 형태를 보게 되면, 승려 개인자격으로 한 경우가 대부분이지만, 성민의 경우처럼 신문고를 치면서 수백 명을 동원하여 적극적으로 상소를 올린 경우도 있다.[7] 상소를 올린 승려의 승계나 승직을 보게 되면, 승록사의 양가도승통, 본산 흥천사주, 선종판사, 선교도총섭, 왕실원당의 주지, 별와요 화주 도대사나 한중승으로 대부분 국가나 왕실의 불교운영을 통할하는 위치에 있는 고승들이다. 그 외에 개별적인 사찰이나 승려에 관한 내용들이다.

실록에 나타난 왕실관련 고승이 상언한 사례는 태조대의 개경사, 태종대의 각림사, 세조대의 원각사와 복천사, 연산군대의 자수궁과 장의사에서 찾아지고 있다. 이를 시대순으로 살펴보면 다음과 같다.

태조대 개경사 주지였던 성민은 계림, 즉 경주의 백률사의 전단관음상을 개경사에 옮기도록 주청하였다.

> 鷄林 栢栗寺의 栴檀像觀音을 開慶寺에 移安하였는데, 개경사 주지 省敏의 아룀을 좇은 것이었다.[8]

위의 상언을 한 省敏은 호가 계정이며, 운암사와 내원당의 주지로 있었던 듯하다.[9] 성민은 이숭인·권근·변계량·김수온 등 당대의 문인과 교유하였으며,[10] 태고보우의 문도였고 조선초 유명 시승 천봉만우와 견줄 만하였다.[11]

---

6) 『예종실록』 권6, 예종 1년(1469), 6월 27일 기묘조.
7) 『태종실록』 권11, 태종 6년(1406), 2월 26일 정해조.
8) 『태조실록』 권24, 태종 12년(1412), 10월 18일 경오조.
9) 성현, 『용재총화』 권8 ; 이긍익, 「문집」, 『연려실기술』 별집, 권14.

省敏은 1406년 이미 사찰의 수를 줄이고 토지와 노비를 삭감한 데 대항해 의정부에 예전처럼 해줄 것을 요구하며 수백 명의 승려를 이끌고 신문고를 쳤던 바 있다.[12] 성민이 개경사에 전단관음상을 모시자고 상언한 이유에 대하여 정확히 알 수 없으나, 개경사가 지니고 있는 위상 때문일 것이다. 즉 태종 10년 해풍군의 興敎寺 탑을 衍慶寺에 옮길 때 松林縣의 禪興寺[13]의 탑을 이전하여 봉안하는 등[14] 개경사는 태조의 능침사찰로서 조선의 왕실 사찰 가운데 가장 비중이 있었던 사찰이었다.

성민이 개경사에 관음상을 봉안하도록 주청한 지 5개월 후인 태종 13년 3월 태종은 아버지 태조가 해인사의 대장경을 인경하여 개경사에 봉안하고 자 한 뜻을 받들었다.[15] 2달 후인 5월 태종은 개경사의 관음전 법석에 참여하였으며,[16] 태종의 아들 세종도 관음기도하고 반승을 하기도 하였

---

10) 권근, 「雲巖禪老 省敏의 詩의 韻을 次한다」, 『양촌집』 권9 ; 권근, 「내원당의 성민이 부채에 적어 보낸 시의 운을 次한다」, 『陽村集』 권10 ; 변계량, 「獨谷의 桂庭詩韻에 따라 시를 지어 玉瑞琛의 시권에 쓰다. 옥서침은 난초와 대나무를 잘 그리는 자이다」, 『春亭集』 권4 詩 ; 「題千峰詩藁後」, 『동문선』 권102 跋 ; 金守溫, 「贈敏大選 序」, 『拭疣集』 補遺 序. 성민의 승계가 화엄종 대선이었다는 것은 쉽게 이해가지 않는다. 왜냐하면 성민은 태고보우의 상수제자인 목암찬영의 제자이기 때문이다.
11) 이에 대해서는 다음의 논문을 참조하기 바람.(황인규, 「환암혼수의 생애와 불교사적 위치」, 『경주사학』 18, 1999.)
12) 『태종실록』 권13, 태종 6년(1406), 2월 26일 정해조.
13) 선흥사는 도성 東郊에 있었던 고려의 명찰이었다. 상락부원군 方祐가 1459년(세조 5) 중국에서 귀국하여 선흥사를 웅장하고 화려하게 중수하고 10년간 머물렀고(이제 현, 「光祿大夫 平章政事上洛府院君方公祠堂碑」, 『익재난고』 권7, 碑銘 ; 『동문선』 권 118, 비명) 夢菴居士 權呾이 출가한 사찰이다.(『고려사절요』 권23, 충선왕 3년조 ; 梁 誠之, 「夢庵權公故事記」, 『訥齋集』 권5 雜著 ; 양성지, 「訥齋集墨蹟」, 『訥齋集』.) 그러나 『신증동국여지승람』이 편찬시 이미 폐사되었다.(『신증동국여지승람』 권12, 경기 장단도호부조.) 변계량이 '황폐되어 적막한 선흥사 그 사찰에 스님은 간 데 없고 제비만 나는구나'(牟落禪興寺 無僧燕子飛. 변계량, 「禪興寺에 쓰다」, 『춘정집』 권2 詩.)라는 구절에서 변계량이 살아 있을 당시 이미 도량이 황량해져 갔음을 알 수 있다.
14) 『태종실록』 권19, 태종 10년(1410), 4월 8일 갑진조.
15) 『태종실록』 권25, 태종 13년(1413), 3월 11일 경인조.
16) 『태종실록』 권25, 태종 13년(1413), 5월 19일 정유조 ;『태종실록』 권27, 태종 14년(1414), 5월 19일 신묘조.

다.[17] 이렇듯 태종의 선대부터 자손들로 이어지는 관음신앙에 경도되어 있었기 때문에 성민의 상언이 받아들여졌던 듯하다.[18]

억불군주였던 태종은 개인적으로는 호불신앙의 성향을 띠었다. 잠저시 독서를 하였던 원주 각림사에도 지원을 아끼지 않았는데, 그 절의 주지 석휴가 다음과 같이 상언을 하였다.

> (임금이) 명하였다. 原州牧使에게 覺林寺 승려가 收租한 일을 조사하지 말게 하였다. 원주 각림사 주지 釋休가 와서 아뢰었다.
> "신이 서울에 갔을 때 어리석은 僧徒들이 田稅를 많이 거두어 佃客들이 官에 고소하였습니다. 그리고 저희들에게 부과되는 요역도 너무 많습니다."
> 승정원에 명하여 原州에 급보를 보내어 전세를 많이 거둔 사실을 추궁하지 말고 요역도 덜어주라고 하였다.[19]

태종 12년 각림사 주지 석휴의 상언 내용은 석휴가 절을 비운 사이 승도들이 전세를 너무 많이 거두자 佃客이 고소하였고 절의 승려들에게 부과되는 요역이 많다는 것이다. 이에 태종은 고소내용을 추궁하지 말게 하고 요역도 덜어주었다. 각림사가 중창되어 낙성될 무렵이었으므로 오히려 절에 지원을 아끼지 않았다.[20] 세종 3년 3월 각림사 주지였던 석휴가 왕을 찾아뵈었을 때도 쌀 2백석을 하사할 만큼 태종의 아낌을 받았다.[21] 그 이전인 태종 17년 각림사 승려가 쌀을 바꾸도록 요청하였을 때도 들어주기도 하였다.[22] 원주 각림사는 태종이 잠저시 13세 무렵[23] 공부를 하던

---

17) 『세종실록』 권8, 세종 2년(1420), 5월 29일 병신조.

18) 이성계의 조상인 이선래는 선친이 관음굴에서 기도하여 출생하였다고 한다.(『태조실록』 권1, 총서.)

19) 『태종실록』 권24, 태종 12년(1412), 10월 17일 기사조.

20) 『태종실록』 권34, 태종 17년(1417), 7월 5일 무오조.

21) 『세종실록』 권11, 세종 3년(1421), 3월 8일 경오조.

22) 위와 같음.

23) 『세종실록』 권6, 세종 1년(1419), 11월 9일 기유조.

곳이기 때문이었다.[24] 그런데 태종 16년 무렵 각림사 주지는 義游이었으므로,[25] 쌀을 바꾸도록 청한 승려는 의유가 아니었을까 추정된다. 의유는 천봉만우와 가까이 하였다.[26] 이처럼 각림사 주지의 상언은 각림사의 수조와 요역의 감면 등 왕실의 지원 속에 이루어졌다.

세조대 승려의 상언은 실록에 나타나는 京外의 승인과 福泉寺 승려 省愚의 사례를 들 수 있다.

> 이보다 앞서 京外의 僧人들이 상언하였다. "圓覺寺의 중창은 본래 우리 승도의 일이니, 빌건대 양식을 가지고 부역하게 하고, 도첩을 주십시오." 예조에 내려 의논하게 하였다.[27]

이미 널리 알려진 바와 같이 원각사는 중부 慶幸坊(현 탑골공원)에 있었던 興福寺를 세조 10년에 고쳐 창건하였던 사찰이다.[28] 서울과 지방의 승인들이 원각사의 중창이 승도의 일이라고 하면서 도첩을 요구한 사실은 매우 주목된다. 왜냐하면 도첩제는 고려말 이래 승려의 출가를 제한하고자 시행하였는데, 조선전기 도첩요구는 계속되었다. 그들은 상층부의 승려들이 아닌, 일반 승려로서 출가 자격증이라고 할 도첩을 요구한 것이기 때문이다.[29] 하급 승려층이 집단적으로 상언한 사례는 찾아보기 쉽지

---

24) 『태종실록』 권20, 태종 10년(1410), 12월 20일 임자조 ; 『태종실록』 권28, 태종 14년(1414), 9월 14일 갑인조.
25) 『세종실록』 권32, 세종 8년(1426), 4월 9일 임신조.
26) 『세종실록』 권32, 세종 8년(1426), 5월 8일 신축조.
27) 『세조실록』 권35, 세조 11년(1465), 1월 21일 기사조.
28) 『신증동국여지승람』 권3, 한성부. 실록에 의하면 원각사의 창건에 대하여 다음과 같은 기록을 남기고 있다. 즉 "孝寧大君이 檜巖寺에서 圓覺法會를 베풀었는데, 여래가 현상하고 甘露가 내렸다. 黃袈裟의 승려 3인이 탑을 둘러싸고 정근을 하는데 그 빛이 번개와 같고, 빛이 대낮과 같이 환하였고 채색 안개가 공중에 가득 찼다. 사리가 분신하여 수백 개였는데, 그 사리를 含元殿에 供養하였고, 분신이 수십 枚였다. 이와 같이 기이한 상서는 실로 만나기가 어려운 일이므로 다시 興福寺를 세워서 圓覺寺로 삼고자 하였다."(『세조실록』 권33, 세조 10년(1464), 5월 3일 갑인조.)

않은데, 앞서 언급한 京外의 승려들은 다음의 글에서 보듯이 바로 복천사 승려들을 지칭하는 듯하다.

眉師前
巡行後 所在各遠 音聞邈爾 且國中…圓覺寺之事 具如普聞.…[30]

위의 글에 의하면, '세조가 순행 후 각자 멀리 떨어져 있어 소식을 듣지 못했는데…원각사의 일을 듣는 것과 같다'는 것이다. '원각사의 일'은 원각사가 한창 창건중에 있는 상황을 말하고 있는 것 같다. 원각사의 조성은 세조 10년이며, '세조의 순행'은 세조 10년 2월 온양온천을 가다가 청주를 거쳐 보은 속리사와 복천사에 가서 信眉를 만난 것을 의미하는 듯하다.[31] 세조는 세조 10년 2월에 복천사에 다녀와서 원각사를 창건한다는 말을 듣고 서신을 신미에게 보낸 것으로 추정된다.[32] 세종 31년 무렵 수륙사의 개최사찰이 문제가 되었을 때[33] 왕은 신미에게 자문하여 복천사가 수륙사로 지정되었다.[34] 따라서 세조 11년 원각사의 중창에 참여하였던 京外의 승려는 복천사의 승려를 지칭하는 것이 아닐까 한다. 그로부터

29) 도첩제에 대해서는 다음의 논문을 참조하기 바람.(황인규, 「한국불교사에 있어서 度牒制의 시행과 그 의미」, 『보조사상』 22. 2004.)
30) 「세조가 신미에게 보낸 서신」. 이 서신은 신미의 동생 김수온의 후손인 金東杓씨가 소개한 것으로 이호영 교수의 논문에서 재인용하였다.(이호영, 「승 신미에 대하여」, 『사학지』 10, 1976.)
31) 이에 대해서는 다음과 같은 기문이 참고된다. "任元濬의 記에, 天順 8년 봄 2월에 우리 主上 承天體道烈文英武殿下께서 남쪽으로 충청도를 巡狩하시면서 俗離山 福泉寺에 거둥하사 慧覺尊者를 만나 보시고, 그 뒤 3월 초 1일에 온양군의 溫湯에 거가를 머무르셨다."(『신증동국여지승람』 권19, 충청도 온양군 산천 神井條.)
32) 「俗離山福泉寺重修普勸文」, 藏書閣 소장 : 이호영, 앞의 논문, 44쪽 재인용.
33) 『세종실록』 권124, 세종 31년(1449), 4월 21일 경오조.
34) 『문종실록』 권9, 문종 1년(1451), 9월 5일 경자조 ; 『문종실록』 권2, 문종 즉위년 (1450), 6월 22일 갑오조. 신미에 대해서는 다음의 논문을 참조하기 바람.(황인규, 「세조대의 삼화상고-신미와 두 제자 학열과 학조」, 『한국불교학』 26, 2004 : 황인규, 『고려말·조선전기 불교계와 고승연구』, 혜안, 2005.)

1년 뒤 그 복천사의 승려 省愚가 다시 호조에 상언을 하였다.

> 호조에서 福泉寺 승려 省愚의 狀告에 의거하여 아뢰었다.
> "本寺의 田地 2백 결 내에 여러 관사에 상납하는 稅米豆가 생산되는 田地는 군자에 환속시키고, 그 나머지 전지를 본사에서 收稅하는 일은 狀告에 의거하여 조사(磨勘)하여 감면하고, 그 궐내에서 행하는 水陸社의 예로써 稅米豆를 전부 수납하는 일은 本寺가 나라에서 행하는 수륙사가 아니니, 청컨대 들어주지 마십시오." 전교하였다. "稅米豆까지 그 절에 속하게 하라."35)

위의 글은 복천사의 성우가 장계를 호조에 올린 내용이다. 절의 田地 200결 가운데 稅米豆가 생산되는 전지는 군자에 환속시키고 나머지 전지를 수세하도록 청하였다. 그리고 궐내에 행하는 수륙사로서 세미두를 모두 거두어들이도록 상언하였다.

그런데 「福泉寺事蹟」에 세조 10년(1464) 무렵 신미·사지·학열·학조 등의 고승과 더불어 정업원주지 해민이 보이고 있는데,36) 해민은 왕실 士女의 출가 비구니원인 정업원의 주지로서 사찰의 승려들에 대한 약탈 방화에 대한 강도들을 포획할 것을 요청하였다.37) 조정은 즉시 군사를 풀어 강도들을 잡게 하였다.38) 그만큼 당시 신미 등 삼화상과 더불어 정업원 주지의 위상을 가늠케 한다.

해민과 함께 해인사 불사를 하였던 세조대의 삼화상이라 불렸던 學祖도 상언을 하였다.

---

35) 『세조실록』 권39, 세조 12년(1466), 9월 11일 기묘조.
36) 「俗離山福泉寺重修普勸文」, 藏書閣 소장 : 이호영, 앞의 논문. 44쪽 재인용.
37) 비구니원에 대해서는 다음의 논문을 참조하기 바람.(이기운, 「조선시대 왕실의 비구니원 설치와 신행」, 『역사학보』 178, 역사학회, 2003.)
38) 『세조실록』 권30, 세조 9년(1463), 6월 12일 경오조. 성종대 해민이 입적한 직후 설준이 추천하였다고 비난을 받은 것(『성종실록』 권32, 성종 4년(1473), 7월 27일 병진조.)을 보면 그 후 불교계의 탄압이 심해져갔음을 알 수 있다.

승려 學祖가 와서 아뢰었다. "일전에 신을 奉先寺의 주지로 명하셨는데, 강원도 月精寺의 승려 行謙은 일을 주관할 만한 자이니, 청컨대 본도의 관찰사에게 명하여 말을 주어서 올려 보내 주십시오."
(임금이) 전교하였다. "마땅히 그 말대로 따르겠다. 또 시킬만한 자가 있으면 그대가 아뢰도록 하라."[39]

즉, 學祖(1432~1514)는 봉선사의 주지를 자기와 친분이 있는 月精寺의 승려 行謙으로 임명케 해달라고 상언을 올렸다. 뿐만 아니라 奉先寺 주지로서 承政院에 나아가 절의 곡식을 빼내지 말 것을 청하기도 하여 弘文館副提學 安處良 등 유생들의 비판을 받았다.[40] 학조는 貞熹王后의 교지를 받고 海印寺의 大藏經板堂을 중창하라는 명을 받아 海印寺 大藏經板堂 修補 監役을 하게 되었지만 곧 사의를 청하였다.[41] 학조는 1464년(세조 10) 속리산 복천사에서 왕을 모시고 스승 신미와 함께 대법회를 열기도 하였고, 1483년(성종 14) 봉선사에 주석한 후 김천 직지사에 머물면서,[42] 1489년(성종 20) 해인사를 중수하였다.[43]

그런데 봉선사 승려가 올린, 다음과 같은 상언을 다시 찾을 수 있다.

奉先寺 승려가 상언하였다. "본사 位田稅의 米豆는 선왕·선후를 위하여 水陸齋를 마련하는데 수요되는 것입니다. 그래서 본사에서 거두어들인 것은 그 유래가 이미 오래 되었는데, 이제 호조에서 스스로 거두기를 허락하지 않고 軍資倉 곡식으로 주니, 이것을 써서 해당 관청에서 준비하면

39) 『성종실록』 권155, 성종 14년(1483), 6월 16일 정축조.
40) 『성종실록』 권181, 성종 16년(1485), 7월 4일 임자조 ; 『성종실록』 권181, 성종 16년(1485), 7월 8일 병진조.
41) 『성종실록』 209, 성종 18년(1487), 11월 8일 계묘조 ; 『성종실록』 권209, 성종 18년(1487), 11월 8일 계묘조.
42) 「直指寺事蹟」, 『直指寺誌』, 아세아문화사, 1980.
43) 학조에 대해서는 다음의 논문을 참조하기 바람.(황인규, 「세조대의 삼화상고 - 신미와 두 제자 학열과 학조」, 『한국불교학』 26, 2004 ; 황인규, 『고려말·조선전기 불교계와 고승연구』, 혜안, 2005 수록.)

아마도 정결하지 못할 듯합니다. 청컨대 예전대로 스스로 거두게 하십시오."…(임금이) 전교하였다. "상언에 의하여 시행하도록 하라."[44]

봉선사의 位田稅의 米豆는 오래전부터 선왕·先后를 위하여 水陸齋를 마련하는데 쓰인 것이다. 호조에서 거두지 않고 軍資倉 곡식으로 준 것을 예전처럼 본사에서 거두게 해달라고 상언한 것이다.
다음은 齊陵의 능침사찰인 衍慶寺 주지 能了의 상언에 대하여 살펴보기로 한다.

衍慶寺 주지 승려 能了가 절을 수즙하려고 椽木을 청하니, 그대로 따랐다.[45]

衍慶寺는 태조의 정비 神懿王后의 능인 齊陵의 능침사찰로 국가적인 지원을 받아 태종 10년 낙성되었던 사찰이며,[46] 연경사 주지가 절을 보수하고자 椽木을 구하고자 청하여 실현시킨 것이다. 이처럼 왕실의 능침사찰 뿐만 아니라 연산군대 비구니원 자수궁에서 상소를 올린 사실도 다음의 글을 통해 알 수 있다.

慈壽宮의 尙宮 崔氏가 상언하였다. "근자에 尼僧으로서 20세 이하는 다 還俗하게 하고 고발하는 자가 있으면 상을 줍니다. 이와 같이 한다면 신의 여종으로서 賤籍에 부친 자는 그 연령을 상고할 수 있으나, 그 소생인 종은 비록 20세가 지난 자라도 奸人이 다 장차 고발할 것입니다. 변명할 길이 없을 것 같습니다."
(임금이) 전교하였다. "이 법이 너무 과하지 않은가?"
승지들이 아뢰었다. "이미 입법한 것을 한 사람의 말 때문에 변경해서는 안됩니다. 또 시봉하는 종은 반드시 머리를 깎아야만 데리고 갈 수 있는

44)『성종실록』권272, 성종 23년(1492), 12월 22일 무오조.
45)『성종실록』권243, 성종 21년(1490), 8월 10일 경인조.
46)『태종실록』권18, 태종 9년(1409), 8월 12일 신해조 ;『태종실록』권19, 태종 10년(1410), 4월 6일 임인조.

것은 아닙니다."[47]

慈壽宮 尙宮 崔氏가 '尼僧으로서 20세 이하는 다 환속하게 하고 고발하는
자가 있으면 상을 주자'는 것에 대한 반발로 상언을 한 것이다. 자수궁뿐만
아니라 수성궁과 창수궁 등의 궁궐도 비구니들이 거처하는 비구니원으로서
역할을 하였다.[48] 본래 慈壽宮은 문종 즉위년 태조의 아들 撫安君의 옛집을
수리하여 선왕의 후궁의 거처로 삼은 곳이고,[49] 수성궁은 문종의 후궁이
사는 곳이었다.[50] 그리고 성종이 세조의 후궁 謹嬪이 거처하는 궁을 일반적
으로 자수궁이라 하는 것이 편치 않기 때문에 이름을 昌壽宮이라 하였다.[51]

실제 후궁들이 출가하여 비구니가 되었던 사실을 찾을 수 있다.[52] 특히
세종·문종·세조·성종 등의 후궁들에서 출가하여 비구니가 된 자가 적지
않은 듯하다.[53] 세조의 후궁 謹嬪 朴氏가 나이 80세로 머리를 깎고 비구니가
되어 자수궁에서 거처하였고,[54] 성종의 후궁이 머리를 깎고 비구니가
되었다.[55]

따라서 자수궁의 최씨도 비구니였다고 생각되며,[56] 자수궁은 왕실의
비호를 받았기 때문에 그러한 상소가 가능했다.

상궁 최씨가 상언한 바로 같은 해인 연산군 2년 장의사의 한 승려가
예조에 다음과 같이 상언을 하였다.

---

47) 『연산군일기』 권12, 연산군 2년(1496), 1월 11일 경인조.
48) 『연산군일기』 권52, 연산군 10년(1504), 4월 12일 계묘조 ; 『연산군일기』 권52,
   연산군 10년(1504), 4월 14일 을사조.
49) 『문종실록』 권1, 문종 즉위년(1450), 3월 21일 을축조.
50) 『단종실록』 권10, 단종 2년(1454), 3월 13일 갑자조.
51) 『성종실록』 권179, 성종 16년(1485), 5월 9일 무오조.
52) 『연산군일기』 권53, 연산군 10년(1504), 윤 4월 19일 기묘조.
53) 위와 같음 ; 『연산군일기』 권53, 연산군 10년(1504), 5월 1일 경인조.
54) 『연산군일기』 권55, 연산군 10년(1504), 9월 4일 신묘조.
55) 『연산군일기』 권56, 연산군 10년(1504), 1월 13일 기해조.
56) 자수궁에 대해서는 다음의 논문이 참조된다.(김용국, 「자수궁과 인수궁」, 『향토서
   울』 27, 서울시사편찬위원회, 1966.)

莊義寺의 승려가 예조에 보고하였다.

"절이 퇴락하고 파손된 곳이 많으니, 청하옵건대 繕工監으로 하여금 수리하게 하십시오." 예조가 아뢰었다. "黃海道의 승려들로 하여금 수리하게 하십시오."…(임금이) 전교하였다. "내년 봄에 군사들을 주어 수리하도록 하라."[57]

장의사는 태조의 정비 한씨의 기신재를 지낸 후,[58] 왕실사찰로 비호를 받은 사찰이다. 즉 세종 3년부터 선왕의 기일에 재를 올리는 사찰로 지정되었고,[59] 세종 4년 태종의 초재를,[60] 세종 28년에도 역시 초재가 열리었던 사찰이었다.[61] 그리고 성종대에 봉선사와 함께 장의사의 중수 요구를 반대하는 유생들의 상소가 있었지만,[62] 연산군대에 다시 중수불사 상언을 올려 이를 실현시켰던 것이다.

3. 국가 관련 상언

승려들이 국가와 관련한 일을 상언한 사례는 別瓦窯 化主 海宣과 汗蒸僧 明昊와 그의 제자 天祐·乙乳, 그리고 津寬寺 幹事僧 覺敦을 들 수 있다. 별요 화주였던 해선의 상언은 실록에서 다음과 같은 내용을 찾아진다.

57) 『연산군일기』 권18, 연산군 2년(1496), 9월 18일 신해조.
58) 『태조실록』 권15, 태조 7년(1398), 9월 22일 갑오조.
59) 『세종실록』 권11, 세종 3년(1421), 1월 19일 임오조.
60) 『세종실록』 권16, 세종 4년(1422), 5월 15일 신미조.
61) 『세종실록』 권111, 세종 28년(1446), 3월 29일 병신조. 장의사에서 齋가 열릴 때 8, 9천 명에서 1만여 인, 雜客 수천 명, 걸인 1만여 명이나 飯僧이 실시될 정도였다. 또한 예종 1년 장의사 종 閏山이 그 절의 승려 頓成이 佛供을 할 쌀을 水陸齋의 잡물이라고 사칭하여 사사로이 쓰는 등 무리가 있었다고 백악산에 올라가서 징을 치고 옷을 휘두른 사건(『예종실록』 권8, 예종 1년(1469), 10월 29일 기묘조.)이 있었지만 장의사가 질책을 받은 사실은 찾아 볼 수 없다. 이처럼 장의사는 왕실의 대단한 비호를 받았다고 볼 수 있다. 서울시 종로구 신영동 세검정초등학교 자리에 있었다.
62) 『성종실록』 권218, 성종 19년(1488), 7월 22일 계미조.

海宣이 일찍이 나라에 말하였다. "新都의 대소 人家가 모두 띠(茅)로 집을 덮어서, 중국 사신이 왕래할 때에 보기가 아름답지 못하고 화재가 두렵습니다. 만약 別窯를 설치하고, 나에게 기와 굽는 일을 맡게 하여, 사람마다 값을 내고 이를 사가도록 허락한다면, 10년이 지나지 않아 성안의 여염집이 모두 기와집이 될 것입니다."63)

別窯의 화주 都大師 海宣이 호조에 글을 올려 말하였다. "승려 해선은 태종 5년 태종대왕이 이곳 (서울)에 환도하여 아직 (도시를) 營建한 지 오래지 않아서 민호가 지붕을 덮지 못할 것을 염려하여, 별요를 설치하고 기와를 구워 매매하게 하였더니, 수년도 지나지 아니하여 기와집이 반을 넘었습니다. 어찌 화재만 면할 뿐이겠습니까.
장차 영구히 그렇게 되는 것을 보려고 하였는데, 불행히도 수년 동안 흉년이 들어 경비를 절약하기 위하여 (별요를) 혁파한 것이었습니다. 소승이 우러러 태종의 자애한 마음을 체득하고 (부처에게) 큰 서원을 빌어, 태종 16년에 임금께 신청하여 다시 별요를 설치하고, 도성 안이 모두 기와집이 되어 (해마다) 지붕을 이는 노고를 없애고 화재로 연소의 걱정을 없애고자 고심 분주한 지 지금까지 9년입니다.
그러나 일은 크고 힘은 미약하여 널리 보급시키지 못하여, 초가집이 오히려 많으니, 소승의 마음은 괴롭기만 합니다. 생각하건대, 소승은 차차 늙어서 죽을 날이 가까워지니 마음먹은 것을 끝내지 못하고 (태종의) 성스러운 덕택이 널리 퍼지지 못할까 두렵습니다. 이 일을 위한 장구한 계획을 생각하니, 寶를 세우는 것이 제일이겠습니다.
대개 기와를 굽는데 세 가지 어려운 것이 있습니다.
뒷사람이 나의 뜻을 계승하여 영구히 변경하지 아니하면, 도성 안이 모두 기와집이 될 것입니다. 소승이 평안·황해 두 道에 사사로이 쌀 1천 석을 준비한 것이 있는데, 이것을 그 도에 바쳐 군수 물자에 충당하고, 忠州 慶原倉의 묵은 쌀을 받아서 寶를 세우는 본전을 삼으면, 국가에는 해가 되지 않고 서울 사람에게 이익이 있는 일이니, 임금께 전달하여 시행하라는 명령을 내리시기 바랍니다."64)

---

63) 『태종실록』 권11, 태종 6년(1406), 1월 28일 기미조.

해선은 자은종 도승통 종림의 제자이며, 慈恩宗 都僧統이 되어 유가종 종문의 영수로서 대복전이 되어 임금의 총애를 받았다. 그리고 금산사·해안 사·법천사·안양사 등 유가종계의 사찰의 주지를 역임하였고,[65] 양가도승통 의 승직에 오르고 우세군에 책봉된 인물이었다. 조선 건국직후 태조 5년 옛 광주 원강촌의 판교원과 사평원을 조운흘·윤안정과 함께 축조하였다.[66]

그런데 鄭以吾의 기문에 의하면 용산강가에 棺槨所를 설치하고 자은종 도승통 종림에게 주관케 하였다. 종림이 입적한 후 제자 해선이 그 뜻을 이어받아 그 사업에 힘썼다. 해선은 태종 5년 한양으로 재천도하자 별요를 설치하라고 상언하였고,[67] 기와 굽는 일을 맡아서 하였다.[68] 해선은 세종 6년 별와요를 다시 설치하여 재원을 마련하기 위해 사원의 기금운용 공동체 인 寶를 설치하거나 자신이 마련한 비용을 사용하라는 구체적인 방안까지 제시하기도 하였다. 이처럼 해선에 의하여 별와요를 두도록 한 것은 백성들 의 집을 짓고 보호하기 위한 것이었다.

다음은 한증승 明昊와 제자 天祐·乙乳[69]의 상언에 대해 살펴보기로 한다.

---

64)『세종실록』권26, 세종 6년(1424), 12월 7일 무신조.

65) 李穡,「昨蒙慈恩都僧統祐世君 來賀種德新拜密直 且設盛饌僕誰炳餘 不敢辭痛飲 至醉 是晩有 明日吟成 三首錄呈」,『牧隱詩藁』권28 ; 李穡,「浩然子安僕邀 僕及韓孟雲先生 登山在麓 作動至 則鄭密直圃隱與慈恩祐世君金山長老 李判書士渭已來相候登其峯四 眺猶 不滿意削西徒 至甘露寺南峯 則敵貉益甚酬酒吟 咏更約菊花會 重開 至夜分乃歸李 淸州士穎鄭副令 又其後至者也 明日追思如夢中 情不能已吟成一首」,『牧隱詩藁』권3 0 ; 李穡,「慈恩祐世君在海安寺講經」,『牧隱詩藁』권29 ; 李穡,「昨觀祐世君瑜伽道場 歸而志」,『牧隱詩藁』권25, ; 李穡,「其韻以述所懷(宗林)」,『牧隱詩藁』권20, ; 李穡, 「有感慈恩都堂」,『牧隱詩藁』권23,

66)『태조실록』권9, 태조 5년(1405), 3월 4일 신유조 ;『태종실록』권8, 태종 4년(1404), 12월 5일 임신조. 檢校政堂文學 趙云仡 卒記. 이에 대해서는 다음의 논문을 참조하기 바람.(황인규,「여말선초 유가종승과 불교계의 동향」,『동국사학』39, 2003 ; 황인 규,『고려후기·조선초 불교사연구』, 혜안, 2004.)

67) 별와요는 그 후 태종 14년 4월에 혁파되었으나(『태종실록』권27, 태종 14년(1414), 4월 7일 경술조.) 세종 30년 吳信仁도 별요를 복설하라고 청하였으나 파하였다고 한다.(『세종실록』권121, 세종 30년(1448), 9월 22일 을사조.)

68)『태종실록』권11, 태종 6년(1406), 1월 28일 기미조.

69) 天祐와 乙乳는 明昊의 제자로 생각된다. 왜냐하면 그들이 대선사의 승계를 지니고

예조에서 啓하였다. "汗蒸하는 승려 大禪師 天祐·乙乳 등이 말하기를, '한증
으로 병자를 치료하는 것은 인애하는 정치의 한 가지가 될 만한 일입니다.
지난 계묘년에 大師僧 明롯가 湯浴하는 장소를 만들어서 병 있는 백성을
구제하려고 성상께 말씀을 올렸던 바 있습니다. 성상께서 가상하게 여기시
어 바로 집을 마련해 주시고, 욕실을 만들라고 명하셨는데, 일이 미처
착수되기도 전에 명호가 죽었습니다.

저희들은 그 일을 계속하기 위하여 널리 시주를 받아들이어 연전에 浴室을
증설한 바, 한증으로 병을 고친 자가 계속하여 끊이지 아니합니다. 그러나
가난한 병자는 땔나무를 준비하기 어려울 뿐 아니라, 죽을 쑤어 먹거나
소금·간장 따위도 마련하기가 쉽지 않아 안타깝고 민망하나 공급할 길이
없습니다.

엎드려 바라건대 성상께서 쌀 50섬과 무명 50필만 주시면 그것으로 밑천
삼아 이식을 가지고 쓰면서 본 밑천은 도로 나라에 반납하고 寶를 만들어
병자들을 구제하는 것이 소승들의 큰 소원입니다.' 하니, 그 소원에 따라서
쌀과 베를 주고, 의원 한 사람을 정하여 같은 마음으로 치료해 주게 하고,
1년이 되면 교대시키는 것을 일정한 법으로 삼으시기 바랍니다."
(왕이) 그대로 따랐다.[70]

한증승 明롯는 태종대 태조의 비 신의왕후의 능인 齊陵의 碑와 태종의
아들 성녕대군의 신도비의 글씨를 썼던 刻字僧이었다.[71] 세종 5년 왕에게
상언을 올려 백성들을 위해 한증소를 지어달라고 하여 집을 하사받고
욕탕을 만들려다가 입적하였다고 한다. 그 후 제자 天祐와 乙乳가 한증소를
지었으나, 운영비를 마련코자 세종 9년 예조에 상언을 올렸다. 앞서 언급한
별와요 화주 해선처럼 백성들을 위하여 재원을 마련하여 寶로써 한증소를
운영하고자 하였다.

있고 명호를 大師僧이라 하였기 때문이다.(『세종실록』 권36, 세종 9년(1427) 4월
27일 임오조.)
70)『세종실록』 권36, 세종 9년(1427), 4월 24일 임오조.
71)『태종실록』 권7, 태종 4년(1404), 3월 16일 정사조 ;『태종실록』 권35, 태종 18년
(1418), 4월 4일 갑신조.

다음은 津寬寺 幹事僧의 방납과 관련한 상언에 대해 살펴보기로 한다.

처음에 津寬寺 幹事僧 覺頓이 전라도로부터 돌아와서 安平大君 李瑢에게 고하였다. "이제 草芚을 防納하려 하는데, 羅州 등 30여 고을에서 모두 다른 사람을 시켜 防納하지 못하게 하였다." 大君이 아뢰니, 임금이 노하여 그 고을 正朝進奉鄕吏를 義禁府에 내려 국문하게 하였더니, 모두 죄를 자복하였다.[72]

진관사 승려가 공물을 대납하게 된 것은 불교계에서 차지하고 있던 비중 때문이다. 진관사뿐만 아니라 왕실과 관련된 중요사찰인 대자암이나 복천사의 경우도 대납하는 권한이 주어졌다.[73] 특히 진관사가 왕실의 원당으로서 齋寺였을 뿐만 아니라, 세종 31년 5월 수륙사가 설치되어 觀音窟·五臺山 上元寺·巨濟 見庵寺와 더불어 매년 2월 15일에 水陸齋를 행하는 곳이 되었고,[74] 새로운 선교양종의 본산 후보사찰로 부상할 정도로 중요사찰이었다.[75] 鄭苯(? ~1454)이 대납을 건의한 후부터 간사승들이 州郡에서 거두게 하였다. 이에 선왕의 유지를 받들어 진관사 수륙사를 짓는데 수용되는 비용을 마련하기 위해 대납케 하였다.[76] 얼마후 별요·귀후소·교서관에서 代納하는 각 고을 吐木과 燒木을 진관사 수륙사 간사승이 대납케 하였다.[77]

그런데 유생들은 진관사의 각돈이 가장 간사하고 교활하다고 비난을 하는 가운데,[78] 친분이 있던 안평대군 이용에게 방납을 방해한 사실을

72) 『세종실록』 권127, 세종 32년(1450), 1월 29일 갑술조.
73) 『문종실록』 권4, 문종즉위년(1450), 11월 4일 갑진조.
74) 『태종실록』 권27, 태종 14년(1414), 2월 6일 경술조 ;『세종실록』 권124, 세종 31년(1449), 5월 4일 계미조.
75) 『세종실록』 권72, 세종 18년(1436), 6월 18일 계축조.
76) 『문종실록』 권1, 문종 즉위년(1450), 4월 28일 신축조.
77) 『문종실록』 권1, 문종 즉위년(1450), 5월 16일 기미조.
78) 『세종실록』 권124, 세종 31년(1449), 5월 4일 계미조.

보고하였고 대군이 다시 왕에게 아뢰었던 것이다. 각돈은 그에 머물지 않고 다음과 같이 訴狀까지 제출하였다.

이보다 앞서 津寬寺의 간사승이 訴狀을 제출하였다. "내가 전라도 각 고을의 田稅의 종이(紙)와 草芚을 대납하고 대가로 쌀 1천1백50石을 漕運하여 서울에 온 지가 며칠이 되었는데도 船人이 나타나지 않으니, 반드시 이것은 盜用할 계책입니다." 義禁府에 내려서 추문하게 하였다.[79]

각돈은 과천 淸溪寺 주지를 거쳐 진관사 주지로서 수륙사를 중창한 승려였다.[80] 이처럼 각돈은 왕실이 존경하는 고승이었음에도 불구하고, 간사승 가운데 가장 간사하고 교활하여 여러 고을에 횡행하였다[81]고 비판받고 있으나, 사실은 불교를 홍포하고 방납의 일도 대행한 것이다.[82]

본래 대납이란 세조가 민간의 田稅와 貢物을 京中에서 선납하도록 허락하고, 그 값을 민간에서 바로 징수케 한 것을 말한다. 남의 재화를 먼저 받아 대납하게 하였는데, 이를 納分이라 하였다.[83] 그러한 간경도감의 대납과 관련된 상언 사례도 찾을 수 있다.[84]

이상에서 왕실과 국가관련 사찰의 주지 및 고승들의 사찰의 중수나

---

79) 『문종실록』 권1, 문종 즉위년(1450), 3월 28일 임신조.
80) 『단종실록』 권6, 단종 1년(1453), 6월 21일 병오조 ; 『단종실록』 권6, 단종 1년(1453), 6월 24일 기유조 ; 『문종실록』 권6, 문종 1년(1451), 2월 3일 임신조 ; 『단종실록』 권6, 단종 1년(1453), 6월 30일 을묘조.
81) 『세종실록』 권124, 세종 31년(1449), 5월 4일 계미조.
82) 『세종실록』 권127, 세종 32년(1450), 1월 29일 갑술조 ; 『문종실록』 권1, 문종 즉위년(1450), 4월 13일 병술조 ; 『문종실록』 권1, 문종 즉위년(1450), 4월 28일 신축조 ; 『문종실록』 권4, 문종 즉위년(1450), 10월 30일 경자조 ; 『문종실록』 권4, 문종 즉위년(1450), 11월 1일 신축조 ; 『문종실록』 권6, 문종 1년(1451), 3월 4일 계묘조. 각돈에 대해서는 다음의 논문을 참조하기 바람.(황인규, 「조선전기 불교계의 고승탄압과 순교승」, 『불교사연구』 4·5합, 중앙승가대 불교사학연구소, 2004 : 『고려말·조선전기 불교계와 고승연구』, 혜안, 2005.)
83) 『예종실록』 권3, 예종 1년(1469), 1월 27일 임오조.
84) 『세조실록』 권35, 세조 11년(1465), 1월 10일 무오조.

방납과 관련한 상언 사례를 살펴보았다. 다음 장에서는 불교계 고승들의 불교계 교단을 위한 상언사례를 살펴보기로 한다.

4. 교단 관련 상소

태조대 상언한 고승으로 尙孚와 尙聰의 경우를 들 수 있는데, 먼저 상부가 상언한 내용에 대해 살펴보기로 한다.

> 兩街都僧統 尙孚가 승려가 술 마시는 것을 금할 것을 청하니, 임금이 憲司로 하여금 엄히 금하게 하고, 이를 범하는 자는 머리를 길러 充軍하게 하였다.[85]

尙孚는 이색과 교유했던 送月堂 李思敬의 아들이며,[86] 보우와 혼수의 문도였다. 상부는 승정기구였던 승록사의 兩街都僧統으로서 직접 나서서 승려의 비행에 대한 대처를 청하였다. 이처럼 불교계 스스로가 자정을 위한 노력은 상총에게서 그 면모를 엿볼 수 있다.

> 興天社의 監主 尙聰이 글을 올렸다. "…고려왕조의 말기에는 선종과 교종이 이익과 명예만을 탐내어 유명한 사찰을 다투어 차지하여 그 선을 닦고 교를 넓히는 곳은 겨우 한두 개만이 남아 있었으니, 어찌 국가에서 비보사찰을 창건한 본뜻이겠습니까? 조사 眞覺이 말씀하시기를, '禪道는 국운을 연장시키고, 智論은 이웃나라의 병란을 진압한다.' 하였는데, 대체 어찌 증거가 없이 우리를 속이겠습니까?
> 원컨대, 전하께서는 지금부터 선종과 교종 중에서 도덕과 재행이 영수가 될 만한 사람을 가려서 서울과 지방의 유명한 사찰을 주관하게 하되, 선을 맡은 사람에게는 선을 설명하면서 拂子를 잡게 하고, 교를 주관한 사람에게는 경을 講하고 律을 설명하게 하십시오. 그리하면 그 후진들로 하여금 선종은 『傳燈錄』의 拈頌을, 교종은 經律의 論疏를 절을 따라 강습시

85) 『태조실록』 권13, 태조 7년(1398), 4월 11일 정해조.
86) 이색, 「송월당기」, 『목은문고』 권5.

켜서 세월이 오래가면 뛰어난 인물과 덕망이 높은 인물이 어느 절에도
없는 데가 없을 것입니다.

그렇지만 이미 本祉라 일컬었으니 그 서울과 지방의 유명한 사찰도 마땅히
松廣寺의 제도를 모방하여 모두 본사의 소속으로 삼아서 서로 규찰하게
한다면, 그 법을 만들어 복을 기도하는 일에 있어서 비록 점점 쇠퇴하고자
하더라도 되지 않을 것입니다.

근래에는 법을 만드는 규정이 모두 중국 승려를 받들어 본받고 그 단독의
결정을 얻지 못하게 되니, 이른바 '범을 그리려다가 되지 않으니, 도리어
강아지를 그리게 된다.'는 것입니다.

신이 삼가 살펴보건대, 송광사의 조사인 普照의 남긴 제도를 講하여 이를
시행하고 기록하여 일정한 법으로 삼고, 또한 승려의 무리들로 하여금
조석으로 감화 수련하게 한다면, 위로는 전하께서 불도를 세상에 널리
펴게 한 은혜를 보답할 것입니다.

삼가 바라건대, 중앙과 지방에 반포하여 영구한 세대에 전하게 한다면
어찌 대단히 국가에 이롭지 않겠습니까?"

임금이 그대로 따랐다.[87]

　　尙聰(1330?~1410?)은 송광사 주지를 역임한 고승이다. 즉, 상총은 『태고
화상어록』에 '慧庵松壙聰長老'로 나오고 태고의 비문에 문도로 나오고
있지만 또한 보우의 문도인 혼수의 비문 음기에 문도로 나오고 있다.[88]
상총은 태종의 비 원경왕후를 추념하였던 바 있고,[89] 태조 7년 정릉의
능침사찰로 창건되어 후에 선종의 도회소가 되는 흥천사의 감주가 되었고,
불교계의 근본적인 쇄신을 위해서 승풍을 혁신할 것을 정부에 제안하였다.
　　상총은 상소에서 고려시대 사찰의 원리인 비보사찰설에 의해 사찰을
운영하고[90] 덕과 재행이 있는 자를 선발하여 사찰을 주관케 하라고 하였다.

---

87) 『태조실록』 권14, 태조 7년(1398), 5월 13일 기미조.
88) 그 외에 상총에 관한 기록이 『조선사찰사료』와 실록에 한 건씩 더 보이고 있다.
　　(「白巖寺 轉藏法會堂司榜」, 『조선사찰사료』 상, 175쪽 ; 『세종실록』 권50, 세종
　　12년(1430), 윤12월 17일 계축조.)
89) 황수영, 「청동은입사 청곡사명 향완」, 『한국금석유문』.

그러면서 중국의 선풍을 따르지 말고 송광사 보조국사의 선풍을 본받고
구체적인 강의과목으로 교육시킬 것을 주장했다. 그 상언은 받아들여져
후에 흥천사가 선종의 본산이 되었다.

그러한 상총의 불교계 승풍의 혁신 등 불교계의 자정에도 불구하고
불교계에 대한 탄압시책은 본격화되어 갔다. 그러한 때 불교계의 無學自超
와 省敏의 상언은 자정적 성격을 넘어서 적극적인 저항의 성격을 띠었다.

> 임금이 檜巖寺에서 태상왕에게 문안을 드렸다. 이에 앞서 태상왕이 王師
> 自超의 戒를 받고 肉膳을 드시지 않아 날로 점점 야위어 갔다. 임금이
> 이 말을 듣고 환관을 시켜 自超에게 말하였다. "내가 太上殿에 나가서
> 獻壽하고자 하는데 만일 태상왕께서 肉膳을 드시지 않는다면 내가 장차
> 왕사에게 허물을 돌리겠다."
> 자초가 근심하고 두려워하여 회암사를 물러나와 작은 암자에 나가 있었다.
> 임금이 온다는 말을 듣고 회암사 주지 祖禪과 함께 태상왕께 아뢰었다.
> "임금께서 肉膳을 드시지 않아 안색이 점점 야위셨습니다. 저희들이 오로지
> 전하(上位)께서 부처님을 좋아하시는 은혜를 입어 미천한 목숨이 편안히
> 지내고 있는데 지금 전하(上)의 안색이 야위신 것을 뵈니 저희들의 목숨이
> 오래가지 않을 것을 알겠습니다."
> 태상왕이 말하였다. "국왕이 만일 나처럼 부처를 숭상할 수 있다면 내가
> 마땅히 肉膳을 먹겠다." 임금이 술잔을 올리자 태상왕이 이를 허락하면서
> 얼굴빛이 편안하고 온화해졌다.…"[91]

위의 글은 無學自超가 제자인 회암사 주지 鐵虎祖禪[92]과 함께 이성계에게

---

90) 비보사찰설에 대해서는 다음의 논문을 참조하기 바람.(황인규, 「고려 비보사사의
설정과 寺莊 운영」, 『동국역사교육』 6, 1998 : 황인규, 『고려후기·조선초 불교사연구』,
혜안, 2004 수록.)
91) 『태종실록』 권4, 태종 2년(1402), 8월 2일 계축조.
92) 祖禪은 호가 철호이며 자초가 태종 2년(1402)에 檜巖寺 監主로 임명될 때 더불어
주지로 임명된 인물이고, 고려말 자초와 더불어 趙仁規 가문의 원당인 과천 淸溪寺의
주지였음을 볼 때 자초의 문도다.(이색, 「안심사 지공나옹 사리석종비」, 『한국금석

육선을 들도록 상언을 하였다는 내용이다. 자초는 태종이 불교탄압시책을 펴려고 하였을 때 태상왕인 이성계를 종용하여 지연케 하였다. 즉, 이성계는 자기 말을 듣지 않으면 육선을 먹지 않겠다고 버티었는데 태종이 이를 만류하도록 자초와 조선에게 으름장을 놓자 이성계에게 육선을 들도록 하였다는 것이다.[93] 그들의 노력에도 불구하고 자초가 입적하자 불교계에 대한 대대적인 탄압적 개혁을 단행하였다.[94] 그러자 태고보우의 문도였던 성민이 다음의 글에서 보는 바와 같이 불교계의 탄압을 저지하기 위해 신문고를 치면서 상언을 올렸다.

> 曹溪寺 승려 省敏이 申聞鼓를 쳤다. 승도들이, 절의 수를 줄이고 노비와 田地를 삭감하는 까닭으로, 날마다 정부에 호소하여 예전대로 회복하도록 요구하니, 정승 河崙이 답하지 아니하였는데, 이에 (성민)이 그 무리 수백 명을 거느리고 신문고를 쳐서 아뢰었으나, 임금이 끝내 허락하지 않았다.[95]

태종 6년(1406) 省敏은 사찰의 수를 줄이고 토지와 노비를 삭감한 데 대항해 의정부에 예전처럼 해줄 것을 요구하며 수백 명의 승려를 이끌고 신문고를 쳤다.[96] 그러한 사례는 조선불교에서 더 이상 찾아보기 힘든 불교계의 저항 장면이다.

다음은 태종 8년 興天社 주지 云悟의 상언에 대해 살펴보기로 한다.

전문』중세 하, 1226쪽 ; 황인규, 「조인규가문과 수원 만의사」, 『수원문화사연구』 2, 1998 : 황인규, 『고려후기·조선초 불교사연구』, 혜안, 2004 수록.)

93) 참고로 무학자초의 문도였던 祖生은 태조 2년(1393) 11월에 태조를 알현하고 개성의 도읍 건설에 승려를 징집할 것을 청하였다. 그는 仁王寺 내원당 당주였으며 정종대 興天社의 주법이 된 승려였다.(『태조실록』 권4, 태조 2년(1393), 11월 19일 경신조 ; 『태조실록』 권11, 태조 6년(1397), 6월 23일 계묘조 ; 『태조실록』 권13, 태조 7년(1398), 1월 21일 기사조 ; 『정종실록』 권2, 정종 1년(1399), 8월 12일 기유조 ; 황인규, 「무학자초의 문도와 그 대표적 계승자」, 『삼대화상연구논문집』 3, 2001 : 황인규, 『고려후기·조선초 불교사연구』, 혜안, 2004.)

94) 『태종실록』 권3, 태종 2년(1402), 4월 22일 갑술조.

95) 『태종실록』 권11, 태종 6년(1406), 2월 26일 정해조.

96) 『태종실록』 권11, 태종 6년(1406), 2월 26일 정해조.

興天寺 주지 云悟가 白銀 50냥을 올리니, 관에서 그 값을 주게 하되 常例에 비하여 한 배 반을 더 주도록 명하였다.

운오가 上言하였다. "開國하던 당초에 祖聖께서 本寺를 창건해 세우고 啓聖殿 신위를 봉안하였는데, 신이 이 절에 주지가 되어 조그마한 도움이 없고, 단지 아침저녁으로 분향하여 위로 聖壽를 축원하는 것뿐입니다. 그러나 절은 크고 자산은 적어서, 많은 사람이 모이지 못하고 절의 크고 작은 건물이 무너질까 두렵습니다. 마침내 개연히 탄식을 하면서 조사로부터 전해 내려오는 秘藏의 白銀 50냥을 국용에 충당하도록 삼가 바칩니다. 빌건대, 그 값을 내려 주시어 불공하는 齋僧들의 만세 무궁한 資産이 되도록 해 주십시오."[97]

홍천사 주지 운오는 절은 크고 資産은 적어서 많은 사람이 모이지 못하고 절의 間閣이 무너질까 두렵다고 하면서 화엄종단으로부터 내려오는 백은을 국가에 바치고 그 비용으로 불교 비용을 내려달라고 하였다. 운오는 재상 황희와 친한 고승으로 유생들의 비난을 받았지만,[98] 종단에 대대로 전해져 내려오는 귀한 백은을 국가에 상납하여 절의 불사를 하여 최고의 종단 사찰을 지키려 하였다.

다음은 세조와 예종대 불교계의 고승이었던 妙覺王師 守眉와 慧覺尊者 信眉의 상언에 대해서 살펴보기로 한다. 수미의 상언의 기록을 열거하면 다음과 같다.

선종의 승려 수미가 승정원에 나아가 아뢰었다. "승도들이 횡행하여 물건을 요청하는 자가 있으므로, 이를 금하시기 바랍니다." 음식을 내려 주었다.[99]

승려 수미가 전라도에 있으면서 奉書하여 아뢰었다. "僧人의 社長들이 혹은 圓覺寺의 佛油를 모연한다 하고 혹은 낙산사를 영건하는 화주라고

---

97) 『태종실록』 권17, 태종 9년(1409), 1월 24일 정묘조.
98) 『세종실록』 권28, 세종 7년(1425), 5월 21일 경인조.
99) 『세조실록』 권14, 세조 4년(1458), 9월 6일 경인조.

하여 여러 고을의 민간에 폐를 끼치는 자가 매우 많습니다." 임금이 內贍寺正
孫昭를 보내어 가서 국문하게 하였다.100)

수미는 세조 4년(1458) 문란한 승려들의 기강을 바로잡기 위해 승도들이
함부로 구청하지 못하도록 승정원에 나아가 상서하거나, 세조 14년(1468)
도갑사에 내려와서도 승도들의 모연 등 폐해에 대해서 적극적으로 막도록
진언하였다.101) 이처럼 선종판사였던 수미의 연화승의 폐단을 금지하라는
상서는 비록 시행되지 못하였으나, 승인 가운데 操行(행실)있는 자라고
칭찬을 한 몸에 받았다.102) 불교계의 청정수행을 위한 노력으로 보여지며
그 때문에 왕사로 책봉되기에 이르는 것이 아닌가 한다. 그리하여 공경대부
로부터 일반 민중들에 이르기까지 정신적 존경을 받았다.103)
    이러한 수미와 더불어 세종·세조·예종대 불교계를 주도하였던 慧覺尊者
信眉의 상언한 글에 대해 살펴보기로 한다.

    승려 信眉가 임금이 승려들에게 『金剛經』과 『法華經』을 講하여 시험해서
    능하지 못한 자는 모두 환속시키려고 한다는 말을 듣고, 언문으로 글을
    써서 비밀히 아뢰었다.
    "승려로서 경을 외는 자는 간혹 있으나, 만약에 講經을 하면 천 명이나
    만 명 중에 겨우 한 둘뿐일 것이니, 원컨대 다만 외는 것만으로 시험하게
    하십시오."104)

『금강경』과 『법화경』을 강론해서 능하지 못한 승려는 환속시킨다는

100) 『세조실록』 권46, 세조 14년(1468), 5월 4일 계해조.
101) 柏庵性聰, 「靈巖 道岬寺 妙覺和尙碑文」, 『조선금석총람』 하 ; 『조선사찰사료』 상.
102) 『세조실록』 권33, 세조 10년(1464), 4월 13일 을미조.
103) 이에 대해서는 다음의 논문을 참조하기 바람.(황인규, 「고려후기·조선초 가지산문
    계 고승의 동향」, 『구산논집』 8, 2003.11 ; 황인규, 「세조대의 삼화상 신미와 묘각왕
    사 수미」, 『한국불교학결집대회논집』 Vol 2 No 1, 2004.5.)
104) 『예종실록』 권6, 예종 1년(1469), 6월 27일 기묘조.

시책을 펴자 신미가 상소하여 막으려 노력하였다.105) 신미는 세조로부터 존경을 받아 두 제자 學悅과 學祖와 더불어 삼화상이라 불렸고, 예종대에도 왕실법회를 주관하면서 당시 불교계를 주도하였다. 도반인 守眉와 더불어 승려로서 불교시책에 대하여 상소를 올린 예는 찾기 힘들다. 그만큼 불교를 보호하기 위해 전면에 나선 것이다. 삼화상과 묘각왕사 수미는 세조의 빈전법석에 불교계 대표로 참여하면서 당로자 韓繼禧(1423~1482)와 사원전의 확대에 대해서 논의하기도 하였다.106)

　이렇듯 신미는 판선교종사로서 선종과 교종을 아우르는 입장에서, 수미는 판선종사로서 선종을 통합하는 입장에서 불교계의 현안에 대하여 주저하지 않고 상소를 올렸던 것이다.107)

5. 맺음말

　상소는 관직에 있는 유생이나 유학들에 의해 왕이나 관청에 올리는 것이 대부분이다. 불교계를 위한 상소는 호불유생들에 의해 이루어진 것도 있을 수 있으나 현재 거의 찾아 볼 수 없다. 본래 세속잡사에 등지고 성직의 길을 가는 승려들의 상소는 있을 개연성이 적다고 하겠으나, 불교적 탄압을 받을 때 찾아진다. 그 대표적으로 널리 알려진 상소는 조선후기 白谷處能(1617~1618)이 올린 조선 최대 최장문의 상소이다. 조선전기 승려의 상소문은 태종대 올린 尙聰의 내용이 전부라고 할 만큼 알려진 바 없다. 본고는 불교교단에 대한 탄압시책이 본격적으로 가속화될 때 어떠한 대응을 하였는가에 주목하고 그 가운데 승려의 상소문을 검토하였다.

　승려의 상소문으로 남아 내용의 전모를 알 수 있는 것은 상총의 것이 유일하고, 그 나머지 것은 상언하였다는 정도의 지극히 간략할 뿐이다.

---

105) 위와 같음.
106) 『예종실록』 권1, 예종 즉위년(1468), 9월 21일 정축조.
107) 이에 대해서는 다음의 논문을 참조하기 바람.(황인규, 「세조대의 삼화상고 - 신미와 두 제자 학열과 학조」, 『한국불교학』 26, 2004.)

승려 개인이 올린 경우가 대부분이지만 京外의 승려들이 집단적으로 올린 경우도 있다. 특히 수백 명의 승려를 동원하여 신문고를 치면서 올린 경우도 있어서 매우 주목된다.

본고는 상소를 내용상으로 나누어 왕실과 국가관련 사찰의 주지급 고승의 상언과 불교계의 전면에서 활약한 고승들의 상언으로 구분하여 검토하였다. 전자는 왕실사찰이나 국가사찰의 주지급 고승의 상언으로 사찰의 불사나 田租 등 왕실사찰과 관련된 내용이 주를 이루고 있다. 왕실관련 사찰은 開慶寺나 衍慶寺 등 왕실원당이나 능침사찰이나 福天寺 등 水陸社, 또는 慈壽宮 등 比丘尼院들이었고 국가관련 상언은 別瓦窯와 汗蒸僧 운영이나 津寬寺 간사승의 방납 또는 代納과 관련된 내용이다.

후자는 불교계 전체를 위한 내용이므로 전자보다 후자가 그 의미가 크다고 하겠다. 불교계 전체를 위한 상소문의 내용은 불교계 쇄신을 위한 승풍의 진작, 불교계 탄압시책에 대한 저항, 연화승의 척결, 승과 과목의 현실적 조정 등이었다.

상소를 올린 승계 및 승직은 대부분 왕실 국가관련 사찰의 주지급 고승들이다. 상소를 올린 곳은 왕이나 6조, 승정원 등이었는데, 승려의 출입이 금지된 분위기 속에서 승정원에 직접 나가 상언을 하여 유생들의 비난으로 이어지는 경우도 있었다.

그러한 불교계 고승들의 상소문이 정부나 불교계에 실질적으로 어떠한 영향을 끼쳤는가라는 측면에서 본다면 대체로 긍정적이라고 할 수 있다. 왕실관련 사찰과 관련된 상언은 대부분 왕에 의해 받아들여졌고, 국가관련 사찰의 경우 別窯와 汗蒸所의 설치 및 운용, 방납의 권한 유지 등도 역시 수용되었다.

불교계 전체를 위한 상소문도 있는데, 尙孚의 승려의 음주사례, 尙聰의 승풍의 자정노력의 영향으로 興天寺가 후에 선종의 본산이 된 것이 그 예이다. 無學自超와 제자 祖禪이나, 省敏 등의 불교계 탄압에 대한 저항으로 탄압의 유보나 그 강도를 줄일 수 있었다. 흥천사 주지 云悟의 경우 화엄종단에 전해져오는 백금을 국가에 바치고 불사비용을 만든 것도 사찰수호 노력의 일면이다. 王師 守眉의 緣化僧 폐해의 근절 상언이나 慧覺尊者 信眉의 승과시험의 현실적 조정 노력은 숭유억불시책이 강화되던 시기 불교계의 주체적이고 자발적인 자정과 저항의 모습이다. 그러한 고승들의 땀과 피가 조선의 불교를 수호·발전할 수 있게 하고 그 명맥이 오늘날 불교로 이어지게 하였다.

제4장 순교승 허응당 보우와 고승

1. 머리말

태종 6년부터 세종 6년까지 20년간 진행된 국가의 작위적인 불교계 탄압과 간섭은 연산군과 중종대에 이르러 더욱더 심해져 갔다. 즉, 연산군 10년에 이르러 양종의 도회소인 흥덕사와 흥천사가 화재로 소실되고, 그 이후 승과가 실시되지 않았다. 결국 중종 2년 법적으로 양종이 폐지되어 무종단의 교단 상황에 처하게 되었다. 그 무렵인 중종 4년경[1]에 태어난 허응보우는 불교를 배척하였던 유생들에 의해 명종 20년 순교를 당할 때까지 애오라지 침체된 불교계의 중흥을 위해 애를 썼다. 그러한 불교계의 부흥에는 홀로의 노력의 산물이 아니라 보우를 둘러싼 불교계의 동조 및 지원하에 가능한 것이었다고 할 것이다.

그러나 지금까지 보우에 대한 연구는 그러한 면을 경시하고 있는 듯하다. 즉 보우에 대한 연구는 생애와 불교계 활동,[2] 저술 및 해제,[3] 불교사상

---

1) 보우의 출생시기는 1507년, 1509년, 1515년 설 등이 있어서 불명확하다. 그런데 보우는 1554년(명종 9) 무렵에 쓴 시에서 '내 나이 50이 되려니'라는 구절과 1555년(명종 10) 무렵에 쓴 '백년 인생 오직 이렇게 거의 절반이 지났다'라는 구절에서 1507년에서 1509년 사이에 출생하였다고 할 수 있다.(보우, 「목욕하다가 머리카락이 모두 하얗게 되었다는 말을 듣고」; 「양생하라는 말을 답함」,『허응당집』권하 ; 황인규, 「나암보우의 불교계 활동과 문도」,『동국사학』40, 2004 :『고려말 조선전기 불교계와 고승연구』, 2005.) 필자는 보우의 출생시기를 1509년(중종 4)경으로 보고자 한다.
2) 高橋亨, 「虛應堂 及 普雨大師」,『조선학보』14, 조선학회, 1959 ; 金芿石, 「위인 보우대사」,『황의돈선생 고희기념사학논총』, 동국사학회, 1960 ; 윤병식(호진), 「보우대사연구－생애와 업적」, 동국대학교 대학원 석사학위논문, 1971 ; 윤호진, 「보우대사의 생애」,『한국인물대계』3, 박우사, 1972 ; 황패강, 「보우론」,『한국문

및 선사상,⁴⁾ 유불사상,⁵⁾ 불교사적 위치 및 순교자로서의 위상⁶⁾ 그리고
문학적 측면의 연구⁷⁾가 이루어졌다.⁸⁾ 또한 보우의 불교부흥운동을 전폭적
으로 지원을 했던 문정왕후나 유생들의 지원세력과의 관련하에,⁹⁾ 그리고
중종대와 명종대를 중심으로 한 조선중기 불교시책과 관련하에 연구도
진척되었다.¹⁰⁾ 다만 그러한 논문들은 조선중기 불교계의 동향에 대하여

───────────

학작가론』, 현대문학, 1991 ; 김용조,「허응당 보우의 불교부흥운동」,『논문집』
  25, 경상대, 1986 ; 이종익,「보우대사의 중흥불사」,『불교학보』27, 1990 ; 송석구,
  「보우대사」,『한국불교인물사상사』, 민족사, 1990 ; 박영기,「조선 명종조 度僧·僧
  科制에 대한 고찰」,『미천 목정배박사화갑논총 미래불교의 방향』, 장경각, 1997.
 3) 高橋亨,「虛應堂集 解題」,『虛應堂集』, 日本 天理大, 1959 ; 김동화,「보우 허응당집」,
  『한국의 사상대전전집』15 해설, 동화출판사, 1977.
 4) 김동화 외,「보우대사의 불교사상」,『호국대성 사명대사연구』, 동국대 불교문화연
  구소, 1971 ; 서윤길,「보우대사의 사상」,『한국불교사상사』, 원광대, 1974 ; 종범,
  「보우대사의 선관」,『불교사연구』1, 중앙승가대 불교사학연구소, 1996. 이처럼
  선사상이나 선풍에 대해서는 이미 선학들에 의하여 상당히 연구가 이루어졌으므
  로 본고에서는 다루지 않는다.
 5) 釋法藏,「보우의 유불조화론에 대한 연구」,『석림』22, 동국대 석림회, 1989 ; 박영기,
  「보우대사의 유불사상」,『백련불교논집』1, 백련불교문화재단, 1991.
 6) 김영태,「보우 순교의 역사성과 그 의의」,『불교학보』20, 1993.
 7) 황패강,「나암보우와 王郞返魂傳」,『국어국문학회』42·43합, 1969 ; 이종찬,「허응
  당의 시」,『현대불교신서』66, 동국대 불전간행위원회, 1991.
 8) 그동안의 연구를 집대성한 자료집이 나왔으며(보우사상연구회,『허응당보우대사
  연구』, 불사리탑, 1993.) 보우를 주제로 한 세미나가 열리기도 하였다.(봉은사,
  「허응당 보우대사의 재조명」, 제1회 봉은 학술세미나, 1992.11.) 그리고 보우에
  대한 박사학위논문과 단행본이 출간되었다는 것이다.(박영기,「허응당 보우 연구」,
  동국대 불교학과 박사학위논문, 1998 ; 박영기,『순교자 보우선사』, 한길사, 1997.)
 9) 김상영,「보우의 불교부흥운동과 그 지원세력」,『중앙승가대학 교수논문집』3,
  1994 ; 김돈,「조선 명종조 權臣의 특권과 中外유생층의 공론」,『전농사론』1,
  1995 ; 김우기,「문정왕후의 정치참여와 정국운영」,『역사교육논집』23·24, 1999.
  김정희,「문정왕후의 중흥불사와 16세기 왕실발원 불화」,『미술사학연구』231,
  한국미술사학회, 2001. 본고는 문정왕후를 비롯한 재가불교계의 지원세력이나
  유생들과의 관련된 부분은 다루지 않았다.
10) 강덕우,「조선중기 불교계의 동향」,『국사관논총』56, 1994 ; 김우기,「16세기
  척신정치기의 불교정책」,『조선사연구』3, 복현조선사연구회, 1995 ; 이봉춘,「중
  종대의 불교정책과 그 성격」,『한국불교학』23, 1997 ; 한춘순,「명종대 왕실의
  불교정책」,『인문학연구』4, 경희대 인문학연구소, 2000.

연구하였지만, 기존의 제한된 사료를 가지고 논의된 한계가 있다. 특히 보우를 둘러싼 불교계의 고승들과의 연구는 보다 정치하게 이루어지지 않았다.[11]

필자는 최근에 이러한 점에 유의하면서 보우의 불교계의 행적과 교유 인물들에 대해서 논문을 발표한 바 있으며,[12] 그러한 연구의 후속작업으로 보우의 불교계 활동과 불교계 고승들에 대하여 살펴보고자 한다.

2. 선교양종의 부흥

허응보우의 불교계 활동 및 업적은 선교양종의 복립 및 그것을 통한 승과의 실시, 도승제의 합법적 실시, 전국의 사찰 운용제의 정비, 국가 및 왕실불사의 주관 등을 꼽을 수 있겠다.

(1) 선교양종 본산체제의 복립

보우는 선교양종을 복립시켜 불교계가 교단을 중심으로 운용하게 하였다. 본래 선교양종의 도회소 체제는 태종 6년(1406) 불교계에 대한 대탄압책이 실시된 지 20년 후인 세종 6년(1424)부터 연산군 10년(1504) 무렵까지 81년 동안 시행되었다. 즉, 당시 시행된 선교양종체제는 흥천사와 흥덕사를 본산인 도회소로 하여 선교양종 각 18사만을 국가법정 사찰로 운용하였으며, 승려의 관리제인 도승제 및 승과체제도 그 범주 내에서 이루어진 것이었다.

그러나 연산군대에 이르러 도회소인 흥덕사가 원각사로 이전되고 흥천사가 화재로 인하여 건물 자체가 소실되어 도회소가 제 역할을 할 수 없었다.

---

11) 위와 같음.
12) 황인규, 「나암보우의 생애와 불교계 문도」, 『동국사학』 40, 2004.

興天寺에 불이 났다. 지난해 불난 興德寺와 흥천사가 모두 도성 안에 있어
兩宗이라 칭하였는데, 1년이 못 되어 모두 불탔다.[13]

그보다 먼저 연산군 10년 7월 도회소가 흥덕사에서 원각사로 바뀌었는
데,[14] 5개월 후인 같은 해 12월에 승려들이 원각사에서 축출되었다.[15]
그리고 이듬해 2월 기녀들을 교육시키는 장악원으로 변했다.[16] 흥천사
도회소는 그 이듬해 5월 이미 궁중의 말을 기르는 驥廐(마구간)가 되어버렸
다.[17] 그리하여 양종도회소는 갑자사화를 거치고 난 연산군 10년 4월
이후 조정의 의논이나 절차나 특별한 명분도 없이 왕의 秕政(惡政) 속에
돌연히 철폐되었다.[18] 그 후에도 유생들의 불교교단에 대한 철폐운동은
계속되었는데, 다음의 글은 그 가운데 하나이다.

　　태학생 蔡沈 등이 글을 올렸다.
　　"…전하께서 이미 고치거나 새로 짓는 일을 그만두도록 명하셨고 이어
忌晨齋를 혁파하고 양종 및 모든 사찰의 주지들을 혁파하며, 온 나라 지방의
모든 승려들을 머리 기르게 하여 평민으로 만드십시오. 그리하여 불가의
敎가 다시는 우리 성인의 도를 훼방하고 어지럽히지 못하게 한다면, 우리
道의 다행일 뿐 아니라 참으로 종묘사직이 다행일 것입니다."
　　임금이 전교하였다. "내가 숭상하는 것이 아니라 이미 조종조에서 행하던
일이니 반드시 하루아침에 고쳐 없앨 것은 아니다."[19]

이와 같이 세종 6년 성립되었던 선교양종의 도회소 체제는 유생들의

---

13) 『연산군일기』 권56, 연산군 10년(1504), 12월 9일 을축조.
14) 『연산군일기』 권54, 연산군 10년(1504), 7월 무술·계묘·을해조.
15) 『연산군일기』 권56, 연산군 10년(1504), 12월 26일 임오조.
16) 『연산군일기』 권57, 연산군 11년(1505), 2월 21일 을축조.
17) 『연산군일기』 권58, 연산군 11년(1505), 5월 29일 계축조.
18) 이봉춘, 「연산조의 배불책과 그 추이의 성격」, 『불교학보』 권29, 1992.
19) 『중종실록』 권6, 중종 3년(1508), 5월 8일 을사조.

철폐운동으로 몰락의 길을 걸을 수밖에 없었다. 연산군 10년 무렵 도회소가
폐지되었다가 중종 2년 합법적으로 양종과 승과가 폐지되고 양종의 노비와
전지를 내수사로 이속케 하였으므로,[20] 교단의 관사는 내수사가 맡아
하게 되었다. 결국 연산군 10년 무렵 도회소의 폐지 이후 교단 자체적으로
과천 청계사에서 그 명맥을 유지할 수밖에 없었던 것 같다.

> 폐조(연산군)로부터 도성안의 사찰을 모두 폐해서 관청(公府)를 만들어서
> 양종은 이름만 밖에 의탁해서 淸溪寺를 선종이라 했다.[21]

교단의 본산인 도회소는 실록에서조차 기록을 찾을 수 없을 만큼 유명무
실해져 갔던 것 같다. 그러나 청계사가 어떤 연유로 양종의 도회소가
되었는지 알 수 없지만, 선교양종이 선종으로 통합된 듯하다. 선교양종체제
가 실시된 지 12년 후인 세종 18년 양종을 단일종으로 통합하자는 상소가
다음의 글에서 보듯이 올라왔던 데에서 저간의 사정을 짐작하고 남음이
있다.

> 사헌부 대사헌 李叔畤 등이 시국의 폐단을 조목으로 들어서 글을 올렸다.
> "1. …興德寺·興天寺 등의 절은 양종의 본사로서 유독 서울 안에 있는데,
> 여염집에 한데 뒤섞이어 있어, 그 승려들이 민가에 출입하기를 평민과
> 다름이 없이 하니, 도성을 숙청하는 뜻에 어그러짐이 있습니다.
> 엎드려 바라건대, 임금께서는 두 절을 혁파하시고, 선종과 교종을 합하여
> 1종이 되게 하셔서 津寬寺로 옮기게 하고, 적당하게 전토를 주도록 하시되,
> 그 나머지 各寺의 전토도 모두 혁파하여 없애고 국용에 충당하십시오.….
> 임금이 말하였다. "경 등의 말이 좋기는 하나 경솔하게 거행할 수 없다.
> 마땅히 여러 대신들과 의논해서 시행하겠다."[22]

20) 『중종실록』 권2, 중종 2년(1507), 4월 7일 경진조.
21) 『陰崖日記』 「漢山 李耔」 ; 『해동야언』 권3 「중종 상」 ; 『연려실기술』 권7, 중종
고사본말조.
22) 『세종실록』 권72, 세종 18년(1436), 6월 18일 계축조.

선교양종의 도회소가 서울 안에 있어서 백성들과 뒤섞여 여러 폐단을
일으키므로, 두 절을 혁파하여 1종이 되게 하여 津寬寺에 옮기자는 것이다.
그렇지만 승려의 존재자체를 무시할 수 없었고 승과나 도첩제를 폐지하지
않는 한 도회소를 없앨 수 없었다. 다만 양종의 도회소는 허울만 남게
되고 교단 자체적으로 청계사가 잠정적으로 본산 역할을 한 것이 아닌가
한다. 그러면 청계사가 교단의 본산 역할을 한 배경은 무엇인가?

본래 청계사는 趙仁規 가문의 원당으로 중창되어 고려말 無學自超와
제자 鐵虎祖禪이 주지로 있었던 중요사찰 가운데 하나였지만,[23] 조선전기
불교계에 있어서 그렇게 크게 부각된 사찰은 아니었다.

다만 청계사는 세종대에 資福寺로서 지정되었던 바 있다. 그 후 삼한국
대부인 안씨·광평대군·평원대군이 머물며 독경한 바 있고,[24] 문종대 信眉의
제자 雪正과 道明이 한 때 거주하며 왕실의 보호를 받았다.[25] 그 후 信浩가
발원하여 안씨와 경정공주와 효령대군이 주지 覺頓과 함께『화엄경』1470판
을 인출하였던 바 있다.[26] 그러한 사실로 미루어 보아 성종대 순교를
당하는 覺頓이 수륙사인 津寬寺의 주지를 하면서 불교계를 주도하였고,[27]
청계사를 양종의 본산으로 삼지 않았나 한다.[28]

그러나 중종대에 이르러 양종이 법적으로 폐지되고 청계사도 유생들의
침탈의 대상이 되는 등[29] 교단의 도회소의 역할을 제대로 하기 힘들었을

23) 이색,「영변 安心寺指空懶翁舍利石鐘碑」,『한국금석전문』중세 하, 음기 ; 황인규,
「조인규가문과 수원 만의사」,『수원문화사연구』2, 1998 :『고려후기·조선초 불교
사연구』, 혜안, 2004 수록.
24)『세종실록』권108, 세종 27년(1445), 4월 26일 기사조.
25)『문종실록』권1, 문종 즉위년(1450), 4월 5일 무인조 ;『문종실록』권1, 문종 즉위년
(1450), 4월 6일 기묘조 ;『문종실록』권1, 문종 즉위년(1450), 4월 9일 임오조.
26)「화엄경발」,『동문선』권103 ;『단종실록』권6, 단종 1년(1453), 6월 24일 기유조.
27) 각돈에 대해서는 다음의 논문을 참조하기 바람.(황인규,「조선전기 불교계의
고승탄압과 순교승」,『불교사연구』4·5합, 중앙승가대 불교사학연구소, 2004.)
28) 이에 대한 조밀한 전거가 필요하다. 이에 대해서는 차후에 보강하겠다.
29)『중종실록』권10, 중종 4년(1509), 12월 6일 계사조 ;『중종실록』권10, 중종 4년
(1509), 12월 19일 병오조 ; 李耔,『陰崖日記』;『해동야언』권3,「중종 상」;『연려실

것이다. 그래서 보우는 선교양종이 복립된 후 청계사에 이르러 『傳燈錄』을 배우는 승려들을 격려하였다.[30] 다음과 같이 당시의 불교계를 회고하는 글을 통해 그러한 사정의 일면을 엿볼 수 있다.

> 보우는 자신이 연산군 때에 이르러 한 번 거센 바람이 불어 닥침을 만났고 중종 때에도 버림을 받게 되었다.····때문에 모든 나라 안의 사찰이 나날이 없어지고 다달이 훼손되어 산에는 절이 없고 절에는 스님이 없어 요행히 총림아래 머리를 깎고 물든 옷 입은 사람도 관리가 침범하고 속인들이 재앙을 일으켜 눈에는 눈물이 있었고 그 눈물에는 피가 있었다. 장차 외로운 명맥을 남길 곳도 없어지고 형세는 궁극하여 길짐승으로 전락하였고 빛남을 감추었다.[31]

연산군과 중종대의 파불로 인하여 "모든 나라 안의 사찰이 나날이 없어지고 훼손되어 산에는 절이 없고 절에는 스님이 없어 요행히 총림아래 머리를 깎고 물든 옷 입은 사람도 관리가 침범하고 속인들이 재앙을 일으킨다."고 할 정도였다. 결국 중종 2년(1507)이후 보우에 의해서 선교양종이 복립되는 명종 5년(1550)까지 44년간 교단은 존재하되, 교단의 본부인 본산이 없는 무종단의 암울한 시대가 지속되었던 것이다. 그러한 상황의 전개 속에 보우는 어떻게 불교계의 전면에 부상할 수 있었을까? 그러한 사정을 다음의 글에서 엿볼 수 있을 것 같다.

> 보우는 처음에 금강산에서 우거하면서 水陸淨齋를 창도하니 원근에서 사람들이 구름처럼 몰려들었다. 사람들이 모두 그의 말만 따랐으므로 재화를 산처럼 얻었다.[32]

기술』 권7, 중종 고사본말조.
30) 보우, 「청계사에 이르러 전등록을 배우는 사람들에게 보임」,『허응당집』권하.
31) 보우, 「선종판사 계명록」,『허응당집』권하.
32)『명종실록』권13, 명종 7년(1552), 8월 8일 무오조.

당초에 승려 보우가 無遮大會를 베풀어 승려들과 속인에게 추앙을 받게
되자 명성이 대궐까지 들려왔다. 이에 위로 문정왕후를 속이고 세를 얻어
세인들을 현혹시키고 불사를 크게 벌이며 양종선과를 설치하기까지 하였
다.[33]

보우는 함흥에 머물기 이전 금강산에서 水陸淨齋를 열었을 때 원근에서
사람들이 구름처럼 몰려들었고 함흥에서도 행적을 드러내었다고 하였다.
보우가 無遮大會를 베풀어 승려들과 속인에게 추앙을 받게 되자 명성이
서울 대궐까지 이를 정도였다. 다음의 글도 그러한 분위기를 볼 수 있는
글이다.

대비가 불교를 일으키려고 하였으나 주장할 만한 승려가 없어서 널리
수소문하였지만 적격자를 찾지 못하였다. 요승 普雨가 은밀히 그런 뜻을
알아차리고 금강산에서 능침사찰로 와서 고승행세를 하였으므로 內需司가
그의 이름을 알렸다.[34]

鄭淹(그의 아버지 정만종이 일찍이 보우를 칭찬하였으니. 보우가 발탁된
것은 실로 여기에 힘입은 셈이다.)[35]

보우가 內命으로 봉은사 주지가 되었다.[36]

보우가 봉은사 주지로 발탁되게 된 것은 친분이 두터웠던 정만종의
추천을 문정왕후가 수용함으로써 이루어졌으나, 다음의 글에서 보듯이,
당시 불교계의 중요인물이었던 明谷에 의하여 가능했던 것이다.[37]

---

33) 『석담일기』 권상, 1566년 4월 : 『대동야승』 권14.
34) 『명종실록』 권13, 명종 7년(1552), 5월 29일 경술조.
35) 『명종실록』 권33, 명종 21년(1566), 7월 26일 갑인조.
36) 『명종실록』 권9, 명종 4년(1549), 9월 20일 병술조.
37) 보우가 봉은사 주지로 발탁하게 된 것은 鄭萬種 추천설, 內需司 추천설, 明谷
추천설 등이 있다.

이때 봉은사의 明谷스님께서 노환으로 봉은사 주지 자리를 사임하게 되자
대신 나를 그 자리에 앉히겠다는 말을 듣고 곧 한 수의 게송을 지어 병든
가슴의 회포를 밝힌다.38)

이처럼 봉은사의 주지 明谷이 노환으로 주지를 사임하고 보우를 추천하
였다. 보우가 봉은사 주지를 하면서 내세운 과제는 침체했던 선교양종
불교교단의 설립과 승과 및 도승제의 실시, 그리고 사찰과 승려의 재정비였
다.

당시 중요사찰은 한성주변의 근기사찰인 檜巖寺·龍門寺·大慈庵·津寬寺·
神勒寺 등과 한성의 興天寺·興德寺·正因寺·開慶寺·圓覺寺 등이었다. 흥천사
와 흥덕사는 왕실사찰이나 능침사찰이었고, 세종대 선교양종 도회소가
되었으며, 회암사 및 용문사, 신륵사는 고려말 이래 중요사찰로 그 명맥을
이어갔다. 진관사는 水陸社로서, 그 밖의 사찰은 능침사찰로서의 그 역할이
지속되었다.

봉선사는 세조의 능침사찰로 지정되었고 봉은사는 연산군 때부터 見性寺
로 중창되어 성종의 능침사찰로 지정되어, 이 두 사찰은 왕실의 가장
중요사찰 가운데 하나가 되었던 것이다.

전교하였다. "…奉恩寺에 奉先寺의 전례에 따라 王牌를 준 것은 慈順王大妃
의 명에 따른 것이다.…"39)

성균관 생원 柳禮善 등이 상소를 올렸는데 그 내용은 다음과 같다. "…신들이
상소를 올려 먼저 奉先寺와 奉恩寺를 철거하여 그 뿌리를 뽑아버리자고
청하였습니다.…승려들의 뿌리는 봉선사와 봉은사입니다. 전하께서 여러
번 절을 철거하라는 명을 내리셨지만, 승려들은 오히려 두 사찰을 가리키며
"저 두 사찰이 아직 그대로 있으니 우리들은 걱정할 것 없다."라고 하였습니

38) 보우, 『허응당집』 권하 :『한국불교전서』 7.
39)『연산군일기』 권40, 연산군 7년(1501), 3월 17일 을축조.

다.…40)

위의 글에서 보듯이, 봉은사는 봉선사의 전례에 따라 王牌를 받아 성종의
비 자순왕대비(정현왕후) 윤씨 등 왕실의 비호를 받는 사찰로 인식되었다.
이 두 사찰이 승려들의 뿌리가 된다고 이해되었으며, 그 승려들조차 존재와
역할에 대해 인정받고 있다는 것이다. 이들 사찰이 떠받들어지게 된 것은
내수사를 출입하면서 동궁을 위해 불공을 드린다는 명목이 있는 등41)
다른 사찰의 모범이 되었다고 유생들이 지적하였다.42)

결국 명종 5년(1550)에 이르러 선교양종이 복립되어 그 이전 양종의
도회소였던 흥천사와 흥덕사 대신 명종대 사찰의 중심 역할을 하였던
봉선사와 봉은사를 본산으로 선정되게 되었다. 당로자 유생들조차 본산
재설립의 필요성을 주장하기도 하였다.

사헌부가 아뢰었다. "…승려들이 統領이 없어 백성들이 모두 승려가 되고
심지어는 도둑 가운데 반 이상이 승려인데 통령을 두어서 大典에 따라
시행한다면 백성들이 제멋대로 승려 될 수 없게 되고 군졸들도 조금 나아지
게 될 것입니다. 그러므로 봉은사와 봉선사에 선종과 교종을 세운 것입니
다.43)

이렇듯 유생들조차 지금까지 승려들의 통령이 없어서 불교계가 통할되
지 못하여 출가자가 매우 많아지고 그 가운데 반 이상은 도적이 된다고
하였다. 때문에 불교계를 제어할 수 있는 본산을 봉은사와 봉선사로 삼게
되었던 것이다.

이들 사찰은 왕실의 능침사찰이란 공통점이 있기는 하지만, 흥천사와

40)『중종실록』권91, 중종 34년(1539), 6월 3일 기해조.
41)『중종실록』권91, 중종 34년(1539), 6월 4일 경자조.
42)『명종실록』권9, 명종 4년(1549), 9월 8일 갑술조.
43)『명종실록』권10, 명종 5년(1550), 12월 16일 을해조.

흥덕사가 이전 왕실의 능침사찰이었던 것에 비해 봉은사와 봉선사는 왕실의 가장 중요한 능침사찰이었다. 즉 봉선사는 성종의 능침사찰이었고 성종의 계비 정현왕후를 비롯한 세조의 비 정희왕후, 덕종의 비 소혜왕후, 예종의 비 장순왕후 등 왕실의 지원을 받았었다.

그러한 선례를 다분히 이어받은 문정왕후는 備忘記를 내려 이 두 사찰이 선교양종의 본산이 되게 하였고, 보우가 판선종 도대선사 봉은사 주지로, 수진이 판교종 도교종사 봉선사 주지로 임명되게 되었다.[44]

이렇듯 선교양종의 본산 통령인 보우와 수진은 선종과 교종을 대표하여 불교계를 주도하였다. 수진의 경우는 알 수 없지만, 보우는 명종 3년(1548) 12월 15일 문정왕후의 교지를 받들어 봉은사의 주지로 취임하면서 개당법회를 베풀었다.[45] 이때 유생들의 상소는 매우 거셌다. 명종 4년 9월 20일 성균관 생원 안사준의 상소를 시작으로 조정에서도 논의되더니, 그 다음 해 안사준 등은 다시 상소를 올려 보우를 죽이라고 하였다.[46] 더욱이 유생들은 7년 전인 인종 1년(1545) 을사사화 때 연루되었던 윤임의 사촌 桂林君 李瑠와 관련시켜 역모로 몰아붙이기도 하였다.[47] 특히 명종 20년 4월 13일부터 같은 해 5월 28일까지 사헌부·사간원·홍문관·좌의정·우의정 등에서 매일 보우를 추국하여 죄를 물으라고 상소를 올렸다.[48] 이러한 가운데 선종과 교종을 복립하는 비망기가 내려졌다.

마침내 신해년 여름 어느 날 왕으로서 결단을 일으켜 조서를 내리셔서 두 宗門을 부흥케 하라 하고, 신승 普雨를 선종의 종정으로 비준하고 신승 守眞을 교종의 종정으로 비준하셨다. 이러한 큰 계획을 빛나게 천명하시고

44)『명종실록』권10, 명종 5년(1550), 12월 15일 갑술조 ;『명종실록』권11, 명종 6년(1551), 6월 25일 임오조.
45) 보우, 「開堂法要」,『허응당집』권하.
46)『명종실록』권9, 명종 4년(1549), 9월 20일 병술조 ;『명종실록』권10, 명종 5년(1550), 1월, 5일 경오조 ;『명종실록』권20, 명종 11년(1556), 3월 7일 병인조.
47)『명종실록』권2, 명종 즉위년(1545), 9월 1일 신유조,
48) 이에 대해서는 실록 해당일 기사를 참조하기 바람.

여러 고을 300여 淨刹을 높이셨다. 멀리 선대의 법전을 뒤 따라 두 해에
4천여 승려에게 도첩을 주셨다.[49]

그리하여 普雨와 守眞은 노승 義祥의 사례에 따라[50] 양종의 判事 및
住持로 임명받고 광화문 밖에서 謝恩肅拜하는 것[51]을 시작으로 양종의
업무를 본격화하였다. 그런데 불교계는 보우를 중심으로 통할되고 있었다.
수진이 몇 년 후 모종의 사건으로 교종판사와 봉은사 주지에서 해임되고
말았기 때문이다. 즉 수진은 봉선사 승려 佛覺을 은닉하였다는 죄목으로
유생들에게 죄를 묻게 되어, 판사승과 봉은사 주지를 그만두게 되었던
것이다.[52] 하지만 보우는 내수사도 총섭하였으며,[53] 명종 7년 8월 봉은사
주지를 겸하면서 회암사 주지도 겸하였으며, 그 후 선교양종을 보우가
통할하게 되었다.

(2) 사찰과 승려의 정비

〈표 3〉 명종대 불교교단 정비 시책

명종	3년(1548)		보우, 奉恩寺 주지에 취임
〃	4년(1549)		봉은사와 奉先寺의 예에 의하여 유생의 사찰 금지
〃	5년(1550)	5. 3.	81사에 閑雜人 출입금지 푯말을 세움
		12. 15.	선교양종의 복립 備忘記를 내림
		6. 25.	普雨와 守眞을 각기 봉은사와 봉선사의 주지 취임
명종	6년(1551)	5.	兩宗應行節目을 내림
		6. 25.	보우와 수진을 봉은사와 봉선사의 주지로 삼음
		11.	보우와 수진, 광화문 밖에서 謝恩肅拜를 함
			度僧制를 실시함
명종	7년(1552)	4.	僧科制를 실시함

보우는 봉은사와 봉선사를 중심으로 하는 교단을 재정비하고자 하였다.

---

49) 보우, 「선종판사 계명록」, 『허응당집』 권하.
50) 『명종실록』 권11, 명종 6년(1551), 7월 17일 갑묘조.
51) 보우, 「謝恩肅拜 후에 절로 돌아와 게송을 씀」, 『허응당집』 권하.
52) 『명종실록』 권14, 명종 8년(1553), 3월 5일 신해조.
53) 『명종실록』 권12, 명종 6년(1551), 8월 23일 무인조.

앞서 언급한 것처럼, 보우의 봉은사 주지 임명에 대하여 유생들의 비난
상소가 빗발쳤고, 일부 과격한 유생들은 능침사찰인 正因寺와 檜嚴寺에
대한 훼불을 단행하기까지 하였다.[54] 문정왕후는 예조로 하여금 8도에
공문을 보내 전국의 81사에 대하여 閑雜人의 출입을 금지하는 푯말을
세우게 하여 불교를 보호하고자 하였다. 그러한 가운데 보우는 전국의
사찰을 다음과 같이 정비하였다.

> 사간원에서 아뢰었다. "중앙과 지방에 있는 큰 사찰은 內願堂이라 지목하지
> 않은 것이 없어 무려 70여 곳이나 되어 금지 푯말이 산마다 있습니다.…"[55]

> 사신은 논한다. "…전날 적어서 내린 78개의 사찰만 해도 그 수가 많은데
> 게다가 다시 적어 넣게 했다.…"[56]

> 兩司에서 아뢰었다. "持音과 住持가 있는 사찰이 처음 조사한 바에 의하면,
> 99개 사찰로 이것도 오히려 너무 많은데 추후에 또 마련한 것이 296개
> 사찰이 되는데, 이를 합산하면 모두 395개 사찰이 됩니다.…"[57]

위의 인용한 글에서 보듯이, 명종대 국가 왕실의 비호를 받았던 사찰은
78→ 99→ 385(99+296)소로 고착되었다. 이러한 사찰은 어떠한 것이었으며,
그 기준은 무엇이었을까? 그런데 그보다 앞선 중종 33년(1538) 9월『신증동
국여지승람』소재 1,658소 외의 사찰들을 혁거하였다.[58] 그보다 앞선 시기
인 태종·세종대 사찰의 혁거의 기준은 12종 393사, 242사, 선교양종 36사로

---

54)『명종실록』권9, 명종 4년(1549), 9월, 8일 갑술조.
55)『명종실록』권10, 명종 5(1550)년, 3월 11일 을해조.
56)『명종실록』권10, 명종 5년(1550), 3월 19일 계미조.
57)『명종실록』권13, 명종 7년(1552), 1월 17일 경술조.
58)『중종실록』권88, 중종 33년(1538), 9월 26일 병신조. 참고로 1757년에서 1765년(영조
   41) 사이에 간행된『輿地圖書』에 보이는 사찰의 수는 1,537소에 달하였다.(이병희,
   「조선시기 사찰의 수적 추이」,『역사교육』61, 1997.)

의 체제였다. 그런데 당시 불교계의 핵심사찰은 왕실원당과 능침사찰로
지정된 18사와 水陸社 3사였으며, 그 가운데 신·구도에 위치하고 있는
경기일원에 선종 9, 교종 8로 총 17사였다. 그리고 각 읍의 資福寺와 山水勝處
의 명찰과 裨補寺社 가운데 394사가 포함되었다. 각 府 이상의 계수관
이상 33읍에 선교 각 1사를 두어 66개사가 되고 監務官 이상 298읍 1사로
364사에 이르며, 여기에 新·舊都 각기 15사를 합하면 394사에 이른다.59)
따라서 대체로 명종대 본산체제의 왕실의 특별한 비호를 받았던 395寺와
거의 일치한다.

　보우는 사찰의 정비에 이어 사찰의 주인이라고 할 승려를 출원하기
위하여 度僧制 및 僧科制를 다시 실시하였다.

　　1492년(성종 23)　　　　度僧法의 정지
　　1504년(연산군 10)　　　승과의 정지
　　1507년(중종 2)　　　　　승과의 폐지
　　1516년(중종 11) 12.　　『경국대전』의 度僧條의 삭제
　　1537년(중종 32) 2.　　　도성안의 巫家 및 新創寺刹의 철거
　　1538년(중종 33) 9.　　　『동국여지승람』 소재 사찰 철거
　　1549년(명종 4) 11.　　　淨業院 터에 仁壽宮을 창건
　　1550년(명종 5) 12.　　　선교양종의 창종
　　1551년(명종 6) 6.　　　　양종의 승과 및 度牒制의 실시
　　　　　　　　　　　　　　승과예비시험 실시
　　1552년(명종 7) 4.　　　　승과 실시

　度僧制는 1492년(성종 23) 정지되었다가 1516년『경국대전』에서 그 항목
마저 삭제됨으로써 법적으로 승려 출가의 길을 금지하였다. 하지만 오히려
승려의 출가는 더 늘어가 '10중 7, 8명이 출가할 정도였고 그중 절반이

---
59)『태종실록』 권10, 태종 5년(1405), 11월 21일 계축조 ;『태종실록』 권11, 태종
　6년(1406), 3월 27일 정사조.

도적이 되었다'⁶⁰)고 인식될 만큼 사회문제가 되고 있었다. 따라서 명종대 선교양종의 복립의 명분이 되기도 하였다. 그리하여 명종 6년(1551) 승과와 더불어 도승제가 다시 실시되어 명종 7년(1552) 8월 試經僧 400명에게 도첩을 주는 것을 시작으로, 그 이듬해인 명종 8년(1553) 1월 양종의 시경승 2,500여 명에게 도첩을 발급하였다.

僧科는 연산군 10년(1504) 정지되어 중종 2년(1507) 양종의 도회소가 철폐될 때 폐지되어 43년간 실시되지 못하다가 양종이 복립되면서 다시 실시되었다. 그리하여 양종이 복립된 이듬해인 명종 6년(1551) 승과의 예비시험을 실시하고, 다음해 명종 7년 4월 승과를 실시하여 휴정을 비롯한 5,000여 명의 인재를 발굴하였다. 명종 9년(1564) 9월 24일 재상과 함께 조정의 뜰에서 왕을 알현하였고,⁶¹) 10월 15일 선종의 初試를 주관하였다. 이때 보우는 選佛場의 방을 남기고 있다.⁶²)

이와 같이 양종이 복립되면서 승려 출가의 법적 지위를 확보하면서 고급 승려의 선발로 불교교단의 정상화가 이루어질 수 있게 되었다. 그러나 보우는 얼마 후 불교계의 일선에서 후퇴하여 1555년(명종 10) 9월 16일 봉은사 주지를 그만두고 淸平寺에서 주석하였다. 보우는 병든 몸으로 그곳에 머물면서 8년 동안 종문의 일을 맡아 본 것을 되돌아보기도 하였으며, 1557년(명종 12) 봄 문정왕후의 교지를 받들어 절을 중창하였고 그것을 기록으로 남겼다.⁶³) 그리고 兩宗의 判事나 掌務스님들이 찾아와 교계의 중요사항을 자문하였다. 이에 보우는 그들에게 불교교단을 위해 魔軍과 外道들에 대한 경계를 늦추지 말라고 하였고 선교갈등에 대한 충고도 아끼지 않았다.⁶⁴)

60) 『명종실록』 권11, 명종 6년(1551), 1월 13일 신축조.
61) 『명종실록』 권17, 명종 9년(1554), 9월 24일 임술조.
62) 보우, 「禪宗初試 選佛場의 방」, 『허응당집』 권하.
63) 보우, 「청평사 제석탱화중수기」, 「청평사미타중수기」, 「청평사중수기」, 「청평사 중창을 경찬하며 모든 불상을 점안하는 법회의 소」, 『나암잡저』.
64) 보우, 「교종판사가 찾아왔기에」, 「찾아 온 선종판사에게」, 「양종의 장무에게」, 『허응당집』 권하.

보우는 지난 날 조서를 받들어 도첩승 1천여 명을 양산하는 등 그 은혜에 보답하려고 하였고[65] 天壇에 올라 왕실의 축수를 빌기도 하였다.[66] 그 후 왕실의 불사를 주관하여 회암사에서 水陸淨齋를 주관하고 중종의 능(정릉)을 이전하는데 깊이 관여하였다. 봉은사를 불교계의 메카로 만들기 위한 보우의 노력의 일환이었다.

3. 허응보우의 계승자들

이상에서 살펴본 바와 같이, 보우는 무종단의 조선불교를 교단중심의 불교로 체계화하면서 불교계를 중흥시켰다. 보우의 불교부흥운동은 숭유억불시책이 강화되어 가던 시기에 있어서 홀로 수행하였다고 보기 힘들다. 보우는 고려중기 淸平居士 李資賢이 머물렀던 청평사에서 역사상 불교계의 중요고승을 다음과 같이 꼽았다. 西天의 博達尊者(指空禪賢), 고려의 利雄尊者(太古普愚)와 普濟尊者(懶翁惠勤), 조선의 妙嚴尊者(無學自超)와 涵虛堂 守伊和尙(己和) 그리고 梅月堂 金時習(雪岑)이라고 하였다. 보우가 가장 존경하였던 고승들이며, 그들의 영향을 간접적으로 받았을 것이다.

하지만 조선중기 불교계를 중흥시켰다고 하는 淸虛休靜과 대표적인 제자 四溟惟政도 보우가 주관한 승과출신이었으나, 관련 어록이나 기록에서도 보우와의 관련 사실은 거의 찾을 수 없다. 그렇다면 보우와 함께 불교계를 주도하고 이를 계승한 승려들은 누구였을까? 특히 연산군 10년 양종의 도회소가 폐지된 이후의 시기인 무종단체제의 시기에 있어서 불교계를 주도한 인물은 어떤 고승들이었을까? 양종마저 폐지되고 승과제가 실시되지 못하는 등 불교계가 철저하게 탄압을 받았을 때 불교계의 고승들의 동향에 대하여 살펴보기로 한다.

---

65) 보우, 「세상 사람들이 내가 병으로 선동에 물러나 다시 대를 쌓고 ….」, 『허응당집』 권하.
66) 보우, 「천단에서 축수」, 「임금님의 덕화를 찬송함」, 「천단에서 성상에게 절함」, 『허응당집』 권하.

(1) 허응보우와 용문사 · 회암사의 고승들

고려말 이래 용문사는 명승들이 주석하였던 명찰이었다. 無學自超의
도반인 正智國師 智泉이 조선초 태조대 머물렀고 조선 세조대의 삼화상
信眉의 두 제자 學悅(?~1482)과 學祖(1432~1514?)가 주석하며 중창하였
다.[67] 그리고 1511년(중종 6) 봄부터 2년간 芙蓉靈觀의 스승인 碧松智嚴
(1464~1534)이 주석하였다.[68] 그리고 그 외에 용문사에서 중요인물은 역대
주지들이었다. 즉, 1453년(단종 1) 무렵 대선사 戒安,[69] 1485년(성종 16)
무렵 處安,[70] 중종대 義宗,[71] 1547년(명종 2) 무렵 一圓[72] 등이다. 그리고
중종 명종대 용문사에서 활동한 승려는 다음과 같다. 즉 處牛,[73] 宗印,[74]
祖禪,[75] 玉田,[76] 熙允,[77] 印文,[78] 信峯,[79] 宗敏,[80] 道崇,[81] 法岑,[82] 雲庵,[83]

---

67) 이에 대해서는 다음의 논문을 참조하기 바람.(황인규, 「세조대의 삼화상고-신미와
　　두 제자 학열과 학조」, 『한국불교학』 26, 2004.2.)

68) 청허휴정, 「三老行蹟」, 『淸虛堂集』 권3. 이에 대해서는 다음의 논문을 참조하기
　　바람.(황인규, 「조선전기 불교계 고승과 목우자 선풍」, 『보조사상』 21, 2004.2.)

69) 金守溫, 「圓通菴重創記」, 『拭疣集』 권2.

70) 南孝溫, 「遊金剛山記」, 『秋江集』 권5 ; 『속동문선』 권21.

71) 金淨(1486~1512), 「次義宗詩軸韻」, 『冲庵集』 권2.

72) 趙昱(1498~1557), 「余於丁未春 卜小築于龍門山下 寺住持一圓老師見訪甚勤 因索詩
　　辭不獲 率爾成篇」, 『龍門集』 권4 瀝村錄.

73) 金安國(1478~1543), 「贈龍門寺處牛師」, 『慕齋集』 권7.

74) 金安國, 「癸巳春 盡日悵惻獨坐 有龍門山僧宗印者 忽叩扉索詩 把筆書贈」, 『慕齋集』
　　권7.

75) 金安國, 「贈龍門山僧祖道崇」, 『慕齋集』 권7.

76) 金安國, 「有僧玉田者 持詩軸來謁 乞詩云 曾遊金剛 妙香諸名山 今住錫龍門山云」,
　　『慕齋集』 권7 ; 金正國(1485~1541), 「書龍門山僧智牛軸」, 『思齋集』 권2.

77) 金安國, 「贈熙允師」, 『慕齋集』 권8.

78) 金安國, 「贈熙允師」, 「印文上人曾索詩於余 旣贈以一節矣 今又將祖遇長老詩 索和不已
　　笑次其韻以與之」, 「贈雲遊印文師」, 『慕齋集』 권8 ; 嚴昕(1508~1543), 「次印文上人詩卷
　　韻」, 『十省堂集』 권상 ; 蘇世讓(1486~1562), 「贈汶師」, 『陽谷集』 권10 別集.

79) 金安國, 「次龍門山僧信峯詩軸韻」, 『慕齋集』 권8.

80) 金安國, 「丁酉建子月 寒甚 閉門縮臥 龍門山僧宗敏者 袖祖遇長老詩 叩扉索和 漫次長老
　　韻以贈」, 『慕齋集』 권8.

81) 金安國, 「贈龍門山祖禪上人 兼寄祖遇長老」, 『慕齋集』 권8.

延修,84) 慧沃,85) 默契,86) 靈源87) 등의 승려들인데, 그들의 뚜렷한 활동은
보이지 않으며 보우와 관련된 사실은 찾아지지 않는다.

그런데 주목되는 사실은 芙蓉靈觀(1485~1571)이 1509년 祖遇에게 禪을
배운 제자였고, 祖遇는 무학자초의 제자인 鐵虎祖禪의 문도였다는 점이다.
보우의 출가사로 추정되는 龍門老師 혹은 龍門方丈은 柳夢寅(1559~1623)의
『於于野談』에 나오는 智行88)이라는 설이 있으나,89) 조우가 바로 보우의
스승이다.90)

金安國의 『慕齋集』을 비롯해 제문집류에 조우와 관련한 詩文이 상당수
남아 있다. 이를 종합해 보면, 이름이 祖遇 또는 祖雨이고 居室軒은 玄默軒이
었다. 조우는 종문의 巨擘으로 인식되었는데, 保眞齋 盧思愼(1427~1498)에
게 莊子를 배웠다고 하여, 수락산에 머물고 있는 雪岑 金時習(1435~1493)을
방문했다가 놀림을 당했다. 일찍이 송광사 주지를 하여 雨松廣이라 불렸고
나이 80~90에 守庵 朴枝華(1513~1592)가 만났다고 하므로, 적어도 나이
90까지 활동하였음을 알 수 있다. 조우가 용문사에 주석하였던 기록이
1528년(중종 23), 1537년(중종 32), 1543년(중종 38)에 확인되며, 만년에
여주 長興寺에 머물면서 草菴을 짓고 수행하였다. 제자 信旭 등이 있었고

82) 金安國.「次龍門山僧法岑詩軸韻」,『慕齋集』 권8.
83) 申光漢(1484~1555),「雲庵上人詩軸序」,『企齋集』 권1.
84) 申光漢,「題龍門山僧延修詩軸」,『企齋集』 권3.
85) 趙昱,「龍門寺 送慧沃上人遊楓岳 次梨湖金相國韻」,『龍門集』 권4.
86) 趙昱,「二日 冒雨訪默契長老于見性菴 德孚因不能往 作長律示長老 兼簡德孚」,『龍門集』
    권2 ; 趙昱,「西齋錄」,『龍門集』 권3.
87) 趙昱,「三日 晚自龍門寺 踰西嶺…」,『龍門集』 권4 ; 劉希慶(1545~1636),「龍門寺」,
    『村隱集』 권1.
88) 유몽인,『어우야담』 권2, 승려.
89) 이종익, 앞의 논문 참조 바람.
90) 보우는 스승의 가르침으로 三德을 배웠다고 하였지만, 어려서 유학의 경문에
    능해 재상의 아들인 정엄을 수학시킨 바 있고 문신 노사신에게 장자를 배웠다고
    하였다. 그런데 유불선에 능했던 승려는 설잠과 조우 외의 승려로는 찾아지지
    않기 때문에 보우의 사승은 조우라고 하겠다. 보다 자세한 것은 다음의 논문을
    참조하기 바람.(황인규,「나암보우의 불교계 활동과 문도」,『동국사학』40, 2004.)

祖禪과 宗敏 등 용문산의 승려들과 교유했다.[91]

그리고 용문사와 그리 멀지 않은 곳에 위치한 檜巖寺의 승려들도 중요고
승들이었다. 성종 16년 무렵 處安은 회암사 주지, 策卞은 용문사 주지였는데,
처안이 회암사 주지를 한 후 용문사 주지를 맡게 되는 사실을 통해 두
사찰의 관계를 단적으로 엿볼 수 있다. 고려말 이래 회암사의 역대 주지를
살펴보고 넘어가기로 한다.

재임시기	주　지
우왕 3년~	懶翁慧勤
우왕 5년	絶磵益倫
	幻庵混修
	呆菴日昇
	無學自超
	曉雲
1402년(태종 2)	祖禪
~1443년(세종 25) 4.27.	千峰卍雨

---

91) 金安國,「次祖遇上人韻」,「和祖遇上人韻」,「贈祖遇上人」,『慕齋集』권2 ; 金安國,「次祖
遇師玄默軒詩軸韻」,「走次謝祖遇上人送杖韻」,『慕齋集』권3 ; 金安國,「病臥 長興祖遇
師問訊 走筆答」,「訪祖遇師于長興寺 師飮以酒三杯陶然 後復勸一杯 笑占小絶」,「走次長
興祖遇師韻排律」,『慕齋集』권4 ; 金安國,「自龍門還泛梨湖 醉贈長興祖遇師」,「龍門山
紀遊」,『慕齋集』권5 ; 金安國,「次祖遇師韻 贈楓岳慧上人」,『慕齋集』권7 ; 金安國.
「贈龍門山祖禪上人 兼寄祖遇長老」,「印文上人曾索詩於余 旣贈以一絶矣 今又將祖遇長
老詩 索和不已 笑次其韻以與之」,「丁酉建子月 寒甚 閉門縮臥 龍門山僧宗敏者 袖祖遇長
老詩 叩扉索和 漫次長老韻以贈」,『慕齋集』권8 ; 金安國,「草菴記」,『慕齋集』권11
記 ; 金世弼,「次信郁上人詩軸韻」,『十淸軒集』권2 ; 尹根壽,「漫錄」,『月汀集』권4 ; 李
肯翊,『연려실기술』권44, 단종조 고사본말조.
그 밖에 다음과 같은 시문도 찾아진다.(金安國,「走次草菴祖遇長老韻」,「答次祖遇師
送山蔬」,「答次祖遇師」,『慕齋集』권4 ; 金安國,「次祖遇師韻」,『慕齋集』권7 ; 金安國,
「次龍門祖遇師韻」,「次龍門山祖遇韻」,「次祖遇長老韻」,『慕齋集』권8 ; 洪仁祐,「辛
丑」,『耻齋遺稿』권2 ; 洪仁祐,「又行狀」,『靜菴集』附錄 권6 ; 申光漢,「次祖遇上人韻
簡答」,『企齋集』권3 ; 金淨,「次祖遇玄默軒詩軸韻」,『冲庵集』권2 ; 金世弼,「次玄默上
人祖雨詩軸韻」,「和老釋祖雨韻」,『十淸軒集』권1 ; 梁大樸,「西川 贈高僧玄默」,『靑溪
集』권1.)

1443.4~	珍山
1472년(성종 3)~1484년(성종 15)	處安
1484년(성종 15).12.14	策卞
1551년(명종 6)~	普雨
1565년(명종 20).5.20.	信默
1568년(선조 1)~	茂卞
1573년(선조 6)~	天齡
1575년(선조 8)~	戒聞
	參寥

曉雲은 회암사 주지였으며,[92] 珍山은 무학자초의 대표적 계승자로,[93] 세종년간 行乎가 天台宗判事일 때 회암사 주지였으며, 대선사 仁哲·海登·信雲과 더불어 『묘법연화경』을 간행하는데 참여하였다.[94]

處安은 세조 8년 雪敬 등의 승려와 함께 光化門의 종을 쳐서 상언하였다. 幹事僧 仁庇·惠珠·佛明 등의 승려가 帶妻하면서 자식을 기르고 諸邑의 代納價를 받는다고 하였다.[95] 기문에 의하면, 처안은 정양사 주지였다가 회암사 주지로 임명되고 1480년(성종 11) 용문사를 중수하였으며, 용문사 주지였던 책변과 금강산의 道峯의 제자였다.[96]

---

92) 『禪宗永嘉集』諺解 刊記 ; 首陽君, 「御製月印釋譜序」, 『월인석보』 제1·2, 20장 후면.
93) 이에 대해서는 다음의 논문을 참조하기 바람.(황인규, 「무학자초의 문도와 그 대표적 계승자」, 『삼대화상연구논문집』 3, 2001 ; 황인규, 『고려후기·조선초 불교사연구』, 혜안, 2004.)
94) 『묘법연화경』 권4 末 ; 문화재관리국, 『동산문화재지정보고서』(88 지정편), 1989, 141쪽.
95) 『세조실록』 권28, 세조 8년(1462), 7월 7일 경자조. 처안이 광화문에서 종을 쳐서 상소를 올린 것은 태조대 승려의 음주를 막아달라고 상소를 올린 兩街都僧統 尙孚(『태조실록』 권13, 태조 7년(1398), 4월 11일 정해조.) 이래로, 드문 사례 가운데 하나로 주목되는 사실이다. 승려의 帶妻나 帶子문제는 계속 문제가 되고 있다. 이에 대해서는 불교계에 대하여 탄압적 시각에서 기록된 것이므로, 주의해서 이해하여야 할 것이다.
96) 金守溫(1409~1481), 「檜巖寺重創記」, 『拭疣集』 권2 ; 南孝溫(1454~1492), 「遊金剛山記」, 『秋江集』 권2 : 『속동문선』 권21 錄.

策卞은 一庵學專의 문도였고 처안과 더불어 금강산의 道峯의 제자이기도 하였다. 용문사 주지로서 회암사 주지였던 처안과 금강산을 유력하기도 하였다.97) 실록에 策辨이라 나오고 있는데, 성종 15년 무렵 회암사 주지로서 불공을 주관한 것이 문제가 되어 회암사와 용문사 등 중요사찰에 관한 업무를 內需司가 맡아 하게 되는 빌미를 주었다.98) 茂卞은 1568년(선조 1) 회암사 주지였으며, 元珏는 보현사 주지였다.99)

天齡은 보우의 『나암잡저』를 간행하기 위해 목판을 쓴 고승이다. 천령은 회암사 주지였으며, 직지사 주지 中德 惟政이 교정을 보았다. 刊刻은 印玄과 智賢이, 鍊板은 印修와 敬旭이 담당하였다.100)

戒聞은 1575년(선조 8) 간행된 『금강반야바라밀경』101) 覆刻刊記에 의하면, 同書를 교정하였으며, 曹溪宗大禪師 檜巖寺 주지였다. 이때 智軒과 熙俊, 都勤緣 曹溪宗大禪師 報恩廣濟院住持 行思도 참여하였다.102)

參寥는 『율곡전서』에 의하면, 선과에 으뜸으로 합격하였으며, 40여 년간 유력하고 선조대 초반에 회암사 주지에 임명되었다. 端甫 許筠(1569~1618)이 조선에서 최고로 시를 잘 짓는다고 극찬한 바 있다. 또한 1545년(인종 1) 頭陀山 中臺寺에 義潛과 더불어 유력한 바 있으며, 묘향산 普賢寺, 法泉南菴, 無量菴 등에 주석하기도 하였다. 그리고 삼요는 志雄과 希則, 一上人, 沖徽,

97) 金守溫(1409~1481),「檜巖寺重創記」,『拭疣集』권2 ; 金守溫(1409~1481),「寄題檜庵西方與策卞大禪共笑」,『拭疣集』권4 ; 徐居正(1420~1488),「送卞上人詩序」,『四佳集』권6 ; 南孝溫(1454~1492),「遊金剛山記」,『秋江集』권2 :『속동문선』권21 錄.
98) 『성종실록』권174, 성종 15년(1484), 12월 14일 정묘조 및 12월 15일 무진조 및 12월 17일 경오조, 12월 19일 임신조.
99) 「慶聖堂休翁行錄」,『조선불교통사』상, 458쪽.
100) 『나암잡저』 刊記. 그에 대한 문집에 다음과 같은 기록이 찾아진다.(崔慶昌(1539~1583),「贈天齡上人」,『孤竹遺稿』.)
101) 『금강반야바라밀경』은 본래 세조가 구결하고 한계희가 번역한 것을 효령대군 보와 海超 등이 교정한 것이며, 세조 9년(1463)에 간경도감에서 간행되었고 후에 선조 8년(1575)에 다시 간행되었다.(「31 금강바라밀경」, 동국대 불교문화연구소, 『이조전기국역불서전관목록』, 동 연구소, 1964, 62쪽.)
102) 위와 같음.

雪淸과 교유하였으며,103) 묘향산 보현사에 갈 때 보우가 전송한 게송이
『허응당집』에 실려 있다.104)

고려말 이래 조선전기까지 회암사 주지는 송광사의 경우와 마찬가지로
나옹혜근의 문도(문손)와 태고보우의 문도(문손)들이 계승했다. 즉 杲菴日
昇, 絶磵益倫, 鐵虎祖禪, 珍山은 나옹의 문도들이고 曉雲, 千峰卍雨는 보우의
문도들이다.105) 그런데 처안과 책변은 도봉의 제자로 동문이었는데 성종
16년 무렵 처안은 회암사 주지였다. 책변은 용문사 주지였으며, 일암학전의
문도이기도 하였다. 또 學專은 부용영관(1485~1571)의 문도였으며, 成俔
(1439~1504)은 학전이 패엽사에 머물 때 나이가 90이었다고 썼다.106)

보우에 앞서 회암사 주지를 하였던 성종대 처안과 책변, 그리고 보우와의
관련성에 대해서는 현재로서는 알 수 없다. 다만 용문사에는 자초의 도반이
었던 축원지천이 머물렀고 소헌왕후가 승하하자 신미와 학조 등이 1449년
(세종 31) 4월 초파일 경찬법회를 열었다. 또한 정희왕후가 회암사 주지
처안을 불러다가 1480년 주지를 삼았다.107) 처안은 정양사에서 회암사나
용문사로 온 것도 중창을 위해서였다.

---

103) 金安老(1481~1537),「旣題志雄軸詩 僧希則以詩求詩 又用前韻」,『希樂堂稿』권1 ; 周世
鵬(1495~1554),「途中口占」,『武陵雜稿』권2 別集 ; 金麟厚(1510~1560),「和祥之韻
贈參寥」,『河書全集』권7 ; 洪仁祐(1515~1554),「日錄鈔」,『耻齋遺稿』권2 ; 楊士彦,
「香山三章 別參寥」,『蓬萊詩集』권3 ; 李珥(1536~1584),「贈參寥上人 三首」,『栗谷全書』
권1 ; 尹根壽(1537~1616),「次一上人卷中韻」,『月汀集』권2 ; 朴而章(1547~1622),「松
雲大師詩集序」,『龍潭集』권4 ; 申欽(1566~1628),「次淸陰韻」,『象村稿』권14 ; 許筠
(1569~1618),「本朝僧參寥能詩」,『惺所覆瓿稿』권25 說部4 ; 李安訥(1571~1637),「次
韻 寄謝冲徽上人」,『東岳集』권10 ; 崔鳴吉(1586~1647),「次屬巖韻」,『遲川集』권4 ; 姜
栢年(1603~1681),「次雪淸上人韻」,『雪峯遺稿』권6 臨瀛錄 ; 姜栢年(1603~1681),「次
李淸安韻」,『雪峯遺稿』권20 城南錄 ; 兪棨(1607~1644),「題法泉南菴」,『市南集』권2 ;
兪棨(1607~1644),「題無量菴」,『市南集』권5.
104) 보우,「묘향산으로 돌아가는 寥스님을 송별하면서」,『허응당집』권하.
105) 그러나 信默과 天齡은 나암보우의 문도들이고 處安과 策卞, 茂卞과 戒聞, 參寥는
확실치 않다.
106) 성현,『용재총화』권7. 문헌의 여러 기록을 종합해보건대, 일암은 추강 남효온
(1454~1492)의 부친 南悾의 불교의 벗이었음을 알 수 있다.
107) 任士洪,「용문사중수기」,『조선사찰사료』상.

(2) 허응보우와 봉은사 · 봉선사의 고승들

앞에서 서술한 바와 같이, 普雨는 懶翁惠勤의 제자인 無學自超와, 그들의
영향을 받은 信眉와 두 제자 學悅과 學祖에게 영향 받은 승려다. 결국
보우는 용문사와 회암사의 사세에 힘입어 본산이 되었던 봉은사 주지를
맡을 수 있었던 것이다.

그런데 봉은사 주지를 보우에게 물려주었던 明谷에 대해서는 별반 알려
진 바 없다. 柳方善(1388~1443)의 문집인『태재집』에 의하면, 圓明谷은
연회 즉 환암혼수에게 처음 참학하고 공덕사·백련암·영천 還歸寺 등지에
주석하였으며, 조계종의 영수라 불렸던 명곡과는 동명이인이다.108) 다만
보우가 師祖라고 호칭하였으므로 보우는 명곡의 손자제자가 되는 셈이다.
그런데 보우에 앞서 봉은사 주지는 行思였는데, 1530년(중종 25)에서 1534년
무렵 봉은사와 중흥사 주지였다. 또한 黃俊良(1517~1563)이 금양정사를
짓다가 1563년에 죽은 후 마무리하는 데 관여했으며, 허균이 惟政과 더불어
詩僧으로 칭송했던 고승이다.109)

보우를 전후하여 봉은사의 역대 주지를 역임한 승려를 열거하면 다음과
같다.

---

108) 柳方善(1388~1443),「贈明谷上人」,『泰齋集』권1 ; 유방선,「寄明谷」,『泰齋集』권2 ;
유방선,「白蓮庵記」,『泰齋集』권4 :『동문선』권81 수록. 또한 정홍명의 문집에
나타나는 명곡도 역시 동명이인이다.(鄭弘溟(1582~1650),「主筆戲題明谷道人山齋」,
『畸庵集』권2.) 왜냐하면 모두 생존연대가 맞지 않기 때문이다.
109) 金安國(1478~1543),「次韻贈行思上人」,『慕齋集』권6 ; 李荇(1478~1534),「題釋行思詩
軸」,『容齋集』권2 ; 黃俊良(1517~1563),「錦陽精舍完護記文」,『錦溪集』권9 ; 朴淳
(1523~1589),「礪山郡別行思上人」,「送行思山人歸湖南」,『思菴集』권1 ; 朴淳,「鴨綠江
別行思上人」,『思菴集』권2 ; 白光勳(1537~1582),「贈行思上人」,『玉峯集』권上 ; 白光勳
(1537~1582),「次贈行思上人」,『玉峯集』권中 ; 李誠中(1539~193),「贈行思 二首」,『坡谷
遺藁』; 崔慶昌(1539~1583),「題三角山僧行思軸」,「贈行思」,「次思庵贈行思韻」,『孤竹遺
稿』; 李達(1539~1610),「贈行思」,『蓀谷詩集』권4 ; 許筠(1569~1618),「鶴山樵談」,『惺
所覆瓿藁』권26 附錄1. 그러나 행사는 실록에 '重興寺의 승려 行思가 還俗하여 柳中立으
로 이름을 지었다.'(『선조실록』권27, 선조 25년(1592), 6월 28일 병진조.)라고
하여 환속하였다.

재임 시기	주지
중종 30년·34년 무렵	行思
~1548년(명종 3)	明谷
1548년~1555년(명종 10)	普雨
1555년~1557년(명종 12)	休靜
1558년~1575년(선조 8)	信默
1575년~1612년(광해군 4)	惟政
1612년~	覺性

그런데 1765년(영조 41) 判事 頓修가 삼세여래상의 개금불사를 행할 때 證師로 影波聖奎를 청하면서 判事先生案을 재편하였는데, 그 명단 가운데 普雨 이래 조선중기 판사급 고승을 열거하면 다음과 같다. 즉 '虛應堂 普雨, 淸虛堂 休靜, 四溟堂 惟政, 嘉善 儀崇, 判事 敬旭, 哲雲, 天俊, 森密, 祥雲, 德敏, 泂賓, 熙雄, 琢璘, 寶熙, 覺性, 敬琳, 智軒, 志閑, 修正, 雪岑, 應祥, 德祥, 尙寶' 등이다.110)

한편 문집에 의하면, 봉은사 승려는 普願, 處寬, 智田, 志雄, 道諄(道順), 允海, 熙俊, 慧沃, 泂俊, 行思, 玄宗, 信默, 京則 등이 찾아진다.111) 道諄과 道順은 동일인물로 생각되며, 보우가 교류하였던 雄禪友는 志雄일 것이고, 行思와 信默은 봉은사 주지였다.

---

110) 이철교 편,『서울 및 近郊 寺刹誌』제1편 봉은사,『多寶』, 불기 2538년 여름호, 20쪽.

111) 金世弼,「題普願上人詩軸中 畢齋韻二首」,『十淸軒集』권3 ; 朴祥,「處寬上人 遊頭流山 將還奉恩寺 過余太原徵詩 卽書小律三首贈之」,『訥齋集』권5 ; 沈義,「贈奉恩寺僧智田」, 『大觀齋亂稿』권2 ; 金安國,「次湖陰韻 贈奉恩寺道諄上人」,「次洪左相韻 贈奉恩寺僧熙 俊」,「宿奉恩寺梅花堂 贈允海上人」,『慕齋集』권3 ; 金安國,「次韻贈行思上人」,「戲贈泂 峻長老 長老曾住錫神勒寺 余每往遊 則必徵詩頗苦吝 今聞移住奉恩寺 以詩贈之 時近仲秋 望」,『慕齋集』권6 ; 金安國,「贈奉恩寺慧沃上人」,『慕齋集』권8 ; 李荇,「去歲 奉命祭宣 陵 因識奉恩寺僧志雄 今將遊山 遣人來求詩 書以贈之 時庚寅二月二十日也」,『容齋集』 권3 ; 趙昱,「丙午季夏 自葛山舟下 宿奉恩 玄宗上人示詩軸 乃鄭相公首題也 索和甚苟 率爾書贈」,『龍門集』권4 ; 盧守愼,「奉恩寺 次韻住持信默」,『穌齋集』권5 ; 宋寅,「題奉 恩寺僧景則墨竹卷」,『頤庵遺稿』권2.

그런데 한 가지 짚고 넘어갈 것은 오늘날 조계종 법통상의 고승들로
나타나고 있는 산중 수행승과의 교유관계이다. 보우의 어록에는 나타나고
있지 않지만, 碧松智嚴의 제자인 慶聖一善(1488~1568)도 중종 31년 이전
금강산 十王洞 表訓寺 上院庵에서 주석한 바 있다. 秋江 南孝溫의 「秋江記」에
의하면, 普門庵의 祖恩, 鉢淵庵의 쁘明, 妙吉祥庵의 道峯과 그의 제자 용문사
주지 處安과 회암사 주지 策卞, 마하연의 懶融, 普德窟의 智熙, 大松羅庵의
性浩, 장안사의 祖澄, 낙산사의 學悅과 제자 智生 등이 활동하였다.112)
李黿의 『再思堂逸集』에 의하면, 성종대 表訓寺의 義熙, 正陽寺의 祖仁 등이
금강산에서 활동하였다.113)

또한 1508년(중종 3) 가을 碧松智嚴이 금강산 묘길상암으로 들어가 득도
하였던 바 있고, 제자 芙蓉靈觀도 1519년(중종 14)에 祖雲과 함께 금강산
大尊庵에서 2년간 수행한 후, 다시 미륵봉 內院庵에서 10년간 정진하였
다.114) 보우가 스승을 따라 금강산 마하연에서 체발할 때 부용영관도 내원암
에서 정진하고 있었다. 그런데 다음의 기록을 보면, 靈觀과 도반인 一禪과
보우와의 교류사실을 알 수 있다.

> 보우는 고승 一善이 도가 있다고 생각하여 후한 예를 갖추고 그를 묘향산에
> 서 맞이해 왔는데 일선은 한마디 말도 하지 않고 다음과 같은 한퇴지의
> 시를 크게 써 주었다. "구름이 秦嶺을 빗겨나가니 집은 어디에 있는가?
> 눈이 藍關을 막으니 말이 나아가지 못하는구나." 일선은 끝내 나오지 않았
> 다.115)

일선은 1511년(중종 6) 묘향산 문수암에서 고행하면서 머물러 있었는데,
보우가 보현사로 일선을 초빙하였던 것이다. 일선은 보현사 경내 관음전에

112) 南孝溫(1454~1492), 「遊金剛山記」, 『秋江集』 권5 ; 『속동문선』 권21.
113) 李黿(?~1504), 「遊金剛錄」, 『再思堂逸集』 권1.
114) 休靜, 「三老行蹟」, 『淸虛堂集』.
115) 유몽인, 『어유야담』 권2, 승려.

머물면서 명성이 높았다. 전국의 碩德高士들이 팔방에서 구름처럼 몰려들어 그곳이 마치 해동의 折床會라 할 만하다고 했다고 한다.[116] 그리고 1568년(선조 1) 회암사 주지는 茂卞이었고 보현사 주지는 元珪였으며,[117] 스승 영관도 보현사에서 한 때 머물러 있었다.[118]

慶聖一禪(1488~1568)은 중종 31년 하옥되는 일이 있었다. 즉 1536년(중종 31) 일선은 의승군으로 新川을 지키고 있었을 때 감독관이 일선의 비범함을 보고 붙들어 두었는데 권세가 이량이 존경하는 등 서울의 사람들에게 일선의 명성이 널리 퍼졌다.[119] 하지만 사람들을 현혹한다고 사헌부의 탄핵을 받아 의금부에 갇혔다가 석방된 일이 있었다. 실록에는 일선이 장안사의 승려 一善이라 나오며,[120] 일선이 의승군으로 참여하였다는 것은 犬項工事에 참여하여 신천의 둑을 막는데 동원되었던 것을 가리키며,[121] 일선이 요망하고 허황된 말로 백성들을 현혹시켰다고 유생들이 몰아붙여 의금부에 가두었으나 혐의가 없어 풀려나게 되었던 것이다.[122] 일선뿐만 아니라 관음굴 주지 靈悟도 聖恩을 사칭하며 승려들에게 뽐내고 송도에서 과일을 바쳤다고 사칭하여 의금부에 갇히는 사건이 있었다.[123] 그리고 영관의 스승인 조우는 보우의 스승이기도 하였고 영관과 도반일 熙법사는 삼척 두류봉에서 碧松智嚴에게 수학한 문도였다.

마지막으로 보우와 더불어 명종 5년 무렵 한 때 교종계를 주도하였던

---

116) 林悌(1549~1587), 「一善講堂(禪 方外有道之流也 常於普賢寺觀音殿 講法云)」, 『林白湖集』 권2.

117) 「慶聖堂休翁行錄」, 『조선불교통사』 상.

118) 崔岦(1539~1612), 「將出洞 走筆贈靈觀老師」, 『簡易文集』 권8.

119) 유몽인, 『어우야담』 권2, 승려.

120) 『중종실록』 권81, 중종 31년(1536), 4월 9일 계사조. 一善은 『어우야담』에도 一善이라 나오듯이, 전후사정으로 보아 一禪과 동일인물이다.

121) 『중종실록』 권81, 중종 31년(1536), 5월 14일 무진조.

122) 『중종실록』 권81, 중종 31년(1536), 4월 13일조 및 4월 14일 무술조 및 4월 19일 계묘조 및 5월 14일 무진조.

123) 『중종실록』 권81, 중종 31년(1536), 4월 9일 계사, 4월 10일 갑오조 및 4월 13일 정유조 및 4월 15일 기해조 및 4월 19일 계묘조.

수진을 비롯한 봉선사의 고승에 대하여 살펴보기로 한다. 봉선사의 역대 주지를 열거하면 다음과 같다.

재임 시기   주지
성종 16년(1485)   學祖
성종 20년(1489)   祖澄
연산군 8년(1502)   卽涪
명종 6년(1551)   守眞
명종 9년(1554) 이후   天則

祖澄은 성종 16년(1485) 무렵 장안사 주지, 성종 20년(1489) 무렵 봉선사 주지를 거쳐 성종 22년(1491) 계룡산 臥草庵(上草庵)에서 머물고 있는 벽송지엄에게 사사받았다. 조징은 이현보와 靈芝精舍를 함께 건립하기도 하였다.[124] 卽涪는 실록에 봉선사 주지로 나타나고 있으며,[125] 天則은 교종판사로서,[126] 수진 이후인 명종 9년 이후 봉선사 주지였다.

봉선사는 왕실의 원당으로서 당시 삼화상이었던 學悅과 學祖에 의해 중창되어,[127] 성종 16년(1485) 무렵 學祖가 주지를 하다가 4년 후인 성종 20년 무렵 祖澄이, 연산군 8년(1502) 무렵 卽涪가, 명종 6년(1551) 守眞이, 그리고 그 후 天則이 주지를 하였다.

그 가운데 祖澄은 벽송지엄의 문도였으므로, 봉선사는 고승들이 주지를 하였던 것을 알 수 있다. 즉부에 대해서는 알려진 바 없으나, 수진은 敎宗判事였으며, 제자 曇允이 있었다.[128]

---

124) 南孝溫(1454~1492), 「遊金剛山記」, 『秋江集』 권5 ; 『속동문선』 권21 ; 李賢輔 (1467~1555), 「聾巖先生年譜」, 『聾巖集』 권1 ; 李賢輔, 「題靈芝精舍」, 『聾巖集』 권1.
125) 『연산군일기』 권42, 연산군 8년(1502), 1월 16일 기축조.
126) 宋寅(1517~1584), 「贈敎宗判事」, 『頤庵遺稿』 권2 ; 楊士彦, 「奉先住持天則惠紙 朱筆謝 用前韻」, 『蓬萊詩集』 권1.
127) 이에 대해서는 다음의 논문을 참조하기 바람.(황인규, 「세조대의 삼화상고−신미와 두 제자 학열과 학조」, 『한국불교학』 26, 2004.)

(3) 허응보우의 계승자들

그러면 보우가 순교한 명종대 말년 이후 불교계를 주도한 인물은 누구일까? 흔히 명종대 이후 선조대는 淸虛休靜과 문도들이 주도한 것으로 알려져 있다.

보우의 선풍을 이어간 승려는 문도이거나 교유한 인물일 것이다. 보우가 당대 고승이었으므로 많은 문도들이 있었겠지만, 거의 찾아지지 않는다. 다만 보우의 문도로 추정되는 승려는 쌍순, 경종보원, 신묵 등을 들 수 있다.

문집에 의하면, 雙淳은 字가 子眞이었으며, 소년시절부터 시를 잘 지었다고 한다. 임진왜란 때 義兵將으로 잘 알려진 高敬命(1533~1592)이 봉은사에 가서 보우를 만나려 하였으나, 병으로 만나지 못하고 대신 雙淳을 만났는데, 쌍순은 1558년(명종 13) 치러진 승과에서 수석으로 합격하였다. 그는 금강산 묘길상암에 거주하기도 하였다.[129] 이렇듯 보우의 제자로 비교적 행적이 뚜렷한 문도는 雙淳뿐인데, 쌍봉사 주지였다.[130]

그리고 敬宗은 궁궐에 몰래 들어왔다고 하여 문제가 되었던 승려다. 경종은 속명이 石丁이었고 아버지는 석돌이로, 12세에 출가하여 용문사에 주석하였다.[131] 실록에 의하면, 경종과 志雲·闇修·學祖·寶曇·行思 등이 활동하였다. 은수와 보담은 김해의 승려였고 학조는 삼화상 학조와 동명이인으로 동래출신이었다. 또한 은수와 보담은 봉은사의 승려였으며, 특히 행사는

128) 蘇世讓(1486~1562), 「寄敎宗判僧守眞」, 「贈守曇允 守眞弟子也」, 『陽谷集』 권6 ; 蘇世讓, 「贈守眞法師」, 『陽谷集』 권7 ; 박순(1523~1589), 「贈守眞比丘 二首」, 『思菴集』 권1.
129) 辛應時(1532~1585), 「贈雙淳」, 『白鹿遺稿』 ; 高敬命(1533~1592), 「到奉恩寺 日已昏黑 普雨托病不見 盖實不知吾輩之爲何人也 有僧號雙淳者 追至舟上…」, 『霽峯集』 권1 ; 尹根壽(1537~1616), 「贈雙淳上人」, 『月汀集』 권2 ; 李好閔(1553~1634), 「雙淳軸 次月汀韻」, 『五峯集』 권1 ; 金世濂(1539~1646), 「妙吉祥 次雙淳」, 『東溟集』 권5.
130) 보우, 「小子 雙淳에게 三首」, 「제자 雙淳에게」, 「제자 雙淳이 雙峰寺의 주지가 되었다는 말을 듣고」, 『허응당집』 권하.
131) 『중종실록』 권90, 중종 34년(1539), 5월 21일 무자조 ; 宋寅(1516~1584), 「步尹長源韻 題 敬宗上人卷」, 『이암유고』 권2.

봉은사의 주지였으며, 왕비 문정왕후의 명을 받고 활동하였다.132)

또한 문집에 의하면, 普願은 1516년(중종 11) 봉은사에, 1529년(중종 24) 무렵 월정사에 주석하였으며,133) 『瑞石集』에 의하면, 遠祖로 모시고 있는 信上人이 17세기 중엽에 활동하였다고 한다.134) 그리고 『나암잡저』를 간행하는데 참여한 太均도 보우의 제자다.135)

그 가운데 信默은 보우와 교류하였는데 보우의 제자로 생각되며, 1556년 (명종 11) 무렵 직지사 주지를 하면서 四溟惟政의 출가사였다. 1565년(명종 20) 5월 회암사 주지를 보우에 이어 재임하다가 1568년(선조 1) 茂林에게 물려주었다. 그 후 보우가 물려준 淸虛休靜(1555~1557)에 이어 봉은사 주지를 하였고 1575년(선조 8) 그 자리를 惟政에게 주었다.136) 신묵은 보우가 가사를 부촉하면서 게송을 지어주기도 하였으며,137) 보우와 금강산 수행시

---

132) 『중종실록』 권90, 중종 34년(1539), 4월 22일 기미조 및 5월 20일 정해조 ; 5월 21일 무자조 ; 5월 22일 기축조 ; 5월 26일 계사조 ; 5월 27일 갑오조 ; 5월 20일부 터 5일간 계속 실록에 게재될 만큼 당시 큰 문제 가운데 하나였다.

133) 金世弼(1473~1533), 「贈普願上人」, 『十淸軒集』 권2 ; 金世弼, 「題普願上人詩軸 佔畢齋韻 二首」, 『十淸軒集』 권3 ; 申光漢(1484~1555), 「次佔畢齋韻 書普願禪師詩軸」, 『企齋集』 권2 ; 申光漢, 「題普願上人詩軸 佔畢齋韻 二首」, 『企齋集』 권6 ; 鄭士龍(1491~1570), 「月精寺 書普願上人詩卷 用佔畢齋韻」, 『湖陰雜稿』 권3 ; 林悌(1549~1587), 「贈普願上人」, 『林白湖集』 권1. 참고로 다음의 기문에 등장하는 보원은 그의 생존연대를 미루어 보건대 동명이인이다.(徐居正(1420~1488), 「普願上人 詩卷 次孫水部韻」, 『四佳集』 권45-21 ; 李景奭(1595~1671), 「鶴捿庵僧普願 來謁於白岳村者數矣…」, 『白軒集』 권12 ; 許穆(1595~1681), 「南窓親筆跋」, 『記言別集』 권10.)

134) 金南基(1633~1687), 「用軸中韻 贈信上人」, 『瑞石集』 권3.

135) 보우, 『나암잡저』 ; 『한국불교전서』 7.

136) 盧守愼(15151~1590), 「奉恩寺 次韻住持信默」, 『소재집』 권5 ; 鄭惟吉(1551~1586), 「山人信默軸」, 『林塘遺稿』 下 ; 宋寅(1517~1584), 「贈信默闍梨」, 『頤庵遺稿』 권2 ; 尹斗壽(1533~1601), 「次山人信默軸中韻」, 『梧陰遺稿』 권2 ; 李山海(1539~1609), 「雲住寺記」, 『餓溪遺藁』 권6 ; 李德弘(1541~1596), 「次信默上人卷中韻」, 『艮齋集』 권8 ; 柳夢寅(1559~1623), 「題信默軸次韻」, 『於于集』 권2 ; 『명종실록』 권31, 명종 20년(1565), 5월 20일 을묘조.

137) 『허응당집』 권하에서 시제를 「가사 한 벌을 華斷俗係에게 부촉하면서 이어 게송을 지어 보임」이라고 번역한 것은 명백한 오류이다.(『한글대장경』, 동국역경원, 1994, 472쪽.)

함께 하였고 발우를 전해주었다. 그 후 그들은 선릉의 원찰인 봉은사에서
만나서 법의를 주면서 다시 신임을 표하였다. 가사를 주면서 신묵을 직지사
에 내려 보냈다.138) 따라서 보우의 문도 가운데 상수제자는 신묵이다.139)

　다음으로 雄禪友와 행사도 보우의 문도로 생각된다. 보우가 웅선우에게
두 편의 게송을 보내고 있는데,140) 봉선사 승려 志雄이 아닐까 한다. 문집에
의하면, 웅선우는 봉선사와 봉은사의 승려였는데, 1530년(중종 25) 무렵
금강산으로 유력하였다. 또한 웅선우는 한 때 묘향산 보현사에 주석하였으
며, 회암사 주지를 지내는 參寥와도 교유하였다.141)

　보우에 앞서 봉은사 주지를 한 고승은 行思였다. 즉, 행사는 1530년(중종
25)에서 1534년 무렵 봉은사 주지였고 황준량이 금양정사를 짓다가 1563년
에 죽자 마무리하여 짓는데 관여했으며, 허균이 유정과 더불어 詩僧으로
칭송했던 고승이었다.142)

---

138) 보우, 「默中德을 直指寺 옛터에 내려 보내면서」, 『허응당집』 권하.
139) 이에 대해서는 앞의 다음의 논문을 참조하기 바람.(황인규, 「나암보우의 불교계
　　활동과 문도」, 『동국사학』 40, 2004.)
140) 보우, 「雄선우에게 보임」, 『허응당집』 권상 ; 「용문산에 가는 雄스님을 송별함」,
　　『허응당집』 권하.
141) 洪彦弼(1476~1549), 「次容齋贈報恩寺僧志雄韻」, 『默齋集』 권3 ; 金安國(1478~1543),
　　「復次容齋韻 贈志雄師」, 『慕齋集』 권6 ; 金安國, 「次容齋 退齋兩公韻 書志雄師畵山水竹行
　　軸」, 『慕齋集』 권6 ; 李荇(1478~1534), 「去歲 奉命祭宣陵 因識奉恩寺僧志雄 今將遊山
　　遣人 來求詩 書以贈之 時庚寅二十日也」, 『容齋集』 권3 ; 金安老(1481~1537), 「奉恩寺
　　僧名志雄者 出示遊楓嶽詩軸 乃靑鶴丞相首題也…」, 「旣題志雄軸詩 僧希則以詩求詩 又用前
　　韻」, 『希樂堂文藁』 권1 ; 金正國(1485~1541), 「次志雄師詩軸」, 『思齋集』 권2 ; 周世鵬
　　(1495~1554), 「又次贈志雄師」, 『武陵雜稿』 권3 原集 ; 周世鵬, 「贈志雄師」, 『武陵雜稿』
　　권3 別集.
142) 金安國(1478~1543), 「次韻贈行思上人」, 『慕齋集』 권6 ; 李荇(1478~1534), 「題釋行思詩
　　軸」, 『容齋集』 권2 ; 黃俊良(1517~1563), 「錦陽精査完護記文」, 『錦溪集』 권9 ; 朴淳
　　(1523~1589), 「礪山郡別行思上人」, 『思菴集』 권1 ; 朴淳(1523~1589), 「送行思山人歸
　　湖南」, 『思菴集』 권1 ; 朴淳, 「鴨綠江 別行思上人」, 『思菴集』 권2 ; 白光勳(1537~1582),
　　「贈行思上人」, 『玉峯集』 권上 ; 白光勳(1537~1582), 「次贈行思上人」, 『玉峯集』 권中 ;
　　李誠中(1539~1593), 「贈行思 二首」, 『坡谷遺藁』 ; 崔慶昌(1539~1583), 「題三角山僧行
　　思軸」, 「贈行思」, 「次思庵贈行思韻」, 『孤竹遺稿』 ; 李達(1539~1610), 「贈行思」, 『蓀谷詩
　　集』 권4 ; 許筠(1569~1618), 「鶴山樵談」, 『惺所覆瓿藁』 권26 附錄1.

이상에서 살펴보았듯이, 보우의 선풍을 계승하여 불교계에서 부상하였던 인물 가운데 가장 비중이 있는 고승은 行思와 參寥, 信默 등이었다. 그들은 보우에 이어 봉은사 주지를 하면서 불교계를 주도하였다. 특히 신묵은 유정의 출가사였고 청허당 휴정도 보우에 이어 선종판사를 하면서 봉은사 주지를 하였다.

4. 맺음말

이상으로 본고는 숭유억불시책이 강화되어가던 조선중기 불교계를 다시 바로 세우기 위해 땀과 피까지도 바쳤던 허응보우의 불교계 활동과 조선중기 불교계의 동향에 대하여 살펴보고자 하였다. 그에 대한 활동이나 교유인물에 대한 정확한 기록들은 남아 있지 않다.

보우의 불교교단의 재정립은 보우 한 고승만의 힘으로만 이루어진 것이라 보기 힘들다. 보우와 뜻을 함께 하였던 스승과 도반 및 제자를 포함하는 불교계 세력의 결집이 없었다면 불가능하였을 것이다. 문정왕후의 전폭적 지원이나 일부 호불성향의 유생들의 지원으로 불교계의 부흥운동이 가능하였다고 보는 것은 불교계와 승려를 주체로 보지 못한 피동적이고 악의적인 시각에 지나지 않는다. 보우가 불교계의 전면에 나설 수 있었던 것은 주변인들이 보우와 뜻을 같이 하거나 지원을 아끼지 않았기 때문이다.

보우의 불교계 활동은 침체와 혼란의 무종단의 교단에서 선교양종을 복립하였고, 그것을 통해 사찰과 승려를 정비하였다. 세종 6년 선교양종의 흥천사와 흥덕사를 도회소로 하는 체제는 당로자인 유생들의 철폐운동으로 연산군 10년(1504)에 폐지된 것이나 다름 없게 되었다. 그러자 불교계는 근기지방의 청계사를 본산으로 하는 도회소체제를 갖추었으나, 중종 2년(1507) 명목만 남았던 흥천사와 흥덕사를 법적으로 폐지함으로써, 그 이후 보우에 의해 선교양종의 도회소 체제가 다시 시작되는 명종 5년(1550)까지 47년간은 무종단의 암울한 시기였다.

그러한 교단이 당대 왕실의 능침사찰로 가장 비중이 있었고, 유생들이 '승려의 뿌리'라고 했던 봉선사와 봉은사를 본산인 도회소로 삼게 되면서 명종 5년(1550)부터 명종 20년(1565)까지 16년간 조선불교가 일시 부흥하게 되었을 뿐만 아니라, 조선중기 이후 불교계가 유지될 수 있었다.

선교양종의 복립으로 선종계의 통령인 보우와 교종계의 통령인 수진을 중심으로 각기 봉은사와 봉선사를 본산으로 불교계가 운용되었으나, 얼마 후 보우가 불교계를 주도하였다.

보우가 시행한 불교계의 핵심과제는 전국 사찰과 승려의 정비였다. 전국의 사찰 336사를 내원당이라는 이름으로 국가의 법정사찰로 운용하였고, 승과 및 도승제의 실시로 휴정과 유정과 같은 고승을 배출하고 승려들의 출가를 합법화하였던 것이다.

보우가 불교계의 전면에 나설 무렵 근기지방의 두 사찰인 용문사와 회암사에는 고승들이 활동하고 있었다. 용문사에는 스승 祖遇(祖雨)를 비롯한 고승들이 활동하였는데, 조우는 祖禪의 도반이었으며 조우의 문도가 바로 芙蓉靈觀이었다. 회암사에는 그의 뒤를 이어서 봉은사 주지를 하는 信默, 行思 등의 고승들이 활동하였다.

그리고 봉은사에는 보우의 상수문도로 추정되는 信默이 보우에 이어 회암사 주지, 휴정에 이어 봉은사 주지를 하였으며, 후에 직지사에서 四溟惟政을 출가시키기도 하였다. 또한 문도로 추정되는 參寥도 선조대 회암사 주지를 하였다.

뿐만 아니라 碧松智嚴의 문도였던 慶聖一禪과도 보현사에서 교유하였던 사실이 문집에서 찾아지며, 역시 지엄의 제자로 삼척 두류봉에서 수학한 熙법사도 있었다. 보우의 선풍을 계승하여 불교계에서 부상하였던 인물 가운데 가장 비중이 있는 고승은 行思와 參寥, 信默 등이었다. 그들은 보우에 이어 봉은사 주지를 하면서 불교계를 주도하였다. 특히 신묵은 유정의 출가사였고 淸虛休靜도 보우에 이어 선종판사를 하면서 봉은사 주지를 하였다.

　보우는 청평사에 머물면서 한국불교계의 고승으로 西天의 指空禪賢, 전 왕조인 고려의 太古普愚와 懶翁慧勤, 조선의 無學自超와 제자 涵虛堂 己和 그리고 雪岑 金時習을 꼽았다. 보우의 행적에서 보았듯이 보우가 머물렀던 곳은 나옹혜근과 무학자초의 그것과 일치한다. 보우가 한국불교계의 고승으로 뽑은 인물은 태고보우 외에는 모두 나옹혜근의 문도들이다.

　그러한 사실로 미루어 볼 때, 보우는 나옹혜근과 제자 무학자초의 문손의 부류였다. 더욱이 보우는 산중에서 교화에만 몰두한 태고보우의 문도들이었던 조계종 법통상의 고승들과는 달리, 피와 땀을 아끼지 않고 목숨까지 내놓으면서 불교계의 전면에 나섰다.

제2부
조선후기 사찰과 고승

제1장 서산대사의 승군활동과 추념사업

1. 머리말

서산대사는 제자 사명대사와 더불어 임진왜란시 활동한 승장으로 더 많이 알려져 있지만, 조선불교를 중흥시킨 고승으로서의 위상도 매우 크다. 서산대사는 고대의 원효성사와 고려의 보조국사 지눌, 근대의 경허선사와 더불어 한국불교계를 대표하는 고승이다. 그들은 모두 해외에서 구법을 하지 않고 우리나라에서 도를 깨치고 불교계를 주도하였을 뿐만 아니라 당시 문화를 크게 진작시켰다.

서산은 '무종단 산중불교'라는 조선불교를 중흥시켰다는 평가를 받고 있다.[1] 임진왜란이라는 국난을 당하였을 때 국가비보 승군활동은 국가의

---

1) 서산대사에 대한 중요 연구실적을 소개하면 다음과 같다. 우선 일제 강점기 연구성과는 다음과 같다.(車生, 「西山大師と四溟堂」,『文敎の朝鮮』, 조선교육회, 1927.1 ; 金泰洽, 「서산대사의 신앙과 그 학덕」,『불교』58, 불교사, 1929 ;『조선』182, 조선총독부, 1932.12 ;『한국근현대불교자료전집』, 민족사, 1996.)
해방 이후 1960년대까지의 연구 성과는 다음과 같다.(仁旺居士, 「서산대사와 이율곡」,『백민』4-5(16), 백민문화사, 1948.10 ; 우정상, 「서산대사의 출가동기」,『녹원』4·5, 녹원사, 1958.4 ;『조선전기불교사상연구』, 동국대학교 출판부, 1985 ; 우정상, 「휴정－선과 교의 통일점－」,『한국의 인간상』3, 신구문화사, 1965.) 1970년대 이후 연구성과는 다음과 같다.(김경탁. 「서산대사의 생애와 사상」,『아세아연구』13-3, 고려대학교 아세아문제연구소, 1970 ; 송천은, 「휴정의 사상」,『숭산 박길진박사화갑기념논총－한국불교사상사』, 원광대학교, 1974 ; 김동화, 「유정의 사상」,『숭산 박길진박사화갑기념 한국불교사상사』, 원광대학교 출판국, 1974 ; 권기종, 「서산의 화사상」,『불교학보』15, 동국대학교 불교문화연구소, 1978 ; 우정상, 「선가구감의 간행유포고」,『불교학보』14, 동국대학교 불교문화연구소, 1977 ;『조선전기불교사상연구』, 동국대학교 출판부, 1985 ; 우정상, 「서산대사전 약고」,『조선전기불교사상연구』, 동국대학교 출판부, 1985 ; 김철, 「서산대사 : 朝鮮佛敎 빛낸 사상

존망의 위기를 모면하게 하였고, 그것을 계기로 승려의 존재를 다시금
부각하게 하였다. 그러나 선조대나 영·정조대 외에는 국가비보 승군활동의
공로에 대한 추념사업을 전개한 적이 거의 없다.

　본고는 서산의 임진왜란시 승군활동은 한국불교의 오랜 전통인 국가
비보사상의 전통에서 나온 것임을 강조하고, 조선후기 서산에 대한 추념사
업에 대해서 살펴보았다. 나아가 전근대시대 주요고승들에 대한 국가추념
을 살펴봄으로써 서산에 대한 위상을 재정립해보고자 하였다. 이 연구가
서산대제의 국가제향을 위한 정당성과 타당성을 확보하고자 하는 계기가
되었으면 하는 바램이다.[2]

　사의 거봉」,『한국불교인물사상사』, 불교신문사편, 민족사, 1990 ; 김용태,「조선중
기 불교계의 변화와 '서산계'의 대두」,『한국사론』44, 서울대 국사학과, 2001.)
그리고 법통이나 문도에 대한 연구성과는 다음과 같다. 김영태,「휴정의 선사상과
그 법맥」,『한국선사상연구』, 동국대학교 불교문화연구원, 1984 ; 김영태,「조선
선가의 법통고-서산 가통의 구명-」,『불교학보』22, 동국대학교 불교문화연구원,
1985 ; 김영태,「제월당집에 보인 휴정의 법통」,『진산 한기두박사 화갑기념 한국종
교사상의 재조명』상, 원광대학교 출판국, 1993 ; 김항배,「서산문도의 사상」,『숭산
박길진박사 화갑기념 한국불교사상사』, 원광대학교 출판국, 1975 ; 이영자,「조선
중·후기의 선풍-서산 오문을 中心으로」,『한국선사상연구』, 동국대학교 불교문화
연구원, 1984. 또한 박사학위논문과 저서를 소개하면 다음과 같다.(김형중,「휴정의
선시연구」, 연변대 박사학위논문, 2000 ; 신법인,『서산대사의 선가구감연구』, 김영
사, 1989 ; 손병욱,『서산 조선을 뒤엎으려 하다』, 정보와사람, 2006.) 손병욱 교수는
그의 저서에서 지리산 화개동 바위에 얽힌 비결과 묘향산 단군신화와 연결을
지어 청허휴정이 조선왕조를 전복시키려고 하였다는 내용을 담고 있으나, 현재의
불교나 불교사의 연구 성과로 볼 때 전혀 수용할 수 없다. 최근에 서산대사와
신자유주의라는 관점에서 서산대사가 국가적 제향사업으로 이루어져야 한다는
저서가 출간되었다.(신지견,『세계화 시대의 한국 서산사상과 신자유주의』, 화은각,
2008.)
2) 서산대제가 국가제향으로 전환되기 위해서는 서산대사의 위상을 재정립해야
할 것이다. 서산대사의 불교계에서의 위상은 물론이고, 국가적 사회적 위상을
재인식하도록 하는 노력이 최우선적으로 요청된다. 서산대사뿐만 아니라 불교
내지 불교사에 대한 본격적인 연구와 접근이 이루어져야 한다. 그런 후 종단은
물론이거니와 국가적·사회적 운동차원에서 사산대사에 대한 일련의 사업이 구상
되고 실현되어야 할 것이다. 그러나 현재 서산대사에 대한 사상적 천착은 비교적
많이 이루어졌지만 서산대사의 생애와 활동, 관련 사찰·유물·유적 등에 대한 종합적이
고 본격적인 검토는 이루어지지 않고 있어서 아쉽기 그지 없다.

2. 국가 비보사상과 승군활동

(1) 국가 비보사상의 계승

서산이 임진왜란 때 전국의 승군을 동원하여 국가를 위기에서 구제한 것은, 한국불교에서 오래전부터 지녀온 국가 비보사상 전통의 발현이다. 국가 비보사상이란 비보사찰설 내지 비보사탑설이라고 불려온 것이며, 비보사찰이 국가를 위하여 비보하는 사상이다. 널리 알려진 바와 같이, 태조 왕건이 남긴 훈요10조에서 고려왕조는 여러 부처의 힘을 입어 창업되었고 도선의 설에 따라 산수의 순역을 추점하여 사찰을 개창하였다.[3] 비보사찰은 개경이나 그 주변에 창건된 역대 왕실의 眞殿寺院과,[4] 지방의 창건 또는 지정된 비보사찰을 포함하여 3,000소 내외에 달하였다.[5]

비보사찰설은 대개 풍수지리사상이라는 측면에서 설명되어 왔지만, 선종과 밀교, 천태종계에서도 흥행하였다.[6] 특히 후대에 각 종파 가운데 사세가 가장 두드러졌던 선종과 천태종계에 계승되었다. 선종의 경우 도선의 문도라고 추정되는 如哲에게 전해졌는데,[7] 성종 1년 무렵 여철은 왕실과 밀접한 관계를 유지하면서 개경 일대와 僧加窟과 神穴寺 등 남경에서도 활동하였다.[8]

---

3) 『고려사』 권2, 태조세가, 태조 26년, 4월조.

4) 『고려사』 병지, 宿衛軍條 ; 허흥식, 『고려불교사연구』, 일조각, 1986, 75쪽.

5) 『성종실록』 권174, 성종 16년(1485), 1월 무자조 ; 이병희, 「조선초기 사사전의 정리와 운영」, 『전남사학』 7, 1992, 362~365쪽.

6) 서윤길, 「도선국사의 생애와 사상」, 『한국불교학』 1, 1975 ; 김지견 외, 『도선연구』, 민족사, 1999, 35쪽 ; 허흥식, 「천태종의 형성과정과 소속사원」, 『고려불교사연구』, 일조각, 1986, 260쪽.

7) 이규보, 「大安寺同前榜」, 『동국이상국집』 권25, 榜文. "我太祖大王 因哲師秘要 崇信宗門 乃關五百禪宇 闡揚心法 然後北兵自却 無復寇邊…" ; 이규보, 「龍潭寺叢林會榜」, 『동국이상국집』 권25, 방문. "我太祖肇基王業 篤崇禪法 於是 創五百禪宇於中外 以處衲于 間歲設談禪大會京師 所以鎭北兵也."

8) 『고려사』 권93, 열전 6, 최승로 ; 『고려사절요』 권2, 성종 1년 6월, 최승로 상소문 ; 李顗, 「三角山重修僧伽崛記」, 『동문선』 권64, 記 ; 이난영 편, 「僧伽寺石像」, 『한국금석문추보』, 아세아문화사 ; 이홍직, 「승가사잡고」, 『향토서울』 6, 서울특별시사편찬위원회, 1959, 17쪽, 「石像 光背銘」 ; 남동신, 「북한산 승가대사상과 승가신앙」,

무신집권기 초기인 1234년(고종 21) 9산문도가 大安寺 叢林에서 거란의 침략을 물리치고자 여철을 부각시키고 도선의 축문을 지어 추념하였다.9) 그리고 眞覺國師 慧諶(1178~1234), 圓悟國師 天英(1215~1286), 圓鑑國師 冲止(1226~1292) 등 수선사 고승들과,10) 고려말 나옹혜근의 문도인 宏演과 無學自超, 자초의 제자 惠澄과 涵虛己和에게도 도선의 종풍이 계승된 흔적을 찾을 수 있다.11) 후대에 '고려 태조 왕건이 道詵을 스승으로 삼아서 개국한 것 마냥 조선 태조 이성계도 無學自超를 얻어 나라를 창업하였다.'12)는 인식이 널리 퍼져 있었던 듯하다. 이렇듯 국가 비보사찰의 운용은 불교시책으로 이루어진 것이지만, 다음의 인용한 글에서 보듯이 지방통치체제의 일환이기도 하였다.13)

백관이 乾德殿에 나아가 成平節을 경하하기 위하여 宰樞와 給舍中丞 이상의 侍臣을 宣政殿에서 향연하였다. 成平節은 왕의 생일이다. 매양 이 절일을 맞이하면 外帝釋院에서 祈詳迎福道場을 설하고 문무백료는 興國寺에서, 동서 양경 4도호 8목은 소재불사에서 행함을 恒式으로 삼았다.14)

『서울학연구』 14, 서울시립대 서울학연구소, 2000.

9) 이규보, 「廣濟寺安宅法席跣」, 『동국이상국전집』 권41, 釋道疏.

10) 冲止, 「圓鑑國師歌頌」, 85~87쪽:『한국불교전서』 6, 381쪽. "…鰲山之頂 有坐禪巖 行道石 盖先覺眞覺 兩國老宴坐修道之遺跡也 近者社內名德盧公 卜地於坐禪巖下 化搆 荓爲蘭若而居之其地之絶奇勝 固不可形容也 遂乃請名于晦4堂和尙 和尙以 禪石名 之…";『신증동국여지승람』 권40, 求禮縣, 山川條. "鰲山 在縣南十五里 山頂有一岩 岩有空隙深不可測俗傳 僧道詵嘗住此山畵天下地理.";『신증동국여지승람』 권39, 남원도호부, 산천조.

11) 이에 대한 자세한 사실은 다음의 논문을 참조하기 바람.(황인규, 「고려전기 사굴산 문계 고승과 선종계」, 『한국선학』 17, 2007.)

12) 『영조실록』 권35, 영조 9년(1733), 8월 6일 갑술조;『영조실록』 권35, 영조 9년(1733), 8월 26일조 ; 中觀 海眼(1567~?), 「僉都體府捴戎使書」, 『中觀大師遺稿』 文:『한국 불교전서』 8책, 218쪽 상~중.

13) 慧諶, 「常住寶記」, 『진각국사어록』:『한국불교전서』 6. '凡寺院者無非爲國朝及州縣 裨補所置也' ; 양은용, 「도선국사 비보사탑설 연구」, 『선각국사도선의 신연구』, 영암군, 1988 ; 황인규, 「고려 裨補寺社의 設定과 寺莊運營」, 『동국역사교육』 6, 1998 ; 황인규, 『고려후기·조선초 불교사연구』, 혜안, 2003.

국가왕실의 사원과 양경인 개경·서경과 4도호 8목인 대읍, 그리고 군현에
서도 해마다 輪經會 등 불사가 실시되었다.[15] 특히 鎭兵法席의 경우 전국의
151읍의 비보사찰에서 실시되었다.[16] 이렇듯 국가와 지방이 불교행사를
비보사찰에서 주관하였으며, 조선초까지 실시되었다.

왕이 즉위한 이래 매월 朔望(초하루와 보름)에는 반드시 궁중에 僧을 초청하
여 經을 강하고 매 四時에는 13소에 祈恩道場과 法席이나 別祈恩이라하여
神佛을 섬긴다. 이에 대신과 대간이 번번이 논의하였으나 듣지 않았다.[17]

"…빌건대, 中外의 寺社에서 베풀어 행하는 道場·法席·國卜·祈恩·年終還願
등의 일을 일체 모두 정지하여 혁파하십시오. 또 神에게 제사하는 것은
정성과 공경이 주가 되는데, 淫祀로 더럽히는 것은 제사하지 않는 것만
같지 못합니다.
원하건대, 이제부터 祀典에 실려 있는 名山·大川은 한결같이 『洪武禮制』에
의하여 정성을 다해 제사지내고, 國巫堂과 紺嶽·德積 등지에 巫女와 사약(司
鑰)을 보내어 때 아닌 때에 제사하는 것 같은 것은 일절 모두 금단하소서."
다만 佛事만 혁파하게 하였다.[18]

위의 글에서 보는 바와 같이, 조선초에 이르러 고려시대에 국가적으로
설행되었던 비보사찰에 대한 道場·法席·國卜·祈恩·年終還願[19] 등의 불사가
혁파되었고, 특히 1406년(태종 6) 대대적인 불교교단 탄압을 계기로 혁파되

---

14) 『고려사』 권7, 문종세가, 문종 즉위년(1450), 11월 병오조.
15) 『고려사』 권7, 문종세가, 문종 1년(1451), 1월 정유조.
16) 『고려사절요』 권32, 신우 9년, 9월조. "…大設鎭兵法席于中外佛寺 共一百五十一
所…."
17) 『고려사』 권45, 공양왕세가, 공양왕 2년, 9월 임진조.
18) 『정종실록』 권6, 정종 2년(1400), 12월 22일 임자조. 司鑰은 궁궐내 각 문의 자물쇠와
열쇠를 관리하던 잡직이다.
19) "매양 歲末에는 內侍別監을 보내어 佛宇와 山川에 복을 빌었으니, 이를 年終還願이라
불렀다고 한다."(『세종실록』 권14, 세종 3년(1421), 12월 13일 임인조.)

었다. 즉, 고려 건국 이래 비보사찰은 地德의 衰處나 逆處에 건립되어 운용되었으나, 조선초에 이르러 山水勝處에 세워지게 되었다.[20]

게다가 연산군 이후 '무종단 산중불교'시대를 맞이하게 되면서 국가 비보사찰은 더 이상 운용되지 못하여 사찰은 국가와는 무관하게 되었다. 이에 조선의 불교계는 사찰이 국가나 국토에 순기능을 하였다는 관념을 창출할 필요가 있었다. 조선후기에 작성된 사찰 기문류에는 일행의 제자인 도선이 전 국토에 비보소를 지정하고 사찰·탑·불상·부도를 건립하였다고 주창하게 되었다. 그리하여 당시 전국의 비보사찰의 수는 1,500소,[21] 3,000소,[22] 3,500소,[23] 3,800소[24]에 이르렀다.[25] 조선후기 산중불교시대의 주역이라고 할 서산도 楊滄海와 교유한 글에서 다음과 같이 견해를 밝힌 바 있다.

…일행이 도선에게 부촉하였다고 한 隱山의 비문은 대략 이렇습니다. "부처란 가장 훌륭한 의사이다. 그가 몸을 다스리면 재앙과 병이 사라지고 마음을 다스리면 번뇌가 없어지며, 산천과 토지를 다스리면 흉하고 해로운 일이 길하고 이로운 쪽으로 변한다. 비보를 시설하는 일은 쑥과 같다.… 그대가 이제 불법의 쑥으로 산천들을 고쳐라. 모자라는 것은 보충해 주고 과한 것은 누르며, 달아나는 것은 붙들고 등지는 것은 부르며, 도적질하려는 것은 막고 다투는 것은 말리며, 착한 것은 세워 주고 길한 것은 북돋아준다. 병든 지세를 관찰하여 전국의 3,800여 곳에 부도를 세우고 탑을 만들거나

---

20) 이병희, 앞의 논문, 374쪽 ; 황인규, 앞의 논문.
21) 白谷處能(1617~1680), 「諫廢釋敎疏」, 『大覺登階集』 권2 :『한국불교전서』 8, 341쪽.
22) 李景奭, 「道岬寺道詵守眉兩大師碑」, 『조선금석총람』 하, 1919 ;『성종실록』 권174, 성종 16년(1485), 1월 5일 무자조 ; 海鵬展翎(?~1826), 「敬贊道詵國師」, 『海鵬集』 :『한국불교전서』 12책, 244쪽 ; 丁範祖(1723~1801), 「湖南潭陽法雲山玉泉寺事蹟」, 『海左先生文集』 권14, 詩.
23) 蔡彭胤, 「昆陽智異山 靈巖寺重建碑」, 『希菴集』 권24 ;『조선사찰사료』 상, 619쪽.
24) 「지리산화엄사사적」, 『華嚴寺誌』, 아세아문화사, 1997, 17~23쪽.
25) 황인규, 「선각국사 도선과 비보사찰」, 『선각국사 도선』, 영암군 월출산 도갑사 도선국사연구소, 2007 ; 황인규, 「선각국사 도선의 종풍 계승 및 전개」, 『한국선학』 20, 2008.

절을 세운다면, 그대 나라에 산천의 병과 허물은 모두 숨을 것이다. 이것이
병을 고치기 위해 비보를 시설하는 것이다. 그렇게 한 뒤에는 그대의
삼한은 모두 한 집이 될 것이요, 도적도 교화되어 새 백성이 될 것이며,
바람과 비도 때를 맞추고 인민들은 모두 화목하고 순박해질 것이다.[26]

　이러한 서산의 비보사찰설은 도선과 무학이 잘 계승했다고 기술한 「釋王
寺記」에서도 찾아진다.

옛날 왕태조는 道詵을 얻어 스승을 삼고 절을 세워 먼저 태조가 되어
종묘를 누리고 자손을 보존한 지 천년이다. 이제 우리 태조는 無學을
얻어 스승을 삼고 절을 세워 나중에 태조가 되어 종묘를 누리고 자손을
보전한 지 200년이다.…[27]

　서산의 비보사찰설은 문도들에게 계승되었고[28] 부휴선수의 문도들이
나[29] 조선후기 유자들에게도 영향을 끼쳤다.[30] 이러한 서산의 비보사찰설
은 국난의 위기에 승군으로 활동하게 한 사상적 밑거름이 되었던 것이다.

(2) 국가 승군활동의 전개

---

26) 淸虛休靜(1520~1604), 「答楊滄海書」, 『淸虛堂集』: 『한국불교전서』 7, 731~732쪽.

27) 淸虛休靜(1520~1604), 「雪峰山釋王寺記」, 『淸虛堂集』: 『한국불교전서』 7.

28) 中觀海眼(1567~?), 「奮都體府捴戎使書」, 『中觀大師遺稿』 文: 『한국불교전서』 8, 218
　　쪽.

29) 白谷處能(1617~1680), 「諫廢釋敎疏」, 『大覺登階集』: 『한국불교전서』 8, 341쪽.

30) 宋能相(1710~1758), 「寄煥經 煥箕 別紙」, 『雲坪集』 권7, 書. "道詵無學二高僧 只從雄拔聚氣
　　處論風水 而不曾看得到此…"; 蔡濟恭(1720~1799), 「文若坐睡 吾亦坐睡 戲爲坐睡歌」,
　　『樊巖集』 권17, 臨湍錄 ; 宋能相(1710~1758), 「寄煥經 煥箕 別紙」, 『雲坪集』 권7, 書 ; 宋
　　煥箕(1728~1807), 「從叔父雲坪先生行狀」, 『性潭集』 권29, 行狀 ; 黃胤錫(1729~1791),
　　「二十八日己酉」, 『頤齋亂藁』 권12 ; 李德懋(1741~1793), 「耳目口心書」, 『靑莊館全書』
　　권50, 完山李德懋懋官著男光葵奉杲編輯德水李畹秀蕙隣校訂. 耳目口心書[三]. 丁若鏞
　　(1762~1836), 「風水論五」, 『與猶堂全書』, 第一集 詩文集, 第十一卷, 文集 論 ; 정약용,
　　「풍수론 5」, 『다산시문집』 권11, 논.

앞서 살펴본 대로 국가 비보사상에 의해 승려는 국가제도에 편입되어 운용되었다. 바로 다음과 같은 기록이 그것이다.

또 승도를 뽑아서 降魔軍으로 삼았다. 국초에 중앙과 지방의 사원에는 모두 隨院僧徒가 있어 노역을 담당하였는데, 마치 군현에 거주하는 백성과 같았고 恒産을 가진 자가 많아서 천백에 이르렀다. 매번 국가에서 군사를 일으킬 때마다 중앙과 지방의 사원의 隨院僧徒를 징발하여 諸軍에 나누어 소속시켰다.[31]

국가 비보사찰에는 지방통치체제의 일환인 莊을 설정하고 수원승도를 배속하였다. 국초 이래 隨院僧徒가 모두 소속되어 있었던 중앙과 지방의 사원은 국가에서 지정한 비보사찰을 의미한다. 隨院僧徒는 郡縣의 민과 같이 항상 노역을 담당하였고 유사시 군사로 징발되었다. 인종초에 고려에 온 송나라 사신 서긍도 '在家和尙'이라고 불렀다.[32] 뿐만 아니라 사찰의 신앙공동체나 마을공동체를 주도했던 香徒도 그러한 부류로 이해된다.[33]

수원승도를 이끄는 僧將도 있었는데, 신라말 태조의 법사 能兢과 몽고의 침입 때 참가했던 승려 金允候, 고려말 이성계의 군사심참모인 神照, 내원당 고승 玄麟 등이 바로 그들이다.

能兢은 태조 왕건의 行營福田 또는 行軍福田으로 불리었던 군사참모였

---

31) 『고려사』 권81, 병지1, 5군, 숙종 9년, 12월조. "…國初 內外寺院 皆有隨院僧徒 常執勞役 如郡縣之居民 有産者 多之千百 每國家興師 亦發內外諸隨院僧徒 分屬諸軍."

32) 서긍, 『高麗圖經』 권18, 釋氏.

33) 한국사에 있어서 승군의 활동은 국가비보적 사상에서 연원하며, 구체적으로 투영된 것이 바로 국가제도하에서 정규군으로서 승군이 조직된 것이 아닌, 윤관이 별무반 편성시 항마군에 동원되었던 수원승도류라고 할 수 있다.(『고려사』 권81, 병지 1, 병제.) 그리고 조선중기 서산과 부휴의 문도들의 승군활동도 국가비보적 산물이며, 그 전통을 계승한 것이다. 하지만 조선시대에 이르러 불교가 사회전반에 흥성했던 고중세와는 달리 성리학적 예제가 수용되면서 향도가 두레적 성격으로 탈바꿈하였다.(성현, 『慵齋叢話』; 『국조보감』 권6, 세종조 2, 11년; 『연려실기술』 별집, 권2, 祀典典故, 士·庶人의 상례와 제례.) 조선중기의 승군은 이전의 수원승도와는 다른 승도로 보아야 할 것이다.

다.34) 또한 천태종의 중심사상 가운데 하나인 會三歸一의 정신을 가장 잘 계승 실천하였고, 고려말 신조에게 큰 영향을 주었다. 승장 金允侯는 용인 白峴院에서 활동하였는데 몽고군이 침입하자 하층민인 처인부곡민과 1232년(고종 19) 몽고군의 수장 살리타이를 사살하여 몽고군을 철수하게 하였다. 그 후 충주로 가서 충주산성 별호방호별감으로 임명되어 충주의 승려 牛本과 奴軍의 令史 池光守와 더불어 몽고군을 방어하였다.35) 그러한 공으로 김윤후는 監門衛上將軍, 東北面兵馬使, 樞密院副使, 守司空右僕射에 올랐으며,36) 우본도 포상을 받고 충주 大院寺 주지가 되었다.37) 이것이 바로 역사상 민중운동사에 빛나는 승장 김윤후와 우본이 이끄는 충주 奴軍雜類의 항쟁이다.

공민왕의 측근승려였던 神照(생몰년 미상)38)도 行軍法師 能兢의 會三歸一의 통합 내지 창업정신을 계승했다고 볼 수 있다. 신조는 우왕대 해주전장과39) 위화도 회군시에도 이성계의 군사핵심참모로 활동하였다.

洪武 무진년(1388, 우왕 14)에 병화가 일어나서 국가의 안위가 급박할

---

34) 眞淨國師 天頙, 「答芸壹亞監閔昊書」, 『湖山錄』; 허흥식, 『진정국사와 호산록』, 민족사, 1995, 310쪽. "何者 昔聖祖初荆之際 行營福田能兢 親傳道侁詵 聖訣 以三乘會一乘 三觀在一心 甚深妙法 合我會之三之國 上奏天聰故."; 閔漬, 「國淸寺金堂主佛釋迦如來舍利靈異記」, 『동문선』 권68, 기.

35) 『고려사』 권103, 김윤후열전 ; 『고려사』 권129, 최충헌열전.

36) 『고려사』 권24, 고종 46년, 1월 무오조 ; 『고려사』 권25, 원종 3년, 12월 정축조 ; 『고려사』 권25, 원종 4년, 12월 병인조.

37) 『고려사절요』 권16, 고종 19년(1232) 1월조. 『청장관전서』 권57, 盎葉記 4. 新羅·高句麗·百濟·高麗의 기이한 姓 "僧氏 『씨족서』에 '僧牛本은 高宗 때에 都領令史였다.' 하였다. 그러나 우본은 반란군의 괴수로 몰려 죽음을 당하였다.(『고려사』 권103, 이자성열전.)

38) 神照에 관한 기록은 다음과 같은 사료에서 찾을 수 있다.『고려사』 권114, 池湧奇列傳 ; 『고려사』 권115, 李穡列傳 ; 『고려사』 권131, 洪倫列傳 ; 『고려사』 권45, 공양왕세가, 공양왕 2년, 11월 임인조 ; 『태조실록』 권1, 총서 ; 權近, 「水原萬義寺祝上華嚴法會目記」, 『陽村集』 권12, 記 ; 權近, 「李穡行狀」, 『陽村集』 권40, 行狀 ; 元天錫, 「奇奉國君神照大禪師」, 『耘谷行錄』 권5.

39) 『고려사절요』 권30, 우왕 3년 9월조 ; 『太祖實錄』 권1, 總書.

때 神照는 完山 李侍中의 막하에 있으면서 장상들과 함께 국가의 대책을
정하여, 의병을 일으키고 회군하여 종묘와 사직을 편안하게 하여 오늘의
국가 중흥의 왕업을 열게 하였다.[40]

신조는 조선왕조 건국시 승려로서는 유일하게 '奉國君'이라는 책봉을
받게 되는데,[41] 바로 수원승도적 전통 가운데 하나다.[42] 그리고 국사와
왕사 다음의 서열에 있었다고 할 內願堂 승려 玄麟도 군사핵심참모였다.

辛昌이 왕으로 되자 다시 최영을 잡아다가 순군에 가두고 王安德, 鄭地
柳曼殊, 鄭夢周, 成石璘, 趙浚에게 명령해 최영 및 內願堂 승려 玄麟 등을
신문케 하였다. 玄麟은 시초에 최영과 공모해 僧兵을 징발하였고 회군하자
최영과 함께 항거해 싸운 자이다.[43]

또한 서산은 이성계가 정도전 보다 먼저 무학자초로부터 왕조창업을
종용받았다는 사실을 「석왕사기」에 남겼다.[44] 그리고 임진왜란이 발발하
자 선조의 통첩을 받아들여 국가비보 승군활동에 참여했는데, 불교계의
국가 비보사상의 발현이었다.

선조가 서산에게 승군을 부탁하자 서산은 73세 고령임에도 불구하고,
이를 기꺼이 받아들이면서 승군활동을 할 수 없는 사람은 사찰에서 기도하
게 하고 그 외 나머지는 승군으로 편성케 하였다.[45]

훈련도감이 아뢰었다. "각 도의 僧軍에 장정이 많이 있으나 흩어져 통솔하는

40) 權近, 「水原萬義寺祝上華嚴法會目記」, 『陽村集』 권12, 記 ; 『東文選』 권78, 記 ; 權近,
「李穡行狀」, 『陽村集』 권40, 行狀.
41) 神照는 승려로서는 유일하게 鄭津 原從功臣 錄券 功臣名單에 보이고 있다.(박천식,
「조선 건국의 정치세력연구」 하, 『전북사학』 9, 1985, 75쪽.)
42) 『고려사』 권81, 병지1 병제.
43) 『고려사』 권113, 최영열전.
44) 황인규, 『무학대사연구-여말선초 불교계의 혁신과 대응』, 혜안, 1999.
45) 徐有隣(1738~1802), 「西山大師表忠祠紀績碑銘」, 『조선불교통사』 상.

이가 없으면 군병을 이루기 어려우므로 지난번 總攝僧 休靜에게 移文하여
나이 젊은 승군 수백 명을 뽑아 성안으로 보내게 하여 火砲를 가르치려고
하였습니다.
지금 황해도·평안도·강원도의 승군이 각각 수십 명씩 도착하면서 스스로
수개월의 양식을 가지고와 조총과 刀槍 등의 기예를 배우고 싶어 합니다.
이들을 만일 점차 교련하여 모두 관군으로 삼는다면 정액 이외에 별도로
一軍을 만들 수 있으니, 이익이 반드시 많을 것입니다. 이 승군으로 우선
1哨를 삼고 部將 金瑩으로 哨官을 삼아 영솔하여 동일한 양식으로 훈련하게
하고 論賞 등의 일도 다른 포수의 예에 의거하여 권장하고 격려하는 마음이
들게 하소서." 임금이 이를 따랐다.[46]

훈련도감에서는 각 도의 승군을 통솔할 승군의 장을 서산에게 위임하였
다. 서산은 '스스로 수개월의 양식을 가지고와 조총과 刀槍 등의 기예를
배우고 싶어 하는' 고려시대 수원승도나 재가화상과 같은 부류를 모집하였
다.

僧統을 설치하여 승군을 모집하였다. 行朝에서 妙香山의 옛 승관 休靜을
불러 그로 하여금 승려를 모집하여 군사를 만들도록 하였다. 휴정이 여러
절에서 불러 모아 수천여 명을 얻었는데 제자 義嚴을 總攝으로 삼아 그들을
거느리게 하고 원수에게 예속시켜 聲援하게 하였다.
그리고 또 격문을 보내어 제자인 관동의 惟政과 湖南의 處英을 장수로
삼아 각기 본도에서 군사를 일으키게 하여 수천 명을 얻었다. 유정은
담력과 지혜가 있어 여러 번 倭陣에 사자로 갔는데 왜인들이 信服하였다.
승군은 제대로 接戰은 하지 못했으나 경비를 잘하고 역사를 부지런히
하며 먼저 무너져 흩어지지 않았으므로 여러 도에서 그들을 의지하였다.[47]

서산은 8道16宗 禪敎都摠攝이 되어 1,500여 명 승군을 이끌고 순안 법흥사

---

46) 『선조실록』 권49, 선조 27년(1594), 3월 28일 병오조.
47) 『선조수정실록』 권26, 선조 25년(1592), 7월 1일 무오조.

에서 집결하였고, 금강산에 머물던 제자 四溟惟政(1544~1610)도 1,000여
명의 승군을 이끌고 합류했다. 또 제자 義嚴은 황해도 구월산에서, 處英은
두류산과 두륜산에서, 靈圭는 공주를 중심으로 충청도에서, 中觀海眼
(1567~?)은 진주를 중심으로 영남지방에서, 奇巖法堅(1522~1634)·霽月敬
軒(1542~1632)·靑梅印悟(1548~1623)·信悅·雙翼·法正 등이 전국 각지에서
승군으로 활동하였다.

　서산이 이끈 승군의 활동 가운데 주목되는 사실은 다음과 같다. 첫째
서산이 이끈 의승군은 임진왜란에서 조선이 승리하게 되는 중요한 계기를
만들었던 평양성 전투에 참가하였다. 둘째 서산의 제자 처영은 권율과
행주산성 전투에서 승리하였고, 사명유정은 노원평 전투에서 승리함으로
써 한성수복에 결정적인 공헌을 하였다.[48] 셋째 육지에서 패전을 거듭하고
있을 때 이순신은 남해를 중심으로 승리를 거두고 있었는데, 豺虎別都將
慈雲三惠[49]를 비롯해 전라좌수영의 義僧水軍 800여 명이 여천 興國寺를
중심으로 전투에 참가하여 수군이 승리를 하는데 매우 큰 기여를 하였다.[50]
　전투에 직접 참여한 것 외에도 서산과 문도들은 선조의 한성 還駕를

---

48) 이향철, 「히데요시의 조선침략·점령정책과 한성탈환전투」, 『인문사회과학논문집』
　　31, 광운대 인문사회과학연구소, 2002 ; 박재광, 「임진왜란기 일본군의 한성 점령과
　　노원평전투」, 『인문사회과학논문집』 31, 광운대 인문사회과학연구소, 2002.

49) 삼혜는 실록에 3건의 기록이 찾아지는데(『광해군일기』 권51, 광해군 4년(1612),
　　3월 23일 정사조 ; 『광해군일기』 권54, 광해군 4년(1612), 6월 16일 기묘조 ; 『광해
　　군일기』 권54, 광해군 4년(1612), 6월 16일 기묘조. 그는 순천 송광사 출신으로
　　전라좌수영 산하 의승수군 팔도도총섭 승대장이었던 慈雲三惠였다. 『이충무공전
　　서』에 의하면 이순신 장군 휘하에 시호별도장으로 順天寺를 중심으로 활동했던
　　義僧水軍이었다.(『李忠武公全書』上, 권3, 分送義僧把守要害狀, 1593.1.26 ; 한국문
　　헌연구소, 『松廣寺史庫』 인물부, 1977, 563쪽.)

50) 三惠는 豺虎別都將으로 순천을, 고흥에서 산 좌수영(本營)의 義能은 遊擊別都將으로
　　본영을 수호하였다. 性輝는 右突擊將으로 光陽지역을, 信海는 석주에서, 智元은
　　팔양재(南原) 등 전장에서 큰 전과를 올렸다. 이에 대한 자세한 사실은 다음의
　　논문을 참조하기 바람.(양은용, 「임진난과 호남의 불교의승군」, 『한국종교』 19,
　　원광대 종교문화연구소, 1994 ; 양은용, 「임진왜란이후 불교 의승군의 동향」, 『인
　　문학연구』 4, 원광대 인문학연구소, 2003.)

하거나[51] 3,500명의 포로송환 등 중요한 역할을 하였다. 그러한 승군활동에 대하여 명나라 장군 이여송은 칭찬하면서 시첩을 보내왔다.[52] 그리고 이순신도 승군의 공로가 많았다고 하여 조정에서 상을 내려 표창해야한다는 장계를 올렸다.[53]

3. 불교계의 추념과 국가 제향

(1) 서산의 표충사 · 수충사 제향

선조는 서산에게 書와 묵죽, 詩를 내린 바 있고[54] 승군의 총섭직에서 물러나자 '國一都大禪師 禪敎都摠攝 扶宗樹敎 普齊登階尊者'의 贈號를 내렸다. 서산이 입적하자 문도들은 다음과 같이 추념사업을 전개하였다. 부도는 보현사와 안심사, 그리고 금강산 유점사에,[55] 비는 묘향산과 금강산, 해인사 등지에 세워졌다.[56]

특히 서산의 공을 인정하여 국가에서 사당을 짓도록 하였는데, 그것이 바로 해남의 표충사, 갑사 표충원, 영변 보현사의 수충사, 그리고 밀양의 표충사였다. 밀양 표충사의 경우, 선조가 사명 등 승군의 공을 추념하여 밀양에 사당을 짓고 제향하였고, 그 후 서산을 합사하였다. 즉 밀양의

51) 徐有隣(1738~1802), 「西山大師表忠祠紀績碑銘」, 『조선불교통사』 상 ; 成海應(1760~1839), 「酬忠祠記」, 『研經齋全集』 권9, 文1 記.
52) 成海應(1760~1839), 「酬忠祠記」, 『研經齋全集』 권9, 文1 記.
53) 「請賞義兵諸將狀 1593.3.10」, 『忠武公全書』 上 권3.
54) 『선조수정실록』 권23, 선조 23년(1590), 4월 1일 임신조 ; 『정조실록』 권26, 정조 12년(1788), 7월 5일 을축조 ; 李晩秀, 「敬次穆陵御賜西山大師韻」, 『屐園遺稿』 卷1, 原集 詩. "三敎元無異 血性自肧胎 欲識無量德 請觀御什來 吾祖貞珉在 高風仰後生 千秋表忠院 鯨海靜無聲."
55) 李廷龜(1564~1635), 「淮陽 表訓寺 白華庵 淸虛堂休靜大師碑」, 『조선금석총람』 상 ; 張維(1587~1638), 「海南大興寺 淸虛堂休靜大師碑文」, 『조선불교통사』 상.
56) 張維(1587~1638), 「海南大興寺 淸虛堂休靜大師碑文」, 『조선불교통사』 상 ; 정영호, 「청허당 휴정대사부도에 대한 고찰」, 『불교미술』 4(한국불탑특집), 동국대학교 박물관, 1979 ; 정영호, 「청허당·사명당 석조삼존비상」, 『문화사학』 18, 서울 : 한국문화사학회, 2002.

암자가 있던 곳에 표충사를 짓고 춘추로 제향을 하였으나 병자호란으로 퇴폐해졌다.[57] 그 후 1714년(숙종 40) 밀양군수 金昌錫이 관찰사 趙泰億으로 하여금 啓를 올려 나라에서 祭需를 내려줄 것을 청하였다. 이에 국가에서는 전처럼 제수를 지급토록 하였고 사당을 다시 세워 사명과 스승 서산, 임진왜란 때 錦山싸움에서 전사한 騎虛靈圭의 영정을 모셨다.

그 뒤 南鵬이 크게 중창하고자 1738년(영조 14)에 사명의 행적을 갖추어 임금에게 상소를 올렸다.

> 지금 성상의 무오년(영조 14, 1738) 봄 송운대사의 법손 南鵬이 대사의 행적이 잊혀지고 드러나지 않는 것을 애석하게 여겨 여러 벼슬아치들에게 두루 고하였다. 이에 相國과 金公, 趙公, 宋公이 감격하여 '제수만을 지급하는 것은 대사의 공에 보답하고 세상을 장려하는 것이 아니다.'하고, 마침내 어전에서 아뢰어 특별히 復戶 5結을 주고, 또 本道에 명하여 祠宇를 중수하도록 하였는데, 승려 翠眼과 尙玄 등이 그 일을 맡아 처리하였고 남붕이 총괄하였다.[58]

영조는 교지를 내려 표충사의 잡역을 면제해주고, 田畓 5結을 내렸으며, 경상도 관찰사에게 중수하도록 명하였다. 남붕이 총책임을 맡고, 演初·翠眼·最心·尙玄 등이 도왔다. 사우에 단청을 하고, 사명의 영정을 중앙에, 좌우에 서산과 영규 삼화상 영정을 모셨다.[59]

---

57) 李德壽,「有明朝鮮國 嶺南密州 靈鷲山 表忠祠事蹟碑」; 李德壽,「表忠祠事蹟記」,『西堂私載』卷4, 記.「밀양 표충사 西山大師碑銘」에 의하면 "西山大師 休靜이 그의 제자 惟政 등을 거느리고 倡義해 僧兵을 모집하고 國勢를 중흥하여 큰 공로를 세웠다. 이에 선조가 그의 공로를 가상하여 여겨 嶺南 密陽에 表忠祠를 세우고 휴정과 유정을 함께 配享하라고 명하였으니, 그것은 그들의 忠義에 대해 表彰하고 장려하기 위한 것이었다."(李雨臣(1670~1744),「밀양 표충사 西山大師碑銘」,『조선불교통사』상.)라고 하여 선조대에 밀양 표충사에 서산을 제향하였다고 하였다. 그러나 서산의 제향은, 이덕수의 비문이나, 후술하듯이 후에 합사된 것으로 보아야 할 것이다.

58) 李德壽,「有明朝鮮國 嶺南密州 靈鷲山 表忠祠事蹟碑」; 李德壽,「表忠祠事蹟記」,『西堂私載』권4, 記.

또한 같은 해에 영조의 명으로 表忠院이 충남 공주 갑사에 건립되었다. 사명·서산·영규 등 3인 고승의 진영이 중앙에 봉안되어 있다. 1845년(헌종 11) 충청도 관찰사 姜時永이 官費를 모아 현 위치로 표충원을 옮겨지었다고 한다.[60] 그리고 해남 대둔사에도 표충사가 건립되었는데, 1788년(정조 12) 서산의 7세 법손인 天默의 건의로 이루어졌다.

옛날 우리 西山祖師께서 임진왜란을 당하여 門人인 惟政과 處英 등과 더불어 임금을 위하여 충성을 다하고 왜적을 물리친 공을 세워 여러 차례 襃賞을 받았다. 지금의 왕 12년 무신년(정조 12, 1788)에 大芚寺의 승려 天默과 戒洪 등이, 영남에 있는 泗溟書院에서 서산대사를 도리어 配享하였다. 서산 대사는 승병을 제일 먼저 주장하였고 존경받는 스승의 지위에 있는데 거꾸로 이와 같이 되어, 朝家에서 포상하고 아름답게 여기는 것이 泗溟에게 는 미치고 서산대사에게는 미치지 못하는 것은 백세의 흠이라고 생각하였 다. 이에 한성으로 달려와 임금의 수레가 지나가는 길에서 상언하는 바, 이 일이 戶部尙書 徐有隣에게 맡겨졌다.[61]

天默은 서산이 입적한 지 185년이 되던 해인 1788년(정조 12) 밀양의 표충사에서 서산 보다 제자 사명을 더 중요하게 모시는 것을 아쉽게 여겨 '발에 물집이 생기도록 걸어와' 편액을 써 줄 것을 조정에 요청하였다. 그러한 상소는 戶部尙書 徐有隣에게 맡겨졌다.

59) 장동표, 「조선후기 밀양 표충사의 연혁과 사우이전 분쟁」, 『역사와 현실』 35, 서울 : 한국역사연구회, 2000 ; 『사명당 유정』, 서울 : 사명당기념사업회, 2000 ; 조영록, 「유, 불 합작의 밀양 표충사－유, 불 조화적 실상」, 『사명당 유정』, 서울 : 사명당기념사업회, 2000 ; 이철헌, 「밀양 유림의 표충사 수호」, 『한국불교학』 47, 2007.

60) 경월쾌수, 「公州甲寺騎虛大師書院移建文」, 1845년 作(사당내 소재). 1973년 의승장 영규대사 사적현창회가 발족되어 1974년에 이곳에 대사의 묘역을 새로 정화하고 岬寺 表忠院에 「義僧將靈圭紀蹟碑」(정인보 지음, 김응현 새김, 1973년작.)를 세웠다. 그 후 2005년 '靈圭大祭'를 갑사에서 처음으로 지낸 바 있다.

61) 蓮潭有一(1720~1799), 「表忠祠建祠事蹟碑」, 조동원, 『한국금석문대계』 1, 원광대학 교출판국, 1979.

徐有隣이 아뢰었다. "승려 休靜의 사적이고 재상 李廷龜·張維가 지은 비문에 실려 있는데, 비문에 '서산대사가 임진왜란 때 국가를 위해 의병을 일으키자 宣廟께서 八道十六宗都總攝으로 삼았다.'는 말이 있습니다. 이때 내리신 선묘의 전교와 의발이 호남 大芚山에 간직되어 있으니, 영남의 예에 따라 사당 세우는 것을 허락하였다. 이어 表忠이란 두 글자의 편액을 내리는 것이 조정에서 襃獎하는 뜻에 부합됩니다." (왕이) 윤허하였다.[62]

이와 같이 대둔사에는 선조의 관교와 의발이 간직되어 있었고, 소위 '西山 遺意'가 있었던 사찰로 알려지면서 대둔사의 표충사가 더욱 중요하게 되었다.

임종시에 그 제자들에게 부탁하였다. "내가 죽거든 의발을 반드시 海南으로 보내 맡도록 해다오. 그 고을에 頭崙山이라는 산이 있고 大芚寺란 절이 있다. 남쪽으로는 達摩山을 바라보고 북쪽으로는 月出山을 바라보며, 동쪽으로는 天冠山이 있고 서쪽으로는 仙隱山이 있다. 내가 참으로 즐기는 곳이다. 또 해남은 황폐한 고장이라 국왕의 교화가 미치지 못하여 백성의 풍속이 어리석고 미혹하다. 내가 이렇게 함으로써 백성들이 보고 감화되어 忠에 흥기되는 바가 있기를 바라는 것이다."[63]

정조는 서산의 충성을 가상하게 여겨 表忠이라 사액하고 증직을 더 높여 주었다. 그 이듬해인 1789년 4월 정조는 예관을 보내어 재계하고 香祝을 올리고 제사를 지내게 하였다. 그리하여 서산과 제자 사명, 그리고 처영이 사당에 享祀되고 영남과 호남 천리 안에서 서로 우러러 받들어지고 있는 것은 매우 드문 일이었다.[64]

---

62) 『정조실록』 권26, 정조 12년(1788), 7월 5일 을축조.

63) 徐有隣(1738~1802), 「西山大師表忠祠紀績碑銘」, 『조선불교통사』 상.

64) 위와 같음. 창건 당시 표충사는 대웅전을 바라보는 곳에 창건되어 있었는데, 1836년(헌종 2) 동남쪽의 主山으로 옮겨졌다가 1860년(철종 11) 본래의 위치로 다시 자리를 잡았다.

또한 영변 보현사에도 수충사가 건립되어 제향되었다. 즉 서산이 죽은
뒤 문도들에 의하여 영정이 봉안되어오다가, 1787년(정조 11) 전라남도
해남의 대흥사에 表忠祠가 건립된 것을 계기로 묘향산에도 사우가 창건되었
다. 1794년 평안도관찰사 李秉模의 요청에 따라 조정에서는 수충사라는
현판을 내렸다.[65]

癸丑年에 觀察使 臣 李秉模가 관할지방을 순시하다가 산에 이르러 승도들이
祠屋을 지어 옛날 내원에 있던 스님의 초상을 옮겨 거는 것을 보게 되었다.
곧 장계로 사액해 주고 관에서 祭需를 줄 것, 그리고 惟政을 제사지내게
해 줄 것을 청하였다.
임금께서 그것을 특별히 윤허하고, 酬忠이라 사액하고 신에게 비문을
찬술할 것을 명하였다. 부처님 나신 날에 초상에 제사를 드리고 예관이
兼史로서 부근 산에 이르니, 수령이 모두 다 執事 禪門과 함께 자리를
메어 옹립하였으며 사부대중들이 손뼉 치며 반겼다. 그러므로 營邑(감영)이
힘을 모아서 역사를 도와서 규모가 크게 갖추어졌다.[66]

수충사에 서산과 제자인 사명과 처영의 영정이 봉안되어 승려로 하여금
관리케 하였다. 관리를 파견하여 제사를 지내고 지방관을 파견하여 祭田을
지급하였다. 정조는 서산의 화상에 대한 찬문을 다음과 같이 남기고 있다.

중간에는 종풍을 발현하여 국난을 크게 구제하고 의병을 창설하여 군왕을
구제한 元勳이 되어 요사스럽고 腥羶(비린내와 노린내)한 기운이 손을
따라 맑아졌다. 지금까지 방편으로 세상을 제도한 공적은 閻浮提·無量劫에
영원히 의지할 것이다.….
내가 영당의 편액을 요청하는 서남 도백의 청에 따라 남도는 表忠堂이라고
하사하고, 서도는 酬忠堂이라고 하사하고, 관리에게 명하여 祭需를 주어
해마다 제사를 지내게 하였다. 금년이 갑인년(1794, 정조 18)이므로 洪武

---

65) 『정조실록』 권39, 정조 18년(1794), 3월 16일 계묘조.
66) 李秉模, 「酬忠祠碑」, 『조선금석총람』 하, 조선총독부, 1919.

갑인년(1374, 공민왕 23)에 善世禪師에게 시를 하사한 고사를 추억하여
서설과 명문을 지어 영당에 걸게 하고자 한다.[67]

아울러 표충사와 수충사의 사례에 따라 조선건국의 개국원훈인 무학이
머물렀던 석왕사에도 사당이 지어져 제향되었다.[68]

(2) 고승의 추념과 국가제향

앞서서 살펴본 바와 같이, 선조대와 영·정조대 서산에 대한 국가추념사업
외에는 제대로 이루어진 적이 거의 없다. 위정자와 유림 지도자들의 무지와
편견 때문이라고 생각된다.

사헌부가 아뢰었다. "국가가 어려움이 많아 적을 토벌하는 것이 시급한지
라, 다만 장수의 재능이 있는 사람이 부족함으로 인하여 異類에 있는
자라 하더라도 함께 거두어 쓰고 있습니다. 승려 休靜에게도 병권을 맡기었
는데, 조정의 수치가 극심합니다. 휴정은 적을 초토하려는 생각은 하지
않고 오직 방자한 마음만을 품어 많은 추종자를 거느리고 앞뒤에서 호위하
게 하는가 하면, 심지어는 말을 타고 宮門 밖에 이르러서는 걸어가는
朝臣들을 만나도 거만스레 벼슬아치나 재상의 체통을 보입니다. 조금도
승려다운 태도가 없으니 추고하여 엄히 다스리도록 명하시어 후일을 징계

---

67) 정조,「西山大師畫像堂銘幷序」,『弘齋全書』권53. 참고로 다음과 같은 수충사 기문도
　　씌어졌다.(洪良浩(1724~1802),「酬忠祠記」,『耳溪集』권14, 記 ; 成海應(1760~1839),
　　「酬忠祠記」,『研經齋全集』권9, 文1 記.)
68)『정조실록』권34, 정조 16년(1792), 윤 4월 24일 임진조. 한 가지 고려할 것은
　　숙종대 이전에 고승에 대한 추숭작업이 이루어지지 않았을까이다. 숙종에서 영·정
　　조로 이어지면서 조선 고유의 진경문화가 창출되고 문예진흥이 활기차게 이루어
　　지던 문화기반은 승려들의 문집도 성행하는 등 불교계의 중흥분위기 때문일
　　것이다.(정병삼,「4. 불교계의 동향」,『(신편) 한국사』, 국사편찬위원회, 1998, 138
　　쪽.) 아울러 무학대사가 영·정조대에 개국원훈으로 부각되었듯이 국가적인 위상을
　　지닌 고승들이 조정에도 부각되었을 것이다.(『정조실록』권34, 정조 16년(1792),
　　윤 4월 24일 임진조 ; 황인규,『무학대사연구-여말선초 불교계의 혁신과 대응』,
　　혜안, 1999, 134쪽.) 이에 대해서는 후에 정치한 연구가 있어야 할 것이다.

하십시오." 임금이 말하였다. "이런 무리의 일을 어찌 다 헤아릴 것이 있겠는가. 그러나 아뢴 대로 하라."[69]

위의 인용한 글에서 보듯이, 유생들은 서산이 병권을 가지게 되자 조정의 수치라고 생각하면서 승군활동을 제대로 하지 않는다고 하였고, 심지어는 승려로서의 품위도 없다고 매도하였다. 그러한 내용은 실록에 다음과 같이 찾아지고 있다.

> 사간원이 아뢰었다. "…休靜의 승군을 함부로 풀어보내고 하는 바가 없었으며, 형세가 군색하게 되었어도 급히 보고하지 않았으니 매우 그릅니다."[70]

> 휴정은 승려의 우두머리로서 스스로 그의 무리를 거느리고 국난에 달려가서 斬馘(목을 베고 귀를 자름)의 공이 약간 있었다. 이 뒤로는 스스로의 공을 믿고 교만 방자하여 行宮 御門 밖에서까지 말을 타고 횡행하였는데, 궁궐의 출입을 허락받기까지 하였다.[71]

즉, 나라가 존망의 위기에 처해 있을 때 서산의 승군공로가 있었지만, 이를 이해하지 못하였다. 나아가 수원승도적인 전통을 비롯한 역사에 대한 무지와 불교에 대한 편견이 있었다. 때문에 올바른 역사인식이 있어야 고승들의 국가적 역할을 제대로 알 수 있으며, 고승들의 숭고한 행위에 대하여 국가적 추념이 있어야 할 것이다.

전근대 전통사회에서 나라가 위기에 처했을 때 국가적인 인물을 성현으로 추앙하는 경우가 많았다. 선왕이나 공신은 물론이고 불교계의 왕사나 국사도 그 추앙의 대상이 되었다.[72] 고려시대의 경우 추념된 선현은 최치원

---

69) 『선조실록』 권38, 선조 26년(1593), 5월 15일 무진조.
70) 『선조실록』 권35, 선조 26년(1593), 2월 5일 경인조.
71) 『선조실록』 권40, 선조 26년(1593), 7월 19일 신미조.
72) 이와는 반대로 인물을 매도하는 경우도 없지 않은데 그 대표적인 사례가 신라말의 궁예, 고려중기의 묘청, 고려말의 신돈이다. 이들은 불교계 고승이라는 측면뿐만

과 원효 등이 대표적이다. 공자를 비롯한 유학자의 위패나 영정이 국자감과 향교의 문묘에 봉안되었지만, 부처와 고승은 소상이나 영정으로 조성되어 사원에 많이 봉안되었다.[73] 983년(성종 2) 공자와 제자 72현이 문묘에 종사된 이래 현종 13년 1월 薛聰이 弘儒侯로 추증되고, 이어 공자묘에 배향되었다. 그 이듬해인 현종 14년 최치원이 文昌侯로 추봉되었다.[74] 그리고 불교고승의 경우 숙종조에 원효와 의상을 추증하고 추념사업을 전개하였다.

> 다음과 같은 조서를 내렸다. "元曉와 義湘은 우리나라의 성인이다. 그런데 비문도 시호도 없어서 그 덕이 알려지지 않고 있으므로, 나는 심히 유감으로 생각한다. 원효는 大聖和靜國師로, 의상은 大聖圓教國師로 추증한다. 해당 관청은 그들의 살던 곳에 비를 세워 공덕을 새겨 영원히 기념하게 하라!"[75]

고려왕조는 전시대의 인물인 원효를 大聖 和靜國師로, 의상은 大聖 圓教國師로 추증하였다. 인종도 원효와 의상과 더불어 도선에 대하여 봉작을 추증하였다. 대개의 경우 국가적 위기시 덕행이 높은 고승을 추증하였고,[76] 원나라 간섭기 충렬왕대에도 旱災가 계속되자 최치원과 설총과 더불어 도선에게 봉작을 추가하였다.[77] 이에 앞서 명종시 진표의 비가 세워지는 등 추념사업을 전개하여,[78] 고려중기 원효·의상·도선·진표가 四聖으로 추념되었다. 이와는 달리 원효·의상·도선·혜심이 사성으로 추숭된 사례를

아니라 우리나라 역대 인물 가운데 가장 왜곡된 경우에 해당된다.

73) 허흥식, 「고려중기 四聖의 추념과 선각국사비의 건립」, 『도선연구』, 민족사, 1999, 191쪽.
74) 『고려사』 권5, 현종세가, 현종 14년(1023), 2월 병오조 ; 『고려사』 권4, 현종세가, 현종 13년(1022), 정월 갑오조.
75) 『고려사』 권11, 숙종세가, 숙종 6년(1101), 8월 계사조.
76) 『고려사』 권15, 인종세가, 인종 6년(1128), 4월 을묘조.
77) 『고려사』 권29, 충렬왕세가, 충렬왕 8년(1282), 5월 경신조.
78) 瑩岑, 「關東 楓岳山 鉢淵藪 開創祖 眞表律師 眞身骨藏立石碑銘」; 李智冠, 『校勘譯註 歷代高僧碑文』 고려편4, 伽山文庫, 1997.

찾을 수 있다.[79]

조선초 정도전 보다 먼저 이성계에게 혁명을 종용하였던 무학자초를
비롯한 스승 나옹혜근이 한성의 랜드마크라고 할 남산의 정상 國祀堂에
봉안되었다.[80] 실록에 의하면, 이조에 명하여 白岳을 鎭國伯으로, 南山을
木覓大王으로 삼아, 卿大夫와 士庶人은 제사를 올릴 수 없게 하고,[81] 국가의
공식행사로 祈雨祭와 祈晴祭를 지냈다.[82] 예컨대 白岳과 木覓의 神主를
고쳐서 만들고, 山川의 祀典제도의 小祀로 제향되었다.[83] 『漢京識略』에는
다음과 같은 기록이 찾아진다.

　　목멱산 꼭대기에 있다. 매년 봄과 가을에 醮祭를 행한다. 남산 꼭대기에
　　국사당이 있다. 이것이 木覓神祠이다. 사당 가운데 화상이 있다. 이것이
　　유명한 승려 無學의 화상이라 전한다. 매년 봄과 가을에 목멱신사의 제사
　　때에는 사당 가운데 화상을 池閣에 옮긴다.[84]

이와 같이 서울을 지키는 4대 산 가운데 朱雀 혹은 案山인 남산의 정상에
木覓神祠가 있었고, 매년 봄·가을에 醮祭를 지냈다.[85] 『조선고금인물지』에
의하면, '지금도 서울 木覓山 꼭대기에 堂을 설치하고 無學을 모시고 국사당
이라고 한다. 많은 서울 사람들이 날마다 사당을 찾아가 복을 빈다.'고

79) 경암관식, 「鰲山記」, 『鏡巖集』 권하 : 『한국불교전서』 10, 441쪽.
80) 황인규, 『무학대사연구─여말선초 불교계의 혁신과 대응』, 혜안, 1999.
81) 『태조실록』 권6, 태조 3년(1394), 12월 3일 무진조 ; 『태조실록』 권8, 태조 4년(1395),
　　12월 29일 무오조.
82) 『태조실록』 권8, 태조 4년(1395), 12월 29일 무오조 ; 『태종실록』 권23, 태종 12년
　　(1412), 2월 6일 신유조 ; 『태종실록』 권15, 태종 8년(1408), 5월 22일 경오조 ; 『태종
　　실록』 권18, 태종 9년(1409), 7월 5일 을해조 ; 『태종실록』 권21, 태종 11년(1411),
　　5월 21일 신사조 ; 『태종실록』 권21, 태종 11년(1411), 5월 23일 계미조.
83) 『태종실록』 권28, 태종 14년(1414), 8월 21일 신유조.
84) 『漢京識略』 卷1, 祠廟, 木覓神祠. "南山頂有國祀堂 則木覓神祀 祀中 有畫像 俗稱僧無學
　　像 每於春秋木覓神祠時 祠中畫像 則移于池閣."
85) 『신증동국여지승람』 권3, 한성부, 산천조.

하였다.86)

그 후 사찰에서 사당을 지어 국가적으로 제향한 사례는 공주 東鶴寺에서 찾을 수 있다. 설잠 김시습은 경내 초혼각(1908년 肅慕殿으로 개칭)에 안치된 死六臣에 대하여 招魂제사(齋)를 지내게 하였다.87) 이때 각 지방에서 曹尙治·李蓄·鄭之産·宋侃·趙旅·成熺 등 유림과 明禪·月岑·雲波·坦禪 등이 와서 참여하였다. 탄선이 기문을 썼고88) 조상치가 고유하고 설잠이 헌작하고 나머지 사람들은 참배하였다.89) 설잠은 80세의 노승 坦禪과 明禪(明釋)·月岑(月峰)·雲波 등의 승려와 함께 齋를 올렸다.90)

이처럼 동학사의 초혼각에 대한 제사(齋)는 설잠 이전의 시기부터 왕명으로 儒林과 佛徒로 하여금 수호케 한 것이었지만,91) 훗날 표충사와 수충사의 전례가 되었다. 아울러 석왕사 사당에서 개국원훈이었던 무학을 춘추로 제향하게 하였다.

예조판서 徐浩修가 復命하였다.…서호수가 또 아뢰었다. "釋王寺 土窟의 옛터에 無學大師의 조그마한 초상이 있는데, 승려들이 모두 말하기를 '休靜과 惟政은 임진왜란 때의 전공으로 모두 사당을 세우고 사액을 하였는데, 무학대사는 곧 개국 1등공신(開國元勳)인데도 전적으로 봉향하는 곳이 없다. 돌아가면 임금께 아뢰어 조그마한 초상을 모사하여 토굴에 모시고 春秋로 제사를 지내도록 해주기 바란다'고 하였습니다. 청컨대 소원대로

---

86) 「無學」, 『朝鮮古今人物誌』, 조선출판사, 1920.
87) 이보다 앞선 시기인 조선초 冶隱 吉再가 승려 月影과 雲禪과 함께 고려말의 충신 포은 정몽주를 위해 동학사에서 제사를 올렸고(蔡東陽, 「招魂閣重修記」, 『매월당집』 부록 권2.) 후에 三隱閣이 모셔졌다. 이 건물 옆에 사육신의 초혼각에 사육신에 대한 제사를 지냈다.
88) 坦禪, 「東鶴寺招魂閣事蹟」, 『漁溪集』 續集 권3 ; 「東鶴見聞錄」, 『莊陵史補』 ; 『梅月堂集』 부록 권2 「上王服喪錄」.
89) 운파, 「祝文」, 『매월당집』 부록 권2.
90) 황인규, 「청한설잠의 승려로서의 불교계 활동과 교유인물」, 『한국불교학』 40, 한국불교학회, 2005.
91) 坦禪, 「上王服喪錄 莊陵史補」, 『동학견문록』 ; 『매월당집』 부록 권2.

허락하소서." 이에 따랐다.

때문에 명하였다. "사액하는 일은 밀양의 表忠寺와 해남의 大芚寺의 전례에 따르고, 대사의 호도 또한 두 절의 전례를 적용하여 祠額은 釋王이라 하고 대사의 호는 開宗立敎 普照法眼 廣濟功德 翊命興運 大法師라고 하라. 액자를 내리고 제사를 지내는 것은 畿內에서 임시관원을 정하여 차례차례 가서 지방관으로 하여금 거행하게 하라."[92]

그런데 임진왜란시 국가적 위업과는 달리 중국의 황제나 장군도 그 대상에 포함되었다. 大報壇과 關王廟에 대한 추념사업이 그 대표적이며, 조선후기 새롭게 국가제사에 추가되어 편입되었다.[93]

대보단은 임진왜란 때 일본의 침략을 저지하고 우리나라의 수호를 위해 군대를 파견했던 명나라 神宗의 은혜를 추모하기 위해 쌓은 祭壇이다.[94] 1704년(숙종 30) 예조판서 閔鎭厚의 발의로 옛 內氷庫의 터에 지었다.[95]

---

92) 『정조실록』 권34, 정조 16년(1792), 윤 4월 24일 임진조.

93) 국가적 추념사업에 대한 연구는 최근에 비교적 많이 이루어졌다. 이를 소개하면 다음과 같다.(최광식, 「신라 국가제례의 체계와 성격」, 『한국사연구』 118, 한국사연구회, 2002 ; 김철웅, 「고려 국가제례의 체제와 그 특징」, 『한국사연구』 118, 한국사연구회, 2002 ; 이영춘, 「조선후기의 사전의 재편과 국가제사」, 『한국사연구』 118, 한국사연구회, 2002 ; 이욱, 「조선 전기 유교국가의 성립과 국가제사의 변화」, 『한국사연구』 118, 한국사연구회, 2002 ; 최석영, 「한말 일제 강점기 국가제례 공간의 변화」, 『한국사연구』 118, 한국사연구회, 2002 ; 이욱, 「근대 국가의 모색과 국가의례의 변화-1894~1908년 국가제사의 변화를 중심으로」, 『정신문화연구원』 95, 한국정신문화연구원, 2004.) 그리고 국가제사에 대한 저술류를 소개하면 다음과 같다.(최광식, 『고대한국의 국가와 제사』, 한길사, 1994 ; 채미하, 『신라 국가제사와 왕권』, 혜안, 2008 ; 나희라, 『신라의 국가제사』, 지식산업사, 2003 ; 김철웅, 『한국 중세의 길례와 잡사』, 경인문화사, 2007 ; 한형주, 『조선초기 국가제례 연구』, 서울 : 일조각, 2002 ; 이욱, 『조선시대 재난과 국가의례』, 창비, 2009.) 불교계의 국가추념사업도 연구성과가 축적되어 있으므로, 이를 바탕으로 본격적으로 연구가 요망된다.

94) 정옥자, 「대보단 창설에 관한 연구」, 『변태섭박사화갑기념사학논총』, 삼영사, 1985 ; 김호, 「영조의 대보단 증수와 명 삼황의 향사」, 『한국문화』 32, 한국문화연구소, 2003 ; 정옥자, 「대보단과 순조대 명 삼황에 대한 후향」, 『한국학보』 120, 일지사, 2005 ; 이욱, 「조선후기 전쟁의 기억과 대보단 제향」, 『종교연구』 42, 한국종교학회, 2006.

예조에서는 大報壇의 祭器를 종묘에서 사용하는 법도와 모양을 따르도록 하였고,[95] 임금이 친히 나아가 제사를 지내기도 하였다.[97]

또한 임진왜란 때 명나라 군사들에 의해 關王廟가 건립되어 제사를 지냈다. 1598년(선조 31) 한성 숭례문 밖에 남관왕묘가 건립되었으며, 동관왕묘와 북관왕묘가 세워졌다. 그리고 1598년경 강진·안동·성주·남원 등 지방에도 관왕묘가 건립되었다.[98]

이렇듯 조선후기 국가의 추념사업이 사대와 국시에 의해 이루어졌다. 즉, 유교적 가치에 의하여 중국을 사대하여 중국황제에 제향을 하였다. 따라서 서산대제가 국가적으로 제향되기 위해서는 불교가 국가의 유지 발전에 있어서 어떤 순기능을 하는지, 그럴 경우 서산의 불교계에서의 역할은 무엇인지, 나아가 국가의 발전에 있어서 서산의 위상은 어떻게 보아야 하는지 재정립을 모색해야 할 것이다.

4. 맺음말

서산대사는 조선불교를 중흥시킨 고승으로 알려져 있으며, 오늘날 대부분의 승려들도 모두 서산의 문도라고 할 정도다. 그런데 조선건국 후 숭유억불시책으로 불교가 탄압을 받았고, 연산군대에 이르러서 종단마저 없어져 불교는 산중으로 들어갈 수밖에 없었다. 그러한 때 걸출한 고승 서산이 智異山·金剛山·妙香山을 중심으로 수행과 포교를 하면서 불교계를 결집하고 주도하였다.

왜군의 침략으로 전국토가 유린될 때 선조의 제안을 받아들여 전국의

---

95) 『숙종실록』 권40, 숙종 30년(1704), 12월 21일 정해조.
96) 『숙종실록』 권41, 숙종 31년(1705), 1월 13일 무신조.
97) 『숙종실록』 권41, 숙종 31년(1705), 3월 9일 계묘조.
98) 『고종실록』 권42, 고종 39년(1902), 10월 4일 임인조 ; 장장식, 「서울의 관왕묘 건치와 관우신앙의 양상」, 『민속학연구』 14, 국립민속박물관, 2004 ; 이유나, 「조선후기 관우신앙 연구」, 『동학연구』 20, 한국동학학회, 2006 ; 전인초, 「관우의 인물 조형과 관제신앙의 조선전래」, 『동방학지』 134, 연세대학교 국학연구원, 2006.

승려에게 격문을 돌려 5,000여 명의 승군으로 하여금 전장에 참가케 하였다. 이러한 활동으로 조선불교 내지 승려의 존재와 위상을 높여, 불교가 그나마 명맥을 이어갔다는 것이 종래 통설인 듯하다. 그러나 불교나 승려의 위상이 다소 높아진 부분도 있지만, 總攝制下에 묶여 산성축조 등 국가의 노역에 동원되었을 뿐이었다. 임진왜란시 불교 義僧軍의 역할과 의미가 컸다는 사실은 누구도 부인하지 못한다. '不殺戒'의 계를 어기면서까지 승군활동에 뛰어든 것은 단지 불교계가 살아남기 위한 몸짓이 아니라, 불교가 지니고 있는 국가 비보사상의 발현이었다.

불교계는 산중중심의 불교를 전개해 가면서 왕실의 능침사찰의 수호를 위한 제향도 담당하였다. 그런데 국가는 자기희생적인 정신을 발휘한 보살적 행위에 대하여 어떤 예우와 이를 기념하는 행사를 하였을까? 아쉽게도 임란 직후 선조대와 영·정조대를 제외하면, 뭐 이렇다고 할 추념사업을 벌인 적이 없다. 무엇 때문일까?

이는 위정자와 지도자들의 역사에 대한 무지와 문화에 대한 편견 때문이었다. 불교가 우리나라에 들어온 이래 나름대로 그 역할을 다하였고, 국가나 민중은 불교의 가르침대로 살아왔다. 신라의 경우 皇龍寺 9層 木塔을 짓고 세 나라가 하나로 통합되어 '우리'의 전형적 틀을 마련했고, 부처님의 나라라는 자부심으로 佛國寺와 石佛寺를 창건하였다. 신라말 선각국사 도선의 국가 비보사상에 의거하여 절이 창건 또는 운용되었고, 그러한 사상에 의하여 隨院僧徒가 국가와 사원에 소속되어 있었다. 신라말 왕건의 行軍法師 能兢이나 무신집권기 金允候, 고려말 이성계의 군사참모 神照, 내원당 고승 玄麟은 바로 승군의 수장이었다.

조선시대의 위정자 및 유교사림 지도자들의 역사의 흐름에 대한 무지 또는 편견으로 인해 국가 비보사상을 부정하기 시작했다. 더욱이 우리가 중심이 아닌, 중국 중심의 中華思想에 매몰되는 현상을 가져왔다. 중화사상은 성리학 문화와 밀접한 것으로, '자기' 외에는 아무도 인정하지 않는 오류를 낳았다. 이것이 바로 저자가 말하는 문화의 편견이다. 큰 것을 섬기는 '事大'만이 강조되고 불교의 가르침을 섬기는 '事佛'은 저 너머로 밀리게 되었던 것이다.

임란 당시 불교가 유자들의 몫까지도 대신하여 지켜냈다. 불교는 사찰을 중심으로 승도들이 모여 만들고 즐겼다. 이것이 바로 香徒 결사체이며, 미륵사상을 기치로 내세운 김유신의 龍華香徒였다. 그러한 정신을 계승하여 국가적으로 수용한 것이 수원승도적 전통이다.

그렇지만 조선시대에 '사불'이 아닌 '사대'로 일관한 문화적 편견이 만연했다. 임진왜란에 혁혁한 공을 세운 인물에 대해서는 뒷전으로 하고 명나라 황제나 장군에 대한 추념을 내세우는 오류를 저지르고 말았다. 그 대표적인 사례가 대보단과 관왕묘의 건립과 숭앙이다.

다행히도 '사대'의 물결 속에 '事佛'했던 영·정조대에 의승군의 공과가 인정되어 밀양과 해남의 表忠祠와 갑사의 表忠院 그리고 영변의 酬忠祠가 건립되어 국가에서 한 때 제향하였다. 이미 고려시대에 원효·의상·진표·도선의 四聖에 대한 추념이 있었고, 조선초 개국원훈이었던 無學이 한성의 랜드마크라고 할 목멱신사인 국사당에 모셔져 춘추로 제향되었다. 세조대에도 공주 東鶴寺에 사육신 등 사당이 건립되어 추념되었는데, 갑사의 表忠院, 밀양과 해남의 表忠祠와 영변의 酬忠祠의 전례가 되었다.

제2장 광해군의 능침사찰 봉인사와 고승

1. 머리말

조선불교는 '무종단 산중불교'시대를 맞이하여 침체되어가고 있었으나, 임진왜란시 청허휴정과 부휴선수의 문도들의 승병활동으로 한때 불교계의 위상과 존재를 부각시키는 계기가 되었다. 그러나 이러한 승병들의 구국활동은 위정자들의 불교시책에 긍정적인 영향을 주지 못하였다.[1]

광해군은 16년의 재위기간 동안 어머니 인목대비의 유폐, 동생 영창대군의 사사 등 패륜적 행위를 저질렀고, 외교적 강압에 처하자 오랑캐로 간주되었던 청나라와 손을 잡으려 했다. 때문에 광해군에 대한 평가는 생존했던 당시부터 지금까지 매우 부정적이다.[2]

---

1) 청허휴정과 부휴선수계 고승들에 대한 대표적인 연구는 다음과 같다.(김영태, 「휴정의 선사상과 그 법맥」, 『한국선사상연구』, 동국대 불교문화연구원, 1984 ; 이영자, 「조선 중·후기의 선풍」, 『한국선사상연구』, 동국대 불교문화연구원, 1984 ; 김인덕, 「부휴선수의 선사상 부휴의 門流」, 『숭산 박길진화갑기념 한국불교사사상사』, 1975 ; 김항배, 「서산문도의 사상-양선사와 소요선사를 중심으로」, 『숭산 박길진화갑기념 한국불교사사상사』, 1975 ; 최종진, 「조선중기의 선사상사연구 : 서산과 그 문도를 중심으로」, 원광대 박사학위논문, 2004 ; 김용태, 「조선후기 불교의 임제법통과 교학전통」, 서울대 박사학위논문, 2008.) 이와 같이 임진왜란시 청허휴정과 그의 문도 사명유정을 비롯한 연구성과는 매우 많은 편이다. 일반 정치사는 물론이고 불교사적 입장에서도 괄목할 만한 연구가 진행되었다. 그러나 분조의 책임을 지었던 광해군과 승병활동과 직접 관련된 연구는 없다. 이에 대한 정밀한 연구가 요구된다.

2) 역설적으로 광해군에 대하여 긍정적으로 연구하기 시작한 것은 일본 식민사학자들이었다. 그들은 오랑캐족인 만주족의 청나라를 인정한 광해군을 지지하였는데, 만주에 괴뢰국을 세워 중국과 한국을 지배하려는 제국주의적 발상과 일치되었기 때문이다. 이러한 시각에서 광해군의 중립외교도 좋은 평가를 하게 되었다는

광해군은 2살 때 출산 후유증으로 돌아간 친어머니 공빈 김씨를 공성왕후로, 묘를 성릉으로 추숭하고 봉인사를 능침사찰로 지정·운용하였다. 광해군의 그러한 행위는 당시 성리학적 예제가 정착되어가는 시기에 있어서 매우 주목할 만한 사실이다.

광해군대 청허휴정의 문도들과, 부휴선수와 문도들이 활동할 무렵이었다. 때문에 그들을 중심으로 하는 법맥이나 법통을 규명하려는 연구는 많이 이루어졌지만, 광해군대 불교에 대한 연구는 이루어진 적이 없다.

본고는 광해군대 불교계 고승들 가운데 광해군과 깊은 관련이 있는 性智와 비구니 禮順에 대하여 살펴보고자 한다. 그들은 궁궐내에서 광해군의 불교에 영향을 끼쳤을 것이기 때문이다.[3] 그리고 광해군은 수행승인 浮休善修와 조우하게 되는데, 광해군의 私親의 陵(成陵)의 陵寢寺刹인 남양주 奉印寺의 증명법사로 활동하였고, 그의 문도 碧巖覺性과 孤閑熙彦 등이 계승하여 활동하였다. 본고는 그러한 사실을 좀 더 구체적으로 살펴봄으로써 광해군대 불교의 일단면을 조명하려고 한다.

2. 광해군과 능침사찰 봉인사

광해군은 선조와 恭嬪 金氏 사이에서 둘째 아들로 태어났지만 왕위에 올랐다.[4] 선조의 정비인 의인왕후는 소생이 없었고 광해군의 친형인 임해군

사실을 유의해야 할 것이다. 광해군대 대표적인 연구 성과를 소개하면 다음과 같다.(稻葉岩吉, 『광해군시대① 만선관계』, 大阪 屋号書店, 1933 ; 김용숙, 「계축일기 연구-광해군의 성격분석을 주로」, 『논문집』 7, 숙명여대, 1968 ; 한명기, 「광해군대 대북세력과 정국의 동향」, 『한국사론』 20, 서울대 국사학과, 1988 ; 한명기, 「광해군대의 대중국 관계」, 『진단학보』 79, 1995 ; 한명기, 『광해군』, 역사비평사, 2000.)

3) 광해군대 불교에 관련된 시책은 별 다르게 찾아보기 힘들다. 광해군에 대한 부정적인 기록과 성리학적 예제의 실현에 따른 불교에 대한 비판적인 분위기 때문이다. 광해군대의 불교에 관련된 기사는, 실록에 의하면 善修와 그의 문도 覺性에게 법호를 하사한 사실, 광해군 후반대 術僧 性智의 활동 등이 찾아진다. 본고는 이러한 사실들을 중심으로 살펴보기로 하며, 義僧의 활동이나 山中 修行僧들에 대한 연구는 다음 기회로 미루기로 한다.

도 난폭하다는 평을 받았다.5) 그리하여 광해군은 전쟁 중인 1592년 피난지 평양에서 세자로 책봉되고 分朝의 책임도 맡았다. 광해군은 즉위하자 2살 때 돌아간 친어머니 공빈 김씨를 추숭하고자 하였다. 공빈 김씨는 실록의 졸기에 다음과 같이 기술되어 있다.

> 恭嬪 金氏가 卒하였다. 공빈은 司圃 金希哲의 따님으로 臨海君과 光海君 두 왕자를 낳았는데, 이때 산후병으로 졸하였다. 김씨는 본래 임금의 총애를 입어 後宮들이 감히 사랑에 끼어들지 못하였다. 병이 위독해지자 임금에게 하소연하였다.
> "궁중에 나를 원수로 여기는 자가 있어 나의 신발을 가져다가 내가 병들기를 저주하였는데도 임금이 조사하여 밝히지 않았으니, 오늘 죽더라도 이는 임금이 그렇게 시킨 것이다. 죽어도 감히 원망하거나 미워하지 않겠습니다."
> 임금이 심히 애도하여 宮人을 만날 적에 사납게 구는 일이 많았다. 昭容金氏(뒤에 仁嬪이 되었다.)가 곡진히 보호하면서 공빈의 묵은 잘못을 들춰내자, 임금이 다시는 슬픈 생각을 하지 않으면서 '제가 나를 저버린 것이 많다.'고 하였다. 이로부터 김소용이 특별한 은총을 입어 방을 독차지하니, 이는

---

4) 『연려실기술』 권19, 廢主 광해군 고사본말조, 광해군.
5) 최근에 양은용 교수(원광대 한국문화학과)에 의하면 일본의 자료에는 다음과 같은 사실이 찾아진다고 한다. 즉 임진왜란 때 함경도 회령에서 임해군(1574~1609)과 장남 및 장녀가 왜장 가토 기요마사(加藤淸正)에게 생포되었다. 일본과 협상에 의해 임해군은 풀려났지만 장녀와 장남 太雄(1589~1665)(당시 4세)은 일본에 볼모로 잡혀갔다. 태웅은 13세 때 法性寺에서 출가해서 일연이라는 법명을 받고 일본 法華宗의 대표적 고승으로 활동하였다고 한다. 일연스님은 72세때 고국 조선이 보이는 장소를 물색하다 후쿠오카(福岡)의 물가 언덕에 묘안사를 창건하고 1665년 1월 26일 세수 77세로 입적했다고 한다.(『만불신문』 2002.11.2 ; http://manbulshinmun.com.)
이러한 임해군의 자녀가 일본에 인질로 잡혀갔다는 기록은 국내의 어떤 문헌에도 찾아지지 않는다. 사명유정은 3,500명의 조선인 포로를 성공적으로 국내로 송환하였으나 임해군의 자녀들은 송환치 못하였다. 그러한 것이 전혀 문제가 되지 않은 것은 어떤 연유나 사정에 기인하는 것인지 지금까지 밝혀진 바 없다. 앞으로 이러한 문제에 대하여 관심과 검토가 필요하다.

전에 비할 바가 아니었다.(애초 궁중에는 조종조로부터 金姓은 木姓에
해롭다는 말이 있었기 때문에 여자를 가릴 때 언제나 제외하였었는데,
선조가 임금이 되어 3嬪이 모두 김씨였고, 仁穆王后가 中殿의 자리를 잇게
되자 식자들은 불길하지 않을까 의심하였다.)[6]

공빈은 司圃 金希哲의 딸로 淑儀로 있다가 嬪에 봉해졌고,[7] 후의 仁嬪이
되는 昭容 金氏와 신경전을 벌이기도 하였지만 선조의 총애를 입었다.
공빈은 臨海君과 光海君을 낳았는데, 출산 후유증으로 광해군이 2살 때인
1577년(선조 10)에 돌아갔고, 지금의 능터인 경기도 풍양현 적송동에 모셨는
데, 광해군의 어머니에 대한 추념은 대단하였다.

…奏文은 다음과 같다. "신은 일찍이 태어난 지 겨우 2살에 慈母가 돌아가시
어 끝없는 슬픔 속에 어언간 30여 년이 지났습니다. 신의 모친 金氏는
고 영돈녕부사 金希哲의 딸로서 先父王 신 諱께서 受命하신 처음에 맞아들여
첩으로 삼고 궁중에서 일을 받들게 했는데 현덕이 대단히 나타났었으나
불행하게 일찍 서거하였습니다.
또한 선부왕 신 휘께서 신의 불초한 것을 알지 못하시고 天朝에 上奏,
신으로 후사를 삼으시어 지금에 이르러서는 거듭 선왕의 영혼에 힘입어
왕위의 업을 계승한 지가 여러 해 되었습니다.
신은 외람되게 황제가 내리신 은총으로 귀하게 나라의 임금이 되었는데도
나를 낳아 길러준 어머니는 아직까지 존호도 없습니다. 생전에는 제후
임금이 모시는 봉양을 받지 못했고 사후에는 높여 드러내는 존호를 더하지
못했습니다. 생육해 준 은혜 갚고자 하나 갚을 길이 없어 복받치는 사모의
심정이 한량없으며, 말이 여기에 다다름에 오장육부가 찢어지는 듯이

---

6)『선조수정실록』권11, 선조 10년(1577), 5월 1일 무자조, 공빈 김씨의 졸기. 이보다
   먼저 편찬된『선조실록』에서는 광해군이 폐주로 낙인찍혔지만, 친어머니에 대한
   졸기가 다음과 같이 기록되어 있을 뿐이다.(『선조실록』권11, 선조 10년(1577),
   5월 27일 갑인조에 "恭嬪 金氏가 졸하였다. 歸厚署의 棺槨이 좋지 않다는 이유로
   長生殿의 預差 관곽을 題給하라고 명하였다.")
7)『선조실록』권19, 선조 18년(1585), 4월 17일 무오조.

아픕니다.…8)

    광해군은 친어머니 공빈 김씨의 생전에 봉양도 못하였고 사후에도 존호
를 높이지 못하여 오장육부가 찢어지는 듯 아팠다고 한다. 왕위에 오르자
1609년(광해군 1) 2월 19일 공빈의 묘소를 개수하기로 하였다.9) 1년 뒤인
1610년(광해군 2) 2월 18일 공빈으로, 그로부터 한 달 뒤에 왕후의 호를
추숭하였다.10) 즉 恭嬪 金氏를 恭聖王后로, 永禧殿을 奉慈殿으로 추숭하였
다.11)

    광해군은 그에 그치지 않고 능침사찰 봉인사를 지정 운용하였다. 즉,
광해군은 1609년(광해군 1) 친어머니의 능을 成陵으로 추봉하면서 남양주
봉인사12)를 능침사찰로 지정하여 불사를 하였다. 광해군이 적자·적손이
아닌 왕친으로서 왕위를 계승하였기 때문이다.13)

8) 『광해군일기』 권73, 광해군 5년(1613), 12월 11일 갑오조.
9) 『광해군일기』 권13, 광해군 1년(1609), 2월 19일 신미조. 당시 공빈의 제사는
그의 첫째 아들인 임해군이 맡고 있었지만 신주를 孝敬殿에도 모신 것도 간단치
않았다.(『광해군일기』 권4, 광해군 즉위년(1608), 5월 7일 임진조.) 아울러 공빈의
아버지 김희철을 추증하고 그의 부모 3대에게 증직하였다.(『광해군일기』 권29,
광해군 2년(1610), 5월 16일 경신조.)
10) 『광해군일기』 권25, 광해군 2년(1610), 2월 18일 갑자조. 공빈의 추숭에 대한
자세한 사실은 다음의 논문을 참조하기 바람.(계승범, 「恭嬪 추숭과정과 광해군의
모후문제」, 『민족문화연구』 48, 고려대학교 민족문화연구원, 2008.)
11) 『광해군일기』 26권, 광해군 2년(1610), 3월 29일 을사조 ; 『연려실기술』 별집 권1,
祀典典故, 影殿 ; 『동국여지비고』 권1, 경도 ; 尹國馨(1543~1611), 『甲辰漫錄』. 인조
반정 이후 성릉은 다시 성묘로 강등되었다. 그와 관련된 기사를 소개하면 다음과
같다. "成墓는 群場里에 있으며 선조 후궁 恭嬪김씨의 묘이니, 광해주의 어머니이다.
광해 계축년에 成陵이라 추호했으나, 인조 원년에 묘로 강등하였다. 光海主墓는
군장리에 있으니 인조 21년 濟州에서 옮겼다."(『신증동국여지승람』 권11, 경기
양주목조.)
12) 봉인사의 창건 연대에 대해서는 정확한 기록이 없어 알 수 없다. 사지에 의하면,
조선 초·중기에 이미 있었던 사찰인데 광해군의 사친 능침사찰이 되면서 사세가
진작되어 부각되었다. 최근인 1979년 대한불교원효종의 한길로가 중창하여 오늘
에 이르고 있다. 봉인사에 대한 자세한 사실은 절에서 간행한 사지 『봉인사』를
참고하기 바람.(천마산 봉인사지 편찬위원회, 『봉인사』, 한길, 2005.)

또 奉印寺에 재를 베풀고 스승을 證師로 보낼 때에는 궁중의 천리마 한 필을 내어 대사를 태우고 마부를 앞에 붙여 인도하게 하니, 서울 사람들은 그를 바라보고 절하되 뒤지는 것을 부끄러워하였다. 재를 마치고 돌아올 때에는 승려와 속인들이 앞을 다투어 번갈아 가마를 메고 돌아다녔다.[14]

광해군은 궁중의 천리마 한 필과 마부를 대동하여 부휴선수를 봉인사로 가도록 했다고 한다. 서울 사람들은 벽암각성에게 앞 다투어 먼저 절을 하고자 하였고, 재를 마치고 돌아올 때에는 승려와 속인들이 서로 번갈아 가마를 메고 돌아다녔다고 한다.

그 후 1619년(광해군 11)에 중국에서 진신사리가 도착하자 성릉의 능침인 봉인사에 봉안하였다.

승정원이 아뢰었다. "신들이 삼가 보건대 熊遊擊이 바친 물건 가운데에 숨利 1개가 있었습니다. 사리란 바로 승려를 다비할 때에 나오는 것이니, 그것은 오랑캐의 도이며 더러운 물건입니다. 더러운 물건을 전하에게 바친 의도는 바로 오랑캐의 도로 전하에게 아첨하려는 것이니, 바친 물건은 매우 작지만 그 해는 클 것입니다.

옛날에 韓愈는 부처의 뼈를 맞이해 오는 데에 대하여 간하였으니, 그것은 하늘에 빌어 명을 길게 하는 것이 부처를 섬기는 데에 있지 않고 실로 백성들에게 정성을 다하는 데에 있기 때문이었습니다. 사리를 받지 말아서 이단을 물리치고 문교를 숭상하는 훌륭한 뜻을 보이소서."

---

13) 조선왕조에서 적자·적손이 아닌 왕친으로서 처음으로 왕위를 계승하기 시작한 것은 선조대부터이다. 즉 덕흥대원군의 자손들은 선조와 광해군, 인조를 거쳐, 영·정조와 고종에 이르기까지 왕위를 이어 최고의 왕실가문이 되었지만 방계에 해당된다. 즉 선조대 이후 왕릉에는 능침사찰이 설치되는 것이 중단되는 반면 종묘에 배향되지 못한 왕의 친혈족, 즉 후궁 출신의 친조모·생모·백부 등을 위한 원당 설치는 오히려 활발해졌다는 것이다.(탁효정, 「조선후기 왕실원당의 사회적 기능」, 『청계사학』 19, 2004, 179~180쪽.) 필자도 이러한 견해에 공감하는 바크다.

14) 처능, 「孤閑大師行狀 추가홍각등계비명병서」, 『대각등계집』 권하 ; 『한글대장경 — 대각등계집』 276~277쪽.

전교하였다. "예조의 관원들로 하여금 의논하여 처리하게 한 다음 報恩寺로
보내라."[15)

중국인 熊遊擊이 조선왕실에 사리를 바치게 되었는데, 광해군은 報恩寺에
移安케 하였다.[16) 報恩寺는 왕실의 원찰인 능침사찰을 의미한다. 예컨대
여주 신륵사는 세종의 능인 영릉의 능침사찰이 되면서 보은사로 불리기도
하였다. 점필재 김종직도 그러한 사실을 지적하고 있으며,[17) 명종대 허응보
우가 머물렀던 봉은사도 보은사로 불렸다.[18) 왕의 은혜에 보답한다는
의미에서 보은사라고 했던 것이다.[19) 따라서 광해군이 진신사리를 보낸
보은사는 광해군과 세자의 원찰이자 친어머니 공빈 김씨의 능침사찰인
봉인사를 가리키는 것이다. 『봉인사지』에도 다음과 같이 기록하고 있다.

조선 광해군이 석가 法印인 불사리가 중국을 거쳐 이 땅에 온 것을 이듬해
5월 임금이 예관에 명하여 천마산 봉인사로 보내어 동쪽 200보의 위치에

---

15) 『광해군일기』 권138, 광해군 11년(1619), 3월 11일 갑오조.

16) 熊遊擊에 대해서는 『사고전서』나 『명청실록』에서도 관련기록이 찾아지지 않는다.
    이에 대한 자세한 사실은 앞으로 과제로 남기고자 한다.

17) 김종직, 「밤에 보은사 아래에 배를 대 놓고 주지 우사에게 주다. 절의 옛 이름은
    신륵이고 혹은 벽사라고도 하는데, 예종 때에 절을 고쳐 지어서 극히 크고 화려하게
    하고서 지금의 편액을 하사하였다.」, 『점필재집』 시집 권12, 詩. 태종은 잠저시
    원주 覺林寺 독서당에서 공부하였고 왕위에 오른 후 그의 비 원경왕후와 양주
    檜巖寺를 원찰로 삼았다. 아들 성녕대군이 죽자 고양군에 大慈庵을 창건하여
    齋寺로 삼았다.

18) 李潤雨(1569~1634), 「萬曆九年辛巳(1581년(선조 14)」, 『石潭日記』 卷下. "전날 明廟
    때에 妖僧 普雨가 오랫동안 報恩寺의 주지로 있으면서 中廟의 능을 절 곁으로
    옮겨 절의 위세를 굳게 하려고, 이내 文定王后를 속이기를, '宣陵 가까운 곳에
    地德이 좋은 자리가 있습니다.' 하여, 중묘의 능을 옮길 것을 청하니, 문정왕후가
    자못 신뢰하였다."

19) 洪良浩(1724~1802), 「報恩寺重修記」, 『耳溪集』 권14, 記. "今且百年 而又將圮矣
    緇徒相與謀曰 是山國都之鎭 是寺名山之主也 其可委而不顧耶 遂走告于內司曁禮部
    請牒而募緣 不再朞而功奏訖 佛殿僧寮 梵樓齋廚 煥然一新 于時國有大慶 羣生胥樂
    而是寺適成 衆咸曰國恩也 佛力也 神助也 於是易寺號曰報恩 盖一以報國恩 一以報佛
    恩 一以報山川之恩也."

탑을 세우고 堂을 지어 예를 받들어 마쳤다.[20]

이렇듯 광해군은 熊遊擊이 바친 진신사리를 봉인사로 보내고 경내에
탑을 세워 안치하고 부도암이라고 하였다. 부휴선수의 문도인 孤閑熙彦과
碧巖覺性 등이 참여하였다. 1622년(광해군 14) 왕이 廣州 淸溪寺에 가서
재를 설하게 되었을 때에도 그들이 증명사로 참여했기 때문이다. 아래의
기록이 바로 그러한 것이다.

> 그 이듬 해(1619, 광해군 11) 다시 오대산에 들어가 상원암에서 동안거를
> 마쳤다. 그 때에 광해군은 청계난야에 재를 베풀고 궁궐의 사신을 보내어
> 화상을 불러 설법을 하게하였다. 그리고는 금란가사와 碧繡長衫을 주었
> 다.[21]

> 만력 임술년(1622년, 광해군 14) 대사의 나이 60여세 때 나라에서는 淸溪寺에
> 재를 베풀고는 대사를 證師로 청하고 금란가사를 주었더니, 齋가 끝나자
> 대사는 그 가사를 벗어 두고 몰래 가버렸다.[22]

1622년 무렵 부휴선수의 문도인 벽암각성과 고한희언이 광해군이 개설
한 청계사의 齋에 참여했다. 청계사는 고려말 無學自超와 문도 鐵虎祖禪이
머물렀던 조인규 가문의 원찰이었으며 조선시대에도 조인규의 원당이었
다.[23] 청계사는 연산군에 의해 선교양종의 본산제가 허물어지자 명종대에

---

20) 천마산 봉인사지 편찬위원회, 「사리탑중수비」,『奉印寺』, 한길, 2005. 이 사지에
의하면 "광해군 11년 기미에 개창하고 浮圖庵이라 명명하니 封印寺의 屬庵으로
해사 및 此庵의 初創은 無證이나 塔法堂創建記文에 의하면, 萬曆 己未에 釋迦法印을
封하였다. 그러한즉 本庵은 法印塔을 수호하기 위하여 초창되고 봉인사도 法印을
봉안하였다는 취지하에 동시 개창이 아닌가 하는 추정에 의하여 本庵 개창을
광해군 11년으로 단안한다."고 적고 있다.

21) 처능, 「賜報恩闡敎圓照國一都大禪師行狀」,『대각등계집』권하 ;『한글대장경 – 대
각등계집』, 262~263쪽.

22) 처능, 「孤閑大師行狀」,『대각등계집』권하 ;『한글대장경 – 대각등계집』, 270쪽.

허웅보우가 선교양종을 다시 세울 때까지 본산의 역할을 하였다.[24]

그러한 청계사에서 광해군이 齋를 올린 사실은 1689년(숙종 15) 6월 趙仁規의 11대손인 趙檦이 지은 「淸溪寺事蹟記碑」에도 전해진다.

광해군 때 청계사는 폐세자가 점유하고 있었고, 전답과 노비는 궁가나 토호들이 탈취하였다. 그리고 그 비석의 비문을 갈아버렸는데, 이는 대개 그 전답과 노비를 비에 새겼기 때문이다.[25]

위의 조인규 가문의 후손의 기록에 의하면, 어떤 연유인지 모르나 광해군 때 세자가 청계사를 점유했다는 것이다. 광해군의 세자가 조인규 가문의 원찰을 탈취하였기 때문에 그렇듯 기록되었던 것 같다. 광해군은 세자의 원찰인 청계사에서 재를 크게 베풀었던 것이다. 이러한 공으로 1622년(광해군 14)에 부휴선수와 문도 벽암각성에게 법호를 추가 또는 하사하였던 것 같다.[26]

봉인사는 그 후 1610년(광해군 2) 광해군과 세자의 원찰이 되기도 하였다. 즉, 봉인사는 1620년(광해군 12) 세자 李秪의 만수무강과 왕실의 자손이 번창하기를 기원한 원찰이었다.[27]

---

23) 황인규, 「조인규가문과 수원 만의사」, 『수원문화사연구』 2, 1998 ; 황인규, 『고려후기·조선초 불교사연구』, 혜안, 2003.

24) 『연려실기술』 권7, 중종조 고사본말조, 중[僧]이 유생들의 옥사를 속여 꾸미다. 경오년(1510) ; 『연려실기술』 별집 권13, 政敎典故, 僧敎 ; 『陰崖日記』, 「漢山李耔」. "연산조 이후로 서울에 있는 사찰들을 모두 폐하여 관청으로 사용했기 때문에 兩宗이 헛이름만 淸溪寺에 의탁하여 이름을 禪宗이라 하였다." ; 황인규, 「조선전기 선교양종의 本山과 判事」, 『한국선학』 12, 한국선학회, 2005.

25) 경기도, 『경기금석대관』 5, 경기도, 1992.

26) 지리산 華嚴寺에 소장되어 있는 禮曹職牒에 의하면 광해군 14년(1622) 3월 善修에게 法號를 追加하였고 같은 해 9월 覺性에게 法號를 下賜했다. 그 법호는 다음과 같다. '浮休堂 扶宗樹敎辯智無礙 追加弘覺大禪師善修 登階者' '扶宗樹敎行解圓妙悲智雙運辯才無礙大禪師覺性'이다.(이능화, 『조선불교통사』 상, 1918, 487쪽.)

27) 천마산 봉인사지 편찬위원회, 「銀製舍利盒(萬曆銘奉印寺浮屠銀製舍利盒)」, 『奉印寺』, 천마산 봉인사지 편찬위원회, 2005. "世子戊戌生 壽福無疆 聖子昌盛 萬曆四十八年

이상에서 살펴본 바와 같이, 광해군의 친어머니 공빈과 세자의 능침사찰 봉인사가 운용된 것은 조선후기에 덕흥대원군 가문의 왕실에서 시행했던 능침사찰제를 계승한 것이다.[28] 후에 봉인사는 영조때 暎嬪 李氏를 비롯, 왕실의 후원을 받는 등 왕실의 능침사찰로 다시 부상하기도 하였다. 즉, 풍암취우는 1756년(영조 32) 금강산에서 내려오다가 봉인사 경내의 탑이 퇴락한 것을 보고 중수할 뜻을 세워 사도세자의 어머니 暎嬪 李氏와 화완옹주의 시주를 받아 탑을 보수하는 등 원당으로 삼았다. 이와 같이 봉인사는 광해군 이래 왕실의 원당이었다.

3. 광해군과 불교계 고승

광해군대 불교고승으로 부각된 인물은 부휴선수계 고승들과, 궁궐을 출입하면서 활동했던 성지와 비구니 예순이다. 그들은 광해군의 불교관이나 국가시책에 일정한 영향을 끼쳤을 것이다.[29]

문집류에 의하면, 性智는 경남 창원출신으로 전라도 무안현 승달산 摠持寺와 법천사에서 활동한 승려였다.[30] 또한 돌아간 어머니를 昌原의 安骨浦

庚申 五月."

28) 봉인사는 그 후 한 때 유자들의 독서 또는 숙박 공간이 되기도 하였다. 예컨대 金昌協(1651~1708)이 1694년(숙종 20) 奉印寺에서 독서하였던 사실이 전하고 있다 (金昌協(1651~1708),「年譜 下」,『農巖集』 권36 附錄. "甲戌先生四十四歲 正月 棲奉印 寺 寺在楊州時 大夫人自永平出居楊山墓舍 先生常往來省覲 自後數年 多讀書此寺 云";趙載浩(1792~1762),「朝發奉印寺」,『損齋集』 권1, 詩;趙載浩(1792~1762),「宿奉印寺」,『損齋集』 권1, 詩.)

봉인사는 그 후 1887년 경 화재로 소실되었고 그 후 다시 중수되었다. 이는 '惟天摩山奉印寺僧某者 發不退轉心 將欲重修大雄寶殿'(李夏坤(1667~1724),「天摩 山奉印寺募緣偈」,『頭陀草』 冊17, 雜著.)이라는 기록을 통해 알 수 있으며, 천마산 봉인사의 승려가 와서 不退轉心을 발심하여 장차 大雄寶殿을 중수하고 한다고 했기 때문이다.

29) 광해군대 불교와 관련해 주목되는 것은 광해군 4년(1612) 김직재의 무옥사건과 광해군 5년(1613) 七庶의 獄(계축옥사), 광해군 6년(1614) 士女 이예순의 출가사건, 광해군 13년 성지와 인경궁 역사이다. 이 사건들은 불교계뿐만 아니라 매우 큰 정치적 파장을 가져오게 된다.

佛母洞에 장사지내면서 다음과 같이 자부한 바 있다.

仁王은 釋迦의 美稱[31]으로 산에 예전에 仁王寺가 있었으므로 그렇게 이름한
것이었다. 성지가 일찍이 그의 어미의 뼈를 昌原 安骨浦 佛母洞에 장사지내
고는 말하기를 '나의 後身은 부처가 될 것으로, 포와 동의 이름이 모두
그에 앞선 조짐이다.'고 하였다. 대개 불모동의 본이름은 '불못(火池)'으로
爐冶의 이명이었다. 洞에 예전에 鐵爐가 있었으므로 '불못'이라고 이름하였
는데 '佛母'와 속음이 비슷하므로 그렇게 칭한 것이었다. 성지가 方書에
대해 모르므로 속설로 꾸며대는 것이 모두 이와 같았다.[32]

성지는 돌아간 어머니를 다비하면서 자신은 내생에 부처가 될 것이라고
확신했다. 유자들에 의해 술승 내지 광승이라 불렸지만 광해군의 자문에
응했고 승병장 義嚴의 전례에 따라 당상관 첨지중추부사에 오르는 등[33]
광해군 9년부터 11년 무렵까지 파격적인 대우를 받았다.[34]
성지는 풍수에 능하여 사대부의 집에 출입하면서 이름이 알려지게 되었
으며, 왕의 총애를 받아 궁궐에서 가까운 곳에 마련된 큰 집에 거주하였다.[35]
유생들은 그런 성지를 보고 '방외의 떠돌이 승려들이 무상으로 출입하였으

---

30) 황윤석, 「主簿朴公傳」, 『頤齋遺藁』 권22, 傳.
31) 인왕은 석가의 미칭이 아니다. 仁王은 二王이라 부르기도 하며 金剛力士, 金剛神,
執金剛神 또는 密迹金剛 등으로 부르기도 하는 인도 재래신인데, 이 신이 불교화하
여 여러 가지 뜻으로 불린다고 한다.(문명대, 「신라의 仁王像(仁王像, 金剛力士像)」,
『통일신라불교조각사연구』 하, 예경, 2003, 182~231쪽.)
32) 『광해군일기』 권101, 광해군 8년(1616), 3월 24일 갑오조.
33) 『광해군일기』 권121, 광해군 9년(1617), 11월 16일 정축조. "전교하였다. 性智는
국사를 위하여 수고한 일이 매우 많으니, 義嚴의 전례에 의하여 우선 당상의
실직을 제수하도록 하라."
34) 『광해군일기』 권121, 광해군 9년(1617), 11월 16일 정축조 ;『광해군일기』 권126,
광해군 10년(1618), 4월 13일 임인조 ;『광해군일기』 권126, 광해군 10년(1618),
4월 19일 무신조 ;『광해군일기』 권133, 광해군 10년(1618), 10월 11일 병인조 ;『광
해군일기』 권133, 광해군 10년(1618), 10월 11일 병인조 ;『광해군일기』 권145,
광해군 11년(1619), 10월 19일 무진조.
35) 『광해군일기』 권139, 광해군 11년(1619), 4월 25일 무인조.

니, 완연히 하나의 가람을 형성하였다'고 하였다.[36]

성지는 1615년(광해군 7) 4월 중국인 풍수가 施文用과 더불어 인왕산의 王氣說을 강력히 제기하였다.[37] 인왕산은 한성을 지키는 內四山 가운데 하나로, 조선왕조 奠都時 인왕산이 한성의 주산이라는 설이 제기되었던 적이 있다. 건국초의 무학자초가 인왕산을 주산으로 삼아야 한다고 주장한 사실을 계승한 것이라고 할 수 있다.[38] 임진왜란으로 경복궁이 불타버린 상황이었기 때문에 慶運宮에서 昌德宮으로 移御한 이후 昌慶宮을 중건하고 인경궁을 창건하고자 했던 것이다.[39]

인경궁의 창건은 성지의 건의가 주효했던 것 같다. 성지는 "인왕산은 돌산으로 몹시 기이하게 솟아 있으며, 仁王이란 두 글자가 바로 길한 讖言이다. 그러므로 만약 王者가 그곳에 살 경우 국가의 운수를 늘릴 수 있고 태평시대를 이룰 수 있다."고 주장했다.[40] 이와 같이 성지는 왕실 내지 궁궐에 출입하면서 광해군의 측근에서 불교시책을 자문했다.[41]

36) 『象村稿』 권52, 求正錄上, 春城錄.
37) 『광해군일기』 권101, 광해군 8년(1616), 3월 24일 갑오조 ; 『광해군일기』 권111, 광해군 9년(1617), 1월 13일 기묘조. 애당초 광해군은 교하천도를 기획하기도 하였으나 중신 이이첨 등 신료들의 반대로 무산되고 인왕산 아래에 궁궐을 짓고자 하였던 것이다.(『광해군일기』 권59, 광해군 4년(1612), 11월 15일 을사조.)
38) 차천로, 「오산설림초고」, 『국역 대동야승』 5. 이러한 내용은 정도전의 문집인 『三峰集』에도 그대로 실려 있다.
39) 인경궁의 역사는 광해군 15년 3월에 인조반정이 일어나 공사는 일단 중단된 듯하다. 인조가 즉위한 이후 인경궁은 파괴되었다는 말도 있으나, 인조 10년 6월에 인목대비가 인경궁 欽明殿에서 서거하였고 인조 26년 3월에는 인경궁의 材瓦를 헐어다 弘濟院을 지었다는 기록이 찾아진다. 그러나 영조 때에 이르러서는 그 터조차 찾을 수 없었다고 한다.(『서울육백년사』 인경궁 창건 연혁 ; http://seoul600.visitseoul.net/seoul-history.)
인경궁에 대한 연구는 두 편의 논문이 참고된다.(장지연, 「광해군대 궁궐영건-인경궁과 경덕궁(경희궁)의 창건을 중심으로」, 『한국학보』 86, 1997 ; 홍석주, 「조선 중기 인경궁 건설의 도시구조상 의미에 관한 연구」, 『지역사회발전학회논문집』 30-2(60), 2005.8.)
40) 『광해군일기』 권101, 광해군 8년(1616), 3월 24일 갑오조.
41) 때문에 후대에 이르러 성지는 무학과 같은 위상을 지닌 존재로 인식되었다. 다음과 같은 기사로 미루어 알 수 있다. 즉 "또 말하기를, '南小門은 無學이 창건한

그리고 비구니 禮順[女順, 英日]은 李貴의 딸로, 金自點의 동생인 金自兼의 아내였다. 과부가 되자 목사의 첩인 貞伊와 함께 덕유산에서 출가하였다가 남편의 친구와 간통으로 몰려 하옥되었다.42) 예순은 공초가 끝나고 감옥에서 풀려난 후 궁궐에 들어가기를 자청했고 광해군은 이를 허락했다. 예순은 궁궐을 출입하면서 중전 유씨를 비롯하여 후궁들로부터 존경과 신임을 받았으며, 일설에는 '생불'이라 불렸다고 한다. 그리고 예순은 개똥이라고 불렸던 상궁 金介屎(?~1623)와 의제적인 모녀관계를 맺는 등 왕실녀들과 폭넓은 관계를 맺으면서 왕실불교에 영향을 끼쳤다.43) 김개시는 국정에 관여하여 권신인 大北의 영수 李爾瞻과 쌍벽을 이룰 정도였다고 한다.44) 또한 실록에 김개시가 궁궐 비구니 도량인 정업원에서 불공을 드리다가 체포된 기사가 실려 있는데, 김개시가 비구니 예순과 더불어 궁중의 왕실불

것을 金安老가 폐했는데, 임진년·정유년의 왜란이 있었고, 光海朝의 妖僧 性智가 서북쪽 방위에 새 문을 창건하였는데, 갑자년·정묘년·병자년의 호란이 있었으니, 청컨대 凶門은 막고 吉門을 열게 하소서.'(『영조실록』권3, 영조 1년(1725), 1월 11일 경술조.)" 이는 궁궐의 문 창건에 관련하여 무학과 성지를 비교한 것이지만 두 고승의 위상이 비슷한 것이라고 간주된다.
42) 『광해군일기』권81, 광해군 6년(1614), 8월 19일 기해조.
43) 『연려실기술』권23, 인조조 고사본말조, 癸亥靖祀. "일설에서 광해가 풀어주고 城中 慈壽宮에 있게 하였는데 이씨가 이것이 인연이 되어 궁중에 출입하니 대궐 안 사람들이 모두 生佛이라 일컬어 신봉함이 비할 데가 없었다 한다. 궁중에 들어가게 되어서는 김상궁과 사귀어 모녀간을 맺게 되었다. 항상 말하기를, '아버지 이귀와 시숙 자점의 충성을 불행하게도 大北이 질시하여 항상 모해를 받는다…' 하였다. 나날이 억울한 것을 호소하고 또 자점을 후원하여 뇌물을 쓰는데 부족하면 김상궁에게서 꾸어서 다른 궁인에게 주고 또 다른 궁인에게 꾸어서 상궁에게 바치니, 이렇게 돌린 것이 수천 냥이므로 모든 궁인들이 기뻐하여 모두 자점을 成之라 자를 부르며 의심하지 않았다."
44) 이에 대하여 『연려실기술』에는 다음과 같은 기록을 전하고 있다. "개똥이[介屎]는 전 宣祖 때의 늙은 궁인이었다. 선조에게 사랑을 입었는데 사람됨이 흉악하고 교활하였다. 선조가 세자를 바꿀 뜻이 있었기 때문에 광해가 스스로 불안한 것을 추측하여 알고는 은밀히 광해와 접촉하여 뒷날의 계획을 세웠다. 약으로 선조를 弑하는 참변도 그 손에서 나왔으나, 광해는 실로 미리 음모에 관계한 사실이 없다고 한다.…『일월록』."(『연려실기술』권23, 인조조 고사본말조, 광해군을 안치하다. 세자를 폐하고 사사하다. 붙임.) ; 『인조실록』권2, 인조 1년(1623), 7월 6일 갑오조.

교를 주도한 사례다.[45]

이상에서 살펴 본 바와 같이, 광해군은 성지와 비구니 예순과 같은 고승과 관계를 맺고 있었지만, 한편으로는 산중수행승 부휴선수와 문도 孤閑熙彦(1561~1647), 碧巖覺性(1575~1660) 등 고승들과도 깊은 관련을 맺었다. 즉, 그들은 광해군의 사친의 능침사찰을 지정하고 운용하는데 깊이 관여하게 되었다. 청허휴정의 문도인 靑梅印悟(?~1623), 霽月敬軒(1544~1633), 奇巖法堅(1552~1634), 震默一玉(1563~1633), 中觀海眼(1567~?), 鞭羊彦機(1581~1644), 逍遙太能(1562~1649) 등의 고승들이 활동하였지만, 대부분의 고승들은 임진왜란시 승병활동 이후 산중으로 돌아가 버린 상태였다.[46] 그러한 때 부휴선수가 광해군과 궁궐에서 조우하게 된다.

> 대궐 안에서 중죄인을 訊問하였다. 朴應守에게 형벌을 가하고, 天印이 끌어 댄 승려 善修·三惠 등을 잡아오라고 명하였다.[47]
> 승려 天玉·善修, 官奴 風孫 등을 국문하였는데, 황혁의 일에 연루된 사람들이다.[48]

위에서 인용한 기록에서 나타나는 선수는 바로 부휴선수를 가리킨다. 선수는 승려 天印으로부터 선수의 휘하에 있었던 義僧水軍 僧大將 慈雲三惠와 더불어 무고를 당하였다.[49] 天印은 김직재의 동생인 金德哉의 집을

---

45) 『광해군일기』 권187, 광해군 15년(1623), 3월 13일 계묘조. 비구니 예순의 아버지인 이귀는 1623년(광해군 15) 왕을 폐위하려는 모의했다가 탄로나 체포되었는데, 예순은 김개시에게 알려 아버지 이귀가 감옥에서 풀려나오게 하였다. 이귀는 그날 밤 인조반정을 일으켰다. 그 때 김개시는 반군에 의해 정업원에서 체포되어 처형되었던 것이다.(이향순, 「조선시대 비구니의 삶과 수행」, 『한국비구니의 수행과 삶』, 예문서원, 2007. 112~124쪽 ; 황인규, 「조선전기 정업원과 비구니주지」, 『한국불교학』 51, 2008, 122쪽.)

46) 청허휴정은 1608년(선조 41)에, 騎虛靈圭(?~1592)는 임진왜란중 입적하였다. 이어서 그의 문도 靜觀一禪(1533~1608), 映虛海日(1541~1609), 四溟惟政(1544~1610), 그리고 浮休善修(1543~1615) 등이 광해군대에 입적하였다.

47) 『광해군일기』 권51, 광해군 4년(1612), 3월 23일 정사조.

48) 『광해군일기』 권52, 광해군 4년(1612), 4월 5일 기사조.

출입하여 역모혐의를 받았고, 고변으로 부휴선수도 역모와 관련되어 하옥
되었다.50) 이 사건이 바로 광해군 4년(1612) 2월에 일어난 金直哉의 옥사이
다. 사건은 김경립이 군역을 회피하기 위해 어보와 관인을 위조한 것이
발각되면서 시작되었다. 김경립은 모진 고문을 당한 끝에 김직재와 아들
김백함, 황혁이 선조의 아들 순화군의 양자인 晋陵君 泰慶을 옹립하려고
역모를 꾀하였다는 사건으로 비화되었다. 이 옥사는 대북파가 소북파를
제거하기 위한 것이었고, 소북파 인사 1백여 명이 숙청당하였다.

이와 같이 산중불교시대에 많은 고승들이 탄압을 받았고, 심지어 역모에
연루되어 하옥되기도 하였다.51) 慶聖一禪(1488~1568)은 1536년(중종 31)
하옥되었다. 즉, 일선은 1536년 의승군으로 新川을 지키고 있었을 때 감독관
이 그의 비범함을 보고 곁에 두었다. 권세가 이량이 일선을 존경하고
서울의 사람들이 그의 덕을 듣고 시주하는 등 소문이 널리 퍼졌다.52)
이에 사람들을 현혹한다고 하여 사헌부의 탄핵을 받아 의금부에 갇혔으나

---

49) 삼혜는 실록에 3건의 기록이 찾아진다.(『광해군일기』 권51, 광해군 4년(1612),
   3월 23일 정사조 ;『광해군일기』 권54, 광해군 4년(1612), 6월 16일 기묘조.) 그는
   순천 송광사 출신으로 전라좌수영 산하 의승수군 팔도도총섭 승대장이었던 慈雲堂
   三惠였다.『이충무공전서』에 의하면, 이순신 장군 휘하에 시호별도장으로 順天寺
   를 중심으로 활동했던 義僧水軍이었다.(『李忠武公全書』上, 권3, 分送義僧把守要害
   狀, 1593.1.26 ; 한국문헌연구소, 『松廣寺史庫』, 인물부, 1977, 563쪽.) 이에 대한
   자세한 사실은 다음의 논문을 참조하기 바람.(양은용, 「임진난과 호남의 불교의
   승군」,『한국종교』 19, 원광대 종교문화연구소, 1994 ; 양은용, 「임진왜란이후
   불교 의승군의 동향」,『인문학연구』 4, 원광대 인문학연구소, 2003.)
50) 『광해군일기』 권51, 광해군 4년(1612), 3월 19일 계축조 ;『광해군일기』 권51,
   광해군 4년(1612), 3월 20일 갑인조 ;『광해군일기』 권54, 광해군 4년(1612), 6월
   16일 기묘조 ;『광해군일기』 권51, 광해군 4년(1612), 3월 16일 경술조 ;『광해군일
   기』 권57, 광해군 4년(1612) 9월 12일 계묘조 ;『광해군일기』 권60, 광해군 4년(1612),
   윤11월 6일 을축조. 실록에 의하면, 天印은 許瀁의 손자로 최유원의 외삼촌이었고,
   문도 三慧 등이 있었다.
51) 『광해군일기』 권73, 광해군 5년(1613), 12월 8일 신묘조 ;『광해군일기』 73권,
   광해군 5년(1613), 12월 16일 기해조 ;『광해군일기』 73권, 광해군 5년(1613), 12월
   19일 임인조.
52) 유몽인, 『어우야담』 권2, 승려.

석방된 일이 있었다.53)

일선뿐만 아니라 관음굴 주지 靈悟도 聖恩을 사칭하며 승려들에게 뽐내고 송도에서 과일을 바쳤다고 하여 의금부에 갇히기도 하였다.54) 청허휴정도 문도 사명유정과 더불어 정여립의 모반사건에 연루되었다가 무혐의로 풀려났던 적이 있었다.55) 뿐만 아니라 휴정의 문도인 玄賓印英(? ~1613)은 추국을 받아 죽임을 당하기도 하였다.56) 이렇듯 고승들에 대한 탄압은 계속되었고 부휴선수도 예외일순 없었다.

> 광해군 때 부휴대사가 어떤 미친 승려의 참소를 입어 王獄(의금부)에 붙들려 갈 때 화상도 또한 거기에 연좌되어 결박을 당해 있었지마는 기뻐하여 흔들리지 않았으므로, 그 理官(감옥의 관리)은 그 분들을 큰 부처 작은 부처라고 하였다.
> 이튿날 광해군이 친히 대궐에서 죄를 신문하다가 그 도의 기운이 뛰어나고 그 말이 곧고 바른 것을 보고는 마음으로 이상하게 여겨 그 결박을 풀고 한참동안 문답하였다. 그리하여 광해군은 매우 기뻐하면서 비단가사 두 벌을 나누어 주고는 그 領城으로 돌아가게 하니 모두 달려와 절하고 찾는 자가 무수히 많았다.57)

---

53) 『중종실록』 권81, 중종 31년(1536), 4월 9일 계사조 ;『중종실록』 권81, 중종 31년 (1536), 5월 14일 무진조 ;『중종실록』 권81, 중종 31년(1536), 4월 13일 정유조 ; 4월 14일 무술조 및 4월 19일 계묘조 ; 5월 14일 무진조 ; 황인규, 「나암보우의 불교계 활동과 문도」,『동국사학』 40, 2004 ; 황인규,『고려말·조선전기 불교계와 고승연 구』, 혜안, 2005.

54) 『중종실록』 권81, 중종 31년(1536), 4월 9일 계사조 및 4월 10일 갑오조 및 4월 13일 정유조 및 4월 15일 기해조 및 4월 19일 계묘조.

55) 『선조수정실록』 권24, 선조 23년(1590), 4월 1일 임신조.

56) 『광해군일기』 권73, 광해군 5년(1613), 12월 8일 신묘조 ;『광해군일기』 권73, 광해군 5년(1613), 12월 16일 기해조 ;『광해군일기』 권73, 광해군 5년(1613), 12월 19일 임인조.

57) 처능, 「賜報恩闡敎圓照國一都大禪師行狀」,『대각등계집』 권하 ;『한글대장경－대 각등계집』, 262쪽.

광해군 때에 대사는 두류산에 있다가 어떤 미친 승려의 모함을 받아 옥에
갇혔다. 理官은 대사의 기개가 당당하고 말이 유창한 것을 보고 광해군에게
아뢰었다. 광해군은 그 억울한 죄임을 알고 이튿날 아침에 안으로 불러들여
도를 물어보고 매우 기뻐하여 紫欄方袍 碧綾長衫 綠綺重襦 각 한 벌과
金剛數珠 한 개와 그 밖의 갖가지 보배 등 후한 예물을 주었다.[58]

위의 인용문에서 보듯이, 부휴선수는 모함으로 옥에 갇히게 되었다.
선수는 결박을 당해 있었지만 조금도 흔들리지 않았고 그런 선수를 보고
궁궐내 국문 관료들은 '큰부처 작은 부처'라고 하였다고 한다. 더욱이
그 이튿날 광해군이 친히 국문장에 와서 선수를 신문하다가 선수의 도가
뛰어나고 말이 곧고 바른 것을 보고 비단가사 두 벌 등을 하사하고 석방하였
다. 이처럼 광해군에게 부각된 고승은 부휴선수였고, 그 후 문도 벽암각성과
고한희언 등이 광해군의 능침사찰인 봉인사 등 원당의 증명사로 활동하게
된다.

4. 맺음말

이상으로 광해군대 불교고승과 광해군의 친어머니 공빈 김씨 成陵의
능침사찰인 奉印寺에 대하여 살펴보았다. 광해군대 불교고승으로 주목되는
것은 浮休善修와 그의 문도 碧巖覺性과 孤閑熙彦, 그리고 술승으로 알려진
性智와 비구니 禮順의 활동이다. 특히 부휴선수는 淸虛休靜의 문도이자
사명유정의 도반인 玄賓印英처럼 무고로 옥고를 치루기도 하였으나, 오히
려 광해군의 눈에 들어 成陵 원찰의 증명법사가 되어 5년간 머물렀다.
때문에 선수는 법호를 추가 받는 등 존숭을 받았다.

1619년(광해군 11) 중국에서 진신사리를 이안하여 그 이듬해 부휴선수의
문도가 주도하여 奉印寺에 봉안하였다. 1622년(광해군 14) 광해군이 친히

58) 처능, 「홍각등계비명병서」, 『대각등계집』 권하 ;『한글대장경 ─ 대각등계집』,
276~277쪽.

趙仁規(1227~1308) 가문의 원찰로 알려진 廣州 淸溪寺에서 齋를 크게 베풀 때 부휴선수의 문도인 孤閑熙彦(1561~1647)과 碧巖覺性이 증명사로 참여한 데서 알 수 있다. 때문인지 같은 해 부휴선수와 제자 碧巖覺性(1575~1660)이 광해군으로부터 법호를 하사받았다.

광해군은 임진왜란시 불타버린 궁궐을 대신해 仁慶宮 등 궁궐을 지어 왕의 권위를 회복하고자 하였다. 실록에 술승으로 기록된 性智가 궁궐과 능 터를 잡는 등 광해군의 곁에서 자문에 응했는데, 성지의 역할이나 위상이 마치 조선초 無學自超와 비슷했다.

비구니 禮順은 權臣 李貴의 딸로서 金自點의 동생인 金自兼의 아내였다. 예순은 과부가 되자 남편의 친구와 목사의 첩인 貞伊와 함께 출가해 불교신 행길에 올라 명산대찰을 편력하다가 잡혀 한성으로 이송되었다. 간통했다 는 등 죄목을 뒤집어쓰고 국문을 당하기도 하였지만, 광해군과 상궁 김개시 의 도움으로 풀려났다. 당시 생불이라 일컬어지며 궁궐을 출입하면서 김개시와 더불어 정업원 등 왕실의 불교계에 관여한 듯하다. 또한 개똥이라 고 불렸던 김개시는 왕실 비구니 승방인 淨業院에 가서 기도하는 등 유생들 의 지속적인 정업원 置廢 주장 속에서도 정업원을 지키려고 노력한 듯하다.

광해군은 친어머니 恭嬪 金氏를 위해 묘를 成陵이라 추봉하고 奉印寺를 원찰로 삼았다. 조선전기 왕실의 陵寢寺刹制를 계승한 것이며, 방계 출신인 덕흥대원군 후손이 자신들의 조상가계를 추숭하기 위한 것이었다. 그리고 광해군도 명청교체기라는 어수선한 시기임에도 불구하고 중국에서 석가모 니 진신사리를 모셔와 봉인사에 浮圖庵을 짓고 봉안하였다.

그러한 광해군의 불교에 대한 관심은 덕흥대원군 가계의 왕실불교신행 과 더불어 성리학적 예제가 본격적으로 시행되는 시기에 있어서 매우 주목된다. 광해군을 비롯한 조선후기 왕실은 원찰이나 능침사찰의 운용 등 불교에 대한 시책과 관심을 가진, 산중중심 불교시대의 불교의 후원자이 면서 수호자였기 때문이다.

제3장 영조의 능침사찰 보광사와 고승

1. 머리말

보광사는 경기도 파주시 광탄면 영장리[1] 고령산(高靈山, 古靈山)에 있는 절이다. 대한불교조계종 제25교구 본사인 奉先寺의 말사이며, 신라말 선각국사 도선에 의해 창건된 천년 고찰이다.

보광사에서 가장 많이 알려진 사격 내지 위상은 선각국사 도선이 창건한 비보사찰이며, 조선후기 영조의 어머니인 숙빈 최씨의 능침사찰인 왕실원당이었다는 것이다. 그러나 그러한 사실조차 정확히 설명해줄 만한 기록은 찾아보기 어렵다.[2]

---

1) 보광사가 위치한 영장리는 양주군이었으나 1983년 2월 군내의 白石面 基山里와 靈場里가 파주군 廣灘面에 편입되었다. 보광사가 양주군 백석면으로 기록된 것은 그 이유이다.

2) 보광사에 대한 학술적인 논문은 한두 편에 불과하다.(鄭永鎬, 「古靈山 普光寺 遺蹟－崇禎七年銘 銅鐘을 中心하여－」, 『惠庵 柳洪烈博士 華甲紀念論叢』, 1971, 528~548쪽.) 정교수는 1971년 당시 보광사에서 보유하고 있는 10여 건의 기록을 소개하고 있지만, 그 후 지금까지 이를 연구하거나 소개한 글은 찾아지지 않는다. 다만 최근에 19세기 불교건축에 대한 연구를 하면서 보광사의 건축사실을 다룬 논문이 있을 뿐이다.(손신영, 「5. 경기도 파주보광사」, 『19세기 불교건축의 연구』, 동국대 대학원 박사학위논문, 2006.)
그리고 사료적 가치가 인정되는 근대의 잡지 및 신문기사는 다음과 같다.(『大韓每日申報』, 1912.1.6, 祝新年總督府新法令 ; 『朝佛月報』 1, 70쪽 ; 30본산연합사무소, 「吾等의 사명－普光寺住持 李應涉」, 『朝鮮佛敎叢報』 11, 30본산연합사무소, 1918, 11~14쪽 ; 「1924년, 각 사찰에서 住持배척 또는 복직문제를 둘러싸고 여러 가지 복잡한 문제 발생됨」, 『佛敎』 2, 63쪽 ; 이정록, 「부록/ 불교휘보 : 보광사 법맥상속식」, 『불교』 56, 불교사, 1929, 118쪽 ; 崔鳳則, 「肅宗嬪墓昭寧園, 古戰場碧蹄舘을 지나면서(續)」, 『삼천리』 8-1, 1936.1.1.)
또한 대한불교조계종에서 편찬한 『일제시대 불교정책과 현황』, 「제2장 사찰소유 임야」에 의하면 사유림 벌채허가 관련 사실을 소개하고 있다.(사유림 벌채허가 따라서 본고는 보광사 관련 자료 및 기록을 종합하여 검토한 후 보광사의 천년 역사를 복원하고 그 위상을 정립하고자 한다.3)

2. 고·중세 국가의 비보사찰

지금까지 알려진 보광사의 연혁에 대하여 열거하면 다음과 같다.

894년(진성여왕 8)	道詵이 국가 비보사찰로 창건함.
1215년(고종 2)	元眞이 중창함.
	法敏이 불보살상 5位를 조성하여 법당에 봉안함.
	木造毘盧遮那三尊佛과 文殊·普賢菩薩像을 대웅전에 봉안함.
1388년(우왕 14)	無學이 중창함.
	徐居正(1420~1480)이 절에 와서 시를 남김.
	趙昱(1498~1557)이 절에서 노닒음.
1545년(명종 즉위년) 10월경 파주 金剛庵의 승려 敬元이 주석함.	

1930년 2월 13일, 제932호(85권, 211면) ; 사유림 벌채허가 1932년 3월 23일, 제1560호(92권, 1056쪽.) ; 사유림 벌채기간 연장허가가 1932년 7월 8일, 제1650호(94권, 90쪽.) ; 사유토지 기부허가 1941년 6월 27일, 제4327호(130권, 912쪽.) ; 사유림 벌채허가 1941년 12월 17일, 제4470호(132권), 646쪽.) ; 佛教新報社, 「普光寺山林問題 一般은 誤解마라」, 『佛教新報』 21, 불교신보사, 1948.1, 1쪽.

3) 참고로 현대에 이르러 교양잡지에 기고된 글들을 소개하면 다음과 같다.(편집부, 「普光寺 名刹巡禮」, 『法輪』 117, 月刊 法輪社, 1978.11, 82~85쪽 ; 權敬姬, 「古靈山 普光寺」, 『佛光』 90, 불광회, 1982.4, 50~53쪽 ; 佛光 編輯部, 「고령산 普光寺-古寺의 향기」, 『佛光』 156, 불광회, 1987.10, 9~13쪽 ; 편집부, 「대가람의 향기 : 고령산 보광사」, 『大圓』 71, 대원회, 1988.10, 8~9쪽 ; 崔完秀, 「(파주 高靈山)普光寺 名刹巡禮(26)」, 『月刊朝鮮』 11권 7호(124호), 조선일보사, 1990.7, 532~545쪽 ; 조승규, 「호국의 현장에 부처님의 미소가 빛나네-파주 고령산 보광사」, 『求道』 74, 한국불교연구원, 1991.6, 25~27쪽 ; 김판동, 「대중불교의 빛·보광사 김영일 종무실장」, 『大衆佛敎』 182, 대원회, 1998.1, 30~33쪽 ; 김영일, 「고령산 보광사 운영에 관한 보고서 : '실천불교전국승가회' 수행도량의 지난 1년 6개월을 돌아보며」, 『화두와 실천』 2, 실천불교전국승가회, 1996.3, 298~321쪽 ; 崔應天, 「普光寺의 佛教法具」, 『성보』 1, 대한불교조계종 聖寶保存委員會, 1999.5, 71~84쪽 ; 박도화 글, 안병인 사진, 「사찰의 또 다른 멋, 벽화를 찾아서 : 파주 보광사」, 『불교와 문화』 24(no.44), 대한불교진흥원, 2002.1·2, 129~135쪽.)

1592년(선조 25) 이후	임진왜란시 절이 전소됨.
1612년(광해군 4)	雪眉와 德仁이 법당과 僧堂을 복원하고 도솔암을 창건함.
1631년(인조 9)	道元이 범종불사를 위하여 청동 80근을 모음.
1634년(인조 12)	信寬이 300근의 범종을 조성함(현존).
1667년(현종 8)	편양언기, 智侃과 釋蓮이 중수함.
1740년(영조 16)	숙빈 최씨의 묘 소령원의 능침사찰이 됨, 영조가 친필 현액을 내림, 대웅전 관음전이 중수됨. 楓溪明察(1640~1708),「古靈山普光寺明鏡堂重修落成祝詞」를 지음.
1863년(철종 14)	雙世殿과 羅漢殿·큰방·守口庵 건립. 地藏菩薩과 十王像·석가여래삼존불·16나한상 등이 조성됨(나한전과 쌍세전 내).
1869년(고종 6년)	幻空治兆가 普光寺에서 결성한 淨願社 결사를 전개, 유운이 47세 때 淨願社 結社文을 찬술함. 안동김씨 후원으로 만세루가 중수됨.
1882년(고종 19)	『佛說大阿彌陀經』을 간행함.
1884년(고종 21)	관음전과 별당이 축성됨.
1893년(고종 30)	산신각이 신축됨.
1898년(광무 2)	仁坡가 상궁千氏 후원으로 鷲殿을 중수함. 淳嬪 嚴氏와 상궁 홍씨의 시주로 단청함.
1898년	영산회상후불탱 등 탱화가 조성·봉안됨. 6·25전쟁 시 별당 등 일부 당우가 소실됨. 대웅보전·만세루·쌍세전·응진전·산신각·어실각·범종각·요사채 등이 복원됨.
1957년	水閣이 건립됨.
1973년	주지 臥雲이 종각을 건립함.
1981년 8월 30일	불상이 조성됨(높이 41척).
1998년 4월	만세루 해체 복원 중 1869년의 중수상량문이 발견됨.
1995년 11월	분단된 민족의 통일과 지역사회의 발전을 기원하는 기념 國産齋가 개최됨.

이상이 보광사의 주요 연혁이다. 그 가운데 중요한 사실은 신라말 선각국사 도선이 창건하고 우왕대 무학대사가 중창하였다는 것, 임진왜란으로 절이 전소되자 중창되어 영조대 왕실의 능침사찰이 되었던 것, 풍계명찰 등 고승이 주석하였고, 환공치조와 보광거사 등이 결사를 전개하였으며, 추파장선사가 20년간 미타회를 개최하였다는 것이다. 특히 보광사가 역사

무대에 크게 부각된 것은 영조의 어머니 숙빈 최씨의 묘인 소령원의 능침사찰로 지정되고 고종대 보광사에서 정원사 결사운동이 전개되었다는 사실이다. 이러한 사실을 염두에 두면서 보광사의 전근대 역사를 서술해 보고자한다. 현재 절의 가장 오래된 기록은 다음과 같다.

> 贊成事 李龜壽가 관직을 버리고 瑞原 高領寺에 가서 머리를 깎고 승려가
> 되려 하였다. 왕이 이 말을 듣고 급히 사람을 보내 쫓아가서 데리고 오게
> 하고 그의 관직을 회복시켜 주었다.4)

贊成事 李龜壽(?~1366)가 출가하려고 하였던 瑞原 고령사가 바로 파주보광사로, 이것이 보광사에 대한 최초의 기록이다.5) 그 후 실록에도 등장하는데,6) 그 가운데 1545년(명종 즉위년) 10월 무렵 인근의 파주 金剛庵의 승려 敬元이 머물렀다는 사실도 확인된다.

그보다 약간 앞선 시기인 1530년(중종 25) 편찬된 『신증동국여지승람』불우조7)나 조선시대 문집류나 읍지에도 찾아진다. 즉 徐居正(1420~1488)의 『사가시집』 권4,8) 朴世采(1631~1695)의 『南溪集』 권19) 등과, 『양주군목지』나 『비변사등록』10) 등이다. 그리고 古靈寺라는 이름도 沈鋿(1685~1753)의 『樗村遺稿』에서 찾아진다.11)

---

4) 『고려사』 권40, 공민왕세가, 공민왕 13년(1364) 12월 무신조. "贊成事李龜壽棄官至瑞原高領寺欲祝髮 王聞之遽使人追還復其職."

5) 瑞原郡은 파주에 속했던 읍이었다.(『신증동국여지승람』 권11, 京畿, 坡州牧, 건치연혁조.) 1195년(명종 25)에 작성된 「房淸璉妻皮氏墓誌銘」에 '京北山普光寺'라는 기록이 나오지만 이는 개경의 보광사이다.

6) 『태종실록』 권18, 태종 9년(1409), 7월 3일 계유조 ; 『명종실록』 권2, 명종 즉위년 (1545), 10월 5일 갑오조.

7) 『신증동국여지승람』 권11, 경기 양주 불우조. "高嶺寺 在高嶺山."

8) 徐居正(1420~14880), 「碧蹄」, 『四佳詩集』 권4, 詩類.

9) 朴世采(1631~1695), 「高嶺寺」, 『南溪集』 권1, 詩. "客路從雲谷 征鞭到法扉 溪邊雙杵響 巖下一僧歸 殘雪塵機淨 高山道意肥 中宵燈火炯 肯使聖經違 方申讀中庸."

10) 『비변사등록』, 영조 32년, 1월 12일조. "畿內各寺中 陵·園守護 事體自別 彌陁寺 奉獻寺 奉先寺 奉恩寺 奉仁寺 高嶺寺 奉元寺等七寺段 防番錢分排時 永勿擧論爲白齊."

그에 반하여 보광사라는 이름은 조선전기 문신 趙昱(1498~1557)의 詩題 '丙戌秋 來高嶺普光寺懷舊遊'에서 비로소 찾아진다. 즉, 조욱은 병술년 가을 인 1526년(중종 21) '고령사가 古刹이며, 禪室이 있었다'고 적고 있다.[12] 또한 1634년 조성된 종명이나 '高嶺山普光寺'[13] 등의 문집류, 정조대 편찬된 『범우고』에서도 '보광사'라는 절이름이 사용되고 있다.[14] 따라서 신라말 이후 高嶺寺로 불리다가 조선중기 이후 古靈寺 또는 普光寺로 고착되었다.[15]

보광사에서 가장 오래된 기록인 종명에 의하면, '道詵國師가 國家의 裨補寺刹로서 창건하였다고 한다.'고 하여 보광사는 국가 비보사찰로 창건 되었다. 그러한 사실은 다음의 기록에서 유일하게 찾아진다.

도선선사는 귀국한 다음에 가람과 부도를 세워 나라의 맥을 진정시키고 지세를 비보하였다. 대체로 구룡사는 바로 처음으로 치악산 중에서 지맥을 비보하고 진정시킨 곳이다. 이처럼 나라의 맥에 도움을 준 곳이 어찌 드물겠는가!
먼저 세운 큰 가람은 월출산 도갑사(영암), 백계산 옥룡사(광양), 지리산 화엄사(구례), 조계산 송광사(순천), 천관산 천관사(장흥), 천등산 금탑사(흥 양), 백양산 정토사(장성), 가야산 해인사(합천), 취서산 통도사(양산), 태백 산 부석사(순흥), 소백산 용문사(예천), 계림의 법광사와 불국의 기림사(경

---

11) 沈鋿(1685~1753),「與伯修 仲和兄弟及鄭健之 洪聖會 同宿古靈寺」,『樗村遺稿』권1, 詩 江湖錄[二] 至己丑秋. "法界流傳久 華宮但有名 木魚何日動 禪磬不時鳴 人語曾年樂 僧慵見客情 墳菴如可掇 古利倘重盈."

12) 趙昱(1498~1557),「丙戌秋 來高嶺普光寺懷舊遊」,『龍門集』권1, 三山錄. "選幽尋古寺 雲水邈松門 落葉埋前路 黃花出短垣 禪室僧方定 深林鳥不喧 再遊知幾歲 惻愴可堪言." 보광사가 조선시대 선종사찰이었음을 알 수 있다.

13)「有明朝鮮國楊州地高嶺山普光寺新鑄宝鐘銘序」,『한국사찰전서』상.

14) 전국에 보광사라는 사찰은 많지만, 그 가운데 경기 일원의 보광사는 착각하기 쉽다. 예컨대 다음의 조선후기 고승 설잠이 활동했던 보광사는 파주 보광사가 아닌 남양주 보광사인 듯하다.(金履安(1722~1791),「普光寺 贈雪岑上人」,『三山齋集』 권1, 詩. "老釋淸宵坐 禪房春雪深 客來亦不語 澄月到池心.")

15) 영조의 사친 숙빈 최씨의 능침사찰이 되면서 고령사가 보광사로 바뀌게 되었다는 사실은 재고되어야 할 것이다.

주), 칠현산 칠장사(죽산), 미지산 용문사와 상원사(지평), 삼각산의 중흥사와 승가사, 고령의 보광사, 천보산 회암사(양주), 장단의 화장사, 구월산 월정사와 흥률의 패엽사(문화), 계룡산 갑사(공주), 속리산 법주사(보은), 풍악산 장안사와 표훈사(회양)였다. 그리고 유점사(고성), 설봉산 석왕사(안변), 북송산 신광사(해주), 천등산 봉정사(안동), 일선 도리사(선산), 희양산 봉암사(문경) 등이다.

이것들은 모두 티끌 세계가 되어 잡목 우거진 자리로 변한 곳에 도솔천을 옮겨 빨리 불국토를 만든 것이니, 어찌 융성하지 않았으랴!16)

도선은 우리나라 땅의 맥을 진정시키고 지세를 비보하기 위해 전국의 도처에 절과 탑을 세웠다고 한다.17) 그 가운데 보광사도 포함되었던 것이다.

그 후 도선의 비보사탑설은 고려말 무학에게 계승되었다.18) 즉, 나옹혜근의 문도인 宏演과 無學自超, 자초의 제자 惠澄과 涵虛己和에게도 도선의 종풍이 계승된 흔적을 찾을 수 있다. 竹磵宏演은『도선전』을 지었으며,19)

16)「原州雉岳山龜龍寺事蹟」,『증보교정 조선사찰사료』하, 중앙문화출판사, 1968. "許文正公 地乘曰 平原雉嶽 有東岳祠祝冊 自京師至是爲國望之一也 新羅神僧道詵 入中國 謁一行法師 得二始二中二終之理 且學地理之妙 東還之日 獻東方山水圖 則一行 大師一覽 畢筆點三千八百者曰 東方山川多背本主 或作三韓 或作九韓 內外盜賊? 作戰 場者 山川大脉不調之病也 若於點處 建寺立塔 鎭壓靑邱 則國家一統 民物殷盛也 以詵 師 東還之後 建伽藍立浮圖 以鎭國脉 神補地勢 盖此龜龍寺 卽一東岳中補鎭地脉處也 其有助於國脉 豈淺鮮也哉 生建大伽藍 則月出之道山甲 靈岩 白鷄之玉龍 光陽 智異之 華嚴 求禮 曹溪之松廣 順天 天冠之天冠 長興 千燈之金塔 興陽 白羊之淨土 長城 伽耶之海印 陜川 鷲栖之通度 梁山 太白之浮石 順興 小白之龍門 醴泉 鷄林之法光 佛國之祇林 慶州 七賢之七長 竹山 彌智之龍門上院 砥平 三角之重興僧伽 高嶺之普光 天寶之檜巖 楊州 長湍之華藏 九月之月精 興律之貝葉 文化 鷄龍之岬寺 公州 俗離之法 住 報恩 楓岳之長安表訓淮陽 又有之楡岾 高城 雪峯之釋王 安邊 北松之神光 海州 天燈之鳳停 安東 一善之桃李 善山 曦陽之鳳岩 聞慶 此皆移兜率於塵寰 化榛莽爲佛土 何其盛也."

17)『고려사』권2, 태조세가, 태조 26년 4월조. "我國家大業 必資諸佛護衛之力 故創禪教寺院 差遣住持焚修 使各治其業";『성종실록』권174, 성종 16년(1485), 1월 무자조. "道詵說三千神補之說."

18) 이에 대한 자세한 사실은 다음의 논문을 참조하기 바람.(황인규,「선각국사 도선의 종풍계승」,『한국선학』20, 2008.)

19) 굉연,「高麗國師道詵傳」,『조선사찰사료』권하, 377~379쪽 ; 李圭景(1788~?),「釋

무학자초는 도선의 국가 비보사상을 가장 잘 계승한 인물로 알려지고
있다. 淸虛休靜은 「釋王寺記」[20]에서 "옛날 왕태조는 道詵을 얻어 스승을
삼고 절을 세워 먼저 태조왕이 되어 종묘를 누리고 자손을 보존한 지
천년인데, 이제 우리 태조는 무학을 얻어 스승을 삼고 절을 세워 나중에
태조가 되어 종묘를 누리고 자손을 보전한 지 또한 200년이다."[21]라고
했다.

그런 무학자초가 1388년(우왕 14) 普光寺를 중창하였다는 것이다. 정사류
인 『고려사』에 의하면, 그보다 25년 전인 1364년(공민왕 13)에 보광사의
존재를 확인할 수 있다. 찬성사 이구수가 보광사에 출가하려 했던 것도
보광사가 국가 비보사찰이었기 때문이 아니었는가 한다.

조선시대에 이르러 태종 9년 보광사의 존재를 확인할 수 있다.

벽제역 가에는 비가 처음 개었고
고령사 앞에는 시냇물이 불었는데,
십리라 청산 곁엔 말의 그림자 파리하고
한 채찍 석양 아랜 다듬이소리 급하여라.
천지는 쓸쓸하여라 어느 곳으로 갈꼬.
세월은 자꾸 흐르니 꿈이 절로 놀라누나.
객지에서 만난 이는 서로 아는 이 적은데
오직 흰 머리털만 아직 다정할 뿐이로다.[22]

위의 시문은 문인 서거정이 고령사, 즉 보광사에 와서 시를 남긴 것인데,

敎·梵書·佛經에 대한 辨證說 附 釋氏雜事」, 『五洲衍文長箋散稿』 經史篇 3— 釋典類
1, 釋典總說, 寺利 ; 황인규, 「고려후기 사굴산문 수선사 고승과 중국불교계—제기
록 검토와 그 실상을 중심으로」, 『불교학보』 47, 2007.
20) 淸虛休靜, 「雪峰山釋王寺記」, 『한글대장경』 151(『청허당집』).
21) 위와 같음.
22) 徐居正(1420~1488), 「碧蹄」, 『四佳詩集』 권4, 詩類. "碧蹄驛上雨新晴 高嶺寺前溪水生
十里靑山瘦馬影 一鞭紅日急砧聲 乾坤澒落行何適 歲月侵尋夢自驚 客裏相逢少相識
唯餘白髮故多情."

그는 고령사뿐만 아니라 고령산 上巖寺의 行上人을 찾아가기도 하였다.[23]
그 후 문인 趙昱(1498~1557)이 1526년(중종 21) 가을 高嶺 普光寺를 유람하면
서 시문을 남겼다.[24] 그 후 명종대 고령사의 존재를 확인할 수 있고,[25]
중종대 편찬된『신증동국여지승람』불우조에 실려 있다. 이렇듯 보광사는
조선전기에도 사세를 유지하고 있었던 것이다.

3. 조선후기 왕실의 원당과 고승

조선후기 산중불교시대의 보광사는 다음과 같은 기록으로 그 모습을
엿볼 수 있다.

> 우리 조선에 이르러 명나라 萬曆 20년(1592)의 병화에 전소되어 사슴의
> 놀이터가 된 지 오래다. 30년이 지난 임술년(1622)에 해서지방의 스님
> 雪眉와 호서지방의 스님 德仁이 비로소 이 터에 들려 크게 탄식하고 말하였
> 다. "名刹이 빈 터로 남아 있으니 복구하지 않을 수 없구나!" 하고 雪眉는
> 법당을, 德仁은 승당을 지었다.
> 이로써 사해의 賢師들이 구름같이 모였고, 갖가지 도구도 예전에 못지않게
> 구비했으나, 종 하나가 없어서 흠이었다.[26]

---

23) 徐居正,「去年 訪上人於高嶺山上岩寺 登後峯有作 今送惠上人 復用前韻以寄」,『四佳
詩集』권4, 詩類 ; 徐居正,「上巖寺」,『四佳詩集』권3-3, 詩類.
　　가난한 선비였던 黃愼(1560~1617)이 1584년(선조 17) 高嶺山 절에서 글을 읽었고
그 무렵 김제남과 함께 머물기도 하였다고 한다.(『光海朝日記』1, 問目, 계축년
5월, 전 檜原府院君 黃愼, 52세.) 그들이 머물렀던 절이 보광사인지는 알 수 없다.
24) 趙昱(1498~1557)이 남긴 시문을 소개하면 다음과 같다. "選幽尋古寺 雲水遠松門
落葉埋前路 黃花出短垣 禪室僧方定 深林鳥不喧 再遊知幾歲 惻愴可堪言."(趙昱
(1498~1557),「丙戌秋 來高嶺普光寺懷舊遊」,『龍門先生集』권1, 三山錄.) ; "千峯廻
合兩溪分 一寺嵒嶢古佛尊 老樹參天留宿霧 黃花滿砌映朝暾 秋晴野鶴雲中見 夜半鐘聲
月下聞 好是祇園淸淨地 從今吾亦遠塵紛."(趙昱,「題普光寺」,『龍門集』권1, 三山錄.)
25) 『명종실록』권2, 명종 즉위년(1545), 10월 5일 갑오조.
26) 黃壽永,『韓國金石遺文』, 一志社, 1976,「有明朝鮮國楊州地高嶺山普光寺新鑄宝鐘銘
序」. "竊聞 此寺 高麗時道詵國爲國家禪補營利也 及於我朝大明萬曆二十年壬辰 兵燹
蕩盡 爲摩鹿所居久矣 越三十年壬寅 海西僧雪眉湖西僧德仁始入玆墟吁然嘆息 名利之

위의 기문은 앞서 인용한 보광사종명인데, 보광사는 임진왜란의 참화를 입어 全燒되어 '사슴의 놀이터'가 되었다고 한다. 임진왜란은 최대의 전장 가운데 하나로 보광사 인근의 碧蹄館전투를 지칭하는 듯하다.[27]

1592년(선조 25)의 임진왜란 때 사명대사(1544~1610)가 승병 3천을 거느리고 권율 장군과 함께 밀고 밀리는 싸움통에 모두 불탔으며, 이때에 많은 시체가 쌓여졌으므로, 이곳을 '피밭골' 또는 '뒷박고개'라고 불렸음이 아직도 이어지고 있다.[28]

위의 글은 벽제관전투와 관련된 설화이지만 시사하는 바가 적지 않다. 碧蹄館전투에는 권율과 사명유정 등이 참여하였다.[29] 이 전투로 보광사가 모두 타버리는 참화를 입었지만, 다시 중창되면서 중흥의 길을 걷게 된다. 임란 후 30년이 지난 1622년(광해군 14) 해서지방의 고승 雪眉와 호서지방의 고승 德仁[30]이 보광사 터에 들러 名刹을 복구하지 않을 수 없다고 하여 雪眉는 法堂을, 德仁은 僧堂을 지었다는 것이다. 그리고 도솔암이 다시 창건된 것도 이때였다.[31] 전국 賢師들이 보광사에 구름같이 모여들었고,

---

為丘墟 不可復 雪眉創法堂 德仁創僧堂 由是四方賢師雲集 一傷百事什物無欠 前美而 唯厥一鍾 仁師痛念無已 崇禎辛未 意欲成鐘勸立道元老僧 三年僅募艱得八十斤靑銅成 之 不果獻寺以退 今化主信覺海西僧也 癸酉七月継道元 而立乃首僧學岺之勸也 時寺衆 二十員等 皆力助焉 別座智什仁師之弟子也 体仁寺之念盡成竭力無厭色之嗚呼."

27) 碧蹄館 전투에 대해서는 다음의 글이 참고된다.(이향철,「히데요시의 조선침략·점령정책과 한성탈환전투」,『인문사회과학논문집』31, 광운대 인문사회과학연구소, 2002 ; 박재광,「壬辰倭亂期 日本軍의 漢城 점령과 蘆原坪戰鬪」,『인문사회과학논문집』31, 광운대 인문사회과학연구소, 2002.)
28) 경기도,『기내사원지』, 1988, 424쪽.
29)『선조수정실록』권26, 선조 25년(1592), 7월 1일 무오조 ;『선조실록』권48, 선조 27년(1594), 2월 20일 기사조.
30) 德仁은 후대의 楓谷德仁과는 동명이인이다. 아마도『청허집』등에 나오는 승려라고 생각된다.(청허휴정,「德仁禪子」,『청허당집』:『한국불교전서』7, 11쪽 ; 편양언기,「妙香山 賓鉢菴記」,『편양당집』:『한국불교전서』8, 48쪽.)
31)『奉先寺本末寺略誌』에 의하면 도솔암에 대하여 다음과 같이 소개하고 있다. "894년 (진성여왕 8) 道詵이 창건하였으며, 임진왜란 때 전소된 것을 1622년(광해군 14)

종을 제외한 제반 시설도 옛날에 못지않게 갖추었다고 한다. 그후 12년이
지난 1634년 종을 주조하여 봉안하는 등 중창을 마무리하였다.

> 德仁스님이 이를 애석하게 여겨 생각하던 끝에 崇禎 신미년(1631)에 道元
> 老僧을 化主로 추대하니, 3年동안 애써서 청동 80근을 모으고 중도에서
> 물러갔다. 지금의 化主 信寬은 해서지방 스님인데 首僧 學岑의 추천을
> 받아 道元의 뒤를 맡은 분이다.
> 이때 절의 대중 20명이 힘을 다해 도왔다. 別座인 智仵은 德仁의 제자인데,
> 德仁스님의 본을 받아 정성을 다해도 조금도 지치는 기색이 없었다.[32]

위의 종명에 의하면, 호서지방에서 온 德仁이 1631년 노승 道元을 化主로
추대하여 3년 동안 靑銅 80근을 모았고, 1634년 해서지방에서 온 信寬이
보광사의 首僧(住持) 學岑의 추천을 받아 道元의 뒤를 이어 보광사 大衆
20명과 힘을 합하여 종을 조성하였다. 別座를 맡은 德仁의 弟子 智仵의
공이 컸다는 것이다. 그 가운데 德仁과 學岑이 찾아지고 있으며, 특히
"本寺助緣秩 彦機 天玉 靈玉 德仁 學岑 丹湜…"[33]라고 하여 彦機도 찾아진다.
언기는 청허휴정의 적사 鞭羊彦幾(1581~1644)라고 생각된다. 다음과 같은
이유 때문이다. 즉 앞서 언급한 바와 같이, 청허휴정의 문도인 사명유정이
碧蹄舘 전투에 참여했다. 그리고 청허휴정이 「석왕사기」 등에서 도선과
무학의 국가 비보사상을 강조한 바 있고, 국난을 당하자 의연히 승병을
일으켰는데 문도 사명유정 등이 참여했다. 벽제관 일대에서 일어났던
전투에서 보광사를 비롯한 가람과 국가 수호를 위해 분연히 나섰던 것이다.
때문에 휴정의 수제자인 언기가 전쟁의 참화를 입은 보광사 중창불사에
참여하였으며, 언기의 법손인 풍계명찰이 보광사에서 활동한 것도 이러한

정신을 계승한 것이다. 즉, 조선후기 산중중심의 불교를 주도하였던 청허휴
정과 문도들의 모습을 보광사에서도 찾아볼 수 있다. 예컨대 1667년(현종
8) 지간과 석련이 보광사를 중수할 때 풍계명찰(1640~1708)도 明鏡堂을
중수하였다.34) 명찰이 남긴 기문에는 왕실을 축원하는 내용이 나오므로,
보광사는 조선후기에 이르러 왕실의 원당이 된 듯하다. 또한 '山稱 高靈之佳
號 寺曰普光之殊名'35)이라 하여 절 이름도 보광사라고 불린 듯하다. 그
후 보광사는 왕실의 사찰이 되었고, 1740년(영조 16) 영조의 어머니인
숙빈 최씨(1670~1718)의 묘인 소령원의 원찰이 되었다.36) 영조는 즉위하자
숙빈 최씨의 사우를 潛邸인 彰義宮에 건립하고 廟號를 숙빈묘라고 하였으
며,37) 얼마 있다가 다시 추숭하여 毓祥宮으로 개칭하였다.38)

---

34) 楓溪明察(1640~1708),「古靈山 普光寺 明鏡堂 重修 落成祝詞」,『楓溪集』:『한국불교
전서』9, 158쪽. 明察은 청허휴정의 적사인 편양언기의 문도인 楓潭義諶의 제자이자
편양언기의 법손이었다.(東聞佾,「普濟登階大師 行狀」,『楓溪集』:『한국불교전
서』, 197쪽.)
35) 楓溪明察(1640~1708),「古靈山 普光寺 明鏡堂 重修 落成祝詞」,『楓溪集』:『한국불교
전서』9, 158쪽.
36) 숙빈 최씨는 1670년(현종 11) 11월 崔孝元의 딸로 西學洞 餘慶坊에서 태어났다.
7세에 궁에 들어가 숙빈에 봉해졌고, 1694(숙종 20) 9월 13일에 昌德宮의 寶慶堂에
서 영조를 낳았다. 숙빈은 조선시대 왕을 생산한 7명의 후궁 가운데 가장 신분이
천한 무수리 출신이었다. 때문에 그녀는 가문 성분이 높은 寧嬪 金氏(1669~1735)에
게 영조를 입양하였고, 영조가 즉위하기 8년 전인 1718년(숙종 44) 3월 49세로
세상을 떠났다. 영조는 그런 친어머니에 대한 애틋함으로 효심은 더욱 깊었고
왕비로 추숭하고자 애를 썼다. 참고로 숙빈 최씨는 아버지가 崔領相에, 외할아버지
가 洪贊成에 추증되었고, 贈 참의 2품직에 올랐던 崔垕는 숙빈의 동기간이다.(『영조
실록』권98, 영조 37년(1761), 8월 4일 경오조 ;『영조실록』권106, 영조 41년(1765),
11월 14일 을유조.) 참고로 실록에 등장하는 바와 같이, 崔鎭海와 崔壽岡도 숙빈
최씨의 가문이다.(『영조실록』권70, 영조 25년(1749), 12월 21일 을미조 ;『영조실
록』총서,「영조대왕 誌文」.)
37)『영조실록』권8, 영조 1년(1725), 12월 23일 병술조.
38)『영조실록』권8, 영조 1년(1725), 12월 23일 병술조 ;『영조실록』권2, 영조 즉위년
(1724), 11월 기미조 ;『영조실록』권4, 영조 1년(1725), 3월 18일 병진조 ;『영조실록』
권79, 영조 29년(1753), 6월 25일 기유조 ;『영조실록』권59 영조 20년(1744), 3월
을유조 ;『增補文獻備考』권1, 禮考 8, 궁묘 毓祥宮條 ;『국조보감』영조 29년(1753),
6월조.

淑嬪의 祠堂이 이루어졌다. 숙빈은 곧 임금의 私親이다. 즉위하던 처음에 땅을 골라 사당을 세우라고 명하였는데, 이때에 와서 사당이 이루어졌으니, 景福宮의 북쪽에 있다. 20년 후에 廟號를 고쳐 정하여 '毓祥宮'이라고 하였다.[39]

그리고 1753년(영조 29) 숙빈 최씨를 追諡하여 和敬이라 하고 묘호를 소령원이라 추숭하고 영조가 친히 묘비를 썼다.[40] 1775년(영조 31) 竹冊文과 祝文의 용어를 정정하고 1776년(영조 32) 시호를 徽德이라 하였다.

이렇듯 영조는 의례를 깨면서까지 친어머니를 추숭하였고, 친히 육상궁에 자주 행차하였으며, 전례에 없이 손자 정조를 데리고 소령원에 함께 갔다.[41] 이처럼 영조는 어머니의 묘인 소령원에 행차하여 애틋한 효심을 드러냈다. 그리고 昭寧園 인근의 사찰인 보광사를 숙빈 최씨의 원찰로 삼았다.

畿內各寺中 陵·園守護 事體自別 彌陁寺 奉獻寺 奉先寺 奉恩寺 奉仁寺 高嶺寺 奉元寺等七寺段 防番錢分排時 永勿擧論爲白齊[42]

---

39)『영조실록』권8, 영조 1년(1725), 12월 23일 병술조.
40) 이렇듯 영조는 생모를 추억하며 그 廟祠를 세웠고 묘를 궁으로부터 승격시켰던 것이다. 이는 새롭게 궁원제가 시작된 것이다. 즉 조선전기의 陵·墓制는 조선후기 陵·園·墓 제도로 변화하게 된다. 陵과 墓 외에 국왕의 私親이나 祖母, 王世子, 王世子嬪, 王世孫의 묘를 '園'으로 호칭, 陵과 墓의 중간 위격으로 규정한 것이다. 園制는 조선후기 英祖代 이후 조선 왕실의 尊王의 禮學경향에 의한 새로운 예제의 하나로서 宮·園制가 성립하게 되면서 등장하였다.(정경희,「朝鮮後期 宮園制의 성립과 변천」,『서울학연구』23, 2002.)
41)『승정원일기』정조 11년(1787), 8월 16일 신해조. "丁未八月十六日卯時, 上詣昭寧園擧動入侍時…." 연구에 의하면 영조는 숙빈 최씨를 국모에 준하는 반열에 올리면서 육상궁과 묘소인 소령원에 대한 행행을 매우 많이 하였다. 더욱이 왕세손인 정조까지 동행하였다는 것도 또한 파격적인 것이었고, 정조의 사도세자능과 용주사 행행에 영향을 끼쳤다고 한다. 이에 대한 자세한 사실은 다음의 논문을 참조하기 바람.(이왕무,「영조의 私親宮·院 조성과 行幸」,『규장각』15, 2006.)
42)『비변사등록』, 영조 32년, 1월 12일조.

위의 인용한 글에서 보듯이 경기도 여러 사찰 가운데 陵園을 守護하는 사찰로는 高嶺寺(보광사)와 더불어 彌陁寺 奉獻寺 奉先寺 奉恩寺 奉仁寺 奉元寺 등이 있었다. 영조는 교서를 내려서 '命書傳敎曰 普光寺 卽園守護之刹 曾宿處'라고 하여 보광사가 능원수호사찰이며, 유숙까지 하였다는 사실을 공포하였다.[43] 영조는 1753년(영조 29) 7월에 普光寺관련 시문 57絶 22首를 지었던 바 있다.[44] 전하는 바에 의하면, 대웅보전과 光膺殿 등을 중수하고 萬藏樓가 창건되었는데 대웅보전의 글씨는 영조의 친필이라고 하며, 경내 어실각에는 숙빈 최씨의 위패가 봉안되어 있다. 이렇듯 보광사가 영조의 어머니 묘인 소령원의 능침사찰이라는 사실은 인근의 흥국사의 기문에서도 찾아진다.

암자가 절이 되고 흥국이라 賜號된 것은 我朝의 영묘조의 일로 산이 한미로 바뀐 것은 노고의 麟音(할미)이지 별 뜻이 있는 것은 아니다. 영조가 延祊邸에 있을 때 한산에 이르러 불사를 올렸고, 왕위에 오른 후에는 만년에 소령원에 행행하는 도중에 이 절에 들렀다.

그 때에 큰 눈이 내려 상께서는 柳枝란 제목으로 오언 시귀를 지었으니 "아침이 되매 마음이 흐뭇하니 尺雪로 풍년을 점치도다."('朝來心有喜尺雪 驗豊徵')이었으며, 이를 새겨 殿에다 갈무리를 해두었다. 또 약사전 3자를 써서 현판을 거니 法衆(법의 무리)들이 미증유의 일이라고 뛸 듯이 좋아하였다.[45]

---

43) 『승정원일기』 영조 35년(1759), 3월 28일 무신조 ; 『승정원일기』 정조 11년(1787), 8월 23일 무오조.

44) 『승정원일기』 영조 29년(1753), 7월 16일 기사조. "同日未時 御製編次人入侍時 上御三樂堂 司直李喆輔 吏曹參判趙明履右副承旨趙明鼎 假注書洪良漢 記注官權相龍 洪啓沃 以次進伏 上謂喆輔曰 常時則不入來矣 今始入來耶 命承旨書普光寺御製五七絶 二十二首訖 命明履讀 上曰 昭寧園近處 有鷄鳴山 古有堪輿人 過此地口誦一句曰 金鷄 鳴而搏翼 王氣藏於甕匠云云 甕匠卽其村中多甕匠 故名其村云 豈不可異乎 明履曰 此意宜入御製中矣 上曰 此近不經 何必形諸文字乎 讀訖 上曰 向時之作 頗有可觀 而近來則專是感懷而已 到今見之 判若二手矣仍命編入御製中 以次退出."

45) 「漢美山興國寺萬日會碑記」, 1929년 작 ; 『기내사원지』, 454~455쪽.

영조가 왕위에 오르기 전 한산(한미산)에 이르러 불사를 올렸다.[46] 왕위에
오른 후 영조가 생모인 숙빈 최씨의 묘인 소령원에 다녀오던 길에 흥국사에
하룻밤 머물렀다. 그 후 절 이름은 흥국사로 개칭되었으며, 절이 자리잡은
산도 원래 이름인 노고산에서 한미산으로 바뀌었다고 한다. 숙빈 최씨의
원당은 근기지방의 보광사와 고양 흥국사뿐만 아니라 지방의 순천 송광
사[47]와 용흥사[48]에서도 찾아진다.

이러한 영조의 효심을 손자 정조도 본받아 아버지 思悼世子에게도 宮園制
를 적용하였다. 용주사를 창건하여 능침사찰을 만들어 수없이 행차를
하여 용주사가 효의 사찰로 알려지게 되었지만, 사실은 이미 영조의 능침사
찰인 보광사의 전례를 따른 것이었다.

4. 맺음말

본고는 보광사의 역사와 위상에 대하여 종합적이고 체계적인 연구를
시도하였다. 대개의 사찰에 관련된 기록이 그러하듯이, 영세한 기록과
입증되지 않은 사실 때문에 보광사에 관련된 기록을 가능한 찾으려 노력하
였다. 그 결과 적지 않은 기록을 찾았다. 특히 보광사 관련 기문을 소개하거나

---

46) 이러한 사실은 다음과 같은 기문에 의해서 방증되고 있다. 즉 『승정원일기』
영조 40년(1764), 6월 24일 갑진조. "以承傳色口傳下敎曰 奉先寺曾已申飭 近者雜人若
前云 令禮曹 分付本官 日後此等之人 自本州嚴處 以此觀之 諸利可知 奉恩寺 奉國寺
輔光寺 奉仁寺 奉元寺 一體申飭 輔光寺東室 辛丑年八月 卽予留宿矣 今方重建云
本官儲置米二十石顧助之意 令禮曹 一體分付楊州牧." 영조가 왕위에 오르기 전인
1721년(경종 1) 輔光寺 東室에서 유숙하였고, 1764년(영조 40) 보광사가 중건되었던
듯하다. 그런데 輔光寺가 아마도 파주 보광사인 듯하나 더 정밀한 고증이 필요하다.
그리고 영조 35년 무렵에도 '普光寺翼廊開創'(『승정원일기』 영조 35년(1759), 7월
14일 임술조.)라는 기록으로 미루어보아 그 무렵 보광사가 중창된 듯하다.
47) 「毓祥宮願堂始終記」, 『조계산송광사사고』.
48) 숙종의 궁녀 崔福順(숙빈 최씨)이 龍龜寺에서 기도하여 영조를 낳은 뒤 절 이름을
용흥사라고 했다고 한다. 1693년(숙종 19)에 영조의 어머니 최복순이 이곳에서
기도를 드려 영조를 낳았으므로, 그 때부터 용흥사로 고쳐 불리었다고 한다.(담양
군, 『내고장 담양』, 1982 ; 사찰문화연구원. 『전통사찰총서』 7, 1996.)

찾은 것은 본 작업의 성과이기도 하다. 즉 상량문이나 기문들은 물론이거니와 『청주집』 등의 관련기록 등이 대표적이다.[49]

여러 기록들을 검토한 결과 다음과 같은 사실을 새롭게 밝히거나 추가할 수 있었다. 파주 보광사는 천년 고찰로 효의 사찰로 알려져 왔다. 흔히 효의 사찰은 수원 화성의 용주사를 떠올리는데, 정조가 가엾게 죽은 아버지 사도세자에 대한 애틋한 효도심에서 능을 지키는 사찰 용주사를 크게 중창했던 것이다. 정조를 그러한 효심으로 이끌었던 것은, 할아버지 영조에게서 체득한 것이었다.

영조의 어머니는 우리나라의 왕비 가운데 신분이 가장 천한 무수리 출신이었다. 자신의 미천함 때문에 아들마저 자신보다 지체가 높은 후궁 영빈 김씨에게 맡겨야 했고, 아들이 왕위에 오르기 전에 죽음을 맞이했던, 그 어머니를 위해 삼은 추복도량이 파주 보광사이다. 때문에 파주 보광사는 수원 용주사에 선행하는 왕실의 효의 도량이라고 하겠다.

보광사는 신라말 선각국사 도선에 의해 창건되어 국가의 비보도량으로 운용되었다. 도선의 국가비보정신을 계승한 무학자초에 의해 중창되었으나, 조선조 억불시책으로 산중중심의 도량으로 존립하여 다만 조선전기 문인 서거정, 조욱 등의 문인들이 보광사에 방문했던 사실이 찾아질 뿐이다.

그 후 임진왜란 대전장 가운데 하나였던 벽제관전투의 참화를 입은 듯하며, 청허휴정의 문도인 사명유정이 보광사에 머물면서 벽제관전투에 참전하였다. 경내에 종이 조성되어 봉안되었는데, 편양언기가 참여했음을 알 수 있다. 또한 광해군과 인조대에 여러 전각이 중창되고 그 무렵 암자인 도솔암이 창건되어 왕실의 원당이 되었다. 이렇듯 산중불교의 주역이었던 편양언기와 그의 법손인 풍계명찰이 보광사에서 활동하며, 보광사가 국가와 왕실의 주목을 받아 왕실의 원당이 되었다.

---

49) 이러한 제 기문을 제대로 분석 검토하지 못한 아쉬움이 크다. '기록이 없이 역사 없다'는 말처럼 불교계와 사찰에서는 지금부터라도 기록의 소중함을 인식하고 사지나 사찰자료집을 편찬·간행하는 노력이 뒤따라야 할 것이다.

즉, 풍계명찰과 같은 고승의 노력으로 영조에 의해 왕실능침사찰로서
크게 부각되었다. 그 후 대원군, 고종과 민비 등 왕실의 원당이 되어 사세가
진작되었다. 또한 조선말 환공치조가 보광거사 유운 등과 더불어 결사운동
을 전개했으며, 그 후 秋波璋 선사가 상궁 천씨의 후원하에 1896년부터
20년간 미타회를 전개하였다. 불교공동체인 결사와 미타회가 조선후기
보광사에서 개최된 것이다. 그 무렵 근대불교계의 주역인 용성진종이
보광사 도솔암에서 수행하여 대각교운동의 밑거름이 되었다.[50]

---

50) 보광사의 근현대 역사에 대해서는 다음의 논문을 참조하기 바람(본서 부록 자료소
    개 : 파주 보광사 관련 기록 ; 황인규, 「파주 보광사의 역사와 위상」, 『대각사상』
    12. 2009, 근대 민중의 결사편.)

제4장 수선사 16국사의 위상과 추념

1. 머리말

송광사는 승보종찰로서 불보종찰인 양산 통도사와 법보종찰인 합천 해인사와 함께 삼보종찰로 불려지고 있다. 흔히 송광사는 고려중기 수선사 결사운동을 전개하였던 보조국사 지눌을 포함하여 16국사를 배출하였기 때문에 승보종찰이 된 것으로 널리 알려져 있다. 송광사 16국사의 위상으로 인하여 송광사가 승보종찰로 설정된 듯하지만, 언제부터 어떤 사정으로 설정되었는가에 대해서는 제대로 알려진 바 없다.[1]

수선사 16국사의 책봉은 당대에 이루어진 것이 아닐 뿐만 아니라 그 가운데 대략적인 사실조차 알 수 없는 인물들도 있다. 따라서 16국사의 당대 불교계에서의 역할과 위상을 검토할 필요가 있으며, 언제부터 16사주가 국사로 추념되었는가 하는 사실들이 밝혀져야 송광사의 승보종찰로서의 자격 내지 그 위상을 정립할 수 있을 것이다.

그동안 송광사에 대한 연구는 송광사가 있게 한 지눌과 간화선 및 수선사 결사를 중심으로 이루어져 왔다. 그만큼 한국불교사상사에 있어서 중요한 영향을 끼쳤기 때문이다.[2] 필자도 그러한 측면에서 지눌과 수선사의 사상

---

1) 송광사 16국사에 대해서는 다음의 논문이 참조된다.(菅野銀八, 「高麗曹溪宗十六國師の繼承に就いて」, 『青丘學叢』 9, 1932 ; 이지관, 「지눌의 정혜결사와 그 계승」, 『한국선사상연구』, 동국대 불교문화연구소, 1984.)
2) 송광사에 관련된 기본사서와 연구성과를 대략적으로 소개하면 다음과 같다.(한국문헌연구소, 『曹溪山松廣寺史庫』, 1977 ; 임석진, 『(大乘禪宗 曹溪山) 松廣寺誌』, 1965 ; 한국불교연구원, 『송광사』, 일지사, 1975 ; 조명제 외, 『역주 조계산송광사사고-인물부』, 혜안, 2007 ; 조명제 외, 『역주 조계산송광사사고-산림부』, 혜안,

또는 정신이 후대에 어떻게 계승되었는지 살펴본 적이 있다.[3] 하지만 수선사 16국사의 위상이나 승보종찰로서의 송광사에 대한 정치한 천착은 하지 못했다.

본고는 송광사가 삼보종찰이 된 것은 고려후기 수선사 15사주의 위상 때문이라고 보고, 당대의 불교계 위상이 어떠하였는가를 살펴보고자 한다. 아울러 송광사의 16국사 및 18주지로 설정되어 삼보종찰로서의 위상이 부각된 시기나, 그 상황을 검토해 볼 필요가 있다.

2. 고려후기 수선사 16사주의 위상

근대 이전의 송광사의 사세와 관련된 가장 중요한 고승은 고려중기 보조국사 지눌과 진각국사 혜심, 고려말 나옹혜근과 무학자초 및 조선초 고봉법장과 중인, 조선중기 부휴선수와 벽암각성일 것이다. 지눌은 당시 중앙의 보수화한 불교계를 비판하면서 지방에 내려와 신앙결사를 전개하였고, 이를 계승한 혜심은 간화선을 주창하였다. 그 후 14사주로 계승되면서 고려후기 불교계를 대체로 주도하였다. 그리고 나옹과 무학은 고려말 숭유억불운동기의 송광사 주지를 하면서 불교계를 수호하고자 하였고, 조선초 고봉은 퇴락한 송광사를 중창하였다. 조선중기 부휴와 벽암은 양란으로 침체된 송광사를 중창하였고, 그들의 문도들이 조선후기 불교를 전개하였다.[4]

2009 ; 조명제, 정용범, 「"송광사사고"의 편찬과정과 자료 가치」, 『지역과 역사』 19, 부산 : 부경역사연구소, 2006 ; 조명제, 「조선후기 松廣寺의 전적 간행과 사상적 경향」, 『보조사상』 32, 2009.)
3) 황인규, 「목우자 지눌과 고려후기 조선초 불교계 고승」, 『보조사상』 19, 2003 ; 황인규, 『고려후기·조선초 불교사연구』, 혜안, 2003 ; 황인규, 「조선전기 불교계 고승과 목우자 선풍」, 『보조사상』 21, 2004 ; 황인규, 『고려말·조선전기 불교계와 고승연구』, 혜안, 2005 ; 황인규, 「고려후기 수선사와 사굴산문 - 고승의 존재양상과 그 동향을 중심으로」, 『보조사상』 28, 2007 ; 황인규, 「고려후기 사굴산문 수선사 고승과 중국불교계 - 제기록 검토와 그 실상을 중심으로」, 『불교학보』 47, 2007.
4) 최근 조선후기 송광사에 대한 연구는 서지학 문학 미술 등 여러 분야에서 다양하게

송광사의 역사 가운데 가장 비중이 있는 시기는 고려후기일 것이다. 수선사 15사주는 대체로 고려후기 불교계를 주도하였고, 그 선풍이 조선불교나 근현대 불교계에 끼친 영향은 매우 크기 때문이다.[5]

이렇듯 고려후기 송광사에는 불교계를 대표할 만한 고승이 주석하였고 지눌대 희종으로부터 '조계산 수선사'라는 이름을 하사받았다. 지눌이 결사운동을 전개할 때 寺名이 曹溪山 定慧社 혹은 조계산 修禪社라고 불리었다. 이를 '송광산에 있는 정혜사 또는 수선사'를 줄여 松廣社라고 하였고 후에 松廣寺라는 寺名으로 불리고 있다.[6]

이와 같이 고려후기 송광사는 修禪社 결사도량이었다. 이미 널리 알려진 바와 같이, 결사는 중국 동진의 고승 혜원의 백련결사에서 시작된 신앙결사에서 유래한다. 고승을 중심으로 관료·지식인·보통사람들이 참여한 신앙적인 측면뿐만 아니라 마을 결사라고 할 香徒로 발전하여 조선후기 두레로 변모하였다. 이것이 바로 전통시대 가장 아름다운 공동체 정신의 표상인

전개되어 매우 고무적이다. 이러한 중요 연구성과를 소개하면 다음과 같다.(송일기, 「순천 松廣寺 간행 불서고-조선조 有刊記佛書를 중심으로」, 『서지학연구』 10, 1994 ; 노기춘, 「순천 송광사 開板佛事에 관한 연구 1·2-임진왜란이전 有刊記 불서를 중심으로-」, 『서지학연구』 25·26, 서지학회, 2003 ; 박명희, 「순천 송광사 간행 고승문집 연구」, 『동방한문학』 24, 동방한문학회, 2003 ; 신대현, 「淵泉翁遊山錄」懸板을 통해 본 松廣寺 역사의 一面」, 『불교고고학』 1, 위덕대, 2004 ; 최병헌, 「조선후기 부휴선수계와 송광사」, 『동대사학』 1, 동덕여대 인문대학 국사학과, 1995 ; 김용태, 「錦溪 寶鼎의 浮休系 정통론과 曹溪宗 제창」, 『한국문화』 37, 서울대학교 규장각 한국학연구원, 2006 ; 김용태, 「浮休系의 계파인식과 普照遺風」, 『보조사상』 25, 2006 ; 김방룡, 「부휴 선수의 사상과 그의 법통관」, 『한국선학』 22, 2009 ; 김방룡, 「曉峰, 修禪社 가풍의 계승 및 근대 看話禪의 확립자」, 『불교학연구』 12, 2005 ; 임상설, 「효봉과 송광사」, 『상산문화』 8, 상산고적회, 2002.) 그 외 국문학, 건축 등 제분야에 대한 연구성과는 생략한다.

5) 본고와 관련된 수선사에 대한 중요연구를 소개하면 다음과 같다.(김당택, 「고려 최씨무인정권과 수선사」, 『역사학연구』 X, 전남대학교 사학회, 1981 ; 진성규, 「고려후기 수선사의 결사운동」, 『한국학보』 36, 일지사, 1984 ; 김상영, 「고려 중기의 선승 혜조국사와 수선사」, 『이기영박사 고희기념논총 불교와 역사』, 1991 ; 박영제, 「수선사의 성립과 전개」, 『한국사 21』, 국사편찬위원회, 1996.)

6) 노기춘, 「새로 발견된 『注金剛般若波羅密經』과 松廣寺 寺名에 관한 연구」, 『서지학연구』 29, 2004.

것이다.[7]

수선사는 개창조 지눌과 제자 혜심, 문손 몽여로 계승되었으며, 충지의 말처럼 몽여대 선풍을 크게 떨쳤고 혼원에 이르러 조사의 도를 계속 일으켰다.[8] 그 후 수선사는 혼원과 천영의 제자들에 의해 계승되었다. 즉 혼원의 문도로서 천영, 수선사 제7세 자정일인, 수선사 제8세 자각도영·탁연·원정국사 경지 등이 있었고, 천영의 문도로 수선사 제6세 충지·신화·신정, 수선사 제10세 혜감국사 만항·자원, 수선사 제13세 각진국사 복구, 원명국사 충감 등이 있었다.[9]

복구의 비문에 의하면, 지눌에서 복구대에 이르기까지 13대 祖派가 이루어졌다고 한다.[10] 그 후 제14세 정혜국사로 계승되어 수선사 사주가 거의 대부분 師資相承이 되어 수선사의 전통이 확립되었음을 알 수 있다.

이들 수선사 16사주의 생존시 당대의 위상을 좀 더 살펴보면 다음과 같다. 知訥은 1200년(신종 3) 수선사에서 11년간 대중을 거느리고 불법을 펼쳤다. 오로지 계율로서 두타행을 하였는데 사방의 승려와 속인이 소문을 듣고 몰려들어 성황을 이루었다고 한다. 명리와 벼슬, 처자를 버리고 승려가 된 사람도 있었고, 왕공과 선비와 서민들 가운데 수선사에 들어온 자도 수백 명에 이르렀다고 한다.[11] 이렇듯 지눌이 주도한 신앙결사는 큰 호응을

---

7) 불교신앙결사는 신앙결사와 香徒로 전개되다가 고려후기에 이르러 다양화되었다. 16세기 이후 지방 士族들이 성리학적 사회질서를 재편성해 나가면서 향도는 공동노동조직으로서의 기능을 두레가 담당하게 됨에 따라 喪葬의 일만을 수행하여 상두꾼으로 잔존하게 되었다.(김필동, 「삼국-고려시대의 향도와 계의 기원」, 『한국전통사회의 구조와 변동』, 1986 ; 채웅석, 「고려시대 香徒의 사회적 성격과 변화」, 『국사관논총』 2, 1989 ; 이태진, 「예천 開心寺石塔記의 분석」, 『역사학보』 53·54, 1972 ; 이태진, 「17·18세기 향도조직의 분화와 두레 발생」, 『진단학보』 67, 1989.) 이렇듯 송광사는 공동체 정신의 성과에서 출발된 것이다. 따라서 송광사를 비롯한 모든 사찰은 누구나 와서 즐기고 나눔을 함께 하는 생활공동체의 장이 되어야 할 것이다.

8) 충지, 「定慧入院祝法壽疏」, 『원감국사집』 疏篇.

9) 황인규, 「목우자 지눌과 고려후기 조선초 불교계 고승」, 『보조사상』 19, 2003 ; 황인규, 『고려말·조선전기 불교계와 고승연구』, 혜안, 2005.

10) 이달충, 「각엄존자각진국사비」, 『동문선』 권118.

얻었다. '소의 걸음에 범의 눈빛의 위엄(牧牛虎視)'을 가지고 몸가짐에 해이함이 없었고 항상 대중을 앞서서 실천하였다. 희종은 지눌의 명성을 듣고 송광산을 조계산으로, 길상사를 수선사로 고쳐 사액을 내리는 등 왕실의 공경과 외호를 받았다. 후에 가지산문계 선승 일연이 지눌을 遠嗣하였다고 한 것[12]도 지눌과 수선사의 위상을 대변하는 것이다. 입적 후 '불일보조국사'로 추증되었고 '감로'라는 탑호를 하사받았다.[13]

지눌의 입적 후 그의 법을 이은 慧諶은 왕명으로 승과를 거치지 않고 대선사를 제수받았고 수선사 사주가 되어 신앙결사운동을 전개하였다. 그 규모가 커지자 강종의 지원으로 도량을 증축했다. 혜심의 도를 흠모하여 가르침을 받고자 하는 사람들이 매우 많이 몰려들었다. 혜심이 이끈 승려만 해도 1천여 명에 달했다고 한다.[14] 실권자 최우도 그의 도풍을 듣고 개경으로 모시고자 했으며, 두 아들 萬宗과 萬全을 맡기도 하였고[15] 혜심의 과거시험의 출제를 관장하였던 재상 崔洪胤은 제자가 되고자 하였을 정도였다.[16] 비문에 "국가가 3백여 년 이래로 대화상을 추존하여 국사로 삼은 것은 오직 大覺[의천], 無碍智[戒膺], 보조[지눌]와 더불어 진각[혜심] 등의 대덕이었다"[17]는 기록도 혜심의 위상을 단적으로 보여주고 있는 대목이다. 입적 후 '조계산 제2세 진각국사'로 추증되었다. 비문 찬자는 '그가 선문의 正眼이며 유신보살의 화현이라 할 만하다'고 숭앙하였다.[18]

---

11) 김군수, 「순천송광사불일보조국사비」, 『조선금석총람』 하, 949~953쪽 ; 『동문선』 권117 ; 『조선불교통사』 하, 337~342쪽.

12) 민지, 「군위 인각사 보각국존 정조탑 비문」, 『조선금석총람』 상.

13) 그 후 수선사 16사주의 입적 후 탑호를 하사했으나 본고에서는 생략하였다.

14) 최자, 『보한집』 ; 『신증동국여지승람』 권17, 충청도 공주목 역원 유구역.

15) 『고려사』 권121, 왕해전 ; 김달진, 『진각국사어록』(마음글방 17), 세계사, 1993 ; 『한글대장경』 : 『한국불교전서』 5.

16) 慧諶(1178~1234), 「答崔參政洪胤」, 『진각국사어록』 ; 김달진, 『진각국사어록』(마음글방 17), 세계사, 1993 ; 『한글대장경』 ; 『한국불교전서』 5.

17) 민인균, 「만덕산 백련사주 요세증시 원묘국사교서」, 『동문선』 권27.

18) 이규보, 「승주 월남사 진각국사 원조탑비」, 『동국이상국집』 권35 ; 『조선금석총람』 상.

　혜심의 법을 이은 수선사 사주 夢如는 고종이 특별히 비준하여 대선사가
되었다. 앞서 언급한 바와 같이, 몽여대에 이르러 선풍을 크게 떨치게
되었다.19) 몽여는 동국의 재상으로 해동의 공자라고 자부하였던 이규보와
서신을 교유했다.20) 「원오국사비문」과 「진명국사비문」에 '청진국사'라고
지칭하였으므로, 입적 직후 국사로 추증된 듯하다.

　몽여 다음에 수선사 사주가 된 混元은 사굴산문의 개조인 품일(범일)의
법계후손인 종헌에 출가한 사굴산문의 정통 조사였음을 자부하면서도21)
몽여에게 법을 사사받았다고 하였다. 1245년(고종 32) 강화국도에 제2의
선원사가 창건되자 다음 해인 1246년 승려 3천여 명이 참가한 가운데
개최된 낙성회를 주맹하였다. 그 후 수선사의 사주가 되기 전에 관례처럼
선원사의 사주가 되었다. 몽여가 입적하자 혼원이 수선사 사주가 되어
지눌의 선풍을 불러 일으켰다. 고종은 혼원의 덕을 흠모하여 신하의 예로
섬기는 것을 바라지 않았다. 혼원은 1259년(고종 46) 王師로 책봉되어
국도에서 2천여 명의 뛰어난 고승을 거느린 법회를 주관하기도 하였다.22)
이렇듯 지방 남단의 수선사 사주가 강화국도의 선원사 사주와 왕사를
맡는 등 불교계를 주도하였던 것이다. 원종의 외숙인 대선사 경지는 원진국
사 승향에게 출가하였지만, 산문을 옮겨 사굴산문의 혼원을 섬겼다. 수선사
사주 혼원의 높은 위상 때문이었다.23)

　혼원은 입적 후 '조계산 제5세 진명국사'로 추증되었다. 비문의 찬자는

---

19) 충지, 「定慧入院祝法壽疏」, 『원감국사집』 疏篇.

20) 이규보, 「송광사주 대선사 몽여가 시자 두 명을 보내어 丁而安의 묵죽 두 그루를
　　얻고 따라서 나를 맞이하여 찬을 짓게 하다.」, 『동국이상국 후집』 권11 ; 이규보,
　　「송광사주 선사 몽여에게 부치는 편지」, 『동국이상국 후집』 권12 ; 이규보, 「이지
　　식에 답하는 편지」, 『동국이상국 후집』 권12 ; 이규보, 「송광사주에게 답하는
　　편지」, 『동국이상국 후집』 권12.

21) 황인규, 「고려후기 수선사와 사굴산문－고승의 존재양상과 그 동향을 중심으로」,
　　『보조사상』 28, 2007.

22) 김구, 「와룡산 자운사 증시진명국사 비명」, 『동문선』 권117.

23) 위와 같음.

碑銘에서 '품일(범일)이 개창하고 오로지 혜소(혜조담진)와 대감(탄연)에
이어 진각(혜심)이 서로 잇달아 크게 드러내니 꼭두서니에서 나온 붉은
색과 쪽에서 나온 청색처럼 우리 대사가 더욱 빛났네'24)라고 특기하였다.

혼원 다음으로 수선사 사주가 된 天英은 혜심에게 출가하여 1250년
선원사 주지로 재임하였다. 1251년 3대 禪宇인 보제사 별원이 강화국도에
건립되자 9산문의 선승들이 참가한 가운데 법회를 주관하는 등 선종계를
주도하였다. 천영은 스승 혼원에 이어 수선사와 선원사의 사주가 되어
고종의 존경을 받았다. 원종대에도 궁중에서 제국대장공주의 존경을 받는
등 종실과 경대부 뿐만 아니라 다른 종파의 숭앙을 받았다. 수선사에서
30년간 머물면서 지눌의 선풍을 진작시켰고 입적 후 '조계산 제5세 자진원
오국사'로 추증되었다.25)

천영에 이어 수선사 사주가 된 冲止는 7년간 주석하며 지눌의 유지를
빛나게 하였다. 충지는 혜소(혜조)국사를 聖師로 지칭하며 혜소가 계족산에
定慧社를 창건하였다는 사실을 강조하였다.26) 원나라 세조에게 수선사의
토지를 輔國하는 상소를 올려 절의 재정을 보강케 하였고,27) 원 황제의
초청으로 원나라의 수도 대도에 가서 스승의 대접을 받았다. 입적 후
'조계산 수선사 제6세 원감국사'로 추증되었다.

그 후 수선사 사주는 자정일인, 자각정열, 담당국사로 이어지는데 그들에
대한 사실은 알 수 없다. 당시 수선사의 사세가 침체된 듯하다. 다만 자각정열
은「자각국사비」에 '자각국사'라는 칭호가 사용되었으므로, 입적 후 국사로
추증된 듯하다.

수선사 사주 제10세 만항은 중국의 임제종 고승 몽산덕이와 서신을

24) 위와 같음.
25) 이익배,「승주 불대사 자진원오국사정조탑비」,『조선금석총람』상, 595~596쪽.
26) 冲止,「慧炤國師祭文」,『원감국사집』祭文. 수선사와 사굴산문과의 관계에 대해서는
　　다음의 논문을 참조하기 바람.(황인규,「고려후기 사굴산문 수선사 고승과 중국불
　　교계-제기록 검토와 그 실상을 중심으로」,『불교학보』47, 2007.)
27) 충지,「上大元皇帝表」,『원감국사집』표 :『동문선』권40.

교유하며 고담이라는 호를 받았다. 침체된 수선사의 사세를 진작시키기 위해서 몽산선풍을 수용했다.[28] 그래서 비명에서 '보조(지눌)의 열쇠를 잡고 원오(천영)의 목탁을 올렸고 몽산덕이의 흑벽을 뚫었다'는 평을 받았다.[29] 1313년 개경으로 가서 선종과 교종의 고승들을 모아 불법을 강론하여 왕으로부터 '묘명존자'라고 존경을 받았다.[30] 충선왕과 충숙왕의 존경을 받아 개경에서 만승회를 주관하기도 하였다. 입적 후 '조계산 수선사 제10세 묘명존자 혜감국사'로 추증되었다.

그 후 제11세 사주 자원국사는 묘엄존자 '자원국사'라는 시호를 받았고 혜각국사 묘구가 그 뒤를 이어 수선사 사주가 되었다.[31] 그 후 수선사 제13세 사주가 된 복구는 천영에게 출가하였고, 대선사 자각도영에게 가서 수행을 하여 총림의 우두머리가 되었다. 자각국사는 복구의 제2의 스승이었다. 송광사에서 20여 년간 머물렀는데 1350년(충정왕 2) 왕사로 책봉되어 불교계를 주도하였고, 입적하자 '조계산 수선사 제13세 각엄존자 각진국사'로 추증되었다. 비문의 찬자는 '祖派는 보조(지눌)로부터 국사에 이르기까지 모두 13대'라고 하여 수선사 사주가 면면히 계승되었음을 강조하였다. 문인 이제현은 복구의 진영에 찬문을 남기고 있다.[32] 「백암산 정토사사적」에 의하면, 재상 홍수가 발원하여 복구의 문인이 송나라에 가서 대장경을 구해와서 전장법회를 개최하였다. 수선사 제14세 사주 복암정혜는 모든 산문의 장로 1천여 명이 참여하여 개최된 3회 전장법회를 주관하였다.[33] 수선사가 불교계를 주도하는 모습을 엿볼 수 있다. 태고보우

28) 황인규, 「고려후기 사굴산문 수선사 고승과 중국불교계-제기록 검토와 그 실상을 중심으로」, 『불교학보』 47, 2007.
29) 위와 같음.
30) 이제현, 「별전종주중속조등 묘명존자 혜감국사비명」, 『익재난고』 권7 ; 『동문선』 권118.
31) 이처럼 수선사의 사세는 사주에 대한 기본적인 정보도 알 수 없을 정도로 침체가 된 적도 있었으나, 고려후기 불교계를 대체로 주도하였다고 할 수 있다.
32) 이달충, 「각엄존자각진국사비」, 『霽亭集』 권3, 墓誌銘 ; 『동문선』 권118.
33) 월생산인 졸암연온, 「백암산정토사전장 제3회방」, 『조선사찰사료』 상, 164~171

의 상수제자이자 가지산문의 제2좌가 되었다는 목암찬영을 사사하였던 점에서도 단적으로 알 수 있다.[34] 하지만 그 후 수선사 제15세 사주인 홍진이 계승하였으나, 홍진에 대해 알려진 바 없을 정도로 사세가 퇴락한 듯하다.[35]

현재 비명에 나타난 국사의 추증사실을 열거하면 다음과 같다.

> 제1세 조계산 수선사 불일보조국사, 제2세 조계산 진각국사, 제3세 '청진국사'(「원오국사비」, 「진명국사비」), 제4세 조계산 진명국사, 제5세 조계산 자진원오국사, 제6세 조계산 수선사 원감국사, 제8세 자각도영 '자각국사'(「각진국사비」), 제10세 조계산 수선사 혜감국사 '묘명존자', 제11세 자원국사 '묘엄존자', 제13세 각진국사 각엄존자, 제14세 '정혜국사'(「대지국사비」) 조계산 14대 화상 복암정혜(「제3회 전장법회」).[36]

위의 인용한 글에서 보듯이, 비명의 제목이나 내용에서 국사로 추증된 인물은 제1세 지눌, 제2세 혜심, 제4세 혼원, 제5세 천영, 제6세 충지, 제10세 만항, 제13세 복구이다. 그리고 비명이 남아 있지 않지만 비문 내용 가운데 국사로 추증된 인물로 확인되는 경우는 제3세 몽여, 제8세 자각도영, 제14세 복암정혜이다. 그 외 제7세 자정일인, 제9세 담당, 제12세 혜각묘구, 제15세 홍진은 국사로 추증되었는지 알 수 없고, 제16세 고봉법장

쪽 ; 한국문헌연구소, 『曹溪山松廣寺史庫』, 1977 ; 임석진, 『(大乘禪宗曹溪山) 松廣寺誌』, 1965 ; 조명제 외, 『역주 조계산송광사사고 - 인물부』, 혜안, 2007.

34) 박의중, 「충주 억정사 대지국사비」, 『조선금석총람』 하, 715~719쪽.

35) 수선사 사주 가운데 가장 인물에 대한 정보가 불확실하게 전하고 있는 것은 담당국사와 홍진국사이다. 담당이 국외출신의 승려라거나 홍진이 유가종승이라는 것이다. 앞으로 그들을 비롯한 다소 불확실하게 전하고 있는 수선사 사주에 대한 천착이 이루어져야 할 것이다. 후술하는 16국사의 설정과 관련이 있기 때문에 더욱 그러하다.

36) 朴宜中, 「億政寺大智國師碑」, 『조선금석총람』 하. 그 외 수선사 사주의 각 비문의 전거는 생략한다. 이에 대해서는 다음의 논문을 참조하기 바람.(황인규, 「목우자 지눌과 고려후기 조선초 불교계 고승」, 『보조사상』 19, 2003 ; 황인규, 『고려후기·조선초 불교사연구』, 혜안, 2003.)

의 경우는 조선시대에 가서야 추념되었다. 이렇듯 16국사 전체로 볼 때
생존시 국사로 책봉된 적이 없고 왕사로 책봉된 고승은 혼원과 복구 2인에
지나지 않는다. 더욱이 고려말 송광사는 수선사계가 아닌 사굴산문계나
가지산문계 고승이 주지를 하였고, 조선초 수선사 주지가 된 고봉은 국사로
추증된 적이 없다.[37] 이와 같이, 수선사 16사주의 위상은 대체로 당대의
불교계를 주도하였으나, 입적 후 국사로 추증된 것이다.[38]

3. 조선후기 송광사 16국사의 추념

그러면 송광사 16사주는 언제 16국사로 모두 추념된 것일까? 이에 대한
뚜렷한 기록은 찾아지지 않고 있지만, 송광사에서 16국사를 모시기 시작한
것은 벽암각성의 동문인 代價希玉이 1621년에 쓴 「十六國師眞影記」[39]부터
인 것 같다. 조선시대 4대 문장가 중 한 인물인 谿谷張維(1587~1638)의
시제와 시문에 다음과 같은 기록이 찾아지기 때문이다.

"寫眞僧 思舜에게 주다(贈寫眞僧思舜) 절에 牧牛派 계열에 속하는 16祖師의
초상화가 있었는데, 세월이 오래 흐르면서 퇴색되어 잘 보이지 않았다.

---

37) 수선사 사주 가운데 혼원과 충지의 경우와 같이 사굴산문의 개조 범일이나 그의
   문도 종휘나 법계후손 종헌이나 고려중기 선종을 부흥한 혜조국사 담진과 대감국
   사 탄연을 강조한 것은 수선사가 사굴산문을 대표한다는 의식 내지 자부심의
   발로였다. 나아가 고려말에 타 산문인 가지산문의 고승들이 송광사의 주지를
   하게 된 것도 송광사의 사세가 그만큼 컸음을 반증하는 것이다. 즉 여말선초
   송광사 주지는 수선사계 사주와는 달리 당시 불교계를 주도하였던 나옹혜근과
   문도들과, 그리고 태고보우의 문도들이 취임하였다. 이에 대해서는 다음의 논문을
   참조하기 바람.(황인규, 「고려후기 수선사와 사굴산문-고승의 존재양상과 그
   동향을 중심으로」,『보조사상』28, 2007 ; 황인규, 「목우자 지눌과 고려후기 조선초
   불교계 고승」,『보조사상』19, 2003.)
38) 수선사 16사주의 불교계의 활동에 대해서는 다음의 논문에서 언급하였으므로,
   여기서는 생략한다.(황인규, 「목우자 지눌과 고려후기 조선초 불교계 고승」,『보조
   사상』19, 2003 ; 황인규,『고려후기·조선초 불교사연구』, 혜안, 2003.)
39) 한국문헌연구소,『曹溪山松廣寺史庫』, 1977 ; 임석진,『(大乘禪宗 曹溪山) 松廣寺誌』,
   1965.

이에 스님이 새로 초상화를 만들어 봉안하면서 나를 위해서도 그려 주고
싶다고 하였다."
16조사 서방 정토 떠나간 뒤에/ 세상 사람 아무도 진면목을 몰랐는데,
스님은 붓끝에 천안통을 이뤘는가/ 한 번 그려 내자 방에 신광이 그득하네.
스님 전생은 아무래도 顧虎頭(동진의 화가 고개지)로서/ 와관각(瓦棺寺)에
묵은 빚을 남겼던 게지.
훗날 方丈室로 날 보러 오면/ 靑蓮(李太白)이 金粟(금속여래 : 유마힐거사)이
라는 것을 믿게 되리라.[40]

위의 시제에서 보듯이, 牧牛派 계열에 속하는 16조사의 초상화가 있었는
데, 세월이 오래 흐르면서 퇴색되어 잘 보이지 않았다고 하였다.[41] 고려말
문인 이제현이 수선사 제13세 복구의 진영 찬문을 지은 사실로[42] 미루어
보아 16조사의 진영은 입적 후 각기 조성된 것 같다. 장유가 16조사의
진영이 오래되었다고 하였으므로, 아마도 조선초 1429년(세종 11) 고봉의
입적 이후 장유가 보았던 조선중기 이전에 조성되었을 것이다. 하지만
그 시기는 송광사의 사세가 침체된 때였기 때문에 16조사가 모두 국사로
추념되었는지 의문이 든다. 따라서 16국사가 설정된 시기는 임란 직후
송광사 중창시 16조사를 다시 봉안하고 代價希玉이 16국사 진영기를 작성한
무렵이 아니었을까 한다. 후술하는 바와 같이, 당시의 송광사의 사세의
전개와 관련이 있을 것이다. 즉, 당시 불교계에서 부각되고 있었던 부휴선수
가 제자 벽암각성과 함께 송광사 주지의 청으로 송광사의 중창에 참여하였
다.[43] 그리고 부휴선수와 깊은 관계에 있었던 慈雲三惠 등 송광사 출신

---

40) 張維(1587~1638),「贈寫眞僧思舜 寺有牧牛派下十六祖師影子 歲久損晦 師爲新之
且欲爲余寫眞云」,『谿谷集』권26, 七言古詩, 四十七首. "十六祖師歸西天 世人不識眞
面目 闍梨筆端天眼通 一掃神光滿殿屋 前身定是顧虎頭 宿債曾留瓦棺閣 他時訪我丈室
來 須信靑蓮是金粟."

41) 참고로 현재 남아 있는 송광사 16조사 진영은 1780년 작품이다.

42) 이제현,「松廣李國師眞贊」,『익재난고』권9.

43) 한국문헌연구소,『曹溪山松廣寺史庫』, 1977 ; 임석진,『(大乘禪宗曹溪山)松廣寺誌』,
1965. 부휴선수의 불교계에서의 부각과 송광사의 사세는 중요하게 간주되어야

고승들은 李舜臣 장군의 휘하에 義僧水軍 대장으로 활동하여 불교계와 정부의 주목을 받았다. 그 무렵 16국사 진영기를 작성한 代價希玉은 바로 삼혜의 친동생이자 부휴의 제자였고, 송광사 주지를 역임하거나 주석하게 되는 비능과 급암도 역시 삼혜의 친동생이었다. 따라서 임란기에 즈음하여 송광사의 사세가 불교계에 부각되는 가운데 16국사의 설정이 이루어졌을 것이다.[44]

그 후 송광사에서 주석한 바 있었던 無用秀演(1651~1719)은 16국사를 16聖으로 추념하였고,[45] 1678년(숙종 4)에 세워진 「昇平曹溪山松廣寺祠院事蹟碑」에도 송광사는 동방제일도량으로 인도의 쌍림과 중국의 여산과 같다고 하면서 16국사와 그 외의 명승들이 모두 이 사찰에 머물렀다고 하였다.[46] 그러면서 16국사에 대해서 다음과 같이 말하고 있다.

할 것이다. 특히 광해군 11년(1619) 중국에서 진신사리를 이안하고, 그 이듬해인 1620년 광해군의 어머니 恭嬪 金氏의 능침사찰인 봉인사 부도암에 봉안한 바 있다.(『광해군일기』 권138, 광해군 11년(1619), 3월, 11일 갑오 ; 천마산 봉인사지 편찬위원회, 「사리탑중수비」, 『奉印寺』, 남양주 : 동 위원회, 2005.) 이에 대한 자세한 연구는 다음의 논문을 참조하기 바람.(황인규, 「광해군과 봉인사」, 『역사와 실학』 38, 역사실학회, 2009.)

44) 三惠는 순천 송광사 출신으로 전라좌수영 산하 의승수군 팔도도총섭 승대장이었던 慈雲三惠였다.『이충무공전서』에 의하면 이순신 장군휘하에 시호별도장으로 順天寺를 중심으로 활동했던 義僧水軍이었다.(『李忠武公全書』 上, 권3, 分送義僧把守要害狀, 1593.1.26 ; 한국문헌연구소, 『松廣寺史庫』, 인물부, 1977, 563쪽 ; 양은용, 「임진난과 호남의 불교의승군」, 『한국종교』 19, 원광대 종교문화연구소, 1994 ; 양은용, 「임진왜란이후 불교 의승군의 동향」, 『인문학연구』 4, 원광대 인문학연구소, 2003.) 이에 대한 정밀한 연구는 조선 중후기 불교사 연구가 심화된 이후에 가능할 것이다.

45) 無用秀演(1651~1719), 「조계산 송광사 함청각 모연설」, 『무용집』 권하 ; 『한글대장경』, 157쪽. "송광사는 해동의 하나의 명찰로서 온 나라 사람이 귀천이 없이 이것을 한 번 못 보는 것을 일생의 한으로 삼는다. 그것은 오직 16聖의 옛 자취가 아직 보존되어 있다는 것이다."

46) 趙宗著(1631~1690), 「昇平曹溪山松廣寺祠院事蹟碑」, 『조선금석총람』하, 일한인쇄소, 1919. "…호남의 사찰 중에 크고 아름답다고 칭해지는 것은 이루 다 손꼽을 수 없으나 曹溪山 松廣寺는 동방제일도량이니, 인도[蔥嶺]의 雙林과 중국[震朝]의 廬阜[廬山]와 같다. 16국사를 굳이 말하지 않더라도 이 절에 머물지 않고 명승이 된 자는 있지 않다.…"

보조가 입적한 후 眞覺, 淸眞, 眞明, 晦堂, 慈精, 圓鑑, 湛堂, 妙明, 慈圓, 慧覺, 覺儼, 淨慧, 弘眞, 高峯, 弘眞에게 전해지니 이상은 모두 국사였다. 무릇 16대가 법을 계승하고 사원을 이어받아 끊이지 않았으니, 이는 실로 총림의 드물고도 우연한 성대한 자취이다.[47]

이렇듯 1678년(숙종 4)에 세워진 「昇平曹溪山松廣寺祠院事蹟碑」에서 송광사 16국사에 대한 설정 및 정리가 대체적으로 이루어진 듯하다. 그리고 조선후기의 고승 鏡巖應允(1743~1804)[48]과 華嶽知濯(1750~1839)도 저서에서 송광사가 보조국사 지눌의 도량이라고 하면서 16국사를 역시 언급하였다.[49] 그런데 경암의 경우처럼 16국사가 普照, 眞覺, 淸眞, 眞明, 慈眞, 圓鑑, 慈靜, 慈覺, 湛堂, 慧鑑, 慈照, 慧覺, 覺圓, 淨慧, 覺眞, 高峰이라고 망라되었지만 누락되거나 순서가 바뀌는 등 좀 성글다.[50] 그 후 사암채영의 『西域中華海東佛祖源流』(1764년 간행)의 曹溪山十六祖師편에서 정정되었다.[51]

그러면 高峰法藏(1351~1428)은 언제 국사로 추증되었는가가 중요하다.

---

47) 위와 같음.

48) 鏡巖應允(1743~1804),「松廣山松廣寺記」,『경암집』:『한국불교전서』10, 99~101쪽. "十六祖師影殿額曰慈蔭堂 以普照爲主壁 而眞覺淸眞眞明慈眞圓鑑慈靜慈覺湛堂慧鑑慈照慧覺覺圓淨慧覺眞高峰十五祖師配享昭穆 竝懶翁無學 爲十八住持至如臨鏡堂凌虛閣水石亭 特風流之最 不與此錄云爾."

49) 華嶽知濯(1750~1839),「贈別華峰宇晟大師之湖南松廣寺竝小序」,『三峰集』:『한국불교전서』10, 31쪽. "曾聞曹溪山聖僧牧牛子道場 至今寂光凝仁者 所以往也 往已爲我入定 觀十六國師 燒香頂禮恨別難爲忍 傷心不自持 世間可暗 天外路偏知逆旅違千里 涯生問幾時 湖南歸去後 誰能古人思 有問外典來者 余曰外典不識也 其人猶疑余知 不知 乃擧不明之端 以視不相謀之意 道尙分岐百任論 春風何擇入千門 人無秉燭那堪照 鏡有埋塵易惹痕 老竹猶寒多苦節 幽蘭方發帶和溫 欲知古聖分明意 月在靑天水在盆 有求內典文字 欲以聞屬文 余曰文章不在文字."

50) 이에 대해서는 다음의 논저를 참조하기 바람.(菅野銀八,「고려 조계산 송광사 십육국사의 계승에 관하여」,『청구학총』9, 청구학회, 1932 ; 한국불교연구원,『송광사』, 일지사, 1975, 78~79쪽.)

51) 사암채영,「曹溪山十六祖師」,『西域中華海東佛祖源流』(1764年 刊), 191쪽. "佛日普照名知訥 號牧牛子 應化大聖 元順帝國師 眞覺 淸眞 沖鏡眞明 晦堂慈眞 慈靜 圓鑑 慈覺 湛堂 妙明慧鑑 妙嚴慈圓 慧覺 覺嚴 復庵淨慧 弘眞 高峰和尙 散聖終."

이에 대한 확실한 기록은 찾아지지 않는다. 고봉이 수선사 16국사로 추증된 것은 퇴락한 송광사의 당우를 중창하였기 때문이다.[52] 조선초 불교계는 무학과 그의 문도들이 주도하면서 나옹혜근의 문도이며 무학자초의 도반인 고봉법장이 부각되는 계기가 되었던 듯하다. 그리고 조선후기에 이르러 나옹과 무학이 크게 부상함에 따라 16국사에 버금가는 인물들로 부상하였다.[53] 『경암집』에서 보듯이, 고려말 송광사 주지였던 나옹과 무학을 포함하여 18주지의 반열에 오르게 된 것이다.[54] 비록 나옹과 무학이 국사의 범주에 들지 못했지만 환암혼수 등 태고보우의 문도와는 달리 18주지에 포함되었던 것이다. 나옹과 무학의 위상이 그만큼 컸기 때문이다. 고려말 두 고승의 영향력을 비교해 보면 나옹의 그것이 더 컸다. 이러한 나옹의 영향력은 조선 건국 후에도 지속되었고,[55] 『동국승니록』,[56] 『월저집』 발,[57] 『삼화상교서』,[58] 『조상경』[59] 등의 기록에서 보듯이, 조선후기에도 계속되었다.[60]

---

52) 고봉은 1395년(태조 4)부터 1420년(세종 2) 무렵까지 주지에 있었다. 1395년(태조 4) 송광사 옛터를 찾아보고 선찰을 중건하였다. 1399년(정종 1) 궁궐로 들어가 송광사의 중창을 허락받고 수륙사를 개최하였다. 그 이듬해 7월 고봉은 왕의 교지를 받들고 大木·雲庇·尙濟 등 30여 명을 고용해 중창을 시작하였고, 거의 완성될 무렵 사퇴하였다.(「고봉화상행장」, 『조계산송광사고』 ; 조명제 외, 『역주 조계산송광사사고』, 혜안, 2007, 223~233쪽.)

53) 趙宗著(1631~1690), 「昇平曹溪山松廣寺祠院事蹟碑」, 『조선금석총람』 하, 일한인쇄소, 1919 ; 大圓鏡, 「昇平曹溪山松廣寺祠院事蹟碑」, 『해동불보』 3, 해동불보사, 1941.

54) 鏡巖應允(1743~1804), 「松廣山松廣寺記」, 『경암집』 : 『한국불교전서』 10, 99~101쪽. "十六祖師影殿額曰慈蔭堂 以普照爲主壁 而眞覺淸眞眞明慈眞圓鑑慈靜慈覺湛堂 慧鑑慈照慧覺覺眞圓淨慧覺眞高峰十五祖師配享昭穆 竝懶翁無學 爲十八住持至如臨鏡 堂凌虛閣水石亭 特風流之最 不與此錄云爾."

55) 『세종실록』 권85, 세종 21년(1439), 4월 18일 을미조 ; 金淑子, 『江湖先生實記』 권1 ; 丁克仁, 『不愚軒集』 卷首 ; 서종범, 「나옹선풍과 조선불교」, 『한국불교문화사상사』 상, 가산불교문화원, 1992, 1147쪽.

56) 『東國僧尼錄』, 『續藏經』 150.

57) 월저도안, 『月渚集』 跋 : 『한국불교전서』 9, 121쪽.

58) 雙荷子, 「敎諭書(釋王寺寄本)」, 『朝鮮佛敎月報』 通卷 17號 2-6, 1913.6.25.

59) 華嶽知濯, 『造像經』, 金剛山 楡岾寺, 1824.

　이와 같이 조선후기 송광사는 16국사와 더불어 나옹과 무학을 18주지에 올리고 추념하였다. 즉, 금강산과 묘향산 등 산중불교를 이끌었던 많은 사찰 가운데 송광사와 대적할 만한 사찰이 없다면서 보조(지눌)가 송광사의 기반을 만들었고 불도징이나 구마라즙과 같이 스승이 없이 수행한 대표적 고승이라고 하였다.[61] 보조(지눌)를 비롯한 16조사는 동림의 18현에 비견될 만하다고 높이 받들었다는 것이다.[62] 근대기 송광사에 머물렀던 龍岳慧堅(1830~1908)이나 錦溟寶鼎(1861~1930)도 송광사가 18국사의 도량이라는 사실을 강조하였다.[63]

---

60) 18세기에 지어진 불교의식집에도 이 같은 인식은 마찬가지로 보이고 있는데, 1709년본의 『梵音集』, 1713년본의 『新刊删 梵音集』, 1724년본의 『仔夔刪文』, 1724년본의 『仔夔刪文』, 그리고 1730년본의 『刪補梵音集』 등이 이에 해당된다. 또한 1869년에 지어진 불교의식집인 『日用作法集(日用集)』에서도 나옹이 三和尙으로서 추앙되고 있다. 그리고 1824년본의 『造像經』에도 自超가 指空, 慧勤과 더불어 證明法師로서 숭앙되고 있는 것을 볼 수 있다. 더욱이 오늘날 불교의식에서도 사용되고 있는 『釋門儀範』에서도 삼화상으로서의 위상이 돋보인다.(황인규, 『무학대사연구－여말선초 불교계의 혁신과 대응』, 혜안, 1999.)

61) 이는 사적인 문도를 중요하게 간주하기 보다는 산문을 중시하였다는 것을 의미한다. 산문적인 경계가 허물어지고 통합되어가는 것은 바로 지눌의 산문 종파를 뛰어넘는 선풍의 영향이며, 사굴산문의 수선사계가 선종계 내지 불교계를 주도하면서, 그리고 양 산문이 몽산선풍이나 고봉선풍의 수용으로 宗師印可의 선풍이 생기면서 문도중심의 사법관계의 전통을 만들게 되기에 이른 것이 아닌가 한다. 이에 대한 자세한 사실은 다음의 논문을 참조하기 바람.(황인규, 「목우자 지눌과 고려후기 조선초 불교계 고승」, 『보조사상』 19, 2003 ; 황인규, 『고려말·조선전기 불교계와 고승연구』, 혜안, 2005.)

62) 趙宗著(1631~1690), 「昇平曹溪山松廣寺祠院事蹟碑」, 『조선금석총람』하, 일한인쇄소, 1919 ; 大圓鏡, 「昇平曹溪山松廣寺祠院事蹟碑」, 『해동불보』 3, 해동불보사, 1941. 조선중기 이후 부휴선수 벽암각성 취미수초 등 송광사 승려들은 보조(지눌) 당시보다 더 흥성했다고 자부하였으나, 조선중기 이래 법통론에서는 대개 임제종의 정맥을 이은 석옥청공의 법사 태고보우에게 연결시켰다.

63) 龍岳慧堅(1830~1908), 「登說法殿十八國師道場」, 『龍岳堂私藁集』:『한국불교전서』 11, 119쪽. "紫陌塵緣終不得 淺淺佛像古如今 眞如門入世情薄 吉樂臺登道味深 楓葉赤誇飄石壁 菊葩香吐透高林 故鄕千里未歸客 三日菴中又浪唫"; 錦溟寶鼎(1861~1930), 『質疑錄』:『한국불교전서』 12, 373쪽. "然則金石史筆 不泯於磨崖 窣堵金身 常住於層塚 且復眞覺以下 十五國師 相次繼席 奉勅辭院 奉勅住院 小無差忒 如是莫重之寶坊 如何私自遊方 隨意退席 況示滅之地 寂然無聞 猶如尋常凡僧之化去也哉."

　그렇다면 언제부터 송광사가 승보종찰로 불린 것일까? 송광사는 우리나라를 대표하는 불보·법보·승보 등 삼보를 모신 대표적인 사찰 세 곳 가운데 하나인 승보종찰로 널리 알려져 있다. 通度寺가 석가모니의 眞身舍利를 모시고 있는 불보종찰이고, 海印寺는 고려대장경판본을 봉안하고 있는 법보종찰이다. 「圓鑑國師語錄重刊序」에 의하면, 수선사 사주를 지냈던 원감국사 충지의 어록을 중간하면서 우리나라 삼보종찰의 유래를 밝힌 바 있다.[64]

　통도사는 부처님 진신사리와 가사를 모시고 있으므로 불보종찰이라고 한다.[65] 즉 자장은 부처의 머리뼈와 부처의 어금니와 부처의 사리 1백 알을 가져와 통도사 계단과, 황룡사 탑, 태화사 탑 등에 봉안하였다.[66] 그 가운데 통도사가 가장 대표적인 불보종찰이다. 우리나라에는 불사리를 모신 곳이 많지만, 그중 대표적인 적멸보궁은 자장이 직접 봉안한 것이다. 즉 경상남도 양산시 영축산 통도사의 적멸보궁, 강원도 평창군 오대산 中臺에 있는 적멸보궁, 강원도 인제군 설악산 鳳頂庵, 강원도 영월군 사자산 法興寺 등이다. 임진란시 泗溟이 왜적의 노략질을 피해서 통도사의 것을 나누어 강원도 정선군 태백산 淨巖寺과 비슬산 龍淵寺에 모셨다.[67] 흔히 비슬산 용연사를 제외한 사찰을 5대 적멸보궁이라고 한다. 5대 적멸보궁 가운데 가장 으뜸인 사찰은 통도사이며, 그 후 불보종찰이 되었을 것이다.[68]

　그리고 해인사는 재조대장경판이 봉안되면서부터다.[69] 1398년 5월 선원

---

64) 이능화, 『圓鑑國師歌頌』, 「圓鑑國師語錄重刊序」:『한국불교전서』 6, 370쪽.
65) 『三國遺事』 권3, 塔像4, 前後所藏舍利. 無衣子遺詩는 7언절구만 기록되었으나, 1978년 통도사 범종루 현판조사에서 앞의 2수를 지닌 '題通度絲戒壇 又 袈裟' 등 2편을 확인할 수 있었다.(장충식, 「고려 진각국사의 題詩의 발견」, 『동대신문』 제720호, 1978.9.26 ; 『한국의 불교미술』, 민족사, 1997, 222쪽 ; 김상현 외, 『역주 삼국유사』, 한국정신문화연구원, 186쪽 각주 16).)
66) 『三國遺事』 권3, 塔像4, 皇龍寺九層塔의 영험.
67) 休靜, 「普賢寺釋迦如來舍利碑」: 조선총독부, 『조선금석총람』하, 일한인쇄소, 1919.
68) 한국불교연구원, 『한국의 사찰-通度寺』, 일지사, 1974 ; 한국불교연구원, 『한국의 사찰-月精寺』, 일지사, 1977 ; 『한국민족문화대백과사전』: http ://gate.dbmedia.co.kr.

사의 대장경판을 한양의 지천사에 이송했다가 해인사로 옮겨 보관하였
다.[70] 지천사에는 이성계와 가까웠던 都僧統 雪悟가 거주하고 있었고,[71]
이성계와 뜻을 함께 하였던 화엄종 고승 敬南도 해인사 주지로 있었다.
태조의 탄신일에 왕사로 책봉된 무학의 고향도 해인사가 자리하고 있는
합천이었다.[72] 그러한 인연으로 대장경을 해인사에서 봉안하게 된 것이
아닌가 한다. 하지만 그보다 해인사에 장경판을 보관하게 된 것은 다음과
같은 史庫로서의 전통이 있었기 때문이다. 즉 고려후기 고종 때에 이르러
『고려실록』을 보관하는 史庫가 운용되었는데, 지방 최초의 外史庫가 설치된
곳이 바로 海印寺였다.[73] 그 후 선원사에 『고려실록』을 보관하였다가[74]
왜구로 인해 해인사의 실록을 선주 得益寺, 충주 開天寺, 竹州 七長寺 등의
사찰에 보관하였다.[75] 조선시대 실록의 보관처인 사고를 사찰에 두게
된 것은 우연이 아니다. 해인사는 국가실록을 보관했던 전통성을 지니고
있었던 점도 참작이 되었을 것이고, 조선초 태조 이성계가 사재를 털어
해인사에서 대장경을 인출하기도 하였다.[76] 본래 초조대장경판이 대구

---

69) "임금이 龍山江에 거둥하였다. 『大藏經』의 木版을 江華의 禪源寺로부터 운반하였
다."(『태조실록』 권14, 태조 7년(1398) 5월 10일 병진조.) ; "隊長과 隊副 2천 명으로
하여금 『대장경』의 목판을 支天寺로 운반하게 하였다."(『태조실록』 권14, 태조
7년(1398), 5월 12일 무오조.)
70) 都堂에서 大藏都監을 폐지하기를 청하였던 기사는 다음의 실록에서 찾아진다.(『태
조실록』 권1, 태조 1년(1392), 8월 2일 신해조.)
71) "임금이 支天寺에 거둥하니 都僧統 雪悟가 金剛山에서 왔다."(『태조실록』 권13,
태조 7년(1398), 1월 22일 경오조.)
72) 황인규, 「여말선초 화엄종승의 동향」, 『불교학연구』 1, 2000 ; 황인규, 「고려말
이성계의 불교계 세력기반」, 『한국불교학』 28, 2001 : 황인규, 『고려말·조선전기
불교계와 고승연구』, 혜안, 2005 수록.
73) 『고려사』 권22, 고종세가, 고종 14년(1227) 9월 경진조.
74) 『고려사』 권30, 충렬왕세가, 충렬왕 18년(1292) 1월 정사조.
75) 『고려사』 권134, 신우열전, 신우 2년 9월조 ; 『고려사』 권134, 신우열전, 신우
7년 7월조 ; 『고려사』 권135, 신우열전, 신우 9년 6월조 ; 『신증동국여지승람』
권8, 경기 죽산현조.
76) 『정종실록』 권1, 정종 1년(1399), 1월 9일 경진조. "경상도 감사에게 명하여 불경을
인쇄하는 승도에게 海印寺에서 供饋하게 하였다. 태상왕이 사재로 『대장경』을

팔공산 부인사에 봉안되었으나, 몽고 3차 침입시 불타버리고 다시 조성된
것이 해인사 대장경판이다. 그 후 신륵사와 광덕사 등에서 대장경판이
조성되었으나, 규모나 정교성 등에 비추어 볼 때 해인사 대장경판이 으뜸이
라고 할 수 있다.

따라서 통도사와 해인사는 삼보종찰로서의 자격이 생긴 셈이지만 송광
사가 승보종찰로서의 자격이 갖추어진 것은 빨라야 조선중기 무렵일 것이
다. 왜냐하면 제16국사로 갖추어지기 시작한 때가 고봉법장(1395~1420)의
입적 이후라고 할 수 있기 때문이다. 이와 관련한 「원감국사어록중간서」를
인용한다.

> 조계종은 옛날 승평부(지금의 승주군)의 송광사에서 창립되었다. 그 절에는
> 수선사가 있는데 수선사의 사주는 마음과 마음으로 인가하여 수십대를
> 전하여 국사로 불리는 사람이 16명이고 조사로 불리어지는 사람이 또
> 16명이었다. 예로부터 이름난 스님들이 송광사에 주석하시어 번영하였으
> 므로 송광사만이 오로지 승보종찰이란 훌륭한 이름을 얻었다.(통도사는
> 부처님의 진신사리와 가사 등을 모시고 있으므로 불보종찰이라 하고,
> 해인사는 고려대장경판본을 모시고 있으므로 법보종찰이라고 한다. 여기
> 에 승보종찰인 송광사를 합하면 조선의 삼보종찰이 된다.) 그렇다면 송광사
> 가 귀중한 것은 승보에 있고 승보가 귀중한 것은 위대한 자취에 있다.[77]

위의 기록은 李能和(1869~1943)가 1919년 12월 8일에 쓴 것이다.[78] 이능

인쇄하여 만들고자 하니, 동북면에 저축한 콩과 조 5백 40석을 端州·吉州 두
고을 창고에 납입하게 하고, 해인사 근방 여러 고을의 米豆와 그 수량대로 바꾸게
하였다."

77) 이능화, 『圓鑑國師歌頌』, 「圓鑑國師語錄重刊序」 : 『한국불교전서』 6, 370쪽. "自古名
僧 以住是寺爲榮 故松廣 獨得僧寶宗利之美名焉 '通度寺 以藏佛骨·袈裟故 號佛寶宗利
海印寺 以藏高麗藏經板本故 號法寶宗利 合僧寶宗利松廣寺 共爲朝鮮三寶宗利.' 然則
松廣之見重在乎僧寶 僧寶之見重 在乎偉蹟."

78) 李能和(1869~1943), 「普照後始設曹溪宗」, 『朝鮮佛教通史』 권하, 374~375쪽. "尙玄曰
朝鮮今稱三寶寺利 一曰佛寶大本山通度寺是也 以新羅時 慈藏律師 入唐得佛骨及佛袈

화보다 앞서 개화기 중도우파의 인물로 알려진 雲養 金允植(1835~ 1922)도
다음과 같은 기록을 남기고 있다.79)

> 海東三寶刹 松廣獨擅奇 通度海印及松廣爲三寶刹 二祖鉢衣地 懶翁住是寺 以
> 衣鉢付無學 四疊茶香詩.80)

그런데 1863년(철종 14) 雪竇有炯이 저술한『山史畧抄』에 의하면, "曹溪山
松廣寺 高麗普照禪師所刱 以十六祖師次第而出 普利群品故 推爲僧寶寺刹"이
라고 하였다.81) 또한 1828년(순조 28) 湖南 12郡縣을 유람하고 쓴 著者
未詳의 紀行錄인『續南遊錄』82)에서 우리나라의 三寶寺刹에 대하여 다른

姿 還安于本寺故 二曰法寶大本山海印寺是也 以高麗大藏經板本 藏于本寺故 三曰僧寶
大本山松廣寺是也 以高麗普照國師以後 眞覺 淸眞 冲鏡 眞明 晦堂 慈眞 慈靜 圓鑑
慈覺 湛堂 妙明慧鑑 妙嚴慈圓 慧覺 覺儼 復菴 淨慧 弘眞 高峯和尙 以上諸人海東佛祖源
流作十六國師曹溪寶林也 燈燈相續 懶翁王師 幻菴國師 無學王師 亦住本寺 故松廣
在我海東 實爲靈山道場 亦爲."

79) 『雲養集』은 16권 8책으로 초간본은 1914년 문인 黃炳郁 등이 편집, 간행하였다.
중간본은 1917년 李承斌·金載聲·金溶律 등이 15권의 연활자로 간행하였다. 초간본
에는 저자의 자서가 있고, 중간본에는 呂圭亨의 중간서와 鄭萬朝·金澤榮의 중간발
이 있다. 권1~6에 시는 저자의 활동에 따라 지은 것을 모았고, 각 시 앞에 저작연대를
밝혀놓았다. 저자인 운양 김윤식은 潘谷 金坧의 후예이며 韓末의 經世家이자
文章家로, 高宗을 중심으로 추진한 穩健開化政策을 주장하였고, 정치적 상황에
따라 많은 부침을 겪으며 관직 생활을 하기도 하고 귀양살이를 하기도 했다.
또한 韓日合邦 뒤에 日本의 爵位를 받았으나 3·1운동 때는 독립 승인을 요구하는
對日本長書를 총독부와 일본 정부에 전달하여 징역형을 선고받고 爵位를 삭탈당하
기도 하였다.(『雲養集』해제) ; http : //db.itkc.or.kr.) 김윤식에 관련해서는 다음의
논문을 참조하기 바람.(이상일,「운양 김윤식의 사상과 활동 연구」, 동국대 대학원
박사학위논문, 1996.)
80) 金允植(1835~1922),「松廣寺」,『雲養集』권1, 詩 昇平舘集.
81) 雪竇有炯(1824~1889),『山史畧抄』:『한국불교전서』10, 686쪽 ; 김남윤,「조선후
기 불교사서 산사약초」,『同大史學』1, 1995 ; 이종수,「19세기『山史略抄』의 불교사
서술」,『동국사학』45, 동국사학회, 2008.
82) 『續南遊錄』은 1828년(순조 28)에 湖南 12郡縣을 유람하고 쓴 紀行錄으로, 1冊
14張의 筆寫本이다. 규장각 古4790-20 1책 14장. 판본 필사본 사이즈 37.1×24.2cm.)
학계에 소개된 바 없기 때문에 비교적 상술하여 소개하면 다음과 같다. 저자가

견해를 보이기도 하였다. 즉 "東國寺刹有三寶 金山寺有丈六佛 故曰佛寶 海印寺有龍藏 故曰法寶 此寺謂之 僧寶以出普照以下十六國師也"라고 하여 金山寺는 佛寶, 海印寺는 法寶, 松廣寺는 僧寶寺刹이라고 하였다.[83]

필자가 아는 한, 삼보종찰에 관한 가장 앞선 기록은 조선후기의 문신으로 성리학에 정통한 10대 문장가로 꼽혔던 淵泉 洪奭周가 1832년(순조 32)에 지은 「淵泉翁遊山錄」이 아닐까 한다.[84]

불가에서 말하기를 동국사찰에는 삼보가 있으니 通度寺에는 佛頭骨이 있어 불보이고, 海印寺에 있어서 龍藏이 있어 법보다. 또한 이 절을 승보라 하는데 이곳에서 普照 이래 16국사가 나왔기 때문이라고 한다.[85]

호남지역을 여행하고 쓴 기행문으로 저자나 편찬 연대는 정확히 알 수 없으나, 내용 중 자신의 族大兄이 영조대에 유배되었다는 내용이 있는 것으로 보아 정조대 이후에 지어진 것으로 보인다. 앞의 서문 형태의 글에서 저자는 호남지방에서 수령으로 있는 친구와 인척들의 초대로 여행을 하게 되었으며, 12개 군현 1700여 리를 다녔다고 하였다. 본서의 내용을 보면, 9월 2일에 출발하여 華城·成歡·參禮院 등을 거쳐 전주에 도착하였고 그 후 金構·泰仁·長城·興德·玉果·淳昌 등을 여행하였다. 그리고 松廣寺에 가서는 이 절이 승보사찰임을 말하면서 普照庵·羽化閣·三淸閣 등 건물들의 모습과 보조국사 지눌의 행적과 일화 등 송광사와 관련된 역사적 사실들을 기록하였다. 이어 순창의 萬絲亭 등을 돌아보고 다시 장성·흥덕·금강 등 왔던 길을 거쳐서 서울로 돌아온 여정을 기록하였다(강문식, 규장각 한국학연구원 해제 ; http ://e-kyujanggak.snu.ac.kr.)

83) 금산사가 불보사찰이라고 본 것은 특이한 사실이지만 삼보종찰의 설정에 대하여 전반적인 검토의 필요성을 제기하게 한다.
84) 하지만 임석진은 삼보종찰로 불린 것은 조선초기부터라고 했고(임석진, 「제4편 잡부」, 『송광사지』, 161쪽.) 조선초기부터라는 설(정병조, 「송광사」, 『한국민족문화백과사전』.), 조선중기설도 있으므로, 앞으로 천착이 필요하다. 본고에서는 16국사와 삼보종찰의 설정의 시기에 대하여 잠정적으로 이렇게 본 것에 불과하다. 앞으로 적극적인 자료의 발굴 및 해석 등 이에 대한 본격적인 검토가 요망된다.
85) 洪奭周(1774~1842), 「淵泉翁遊山錄」 ; 임석진, 『조계산송광사고』 「건물부」. "佛氏言 東國寺刹 有三寶 通度寺有佛頭骨故曰僧寶 海印寺有龍藏故曰法寶 此寺謂之僧寶以出普照以下十六國師也." 이 내용은 송광사 우화각 현판에 새겨져 있다.(신대현, 「「淵泉翁遊山錄」 현판을 통해 본 송광사 역사의 일면」, 『불교고고학』 I, 위덕대, 2004.)

한국불교 역사상 수많은 고승들이 있었고, 그 가운데 원효·의상·도선·진표 등과 같이 국가적으로 추념을 받은 고승[86]이 거주했던 사찰이나 3대 화상이 주석했던 사찰 등이 있었다. 수선사와 같은 시대에 신앙결사를 전개했던 강진 백련사에서도 8국사가, 숭유억불 산중불교시대에도 해남 대흥사에서 13종사 13강백이 배출되었다. 백련사와 대흥사보다는 16국사 및 16조사[87]를 배출한 송광사가 단연 돋보인다고 하겠다.

4. 맺음말

이상으로 수선사 16사주의 위상과 추념을 통해 송광사가 승보종찰로 설정된 사실에 대해서 살펴보았다.

송광사는 고려중기 보조국사 지눌과 제자 진각국사 혜심이 신앙결사를 전개하면서 공동체의 모임의 뜻을 지닌 수선사로서 거듭났다. 지눌의 선풍, 특히 혜심의 간화선풍은 한국불교를 대표하는 선풍이다. 지눌 이후 수선사에서만 고려말까지 15국사가 탄생하여 불교계를 주도하였을 뿐만 아니라, 조선중기 부휴선수와 제자 벽암각성이 머물면서 서산계의 해남 대흥사와 더불어 조선후기 무종단 산중불교계를 이끌었다.

이러한 인재를 가장 많이 배출한 승보종찰인 송광사와 불보종찰인 양산 통도사와 법보종찰인 합천 해인사는 삼보종찰로서 우리나라를 대표하는 사찰이다. 삼보종찰인 송광사·통도사·해인사는 수덕사와 백양사와 더불어 현재 최대종단인 조계종의 5대 총림이다. 송광사가 승보종찰이 된 것은 조선중기 부휴선수와 문도들이 송광사의 사세를 진작시키면서 보조국사 지눌 이후 15국사를 받들었기 때문인 듯하다.

---

86) 『고려사』권11, 숙종세가, 숙종 6년(1101), 8월 계사조. "다음과 같은 조서를 내렸다. '元曉와 義湘은 우리나라의 성인이다. 그런데 비문도 시호도 없어서 그 덕이 알려지지 않고 있으므로, 나는 심히 유감으로 생각한다. 원효는 大聖和靜國師로, 의상은 大聖圓敎國師로 추증한다. 해당 관청에서는 그들의 살던 곳에 비를 세워 공덕을 새겨 영원히 기념하게 하라!'"

87) 이능화,「圓鑑國師語錄重刊序」,『圓鑑國師歌頌』:『한국불교전서』6, 370쪽.

통도사와 해인사는 송광사에 비해 비교적 빠른 시기에 삼보종찰로서의 자격이 생긴 셈이다. 하지만 송광사가 승보종찰로서의 자격이 갖추어진 것은 빨라야 조선중기 무렵일 것이다. 왜냐하면 제16국사가 갖추어진 때가 고봉법장(1395~1420)의 입적 이후라고 할 수 있기 때문이다.

기록에 의하면 필자가 아는 한, 16국사의 설정은 벽암각성의 동문인 代價希玉이 1621년 쓴 「十六國師眞影記」(조계산송광사고 소재)부터인 것 같다. 無用秀演(1651~1719)은 "송광사는 해동의 하나의 명찰로서 온 나라 사람이 귀천이 없이 이것을 한 번 못 보는 것을 일생의 한으로 삼는다. 그것은 오직 16聖의 옛 자취가 아직 보존되어 있다는 것이다"라고 하였다. 그 무렵 鏡巖應允(1743 ~1804)이 지은 「松廣山松廣寺記」에 의하면, 진영에 대한 기문을 남기고 있다. 즉 16국사 진영의 전액의 기록에 의하면, 普照, 眞覺, 淸眞, 眞明, 慈眞, 圓鑑, 慈靜, 慈覺, 湛堂, 慧鑑, 慈照, 慧覺, 覺圓, 淨慧, 覺眞, 高峰을 들고 있다. 그보다 앞선 시기인 1678년(숙종 4)에 세워진 「昇平曹溪山松廣寺嗣院事蹟碑」에 의하면, 송광사는 동방제일도량으로 인도의 쌍림과 중국의 여산과 같다고 하면서 16국사 명승이 모두 이 사찰에 머물렀다는 것이다. 그리고 1764년 간행된 사암채영의 『西域中華海東佛祖源流』의 曹溪山十六祖師에도 언급되고 있다.

그런데 나옹과 무학도 16국사와 버금가는 고승으로 설정되었다. 그러한 기록은 『경암집』에서도 다시 찾아볼 수 있다. 조선중기 이후 나옹혜근과 무학자초가 추가되면서 송광사 18주지의 반열에 올랐다. 나옹과 무학의 위상이 그만큼 컸기 때문이다. 송광사의 정체성을 회복하고자 한 趙宗著(1631~1690)의 「昇平曹溪山松廣寺嗣院事蹟碑」에서 찾아볼 수 있다. 금강산과 묘향산 등 산중불교를 이끌었던 많은 사찰 가운데 송광사와 대적할 만한 사찰이 없다. 그리고 보조(지눌)가 송광사의 기반을 만들었고 불도징이나 구마라즙과 같이 스승없이 수행한 대표적 고승이라는 것이다. 사적인 문도를 중시하기보다 산문을 중시하였다는 것을 의미한다. 보조(지눌)를 비롯한 16조사는 동림의 18현에 비견될 만하다고 높이 받들었다는 사실이 주목된다.

송광사가 승보종찰로 설정된 기록으로 널리 알려진 것은, 「원감국사어록 중간서」에 "예로부터 이름난 스님들이 송광사에 주석하시어 번영하였으므로, 송광사만이 오로지 승보종찰이란 훌륭한 이름을 얻었다. 통도사는 부처님의 진신사리와 가사 등을 모시고 있으므로 불보종찰이라 하고, 해인사는 고려대장경판본을 모시고 있으므로 법보종찰이라고 한다. 승보종찰인 송광사를 합하면 조선의 삼보종찰이 된다"는 기문이다. 李能和(1869~1943)가 1919년 12월 8일에 쓴 것이다.

그런데 이능화 보다 앞서 개화기 중도우파의 인물로 알려진 雲養 金允植(1835~1922)도 海東三寶刹을 언급했다. 1863년(철종 14)에 有炯이 저술한 『山史略抄』에 의하면, "曹溪山松廣寺 高麗普照禪師所刱 以十六祖師次第而出 普利群品 故推爲僧寶寺刹"이라고 하였다. 1828년(순조 28)에 湖南 12郡縣을 유람하고 쓴 저자 미상의 기행록인 『續南遊錄』에서는, 우리나라의 삼보사찰에 대하여 다른 견해를 보이기도 하였다. 즉 "東國寺刹有三寶 金山寺有丈六佛 故曰佛寶 海印寺有龍藏 故曰法寶 此寺謂之 僧寶以出普照以下十六國師 也"라고 하여 金山寺는 불보, 海印寺는 법보, 松廣寺는 승보사찰이라고 하였다.

현재 필자가 아는 한, 송광사를 포함한 삼보종찰에 대해 가장 앞선 기록은 조선후기의 문신으로 성리학에 정통한 10대 문장가로 꼽혔던 淵泉 洪奭周(1774~1842)가 1832년(순조 32)에 지은 「淵泉翁遊山錄」이다. 즉 "불가에서 말하기를 동국사찰에는 三寶가 있으니 通度寺에는 佛頭骨이 있어 불보이고 해인사에는 龍藏이 있어 법보다. 또한 이 절을 승보라 하는데 이곳에서 普照 이래 16국사가 나왔기 때문"이라고 한 것이 바로 그것이다.

승보종찰의 시원을 열었던 보조국사 지눌은 생존시 국사라는 칭호를 받은 적은 없고, 그 어느 누구도 스승으로 모신 적이 없다. 아마도 산문중심의 불교를 강조한 것이라고 생각되며, 공동체의 도량인 결사운동의 장으로서 수선사를 개창하였던 뜻을 모두가 유념해야 할 것이다.

224

제5장 불교계의 순교승

1. 머리말

한국불교는 1,700여 년의 역사를 자랑하고 있다. 현재 불교의 위상은 그 역사만큼 높지 않은 듯하여 아쉽기 그지없다. 적어도 근대 이전의 불교는 고대국가의 문화를 성립시키는 것과 짝을 하여 우리나라 사람들의 삶과 더불어 함께 하였을 뿐만 아니라 선진사회와 고급문화를 창조하였다.

그러나 유감스럽게도 일부 사원이나 승려는 또 하나의 귀족으로서 군림하고 치부하여 지탄을 받게 됨으로써 그 주도적인 역할이나 위상을 다른 종교에 내주어야만 했다. 특히 고려말 이래 형성된 숭유억불운동은 도심 내지 민중불교를 산중불교로 가게 하였고, 급기야 도성출입 금지라는 척불의 분위기에 이르게 되었다.

그러한 가운데서도 우리나라에 불교가 들어온 이래 수많은 고승과 신도들이 불법의 홍포를 위해 피와 땀을 아끼지 않았고, 심지어는 목숨까지 내놓는 이도 적지 않았다. 그들이 있었기에 1,700여 년의 불교의 역사가 면면히 이어져 올 수 있었던 것이다. 본고는 우리의 불교사에 있어서 목숨까지 내던진 순교승의 흔적을 찾아 그 숭고한 뜻을 되새기고자 하였다.[1]

---

1) 본고는 기존의 필자의 연구성과를 바탕으로 수정 보강하여 순교승이라는 주제로 정리한 것이다.(황인규, 「조선전기 천태고승 행호와 불교계」, 『한국불교학』 35, 2003 ; 황인규, 「나암보우의 불교계 활동과 문도」, 『동국사학』 40, 2004 ; 황인규, 「나암보우와 조선불교계의 고승」, 『보조사상』 24, 2005 ; 황인규, 「조선전기 불교계의 고승탄압과 순교승」, 『불교사연구』 4·5합, 중앙승가대 불교사학연구소, 2004 ; 황인규, 『고려말·조선전기 불교계와 고승연구』, 혜안, 2005.) 불교수용기 정방·멸구빈·이차돈과 고려 분신승에 대해서는 다음의 논문을 참고하기 바람.(황인규, 「한국

2. 여말선초 삼화상 나옹과 천태종승 행호

(1) 고려말 순교승 한국의 삼화상 나옹혜근

懶翁慧勤(1320~1376)은 太古普愚·白雲景閑2)과 더불어 고려말 삼화상으로 숭앙되고 있고 스승 指空禪賢과 제자 無學自超와 더불어 여말선초 삼화상이라 불린다. 그들은 국가나 전국의 사찰의식에서는 가장 영험이 신통한 證明法師로 지금까지 한국불교계의 삼화상으로 존숭되고 있다.

나옹혜근은 태고보우의 스승인 석옥청공의 도반인 平山處林에게 법을 인가받았으나, 인도승 指空禪賢에게 법을 다시 인가받고 상수제자가 되었다. 자초보다 2년 후인 1358년 귀국한 혜근은 지공이 전해준 三山兩水라는 수기를 가지고 와서 제자 무학자초와 함께 불교를 흥성시키고자 하였으나 그 뜻을 펴지 못하였다.

마침 1370년(공민왕 19) 指空의 靈骨사리가 개경에 오는 것을 계기로 나옹혜근과 태고보우가 왕사와 국사로 각기 책봉되는 것을 계기로 하여, 천태종의 神照, 화엄종의 千熙, 조계종의 幻庵混修 등 교계의 대표가 참여한 가운데 功夫選을 주관하여 불교계를 쇄신하고자 하였다. 나아가 指空禪賢의 유훈을 받들어 檜巖寺를 중창하고3) 그곳을 중심으로 興法하고자 하였다.

공사를 마치고 병진년(1376) 4월에 낙성식을 크게 열었다. 임금은 具官 柳之璘을 보내 行香使로 삼았으며 서울에서 지방에서 사부대중이 구름과 바퀴살처럼 부지기수로 모여들었다. 마침 대간이 생각하기를 檜巖寺는 京邑과 아주 가까우므로 사부대중의 왕래가 밤낮으로 끊이지 않아 생업에 폐해를 주지 않을까 하였다. 그리하여 임금의 명으로 스님을 塋源寺로

불교사의 순교승」, 『불교평론』 34, 재단법인 만해사상실천선양회, 2008년 봄호, 2008.3.)

2) 경한은 현존하는 세계최고의 금속활자본인 『直旨』의 주인공이었지만, 그것이 간행된 청주 興德寺가 聖所가 아니라 한낱 문화재처럼 홀시되고 있는 현실이 매우 안타깝기 그지없다.

3) 李穡, 「天寶山檜巖寺修造記」, 『동문선』 권73.

옮기라고 하고 출발을 재촉하였다. 스님은 마침 병이 있어 가마를 타고 절 문을 나왔는데 남쪽에 있는 못가에 이르렀다가 스스로 가마꾼을 시켜 다시 열반문으로 나왔다. 대중은 모두 의심하여 목놓아 울부짖었다. 스님은 대중을 돌아보고 부디 힘쓰고 힘쓰십시오. 나 때문에 중단하지 마시오. 내걸음은 驪興에서 그칠 것이다.[4]

회암사 1차 낙성시 사부대중이 구름같이 몰려들었고, 이를 우려한 정부는 그를 밀양 영원사로 가도록 명을 내리게 되었다. 가는 도중 1376년 여주 신륵사에서 입적하였다고 하였으나 사실은 誅殺되었다.[5]

高麗말엽에 紀綱이 흐트러졌어도 오히려 懶翁을 귀양보냈다가 誅戮하여 여러 사람들이 분하게 여기던 것을 기뻐하였는데, 더구나 위엄있는 왕조에서 한 사람의 요망한 자(儒夭)를 관대하게 대함으로써 왕의 덕이 음란해서야 되겠습니까?[6]

나옹혜근은 당시 동방제일도량인 松廣寺의 사세를 몰아서 회암사를 불법의 중심도량으로 삼으려 했다. 즉, 동방도량인 송광사 주지로서 그 사세를 몰아 지공이 지정한 흥법의 땅인 회암사를 중창하고자 하였다. 그러한 뜻은 상수제자인 무학자초에게 계승되고, 조선 태조 때 양주 회암사에 지공·나옹·무학의 세 부도와 진영이 모셔짐으로써 삼화상의 위상이 제고되었다. 나옹의 사리는 국내외의 존경의 대상이 되었고 입적한 신륵사는 부처가 입적한 '祇樹(기원정사)'라 하였고 興法의 땅인 회암사는 '雙林(쿠시나가라의 사라쌍수)'이라 하였다.[7] 더욱이 무학자초의 제자인 心地虛融 珍山(?~1427)과 涵虛己和(1376~1433) 등 문도들에게 나옹의 사상이 이어지면서 조선초 불교계를 주도하였다.[8]

4) 覺宏,「懶翁和尙行狀」,『나옹화상어록』:『한국불교전서』 6.
5)『세종실록』권85, 세종 21년(1439), 4월 을미조.
6)『성종실록』권290, 성종 25년(1494), 5월 5일 임인조.
7) 이색,「신륵사 보제존자 석종비」,『조선금석총람』상.

(2) 마지막 천태종 고승 行乎의 순교

行乎는 海東의 孔子라고 자부했던 文憲公 崔冲의 후손으로 조선건국에 참여했던 천태종 神照나 祖丘의 문도였다고 추정되며, 억불군주인 태종과 세종의 총애를 받았다. 억불시책의 주역 태종의 원찰인 원주 覺林寺나 태종의 4자인 誠寧大君의 능침사찰인 고양 大慈庵의 주지로 머물렀고 세종 대 判天台宗師를 제수받았다. 행호는 세종 12년 천태종이 조계종과 통합되어 선종이 되었을 무렵 세종의 형인 효령대군의 지원을 청하여 고려후기 천태종의 白蓮結社의 도량이었던 白蓮寺를 중창하는 등 천태종의 부흥을 위해 노력하였다. 특히 선종의 都會所인 興天寺 주지에 오른 것에 대해 유생들의 비난은 매우 거셌다.

> 成均生員 李永山 등 6백48명이 상소하였다.…"신들은 듣건대, 前朝의 말기에 승려 懶翁의 寂滅의 가르침으로서 어리석은 무리들을 유혹하였습니다. 당시에 이를 추대하여 생불이라고 지목하여서 千乘(왕)의 존귀한 몸을 굽혀서 천한 필부에게 절하는 데까지 이르렀습니다.…이제 승려 行乎가 興天寺에 머물면서 옛날의 전철을 생각하여 보지 않고 스스로 나옹의 짝(懶翁之儔)이라고 이르며 세상을 유혹하고 백성을 속여서 풍속을 바꾸려고 하는데, 백성들은 우러러 사모하기를 나옹과 다름없이 합니다. 비록 종친과 貴戚(임금의 친척)이라할지라도 명예와 지위의 중요함을 생각하지 않고 몸소 절에 나아가서 공손히 제자의 예를 행합니다.…이제 영선하는 승도들을 보게 되면 새로 받은 度牒이 한 해 동안 거의 수만 명에 이르렀으니, 인류가 멸망할 조짐입니다. 이는 이들 승려로부터 일어난 것이 반드시 아니라고 하지 못할 것입니다.
> 전조의 말기에도 나옹을 목베어 죽여서 요약한 무리를 씻어 없앴거늘

---

8) 이 부분은 다음의 논문을 참조하여 재정리하였다.(황인규, 「나옹혜근과 그 대표적인 계승자 무학자초」, 『동국역사교육』 5, 1997 ; 황인규, 「무학자초의 흥법활동과 회암사」, 『삼대화상논문집』 2, 1999 : 황인규, 『무학대사연구-여말선초 불교계의 혁신과 대응』, 혜안, 1999 ; 황인규, 『마지막 왕사 무학대사』, 밀알출판사, 2000 ; 황인규, 『고려후기·조선초 불교사연구』, 혜안, 2003.)

하물며 聖世에서겠습니까? 엎드려 원하건대, 전하께서는 간사한 무리를
물리치기에 의심하지 마시고 약한 것을 없애고 근본에 힘쓰시기 바랍니다.
有司에 명령을 내려 승려 行乎의 머리를 끊어서 요사하고 망령된 근본을
영구히 없애면 국가에 다행한 일일 것입니다."⁹⁾

행호는 천태종승이었지만 선종의 나옹과 비견되는 위상을 지녔다. 그런
그는 세종 20년부터 1년여간 선종의 총본산인 興天寺의 주지를 하면서
수만 명이 모인 가운데 불법을 펴다가 유생들의 탄핵에 의하여 세종 28년
(1446) 무렵 제주도에서 입적하였다. 행호의 그러한 순교는 성종대의 순교승
들이나, 특히 명종대 허응보우가 16여 년간 불교를 일으키는데 영향을
주었다고 생각되며, 억불기 최대의 흥법가였다. 결국 행호는 불교계의
전면에 나서서 활동을 하다가 순교를 한 천태종 고승이었다.¹⁰⁾

3. 조선 중·후기 성종대 순교승과 보우, 환성

(1) 조선 성종대 순교승들—絶菴海超, 一菴學專, 覺頓, 雪峻

조선초 유교시책의 강화와 더불어 시작된 유생들의 불교 탄압시책에
승려들은 무수한 고문을 당하였고, 심지어 죽음에 이르는 경우도 적지
않았다.¹¹⁾ 성종 7년 성종의 親政체제가 시작되면서 사림파들이 성리학의
예제를 본격적으로 시행함으로써 불교계에 대한 탄압은 더욱 심해져갔고,

9)『세종실록』권85, 세종 21년(1439), 4월 18일 을미조. 이때 成均館 生員 李永山
   등 6백80명이 상소하였다고 하였으나 그 글의 작성자 내지 주동자는 不愚憲
   丁克仁이다.(黃景源,「朝山大夫 司諫院正言 致仕 丁先生 墓碣銘 幷序」,『不愚軒集』
   卷首 ; 黃胤錫,「有明朝鮮國 故通政大夫 行司諫院正言 不愚軒 丁公行狀」,『不愚軒集』
   卷首.)
10) 본고는 다음의 논문을 참조하여 재정리하였다.(황인규,「조선전기 천태고승 행호와
    불교계」,『한국불교학』35, 2003 : 앞의 책, 2005.)
11) 조선전기 고승들이 탄압책에 무참히 쓰러진 사례는 다음의 논문을 참조하기
    바람.(황인규,「조선전기 불교계의 고승탄압과 순교승」,『불교사연구』4·5합, 중앙
    승가대 불교사학연구소, 2004 : 앞의 책, 2005.)

그에 따라 참형된 승려들이 속출하였다. 그들이 바로 불교계 순교승인 海超·覺頓·學專·雪峻 등과 같은 고승들이다. 그들뿐만 아니라 이름이 잘 알려지지 않은 수많은 승려들도 유생들의 탄핵에 의해 순교를 당했다. 이를 열거하면 다음과 같다.

○ 성종 5년 雪山·月心·戒嚴·性明 등이 왜승 信玉·私奴 기금동·정병 이계산 등과 더불어 불법을 홍포를 하다가 참형당함.12)
○ 성종 6년 古阜의 승려 省明·尙岑·雪義가 僧舍를 빼앗았다고 斬不待時에 처해짐.13)
○ 성종 8년 星州의 승려 玉峯雪聞은 학대를 못이겨 도망갔다가 僞書를 만들었다고 陵遲處死됨.14)
○ 성종 15년 화장사 주지 지성과 상명·의철·학선·죽변 등의 승려들이 태조와 태종의 圖書를 위조하였다고 하여 참형이나 장형에 처함.15)

이처럼 중죄인의 형벌인 참형·참부대시, 능지처사 등 승려들에 대한 탄압을 계속 강화되고 있었는데, 세조에 의해 삼화상이라 불리면서 숭앙되었던 信眉와 두 제자 學悅과 學祖마저 성종대에 이르면서 본격적으로 시작된 유생들의 탄압을 비껴가기 쉽지 않았다.16) 이 삼화상에 버금가는 海超·覺頓·學專·雪峻과 같은 고승들도 순교를 당하였다.

絶菴海超는 당호가 松月軒, 호는 絶菴이었으며, 정인사 주지 判敎宗師

12) 『성종실록』 권38, 성종 5년(1474), 1월 4일 경인조.
13) 『성종실록』 권59, 성종 6년(1475), 9월 21일 정묘조. 참부대시는 가을철 秋分까지 기다리지 않고 사형을 집행하는 중죄인에 대한 형벌이다.
14) 『성종실록』 권77, 성종 8년(1477), 2월 20일 무오조 ; 『성종실록』 권77, 성종 8년 (1477), 2월 22일 경신조 ; 『성종실록』 권77, 성종 8년(1477), 2월 23일 신유조 ; 『성종실록』 권77, 성종 8년(1477), 2월 24일 임술조 ; 『성종실록』 권77, 성종 8년(1477), 2월 29일 정묘조. 능지처사는 산사람을 묶어놓고 칼로 살점을 잘라내서 죽이는 대역 중죄인에 대한 형벌이다.
15) 『성종실록』 권163, 성종 15년(1484), 2월 12일 기사조.
16) 이에 대해서는 다음의 논문을 참조하기 바람.(황인규, 「세조대의 삼화상고-신미와 두 제자 학열과 학조」, 『한국불교학』 26, 2004 : 앞의 책, 2005.)

설준과 기화의 제자이며, 교종판사를 거쳐 判敎宗都大師에 오른 고승이었다. 해초는 왕실 능침사찰인 開慶寺 주지 雪牛와 각림사 주지 中晧 등의 고승과 함께 탄핵의 대상에 올랐었는데, 성종 7년 이전 信行 등과 驛站 소속의 驛丞신분으로 전락하였다가 다음의 기록에서 보는 바와 같이 성종 8년 얻어맞아 죽임을 당하였다.[17]

> 刑曹에서 三覆하여 아뢰었다. "晉州의 죄수 私奴 嚴貴生·朴莫同, 良人 金漢京이 승려 海招를 때려죽이고 재물을 강탈한 죄는 律이 斬不待時에 해당되며, 처자는 소재관의 노비로 定屬하시기 바랍니다." 그대로 따랐다.[18]

행호가 제주도에 유배되어 죽은 이후, 고승 해초도 참부대시로 순교당하였다.[19]

한편 그 무렵 津寬寺 幹事僧 覺頓도 탄압을 받아 시해되고 말았다. 각돈은 과천 淸溪寺와 진관사 주지로서 진관사 수륙사를 중창한 승려였다.[20] 선사 信浩와 더불어 화엄경판 1,470판을 완성하여 廣州의 서쪽 靑龍山 淸鷄禪寺에 집을 짓고 수장하는 등[21] 왕실이 존경하는 고승이었지만, 유생들에 의해 순교를 당하였던 것이다.

> 유용의 처 干阿에게는 杖 1백 대를 때린 뒤에 流 3천리를 贖바치게 하고, 보동에게는 장 1백 대를 때린 뒤에 官婢로 定屬하게 하고, 막동과 말동은 律을 고치게 하고, 금동과 노덕·覺頓은 율에 의하여 사형에 처하도록 명하였

---

17) 『성종실록』 권73, 성종 7년(1476), 11월 24일 갑자조.
18) 『성종실록』 권75, 성종 8년(1477), 1월 6일 을묘조.
19) 설잠은 해초와 용장사에서 몇 년간 함께 머물면서 설잠이 불법을 배웠던 바 있었는데, 입적하자 죽음을 애도하는 시를 남기고 있다.(김시습, 「悼海超」, 『매월당집』 시집 권7.)
20) 『단종실록』 권6, 단종 1년(1453), 6월 21일 병오조 ; 『단종실록』 권6, 단종 1년(1453), 6월 24일 기유조 ; 『문종실록』 권6, 문종 1년(1451), 2월 3일 임신조 ; 『단종실록』 권6, 단종 1년(1453), 6월 30일 을묘조.
21) 「華嚴經跋」, 『동문선』 권103 발.

다. 의금부에서 율을 다시 고쳐 막동과 말동을 斬不待時의 율에 적용할
것을 아뢰었다. 임금이 그대로 따랐다.22)

유생들은 각돈이 간사승 가운데 가장 간사하고 교활한 자로서 여러
고을에 횡행하였고,23) 재산을 축재하고 사통하였다고 하여24) 하옥시키고
자 하였다.25) 결국 사통하였다는 죄명을 뒤집어쓰고26) 성종 8년 12월
斬不待時를 당하였다.27)

태조의 능침사찰인 개경사 주지였던 一菴學專도 탄압을 받았다. 학전은
崔恒·申叔舟·成三問·徐居正·李承召 등 문인들과 교유하였다.

成均館生員 金敬忠 등 4백6인이 상소하였다. "…지난번에 승려 學能이
興德寺를 重創하는 것으로 명목을 삼아 왕을 가까이 모시는 신하에게
아부하고 민간의 백성을 유혹하고 요망하고 허탄한 말이 임금에까지 도달
하였습니다.…그러므로 학능의 술책이 한 번 시험되자 요승 學專이 이어서
화답하여 興天寺를 중창한다는 명목으로 요망하고 허탄한 말이 임금에
도달하였습니다.….

그리하여 원각사의 요승 雪誼 등이 널리 遊手의 무리를 모아 이름은 安居라
고 하나 齋를 올리고 밥 먹이는 비용이 문득 巨萬을 헤아리므로, 邪道의
조짐이 이미 크게 퍼졌다고 하겠습니다. 그러므로 요승 설의 등이 本寺

22) 『성종실록』 권87, 성종 8년(1477), 12월 24일 정사조.
23) 『세종실록』 권124, 세종 31년(1449), 5월 4일 계미조 ; 『세종실록』 권127, 세종
32년(1450), 1월 29일 갑술조 ; 『문종실록』 권1, 문종 즉위년(1450), 4월 13일 병술
조 ; 『문종실록』 권1, 문종 즉위년(1450), 4월 28일 신축조 ; 『문종실록』 권4, 문종
즉위년(1450), 10월 30일 경자조 ; 『문종실록』 권4, 문종 즉위년(1450), 11월 1일
신축조 ; 『문종실록』 권6, 문종 1년(1451), 3월 4일 계묘조.
24) 『단종실록』 권6, 단종 1년(1453), 6월 24일 기유조.
25) 『단종실록』 권7, 단종 1년(1453), 9월 29일 임오조 ; 『단종실록』 권8, 단종 1년(1453),
10월 27일 경술조.
26) 『성종실록』 권85, 성종 8년(1477), 10월 28일 임술조 ; 『성종실록』 권86, 성종
8년(1477), 11월, 19일 임오조 ; 『성종실록』 권87, 성종 8년(1477), 12월 23일 병진조.
27) 『성종실록』 권87, 성종 8년(1477), 12월 24일 정사조.

大光明殿에서 손으로 불상을 끌어 몰래 그 자리를 돌려 앉히고 부처가
영험하여 능히 자리를 돌아앉았다고 하였습니다.….

요승 學能은 앞에서 창도하고 요승 學專은 뒤에서 화답하며 雪誼가 이어서
이 세 승려가 함께 무리를 지어 백성의 耳目을 더럽혔습니다.

설의가 요망한 술책을 쓴 죄를 바로잡아 저자와 조정에 공개하여 죽인다면
온 나라 신민이 그릇된 도가 바른 도를 이기지 못한다는 것을 알고 전하의
총명하고 예지한 덕을 알게 될 것입니다.….

지금 설의의 죄는 마땅히 베어야 하지마는, 창도하고 화답하여 앞에서
시작한 學能·學專 같은 자도 또한 베어야 합니다."[28]

學能은 興德寺를 重創하고자 귀족과 민들을 모집하였으며, 學專이 이어서
興天寺를 중창하고자 신도들을 동원하고자 하였다. 뿐만 아니라 원각사의
승려 雪誼 등도 遊手의 무리(승도)를 모아 안거라는 이름하에 齋를 올리고
飯僧을 하였는데, 그 비용이 巨萬을 헤아릴 정도로 불교가 널리 퍼졌다는
것이다.

학능은 興天寺를 중창하고자 하였으나 성균관 생원 김경충을 비롯한
유생 406명이 상소를 올려 탄핵하고자 하였다. 즉 그들은 학전을 비롯하여
고승들을 요승으로 몰아붙이면서 양종의 토목역사를 파하고 요망한 술책을
쓴 죄를 바로잡아 저자거리에서 공개적으로 죽이라고 하였다.

雪峻은 己和의 제자이자 세조의 삼화상 信眉의 도반이었으며 설잠 김시습
의 스승이기도 하였는데,[29] 유생들의 탄핵을 받아 순교하였다. 설준은
세조의 아들 의경세자 暲의 능인 敬陵의 능침사찰로 지어진 정인사 주지를
하였다. 判華嚴大禪師로서 교종의 都會所인 興德寺 주지가 되어 교종을
통솔하자, 信眉와 두 제자 學悅과 學祖, 그리고 海超와 더불어 탄핵의 표적이
되었다.

---

28)『성종실록』권117, 성종 11년(1480), 5월 28일 정미조.

29) 이에 대해서는 다음의 논문을 참조하기 바람.(황인규,「청한설잠의 승려로서의
불교계 활동과 교유인물」,『한국불교학』40, 한국불교학회, 2005 : 앞의 책, 2005.)

유생들은 설준이 본래 음탕하고 방종하여 계행이 없으며, 사족의 부녀자들을 모아 음란한 행동을 하는 등 죄가 대단히 무겁다고 논죄하라고 하였다. 특히 서거정을 비롯한 유생들은 율에 의거하여 죄를 물은 뒤에 充軍시키라고 주장하였다.

> 徐居正 등이 또 箚子를 올렸다. "신 등이 雪俊을 律에 의거하여 科罪한 뒤에 充軍하도록 청하였으나 敎旨를 받들어 杖 80대만을 贖바치게 하라고 하였습니다. 신 등이 가만히 생각하건대, 설준이 승려가 되어서 흉악하고 요사하여 心跡을 몰래 비밀히 하고 또한 文理를 조금 알기 때문에 겸하여 寫字를 풀면서 거짓을 행하여 세상을 속였습니다. 요행으로 인연하여 敎宗判事가 되어서 그 기세를 스스로 떨치며, 민가에 출입하면서 정욕을 마음대로 하고 욕심을 마음대로 부리어 더러운 소문이 조정에 가득합니다. 귀가 있고 눈이 있는 자라면 누구인들 보고 듣지 아니하였겠습니까? 그 머리를 잘라서 모든 저잣거리에다 매달아도 족히 그 죄를 바로잡을 수가 없을 것입니다."[30]

유생들은 설준이 승려로서는 자질이 없다고 매도하면서, 특히 정업원 주지인 海敏을 추천하였다는 것을 문제삼았다.[31] 雪俊을 律에 의거하여 科罪한 뒤에 充軍하도록 청하였고 杖 80대에 처할 것을 이미 주장한 바 있다. 설준의 머리를 잘라서 저잣거리에다 매달아도 충분히 그 죄를 바로잡을 수가 없을 것이라고 하였다. 이렇듯 유생들은 설준을 환속시켜 충군시킬 것을 강력히 요구하였으나, 성종은 설준의 나이가 60이 넘었다는 핑계를 대면서 들어주지 않았다.[32] 결국 다음의 글에서 보듯이, 변방에서 죽임을 당하고 말았다.

30) 『성종실록』 권32, 성종 4년(1473), 7월 27일 병진조.
31) 『세조실록』 권30, 세조 9년(1463), 6월 12일 임신조.
32) 『성종실록』 권103, 성종 10년(1479), 4월 6일 임진조 ; 『성종실록』 권103, 성종 10년(1479), 4월 5일 신묘조 ; 『성종실록』 권103, 성종 10년(1479), 4월 17일 계묘조 ; 『성종실록』 권103, 성종 10년(1479), 4월 18일 갑진조.

右副承旨 許誠가 刑曹에서 三覆한 啓本을 가지고 아뢰었다. "會寧 죄수 甲士 徐永生이 승려 雪俊을 죽이고 綿布를 탈취한 죄는, 律이 斬不待時에 해당됩니다." 그대로 따랐다.[33]

이렇듯 설준은 1479년(성종 10) 변방인 회령지방에 充軍되었다가 1489년 (성종 20) 회령의 甲士에 의해 죽임을 당하였다.[34]

(2) 조선 최고의 순교승 허응보우

普雨(1506?~1565)는 법호가 懶庵, 당호는 虛應堂이라 했다. 금강산에서 수륙재를 설행할 당시 승려나 신도 사이에서 '살아 있는 부처님'이라고 존경받았다. 하지만 사림파 유생들은 고려말 신돈보다 더 심한 요승이나 괴승으로 몰아붙이는 등 억불 분위기는 최악으로 가고 있었다.

때마침 나이 어린 명종이 즉위하면서 수렴청정을 하게 된 문정왕후는 보우와 손을 잡고 흥불시책을 전개하였다. 보우는 명종 3년 봉은사 주지로 부임하면서 연산군 이전의 선교양종과 승과를 부활시키고 판종사도대선사 를 맡아서 불교를 중흥하고자 하였다.

이에 매일같이 빗발치는 유생들의 반대 상소에도 불구하고, 보우는 '만약 지금 내가 없다면 영원히 불법은 없어질지도 모른다.' 하며 불퇴전의 자세를 굽히지 않았다. 전국의 300여 사찰을 국가 공인사찰로 지정하여 보호하였고 2년간 승려 4,000여 명을 선발해서 청허휴정과 사명유정 같은 고승을 배출하여 불교중흥의 기틀을 세웠다.

보우는 1559년(명종 14) 봉은사 주지를 다시 맡고 중종의 능인 정릉을 옮기는데 참여하면서 봉은사를 불교계 중흥의 메카로 삼으려 하였다. 1565년(명종 20) 4월 順懷世子를 위하여 회암사를 중건하고 낙성식 겸

---

33) 『성종실록』 권234, 성종 20년(1489), 11월 29일 계미조.
34) 이 부분은 다음의 논문을 참조하여 재정리하였다.(황인규, 「조선전기 불교계의 고승탄압과 순교승」, 『불교사연구』 4·5합, 중앙승가대 불교사학연구소, 2004 : 앞 의 책, 2005.)

무차대회를 설하였다.35) 기문에 의하면, 당시 "보우가 마음대로 떠벌려 크게 성하니, 사월 초파일에 회암사에서 무차대회를 행하려 할 때 비용이 국고를 거의 다 비게 하고 8도의 승려와 백성들이 분주히 몰려들었다."36)고 한다. 그러나 그 해 4월 6일 문정왕후가 승하함으로서 4월 25일 직첩을 삭탈하고 서울사찰의 출입을 금지당하였다.37)

결국 유생들의 빗발치는 상소38)로 보우는 그해 6월 25일 제주로 귀양을 가게 된다. 주석하였던 한계사에 들렀다가 제주도로 향하였던 것 같다.39) 유배길에 수령들이 길에 나와 서로 뒤질세라 공경히 접대하였고 정2품의 나이 80인 이순형 같은 유생은 극진히 대우하기도 하였다.40) 그러나 보우는 다음의 기록에서 보는 바와 같이, 유배지인 제주도에서 장살로 순교당하였다.

> 보우는 일이 어그러진 뒤에 몸을 한계사 바위굴 속에 숨겼다가 수색을 당해 붙들려 제주로 유배되었다. 제주목사는 보우에게 객사를 청소시키고 날마다 힘이 센 무사 40명에게 각각 한 대씩 늘 때리도록 하니, 보우는 마침내 주먹으로 맞아죽었다.41)

---

35) 『명종실록』 권31, 명종 20년(1565), 3월 28일 을축조 ; 『명종실록』 권28, 명종 20년(1565), 4월 5일 신미조.

36) 『苔泉日記』 ; 『고사촬요』 ; 『연려실기술』 권11, 명종조 고사본말조.

37) 『명종실록』 권31, 명종 20년(1565), 5월 13일 경술조.

38) 실록의 사관은 서울로부터 밖으로 팔방에 이르기까지 유생들이 구름처럼 모여 올린 것이 무려 천백회를 헤아릴 정도였고 그 때문에 보우가 귀양 가서 죽게 된 것이라고 적고 있다.(『명종실록』 권31, 명종 20년(1565), 5월 29일 갑자조.) 유생들의 제문집에서 보우관련 기록은 대부분 그에 대한 참소를 적은 것으로, 저마다 자신들의 공이라고 자부하고 있는 것을 볼 수 있다.

39) "보우가 한계산 雪岳寺에 몰래 숨었다가 鋪馬를 훔쳐 타고 달아나다가 인제에서 붙들려서 제주로 귀양갔다."(『명종실록』 권31, 명종 20년(1565), 6월 11일 병자조 ; 『고사촬요』 ; 『연려실기술』 권11, 명종조 고사본말조.)는 기록에서는 보우를 '시중에 찢어 죽여도 시원치 않다'고도 하였다.(『명종실록』 권28, 명종 17년(1562), 9월 29일 경술조.)

40) 『명종실록』 권31, 명종 20년(1565), 6월 8일 계유조.

41) 유몽인, 『어우야담』 권3, 승려.

본래 의금부에서 보우에게 내린 최종형벌은 杖刑과 全家徙邊이었고[42] 유생들의 집요한 참소에도 왕은 윤허하지 않았었다. 보우는 나옹혜근이나 행호처럼 참수된 것이 아니라 장살로 순교되었다. 왕명에 의한 것이 아니라 보우와 유감이 있었던 제주도 목사 邊協의 자의로 이루어진 것이다.[43] 변협은 보우에게 객사의 청소 등 궂은 일을 시키면서 매일 장사로 하여금 구타를 자행함으로써, 보우는 참혹한 죽임을 당하였다.[44]

그 후 지금까지 제주도 사람들은 보우를 三聖으로 존경하고 있다. 나옹혜 근이 송광사의 사세를 몰아 회암사를 홍법의 메카로 만들고자 하였던 것처럼,[45] 보우는 명종 7년 회암사 주지를 겸임하면서[46] 그 사세를 몰아 봉은사를 불교중흥의 메카로 만들고자 하였다.[47]

1566년(명종 21) 4월 20일 兩宗과 僧科가 폐지되면서 불교계는 다시 무종단의 산중불교화되어 버렸지만 보우의 순교는 불교계뿐만 아니라 한국사상사에서 중요한 의미를 지닌다. 그러한 사상적 기반 위에서 추진된 허응보우와 문정왕후의 홍불운동은 비록 16년간에 불과하지만, 청허휴정 과 사명유정 같은 고승을 배출함으로써 향후 불교의 명맥을 잇게 하였다.[48]

---

42) 『명종실록』 권31, 명종 20년(1565), 6월 25일 경인조. 전가사변은 죄인을 가족과 함께 변방에서 살게 하는 형벌이다.

43) 『석담일기』 ; 『지봉유설』 ; 『연려실기술』 권11, 명종조 고사본말조.

44) 기록에 의하면, "그 승려(보우)를 제주도 軍籍에 편입시키고 知府가 날마다 혹독하게 곤장으로 때리니 열흘도 안 되어 죽었습니다."(『금계일기』, 5월 4일.)라는 다소 상이한 내용도 찾아진다.

45) 이에 대해서는 다음의 논문을 참조하기 바람.(황인규, 「무학자초의 홍법활동과 회암사」, 『삼대화상논문집』 2, 1999 : 앞의 책, 혜안, 2003.)

46) 『명종실록』 권13, 명종 7년(1552), 8월 6일 병진조.

47) 이는 유생들이 당시의 승도의 우두머리인 나암보우를 나옹혜근의 위세와 비교해 그의 불사를 경계한 것에서 단적으로 알 수 있다.(『명종실록』 권13, 명종 7년(1552), 9월 2일 신사조.)

48) 이 부분은 다음의 논문을 참조하여 재정리하였다.(황인규, 「나암보우의 불교계 활동과 문도」, 『동국사학』 40, 2004 ; 황인규, 「나암보우와 조선불교계의 고승」, 『보조사상』 24, 2005 : 앞의 책, 혜안, 2005.)

(3) 조선후기 순교승 화엄종장 喚醒志安

조선후기 대표적인 華嚴宗匠인 禪僧 喚醒志安(1664~1729)도 순교를 당하였다. 이름은 志安, 자는 三諾, 호는 喚醒이다. 15세에 출가하여 霜峰(雙峰淨源)에게 구족계를 받았으며, 月潭雪霽(1632~1704)의 법을 계승한 휴정의 5대 적손이다.

지안은 27세 되던 1690년(숙종 16) 화엄종의 慕雲震言(1622~1703)이 金山(지금의 김천) 直指寺에서 법회를 개설한다는 소문을 듣고 찾아가서 강석을 물려받았을 만큼 도가 높았다.[49] 특히 1725년 금산사에서 화엄대법회를 개최하는 등 興法의 대가였다.

乙巳年(1725) 金溝 금산사에서 화엄대법회를 개최하였는데, 이때 모인 대중이 무려 1,400명이나 되었다. 스님이 당에 올라 拂子를 세우고 대중들을 위해 법을 설하자 대중 모두가 일찍이 경험하지 못했던 환희심을 얻게 되었다. 己酉年(1729) 이 화엄대법회의 일로 모함을 받아 지리산에 머물던 중에 체포되어 호남의 옥에 갇혔다. 얼마 후 풀려나게 되었으나, 도의 관리들이 고집을 부려 마침내 제주도에 유배갔다.[50]

지안은 1725년 금산사에서 1,400여 명의 대중이 운집한 가운데 화엄대법회를 크게 개최하였는데,[51] 모함으로 1729년 제주도로 유배당했다가 그곳에서 입적하였다.(세수 66세, 법랍 51세)

지안이 모함을 받은 것은 전근대 시기 양반이 주도하여 일으킨 초유의 난인 이인좌(?~1728)의 난에 연루되었기 때문이다. 이인좌는 영조의 즉위로 몰락한 소론파와 鄭希亮일파를 규합하여 소현세자의 증손인 密豊君 坦을 왕으로 추대하고 1728년(영조 4)에 난을 일으켰다. 三南大元首라고

---

49) 범해각안, 「喚醒宗師傳」, 『東師列傳』 3.
50) 위와 같음.
51) 지안의 문인인 함월해원이 당시 법회를 시로 남겼다.(함월해안, 「金山華嚴法會」, 『천경집』 권상.)

자칭하며 금산사, 남원 지리산의 燕谷寺와 雙溪寺 등지에 모여 난을 일으켜
청주를 함락시키는 등 승세를 잡기도 하였으나, 오명항이 이끄는 관군에게
패하였다.52) 지안이 지리산 일대에서 하옥되어 제주에 유배된 것은 慶聖一
禪(1488~1568)이 무고로 하옥된 것과,53) 청허휴정이 정여립의 모반사건에
연루되었던 것처럼, 이인좌의 난에 연루된 것이다. 행호, 허응보우가 흥법을
일으키다가 옥사를 당한 것과 같은 이유이다. 그 때문인지 행호, 허응보우,
환성지안 등 세 고승은 제주에 유배되어 순교를 당하였던 것이다.

그 이후 현재까지 제주도 사람들은 보우를 포함한 세 인물을 三聖으로
경배하고 있다. 즉 한라산 상봉의 돌부처 등에는 다음과 같은 글귀가
적혀 있다고 한다. 즉 "세 분 聖者의 입적처, 한 분은 중국 正法菩薩로서
와서 살다가 입적하고, 또 한 분은 우리나라의 虛應尊者로서 들어와 살다가
열반을 보이며, 다른 한분은 喚醒宗師로서 유배되어 살다가 열반에 들리라."
는 것이다.54) 필자가 보기에는, 濟州道의 三聖은 조선시대 3대 순교승인
조선초 行乎와 조선중기 虛應普雨 그리고 조선후기 喚醒志安이라고 보아야
할 것이다.55)

4. 맺음말

불교계에는 산중에서 묵묵히 수행한 고승들도 있었지만, 불교계를 탄압
하려는 세력에 맞서서 적극적으로 불교계를 보호하려고 애쓴 고승들도

---

52) 『영조실록』 권16, 영조 4년(1728), 3월 24일 갑술조 ; 『영조실록』 권16, 영조 4년
　　(1728), 3월 25일 을해조 ; 『영조실록』 권16, 영조 4년(1728), 3월 29일 기묘조.
53) 『중종실록』 권81, 중종 31년(1536), 4월 9일 계사조. 일선이 의승군으로 참여하였다
　　는 것은 犬項공사에 참여하여 신천의 둑을 막는데 동원되었던 것을 지칭한다.(『중
　　종실록』 권81, 중종 31년(1536), 5월 14일 무진조 ; 황인규, 「나암보우의 불교계
　　활동과 문도」, 『동국사학』 40, 2004.)
54) 범해, 「喚醒宗師傳」, 『東師列傳』 ; 海源, 「喚醒和尙行狀」, 『喚醒詩集』 : 『한국불교전
　　서』 9.
55) 황인규, 「조선전기 천태고승 행호와 불교계」, 『한국불교학』 35, 2003.12 : 앞의
　　책, 2005.

적지 않았다.

옛날 고구려 승려들은 신라에 불법을 전파하고자 100여 년간 노력하면서 순교를 마다하지 않았다. 正方, 滅垢玭, 阿道, 그리고 異次頓과 法興王의 捨身이 바로 그것이다. 고려초인 성종대 고려 10대 사찰 가운데 하나인 王輪寺의 고승 巨賓은 금강산에서 분신하여 불사를 성대하게 마치게 하였다. 이처럼 고승들의 성스런 순교로 고려가 불교문화를 꽃피우게 되었다고 생각된다.

고려말 懶翁惠勤은 부처님의 큰아버지의 108대 후손인 指空禪賢의 계승자였으며, 생불이라 불렸다. 상수제자인 無學自超와 더불어 회암사를 날란다사처럼 불교 중흥의 메카로 만들려다가 유생들에 의하여 목베어 죽임을 당하였다.

억불운동이 본격화되는 조선조 세종 때 천태종 고승 行乎도 懶翁의 무리라고 존경을 받으면서도 역시 유생들에 의해 제주도에 유배되어 죽음을 당하였다. 조선조 유교시책이 본격화되어 억불시책을 강화하였던 성종대 많은 승려들이 탄압과 순교를 당했을 뿐만 아니라, 불교계를 주도하였던 고승들도 순교를 당하였다. 絶菴海超, 一菴學專, 覺頓. 雪峻 등의 고승이 바로 그들이다.

그 후 명종 때 불교중흥을 이루었다가 역시 제주도에 유배된 虛應堂 懶庵普雨도 고초를 받다가 仗殺되었고, 조선후기 喚醒志安도 제주에 유배되어 순교를 당하였다.[56]

---

56) 龍溟和尙(1846~1902)은 龜山玩虛 법맥을 계승한 白坡의 4세 법손이다. 그는 폐지된 승통제의 부활을 건의한 이후 금산사에 '湖南都僧統'을 두고 스스로 승통이 되어 승도들을 통솔하였고 당시 사람들이 巨擘이라고 불렀다. 그는 금산사의 중흥 등 호남불교의 발전을 위해서도 많은 노력을 기울였다. 아울러 갑오경장 이후 금산사 일대에서 전개된 기독교의 교세 확장을 적극적으로 저지하면서 가람을 수호하였다. 1900년 금산사 남쪽에 금광이 크게 개설되었는데, 그 금광의 여파가 마침내 금산사의 사리탑에 피해를 주게 되었는데, 이를 막으려고 하다가 1902년 입적하였다. 그의 희생으로 금산사의 큰 피해를 막을 수 있었다고 한다. 龍溟에 대한 보다 자세한 사실은 다음의 책을 참고하기 바람.(금산사,『金山寺』, 2005.) 그리고 현대에 이르러 정화기(1954~1961)에 대처승이 사찰의 운영권을 되찾는

이렇듯 巨贇은 스스로 분신을 한 자발적인 殉敎高僧이었고, 그 외에 고승들은 격동기 불법의 탄압으로 순교를 당하였던 것이다. 여말선초 삼화상 가운데 懶翁惠勤의 문손들이 조선초 불교계를 주도하였다. 조선중기 허응보우는 불교를 중흥하여 僧科에서 淸虛休靜과 제자 泗溟惟政을 선발하여 문도들이 조선후기 불교계를 건재하게 하고, 오늘에 이르게 하였다는 점에서 우리나라 최고의 순교고승이라 할 만하다. 억불시책이 전개되었던 조선초의 行乎, 조선중기 虛應普雨, 조선후기 喚醒志安은 제주에 유배되어 순교를 당하였다는 점에서 조선조의 순교 삼화상이라 불러도 좋을 것이다.

이렇듯 1700년 불교의 역사 속에 수많은 고승 및 승려들이 탄압을 받았으며, 심지어는 목숨조차 내놓았기 때문에 우리 역사와 문화 속에 불교의 정신이 면면하게 흐를 수 있었다는 사실을 간절하게 알아야 할 것이다.

訟事에서 승소하는 사례가 급증하자 1960년 대법원 판결에 불복한 비구스님 6명이 서슴없이 할복하기도 하였다.

제3부
조선시대 비구니 도량과 왕실 비구니

제1장 비구니 도량의 역사와 위상

1. 머리말

불교의 개창자 붓다는 태어나면서 '천상천하 유아독존'이라고 외쳤다. 세계와 우주에서 자신만이 가장 존귀하다는 가르침이었다. 인간뿐만 아니라 시방세계에 존재하고 있는 생물과 무생물을 포함한 모두가 자신의 존귀함을 깨닫고, 또 하나의 자신이라고 할 남과 더불어 살아가야 한다는 것이다.

불교를 국가이념으로 하여 고려를 건국한 태조 왕건은 "우리 동방은 옛날부터 당의 풍속을 본받아 문물과 예악 제도를 지켜왔으나, 나라가 다르고 사람의 성품도 다르므로 구차스럽게 굳이 같게 하려 하지 말라."[1]고 하며 문화의 주체성을 강조했다. 후에 원간섭기 보각국사 일연도 우리의 역사와 문화를 주체적으로 정립하면서 홍익인간의 정신을 주창하였다.

이러한 주체적인 역사인식은 오늘을 살고 있는 우리에게도 여전히 중요하다. 그 가운데 전통사회의 모든 분야에서 주류를 이루었던 불교에 대한 이해는 우리의 지나온 삶과 모습을 아는데 매우 긴요하다.

하지만 우리는 그러한 역사 속의 소중한 기록들을 자의적으로 배제하거나 오류와 편협성에 머물지 않았는가 한다. 조선시대나 그 이전의 고려시대나 고대에는 불교가 매우 흥성하여 종교라는 범주를 넘어서 우리의 독특한 문화와 정신을 만들어갔지만, 그러한 사실이 올바르게 기록되어 있지 않다. 본고에서 다루고자 하는 비구니[2]들도 우리 문화를 주도하였던 주체자

---

1) 『고려사』 권2, 세가2 태조 26년 4월조.

로서 활동하였을 것이나 그들의 행적은 물론이고 단편적인 기록조차 폄하 왜곡된 내용으로 전해지고 있다.

그동안 비구니에 대한 연구는 개척 단계에 불과하다고 할 수 있다.[3] 비구니들은 중세 왕실불교를 주도하였고 정화운동에도 매우 활발한 활동을 하는 등 근대불교의 전개에 있어서 매우 적극적이었다.[4]

그러한 비구니들의 활동의 중심처인 비구니 도량에 대한 연구는 국도 한성의 비구니 도량인 정업원을 중심으로 진척되었을 뿐이며, 지방 산중의 비구니 도량에 대해서는 연구된 바 없다.[5] 영세적인 기록의 탓도 있지만 근본적으로는 관심의 부족과 연구의 미흡함 때문이다. 본고는 전근대의 문헌에 나타난 제기록을 취합·정리하여 비구니 도량의 존재양상과 역사적 전개에 대해서 살펴보고자 한다.[6]

---

2) '比丘尼'는 '걸식하는 여성(乞士女)'이라는 梵語 'bhiksuni', 巴利語 'bhikkhuni'의 음역으로 尼로 번역되며 女僧이라고 한다. 우리나라의 문헌에서 '尼僧'이라고 표현한 경우가 많고 僧尼는 승려와 여승을 지칭하는 경우가 많다. 이에 대한 정치한 검토가 필요하다. 본고에서는 '비구니'와 '여승' 혹은 '니승'의 단어의 사용에 특별한 의미는 없다. 가급적이면 비구니라는 칭호를 쓸 것이지만 여승이라는 표현도 적지 않게 사용하였다.

3) 최근 한국 전근대 비구니사에 대한 연구는 중앙승가대 불교학과 本覺스님께서 설립한 한국비구니연구소에서 10여 년간 기획 연구 출판한 일련의 연구서가 돋보이고 있다.(한국비구니연구소, 『비구니와 여성불교』 1, 김포 : 한국비구니연구소, 2003 ; 『한국 고·중세 불교여성·비구니 자료집 : 정사류 편(번역문)』, 김포 : 한국비구니연구소, 2005.) 한국 비구니에 대한 연구는 뒤의 참고문헌을 참조하기 바람.

4) 황인규, 「조선전기 정업원과 비구니」, 『한국불교학』 51, 한국불교학회, 2008 ; 황인규, 「근현대 비구니와 불교정화운동」, 대한불교조계종 불학연구소 편, 『불교정화운동의 재조명』(불교사연구총서 2), 조계종출판사, 2008 ; 황인규, 「근대비구니의 동향과 덕숭총림 비구니들」, 대한불교조계종 불학연구소편, 『경허·만공의 선풍과 법맥』, 조계종출판사, 2009.

5) 정업원에 대한 연구성과는 뒤의 참고문헌을 참조하기 바람.

6) 하지만 관련된 기록을 찾기는 어렵다. 그래서 제기록의 취합과 정리를 하는 것을 일차적 작업으로 삼았다. 비구니 도량이 불교사나 역사의 흐름에 따라 어떻게 전개되었는지, 그리고 그 역사적 현재적 의의는 좀 더 정치하게 드러내야 할 것이다.

2. 비구니 도량과 정업원

불교는 고구려에 전래되어 372년 국가적 공인을 받은 이후 삼국에 국가적 불교로서 수용되었다. 최초의 사찰이라고 할 수 있는 고구려의 초문사가 창건된 이후 여러 사찰이 건립되었으나 비구니 도량에 대한 사실은 거의 알려진 바 없으며, 그 도량의 주체자인 비구니와 관련된 기록조차 찾기 어렵다. 조선후기 실학자인 이규경은 그의 저서 『오주연문장전산고』에서 '석가의 이모 嬌曇彌가 출가하여 여승이 되는 시초가 되었다.'[7]고 하여 세계 최초의 비구니의 존재에 대해서 적고 있다.

고려 원나라 간섭기 문인 민지(1248~1326)는 유점사의 불교연기 사실을 언급하면서 '바위 위에 앉아 길을 인도하는 비구니가 있었으니, 그 땅 이름이 尼臺'[8]라고 한 것이 처음이라는 기록을 남긴 바 있다. 불교의 한반도 전래 보다 무려 수백 년이나 앞선 시기에 비구니가 유점사에 불교를 전하려고 길을 안내하였다는 것이다. 하지만 조선초 문인 추강 남효온(1454~1492)이 지적한 바와 같이, 현재로서는 신뢰하기 힘든 망설이다.[9]

그러면 우리나라 최초의 비구니는 누구이고, 최초의 비구니 도량은 어떤 사찰일까? 신라에 최초로 불교를 전래하였던 아도[10]를 숨겨주었던

---

7) 이규경,「陳剛이 老佛을 배척한 것에 대한 변증설」,『오주연문장전산고』경사편 3, 석전류 3, 道釋雜說.

8) 李穀,「東遊記」,『동문선』제71권 記 ;『신증동국여지승람』권45, 강원도 고성군 불우조.

9) 남효온,「遊金剛山記」,『秋江集』권5, 記. 고려후기 문인 최해도 이러한 사실을 지적한 바 있다.(崔瀣,「送僧禪智遊金剛山序」,『拙藁千百』권1,「雞林後學崔氏彦明父」文 :『동문선』권84, 序.)

10) 아도와 묵호자가 불교 초전시 모례는 움집을 만들었고 그 인근에 위치한 냉산(태조산)에 도리사가 창건되었다.(『신증동국여지승람』권29, 경상도 선산도호부 불우조.) 선산에서 태어난 야은 길재는 당시의 풍조대로 10세 때인 1362년(공민왕 11) 도리사에서 독서하였고(『冶隱集』, 冶隱先生言行拾遺 卷上, 年譜, 冶隱集年譜.) 그의 학풍을 계승한 점필재 김종직도 도리사가 불교의 초전지라고 하면서 시문을 남겨 특기하고 있다.(김종직,「允了作善山地理圖題十絶其上」,『점필재집』시집 13, 詩.)

모례(모록)의 누이 사씨를 최초의 비구니로 보기도 하지만,[11] 구족계가 없으므로 정식으로 비구니가 된 여성은 법흥왕의 비인 파도부인 묘법일 것이다.[12] 묘법은 모례의 누이 사씨를 흠모하여 비구니가 되어 535년(법흥왕 22) 영흥사를 창건하였다. 영흥사는 흥륜사 다음으로 신라에서 두 번째로 창건된 사찰이며, 최초의 비구니 도량이다.[13]

그 후 진흥왕비 사도부인도 말년에 출가한 진흥왕을 따라 비구니가 되어 영흥사에 머물렀다.[14] 영흥사는 현재 경주시 효명동에 자리하고 있었으며, 경주 일대에 건립된 7개 사찰 가운데 하나로, 국가에서 직접 관리 운영하고자 설치한 성전사원이기도 하였다. 당시 신라에는 비구니 阿尼가 진흥왕대 비구니교단의 최고 승직인 도유나랑에 임명되는 등 비구니와 비구니 도량도 중요하게 관리 운용되었던 듯하다.[15] 따라서 고대에는 비구니 도량이 많았을 것으로 생각되지만 그 실상은 제대로 알 수 없다.

『삼국유사』에 의하면, 비구니 지혜가 주석하였던 안흥사도 비구니 도량이었던 듯하다. 지혜는 진평왕대 어진 행실을 지닌 비구니로서 안흥사에 머물렀는데 불전을 건립하고자 하였으나 그 힘이 미치지 못하였다. 마침 선도산 聖母의 도움을 받아 주존삼상을 채색하고, 벽 위에는 53불과 6류성중과 더불어 여러 천신과 신라를 지키는 5악의 신을 모시고 점찰법회를 베풀었다. 비구니가 토착신앙을 수용하면서 불교를 대중화시키고자 한 모습을 엿볼 수 있다.[16]

---

11) 『삼국유사』 권3, 흥법 3 阿道基羅.

12) 김영태, 「신라의 여성출가와 니승직 고찰－都維那娘 阿尼를 중심으로」, 『명성스님 고희기념 불교학논문집』, 청도 운문승가대학 출판부, 2000, 41~46쪽.

13) 『삼국유사』 권3, 흥법3. 김유신의 부인 智炤夫人도 비구니가 되어 아마도 영흥사에 주석하였을 것이다.

14) 『삼국사기』 권4, 신라본기 4, 진흥왕.

15) 『삼국사기』 권40, 잡지 9, 직관하 무관.

16) 『삼국유사』 권5, 감통 7, 仙桃聖母隨善佛寺. 연기조사의 어머니가 출가하여 비구니가 되었다고 한다. 그녀를 추모하여 화엄사의 탑에 조각으로 남아 있다.(南孝溫(1454~1492), 「지리산 日課」, 『추강집』 권6, 雜著, 성종 18년(1487), 10월 7일 계유조. "黃芚寺를 구경하였다. 절의 옛 이름은 花嚴寺로, 名僧 緣起가 창건한 것이다.…뜰

　고려시대는 신라보다 불교가 더 흥성하였다. 창업주인 태조 왕건은 신라말 옥룡산문을 개창하였다고 하는 선각국사 도선의 가르침인 비보사찰설에 의해 국도 개성을 중심으로 전국의 사찰을 창건 또는 배치하였다.[17] 비보사찰은 3천소 이상인 듯한데 그 가운데 비구니 도량이 얼마나 있었는지 알 수 없다.

　『고려사』에 의하면, '10만 반승'이나 '승니 2,200인을 반승하였다'[18]고 한 것으로 보아 비구니도 비구와 함께 국가적으로 파악되었으나, 비구와는 여러 모로 구별이 있었던 것 같다. 현종대 부녀자들의 출가금지가 그 대표적인 예이다.[19] 향리나 군인과 같이 국가적 전문인력을 보호하기 위한 시책이기도 하였다.[20] 따라서 비구니는 비구에 비해 여러 가지 제약을 받았겠지만 국가불교시대였으므로 그 수는 적지 않았고, 심지어는 자신이 미륵불이라고 주장하는 비구니도 있었다.[21]

　고려시대의 대표적인 비구니 도량으로 알려진 정업원은 왕실녀와 귀족 사녀의 출가 및 수행처였으나, 고려중기 의종대 이전의 기록에서는 찾아지지 않는다. 실제 정업원이 고려중기 이후에 창건된 것인지 알 수 없지만 숭유억불시대인 조선시대나 당대의 지방 비구니 도량의 존재를 미루어보아

　　가운데에 석탑이 있었다. 탑의 네 모퉁이에 탑을 떠받치는 네 기둥이 있고, 또 婦人이 중간에 서서 정수리로 떠받치는 형상이 있다. 승려가 말하기를 이것은 비구니가 된 연기의 어머니입니다.")

17) 이에 대한 좀 더 자세한 사실은 다음의 논문을 참조하기 바람.(황인규, 「고려 비보사사의 설정과 寺莊운영」, 『동국역사교육』 6, 동국역사교육학회, 1998 ; 『고려후기·조선초 불교사연구』, 혜안, 2003 ; 황인규, 「선각국사 도선과 비보사찰」, 『선각국사 도선』, 영암군 월출산 도갑사 도선국사연구소, 2007 ; 황인규, 「선각국사 도선의 종풍계승 및 전개」, 『한국선학』 20, 한국선학회, 2008.)

18) 『고려사』 권4, 세가 4, 현종 9년, 5월 무인조 ; 『고려사』 권33, 세가33, 충선왕 복위년, 9월 계미조 ; 『고려사』 권33, 세가33, 충선왕 1년, 10월조.

19) 『고려사』 권85, 형법지 2, 금령 현종 8년, 1월 정월조 ; 『고려사』 권85, 지39 형법2, 금령 12월조 ; 『고려사』 권85, 지39, 형법2, 금령 숙종 6년, 6월조.

20) 『고려사』 권111, 열전24 趙暾.

21) 『고려사절요』 권31, 신우 7년 5월조. "경도에 있는 한 여승이 미륵보살이라 자칭하니, 사람들이 모두 믿고 다투어 쌀과 베를 보시하였다."

고려초 이래 창건되어 운용되었을 가능성이 높다. 곧 왕실녀의 도량인
西院이 태조대에 이미 창건되었기 때문이다.

　　小西院부인 김씨도 김행파의 딸이다. 김행파는 활을 잘 쏘고 말도 잘 탔으므
　　로 태조가 김이라는 성을 주었다. 태조가 서경으로 가는데 김행파가 사냥꾼
　　들을 데리고 길가에서 만나보고 자기의 집으로 청하여 두 밤을 유숙시키면
　　서 두 딸로 하여금 하룻밤씩 그를 모시게 하였다. 그 후 (태조는) 다시는
　　상관하지 않았으며 두 딸이 모두 집을 떠나 여승이 되었다. 태조가 그들을
　　불쌍히 여기어 불러서 만나보고 "그대들이 이미 여승이 되었으니 그 결심은
　　꺾을 수 없구나!"라고 말하였다. 그 후 서경 성안에 大西院과 小西院이란
　　두 절을 짓고 토지와 농민을 예속시킬 것을 명령하여 그들에게 각각 거처를
　　마련하였다. 그리하여 대서원부인과 소서원부인이라고 불렀다.[22]

　　위의 기록에 따르면, 태조는 후삼국 통합시 서경의 토호 김행파의 집에
머물렀다가 그의 두 딸을 취하였는데, 그 후 두 부인은 태조가 관심을
갖지 않자 출가하여 비구니가 되었다고 한다.[23] 태조가 그런 사실을 뒤늦게
알고 오늘날 평양인 서경 성안에 大西院과 小西院이라는 비구니 도량을
짓고 머물게 하였다는 것이다. 서원은 정업원과 같은 성격의 비구니 사찰이
었다.

　　서경의 비구니 도량인 서원이 태조대 설립된 것으로 미루어보아 개경
도성에도 비구니 도량이 있었을 것이나, 기록은 찾아지지 않는다. 다만
정업원이 1164년(의종 18) 이전 개경에 이미 설치되어 있었던 듯하고,[24]
1251년(고종 38) 몽골의 침입으로 국도를 강화도로 옮겼을 때에도 정업원이
창건되어 운용되었다. 그런데 강화국도의 정업원은 개경 도성 내에 설치된
것과는 성격이 달랐을 것이다. 왜냐하면 박훤의 집을 정업원으로 만들고,

---

　22) 『고려사』 권88, 후비열전 1 대서원부인과 소서원부인조.
　23) 태조왕건의 후비인 神惠王后 貞州柳氏도 한 때 출가하여 비구니가 되었으나(『고려
　　　사』 권88, 후비열전 1 신혜왕후 유씨), 어떤 사찰에 머물렀는지 알려진 바 없다.
　24) 『고려사』 권18, 세가 18 의종 18년(1164) 윤 11월.

성 안에 있는 비구니들을 모여 살게 하였기 때문이다.[25]

그리고 공민왕대의 尼院[26]은 황주목사 李緝의 아내가 남편을 살해하고 형벌로 머리를 깎아 머물게 하였으므로,[27] 그 니원은 정업원이었을 것이다. 또한 『고려사』에는 정업원과 더불어 등장하는 비구니 도량으로 安逸院이 찾아진다. 즉 우왕대 '안일원은 尼寺'라고 하였지만[28] 조선시대의 경우처럼 안일원은 정업원과 같은 류의 사찰인 듯하다.[29] 이렇듯 고려의 양경에는 서원과 정업원 또는 안일원이 비구니 도량으로 있었다.

양경뿐만 아니라 후의 남경이 되는 한성에도 비구니 도량이 고려 태조대에 창건되어 고려시대 이후 지금까지 존속하고 있다고 전한다. 그 사찰의 사지에 의하면, 제1세 주지 비구니 혜원(851~938)이 취임한 이래 1036년(정종 2) 만선(996~1060)이 중창하였고 1158년(의종 12) 회정이 중창하였다고 한다. 그리고 1299년(충렬왕 25) 원나라의 침략으로 절이 황폐화되자 지환 (1261~1312)이 중창하였고 태조 이성계가 조선을 건국하자 고려말 공민왕의 비인 혜비가 출가하여 청룡사에서 주석하였다고 한다. 그러나 그러한 사실은 정사류나 그 밖의 문헌에서는 찾아지지 않고 있어서 사실로 믿기에는 다소 주저된다.[30]

그 밖의 지방의 비구니 도량도 소수 찾아지는데, 시기순으로 열거하면 다음과 같다. 수선사 법주 제2세 진각국사 혜심의 어록에 의하면, 비구니 종민이 1213년(강종 2) 청원·희원·요연 등 비구니 법형제 3인과 함께 수선사에서 90일간 하안거에 동참하였다고 한다.[31] 아마도 그들이 머물렀던

---

25) 『고려사』 권24, 세가 24 고종 38년 6월 ; 『고려사』 권125, 열전 권38 간신1 박훤.
26) 『고려사』 권131, 열전 권44 반역5 盧頙.
27) 『고려사』 권105, 열전18 諸臣 趙仁規.
28) 『고려사』 권135, 열전 권48 신우 9년(1383) 3월.
29) 황인규, 「조선전기 정업원과 비구니」, 『한국불교학』 51, 2008.
30) 청룡사가 정업원의 전신이라는 설도 있다. 즉 공민왕의 비 혜비, 태조의 딸 경순공주, 단종의 비 정순왕후 송씨가 출가하여 머물렀다고 알려져 있지만, 실제 태조대 창건된 비구니 도량인지, 정업원의 후신인지 좀 더 정치한 연구가 필요하다.
31) 혜심, 「示宗敏上人 示希遠道人」, 「曹溪眞覺國師語錄」 : 『한국불교전서』 6, 24~28쪽.

사찰은 수선사, 즉 송광사 사중일 것이다.

그리고 고려시대에서 유일하게 비구니로서 大師의 칭호를 들은 변한국대
부인 진혜대사 성효(1255~1324)는 민가에 초당을 짓고 살았다. 그녀는
출가전인 1302년(충렬왕 28) 중국 江淮에서 無선사가 고려를 방문하자
법요를 들었고, 1304년(충렬왕 30) 몽산덕이의 제자 철산소경이 고려에
오자 대승계를 받았다. 그리고 1311년(충선왕 3) 미륵대원에 올라 장육상에
예를 올리고 여러 산천을 순례하여 열반산과 청량산 등의 성지를 순례했다.
그 후 그녀는 1315년(충숙왕 2) 계단주 白修에게 출가하여 장님의 집 곁에
초당을 짓고 머물렀다고 한다.[32] 현대 사지에 의하면, 괴산 白雲寺는 1321년
(충숙왕 8) 대흥사로 창건되었는데 비구니 사찰이었던 듯하다.[33]

또한 여말선초에 양평 윤필암과 엄곡사도 비구니 도량이었다. 윤필암은
정안군의 부인 임씨 묘덕이 경기도 양평 용문사에 암자로 창건하였다고
한다.[34] 묘덕은 현존 세계최고의 금속활자본『직지』와『백운화상어록』
간행사업의 후원을 담당했던 비구니이다.[35] 엄곡사는 화엄이 창건한 비구
니 도량이다. 무학자초의 문도였던 화엄은 도량의 현판을 엄곡이라고
하였으므로, 비구니 도량의 이름은 嚴谷寺였을 것이다.[36]

---

32) 金開物,「追封 卞韓國夫人 眞慧大師 行陽川郡夫人 許氏墓誌銘 幷序」: 김용선,『역주
　　고려묘지명집성』하, 한림대학교 아시아문화연구소, 2001 ; 허흥식,「조선의 定有
　　와 고려의 眞慧-두 시대 여대사의 비교-」,『정신문화연구』가을호 27-4(통권97),
　　2004.

33) 尹秉俊,『백운사지』, 1967. 이 사지에 의하면, 최근 백운사 절터에서 발견된 석축이나
　　'大興寺'라는 기와명문이 발견되었다고 한다.

34) 李穡,「砥平縣彌智山潤筆菴記」,『牧隱文藁』권4, 記 ;『동문선』권74 기. 고려 말
　　여말삼사인 太古普愚와 懶翁惠勤의 문도들 가운데 비구니들이 찾아진다. 즉 보우의
　　妙安과 혜근의 문도인 淨業院의 주지 妙峯·妙德·妙玕·妙信·妙海 등 비구니들인데,
　　그들이 머물렀던 사찰에 대해서는 알 수 없다.

35)「宣光 8년 무오 6월 간기」,『불조직지심체요절』, ; 이세열,「直指와 비구니 妙德에
　　관한 연구」,『중원문화논총』4, 청주 충북대 중원문화연구소, 2000 ; 황인규,「백운
　　경한과 고려말 선종계」,『한국선학』9, 한국선학회, 2004 : 황인규,『고려말·조선전
　　기 불교계와 고승연구』, 혜안, 2005.

36) 李穡,「嚴谷記」,『牧隱文藁』권6 ;『동문선』권76 기.

이렇듯 고려시대 지방의 비구니 도량은 괴산 백운사, 양평 윤필암, 엄곡사 등이 찾아지고 있으며, 송광사와 같은 대사찰에 비구니 도량의 암자나 여승방이 있었을 것이다. 비구니 성효대사도 민간에 초당을 짓고 거주하는 등 비구니 도량이 적지 않았을 것이나, 사실로서 확인되는 것은 몇몇에 지나지 않는다. 이에 반하여 불교가 탄압을 받았던 조선시대에는 오히려 비구니 도량이 이전의 왕조보다 더 많이 찾아지고 있다. 따라서 숭불의 시대인 고려시대나 고대에 비구니 도량이 많았을 것으로 생각된다.[37]

태조 이성계와 왕사 무학자초의 불교와 사찰의 수호노력에도 불구하고 자초가 입적한 지 3개월만인 1406년 11월 대대적인 사찰 및 승니에 대한 축소 정리가 이루어져 242사 외에는 국가적 사찰에서 제외되었다.[38]

조선왕조는 태종 6년(1406)과 세종 6년(1424) 사이에 대대적인 불교탄압 시책을 전개하여 전국의 사찰은 고려말의 1/10 수준으로 축소되었지만, 조선후기까지 1,700여 소에 달하였다. 그 가운데 국초 한양정도시 비보사찰 설에 따라 창건 또는 지정되었다는 사찰들이 실록에서 찾아진다. 즉 복세암·안암사·정일암·향실암·수정암·망성암·은암·일출암·대고산사·소고산사·입암사·도장동사·정업원 등의 사찰이다.[39] 고대나 고려시대보다 조선시대에 이르러 비구니 도량이 더 많이 찾아지고 있다. 그 가운데 많이 알려진 정업원과 안암사가 대표적인 비구니 도량이다. 1411년(태종 11) 정업원 이외에 산속의 니승방을 모두 철거하라고 하였던 불교탄압시책의 결과이다.[40]

조선초 억불기에도 도성 비구니 도량에서는 신행과 불사가 이루어졌는데, 아마도 정업원이 그 중심에 있었을 것이다. 또한 정업원 비구니들이 사족의 부녀자들을 맞이하여 사찰에 가는 경우도 있었다.[41] 즉 정업원

37) 문헌이나 금석문류 및 사지류 등의 제기록에 대한 검토가 이루어진다면, 보다 많은 비구니 도량이 찾아질 것이다.
38) 황인규, 『무학대사연구－여말선초 불교계의 혁신과 대응』, 혜안, 1999.
39) 『성종실록』 권7, 성종 1년(1470), 9월 26일 신축조.
40) 『태종실록』 권21, 태종 11년(1411), 6월 9일 무술조.

주지가 여승들과 용문사를 갔으며,[42] 사족의 부녀들과 정인사와 성불암에 가서 유숙하였다.[43] 또한 매월당 설잠(김시습)이 정업원에 들어가 비구니들에게 불경을 가르쳤고,[44] 정업원 주지 해민은 고양의 정수암에 도둑 2명이 들어 분탕질을 하자 조정으로 하여금 군사를 풀어 수색케 하는 등 지방사찰의 보호를 요청하기도 하였다.[45]

정업원은 조선초 이래 치폐를 거듭하기도 했지만 조선중기까지 숭유억불의 분위기 속에서도 왕실불교의 중추적인 역할을 하면서 조선의 도심불교의 마지막 보루였다.

정업원은 도성 내외의 비구니 도량과 지방의 사찰과도 소통하는 통로가 되었던 것 같다. 한 사례를 들면 다음과 같다.

> 부인은 불교(浮屠)를 믿지 않았다. (부인의) 집 곁에는 비구니가 거처하는 집과 법당이 있어 경문과 法語를 공부하며 도성 안에 있는 명가의 부녀자들을 불러 모으고 불교를 권화하였는데, (그 비구니 도량이) 그 제자들에게 전해져 폐치되지 않았다. 부인이 10여 년 동안 그 옆에 살면서 한 번도 통문하지를 않았다. 이에 비구니의 수장이 나이 어린 비구니를 보내어 부인의 유모를 통해 교유하기를 청하였다. 부인이 말하기를, "머리를 깎고 검정 옷을 입은 모양새의 승려는 부인들이 대면할 자가 못된다."고 하며 사귀지 않았다.[46]

조선초 문인 강희맹(1424~1483)의 도성의 집[47]곁에 비구니 도량이 있었

---

41) 『성종실록』 권32, 성종 4년(1473), 7월 21일 경술조.

42) 『세종실록』 권121, 세종 30년(1448), 7월 21일 을사조.

43) 『성종실록』 권32, 성종 4년(1473), 7월 9일 무술조.

44) 『성종실록』 권55, 성종 6년(1475), 5월 26일 갑술조 ; 황인규, 「청한설잠의 승려로서의 불교계 활동과 교유인물」, 『한국불교학』 40, 한국불교학회, 2005 ; 황인규, 『고려말·조선전기 불교계와 고승연구』, 혜안, 2005.

45) 『세조실록』 권30, 세조 9년(1463), 6월 12일 경오조.

46) 姜希孟(1424~1483), 「夫人安氏行狀 擬人作」, 『私淑齋集』 권7, 行狀.

47) 1477년(성종 8) 교지를 받고 元子(후의 연산군)가 병환이 있어 민간에서 임시로

다. 그 사찰은 집과 법당으로 이루어져 있었고 경문과 법어를 배우며
도성 안에 있는 명가의 부녀자들을 불러 모았다고 한다.[48] 다음의 기록에서
보는 바와 같이, 숭유억불시책이 강화되는 가운데서도 한성의 여러 암자들
에서는 불사가 성황이었다.

> 7월 15일은 속칭 백종이라 하여 승가에서 1백 가지 꽃 열매를 모아 우란분재
> 를 베풀었다. 서울에 있는 여승의 암자에서 더욱 심하였으므로, 부녀자들이
> 많이 모여들어 곡식을 바치고 돌아가신 어버이의 영혼을 불러 제사지냈
> 다.[49]

뿐만 아니라 단오날에도 도성에서 비구니들이 부녀자들과 함께 그네를
타는 등 비구니들의 도성에서의 활동은 계속되었다.[50] 그러한 구체적인
사례가 바로 한성 일대의 남산, 안암동, 사을한 등의 니승방에서 齋를
베푸는 등의 불사활동이다. 비구니들은 도성의 비구니 도량을 중심으로
활동하였다. 즉 세종 6년(1424) 선교양종 교단 탄압시[51] 숭유억불시책을
강화하고 성리학적 사회질서를 강조하기 시작할 무렵인 성종대 초반기까지
도성에 존속하였던 23소의 비구니 도량이 중심이 되었다. 다음과 같은
실록의 기록이 바로 그것이다.[52]

거처하게 되었는데, 부인이 원자를 집으로 옮겨 잘 돌보았다고 하였다. 그러므로
그녀의 집은 도성의 대표적인 집이었을 것이다.(姜希孟(1424~1483), 「夫人安氏行狀
擬人作」, 『私淑齋集』 권7, 行狀.)

48) 비구니들은 강희맹의 부인 안씨에게 불교신행을 권유했는데 이에 응하지 않았다는
 것이다. 남편 강희맹은 12세인 1435년(세종 17) 승려 省桑에게 수학하고 衿川
 衿州山과 黃山 舍那寺, 수원 光敎山 昌盛寺, 삼각산 등의 산사에서 친구들과 사찰에서
 독서를 하고, 1460년(세조 6) 고승 一菴과 함께 가야산 해인사를 유람하는 등
 불교적인 인물이다. 하지만 부인 안씨는 고려말 성리학자 謹齋 安軸의 후손으로
 성리학에 경도되어 있던 듯하다.(蔡壽 撰, 「行狀」 및 徐居正, 「神道碑銘」 ; 『私淑齋集』
 부록.)

49) 성현, 『용재총화』 권2 : 『대동야승』.

50) 위와 같음.

51) 『세종실록』 권24, 세종 6년(1424), 6월 22일 을축조.

한성부에서 교지를 받들어 도성 안팎의 여승 집을 두루 살펴보고서 아뢰었
다. 명령을 내려 모두 철거하도록 했는데, 모두 23소나 되었다. 다만 盤石坊
두 곳 여승의 집은 산을 의지해 깊숙하고 궁벽하여 민가에 멀리 있어서
여러 여승이 거처할 만하고, 仁王洞의 한 곳 여승의 집은 세조 때에 창건하였
다. 때문에 임금이 특별히 명령하여 철거하지 못하도록 하였다.53)

  니승이 거처하는 곳은, 성안에는 정업원이 있고 성 밖의 동남쪽에도
많이 있다는 것이다.54) 이렇듯 국초 이래 도성에 정업원과 23니사가 있었으
나 성종대에 이르러 대부분 철거되게 된다. 비구니 도량으로서 철거대상에
서 제외된 것은 깊은 산속에 있는 서소문 밖의 서부 반석방 2소, 세조가
창건한 인왕산의 尼舍,55) 남대문 밖 니사56) 등이었고 그밖의 비구니 도량은
폐치되거나 강제로 이주되었다.57)

  다만 도성에서 멀리 떨어진 온수동(현 노원구 온수동)의 니사,58) 동교(현
동교동)의 니사,59) 종남산 미타암(현 옥수동),60) 안암사(현 안암동)61) 등의
비구니 도량은 조선후기까지 건재하였다.62) 특히 안암사는 정업원과 더불

  52) 『성종실록』 권77, 성종 8년(1477), 윤2월 21일 기미조.
  53) 『성종실록』 권57, 성종 6년(1475), 7월 19일 병인조.
  54) 『성종실록』 권55, 성종 6년(1475), 5월 26일 갑술조.
  55) 『성종실록』 권55, 성종 6년(1475), 5월 27일 을해조 ; 『성종실록』 권56, 성종 6년
      (1475), 6월 기축조.
  56) 『성종실록』 권200, 성종 18년(1487), 2월 3일 계유조.
  57) 『성종실록』 권57, 성종 6년(1475), 7월 22일 기사조.
  58) 『경종실록』 권6, 경종 2년(1722), 3월 26일 신해조.
  59) 『영조실록』 권51, 영조 16년(1740), 2월 8일 기묘조.
  60) 「洛庵堂尼首座思信之浮屠碑」, 『유점사본말사지』, 257~258쪽 : 『한국고승비문총
      집 조선조·근현대』, 480쪽.
  61) 『성종실록』 권7, 성종 1년(1470), 9월 26일 신축조 ; 『연산군일기』 권54, 연산군
      10년(1504), 7월 29일 정사조.
  62) 도성 밖 비구니 사승방의 기록은 조선전기에는 찾아지지 않는다. 연구에 의하면
      성종 6년(1475) 유생들이 올린 배불폐사의 상소에 따라 22개의 사원이 훼철당하고
      청룡사·청량사·보문사·미타사 등 4개의 사찰이 남게 되었고, 이 4개의 사찰을
      그 후부터 사승방이라고 부르게 되었다고 한다.(김응철, 「정업원과 사승방의

어 한성의 대표적인 비구니 도량 가운데 하나였다.[63] 유생들은 안암사의
중창을 반대하였지만[64] 왕실녀들은 비구니들이 도성 밖에 거처할 수 없었
기 때문에 존치되어야 한다고 하였다.[65] 이렇듯 불교를 신행하였던 왕실녀
의 보호를 받았지만 도성의 비구니들의 가람수호의 노력의 결과였다.
다음에 서술하는 비구니들의 불사에서도 알 수 있다. 즉 한성뿐만 아니라
고려의 국도였던 개성에도 妙覺庵과 같은 비구니 도량이 있었다.

韓壽가 나를 인도하여 百花亭을 보게 하였다. 뒤섞여 자란 叢竹이 있기에
내가 대나무 아래에 앉아 玄談을 큰소리로 읊었다. 다 읊은 뒤에 북쪽
언덕으로 올라가서 妙覺庵으로 내려갔다. 암자에는 니승 한 명이 있었다.
子容(禹善言의 字)이 尼僧을 마주 대하여 부처에게 두 번 절하고 염주를
돌리며 큰 소리로 염불을 외웠는데, 니승이 눈짓으로 알아차리고 웃었다.[66]

개성의 비구니 도량인 묘각암에서 비구니가 염불 수행하는 모습을 읽을
수 있다. 다른 지방의 비구니 도량에서도 불사가 이루어졌던 사례를 찾을
수 있다. 즉 성종대 추강 남효온이 금강산을 방문했을 때 불사가 다음과
같이 성행하였다고 한다.

을사년(1485, 성종 16) 윤 사월 임오일(2일) (금강산) 天德庵을 들렀다. 암자에
는 수원부 사족의 과부가 都山齋를 베풀고 있었다. 승려 500여 명이 산허리에
늘어앉아 떠드는 소리가 골짜기 안에 진동하였고, 과부가 승려들 가운데서
얼굴을 드러낸 채 결연을 맺고 있었다.[67]

역사로 본 한국의 비구니 승가」,『전통과 현대』7, 전통과 현대사, 1999, 80~81쪽.)
그러나 그러한 사실을 뒷받침해줄 기록은 찾아지지 않고 있다.
63) 『연산군일기』권54, 연산군 10년(1504), 7월 29일 정사조.
64) 『성종실록』권164, 성종 15년(1484), 3월 2일 기축조.
65) 위와 같음. 영조 38년(1762) 안암동의 여승 假仙이 있었던 기록이 찾아지고 있는데,
   안암사를 지칭한다고 생각된다.(『영조실록』권99, 영조 38년(1762), 윤5월 14일
   병자조.)
66) 남효온, 「松京錄」,『추강집』권6, 雜著, 성종 16년(1485), 9월 8일 병진조.

금강산에는 승려 500명이 참여하는 등 대불사가 성행하였다. 따라서 산중의 비구니 도량은 적지 않았을 것이다.[68] 태종과 비 원경왕후의 원찰인 양주 회암사에서도 다음과 같이 비구니들이 불사를 설행하였다.

처음에 원경왕후의 繡佛이 양주 회암사에 있었는데, 승려들이 불전이 기울어져서 위험하다고 하면서 修葺하자는 권선문을 가지고 서울과 지방으로 다니며 권유하였다. 이에 무지한 부녀와 富商들이 앞을 다투어 재물을 내어 시주를 하였고 임금조차도 쌀과 베를 내려 주어 도왔다. 그리하여 사우를 수리하여 이날에 '경찬회'를 열어 佛會를 크게 베풀었는데, 이를 구경하러 온 사대부의 아내·여승·부녀자가 매우 많았다. 승려 慧熙가 화려한 채색가사를 입고 법당에 앉아 불경을 강론하였다. 부녀자와 승려와 여승들이 한 집에 함께 모여 차례로 앉아 들었으며, 전 지군사 이대종과 박동미도 함께 앉아 들었다. 승려 각원·신주·신현 등이 무애희를 시작하자 부녀자들이 시주물이라고 하여 입었던 옷을 벗어 주기도 하였다.[69]

양주 회암사에서 비구와 비구니들이 중창불사 및 경찬회를 열고 원효성사로부터 비롯된 우리나라의 대표적인 놀이인 무애희를 공연하였다. 비구뿐만 아니라 비구니들이 참여하고 억불군주인 태종의 후비 원경왕후를 비롯한 귀족과 사녀들이 참여하였다. 지방에는 여승과 승려가 한 사찰의 경내에 거주하기도 하였으므로,[70] 회암사에도 비구니 암자나 승방이 별도로 있었을 것이다.

그리고 북방의 오대산 靈鑑庵은 조선초기에 비구니 혜명이 도량을 중창하였다.[71] 광해군대의 기록이지만, 오대산에는 비구니들이 많이 있었다고

67) 남효온, 「遊金剛山記」, 『추강집』 권5, 記.
68) 그 외에 지방인 과주의 수리산에서 비구니의 존재가 찾아지므로, 그곳에도 비구니 도량이 있었을 것이다.(『태종실록』 권25, 태종 13년(1413), 5월 25일 계묘조.)
69) 『세종실록』 권64, 세종 16년(1434), 4월 10일 정사조.
70) 『성종실록』 권32, 성종 4년(1473), 7월 20일 기유조.
71) 영감암의 중창은 비구니 혜명이 주도하여 1407년 3월에 시작하여 1409년 가을 마쳤다.(김수온, 「靈鑑菴重創記」, 『拭疣集』 권2, 記類.)

하였으므로,72) 조선전기에도 오대산에는 영감암뿐만 아니라 비구니 도량
도 적지 않았을 것이다.

　북방뿐만 아니라 남방의 산중인 합천 가야산에서도 비구니 도량 淨覺庵이
있었다. 성종대 사림의 영수였던 김종직(1431~1492)의 문집에 의하면,
그와 교유했던 비구니 道圓은 속명이 득비이다. 도원은 젊어서 안림역의
향리의 아내가 되었는데 남편이 죽자 절개를 지키고 재가하지 않았다.
만년에는 가야산의 승려 도엄에게서 선을 배우고 정각암을 창건하고 머물
렀다고 한다.73) 김종직은 불교를 억압하고 성리학적 예제를 확산시키려고
앞장섰던 사림파의 영수인데 그도 비구니와 교유하였던 것이 보인다.
그보다 조금 후대에 살았던 성리학자 성혼(1535~1598)도 역시 경기도
삭녕의 여승방74)에 머물렀던 기록을 찾을 수 있다. 조선중기까지 유생들도
국가시책인 억불시책에 동참하였지만, 개인적으로는 불교적 성향을 지니
고 있었던 사실을 알 수 있다.

　조선중기 숭유억불시책이 가속화되는 시기에 발발한 임진왜란과 관련하
여 등장하는 비구니 도량도 찾아진다. 즉 이태원 雲鍾寺이다. 운종사는
이태원의 황학동 비구니 도량이었으나 임진왜란시 화마를 입었다고 한
다.75)

　아울러 조선왕조의 불교에 대한 탄압은 더욱 심해져, 다음 장에서 후술하
는 바와 같이, 현종대 척불시책이 전개되면서 궁궐 비구니원인 자수원과
인수원이 폐치되는 등 척불의 분위기는 가속화되어 갔다.

---

72) 『광해군일기』 권81, 광해군 6년(1614), 8월 19일 기해조.
73) 김종직, 「用螺僧韻書圓尼卷」, 『점필재집』 시집 권14, 詩.
74) 『광해군일기』 권10, 광해군 즉위년(1608), 11월 22일 을사조.
75) 倭將 加藤淸正은 부하들을 거느리고 雲鍾寺에 들어가 탈취하여 얼마동안 머물러
　　지내다가 떠나갈 때는 불태웠다고 한다. 그 때 왜병들에게 겁탈당한 여승들은
　　隆景山 府君堂 밑에 土幕을 짓고 살았다고 한다(문화공보부, 『한국민속종합조사보
　　고서-서울편』, 1979, 31~32쪽. http : //seoul600.visitseoul.net.)

3. 조선후기 궁궐 비구니원과 비구니 도량

조선국초 이래 도성의 대표적 비구니 도량이었던 정업원은 연산군대 폐치되었지만,[76] 1661년(현종 2) 무렵까지 자수원(자수궁)과 인수원(인수궁)이 그 역할을 대신하였다.[77] 이미 연산군대부터 자수궁과 인수궁에 비구니들이 거주하고 있었고,[78] 명종대에는 인수궁의 비구니들이 궁궐에 들어와 왕실녀와 불사를 논의하기도 하였다.[79] 자수궁의 비구니들은 왕비의 명령으로 금강산에서 불사를 하다가 관청으로부터 규찰을 당하여 회양 옥에 갇히는 일도 있었다. 유생들이 상소를 올려 정업원을 폐지할 것을 청하였다.[80] 그리고 정업원 혁파의 논의가 계속되었고[81] 광해군 때 결국 폐치된 듯하다. 도성내의 비구니원은 왕비 및 공주 등 왕실녀와 사족의 부녀자들의 출가 및 신행처로 궁궐 내에 있었던 일종의 내원당 내지 내불당 이었다.[82]

불교에 대한 탄압이 심해지는 분위기 속에서도 비구니들은 왕실불교를 주도했다. 그러한 비구니가 광해군대 활동한 비구니 예순과 궁녀 김개시(개똥이)이다. 예순(여순)은 이귀의 딸로 태어나 김자점의 동생 김자겸과 결혼 했지만 과부가 되어 1614년(광해군 6) 4월 덕유산에서 출가하였다. 하지만 사통하였다는 혐의를 받아 하옥되었다가 풀려나서 궁궐을 출입하였는데 중전 유씨를 비롯하여 후궁들로부터 존경과 신임을 받았고,[83] 생불이라고

---

76) 『연산군일기』 권54, 연산군 10년(1504), 7월 29일 정사조 ; 『연산군일기』 권61, 연산군 12년(1506), 3월 23일 계묘조.

77) 『현종개수실록』 권11, 현종 5년(1664), 윤6월 14일 갑술조 ; 『현종실록』 부록, 현종대왕 行狀.

78) 『연산군일기』 권53, 연산군 10년(1504), 5월 1일 경인조.

79) 『명종실록』 권18, 명종 10년(1555), 4월 23일 정해조.

80) 栗谷李珥, 「萬曆二年甲戌(1574년, 선조 7) 5월」, 『石潭日記』 권상.

81) 『선조실록』 권2, 선조 1년(1568), 7월 26일 계유조 ; 『선조실록』 권2, 선조 1년(1568), 7월 27일 갑술조 ; 『선조실록』 권211, 선조 40년(1607), 5월 6일 무진조.

82) 기록에 의하면, 명종대 무렵 5,000여 명의 비구니가 살았다고 한다.(普雨, 「重修慈壽 宮落成慶懺法席疏」, 『懶庵雜著』 : 『한국불교전서』 7.)

83) 禮順[女順, 英日]에 대해서는 다음과 같은 자료에 관련 기록이 실려 있다. 즉

불리기도 하였다.[84] 그녀는 궁녀 김개시와 모녀지간의 관계를 맺고, 보호를 받으면서 국정에 관여하여 권신인 대북의 영수 이이첨과 쌍벽을 이룰 정도로 권력을 휘둘렀다.[85] 그녀를 도와주었던 김개시는 정업원에서 불공을 드리다가 인조반정 때 잡혀서 처형되었다.[86] 이렇듯 그녀는 예순과 왕실불교를 주도한 듯하다.[87]

국도의 대표적인 도심도량이며 비구니 궁궐도량이었던 인수궁은 화려하기 그지없었는데 다음은 당시 궁궐 비구니 도량의 한 면을 엿볼 수 있는 대목이다.

> 아아, 전단의 재목이었다. 층층의 처마는 날아갈 듯한 새와 같았고 큰 집은 구름이 피어오르고 파도가 출렁이는 것 같았다. 玻瓈(수정류의 보석)와 瑪瑙(수정류의 보석)는 계단의 치장에서 빛났고 옥돌과 유리는 누대의 장식에서 찬란하였다. 은으로 그림을 그려 象을 설치하고 금으로 그림을 그려 단을 만들었다. 칠보의 향화는 황금의 땅에서 광채가 빛나고 8법의 功水는 청련의 연못에서 파도가 일어났다. 이것을 비구니의 上方이라 부르고 또한 우바새의 祕殿이라고 이른다.[88]

그런데 현종대에 이르면서 불교에 대한 탄압은 매우 심하여졌고 궁궐내

『광해군일기』 권147, 광해군 11년(1619), 12월 3일 임자조 ; 『광해군일기』 권81, 광해군 6년(1614), 8월 17일 정유조 ; 『광해군일기』 권81, 광해군 6년(1614), 8월 19일 기해조 ; 『광해군일기』 권67, 광해군 5년(1613), 6월 26일 계축조.

84) 『연려실기술』 권23, 인조조 고사본말조, 癸亥靖社.

85) 『연려실기술』 권23, 인조조 고사본말조, 「광해군을 안치하다. 세자를 폐하고 사사하다.」 붙임.

86) 이향순, 「조선시대 비구니의 삶과 수행」, 『한국비구니의 수행과 삶』, 예문서원, 2007, 112~124쪽.

87) 황인규, 「조선전기 정업원과 비구니」, 『한국불교학』 51, 서울 : 한국불교학회, 2008. 인조대 비구니 혜영과 7명의 비구니들이 철원 보개산에 머물렀으므로(『인조실록』 권47, 인조 24년(1646), 6월 3일 무인조), 철원에도 비구니 도량이 있었을 것이다.

88) 車天輅(1556~1615), 「淨業院仁壽宮重刱募財勸善文」, 『五山集』 권6, 勸善文.

의 자수원과 인수원이 폐치되었다.

> (현종) 2년 신축에 도성 안에 있는 비구니의 사원 두 곳을 철거하였다.
> 처음에 왕은 승려와 비구니들이 성인의 가르침을 어지럽힌다고 미워하여
> 모두 없애려고 하였다. 대신과 옥당이 갑자기 시행하기 어렵다고 아뢰었는
> 데, 마침내 먼저 자수원과 인수원 두 사원을 철거하도록 명하였다. 나이가
> 젊은 자는 각각 고향으로 돌아가게 하고 늙은 자는 성 밖으로 내보냈으며,
> 사원의 목재로 학궁과 무관을 수리하게 하고 중앙과 지방의 음사를 금지시
> 켰다.[89]

인수원과 자수원의 두 尼院의 불상을 철거하고 사찰을 혁파하여, 자수원
의 터에 북학을 설립하였고,[90] 그 재목과 기와를 성균관의 학사를 수리하는
데에 쓰게 하였다. 그리고 인수원의 자재는 왕실녀의 치료소인 궁궐 밖
疾病家를 신축하게 하였다.[91] 그리고 40세 이하의 비구니는 모두 환속시켜
결혼하게 하고, 그 외의 나이가 들어 갈 곳이 마땅하지 않은 경우에는
도성 밖 비구니원으로 보내거나 환속하게 하였다.[92]

이때 백곡처능(1617~1680)은 전국의 승려를 대표하여 간폐석교소라는
장문의 상소를 올렸다. 이 상소문으로 봉선사와 봉은사는 철폐를 면할
수 있었고 도성내의 마지막 남은 도량들로 지켜질 수 있었다.[93]

이렇듯 조선후기 현종대 척불시책이 전개되었지만, 그 후에도 도성에는
아직 4, 5소의 비구니 도량이 건재할 수 있었다.[94] 그 비구니 도량이 온수동,

---

89) 南九萬(1629~1711),「顯宗大王行狀」,『藥泉集』권14, 應製錄.

90) 南九萬(1629~1711),「北學의 일을 논하고 이어 지나는 길에 병든 모친에게 문안할
    것을 청한 소」,『藥泉集』권3, 疏箚 ;『현종실록』권4, 현종 2년(1661), 2월 12일
    임진조.

91) 『현종개수실록』권11, 현종 5년(1664), 윤6월 14일 갑술조.

92) 『현종실록』권4, 현종 2년(1661), 1월 5일 을묘조.

93) 백곡처능,「諫廢釋敎疏」,『大覺登階集』권1,『한국불교전서』8 ; 김용조,「백곡처능
    의 간폐석교소에 관한 연구」,『한국불교학』4, 1979.

94) 『숙종실록』권47, 숙종 35년(1709), 8월 14일 임자조.

탑동, 흥인문 밖, 동교의 尼寺들이다. 온수동과 탑동의 니사의 경우, 각기
연령군방과 창의궁에 소속시켜 그 일대를 제한구역으로 삼았다는 사실이
찾아진다.[95]

　그리고 도성 밖에서도 비구니의 도량은 여전히 계속 건립되었다.[96]
그것이 바로 동교의 니사 등의 비구니 도량이다. 즉 1697년(숙종 23) 무렵
도성 밖에 높은 누각(高閣)을 지었는데 금벽이 영롱하였다고 한다. 壽進宮에
서 세운 것이라고 자랑하면서 聖妃의 기일에도 불사를 크게 하면서 조금도
두려워하거나 꺼려함이 없다고 한다.[97] 그래서 유생들은 "근년 이래로
尼道가 다시 치성하여 10명이나 100명씩 떼를 지어 동교의 멀지 않은
곳에 큰 집을 지으니, 금벽이 빛나고, 10리 안에 여섯 군데는 서로 바라보인
다."[98]고 하면서 그 비구니 도량인 廬舍를 철거하도록 하였으나 왕은 허락하
지 않았다. 임상덕은 불교의 윤회설을 중심으로 불교를 비판하면서[99]
승니들의 세속을 어지럽히는 폐해를 지적하고 니사를 철거하도록 주장했
다. 그는 비구니가 사람을 현혹시키는 것이 담배처럼 매우 심하다고 하며,
비구니 도량의 철거를 주장했다.[100] 하지만 새로 지은 니사만 철거하게

95)『경종실록』권6, 경종 2년(1722), 3월 26일 신해조.
96) 실학자 이긍익도 비구니 도량의 창건 또는 증치에 대하여 다음과 같이 언급하였다.
　　즉, "그동안 4백 년간에 한 번도 고칠 것을 의논한 일이 없으니, 놀랍고 통탄스러운
　　점을 어찌 다 말할 것"이라고 하면서 "孔子 같은 성인도 그를 모신 곳은 한
　　고을에 한 향교만이 있을 뿐인데, 부처를 섬기는 사찰은 한 고을에 많은 데는
　　수십이 넘기도 하니, 참람하고 사치함이 극도에 달하였다. 우선 한 고을에 절
　　한 곳씩만을 남기고, 그 나머지는 모두 철거하며 그 재목·기와·철물로는 관청의
　　건물을 수보하여야 하겠다."라고 하였다.(이긍익,「僧敎」,『연려실기술』별집 권13,
　　政敎典故.)
97)『숙종실록』권31, 숙종 23년(1697), 1월 12일 갑자조.
98)『숙종실록』권40, 숙종 30년(1704), 10월 28일 을미조.
99) 임상덕,「訪妙德庵 有經僧 說渠法 作偈語答之」,『老村集』권1, 錦城林象德彝好著
　　詩, 七言絶句.
100)『숙종실록』권47, 숙종 35년(1709), 7월 13일 임오조 ; 林象德(1683~1719),「論尼舍疏
　　己丑」,『老村集』권2, 疏箚 ; 서신혜,「임상덕의『談婆姑傳』에 나타난 사유」,『어문연
　　구』34-1, 한국어문교육연구회, 2006년 봄호 ; 이향순,「2장 (3) 고전소설과 비구니
　　의 서사적 기능－「담바고전」」,『비구니와 한국문학』, 예문서원, 2008.

하고, 앞으로는 더 짓지 못하도록 하였다.[101] 또한 동교의 니사는 경종대와
영조대에도 있었으나,[102] 흥인문 밖의 니사들은 1746년(영조 22) 무렵에
철거되었던 것 같다.[103]

그리고 도성 밖 지방의 경우 조선후기에도 금강산 일대에서 비구니들의
활동은 활발하게 전개되었다. 즉 청허휴정과 부휴선수 및 문도들이 지리산,
금강산, 묘향산 등 산중에서 불교를 전개했지만,[104] 비구니들도 도성과
산중에서 나름대로 수행과 포교 및 교육을 수행하면서 산중비구니시대를
전개하였는데, 그 대표적인 것이 금강산과 구월산 등 산중에서이다.

금강산의 4대 사찰 가운데 하나였던 신계사에서는 비구니 낙암사신이
1694년(숙종 20) 종남산 옥수동 미타암에 주석하고 있는 비구니 법찬에게
출가하였다. 또한 사신의 제자로 비구니 태희와 대은 등이 활동하였다.[105]
그 무렵 금강산 장안사에서도 비구니 덕훈이 만천교 중건에 참여하였다.[106]
특히 정근은 헌종 4년(1838) 당시의 세도가의 시주로 표훈사의 청련암을
중창하였다.[107] 비구니 상엽이 철종대 신계사 문수암을,[108] 그리고 비구니
법정이 1882년(고종 19) 표훈사의 신림암을 중창하였다.[109]

특히 박사득(1862~1940)은 많은 재산을 금강산의 유점사·표훈사·마하
연·신계사 등의 사찰에 헌납하고 득도암, 홍수암 등의 도량을 창건하였다.

---

101) 『숙종실록』 권47, 숙종 35년(1709), 8월 14일 임자조.
102) 『경종실록』 권15, 경종 4년(1724), 7월 8일 기유조 ; 『영조실록』 권89, 영조 33년
(1757), 4월 5일 병인조.
103) 『영조실록』 권63, 영조 22년(1746), 윤3월 2일 무술조.
104) 흔히 조선불교를 산중불교시대라고 간주하여 부정적으로 보는 경향이 적지 않다.
불교사의 전개를 무시하거나 편협한 시각일 뿐이다. 고대나 고려시대보다는 불교
가 침체된 것은 틀림없지만 조선후기에도 산중을 중심으로 불교가 전개되었다는
이해가 필요하다.
105) 「119. 고성 신계사 비구니 낙암당 사신비문」, 이지관, 『한국고승비문총집 ― 조선조·
근현대』, 가산불교문화연구원, 2000, 480쪽.
106) 「유명 조선국 회양부 금강산 장안사 만천교중건비」, 『유점사본말사지』, 357쪽.
107) 『유점사본말사지』, 「표훈사 청련암중창기」.
108) 『유점사본말사지』, 「신계사연혁」.
109) 『유점사본말사지』 「표훈사연혁」.

사득은 금강산 유점사 득도암에서 머물다가 1887년 금강산 유점사에서 세묵을 은사로 하여 출가하였던 비구니 고승이다.110)

영국의 여행가 이사벨라 버드 비숍(Isabella Bird Bishop, 1831~1904) 여사는 금강산의 사찰들에 머물고 있는 비구와 비구니들에 대하여 다음과 같은 내용을 남겼다. 즉 금강산 일대의 42소 사찰에는 400여 명의 비구와 50여 명의 비구니들이 수행하고 있었다. 특히 금강산 4대 사찰인 유점사·장안사·신계사·표훈사에 주석하고 있는 승려는 300명 이상이며, 유점사에는 70명의 비구와 20명의 비구니가 주석하였다. 그리고 장안사의 여승방에는 소녀로부터 87세에 이르는 노파까지 100~120명의 비구니들이 있었다고 하였다.111)

금강산뿐만 아니라 구월산과 북악산 등지에서도 비구니들이 활동하였다. 즉, 海花堂이라는 비구니는 만년인 1782년(정조 6)에 구월산에서 출가하여 1786년(정조 10) 북악산의 후록에 있는 비구니 도량 환성암에서 나이 67세 법랍 46세로 입적할 때까지 주석하였다.112)

그리고 조선후기 불교계에서 주목되는 것은 조선후기 여대사라고 숭앙을 받은 정유가 등장하여 비구니 불교계를 빛냈다는 것이다.

대사께서 옷을 갖추어 입고 "장단의 화장암으로 가서 머리를 깎고 비구니가 되려고 합니다."라고 말하였다.…화장암으로 떠난 지 몇 달 후에 서신이 와서 다음과 같이 알렸다. 저는 머리를 깎았는데 법명은 定有이며 대법사는

---

110) 금강산 마하연 선원은 비구니 상근(1872~1951)이 계를 받았고, 득도암은 현대 비구니 本空이 출가한 곳이다. 그 후 금강산 유점사 홍선암 문중들이 四得을 필두로 하여 본공이 주석한 서봉사를 중심으로 蓬萊門中을 형성하여 지금까지 계승되면서 오대산 월정사 지장암, 대구 기린산 서봉사, 청도 운문사, 서울 삼성사 등을 중심으로 활동을 전개하고 있다.(진광, 「본공당 계명선사의 삶과 수행」, 전국비구니회, 『한국비구니의 수행과 삶』, 2007, 297쪽.)

111) 이사벨라 버드 비숍, 이인화 옮김, 「금강산의 여러 사원들-장안사」, 『한국과 그 이웃나라들』, 살림출판사, 1994, 162쪽. 이사벨라 버드 비숍은 1894년부터 3년간 우리나라를 네 차례나 찾았고, 1년여 동안 머물렀다.

112) 徐有榘(1764~1845), 「喚醒庵舍利塔銘 幷序」, 『楓石鼓篋集』 第5, 洌上徐有榘準平塔銘.

律菴食活입니다."113)

정유는 불심이 깊어 조선후기 명재상 채제공의 도움을 받아 춘성당에
머물면서 채제공과 모자의 인연을 맺었던 쾌호와 수행생활을 하다가 장단
화장암에서 율암식활을 계사로 출가하였던 비구니다. 정유가 입적하자
女大師라고 불리었는데 고려시대 성효대사 이후 처음 있는 일이다.114)
이렇듯 조선후기 척불의 시대를 맞이하면서도 여대사가 출현할 정도로
비구니들은 산중에서 비구니 불교계를 전개하였던 것이다. 조선시대 말기
산중이나 지방에서 비구니들이 사찰을 창건 또는 중창한 사실이 찾아지는
것도 우연이 아니다. 이러한 사실을 열거하면 다음과 같다.

비구니 도형은 중국에서 재료를 들여와 괴산의 공림사를 중수하였다고
하며,115) 비구니 청련은 1777년(정조 1) 수원 창성사 암자터에 청련암을
창건하였다고 한다.116) 그리고 비구니 대원은 1824년(순조 24) 3월 종남산
미타사 무량수전을 지었고,117) 헌종대에도 후에 청해문도의 최고 원로로

113) 허흥식, 「조선의 定有와 고려의 眞慧－두 시대 여대사의 비교－」, 『정신문화연구』
    가을호 27-4(통권 97), 한국정신문화연구원, 2004 ; 김용선, 『역주 고려묘지명집성』
    하, 춘천한림대학교 아시아문화연구소, 2001.
114) 「139. 영변 보현사 비구니 정유여대사비문」, 이지관, 『한국고승비문총집－조선조·
    근현대』, 가산불교문화연구원, 2000, 554~555쪽.
115) 槐山郡, 『괴산군지』, 1981 ; 충청북도, 『寺誌』, 1982.
116) 본말사주지회, 『龍珠寺本末寺誌』, 1984. 그 후 청련암은 1902년 영친왕의 생모인
    嚴妃가 중창하고, 1955년 10월 비구니 永善이 요사채 2동을 신축하였으며, 1980년
    주지 常湧이 대웅전을 중창하여 오늘에 이르고 있다. 『승정원일기』에 의하면,
    수원의 비구니 수자가 머물렀던 비구니 도량이 있었다고 한다. 관련기록을 소개하
    면 다음과 같다. "수원에 사는 여승 修慈는 절 이름을 쓰지 않았고 또 언문으로
    썼으므로 극히 무엄하였습니다." 수원의 비구니 수자가 주석하는 비구니 도량이
    있었음을 알 수 있으나 사찰의 이름은 알 수 없고, 절의 이름을 언문으로 썼다고
    핍박을 받았다.(『승정원일기』고종 5년 무진(1868), 3월 18일 병인조.)
117) 「終南山彌陀寺無量壽殿初創記」(1827년 작). 성규대사비문에 의하면 순조대 은해사
    에 處一과 世察의 비구니가 찾아진다.(1816년, 순조 16)(「151. 영천 은해사 영파당
    성규대사비문 음기」, 이지관, 『한국고승비문총집－조선조·근현대』, 가산불교문
    화연구원, 2000, 597쪽.)

추앙을 받게 되는 비구니 차성주가 1842년(헌종 8) 해인사 약수암을 창건하였다.[118] 고종대에도 비구니 임광세가 1885년(고종 22) 3월 충주 봉서암을 창건하였고, 비구니 윤홍자가 1895년(고종 32) 수원 팔달선원을 창건하였다고 한다.

순조대에 영의정 김재찬이 지적한 바와 같이 승니들이 몰래 도성에 들어가 불사를 흥성시키고 있으며, 이러한 사실이 사찰에 널리 퍼지고 있었던 것이다.[119]

그 후 비구니들이 조정의 척불시책에 저항하였던 사실이 찾아진다. 예를 들어 양주의 비구니 창선은 승도들을 모아 양주 향교에 들어가서 불사를 하였던 일이 있었다.

> 여승 昌善이 승도 5, 6인을 모아서 불상을 떠메고 양주 향교에 마구 들어가서 명륜당 위에 불상을 올려놓고 징을 치고 염불을 외면서 제멋대로 떠들어대는 등 그 행동거지가 놀랍고 어그러지고 사납다. 道臣(관찰사)이 장계를 올려 이 일을 보고하였다. 명령을 내려 창선을 교형에 처하고 나머지 승도들은 사형을 감하여 섬에 귀양을 보냈다.[120]

곧, 양주의 비구니 창선이 승도들을 모아 양주 향교에 들어가서 불사를 하였다는 기록이다. 아마도 도성 출입금지에 대한 저항이 아니었는가 한다.[121] 그 후 해방 무렵까지 점차 비구니들의 활동과 도량의 불사에 관한 기록들이 많아지고 실제로 비구니 도량이 증가했다.[122]

---

118) 『운문회보』 13, 1985.7.13 ; 한국비구니연구소, 『한국비구니수행담록』 상, 한국비구니연구소, 2007, 48~52쪽.

119) 『순조실록』 권18, 순조 15년(1815), 1월 15일 신축조.

120) 『국조보감』 권86, 헌종조 4, 헌종 15년(1849) 5월조 ;『헌종실록』 권16, 헌종 15년(1849), 5월 26일 임술조.

121) 당시 여승들의 궁중출입이 문제가 될 정도였다.(『국조보감』 권87, 철종조 12년(신해, 1851), "늙은 女僧이 궁인 족속들을 연줄로 궁중에 출입하다가 발각되자 엄하게 하교하여 늙은 여승과 궁인 족속들을 모두 刑配하게 하였다.")

122) 그 가운데 한성 비구니 사승방이라고 알려진 청룡사, 미타사, 보문사나 지방의

이렇듯 숭유억불 및 척불의 시대를 맞아 비구니들은 도성과 산중의 비구니 도량을 중심으로 수행과 교육 및 포교를 통해 근대불교 전개의 주역으로 등장한다. 오늘날 비구니 문중의 뿌리의 대부분이 조선말의 금강산 등 산중비구니 도량에서 태동하게 된 것 또한 우연이 아니다. 더욱이 일제 강점기에도 산중을 중심으로 순수하게 수행과 정진을 통해 왜색이 아닌, 한국불교의 전통을 계승하면서 가람을 수호하였을 뿐만 아니라 해방 후 정화운동에서 큰 역할을 한 것은 전통시대 비구니들의 수행과 포교의 결과다.

4. 맺음말

이상으로 한국의 전근대 비구니 도량의 존재양상과 전개에 대하여 검토하여 보았다. 영세하고 산재하는 기록이라는 한계가 있지만, 새롭게 찾아낸 비구니 도량은 다음과 같다. 즉 고려 태조대 서경의 서원, 고려말 양평 용문산의 윤필암·엄곡사, 조선초의 오대산 영감암·강희맹의 집 곁에 있었던 한성의 니사·개성의 묘각암·가야산의 정각암, 임란기의 서울 이태원의 운종사, 조선후기의 서울 북악산 환성암·괴산 공림사·수원 청련암 등 25여 사에 이른다. 역사 속의 전체 비구니 도량에 비하면 매우 적은 수에 지나지 않겠지만, 이를 중심으로 비구니 도량의 역사적 존재실상과 그 의미를 부여하면 다음과 같다.

우리나라 최초의 비구니 사찰은 아도가 신라 땅에 와서 전법을 도왔던 모례의 집터라고 하겠으나, 정식 사찰은 아니었던 듯하다. 최초의 비구니 도량은 법흥왕의 비인 비구니 묘법이 창건한 영흥사이며, 흥륜사에 이어 신라에서 두 번째로 창건된 사찰이다. 그리고 비구니 지혜가 선도산 성모의

도량 예컨대 강화의 청련사나 정수사 등에서 조선말 이후 근현대에 이르기까지 비구니들의 도량중창이나 불사가 활발히 전개되었다. 현대판 사지를 통해 알 수 있다.(사찰문화연구원, 『전통사찰총서』 4, 서울편, 1994 ; 사찰문화연구원, 『전통사찰총서』 5, 인천·경기도편, 1995.)

도움으로 불사를 한 경주 안흥사도 비구니 도량이다. 신라의 승관제 가운데 도유나랑이 비구니와 그 도량을 담당한 것이라고 볼 때 신라뿐만 아니라 고대에 많은 비구니 도량이 있었던 것 같으나, 그 정확한 실상을 알 수 없다.

불교를 국가의 정신이념으로 창업한 고려왕조도 선각국사 도선의 비보 사찰설에 따라 많은 사찰이 건립되었으나, 비구니 도량으로 알려진 것은 도성 궁궐의 정업원이 유일하다시피하다. 본고는 태조 왕건의 후비를 위해 창건된 두 서원도 역시 정업원과 성격이 비슷한 도성 궁궐도량으로 보았다. 그리고 정업원의 전신으로 알려지고 있는 청룡사는 비구니 혜원 이후 비구니들이 주석한 도량이라고 전하고 있다. 그리고 비구니로서 대사의 칭호를 들은 변한국대부인 진혜대사 성효는 출가하였지만, 장남의 집에 초당을 짓고 살았다.

개경 도성 외에 비구니 도량으로 볼 수 있는 것은, 비구니 묘덕이 양평 용문산에 불사를 하였던 윤필암이다. 태조 이성계의 왕사였던 무학자초가 비구니 화엄엄곡에게 사찰의 현액을 지어주었던 엄곡사도 비구니 도량이었던 듯하다.

숭유억불을 국시로 창업된 조선왕조에서도 고려시대 이래의 궁궐도량이라고 할 정업원이 국도인 한성에도 지어졌으나, 유생들에 의해 폐치를 요구받았고, 도성내의 비구니 도량도 역시 축출 또는 폐치요구가 계속되었다. 조선 성종대 무렵까지 도성 내외에는 23소의 비구니 도량이 니사(尼舍, 尼社)로 불리면서 존재하였으나, 사림파들이 성리학 질서를 본격적으로 실시하게 되는 성종대 초반에 이르러 정업원과 안암사, 반석방 산속 2개소, 인왕산의 니사, 남대문 밖 니사 외에는 폐치되었다. 다만 도성에서 멀리 떨어진 온수동(현 노원구 온수동)의 니사, 동교(현 동교동)의 니사 등의 비구니 도량은 조선후기까지 건재하였다.

지방의 경우, 양주의 회암사에도 니승방이 있었던 듯하고 나옹의 자취가 서려 있는 오대산 영감암은 비구니 혜명 등이 불사를 하였다. 개성의 묘각암과 가야산의 정각암은 뚜렷한 비구니 도량으로 간주된다.

정업원과 도성 내외의 비구니 도량은 지방의 사찰과 소통을 통해 불교를 흥성시켰다. 예컨대 세조대 문신 강희맹의 도성 집 근처에 있었던 비구니 도량을 들 수 있다. 법당과 집을 짓고 불사를 하면서 강희맹의 부인 순흥 안씨에게 교화를 시도했었다. 그리고 정업원의 비구니들은 용문사, 회암사 등의 사찰로 가서 불사를 하거나, 반대로 매월당 설잠(김시습)은 정업원에 들어가 교육을 담당하기도 하였다. 임진왜란시 왜군에게 유린을 당했다고 전해지는 서울 이태원의 운종사도 비구니 도량이었다.

당시 비구니들도 산중불교화되어 가던 시기에 국난을 당하여 비구처럼 전장에 참여하였지만 그 위상은 높아지지 않았다. 광해군대 무렵 정업원이 치폐된 것이 그 단적인 사례이다. 그 무렵 귀족 사녀 출신인 예순은 덕유산에서 출가하였으나 도성에 하옥되었다가 풀려난 후, 광해군의 절대적인 신임을 받았던 궁녀 김개시(개똥이)와 모녀관계를 맺고 왕실불교를 주도하였다. 하지만 인조반정으로 김개시는 죽임을 당하였고 정업원은 폐치되어 갔다. 다행히 궁궐내의 인수원과 자수궁이 정업원의 역할을 대신하면서 왕실불교를 이끌었으며, 명종대 선종부흥기에는 더욱 활동이 컸을 것이다.

하지만 인조대를 거쳐 1661년(현종 2) 인수원과 자수원 그리고 도성 비구니 도량에 대한 폐치조처로 불교의 마지막 보루였던 궁궐과 도성의 비구니 도량은 최대의 위기를 맞게 된다. 이에 산중불교를 대표한 백곡처능이 간곡한 상소를 올렸는데, 궁궐과 도성 비구니 도량을 수호하기 위한 노력이었다.

비록 궁궐의 비구니원은 철훼되었지만 도성의 4, 5개의 비구니 도량은 조선후기까지 건재하였으며, 숙종대에는 동교 밖에 비구니 도량이 크게 신축되었다. 지방 산중에도 오대산이나 금강산 등 명산을 중심으로 수행과 교화를 이루어갔다. 그 가운데 금강산 4대 사찰인 신계사나 유점사, 장안사 등에서 숙종대 비구니 낙암사신이나, 박사득(1862~1940) 등이 암자를 창건하거나 중창하여 근현대 비구니 불교의 전개로 이어지게 된다.

　정조대 정유는 비구니로서는 매우 드물게 女大師라는 칭호를 받게 되었는데, 장단 화장암에서 출가하여 수행하였다. 그리고 비구니 해화당은 서울 북악산 후록에 있는 비구니 도량 환성암에 출가하여 수행하였다. 비구니 도형은 괴산에 공림사를, 비구니 청련은 수원 창성사 암자터에 청련암을 창건하였다. 서울의 비구니 四僧房이라고 알려진 청룡사·보문사·미타사·청량사나, 경기 강화의 정수사·청련사의 경우처럼 조선조 말엽에 이르러 비구니 도량의 수가 더욱 증가하기에 이른다.

　이렇듯 비구니들은 조선후기 척불의 시대를 맞이하면서도 도성과 산중을 중심으로 비구니 불교계를 나름대로 주도하면서 근대 불교계의 또 하나의 주역으로 등장하였다. 비구니들은 일제 강점기 왜색불교에 물들지 않고 순수 수행과 가람수호 및 포교에 전념하였고, 특히 조선말 금강산 일대의 비구니 도량을 중심으로 근대 비구니 불교의 중요한 부분을 차지하며, 근현대 불교를 전개해 나갔다. 해방 후 정화운동에서의 비구니의 역할이 그것을 단적으로 말해주고 있다. 고대 이래 불교의 깨달음의 세계와 아름다운 세상을 만들려고 하는 비구니의 숭고한 대원력의 발현이다.

제2장 정업원과 비구니 주지

1. 머리말

한국 근대 이전 역사에 있어서 승려는 정신계의 수장으로서 사찰도량을 중심으로 우리의 문화를 선도해 갔다. 왕사와 국사를 비롯하여 궁궐내의 內願堂(內佛堂)의 주지(監主)가 불교계와 사회문화계를 주도해갔다. 때문에 일반민뿐만 아니라 왕실의 자녀들도 출가하여 승려가 된 경우도 적지 않았다. 그 가운데 왕실녀와 일부 귀족 사녀들은 출가하여 도성 궁궐내 사찰인 淨業院에 출가하여 수행하였다. 숭유억불시책이 강화되는 조선시대 에도 마찬가지였다. 흔히 조선시대의 불교는 '僧尼의 도성 출입금지' 또는 '무종단 산중불교'라고 하여 침체되었다고 생각하기 쉽다. 그러나 조선초기 도성 궁궐에 내원당이 있었고,[1] 도성 궁궐내 왕실의 비구니 도량인 정업원 과 인수궁, 자수궁 등이 조선중기까지 존재하였다.

조선전기 불교를 탄압하고 유교시책을 전개하는 가운데 도성내 정업원 의 비구니들은 불교를 지켜왔으며, 성리학적 예제가 정착하는데 걸림돌이 되기도 하였다.

조선시대 도성인 한양의 왕실 비구니 도량인 정업원에 대해서는 연구되 어야 할 문제들이 적지 않다.[2] 본고는 조선전기 정업원의 존재양상을

---

1) 조선시대 내원당에 대한 연구는 다음의 논문을 참조하기 바람.(이기운, 「조선시대 내원당의 설치와 철폐」, 『한국불교학』 29집, 한국불교학회, 2001.)
2) 그동안 정업원과 비구니들에 대한 연구는 현창호의 선구적 업적 이래 이기운 교수의 연구가 있다.(현창호, 「정업원의 치폐와 위치에 대하여」, 『향토서울』 11, 서울시사편찬위원회, 1961 ; 이기운, 「조선시대 정업원의 설치와 불교신행」, 『종교연구』 25, 2001 ; 이기운, 「조선시대 왕실의 비구니원 설치와 신행」, 『역사학보』

역대 주지를 중심으로 살펴보고자 한다.

2. 혜비 이씨, 의안대군 부인 심씨, 정안왕후의 언니 김씨, 해민

고려말부터 시작된 숭유억불시책은 연복사탑을 중영하면서 본격화되었다. 조선왕조가 건국되었으나 태조가 무학자초와 공암조구를 왕사와 국사로 임명하는데서 단적으로 알 수 있듯이 본격적인 탄압은 시행하지 않았다.[3]

그러나 태종대에는 승도·사원·사원전·사원노비를 혁거하고 부녀자의 上寺금지 등 불교에 대한 탄압을 서슴지 않았다. 그간의 불교의 기본적인 틀을 뒤흔드는 탄압적 개혁정책을 시행하여 고려말의 1/10의 수준으로 축소시켰다.

그렇지만 왕실에서는 능침사찰과 원당을 폐치하지 않았을 뿐 아니라 오히려 창건 또는 지정하였다. 궁궐의 일부 왕자들과 왕실녀를 중심으로 내원당(내불당)과 정업원에서 신행생활을 하였는데, 전 왕조인 고려시대의 유제를 계승한 것이다. 내원당 감주는 국사와 왕사에 버금가는 고승이었고 정업원 주지도 내원당 감주에 견주는 위상을 지녔다.

정업원에 대한 최고의 기록은 의종대 왕이 정업원에 移御했다[4]는 것이다. 그 후 무신집권기 강화도에서도 그 존재가 확인되고[5] 환도 후인 원나라 간섭기에도 찾을 수 있다.[6] 충숙왕대에 그려진 觀經變相圖 畵記에 의하면, '淨業院住持 僧統 租□'[7]라는 승계를 지닌 비구니가 취임했음을 알 수

178, 역사학회, 2003.) 그리고 이향순은 조선중기 비구니 예순에 대한 논문을 발표한 바 있다.(이향순, 「조선시대 비구니의 삶과 수행」, 『한국비구니의 수행과 삶』, 예문서원, 2007.)

3) 황인규, 「여말선초 연복사 탑의 중영과 낙성」, 『동국역사교육』 7·8, 1999. 173~174쪽 ; 황인규, 『고려후기·조선초 불교사연구』, 혜안, 2003, 21쪽.
4) 『고려사』 권18, 의종세가, 의종 18년(1164), 윤11월 을해조.
5) 『고려사』 권24, 고종세가, 고종 38년(1251) 6월조.
6) 『고려사절요』 권24, 충숙왕 3년(1316) 5월조.
7) <知恩院 觀經十六變相圖 화기> ; 吉田宏志, 「高麗佛畵の紀年作品」, 菊竹淳一·吉田宏志, 『高麗佛畵』, 朝日新聞社, 1981, 25쪽.

있다.[8] 그 후 고려말 정업원주지 妙峰이 찾아지며,[9] 조선이 건국된 후에도 정업원이 창건되었다.[10]

> 국초에 도읍을 세울 때에 산과 물의 향배를 살펴서 寺社를 건립하여 산수의 부족함을 도와서 재변을 진압하고 물리쳤는데, 그 후 사찰로서 福世庵·安巖寺·淨逸庵·香室庵·首頂庵·望城庵·隱菴·日出庵·大高山寺·小高山寺·立巖寺·道藏洞寺·淨業院과 같은 것이 세워졌다.[11]

위의 기록에 따르면, 국초에 도읍을 정할 때 국가 비보사찰인 안암사 등의 사찰과 정업원이 창건되었음을 알 수 있다. 태조 5년 도성과 궁궐공사와 종묘사직이 영건된 직후 창건되었을 것이다.

실록에 의하면, 공민왕 후비인 혜비가 태종 8년 정업원에 주석하고 있다. 그보다 앞선 시기인 1399년 태조의 딸 경순공주가 출가하였으나 정업원에 머물렀는지 알 수 없다. 혜비는 혜화궁주로 책봉되었고 태종 8년 혜비가 죽자 왕실의 賻儀를 하사받았다.[12] 혜비는 출가하여 정업원에 머물다가 국초 정업원 주지를 하였던 듯하다.

혜비의 아버지는 대문인 익재 이제현이고 어머니는 壽春國夫人 朴氏였다. 그리고 백부는 원나라 간섭기 海印寺 일대를 중심으로 화엄종의 교세를 진작시킨 고승 體元이었다.[13] 공민왕은 원나라 노국대장공주와 결혼하였

---

8) 정업원 비구니 주지의 僧階는 비구와 마찬가지로 僧統에 올라야 했다고 볼 수 있으나, 좀 더 정치한 연구를 요한다.

9) 李穡,「神勒寺普濟尊者石鐘碑」; 허흥식,『한국금석전문』중세 하, 1984.

10) 이러한 사실은 현창호의 앞의 논문과 이기운의 앞의 논문(2001)에서도 제시된 바 있다.

11)『성종실록』권7, 성종 1년(1470), 9월 26일 신축조.

12)『태종실록』권15, 태종 8년(1408), 2월 3일 임오조. 혜화궁주 이씨의 졸기. 변계량이 지은 시「王惠妃에 대한 만사」는 혜비를 추모하면서 지은 시로 생각된다.(변계량,「王惠妃에 대한 만사」,『춘정집』권3 詩.)

13) 이색,「鷄林府院君諡文忠李公墓誌銘 幷書」,『牧隱文藁』권16 ;『동문선』권126 ;「送盤龍如大師序」,『동문선』권84 ; 채상식,「Ⅱ. 체원의 저술과 사상적 경향」,『고려후

으나 공주가 아이를 낳다가 죽었다. 후사를 위하여 명가의 딸을 간택하여 후비들을 들였는데, 惠妃 이씨와 愼妃 廉氏 등이었다.[14]

공민왕이 시해되자 후비들은 거리낌 없이 출가하였다.[15] 곡성부원군 염제신의 딸이었던 愼妃는 출가한 廉氏 妙哲로 추정되기 때문에 신비와 함께 출가했던 혜비도 나옹의 문도였다고 생각된다.[16] 혜비는 공민왕이 시해되었을 때인 1374년 무렵부터 1408년 昭悼君 芳碩의 妻 沈氏가 소임을 맡을 때까지 주지직에 있었을 것이다.

그 무렵 태조의 막내 딸 경순공주도 출가하여 비구니가 되었다. 공주는 태조와 신덕왕후 강씨의 소생으로, 1398년(태조 7) 제1차 왕자의 난 때 남편인 이제와 남동생 방번과 방석이 芳遠(태종)에 의해 죽음을 당하자 그 이듬해 출가하였다.[17] 경순공주의 동생인 昭悼君 芳碩의 妻 沈氏도 출가하여 정업원 주지가 되었다.[18] 불교계 탄압시책은 태종 6년 본격화되었지만 정업원은 그 대상에서 제외되었고, 태종 11년 산속의 여승방을 금지하는 시책이 있었을 때에도 건재했다.[19]

기불교사연구』, 지식산업사, 1992, 199쪽.

14) 『고려사』 권89, 열전 혜비 이씨 ; 『고려사』 권39, 공민왕세가 공민왕 8년 8월 병술일조. 1383년에 건립된 비문에 의하면, 비구니 三韓國大夫人 廉氏 妙哲이 나오는데 묘철이 바로 염제신의 딸인 신비와 동일 인물이라고 생각한다.(김용선 편, 「영변 안심사지공나옹석종비」, 『고려묘지명집성』, 2001 ; 『고려사절요』 권29, 공민왕 21년(1372) 10월조.)

15) 『고려사』 권89, 열전 혜비 이씨조 ; 『연려실기술』 권1, 태조 고사본말조. 고려말 정사의 문란함과 왕업의 일어남 ; 『태종실록』 권15, 태종 8년(1408), 2월 3일 임오조. 혜화궁주 이씨의 졸기. 定妃 安氏는 출가하지 않았던 것 같다. 왜냐하면 그녀는 우왕대 정비로서 활동하는 모습을 찾을 수 있기 때문이다.

16) 비구니 三韓國大夫人 廉氏 妙哲, 順城翁主 妙玲, 妙海, 金氏 妙安, 妙能, 妙然, 妙安, 妙和, 妙英, 若少, 良衣, 加□, 欣莊. 「영변 안심사 지공나옹 사리석종비 음기」 ; 허흥식, 『한국금석전문』 중세 하, 1984.

17) 『정종실록』 권2, 정종 1년(1399), 9월 10일 정축조. 태조가 친히 慶順宮主로 하여금 여승이 되게 하였다. 태조는 정치적 암투에서 사랑하는 막내 딸의 목숨을 부지하기 위해 출가를 권유했다고 생각된다.

18) 『태종실록』 권15, 태종 8년(1408), 2월 3일 임오조 혜화궁주 이씨의 졸기.

19) 『태종실록』 권21, 태종 11년(1411), 6월 9일 무술조.

정업원 주지 심씨는 친정 아버지와 남편이 죽음을 당하는 것을 보고
출가하였던 듯하다. 1398년 제1차 왕자의 난 때 방석과 장인 심효생은
정도전·남은과 함께 방원(태종)에 의해 죽음을 당했다.[20] 심효생은 조선왕
조의 건국에 참여하여 3등공신이 되었고,[21] 아내 전주 유씨는 全州柳氏의
시조로 알려진 柳濕의 딸이었다.[22]

방석의 처 심씨는 태종 8년(1408) 혜비가 죽자 정업원 주지로 임명되어
1411년 정종의 비 정안왕후의 언니(姉) 김씨가 주지를 할 때까지 3년간
정업원 주지로 재임해 있었다.[23] 참고로 소도군 방석의 형이었던 撫安君
芳蕃의 妃는 공양왕의 母弟인 歸義君 王瑀의 딸 경녕옹주였는데,[24] 通津縣에
있는 齋庵의 중창에 관여했고 죽은 남편을 위하여 무덤 곁에 절을 세우는
등 불교적 신행에 몰두하였다.[25]

20) 『태조실록』권14, 태조 7년(1398), 8월 26일 기사조 심효생 졸기. 이성계는 정종
    2년(1400) 10월 방석과 이제를 위해 神巖寺에서 크게 佛事를 베풀었지만 德妃
    金氏(정종비)와 貞嬪 閔氏(太宗嬪)는 보이나 심씨는 보이지 않는다.(『정종실록』
    권6, 정종 2년(1400), 10월 15일 병오조.)
21) 『태조실록』권6, 태조 3년(1394), 10월 16일 임오조 ;『태조실록』권14, 태조 7년
    (1398), 8월 26일 기사조.
22) 『태조실록』권7, 태조 4년(1395), 2월 13일 정축조. 유습은 고려말 시중 高興伯
    유탁의 아들이었다. 그의 아들인 柳濕은 柳漬를 낳았다.(『세종실록』권86, 세종
    21년(1439), 8월 6일 임오조 졸기.)
23) 『세종실록』권9, 세종 2년(1420), 9월 1일 병인조 ;『세종실록』권16, 세종 4년(1422),
    7월 27일 임오조 ;『세종실록』권53, 세종 13년(1431), 7월 30일 임진조 ;『태조실록』
    권14, 태조 7년(1398), 8월 26일 기사조. 그리고 오대산 惠明과 信還이 나옹이
    주석하였던 영감암을 1407에서 1409년까지 중창하였던 사실을 찾을 수 있다.(김
    수온, 「靈鑑菴重創記」,『拭疣集』권2, 記類.)
24) 『태조실록』권4, 태조 2년(1393), 9월 18일 경신조 ;『태조실록』권1, 태조 6년(1397),
    12월 24일 정미조 왕우 졸기 ;『태종실록』권5, 태종 3년(1403), 1월 4일 임오조 ;『태
    종실록』권21, 태종 11년(1411), 3월 29일 기축조 ;『세종실록』권125, 세종 31년
    (1449), 7월 19일 정유조 ;『세종실록』권17, 세종 4년(1422), 8월 3일 정해조.
25) 『세종실록』권96, 세종 24년(1442), 5월 10일 기사조 ;『세종실록』권114, 세종
    28년(1446), 10월 5일 기해조. 실록에 의하면, 그녀는 세종 14년(1432) 무렵까지
    생존한 기록이 찾아진다. 즉, 세종 2년(1420)과 세종 4년(1422) 남편 소도군을
    위해 殯殿에서 제수음식을 올리는 사실이 찾아지며, 세종 13년(1431) 무렵에는
    三韓國大夫人으로서 守信田 1백결을 받았다.(『세종실록』권121, 세종 30년(1448),

1411년(태종 11)경 정업원 주지는 정종의 비 정안왕후[26]의 언니(姉) 김씨였다. 실록에 의하면, '왕명으로 淨業院 주지 金氏는 상왕 大妃의 형(姉)이므로 회수한 別賜田을 모두 돌려주라'는 기록이 찾아지며, 얼마 후 상왕인 정종의 청에 의해 40결을 받게 된다.[27] 그녀의 아버지는 月城府院君 金天瑞였고 어머니는 담양 李藝의 딸이었다. 그리고 그녀의 외삼촌이 바로 太古普愚의 제자 龜谷覺雲이었다.[28] 즉, 각운은 潭陽 李藝의 2남으로 내원당 감주로 임명되었으며, 1383년(우왕 9) 국사의 책봉을 거절하였던 고승이다.[29]

그런데 그녀가 1411년(태종 11) 정업원 주지에 취임한 지 1년도 안된 태종 12년(1412) 유생들은 정업원을 內願堂과 함께 혁파하라고 상서하였다. 유생들은 정업원에 1년간 소요되는 비용이 1백 석이나 된다고 트집을 잡았다. 이에 태종은 내원당은 혁파하였지만, 정업원은 갑자기 혁파할 수 없다고 하였다.[30]

1422년(세종 4) 태종이 죽자 후궁들이 출가하여 여승이 된 이들도 적지 않았다. 예컨대 의빈권씨와 신녕궁주 신씨가 출가하여 여승이 되었고 후궁들도 따라서 출가하였다.[31] 후궁 懿嬪 權氏는 세조 4년(1458) 태종의

7월 21일 을사조.)

26) 정안왕후 김씨(1355~1412)는 제1차 왕자의 난으로 의안대군 방석이 피살되고 영안군(정종)이 세자가 되면서 세자비가 되어 덕비에 봉해졌고, 정종이 왕위에 오르면서 덕빈에 올랐다. 1400년 정종이 태종에게 양위하면서 순덕왕대비의 존호를 받았고 자식은 없다.(변계량, 「有明朝鮮國 溫仁恭勇順孝大王 厚陵誌」, 『춘정집』 권12, 陵誌 ; 『태조실록』 권15, 태조 7년(1398), 9월 5일 정축조 ; 『태조실록』 권15, 태조 7년(1398), 11월 18일 경인조.)

27) 『태종실록』 권22, 태종 11년(1411), 9월 27일 을유조 ; 『태종실록』 권22, 태종 11년 10월 24일 임자조.

28) 이색, 「勝蓮寺記」, 『목은문고』 권1, 기 ; 이재열, 「오교양종과 조계종통에 관한 고찰」, 『불교사상』 1·2·3·4·5·6호, 1973·1974 ; 『한국조계종의 성립사 연구』, 민족사, 1986. 263~269쪽 ; 황인규, 『고려후기 조선초 불교사연구』, 혜안, 2003.

29) 김천서의 아들인 月城君 金需(1338~1409)와 아들 金謙(?~1425) 등이 실록에서 찾아진다.(『세종실록』 권30, 세종 7년, 12월 28일 계사조.)

30) 『태종실록』 권24, 태종 12년(1412), 7월 29일 임자조. 정업원 주지였던 김씨의 언니가 태종의 형수였고 후궁들도 불교신행에 돈독했기 때문이 아닌가 한다.

31) 『세종실록』 권16, 세종 4년(1422), 5월 20일 병자조.

후궁 明嬪 金氏와 孝寧大君 등 왕실 宗親들과 함께 경상북도 영풍군 흑석사에
서 목조아미타불 三尊像을 조성하기도 하였다.32) 信寧宮主 信嬪 辛氏(?～
1435)는 靈山 혹은 寧越辛氏로 정국공신 辛永貴의 딸로 태종의 후궁이
되었다. 두 후궁은 태종이 세상을 떠나자 여승이 되었다.33)

이와 같이 두 후궁이 출가하자 나머지 후궁들이 따라서 출가하여 여승이
되었다. 이는 후대의 선례가 되었고 궁궐 왕실 내지 여성불교의 주역이
되었다. 예컨대 세종(1397～1450.2)이 돌아가던 날 후궁 10여 명이 출가하였
을 뿐만 아니라,34) 후대의 세조·문종·성종·연산군 등의 후궁들도 출가하였
다.35) 그 후궁들이 정업원에 주석했을 것이다. 태종의 정비인 元敬王后도
회암사에 크게 불사를 하였다. 회암사가 중수되어 경찬회가 베풀어졌을
때, 사대부의 아내·女僧·부녀자들이 대거 참여했다.36)

---

32) 『세종실록』권26, 세종 6년(1424), 10월 6일 정미조 정혜옹주의 졸기 ; 『세종실록』
권15, 세종 4년(1422), 2월 20일 정미조 ; 『세종실록』권27, 세종 7년(1425), 1월
25일 병신조 ; 「黑石寺木造阿彌陀佛坐像 幷 腹藏遺物-阿彌陀三尊 腹藏記」(국보
제282-2-1호) ; 『단종실록』권6, 단종 1년(1453), 6월 26일 신해조 ; 『단종실록』
권5, 단종 1년(1453), 3월 19일 병자조 ; 『단종실록』권6, 단종 1년(1453), 5월 3일
기미조 ; 『단종실록』권6, 단종 1년(1453), 6월 26일 신해조 ; 『세조실록』권1,
세조 1년(1455), 윤6월 11일 을묘조 ; 『세조실록』권7, 세조 3년(1457), 5월 22일
갑신조.

33) 『세종실록』권11, 세종 3년(1421), 3월 3일 을축조 ; 『세종실록』권16, 세종 4년(1422),
4월 4일 경인조 ; 『세종실록』권67, 세종 17년(1435), 2월 2일 갑진조 신녕 궁주
신씨의 졸기 ; 『세종실록』권16, 세종 4년(1422), 6월 21일 병오조 ; 『세종실록』
권21, 세종 5년(1423), 9월 21일 기해조 ; 『문종실록』권1, 문종 즉위년(1450), 3월
3일 정미조 ; 『문종실록』권1, 문종 즉위년(1450), 3월 5일 기유조.

34) 『문종실록』권1, 문종 즉위년(1450), 2월 28일 임인조.

35) 『단종실록』권1, 단종 즉위년(1452), 5월 18일 경술조 ; 『연산군일기』권56, 연산군
10년(1504), 11월 13일 기해조. 세종의 후궁으로 출가한 대표적인 사례를 愼嬪
金氏에서 찾을 수 있다.(『단종실록』권3, 단종 즉위년(1452), 9월 2일 신축조.)
세조의 후궁 근빈 박씨는 80세에 출가하여 자수궁에 기거하였다.(『연산군일기』
권55, 연산군 10년(1504), 9월 4일 신묘조.)

36) 『세종실록』권64, 세종 16년(1434), 4월 10일 정사조. 당시 문신 金守溫(1409～1481)의
어머니와 아내도 출가하여 비구니가 되었던 사실도 왕실과 귀족 사녀들의 불교신행
정도가 어떠하였는가를 짐작케 한다.(『세조실록』권32, 세조 3년, 3월 15일 무진조 ;
황인규, 「세조대의 삼화상고-신미와 두 제자 학열과 학조」, 『한국불교학』26,

세종 6년 불교교단의 대대적인 탄압책이 시행될 때에도 정업원은 혁파되지 않았다. 즉 도성 안팎 禁山에 새로 지은 草庵은 철거케 할 때 沙乙閑齋庵과 淨業院은 건재할 수 있었다.[37] 그러나 정업원은 혁파될 대상에 오르곤 했다. 다행스럽게도 세종은 말년인 세종 28년 왕후와 연이은 아들의 죽음으로 호불성향으로 돌아서고 있었다. 유생들의 정업원 혁파요구에 대하여 세종은 자기의 親屬이 정업원 주지로 있다고 하여 혁파할 수 없다고 했다. 그런데 마침 세종 29년 정업원 주지가 여승들을 데리고 용문사에 노닐던 사건이 야기되자 유생들에게 큰 빌미가 되었다.[38] 유생들은 출가여승의 수가 천백에 이르지만 정업원은 수십 명의 여승들만 특권을 누리고 있을 뿐만 아니라 사족출신으로 논밭과 노비를 소유하고 있다고 상서했다.[39] 유생들의 정업원 혁파요구로 결국 세종 30년 정업원은 혁파되었고, 정업원의 노비 가운데 한성소속 484명과 州縣소속 3,025명을 포함하여 3,509명의 노비를 전농시에 소속시켰다.[40] 그리하여 조선건국 직후 창건된 정업원은 세종 30년(1448) 11월 혁파되었지만, 세조 5년(1459) 정업원 터에 다시 중창되었다.

그런데 실록에 의하면, 1455년(단종 3) 이전에 安祖迤의 족친이 安逸院 주지를 하였고, 安逸院에 朴氏라는 인물이 거주했다고 한다.[41] 안일원은 廣知門의 군보의 아래에 위치해 있었고, 본래 창덕궁 서동 일대에 있었던 정업원이었다. 광지문은 후원, 즉 창덕궁의 外北藏門으로, 광지문 밖의 경비하는 곳이 後苑을 내려다보는 곳이라고 하였으므로, 안일원은 창덕궁

2004 : 황인규, 『고려말·조선전기 불교계와 고승연구』, 혜안, 2005.)

37) 『세종실록』 권24, 세종 6년(1424), 6월 22일 을축조.
38) 『세종실록』 권121, 세종 30년(1448), 7월 21일 을사조. 세종의 친속이라는 정업원 주지가 어떤 인물인지 알 수 없다.
39) 『세종실록』 권116, 세종 29년(1447), 6월 23일 갑신조 ; 『세종실록』 권116, 세종 29년(1447), 6월 9일 경오조.
40) 『세종실록』 권122, 세종 30년(1448), 11월 28일 경술조.
41) 『단종실록』 권14, 단종 3년(1455), 5월 10일 갑인조 ; 『세조실록』 권5, 세조 2년(1456), 8월 1일 무술조.

서동의 정업원이거나 그 근처임을 알 수 있다.[42] 退溪 李滉(1501∼1570)도 본래의 昌德宮 西洞에 있던 정업원 외에 안강동에 정업원이 있었다는 기록을 남기고 있다. 즉 '淨業院 本僧尼坊 在西小門外 安康洞 明宗己酉 命構仁 壽宮于舊基'[43]라 하였다. 정업원은 서소문 밖 안강동에 있었고, 명종 4년 (1549) 그 옛터에 인수궁을 지으라고 명했다는 것이다.[44] 정업원은 아마도 안일원을 지칭하는 듯싶다.

여기서 한 가지 짚고 넘어갈 사실은, 흔히 단종의 비 정순왕후가 머물렀던 동대문 밖 연미정동에 있었던 곳도 정업원이라는 것이다. 정순왕후 송씨는 여량군 송현수의 딸로서 1453년(단종 1) 간택되어 이듬해 왕비로 책봉되었 다. 1455년 세조가 즉위하면서 懿德王大妃에 봉해졌으나, 1457년(세조 3) 사육신의 단종복위운동으로 단종이 노산군으로 강봉되면서 정순왕후도 부인으로 강등되어 노산군은 영월로 유배되었다. 송씨는 영월이 보인다는 연미정동에서 집을 짓고 거주했는데, 그것이 바로 정업원이라는 것이다. 조선후기 야사에도 '노산부인 송씨가 그 때에 安逸院에 우거하고 있었다.'[45] 고 하여 안일원에 정순왕후가 거주했다고 기록하고 있으며, 그 이름이 정업원이 아닌 안일원이었다. 『동국여지비고』에도 부인이 초가 몇 칸을 짓고 살면서 소의소식으로 일생을 보냈다는 기록이 있다. 그리고 정업원이

---

42) 『연산군일기』 권23, 연산군 3년(1497), 5월 23일 갑자조 ; 『성종실록』 권58, 성종 6년(1475), 8월 23일 기해조. 현창호는 정업원은 2세기 동안 성내의 창덕궁 서동에 있었고 안일원은 정업원과 인접해 있었던 것이라 보았다.(현창호, 앞의 논문, 22쪽.) 필자도 이에 공감한다. 즉 정업원은 2세기 동안 창덕궁 서동에 있었고 안일원은 정업원에 인접해 있다고 보고자 한다. 정업원과 안일원에 대해서 다음과 같은 설명은 주목할 만하다. 즉 명종 직전에는 안일원이 정업원과 병칭되다가 명종 이후 정업원과 안일원이 인수원으로 통합되어 불리고, 선조 이후에 인수원이 정업원으로 불리면서 그 이후 안일원도 정업원과 별립한 것으로 보인다.(이기운, 앞의 논문, 2003, 50쪽.) 그렇지만 창덕궁 서동의 정업원과는 달리 연미정동에도 정업원이 있었다는 견해에 전혀 동의하지 않는다.

43) 『退溪集 攷證』 卷27, 書答 鄭子中.

44) 『명종실록』 권9, 명종 4년(1549), 11월 8일 계유조 ; 『명종실록』 권9, 명종 4년(1549), 12월 21일 병진조.

45) 『연려실기술』 권4, 단종조 고사본말조.

연미정동에 있다고 밝히면서 定順王后를 부인으로 降封될 때 세조가 흥인문 안의 연미정동에 집을 내려주었는데, 부인이 따로 초가를 짓고 자칭 정업원 주지라 했다고 하였다.[46] 그러한 사실은 『영조실록』에도 전하고 있다. 즉 왕후는 東門 밖의 동쪽 땅이 바라보이는 곳에 살기를 원하였고, 세조가 재목을 내려주어 집을 지었는데 그 집이 정업원이라는 것이다.[47] 세조가 연미정동에 집을 내려주었지만 주인이 따로 초가를 지었다는 『동국여지비고』와 차이가 나며, 자칭 정업원 주지라고 했다고 한다.

그러나 필자가 보기에는, 연미정동의 집은 정업원이 아니라고 생각된다. 정순왕후가 출가한 것은 남편 노산군이 영월로 유배당한 직후인 세조 2년 6월이다. 세조 3년 9월 정업원 중창의 명을 내려 세조 5년 중창을 마친 정업원은 창덕궁 서동의 것이며, 연미정동의 것과는 다른 것이다. 그리고 정순왕후가 자칭 정업원 주지라고 한 것 또한 사실 여부를 확인하기 어렵다. 그런데도 영조가 연미정동 일대를 순찰시 정순왕후의 시양자 정미수의 후손이 정업원 터라고 잘못 보고하였고, 영조는 그러한 것을 사실로 받아들여 정순왕후가 머문 곳을 정업원 터라고 비석을 세웠던 것이다.[48] 정순왕후는 시양자 鄭眉壽의 집에서 중종 16년 6월 4일 삶을 마쳤고,[49] 정순왕후의 시누이인 敬惠公主도 역시 남편이 죽자 출가하여 여승이 되어 정순왕후와 함께 동문 밖 연미정동에서 남편인 정종과, 남동생 단종의 유배 및 죽음을 추념하다가 1473년(성종 4)에 죽었다.[50] 따라서 연미정동에 있었던 것은 정업원이 아니다.[51]

---

46) 서울 市史편찬위원회(1956), 『東國輿地備攷』 권2, 漢城府.

47) 『영조실록』 권117, 영조 47년(1771), 9월 6일 계묘조.

48) 『숙종실록』 권32, 숙종 24년(1698), 12월 25일 을축조 ; 『숙종실록』 권32, 숙종 24년(1698), 12월 25일 을축조 ; 『영조실록』 권117, 영조 47년(1771), 8월 28일 병신조.

49) 『중종실록』 권34, 중종 13년(1518), 7월 5일 임인조 ; 『숙종실록』 권32, 숙종 24년(1698), 11월 9일 경진조.

50) 『성종실록』 권38, 성종 5년(1474), 1월 1일 정해조 ; 『예종실록』 권5, 예종 1년(1469), 4월 10일 계해조 ; 『성종실록』 권37, 성종 4년(1473), 12월 30일 병술조.

그 후 정업원이 기존의 터인 창덕궁 서동에 다시 복립되는 것은 세조 5년이다. 세조 3년 9월 명을 내려 2년만인 세조 5년 중창하였다.[52] 그 이전 단종 3년(1455) 정업원이 혁파되어 이름도 안일원이라 불렸던 것 같다. 이때의 중창불사에 세조는 노비 100口와 전지 100結을 내리고 중궁 貞熹王后 윤씨와 함께 정업원에 거동하였다. 그리고 綿紬 40필과 노비 100구를 다시 내려주는 등 정업원에 대한 특혜를 베풀기도 하였다.[53] 그러면서 세조 9년(1463) 정희왕후 윤씨와 정업원에 거둥하여 사리분신을 지켜보는 등 정업원에서 불교신행활동을 하였다.[54]

정업원이 중창된 후 정업원 주지가 누구였는지 알 수 없으나, 4년 후인 세조 9년 무렵 海敏이 주지였다. 해민은 세조 9년(1463) 6월 강도 20여 인이 경기 고양의 淨水庵에서 僧人의 의복과 雜物을 겁탈하는 등 만행을 일삼자 고발하여 조처하였으며, 세조 12년(1466)에도 정업원에 도둑이 들자, 도성문을 지키게 하고 민가에서 찾아 잡게 하였던 일도 있었다.[55] 해민은 세조 9년 무렵부터 1473년(성종 4) 이전 입적할 때까지 정업원 주지로 있었던 듯하다.

예종대에도 달마다 粳米 7石을 하사하고 南怡의 金銀을 몰수하여 정업원에 주도록 하였다. 그리고 선종과 교종 및 淨業院 소속의 京居奴婢에 대해서 잡역을 면제케 하는 등 정업원에 대한 지원을 아끼지 않았다.[56] 이처럼

---

51) 이에 대해서는 일찍이 현창호가 고증한 바 있고(현창호, 1961), 필자도 이에 부연해서 설명하고 있는 것이다. 따라서 현재 「정업원구기비」가 설치된 숭인동은 정업원과는 관련이 없다고 하겠다. 혹 정순왕후와 청룡사와의 관계는 있다고 할 수 있으나, 이를 입증할 만한 기록이 찾아지지 않고 있어서 아쉽기 그지없다. 예순 비구니와 청룡사의 관계도 역시 마찬가지다.

52) 『세조실록』 권9, 세조 3년(1457), 9월 8일 기사조 ; 『세조실록』 권16, 세조 5년(1459), 5월 29일 경술조 ; 『세조실록』 권16, 세조 5년(1459), 6월 17일 정묘조.

53) 『세조실록』 권9, 세조 3년(1457), 9월 16일 정축조 ; 『세조실록』 권12, 세조 4년(1458), 4월 9일 병인조 ; 『세조실록』 권20, 세조 6년(1460), 6월 15일 경신조.

54) 『세조실록』 권30, 세조 9년(1463), 6월 18일 병자조.

55) 『세조실록』 권30, 세조 9년(1463), 6월 12일 경오조 ; 『세조실록』 권38, 세조 12년 (1466), 3월 3일 갑진조.

정업원 주지 해민은 세조와 妃 정희왕후의 든든한 보호와 후원을 받았고 判教宗師 雪岭이 추념할 만큼 위상이 컸다. 하지만 설준은 성종 4년(1473) 정인사가 중창된 후 주지를 하였고 세종 28년(1446) 신미의 제자 학열, 학조, 利禪宗師 守眉 등 당대의 고승들과『釋譜詳節』을 편집하는 등 불교계를 주도하면서 정업원도 보호하였지만, 1489년(성종 20) 海超처럼 순교를 당하고 말았다.57) 이렇듯 고승조차 정업원을 지키기에는 역부족이었던 듯하다.

3. 유자환의 처 윤씨, 수춘군 부인 정씨, 연산군 후궁 곽씨

조선전기 왕실녀들은 숭유억불시책이 강화되고 있었지만, 궁중을 중심으로 불교신행을 펼쳤다. 그 대표적인 인물이 바로 세조의 비 정희왕후(1418~1483), 예종의 비 장순왕후(1445~1461), 덕종의 비 소혜왕후(인수대비, 1437~1504) 등이었다. 그들은 비록 여승으로 출가하지 않았지만 불교신행으로 일관하였다.58)

성종 즉위년(1469) 申叔舟·韓明澮·具致寬·洪允成 등 院相들이 대왕대비에게 肉膳을 들 것을 권유하였으나 수륙재를 지내야 한다고 하였다. 계속 강요하자 '나는 짧은 머리털도 매우 적지만 이것마저 깎아버리고 淨業院으로 물러가겠다'고 하여 물리쳤다.59)

---

56) 『예종실록』 권2, 예종 즉위년(1468), 11월 15일 신미조 ;『예종실록』 권3, 예종 1년(1469), 1월 21일 병자조 ;『예종실록』 권7, 예종 1년(1469), 9월 4일 갑신조.

57) 이동림 편,「釋譜詳節 序」,『註解 釋譜詳節』; 김수온,「正因寺重創記」,『拭疣集』권2 ; 김수온,「次河東府院君韻贈正因寺雪岭長老」,『拭疣集』권4 ; 신숙주,「題正因寺住持雪岭詩卷」,『保閑齋集』권9 ; 서거정,「送岭上人遊妙香山序」,『四佳集』文集 권5 ; 남효온,「宿正因寺上雪岭和尙 二首」,『秋江集』권3 ; 崔恒,「贈雪岭上人 三首」,『太虛亭集』詩集 권1 ;『성종실록』권24, 성종 3년(1472), 11월 2일 을미조 ;『성종실록』권32, 성종 4년(1473), 7월 27일 병진조 ; 황인규,「조선전기 불교계의 고승탄압과 순교승」,『불교사연구』4·5합, 중앙승가대 불교사학연구소, 2004.

58) 이에 대해서는 다음의 논문이 참조된다.(양만우,「이조 비빈 숭불 소고」,『논문집』2, 전주교육대학, 1967.)

59) 『성종실록』권1, 성종 즉위년(1469), 12월 28일 정축조. 마치 태종이 불교를 탄압하려 하자 태조가 肉膳을 들지 않으면서 저지시켰던 장면을 떠오르게 한다.(『태종실록』

  그만큼 그들은 왕실에서 권좌의 중심에 있었고 궁녀들도 불교신행에
동참하였다. 이렇듯 왕실녀의 출가가 가능했던 것은, 왕비들과 같은 버팀목
이 있었기에 가능했다.

  세종 말년 이후 세조대를 거치면서 불교는 되살아나는 듯 했고 왕비들의
불교신행은 대단하였다. 그러나 성종 4년 士女의 출가금지, 성종 6년 한성
23개 尼舍(尼社)의 철거, 성종 7년 여승의 여염집 출입금지 등 비구니에
대한 본격적인 탄압시책이 전개되었다.[60] 즉 성종 7년 인수대비의 수렴청정
이 끝나고 성종의 친정정치가 되면서 사림들의 성리학적 예제가 본격적으
로 펼치게 되기에 이른다. 때문에 후궁들의 출가 및 정업원 주석은 쉽지
않았을 것이다. 그러한 상황에서 성종대 정업원 주지를 하였던 인물이
바로 유자환의 처 윤씨, 수춘군부인 정씨 등이다.

  성종 3년(1472) 세조의 정업원의 후원을 상기하면서 정업원 소속 노비의
잡역을 면제해주었다. 정업원 여승들은 죽은 승려를 위하여 齋를 설치하고,
士女들과 더불어 무리지어 正因寺와 成佛菴에 가서 유숙하기도 한 사실에
대하여 트집을 잡았고, 그로부터 15일도 안되어 정업원 주지 호조참판
柳子煥의 妻 尹氏의 행실을 문제삼았다.[61] 대사헌 서거정 등이 정업원
주지 윤씨가 출가전 부부의 도리를 저버렸다 하여 그 죄과를 논하였고,[62]
대사간 정괄 등이 부녀자가 절에 올라간 자를 죄줄 것을 청하면서 정업원
주지 윤씨에 대해서도 가혹하게 비판하였다.[63] 그런데 유자환의 처 윤씨는

    권4, 태종 2년(1402), 8월 4일 을묘조.)
  60) 『성종실록』 권33, 성종 4년(1473), 8월 4일 계해조 ; 『성종실록』 권57, 성종 6년(1475),
      7월 19일 병인조 ; 『성종실록』 권64, 성종 7년(1476), 2월 13일 정해조 ; 『성종실록』
      권57, 성종 6년(1475), 7월 19일 병인조.
  61) 『성종실록』 권32, 성종 4년(1473), 7월 21일 경술조 ; 『성종실록』 권32, 성종 4년
      (1473), 7월 9일 무술조 ; 『성종실록』 권24, 성종 3년(1472), 11월 19일 신해조.
  62) 『성종실록』 권33, 성종 4년(1473), 8월 25일 갑신조 ; 『세종실록』 권125, 세종
      31년(1449), 7월 6일 갑신조 ; 『단종실록』 권6, 단종 1년(1453), 6월 13일 무술조.
      예문관 대제학 윤형의 졸기. 그녀의 아버지는 재상 尹炯(1388~1453)이었고 어머니
      는 곽씨였다. 그리고 남편 柳子煥(?~1467)의 아버지는 부윤 柳規이고 庶弟가
      유자광이다.

정업원 주지 수춘군 부인 정씨의 친족이었고, 문도 惠善·惠明·學惠·性戒·戒
允 등이 있었다.64) 문도 가운데 혜명은 성종 13년 무렵 선종판사 乃浩와
교유했고,65) 연산군 10년 무렵 덕종의 후궁인 貴人 權氏를 화장하였다.66)
덕종의 후궁 권씨는 불교신행이 매우 깊었는데 혜명이 후궁 권씨의 뜻을
받들어 화장했던 것이다. 비구니 혜명의 궁궐 출입과, 고승 學祖와 더불어
사찰의 중수사실이 문제가 되어 유생들의 지탄을 받기도 하였다.67) 설잠(매
월당 김시습)도 정업원에서 불경을 가르친다고 유생들의 비판을 받았다.68)
　이와 같이 유생들은 비구니 고승들의 비판에 머물지 않고 尼舍의 철폐도
요구하였다. 그리하여 경성 안팎의 尼舍는 모두 헐어 없애고, 별도로 큰
집을 지어서 모여 살도록 하였으나, 역시 무산되었다.69) 유생들의 정업원과
비구니들에게 대한 탄압에도 불구하고 정업원은 노비 1백80여 구를 받는

---

63) 『세조실록』 권41, 세조 13년(1467), 2월 25일 신유조 기성군 유자환의 졸기 ; 『성종실
　　록』 권32, 성종 4년(1473), 7월 21일 경술조.
64) 『연산군일기』 권3, 연산군 1년(1495), 2월 10일 갑자조.
65) 내호는 행실이 높은 고승으로 대비에게 인정을 받아 선종판사로 임명되었으나
　　유생들의 탄압을 받았다.(『성종실록』 권140, 성종 13년, 4월 5일 계묘조.) 그 외에
　　내호에 관련된 기록은 다음에서도 찾아진다.(『성종실록』 권140, 성종 13년(1482),
　　4월 14일 임자조 ; 『성종실록』 권140, 성종 3년(1472), 4월 18일 병진조.)
66) 『성종실록』 권140, 성종 13년(1482), 4월 13일 신해조 ; 『성종실록』 권140, 성종
　　13년(1482), 4월 18일 병진조 ; 『연산군일기』 권52, 연산군 10년(1504), 4월 26일
　　정사조. 세조 때 潭陽 彌羅寺에서 고변을 한 혜명과는 다른 인물이다.(『세조실록』
　　권8, 세조 3년(1457) 7월 5일 병인조.) 비구니 혜명에 관련된 실록 기록은 다음과
　　같다.(『성종실록』 권140, 성종 13년(1482), 4월 13일 신해조 ; 『성종실록』 권140,
　　성종 13년(1482), 4월 18일 병진조 ; 『연산군일기』 권3, 연산군 1년(1495), 2월
　　10일 갑자조 ; 『연산군일기』 권52, 연산군 10년(1504), 4월 26일 정사조 ; 『중종실
　　록』 권1, 중종 1년(1506), 9월 17일 계사조 ; 『중종실록』 권6, 중종 3년(1508), 5월
　　10일 정미조.)
67) 『중종실록』 권6, 중종 3년(1508), 5월 10일 정미조.
68) 『성종실록』 권55, 성종 6년(1475), 5월 26일 갑술조. 설잠에 대한 자세한 사실은
　　다음의 논문을 참조하기 바람.(황인규, 「청한설잠의 승려로서의 불교계 활동과
　　교유인물」, 『한국불교학』 40, 한국불교학회, 2005 : 황인규, 『고려말·조선전기
　　불교계와 고승연구』, 혜안, 2005.)
69) 『성종실록』 권55, 성종 6년(1475), 5월 26일 갑술조.

등 왕실의 비호를 받았다.[70]

　그 다음 정업원 주지는 세종과 후궁 혜빈 양씨 사이의 둘째 아들 한성부사
壽春君 李玹의 부인 鄭氏였다.[71] 그녀는 성종 9년 출가하여 성종 13년(1482)
부터 주지직에 있었다. 신료들이 수춘군의 부인이 정업원 주지가 된 일에
대하여 시비를 논하기도 하였으나, 정희왕후를 비롯한 왕실녀의 비호
속에 있었다. 유생들의 주장에 따르면, 성종 15년 무렵 비구니가 정업원과
성 동남쪽에 기거할 곳이 많았다고 한다. 안암사를 중창하여 비구니 도량을
삼으려 했고,[72] 奉先寺·檜巖寺·龍門寺·正因寺 등의 사찰과 더불어 정업원의
감찰의 임무에 대해서는 예조가 아닌 내수사에서 하도록 하는 특단의
조치를 하였다. 관료들이 檜巖寺에 가서 승려들을 침해하여 도망하여 흩어
졌고, 사헌부에서 策辨을 불러서 문초하는 등 불교계에 대한 탄압을 자행했
기 때문이다.[73]

　대비의 정업원과 비구니들에 대한 후원으로 궁궐 담장 곁에 있는 정업원
에서 연주하는 범패는 궁중까지 들렸고 남대문 근처의 尼舍처럼 부녀들이
가마와 말을 타고 점등을 하기도 하였다. 그리고 경기도 漣川에서는 어떤
여승이 10세의 소녀(3寸 姪女)를 출가시켜 정업원에 거주하게 하는 일도

70)『성종실록』권114, 성종 11년(1480), 2월 13일 계해조 ;『성종실록』권118, 성종
　11년(1480), 6월 16일 을축조. 실록에 의하면, 당시 여러 官司의 奴婢는 10여 구에
　지나지 않았다고 한다.
71)『성종실록』권138, 성종 13년(1482), 2월 2일 신축조 ;『성종실록』권138, 성종
　13년(1482), 2월 5일 갑진조 ;『단종실록』권14, 단종 3년(1455), 6월 5일 기묘조
　수춘군 이현의 졸기 ;『성종실록』권218, 성종 19년(1488), 7월 16일 정축조 ;『성종
　실록』권240, 성종 21년(1490), 5월 5일 병진조 ;『성종실록』권243, 성종 21년(1490),
　8월 16일 병신조 ;『성종실록』권268, 성종 23년(1492), 8월 5일 계묘조. 실록에
　의하면, 한남군 이어의 아들 이중생이 상서하여 연좌를 풀어줄 것과, 관직의
　敍用을 청한 내용이 찾아진다. 그리고 鄭溱의 妻 尹氏가 그녀의 남편의 동생
　鄭淮와 鄭洙가 있었음을 알 수 있다. 즉 수춘군 이현의 처 정씨는 그들과 남매지간이
　었다.
72)『성종실록』권164, 성종 15년(1484), 3월 2일 기축조 ;『성종실록』권164, 성종
　15년(1484), 3월 13일 경자조.
73)『성종실록』권173, 성종 15년(1484), 12월 17일 경오조.

있었다.74) 또한 정업원뿐만 아니라 자수궁에서 크게 불사를 일으키기도
하였다.75)

그러나 성종대 후반으로 갈수록 유생들의 반대는 심해져갔다. 인수대비
가 불상을 만들어 정업원에 보냈는데, 유생이 불태워버린 일이 그 단적인
사례이다.76) 연산군대에 이르러 탄압이 더욱 심해져 간다. 연산군대 정업원
주지에게 官敎를 발급하는 일을 검토하였다.77) 연산군은 정업원 비구니에
대한 능욕도 서슴지 않더니,78) 마침내 정업원을 혁거하였다.79) 그리고
연산군 12년(1506) 정업원 여승도 일부만 남기고 나머지 여승들은 연방원의
房婢로 삼았고,80) 성종 후궁의 머리를 깎은 여승들도 고문하였다.81) 그런데
그러한 탄압과 핍박에도 불구하고 여승들은 궁궐을 출입하면서 성밖의
승려들과 소통하였다.

전교하였다. "요즈음 言事하는 사람들이 모두 이단을 물리쳐야 한다고
말하고 있는데, 말과 사실이 어긋나서 왕왕 승도가 卿大夫 집에 출입하고
또 선비들과 교분을 맺으니, 매우 아름다운 풍습이 아니다. 만약 禁法을
범한 자가 있으면 조정관원은 파면시키고, 재상이나 선비들도 또한 마땅히
죄를 다스려야 한다. 또 (승려들을) 금단하여 서울에 출입할 수 없게 하고,
사헌부에서 만약 엄격히 금지하지 못하면 아울러 죄를 다스리라."82)

전교하였다. "檜巖寺·奉先寺의 住持들과 都城 밖에 거주하는 승려들은 앞으

74) 『성종실록』 권198, 성종 17년(1486), 12월 11일 임오조 ; 『성종실록』 권200, 성종
    18년(1487), 2월 3일 계유조 ; 『성종실록』 권253, 성종 22년(1491), 5월 22일 정유조.
75) 『성종실록』 권295, 성종 25년(1494), 10월 9일 갑자조.
76) 『성종실록』 권228, 성종 20년(1489), 5월 11일 무진조.
77) 『연산군일기』 권42, 연산군 8년(1502), 1월 7일 경진조.
78) 『연산군일기』 권50, 연산군 9년(1503), 6월 13일 무신조.
79) 『연산군일기』 권54, 연산군 10년(1504), 7월 29일 정사조.
80) 『연산군일기』 권61, 연산군 12년(1506), 3월 23일 계묘조.
81) 『연산군일기』 권56, 연산군 10년(1504), 11월 13일 기해조.
82) 『연산군일기』 권48, 연산군 9년(1503), 1월 18일 병술조.

로 두 종파의 圓覺寺에 출입하지 못하도록 하라. 그리고 절 안의 말을
절 밖으로 내지 않고, 절 밖의 말을 절 안으로 들어오지 못하게 하는
것은 이미 法이 있는데, 승려들이 항시 자기에게 불편한 일이 있으면
문득 여승을 인연하여 언어를 통하니 이것은 매우 불가하므로, 지금부터는
여승들이 만약 왕래하여 서로 통하는 자가 있으면 사헌부로 하여금 법으로
써 엄격히 금지하게 하라.
또 유생들은 마땅히 이단을 힘써 물리쳐야 하는데, 도리어 승려들과 더불어
교분을 맺는 자가 있으니, 이것은 吾道(우리 유교)를 배반하는 것이다.
선비들 사이에 끼일 수 없으며, 또한 과거에 응시하게 할 수 없다는 것을
예조로 하여금 이르게 하라."[83]

승도가 卿大夫 집에 출입하고 선비들과 교분을 맺고 있으므로 도성출입을
금하라는 것이다. 또한 檜巖寺·奉先寺의 주지들과 도성 밖에 거주하는
승려들이 궁궐 도성의 사찰과 소통하고, 비구니들이 소통 매개자로서
역할을 하였다. 이처럼 궁궐 비구니들은 산중불교시대에 왕실과 산중도량
과 소통하여 불교를 수호하였다는 점에서 매우 주목된다.
연산군 10년 무렵에는 정업원뿐만 아니라 자수궁·수성궁에 비구니들이
거주하였는데,[84] 정업원이 폐치되었기 때문에 궁궐내 비구니들은 자수궁
이나 수성궁 등의 궁궐에서 기거하였던 것 같다.[85]
중종대에는 혁파된 淨業院에서 유생들의 賜暇讀書를 하게 하고 중종
1년 비구니의 도성 출입을 금했으며, 중종 2년 비구니의 집으로 남아
있던 안일원과 자수궁을 헐고 비구니들을 환속시켰다.[86]
그 후 중종 17년 무렵 정업원 주지는 연산군의 후궁 郭氏였다. 그녀는

83) 위와 같음.
84) 『연산군일기』권53, 연산군 10년(1504), 5월 1일 경인조.
85) 정업원 치폐에 대해서는 앞의 현창호의 논문과 이기운의 논문(2001)을 참고하기
   바람.
86) 『중종실록』권1, 중종 1년(1506), 10월 29일 갑술조 ;『중종실록』권1, 중종 1년(1506),
   10월 29일 갑술조 ;『중종실록』권29, 중종 12년(1517), 8월 20일 계해조 ;『중종실
   록』권1, 중종 1년(1506), 12월 3일 정미조.

곽인의 딸이었다. 좋지 못한 집안 행실 때문에 그녀를 후궁으로 삼는
것이 한동안 문제가 되기도 하였다. 하지만 그녀는 1492년(성종 23) 후궁으
로 간택되어 중종 14년(1519) 무렵까지 살았는데,[87] 당시 정업원에는 비구니
元一·宗知·妙心 등이 머물러 있었다.[88] 연산군은 대표적인 폭군으로 장녹수
와의 깊은 관계를 유지하고 있었고, 따라서 이전의 왕의 후궁처럼 후궁
곽씨가 출가하여 정업원 주지가 되었다. 그 후 광해군대 정업원에 관련된
기록이 찾아지는데, 다음의 기록이 유일하다.

> 상궁 金介屎를 베었다.(개시가 淨業院에서 불공을 드리고 있다가 내란이
> 일어난 것을 듣고 민가에 숨어 있었는데, 군인이 찾아내어 베었다.)[89]

1623년(광해군 15) 인조반정이 일어났을 때 궁녀 金介屎(?~1623)는 정업
원에서 불공을 드리다가 붙잡혀 참수되었다. 김개시의 가계에 대하여
알려진 것은 가까운 친척 劉智齡이 있었다는 사실 뿐이다.[90] 그녀는 선조의
후궁으로 미모의 여인도 아니었으나, 민첩하고 꾀가 많아 광해군의 총애를
받았다. 김개시는 인조반정으로 정업원에서 불공을 드리다가 잡혀 처형되
었다.[91] 그녀는 부녀지간의 관계를 맺은 비구니 예순과 궁궐 왕실불교를
주도한 듯하다. 禮順(女順)은 李貴의 딸로 태어나 金自點의 동생 金自謙과
결혼했지만 과부가 되어 덕유산에서 출가하였다가 사통했다고 하여 하옥되
었다.[92] 예순은 옥에서 풀려나서 궁궐을 출입하면서 중전 유씨를 비롯하여

---

87) 『성종실록』 권258, 성종 22년(1491), 10월 16일 기미조 ; 『성종실록』 권258, 성종
　　22년(1491), 10월 19일 임술조 ; 『성종실록』 권258, 성종 22년(1491), 10월 20일
　　계해조 ; 『성종실록』 권258, 성종 22년(1491), 10월 20일 계해조 ; 『성종실록』 권258,
　　성종 22년(1491), 10월 21일 갑자조 ; 『연산군일기』 권61, 연산군 12년(1506), 2월
　　18일 무진조 ; 『중종실록』 권1, 중종 1년(1506), 9월 6일 임오조 ; 『중종실록』 권37,
　　중종 14년(1519), 12월 17일조.
88) 『중종실록』 권44, 중종 17년(1522), 3월 3일 경술조.
89) 『광해군일기』 권187, 광해군 15년(1623), 3월 13일 계묘조.
90) 『인조실록』 권2, 인조 1년(1623), 7월 6일 갑오조.
91) 이향순, 앞의 논문, 2007, 112~124쪽.

후궁들로부터 존경과 신임을 받았고,[93] 심지어는 生佛이라 불리기도 하였다.[94] 그녀는 궁녀 김개시의 보호를 받으면서 국정에 관여하여 권신인 大北의 영수 李爾瞻과 쌍벽을 이루는 등 권력을 휘둘렀다.[95]

4. 맺음말

정업원에 대한 기록은 불교를 탄압하고 유교시책을 시행하면서 남겨진 실록이 대부분이기 때문에 제 실상을 복원하는 것은 쉽지 않다. 정업원 주지는 대부분 왕실녀들이었다. 이렇듯 왕실녀의 출가는 남편의 죽음이라는 계기가 되었지만, 그보다 더 중요한 것은 불교신행 때문이다.

조선 초대 정업원 주지인 공민왕의 후비 혜비는 고려왕실의 정통을 이은 후비로서의 위상도 있었겠지만, 백부가 화엄종 고승 체원이었기 때문에 정업원 주지에 취임할 수 있었고, 궁궐 내 왕실녀 불교를 주도해 나갔을 것이다. 그녀의 그러한 위상 때문인지, 그 이후 정업원 주지는 대부분 왕실녀에서 배출되었다.

그 후 정업원 주지 소도군 방석의 처 심씨의 불교계 행적은 아쉽게도

---

92) 『광해군일기』 권81, 광해군 6년(1614), 8월 19일 기해조.

93) 禮順(女順, 英日)에 대해서는 다음과 같은 자료에 관련기록이 실려 있다. 즉 『광해군일기』 권147, 광해군 11년(1619), 12월 3일 임자조 ; 『광해군일기』 권81, 광해군 6년(1614), 8월 17일 정유조 ; 『광해군일기』 권81, 광해군 6년(1614), 8월 19일 기해조 ; 『광해군일기』 권67, 광해군 5년(1613), 6월 26일 계축조 ; 『凝川日錄』 1 ; 『公私見聞錄』 ; 『續雜錄』 ; 『於于野談』 ; 『張志淵全書』 2, 190쪽 ; 유몽인, 신익철 역, 「불교에 몸을 바친 이예순」, 『나 홀로 가는 길』, 태학사, 2002, 103~109쪽 ; 『靑龍寺誌』 ; 『奉先寺本末畧誌』. 또한 2차 논문류를 소개하면 다음과 같다.(정석종·박병선, 「조선후기 불교정책과 원당(1) : 니승의 존재양상을 중심으로」, 『민족문화논총』 18·19, 253쪽 ; 이향순, 「조선시대 비구니의 삶과 수행」, 『한국비구니의 수행과 삶』, 예문서원, 2007, 120~121쪽 ; 김상일, 「유몽인이 본 불교인과 불교」, 『한국불교학』 35, 2003.) 『청룡사지』에 의하면, 예순은 청룡사 제6중창주였다고 한다.(『청룡사지』, 137쪽.)

94) 『연려실기술』 권23, 인조조 고사본말조, 癸亥靖社.

95) 『연려실기술』 권23, 인조조 고사본말조. 광해군을 안치하다. 세자를 폐하고 사사하다. 붙임 ; 『한국민족문화백과사전』, 김개시.

찾아지지 않는다. 그 다음의 정업원 주지는 정종의 비인 정안왕후의 언니 김씨로서, 김천서의 딸이었다. 그녀의 외삼촌이 구곡각운이었으므로 위상은 대단했을 것이다. 그녀가 정업원 주지였을 때인 1411년 무렵인 태종 6년 교단탄압이 단행되고 불교계의 수호자 마지막 왕사 무학이나 이성계가 죽은 후이다. 정업원이 내원당과 더불어 유생들의 폐치요구에도 조선전기 내내 존속했던 것은 그러한 정업원의 위상 때문이었을 것이다.

그런데 세조대 단종의 비 정순왕후가 출가하여 연미정동에 집을 짓고 자칭 정업원 주지라고 하였다는 기록이 남아 있으며, 영조에 의해 그러한 사실이 실제화되어 '정업원구기비'가 세워진 바 있다. 그래서 그곳이 지금까지 정업원이라고 알려져 있으나, 정업원이 아니다. 정업원은 폐치되었으나 安逸院이라는 이름으로 그 정업원의 명목을 이어갔을 때였다. 정순왕후 송씨는 단종이 영월로 유배되자 출가하여 그 유배지가 보인다는 연미정동 鄭悰의 집 곁에 집을 짓고 살았다. 그녀의 올케인 경혜공주도 남편인 정종이 단종복위에 연루되어 죽음을 당하자 출가하여 비구니가 되어 정순왕후와 함께 기거하였다.

성종대 사림파들이 등장하면서 불교에 대한 탄압은 더욱 심해져 갔다. 정업원의 주지는 성종 4년 무렵 유자환의 처가, 성종 13년 무렵 수춘군부인 정씨가 재임해 있었다. 유자환의 처는 士族의 아내로 출가한 자체가 유생들의 문제가 되었고, 여성불교 내지 왕실불교의 수장인 정업원 주지직은 더욱 비판의 대상이 되었다. 그 이전 시기의 일이지만, 세종대 정업원 주지에 대하여 문제를 삼자, 세종은 정업원 주지가 친속이라서 자기도 어떻게 할 수 없다고 하였다. 그러한 세종의 아들이자 혜빈 양씨의 아들인 수춘군부인의 출가 및 정업원 주지에 오른 것도 마찬가지였다.

연산군의 후궁 곽씨도 선대 왕의 후궁처럼 출가하여 불교탄압이 강화되었던 중종대에 정업원 주지에 있으면서 유생들의 가혹한 비판을 견디어내야 했다. 그 후 정업원의 기록에 나타나는 것은 광해군의 후궁 金尙宮이다. 그녀는 김개시(개똥이)로 불렸는데, 왕실 비구니 승방인 淨業院에 가서 기도하는 등 유생들의 정업원 치폐논란 속에서도 정업원을 지키려고 노력한 듯하다. 그녀와 모녀지간을 맺었던 禮順(女順) 비구니는 당시 사회에 큰 파장을 불러왔다. 그녀는 權貴 李貴의 딸로, 金自點의 동생인 金自兼의 아내였다. 그녀는 과부가 되자 남편의 친구와 목사의 첩인 貞伊와 함께 출가해 불교신행길에 올라 명산대찰을 편력하다가 잡혀 한성으로 이송되었다. 비록 그녀의 출가수도가 사통으로 몰려 국문을 당하였지만, 광해군과 김상궁의 도움으로 풀려났다. 그녀는 생불이라 일컬어지며 궁궐을 출입하면서 정업원 등 왕실의 불교계에 관여한 듯하다.

이와 같이 고려시대에 이어 조선 국초에 한양에 창건된 정업원은 세종대 폐치된 후 세조대에 다시 중창되는 등 그 이후 폐치를 거듭하였다. 정업원은 창건 이후 2세기 동안 창덕궁 서동에 있었고, 치폐가 거듭되면서 그 곁에 안일원이 존재했다. 지금의 숭인동인 연미정동에 있었다는 정업원은 영조대 잘못 알려진 것이며, 바로잡아야 할 사실이다.

결국 정업원은 유생들의 줄기찬 폐치요구에도 존속하면서 조선전기 산중불교시대에 국도의 심장부인 도성 궁궐의 도량으로서 산중도량과 소통을 하는 등 왕실 및 사족의 여성불교 도량의 본산이자 불교계의 마지막 보루였다.

제3장 왕실녀의 비구니 출가

1. 머리말

조선 건국초 이래 정업원의 폐치가 거듭되고 도성의 23니사가 철훼되어
갔지만, 조선중기 이후 정업원을 대신해 인수궁(인수원)과 자수궁(자수원)
등의 후궁과 도성의 몇몇 비구니 도량이 왕실불교의 명맥을 이어갔다.[1]

---

[1] 조선시대 왕실녀에 대한 연구는 다음의 논저가 참조된다. 지두환 교수의 11년
동안에 걸친 역작『조선왕실과 친척』시리즈 52책은 실록을 중심으로 한 왕실과
관련된 기본기록들을 망라하여 수록하고 가계도를 부기하였다.(지두환,『조선왕
실과 외척』1~52, 역사문화, 1999~2009.) 그리고 신명호 교수의 왕후와 공주,
궁궐에 관련된 교양학술서가 참조된다.(신명호,『조선시대 왕과 왕실문화 조선의
왕』, 가람기획, 1998 ; 신명호,『조선왕비실록』, 역사의 아침, 2007 ; 신명호,『조선
공주실록』, 역사의 아침, 2009 ; 신명호,『조선 왕실의 의례와 생활 궁중문화』,
돌베개, 2002 ; 신명호,『궁궐의 꽃 궁녀』, 시공사, 2004.) 그외에 다음과 같은
저서들도 왕실녀에 대한 기본 연구서라고 하겠다.(한국학중앙연구원 장서각 편,
『조선왕실의 여성』, 장서각, 2005 ; 金用淑,『朝鮮朝宮中風俗硏究』, 일지사, 1987 ;
변원림,『조선의 왕후』, 일지사, 2006.)
그리고 개별 왕실녀에 대한 논문을 소개하면 다음과 같다.(윤두수,「신덕왕후에
관한 연구」,『석당논총』15, 동아대, 1989 ; 임혜련,「조선초 원경왕후의 정치적
역할과 생애」,『아시아여성연구』43-1, 숙명여대 아시아여성문제연구소, 2004 ; 이
경하,「소혜왕후의 불교옹호발언과 젠더권력관계」,『한국여성학』20-1, 2004 ; 한
희숙,「조선초기 소혜왕후의 생애와『내훈』」,『한국사상과 문화』27, 2005 ; 한희춘,
「성종초기 정희왕후(세조 비)의 정치 廳斷과 훈척정치」,『조선시대사학보』22,
2002 ; 김우기,「16세기 중엽 인순왕후의 정치참여와 수렴청정」,『역사교육』88,
2003 ; 구한말 순헌황귀비 엄비의 생애와 활동」,『아시아여성연구』45-2, 2006 ; 이
기대,「한글편지에 나타난 순원왕후의 일상과 가족」,『한국고전여성문학연구』
18. 2009.)
또한 비빈이나 왕실혼과 관련된 다음과 같은 논저들이 참조된다(김선곤,「이조초
기 비빈고」,『역사학보』21, 1963 ; 박경,「조선초기 왕실가족질서정비의 특징」,

현종대 척불시책이 강화되어 인수원이나 자수원 마저 폐치되었지만, 도성
내외 비구니 도량에서는 여전히 조선말기에 이르기까지 도성불교를 이어갔
다. 국가시책과는 달리 사후의 세계에 대한 추념에 대해 불교가 그 역할을
하였기 때문이다.

호불군주는 물론이고 억불군주조차 능침사찰을 운용하였다. 그 대표적
인 사찰이 사도세자의 능침사찰인 용주사와 그것의 선례가 되었던 파주
보광사이다.2) 그러한 능침사찰의 운용과 더불어 조선불교에서 중요하게
간주해야 할 것이 바로 정업원, 인수궁·자수궁 등 왕실녀의 불교신행의
중심처였던 후궁이다. 즉 도성과 궁궐에서는 국가적 시책과는 달리 왕실
일부 인물들에 의해 내원당 내지 내불당에서 불교신행이 계속되었다.
특히 왕후와 후궁, 공주, 왕자군의 부인, 그리고 귀족 사녀들이 후궁이나
정업원에 출가하거나 신행활동을 하였다.

그동안 왕실녀 혹은 귀족 사녀의 비구니 도량인 정업원과 인수원 내지
자수원의 실태와 그 역할 및 의의에 대해서 연구가 진척된 바 있다.3)
하지만 왕실녀들의 비구니 출가에 대한 본격적인 검토는 깊게 이루어지
않았다. 당시 유교적 분위기나 사관에 의해 기록이 철저히 차단되었고

『여성과 역사』 1, 2004 ; 정재훈, 「조선초기 왕실혼과 왕실세력의 형성」, 『한국사연
구』 95, 1996 ; 정재훈, 『조선초기 왕실혼과 왕실후예 연구 : <선원록>을 중심으
로』, 서강대 박사학위논문, 1995.)
그 밖에 다음의 교양도서들도 참조된다.(박영규, 『조선의 왕실과 외척』, 김영사,
2003 ; 박영규, 『환관과 궁녀』, 김영사, 2004 ; 『한권으로 읽는 조선왕실계보』,
웅진지식하우스, 2008 ; 윤태현, 『왕비의 남자들』, 화산문화. 2007 ; 최선경, 『왕을
낳은 후궁들』, 김영사, 2007 ; 윤정란, 『조선의 왕비』, 차림, 1999 ; 윤정란, 『조선
왕비 독살 사건 : 여왕을 꿈꾸었던 비범한 여성들의 비극적인 이야기』, 다산초당,
2009 ; 임종웅, 『조선왕조실록에 의한 조선왕비열전』, 선영사, 2008.)
2) 황인규, 「파주 보광사의 역사와 위상」, 『대각사상』 12, 2009.
3) 현창호, 「정업원의 치폐와 위치에 대하여」, 『향토서울』 11, 서울시사편찬위원회,
1961 ; 한우근, 「정업원과 니승·니사 제한」, 『유교정치와 불교』, 일조각, 1993 ; 이
기운, 「조선시대 정업원의 설치와 불교신행」, 『종교연구』 25, 2001 ; 이기운, 「조선
시대 왕실의 비구니원 설치와 신행」, 『역사학보』 178, 역사학회, 2003 ; 황인규,
「조선전기 정업원과 비구니」, 『한국불교학』 51, 한국불교학회, 2008.

왕실의 위상과 관련하여 제대로 기록되어 전해진 바 없기 때문이기도 하다.4) 따라서 본고는 이러한 실록의 기록을 중심으로 왕실녀 가운데 왕자군의 부인과 공주의 비구니 출가에 대하여 살펴보고자 한다.5)

2. 경순공주와 의안대군 부인 심씨

慶順公主(?~1407)와 의안대군의 부인 심씨는 태조의 딸과 며느리다. 경순공주는 태조 이성계와 계비 神德王后 康氏 사이에서 막내딸로 태어났다. 태조의 제7자인 撫安大君 芳蕃과 제8자인 宜安大君 芳碩의 동복누이다. 그녀는 태조의 셋째 딸이고 이복자매로서 신의왕후의 소생인 경신공주와 경선공주, 그리고 후궁 소생의 공주들이 더 있었지만,6) 그들 공주 가운데 태조의 사랑을 가장 많이 받았던 경순공주만이 비구니로 출가하였다.

본래 경순공주는 1392년 무렵 개국공신 興安君 李濟에게 시집을 갔다. 이제는 유명한 이조년의 증손으로 아버지는 이인립이며, 고려말 실권자였던 이인임의 조카였다. 그리고 도은 이숭인과는 8촌형제였다. 이제는 문하좌시중 裵克廉·우시중 趙浚·문하시랑찬성사 金士衡·鄭道傳과 함께 1392년(공양왕 4) 典法判書로 있으면서 鄭夢周의 살해에 가담하는 등 개국원훈이 되어 홍안군으로 책봉되었고,7) 의흥친군위절제사를 거쳐 1393년(태조 2) 우군절제사에 올랐다. 그는 전지 170결과 노비 20구를 하사받고 왕실과

---

4) 왕실녀에 대한 기록은 선원록 등의 왕실자료가 있으나 실록이 가장 포괄적이다. 실록은 숭유억불의 입장에서 기록된 것이지만, 그나마 왕실녀에 대하여 적지 않은 내용을 담고 있다. 이에 대한 것은 다음의 논문을 참조하기 바람.(김문식, 「조선시대 왕실자료의 현황과 활용방안」, 『국학연구』 2, 2003.)

5) 왕실녀나 비구니에 대한 기록은 매우 영성하다. 본고에서는 왕실녀 가운데 왕자군의 부인과 공주의 가계와 비구니출가와 관련된 제 기록을 검토하여 그 의미를 밝혀보고자 하였다. 왕후, 후궁, 대군 등의 왕실의 불교신행에 대한 천착은 후고로 미루고자 한다.

6) 이긍익, 「태조조」, 『연려실기술』 권1, 태조조 고사본말조.

7) 『태조실록』 권1, 태조 1년(1392), 8월 7일 병진조 ; 이긍익, 『연려실기술』 권2, 태조조 고사본말조, 태조조의 名臣 李濟.

같은 전주이씨 성을 하사받는 등 공주의 부마로서 예우를 받았다.[8] 하지만
제1차 왕자의 난 직전, 공주는 남편에게 정안군 태종에 몸을 의탁하여
살아남을 것을 권유하였지만 소용이 없었다.[9] 1398년(태조 7) 제1차 왕자의
난 때 남편인 이제와 두 남동생 방번과 방석이 芳遠(태종)에 의해 죽임을
당하였고,[10] 어머니 신덕왕후도 2년 전에 돌아갔다.[11] 공주는 연이어 어머
니와 동생, 남편의 죽음을 당하고 난 직후 출가하여 비구니가 되었다.

> 태상왕이 慶順宮主로 하여금 여승이 되게 하였는데, 宮主는 李濟의 아내였
> 다. (공주는) 머리를 깎을 때에 임하여 눈물을 줄줄 흘렸다.[12]

태조 이성계가 慶順宮主로 하여금 비구니가 되게 하였는데 공주가 머리를
깎을 때 눈물을 줄줄 흘렸다는 것이다. 공주의 비구니 출가는 올케 의안대군
의 부인 심씨의 출가와 더불어 조선 건국초 왕실녀 가운데 처음 있는
일이다. 이는 고려말 문인 이제현의 딸이면서 공민왕의 후비였던 혜비가
비구니로 출가하여 정업원 주지가 되어 왕실녀로서의 대접을 받고 있을
때였다. 공주의 출가는 정치적 상황으로 인한 아버지나 왕사 무학의 권유도
있었겠지만, 경순공주의 불교신행이 결정적이었을 것이다.[13]

---

8) 『태조실록』 권2, 태조 1년(1392), 9월 16일 갑오조 ; 『태조실록』 권2, 태조 1년(1392),
9월 21일 기해조. 조선 태조대에도 賜姓施策이 실시되었음을 알 수 있다.

9) 『태조실록』 권14, 태조 7년(1398), 8월 26일 기사조 ; 『東閣雜記』上, 本朝璿源寶錄.

10) 이긍익, 『연려실기술』 권2, 태조조 고사본말조, 태조조의 名臣 李濟.

11) 『태조실록』 권10, 태조 5년(1396), 8월 13일 무술조. 공주의 아버지 태조는 신덕왕후
를 1397년 궁궐에서 그리 멀지 않은 漢城 皇華坊 북쪽에 장사지내 정릉에 안치하였
다. 그리고 능침사찰인 興天社를 창건하고 무려 1천 결이나 되는 비용을 지급하여
절을 관리하게 하고 조계종의 본사를 삼기도 하였다. 사찰내에 사리각을 세워
보물과 불경을 봉안하기도 하였다. 신덕왕후와 여러 대군들과 사위인 이제를
위한 원당인 흥천사에서 경순공주도 함께 불교신행을 하였을 것이다.(『정종실록』
권2, 정종 1년(1399), 10월 19일 을묘조 ; 『동문선』 권78, 記. 「貞陵願堂 曹溪宗本社
興天寺造成記」 ; 이긍익, 『연려실기술』 권7, 중종조 고사본말조, 승려가 유생들의
옥사를 속여 꾸미다.)

12) 『정종실록』 권2, 정종 1년(1399), 9월 10일 정축조.

여하튼 경순공주는 출가하여 10여 년을 비구니로서 생활하다가 1407년 8월에 죽었고 덕수궁에 빈소가 마련되었다.[14] 공주가 자식이 없이 죽자 세종대에 李潑(이제의 아우)의 아들 李閏을 홍안군 이제의 후사로 삼게 하였다.[15]

이처럼 경순공주는 제1차 왕자의 난을 계기로 비구니로 출가하였는데 그 무렵 같은 사정으로 출가한 왕실녀가 공주의 동생으로 세자에 책봉되었 던 의안대군(昭悼君)의 부인 심씨였다.

앞서 언급한 바와 같이, 의안대군은 태조의 계비 신덕왕후 강씨의 둘째 아들이며, 태조의 8남이다. 형 무안대군이 있음에도 세자로 책봉되었다가 1398년 17세에 제1차 왕자의 난 때 매부 이제와 더불어 이복형 방원에게 죽음을 당하였다.[16] 그의 첫째 부인은 賢嬪 柳氏였으나 1393년(태조 2) 쫓겨나고 둘째 부인으로 심효생의 딸을 賢嬪으로 삼았다.[17] 심효생은 조선 왕조의 건국에 참여하여 3등공신이 되었고, 1394년 그의 딸이 세자빈으로 간택되면서 吏曹典書에 올랐다.[18] 그 이듬해 아내 전주 유씨가 貞慶翁主로 봉해졌는데[19] 全州柳氏의 시조로 알려진 柳濕[20]의 딸이었다. 유습의 증조부

---

13) 경순공주가 출가하여 머물렀던 곳은 알 수 없다. 후대의 후궁들처럼 후궁에 머물렀을 가능성도 있지만, 문종의 딸 경혜공주처럼 궁궐 밖에 거주했을 가능성도 있다. 이성계와 친밀한 無學과 雪悟, 月菴 등의 고승이 있었고 자신의 탄신일에 왕사로 책봉한 무학과 회암사에서 머물렀던 듯하지만, 정확한 사실은 알 수 없다.

14) 『태종실록』 권14, 태종 7년(1407), 8월 7일 무자조.

15) 『세종실록』 권80, 세종 20년(1438), 3월 15일 기해조 ; 『중종실록』 권19, 중종 8년 (1513), 11월 19일 계미조 ; 『성종실록』 권32, 성종 4년(1473), 7월 18일 정미조 ; 『성종실록』 권50, 성종 5년(1474), 12월 22일 계묘조 ; 『고종실록』 권28, 고종 28년(1891), 5월 23일 병술조 ; 『고종실록』 고종 28년(1891), 5월 23일 병술조.

16) 『연려실기술』 권1, 태조조 고사본말조.

17) 『태조실록』 권3, 태조 2년(1393), 6월 19일 계사조 ; 『태조실록』 권12, 태조 6년(1397), 9월 27일 병자조.

18) 『태조실록』 권6, 태조 3년(1394), 10월 16일 임오조 ; 『태조실록』 권14, 태조 7년 (1398), 8월 26일 기사조.

19) 『태조실록』 권7, 태조 4년(1395), 2월 13일 정축조.

20) 유습은 고려말 시중 高興伯 유탁의 아들이었다. 그의 아들인 柳濕은 柳潰를 낳았다.

는 원간섭기 권문세족 유청신이며, 유습의 작은 아버지 유준의 딸이 바로 1397년(태조 6) 태조의 후궁이 된 정경궁주이다.

심효생은 그 후 예문관 대제학에 올라 부성군에 봉해졌으나 1398년 제1차 왕자의 난 때 정도전, 남은과 함께 의안대군파로 지목되어 방원(태종)에 의해 의안대군과 함께 죽음을 당했다.[21] 당시 심효생은 참형에 처해졌으나, 가산은 적몰당하지 않고 科田만 회수되었고 아들 沈道源(1375~1439)은 호조판서로 있다가 병사했다. 의안대군의 부인 심씨는 아들이 있었지만 일찍 죽은 듯하다.[22] 후에 세종의 6남 금성대군이 후사가 되었다가 1457년(세조 3)에 역모로 죽자 세종의 다섯째 서자인 밀성군의 둘째 아들 춘성군을 양자로 다시 삼았다.

곧 의안대군의 부인 심씨는 제1차 왕자의 난으로 친정아버지와 남편을 잃고 비구니로 출가한 것이다.

> 惠和宮主 李氏의 喪에 賻儀를 내려주었다. 宮主는 고려 시중 李齊賢의 딸인데, 공민왕이 아들이 없어 후궁에 뽑아들여 惠妃로 封하였고, 뒤에 女僧이 되었을 때에는 淨業院에 머물러 있었다. 쌀·콩 30석과 종이 1백 권을 부의로 주고, 昭悼君의 妻 沈氏로 정업원의 주지를 삼았다.[23]

의안대군의 부인 심씨는 의안대군의 죽음 직후에 출가하였다가 1408년(태종 8) 혜비가 죽자 정업원의 주지로 있었다. 실록에 의하면, 그녀는 출가 후 정업원 주지로 있으면서 1420년(세종 2)과 1422년(세종 4) 남편 의안대군(소도군)을 위해 殯殿에서 제수음식을 올렸고,[24] 1431년(세종 13) 무렵에는 三韓國大夫人으로서 守信田 1백 결을 받는 등[25] 왕실녀로서 예우

(『세종실록』 권86, 세종 21년(1439), 9월 6일 임오조 유습 졸기.)

21) 『태조실록』 권14, 태조 7년(1398), 8월 26일 기사조. 심효생 졸기.

22) 『태조실록』 권14, 태조 7년(1398), 5월 29일 을해조.

23) 『태종실록』 권15, 태종 8년(1408), 2월 3일 임오조 혜화궁주 이씨의 졸기.

24) 『세종실록』 권9, 세종 2년(1420), 9월 1일 병인조 ; 『세종실록』 권16, 세종 4년, 7월, 27일 임오조.

를 받았던 듯하다. 앞서 언급한 바와 같이, 의안대군의 부인 심씨는 경순공주가 죽은 이듬해 혜비가 죽자 정업원의 주지를 하였다. 1406년(태종 6) 불교에 대한 탄압시책이 단행된 지 몇 년이 지나지 않은 시기이며, 1411년에는 정업원과 도성의 尼寺들에 대한 철거 명령이 내려졌던 때이다. 심씨는 1411년 정종의 비인 정안왕후의 언니 김씨가 정업원 주지를 계승할 때까지 정업원의 주지에 있으면서 왕실불교를 이끌었다. 정안왕후의 친족 중에 고려말 태고보우의 수제자인 龜谷覺雲이 활동하였기 때문이다.26) 이렇듯 태조와 계비 신덕왕후 강씨의 소생인 경순공주와 아들 의안대군의 부인 심씨가 남편의 죽음 후 비구니로 출가였는데, 왕실녀들의 비구니 출가의 선례가 되었을 것이다. 신덕왕후의 소생인 의안대군의 형인 撫安大君 芳蕃의 妃 慶寧翁主 王氏(1377~1446)도 비구니로 출가하지는 않았지만, 남편을 위해 사찰에서 재를 올리는 등 불교적 믿음이 강하였다. 그녀는 恭讓王의 母弟인 歸義君 王瑀의 딸이었다.27) 1403년(태종 3) 왕실에 원망을 하였다고 하여 외방으로 쫓겨나기도 하였지만, 태종에게 후사를 받기도 하였다.28)

무안대군의 부인 왕씨는 1448년(세종 30) 通津縣에 있는 무안대군의 齋庵의 중창에 관여했고,29) 1442년(세종 24) 조정에서 사찰을 毁撤하자 왕에게 호소를 하기도 하였다.30) 그리고 1446년(세종 28) 12월 광평대군의

25)『세종실록』권53, 세종 13년(1431), 7월 30일 임진조 ;『태조실록』권14, 태조 7년(1398), 8월 26일 기사조.

26) 이색,「勝蓮寺記」,『목은문고』권1, 記 ; 황인규,「조선전기 정업원과 비구니」,『한국불교학』51, 한국불교학회, 2008.

27)『태조실록』권4, 태조 2년(1393), 9월 18일 경신조 ;『태조실록』권1, 태조 6년(1397), 12월 24일 정미조, 왕우 졸기 ;『태종실록』권5, 태조 3년(1403), 1월 4일 임오조 ;『태종실록』권21, 태종 11년(1411), 3월 29일 기축조 ;『세종실록』권125, 세종 31년(1449), 7월 19일 정유조 ;『세종실록』권17, 세종 4년(1422), 8월 3일 정해조.

28)『태종실록』권5, 태조 3년(1403), 1월 4일 임오조 ;『태종실록』권21, 태종 11년(1411), 3월 29일 기축조.

29) 무안대군의 묘는 道津陸洞에 있다가 廣州 學堂里山에, 1474년(성종 5) 廣州 光秀山으로 다시 옮겼다. 참고로 무안대군의 부인 왕씨는 1449년(세종 31)에 죽었다.(송시열,「무안대군신도비문」,『서울금석문대관』1, 서울시, 1987.)

30)『세종실록』권96, 세종 24년(1442) 5월 10일 기사조 ;『세종실록』권114, 28년(1446)

명복을 빌기 위해 불화를 발원하여 조성하였다.[31] 그런데 무안대군의
부인은 광평대군 부인의 시어머니이기도 하였다. 세종의 5남 광평대군이
1437년(세종 19) 바로 의안대군의 후사가 되었는데, 다음 장에서 후술하는
바와 같이 광평대군의 부인도 역시 비구니로 출가하였다.

3. 광평대군 부인 신씨 혜원

세종의 제5자 廣平大君 璵(1425~1444)의 부인 永嘉府夫人 申氏도 1444년
(세종 26) 대군이 죽자 머리를 깎고 출가하여 혜원이라는 법명을 받았다.[32]
광평대군은 1432년 대군으로 책봉되고, 1437년 무안대군의 양자로 입양되
었다. 그는 처음으로 설치된 함경도 종성의 경재소를 맡기도 하였으며,
학문에도 매우 밝았다고 한다. 1436년 申自守의 딸과 결혼하였고, 19세인
1443년(세종 25) 세종과 왕비가 온양온천에 거둥했을 때 세종의 후궁 혜빈
양씨의 아들 수춘군과 함께 궁을 지키는 등 왕실의 중요한 인물이었는데
그 이듬해인 20세 때 병으로 죽었다.[33]

대군의 장인인 신자수는 개국공신 摠制 申孝昌의 아들이며, 신효창은

10월 5일 기해조. 후술하는 바와 같이, 아들 영순군 이부가 죽자 그의 부인도
역시 출가하였다.

31) 圓覺經變相圖는 현재 파리 기메미술관 소장되어 있는데, 다음의 저술에 소개되어
있다.(국립문화재연구소, 『프랑스국립기메동양박물관 소장 한국문화재』, 국립문
화재연구소, 1999, 76~77쪽. Francis Macouin(1990.3.), Um manuscrit coreen de soutra
boudhique au musee Guimet, Louvre, Paris, 182~190쪽. "圓無不包覺無不知乃我…釋迦
如來入奢魔他大光明藏中□□也 大夫人王氏乳育□□也 廣平大君情逾己出不幸组浙
痛悼無 乃伏 眞颙追福遐遊倩蒙釋善偕金字楮素寫成圓 覺一部回玆勝緣…圓 君靈駕永
脫塵勞超登樂利 聖壽萬年邦家永利此大夫八舉舉誓願之 也 正統丙寅十二月日水府司
直金守溫敬跋.")

32) 『성종실록』 권11, 성종 2년(1471), 9월 14일 계미조. 비구니 출가시 수계를 하였던
듯하나 그 실상은 알려진 바 없다.

33) 야사에 의하면, 광평대군은 생선을 먹다가 목에 가시가 걸려 죽었다고 한다(『大東奇
聞』 세종조 ; 지두환, 『세종대왕과 친인척-조선의 왕실 3』, 역사문화, 2008, 41쪽.)
후술하는 바와 같이, 광평대군과 이복형제인 수춘군의 부인들은 남편들의 죽음
후 모두 비구니로 출가하였다.

세종의 제4남 임영대군 이구의 처외조부다. 신자수는 아들에 대한 혹독한
가르침이 조정에 알려져 문제가 되기도 하였다.34) 세종대 知司諫院事,
문종대 右獻納와 判事 僉知中樞院事를 거쳐 세종의 원종공신이 되었다.35)
　신자수는 광평대군의 서거 후 딸인 永嘉府夫人 申씨가 동래 溫井에 가서
목욕한 일이 있었는데 그 일을 막지 못했다36)고 하여 파직을 당하였다가
僉知中樞院事로 복직되었다.37) 유교의 三從之道를 강조하면서도 친정아버
지로서 역할을 하지 못했다는 이유다. 그는 대사헌 安完慶 族兄인 僧 竺昭가
玄風縣으로부터 서울에 오자 광평대군의 齋庵에 머물면서 법석을 베풀었다
고 사헌부로부터 지적을 받았다.38) 신자수의 딸인 광평대군의 부인은
1436년(세종 18)에 시집왔고, 아들 李永順을 낳았다.39) 그러나 그녀는 1444
년(세종 26)에 대군이 20세에 죽자 다음의 인용한 글에서 보는 바와 같이
머리를 깎고 비구니가 되었다.

　　司憲府大司憲 韓致亨 등이 상소하였다. "…지난번에 廣平大君 李璵가 죽자,
　　그 夫人 申氏가 머리를 깎았고, 그 아들 永順君 李溥가 죽자 그 부인 역시
　　그와 같이 하였으므로, 신 등이 일찍이 이를 매우 괴이하게 여겼습니다.
　　근래에 廣平大君의 부인이 그 양모 王氏와 廣平大君 父子를 위하여 각각
　　佛舍를 세우고 영당이라 일컫고, 그 전지와 노비의 半을 施納하니, 전지가

---

34) 『세종실록』 권90, 세종 22년(1440), 8월 6일 을해조 도총제 신효창의 졸기 ; 『태종실
　　록』 권15, 태종 8년(1408), 4월 1일 기묘조 ; 『세종실록』 권103, 세종 26년(1444),
　　3월 4일 갑인조.

35) 『세종실록』 권127, 세종 32년(1450), 윤1월 27일 임신조 ; 『문종실록』 권1, 문종
　　즉위년(1450), 4월 17일 경인조 ; 『문종실록』 권7, 문종 1년(1451), 4월 29일 정유조 ;
　　『문종실록』 권8, 문종 1년(1451), 6월 20일 정해조 ; 『세조실록』 권2, 세조 1년(1455),
　　12월 27일 무진조.

36) 『단종실록』 권6, 단종 1년(1453), 4월 24일 신해조.

37) 『단종실록』 권6, 단종 1년(1453), 6월 8일 계사조 ; 『단종실록』 권10, 단종 2년(1454),
　　2월 4일 을유조 ; 『단종실록』 권7, 단종 1년(1453), 9월 13일 병인조.

38) 『문종실록』 권7, 문종 1년(1451), 4월 29일 정유조.

39) 『세종실록』 권71, 세종 18년(1436), 1월 13일 기묘조 ; 『세종실록』 권112, 세종
　　28년(1446), 6월 6일 임인조.

모두 70여 結이고 노비가 모두 9백 30여 구였으나, 병술년(1569) 이후에
출생한 자를 모두 속하게 하였으므로, 지금 이를 계산하면 이미 1천여
구가 넘습니다.…"40)

광평대군 부인 신씨가 비구니로 출가하고 대군의 며느리도 역시 출가하
였다. 신씨는 출가 후 광평대군의 재암인 土堂寺41)에 양모 왕씨42)와 광평대
군 부자를 위해 불사를 짓고 影堂이라고 하였다. 여기에 무려 전지 70여
결과 노비 1천여 구를 시납하였다.43) 그녀의 아버지 신자수도 안완경의
족형인 승려 쓰昭와 한 때 우거하면서 법석을 베풀기도 하였다.44)

신씨는 1459년(세조 5) 남편인 광평대군과 더불어 세종과 소헌왕후,
세조의 큰 아들인 懿敬世子, 三韓國夫人 王氏 妙貞, 撫安君 등의 명복을
빌기 위해 원당인 見性菴에서 법화경을 발간하였다. 이것이 바로 일본

40)『성종실록』권11, 성종 2년(1471), 9월 14일 계미조.

41) 金淡(1416~1464),「請禁土堂洞佛事啓[三啓],『撫松軒先生文集』권2 啓辭. "前日首陽
大君設龍門山佛事時 夫人亦往 但止農舍 不詣其寺 然外人孰知其不上寺乎 今土堂寺
與廣平夫人所在之第 甚邇 夫人長在其第 連作佛事 臣等以爲夫人必上寺也 夫人雖不上
寺 隨從婦女 其不往來乎 僧人毋得橫行閭里 自有禁令 寡婦之家 尤痛禁之 此非細故也
縱曰 夫人爲墳墓 長在其傍 禮孝子居廬 終制之後 則必置神主于祠堂 以時享祀 況以夫
人而常在寺傍可乎 上項法席根因及夫人上寺與否 須鞫寺僧 以快人心 答曰 的知夫人上
寺然後推之可也." 참고로 광평대군의 묘는 오늘날 강남구 수서동인 廣州 光秀山에
있다.

42) 광평대군의 양모 왕씨는 무안대군의 부인이다. 무안대군(恭順君) 芳蕃은 제1차
왕자의 난 때 楊花渡를 지나다 태종에게 피살되었고 태조가 잠저시 머물렀던
통진의 능동에 장사를 지냈다. 광평대군은 13세 때인 1437년(세종 19) 무안대군의
후사가 되었고 동생 금성대군도 의안대군의 후사가 되었다.(『세종실록』권82,
세종 20년(1438), 9월 25일 병오조 ; 송시열,「무안대군신도비문」,『서울금석문대
관』1, 서울시, 1987 ;『정조실록』권22, 정조 10년(1786), 12월 28일 정묘조 ;『순조
실록』권22, 순조 19년(1819), 1월 24일 정사조 ;『고종실록』권1, 고종 1년(1864),
7월 11일 기유조 ;『세종실록』권77, 세종 19년, 6월 3일 신유조.)

43)『문종실록』권7, 문종 1년(1451) 5월 3일 경자조 ;『문종실록』권7, 문종 1년(1451),
4월 29일 정유조.

44)『문종실록』권7, 문종 1년(1451), 5월 3일 경자조 ;『문종실록』권7, 문종 1년(1451),
4월 29일 정유조.

西來寺에 소장중인 영산회상판본이다.45)

또한 그녀는 1469년(예종 1) 撫安君, 三韓國夫人 王氏, 아버지 申自守
등의 영가를 위해『水陸無遮平等齋儀撮要』를 간행하였다.46) 1471년(성종
2) 8월에 전지 70여 결과 노비 730여 구를 시납하였던 것이 사헌부에
의해 문제가 되기도 하였지만 개의치 않고 액수를 더 늘렸다. 다시 문제가
되자 성종은 신씨가 大君과 永順君을 위한 것이라고 하면서 무마했다.47)
그만큼 대군의 부인 신씨는 왕실에서 중요한 위치에 있었고 적어도 성종대
초반 무렵까지 왕실뿐만 아니라 지방에서도 불교신행을 전개하였다. 광평
대군의 부인뿐만 아니라 왕후, 대군, 귀족 사녀 등도 참여한 불교신행으로
전개되었다. 예컨대 광평대군의 동생이자 세종의 제8자 永膺大君 琰(1434~
1467)의 부인 帶方夫人 宋氏는 1465년(세조 11)에 효령대군, 월산대군 등과
시주하여 <觀經16觀變相圖>를 제작하였다.48) 영응대군 부인 송씨는 宋復
元의 딸이며, 宋鉉壽의 누이로, 1454년 鄭忠敬의 딸 정씨부인이 쫓겨나자
영응대군의 후취로 들어갔으며, 그 후 상당한 권력을 행사하고 성종대에
원자를 보육하는 등 실세를 누렸다.49) 1467년(세조 13) 영응대군이 죽자

45) 박도화,「15세기 후반기 왕실발원 판화-정희대왕대비 발원문을 중심으로-」,
　　『강좌미술사』18, 한국불교미술사학회, 2002, 166~167쪽.
46) 박도화, 앞의 논문, 164쪽. 훗날 1474년(성종 5) 정희왕후가 인수대비와 함께 성종이
　　성종의 비 공혜왕후의 명복을 빌기 위해 내수사의 출재로『지장보살본원경』등을
　　광평대군의 부인의 원당인 見性菴에서 판각하였다. 본래 영순군이 세조와 정희왕후
　　의 수복과 광평대군의 명복을 위해 손수 필사하여 판각하다가 미수에 그쳐 어머니
　　광평대군의 부인이 그 판목을 갖고 있었던 것이다.(정희대왕대비 발원『지장보살본
　　원경』발문 및 시주질 연세대 도서관 소장 ; 박도화,「15세기 후반기 왕실발원판화」,
　　『강좌미술사』18, 2002, 162~164쪽.) 그리고 같은 해인 1474년(성종 5) 성종의
　　비 恭惠王后 韓氏가 죽자 명복을 빌고자 정희대비가 公主 淑儀 尙宮 등과 함께
　　시주하여『禮念彌陀道場懺法』을 판각하였다.
47)『성종실록』권11, 성종 2년(1471), 8월 12일 임자조 ;『성종실록』권11, 성종 2년
　　(1471) 8월 16일 병진조.
48) 정우택,「조선왕조시대 전기 궁정화풍 불화의 연구」,『미술사학』13, 한국미술사학
　　회, 1999, 158쪽 화기.
49)『세조실록』권108, 세종 27년, 4월 21일조 ;『단종실록』권9, 단종 1년, 11월 28일조 ;
　　『세조실록』권41, 세조 13년, 2월 2일조 ;『세종실록』권108, 세종 27년, 3월 9일조 ;

1백만 냥의 경비를 들여 장사를 지냈을 정도였다고 하며, 學祖, 普文, 衍熙 등의 고승들과 불사를 함께 하였다.[50] 바로 1년 전인 1466년(세조 12) 영응대군이 약사여래 3구를 조성하여 전남 영암 월출산 도갑사 감전에 봉안하는 데에도 그녀가 관여했을 것이다.[51]

이러한 왕자군과 공주의 비구니 출가는 왕후와 더불어 공주의 불교신행과 그 맥락을 같이한다고 할 수 있는데, 그 대표적인 사례가 바로 貞懿公主와 懿淑公主이다. 정의공주는 세종의 둘째 딸이자 세조의 누이었다. 그녀는 남편 延昌尉 安孟聃(1415~1465)이 1462년(세조 8) 죽자 1469년(예종 1) 『地藏菩薩本願經』상·중·하(보물 제 966호), 『水陸儀文』, 『結手文』, 『小彌陀懺』 등을 원찰인 삼각산 道成菴에서 간행하고,[52] 또한 孝寧大君, 永順君 등과 함께 『佛說豫修十王生七經』을 간행하였는데, 신미와 제자 학열과 학조가 증명법사로 참여하였다.[53]

그리고 세조의 외동딸 의숙공주도 남편 河城尉 鄭顯祖(1440~1504, 영의정 鄭麟趾의 아들)와 함께 1466년(세조 12) 오대산 문수사에서 문수보살상 등 8구의 불 보살상과 16구의 나한상, 天帝釋像을 조성하여 봉안하였다.[54]

『세종실록』권108, 세종 27년, 4월 21일조 ; 『예종실록』권8, 예종 1년, 10월 6일조.

50) 『예종실록』권8, 예종 1년, 10월 6일조 ; 『연산군일기』권13, 연산군 2년, 4월 24일조.

51) 「도갑사묘각화상비문」, 『조선금석총람』하. 영응대군 송씨의 불사에 대해서는 다음의 논문에서 잘 정리하였다.(김정희, 「1465년작 관경16관경변상도와 조선초기 왕실의 불사」, 『강좌미술사』19-1, 2002, 89~90쪽. 그리고 月山大君 李婷의 부인 박씨도 도성안 사녀를 모아 고양 興福寺에서 관등놀이를 하면서 비구니들과 거주하였다.(『연산군일기』권14, 연산군 4년, 6월 6일 신미조.) 그리고 성종 21년 (1490)에 대군의 재암을 지었고, 소혜왕후의 병을 시중들고 춘궁을 자식같이 보살폈다. 부인 박씨는 1506년(연산군 12)에 졸하였다.

52) 『동산문화재지정보고서(88년 지정편)』, 문화재관리국, 171~174쪽.

53) 박도화, 앞의 논문, 164쪽.

54) 홍윤식, 「문수동자상 및 기타 목조불상 조사내용」, 『상원사 목조문수동자좌상 조사보고서』, 문화재관리국, 1984.8, 7쪽 ; 홍윤식, 「조선초기 상원사 문수동자상에 대하여」, 『고고미술』164 ; 박상국, 「상원사 문수동자상 복장발원문과 복장전적에 대해서」, 『한국불교학』9, 1984, 81~85쪽.

후술하는 바와 같이, 광평대군의 아들 영순군의 부인도 성종대 초에 비구니
로 출가하게 되는데, 정현조는 바로 영순군의 스승이었다. 이와 같이,
왕자군의 부인과 공주의 불교신행은 왕후와 대군 등과 함께 왕실불교의
주축을 이루면서 세조대의 삼화상이라고 부르면서 존경했던 學祖 등 고승들
과 더불어 조선전기 불교계를 주도했던 것이다.55) 특히 세종의 아들 광평대
군 부인의 비구니 출가는 광평대군의 동생인 영응대군과, 세종의 딸 정의공
주, 세조의 외동딸 의숙공주와 함께 세종 말년과 세조의 호불신행과 더불어
세조대를 전후한 시기의 불교신행이 전개하는데 중요한 역할을 담당했다.
또한 세조대 불교에서 주목되는 것은 다음에 서술하는 문종의 며느리와
딸인 노산군의 부인 송씨와 경혜공주의 비구니 출가이다.

4. 노산군 부인 송씨와 경혜공주

노산군(단종)의 부인 정순왕후 송씨와 단종의 누이 경혜공주도 세조대에
출가하였다. 노산군의 부인 송씨는 여량군 宋玹壽(?~1457)의 딸이다. 송현
수는 본관은 礪山이고 아버지는 知中樞院事 宋復元이다. 1454년(단종 2)
豊儲倉 副使로 있을 때 딸이 단종의 비(정순왕후)로 책봉되자 礪良君에
봉해졌는데, 그 후 지돈녕부사, 판돈녕부사가 되었다. 송현수는 수양대군의
죽마고우이고 두 후궁은 각기 수양대군의 심복인 預原郡事 金師禹(1415~
1464)와 前 司正 權完의 딸이다. 그리고 세종의 제8남 영응대군이 바로
송현수의 매형이다.56)

---

55) 신미와 두 제자 학열과 학조의 세조대 삼화상은 조선전기 불교계를 주도했다고
볼 수 있다. 이에 대해서는 다음의 논문을 참조하기 바람. (황인규, 「세조대의
삼화상고-신미와 두 제자 학열과 학조」, 『한국불교학』26, 2004 ; 황인규, 「세조대
의 삼화상 신미와 묘각왕사 수미」, 『한국불교학 결집대회논집』Vol 2 No 1, 2004 ; 황
인규, 『고려말·조선전기 불교계와 고승연구』, 혜안, 2005.)
56) 세종의 8남인 永膺大君 琰은 시호는 敬孝이다. 海州鄭氏에게 장가들었으니, 참판
증 좌의정 鄭忠敬의 딸(정종의 여동생)이다. 礪山宋氏에게 재취하였으니, 동지중추
부사 증 좌의정 宋復元의 딸이다. 1녀를 두었다.(이긍익, 「세종」, 『연려실기술』
권3, 세종조 고사본말조.)

송현수는 1456년(세조 2) 사육신의 단종복위사건시 세조의 보호로 처벌을 면하였지만, 그 이듬해 錦城大君 瑜와 순흥부사 李甫欽 등의 단종 복위운동에 가담하였다고 하여 유배되었다가 죽임을 당하였다.

정순왕후는 1457년(세조 3) 사육신의 단종복위운동으로 인해 단종이 노산군으로 강봉되자 부인으로 강등되었다. 이때 세조가 흥인지문 밖의 연미정동에 집을 내려주었는데, 따로 초가를 짓고 자칭 정업원의 주지라고 하였다.[57] 그녀는 정업원 주지 魯山君夫人이라고 일컬었고, 단종의 누이 경혜공주와 남편 정종의 아들 정미수를 시양자로 삼고 그 집에 머물다가 죽었다.[58]

敬惠公主는 文宗(1414~1452)과 정비 顯德王后 權氏의 외동 딸이다. 공주의 어머니는 花山府院君 權專과 최충의 후손인 서운부정 崔鄘의 딸이다. 문종은 1429년(세종 11) 세자빈 휘빈 김씨를 폐빈하고 종부소윤 奉礪의 딸을 세자의 純嬪으로 삼았다. 권씨는 1431년(세종 13) 홍심의 딸과 함께 입궁하였고, 19세 때 순빈이 부덕하다고 폐출되자 권씨가 세자빈이 되었다. 권씨는 24세 때인 1441년 단종을 낳았으나 산후통으로 하루만에 죽었다.[59] 그 이전에 권씨는 단종의 두 누이를 낳았는데 큰 딸은 돌이 안 되어 죽었고 둘째가 바로 경혜공주이다. 단종과 경혜공주는 혜빈 양씨의 도움을 받아 자랐으며, 공주는 세종대 문종의 세자 시절에 平昌郡主라고 불렸다.[60]

---

57) 서울 시사편찬위원회, 「한성부」, 『東國輿地備攷』 권2 서울사료총서 1, 1956 ; 황인규, 「조선전기 정업원과 비구니」, 『한국불교학』 51, 2008.

58) 『중종실록』 권34, 중종 13년(1518), 7월 5일 임인조 ; 『숙종실록』 권32, 숙종 24년(1698), 11월 9일 경진조. 조선후기 영조가 그곳을 방문하여 경중의 정업원과 같다고 하여 「정업원구기비」를 세우고 동망봉이라는 글자를 바위에 새기게 하였다. 그리고 영조대 그 집은 光恩副尉 金斗性의 집이었다고 한다.(「永祐園碑」, 『弘齋全書』 권15, 碑.) 김두성은 경모당, 즉 사도세자의 외손으로 아버지는 부수찬과 參議를 지낸 김상익이었다. 영조 41년(1765) 청연군주를 김두성과 정혼시키고 광은부위로 봉했는데, 정미수의 집이 김두성의 집이 되었는지 알 수 없다.(『영조실록』 권98, 영조 37년(1761), 11월 22일 병진조 ; 『영조실록』 권105, 영조 41년(1765), 윤2월 2일 정미조 ; 황인규, 「조선전기 정업원과 비구니」, 『한국불교학』 51, 2008.)

59) 『연려실기술』 권4, 문종조 고사본말조 ; 『세종실록』 권112, 세종 28년(1446), 6월 6일 임인조.

경혜공주는 鄭悰(?~1461)에게 시집갔다.[61] 남편 鄭悰은 1450년(세종 32) 문종의 딸 敬惠公主와 혼인한 뒤 寧陽尉에 봉해졌다.[62] 그는 형조판서가 되어 단종의 두터운 신임을 받았다.[63] 또한 문종대 북부 陽德坊의 민가 40여 채를 헐어 집을 짓고 살았다.[64]

하지만 1455년(단종 3) 단종복위운동에 연루되어[65] 錦城大君 瑜, 혜빈 양씨와 그의 아들 한남군 이어와 영풍군 이전, 상궁 박씨 등과 함께 유배되었다.

을해년(1455, 세조 1)에 賓廳이 그가 몰래 楊嬪을 섬기고 또 瑜와 결탁하였다고 죄를 물어 영월로 귀양 보냈다. 공주가 병이 나서 상왕이 임금에게 고하자, 임금이 하교하였다. "지금 상왕께서 사자를 보내어 '영양위의 공주가 병이 났다'고 하시니, 이는 아마 종을 돌려보내라는 뜻인 듯하다. 내가 듣고 보니 황공하구나. 의금부는 놓아 보내라." 鄭悰은 병자년(1456, 세조 2) 光州에 안치되었다가 신사년(1461, 세조 7) 승려들과 결탁한 혐의를 받고 끝내 죽고 말았다. 공주는 정종을 따라 귀양을 가서 몸소 극도의 고생을 겪었지만 조금의 원망도 하지 않았는데, 정종이 죽자 곧바로 불려왔다.[66]

鄭悰은 단종복위운동과 연루되어 1455년(세조 1) 영월로 유배되었다가 공주가 병이 들자 풀려났다가 1456년(세조 2) 전라도 광주에 다시 유배되었

60) 『세종실록』 권111, 세종 28년(1446), 3월 27일 갑오조.
61) 『연려실기술』 권4, 단종조 고사본말조 ; 『세종실록』 권127, 세종 32년(1450), 1월 16일 임진조.
62) 『세종실록』 권127, 세종 32년(1450), 1월 16일 임진조 ; 『세종실록』 권127, 세종 32년(1450), 1월 24일 경자조 ; 『문종실록』 권13, 문종 2년(1452), 9월 1일 경인조. 문종대왕 묘지문[誌文].
63) 『弘齋全書』 권60, 雜著 7, 正壇 32인 증 의정부 영의정 寧陽尉 獻愍公 鄭悰.
64) 『문종실록』 권7, 문종 1년(1451), 4월 1일 기사조 ; 『문종실록』 권7, 문종 1년(1451), 4월 3일 신미조.
65) 『홍재전서』 권60, 잡저 7, 정단 32인 증 의정부 영의정 영양위 헌민공 鄭悰.
66) 위와 같음.

다. 공주도 유배지 광주에서 고생을 함께 하였는데,[67] 정종은 1461년(세조 7) 승려들과 결탁하였다는 혐의를 받아 죽임을 당하였다. 실록에 의하면, 정종은 승려 성탄과 교유하면서 성불하고 사리가 분신하였다고 한다.[68]

공주는 남편 鄭悰이 죽자 아들 정미수와 함께 궁궐로 들어왔으며, 아들은 정희왕후와 세조의 보호를 받고 자랐지만,[69] 공주는 출가하여 비구니가 되었다.

> 호조에 傳旨하여 敬惠公主(文宗의 딸)에게 賻儀로 쌀·콩 아울러 70碩, 正布 50필, 종이 1백권, 石灰 60석, 燭蠟 30근을 내려 주게 하였다.
> 史臣이 논평하였다. "처음에 鄭悰이 주살되니, 공주는 머리를 깎고 女僧이 되었는데, 매우 가난하였으므로, 세조가 불쌍히 여겨 노비(藏獲)를 돌려주고, 內需司로 하여금 집을 지어서 주게 하였다. 아들 鄭眉壽는 나이 16세로 공주가 병이 위독해지면 藥餌(약이 되는 음식)를 반드시 먼저 맛보았고, 옷은 띠를 풀지 않았으며, 똥을 맛보기까지 하면서 병을 보살폈다."[70]

경혜공주는 올케 노산군부인 송씨와 함께 비구니로서 청룡사와 그 인근 시집에서 주석하였을 것이다. 공주는 1473년(성종 4)에 죽었다.[71]

이상에서 살펴본 바와 같이, 단종의 비였던 노산군 부인 송씨와 단종의 누이 경혜공주의 비구니 출가는 수양대군의 쿠데타와 단종의 복위운동으로 인한 남편의 죽음 때문이었지만, 그들의 불교신행으로 인해 단행된 것이었다. 비록 夫人으로 강등되었지만 왕후와, 공주의 위상으로 비추어 보아 세조대 호불시책과, 그 이후 한동안 왕실불교에 적지 않은 영향을 끼쳤다.

---

67) 李承召, 「敬惠公主墓誌」, 『三灘集』 권14, 墓誌. 야사나 문집에 공주가 순천의 관비가 되었다거나 장흥의 관비가 되었다는 내용도 전해지고 있다.(『연려실기술』 권4, 단종조 고사본말조, 靖難에 죽은 여러 신하 鄭悰 ; 尹根壽의 『月汀漫錄』 ; 『순암선생문집』 권8, 書 韓伯賢 秀運에게 편지를 보내다. 신해년.)

68) 『세조실록』 권25, 세조 7년(1461), 7월 26일 갑자조.

69) 『예종실록』 권5, 예종 1년(1469), 4월 10일 계해조.

70) 『성종실록』 권38, 성종 5년(1474), 1월 1일 정해조.

71) 『성종실록』 권37, 성종 4년(1473), 12월 30일 병술조.

이는 다음에 살펴보고자 하는 세종의 손자 며느리와 딸이 성종대 초반에 비구니로 출가한 것에서도 단적으로 알 수 있다.

5. 영순군 부인 최씨와 수춘군 부인 정씨

사림정치가 본격화되는 시기인 성종대 초반에는 세종의 아들 수춘군의 부인이 출가하였다. 세종의 제5자 광평대군의 아들 永順君 李溥(1444~1470)의 부인도 출가하여 비구니가 되었다. 영순군은 1444년 태어나 나이 8세인 1451년(문종 1)에 嘉德大夫 永順君에 봉해지고, 1455년 昭德大夫, 1459년(세조 5) 興德大夫에 올랐다. 아버지 광평대군이 죽고 어머니 신씨가 비구니로 출가하자 세종은 영순군이 어려서 고아가 된 것을 불쌍히 여기어 議政府에 田地를 내려주는 등 친아들처럼 예우하였고 문종에게도 특별히 부탁하였다. 세조도 세종의 남긴 뜻을 깊이 생각하여 항상 좌우에 두고 왕실의 중요 인물로 예우하였다.[72] 그의 스승은 세조의 외동딸 의숙공주의 남편인 河城尉 鄭顯祖였으며,[73] 文科重試에 합격하기도 하였다.[74] 1464년(세조 10) 세조는 영순군 이부를 비롯한 龜城君 李浚·銀山副正 李徹·河城尉 鄭顯祖 등에게 매일 2인씩 서로 바꿔가며 華韡堂에 入直케 하였다.

영순군은 승려 六香이 泥堂寺의 懸幡을 훔치자 국문케 하였고[75] 興福寺에 거둥하여 王世子와 孝寧大君 李補·臨瀛大君 李璆·永膺大君 李琰 등 종실과, 영의정 申叔舟·좌의정 具致寬 등과 함께 圓覺寺의 창건할 일을 의논하기도 하였다.[76] 앞서 언급한 바와 같이, 영순군은 세조와 정희왕후의 수복과

---

72) 『문종실록』 권5, 문종 1년(1451), 1월 6일 병오조 ; 『세조실록』 권4, 세조 2년(1456), 5월 27일 을미조 ; 『세조실록』 권13, 세조 4년(1458), 7월 26일 신해조 ; 『세조실록』 권11, 세조 4년(1458), 2월 3일 임진조.

73) 『명종실록』 권8, 명종 3년(1548), 11월 18일 기축조.

74) 『세조실록』 권4권, 세조 14년(1468), 2월 14일 을사조 ; 『선조실록』 권57, 선조 27년(1594), 11월 13일 정해조.

75) 『세조실록』 권31, 세조 9년(1463), 12월 1일 을유조.

76) 『세조실록』 권33, 세조 10년(1464), 5월 3일 을묘조. 흥복사는 원각사의 옛 이름인데

광평대군의 명복을 위해『지장보살본원경』을 손수 필사하여 견성암에서
판각하다가 미수에 그친 적도 있었다.[77]

한편 영순군의 부인은 崔道一의 딸이었으며,[78] 3남 1녀를 두었다. 영순군
은 1469년 예종이 南怡를 죽이는데 동참하여 輸忠保社定難翊戴功臣의 호를
받았으나, 그 이듬해인 1470년 나이 27세에 죽었다.[79] 영순군이 죽자 "永順君
은 다른 종친과 비할 바가 아니다. 세종께서 세조에게 부탁하고 세조가
특별히 보살펴 사랑하였다"고 하면서 많은 물품을 하사하였고,[80] "영순군
이 항상 눈앞에 있었는데 지금 죽었으니, 차마 고기를 먹지 못하겠다"고
하였다.[81]

영순군이 1470년(성종 1) 죽자 부인은 비구니로 출가하여 불교신행을
전개하였다. 그녀는 시어머니인 광평대군 부인과 함께 세조대의 삼화상
學祖를 청해 재를 베풀기도 하였다.[82] 학조는 광평대군과 永膺大君으로부터
田民을 시납을 받는 등 교유가 있어 왔었던 터였다.[83] 이렇듯 대군의 부인이
세조의 삼화상 學祖 등과 불교신행을 전개하는 등 불교계에서 중요한
역할을 하였다.

그 후 세종과 후궁 혜빈 양씨의 아들 壽春君 李玹의 부인 정씨도 1478년(성
종 9) 무렵 비구니로 출가하여 정업원의 주지로 재임해 있었다. 세종의

세조 10년에 폐지되어 관청이었던 것을 창건하여 원각사라고 하였다.(『동국여지비
고』2편, 불우.)
77)「정희대왕대비 발원 지장보살본원경 발문 및 시주질」, 연세대 도서관 소장 ; 박도
화,「15세기 후반기 왕실발원판화」,『강좌미술사』18, 2002, 162~164쪽. 그리고
같은 해인 1474년(성종 5) 성종의 비 恭惠王后 韓氏가 죽자 명복을 빌고자 정희대비
와 公主 淑儀 尙宮 등이 시주하여『禮念彌陀道場懺法』을 판각하였다.
78)『세조실록』권26, 세조 7년(1461), 10월 5일 신미조.
79) 후술하는 바와 같이, 영순군 부인 최씨는 남편이 죽자 비구니로 출가하였다.
『성종실록』권4, 성종 1년(1470), 4월 1일 기유, 영순군 이부의 졸기.
80)『성종실록』권4, 성종 1년(1470), 4월 2일 경술조.
81)『성종실록』권4, 성종 1년(1470), 4월 3일 신해조.
82)『연산군일기』권49, 연산군 9년(1503), 4월 4일 경자조.
83)『연산군일기』권30, 연산군 4년(1498), 7월 12일 병오조.

후궁인 惠嬪 楊氏는 남평현감 楊景의 딸로서,[84] 魯山君을 보육하면서 궁중의
일을 맡아서 하는 등 왕실의 비중이 있는 인물이었다.[85]

수춘군 이현도 1437년(세종 19)에 수춘군으로 봉해졌고[86] 세종의 총애를
받아 광평대군과 함께 궁궐을 지키는 일을 담당하기도 하였으나, 행실이
교만하다고 하여 조정에 문제가 되기도 하였다.[87] 하지만 세종대에는
승문원 땅을 하사받아 집을 짓게 하는 등 예우를 받았다.[88] 그 후 세조
3년 무렵 어머니 혜빈 양씨와 더불어 금성대군과 교유하였으나,[89] 단종복위
운동에 연루되지 않았다. 수춘군이 병으로 일찍 죽었기 때문이다.[90] 수춘군
은 1455년(단종 3) 왕의 임시 처소에서 죽었으며,[91] 본가에 이송되어 어머니
혜빈 양씨가 왕십리와 양주 대방동에 수춘군의 장지를 택하려다가 조정의
반대에 부딪치기도 하였다.[92] 이처럼 수춘군은 어머니 혜빈 양씨와 더불어
왕실의 비호를 한 몸에 받았는데, 수춘군 부인 정씨 역시 1455년 남편이
죽은 후에 비구니로 출가하였다.

사헌부에서 아뢰었다. "전일에 傳旨를 받으니, 근래에 士族의 婦女가 머리를

---

84) 『세종실록』 권110, 세종 27년(1445) 12월 1일 경자조 ; 이계홍, 「혜빈양씨신도비」,
   수춘군파종회, 1999 ; 洪直弼(1776~1852), 「愍貞嬪楊氏傳」, 「梅山文集」 권51 : 「한
   국문집총간」. 혜빈은 楊嬪이라 잘못 불려 정조대 神主에 '愍貞嬪楊氏'라고 고쳐
   쓰이게 하였다.(『정조실록』 권32, 정조 15년, 5월 27일조 ; 지두환, 『세종대왕과
   친인척』 4-5, 40~42쪽.)
85) 『단종실록』 권2, 단종 즉위년(1452), 8월 7일 정묘.조
86) 『세종실록』 권79, 세종 19년(1437), 12월 8일 을축조.
87) 『세종실록』 권108, 세종 27년(1445), 6월 22일 갑자조 ;『세종실록』 권109, 세종
   27년(1445), 7월 6일 무인조 ;『세종실록』 권109, 세종 27년(1445), 7월 9일 신사조 ;
   『세종실록』 권99, 세종 25년(1443), 3월 1일 병진조.
88) 『성종실록』 권79, 성종 8년(1477), 4월 21일 무오조.
89) 『단종실록』 권13, 단종 3년(1455), 3월 21일 병인조 ;『단종실록』 권14, 단종 3년
   (1455), 5월 10일 갑인조.
90) 『단종실록』 권13, 단종 3년(1455), 3월 21일 병인조.
91) 『단종실록』 권14, 단종 3년(1455), 6월 5일 기묘조, 수춘군 이현의 졸기.
92) 『단종실록』 권14, 단종 3년(1455), 6월 24일 무술조 ;『단종실록』 권14, 단종 3년
   (1455), 윤6월 6일 경술조.

깎고 승려가 되는 자가 매우 많으며, 출입하는 것을 막음이 없어서 더러운 소문이 시끄럽게 들리니, 금후로는 사족의 부녀자가 승려가 되는 것을 일체 禁斷하라.' 하였습니다. 지금 壽春君의 부인 鄭氏는 왕자군의 아내로서 죽은 남편의 神主를 돌보지 않고 삭발 출가하였으니, 부녀의 절개와 행실에 어긋남이 있습니다. 宗簿寺로 하여금 추국하여 죄를 주고, 머리를 길러서 환속하게 하십시오." 그대로 따랐다.[93]

그녀는 수춘군의 제사를 지내지 않았고 더욱이 비구니로 출가하였다고 조정에서 문제가 되어 환속케 하였다는 것이다. 하지만 그녀는 다음의 기록에서 보는 바와 같이, 환속하지 않았을 뿐만 아니라, 1482년(성종 13) 무렵에 정업원의 주지로 있었다.

經筵에 나아갔다. 講하기를 마치자, 大司憲 金升卿과 大司諫 姜子平이 아뢰었다. "壽春君의 부인이 이제 淨業院의 주지가 되었으니, 종실의 부녀자로서 비구니(尼)가 된 것만 해도 벌써 잘못인데, 더구나 주지가 되는 것이겠습니까? 매우 마땅하지 못합니다." 임금이 말하였다. "종실의 부녀자가 비구니가 되는 것은 진실로 마땅치 못한 일이다. 그러나 이미 비구니가 되었으면 정업원에 거처하는 것이 무방하지 않겠는가? 하물며 국가의 이해에 관계되는 것이 아니지 않은가?"[94]

유생들은 정업원의 주지를 교체해야 한다고 주장하였지만[95] 성종은 수춘군의 부인이 정업원에 기거하면 무방하다고 하였다. 그런데 유생의 견해에서 주목되는 것은, 정업원은 평소 비구니들이 섞여 사는 곳이며 왕자군의 부인이 거처할 곳은 아니라고 하였다는 것이다.[96] 즉, 왕실녀는 출가하여 비구니가 되었다고 하더라도 후궁에 기거해야 한다는 것이다.

---

93) 『성종실록』 권90, 성종 9년(1478), 3월 10일 임신조.
94) 『성종실록』 권138, 성종 13년(1482), 2월 2일 신축조.
95) 『성종실록』 권138, 성종 13년(1482), 2월 5일 갑진조.
96) 『성종실록』 권138, 성종 13년(1482), 2월 4일 계묘조.

수춘군의 부인 정씨는 府尹贈左贊 成威襄公 鄭自濟와 이씨의 딸이다.97)
수춘군에게 시집와서 딸을 한 명 낳았으나 아들이 없었기 때문에 1492년(성
종 23) 후사를 삼으려 했었다. 즉, 수춘군 이현의 후사로 이영의 서자인
이옥산을 삼으려 했다가 1506년(중종 1) 밀성군의 셋째 아들 遂安君으로
후사를 이었다.98) 수춘군 부인은 1504년(연산군 10) 9월 71세로 죽었고,
경기도 고양시 원당동 왕릉골 임좌원에 수춘군과 쌍분되어 있다. 수춘군
부인은 죽을 때까지 정업원 주지를 하였던 듯하고, 1502년(연산군 8) 1월
정업원의 주지에 내린 관교는 그녀에게 내린 것이라고 생각된다.99)

　이와 같이 성종대 초반 세종의 손자 영순군 부인과 세종의 아들 수춘군
부인의 비구니 출가는 사림정치가 본격화 될 무렵에 이루어졌고, 더욱이
왕실의 비구니 도량인 정업원의 주지에 올랐다는 점에서 주목된다. 유생들
은 조선 건국초부터 부녀자 上寺문제를 집요하게 들고 나서면서 억불시책을
강화하여 갔지만,100) 일부 왕실의 왕자군의 부인과 공주는 비구니로 출가하
면서, 혹은 불교신행을 전개하면서 불교계의 고승들과 함께 조선전기
불교계에 큰 역할을 하였던 것이다.

6. 맺음말

　조선시대 왕후가 비구니로 출가한 사례는 단종의 비 정순왕후 송씨가
유일하다. 하지만 그녀는 폐빈이 되어 출가하였기 때문에 조선의 왕후가
비구니로 출가한 경우는 없다. 고대에 법흥왕과 진흥왕의 왕비가 비구니가

---

97) 참고로 정자제는 鄭溱·鄭淮·鄭洙 세 아들을 두었다.(『성종실록』 권247, 성종 21년
　　(1490) 11월 13일 신묘조.)
98) 『성종실록』 권243, 성종 21년(1490), 8월 16일 병신조 ;『성종실록』 권247, 성종
　　21년(1490), 11월 13일 신묘조 ;『성종실록』 권278, 성종 24년(1493), 윤5월 7일
　　경자조 ;『성종실록』 권268, 성종 23년(1492), 8월 5일 계묘조.
99) 『연산군일기』 권42, 연산군 8년(1502), 1월 7일 경진조.
100) 부녀자 상사문제에 대해서는 실록에 적잖이 찾아진다. 이에 관련된 사실은 다음의
　　논문을 참조하기 바람.(한우근, 『유교정치와 불교』, 일조각, 1993.)

있었지만 고려시대에도 없었다.

공주의 경우에도 조선 이전의 시기에는 없었으나 조선시대에 이르러 태조의 딸 경순공주와 문종의 딸 경혜공주가 비구니로 출가하였다. 경순공주와 경혜공주는 정변으로 남편을 잃고 출가한 경우이다.

그리고 왕자군의 부인들 가운데 출가한 여성은 태조의 세자인 의안대군(소도군)의 부인 심씨와 세종의 제5남 광평대군의 부인 신씨, 광평대군의 아들 영순군의 부인, 세종의 아들 수춘군의 부인 정씨가 찾아진다. 그 가운데 의안대군의 부인 심씨와 수춘군의 부인 정씨는 정업원 주지에 올랐고, 그 외의 왕실녀의 비구니는 후궁에 머물렀던 듯하다.

이렇듯 조선전기 왕실녀 가운데 공주와 왕자군의 비구니 출가는 왕들이 가장 사랑하는 딸과 며느리들이었으며, 정치적 사건에 연루되어 남편의 죽음 후에 비구니가 되었지만, 불심으로 출가를 단행한 것이다.

그런데 공주와 왕자군의 부인 출신의 비구니는 후궁에 머물면서 왕실녀로서 예우를 받았고 죽어서도 왕릉에 묻혔다. 또한 정업원에 출가한 경우에는 불교계의 일원으로서 왕실 비구니 도량인 정업원에 머물렀으며, 혹은 주지를 하면서 왕실불교를 이끌었다. 때문에 억불시책을 폈던 세종이나 억불시책을 본격적으로 강화했던 성종조차도 선왕의 후궁의 출가를 막지 못했을 뿐만 아니라, 그들을 보호하였다. 특히 세조의 호불시책과 맞물려 그들 나름대로 불교신행을 전개하였다. 이와 같이 조선전기 왕자군의 부인과 공주들 가운데는 억불시책이 강화되는 상황하에서도 불교신행을 전개하고 비구니로 출가하여 고승들과 연계를 가지면서 불교계를 수호하는 데 큰 역할을 하였다.

제4장 후궁의 비구니 출가와 불교신행

1. 머리말

海東의 曾子라고 자부했던 백제의 의자왕에게 3천 궁녀가 있었다는 이야기가 널리 알려져 있다. 하지만 조선시대에도 궁녀는 600명 정도밖에 되지 않았으므로,[1] 의자왕의 3천 궁녀는 상징적인 숫자에 지나지 않는다.

임금의 첩인 후궁에 대한 기록은 고려시대부터 비교적 자세하게 나타난다. 즉 왕의 嫡妻를 왕후라 하고, 후궁은 夫人이라고 하여 중국의 천자와 대등한 호칭을 사용하였다. 황제국 지향체제의 소산이다. 그러나 조선시대에는 諸侯國의 禮를 뚜렷이 하여, 왕의 적처는 后라 하지 않고, 격하하여 妃라 하고, 후궁들은 내명부에 속하게 하였다.[2] 후궁은 왕의 딸과 함께 宮主라고 불렀으며, 대군의 부인은 郡夫人이라고 하였다.

조선건국 이래 성리학을 국시로 불교를 억압하는 시책을 단행하였으나 모시던 왕이 죽은 후에는 비구니로 출가하여 별궁인 후궁[3]에 머물면서 일생을 마쳤다.[4] 후궁의 비구니 출가는 태종 후궁의 출가 이래 조선후기인

---

1) 신명호, 『궁녀－궁궐의 꽃』, 시공사, 2004.
2) 1897년(광무 1) 조선이 대한제국으로 바뀌어 황제국으로 격상하면서 귀비·귀빈·귀인 등 중국과 같은 호칭으로 올랐고, 이를 아울러 3夫人이라 하였다.
3) 너무나도 유명한 白居易(772~846)는 唐 玄宗과 楊貴妃의 사랑을 노래한 長恨歌에서 "後宮佳麗三千人"이라고 하여 중국의 천자가 3천 궁녀를 두었다고 한다.(『白氏長慶集』)
4) 조선시대 왕실녀에 대한 연구는 다음의 논저들을 참조하기 바람(지두환, 『조선왕실과 외척』 1~52, 역사문화, 1999~2009 ; 신명호, 『조선공주실록』, 역사의 아침, 2009 ; 한국학중앙연구원 장서각 편, 『조선왕실의 여성』, 장서각, 2005 ; 김용숙, 『조선조 궁중풍속연구』, 일지사, 1987 ; 변원림, 『조선의 왕후』, 일지사, 2006 ; 김

현종대 무렵까지 지속되었다. 현종 2년 실록에 의하면 "선조의 후궁 朴尙宮
은 늙어 의탁할 곳이 없어 머리를 깎고 비구니가 되어 慈壽院에 나가
수십 년을 살았는데, 수년 전에 죽었고 지금은 살고 있는 자가 없었다"고
한다.5) 자수원은 인수원과 더불어 비구니의 신행처로서 인종대를 거쳐
현종대 무렵 폐지되었던 별궁이었는데, 그 무렵까지 후궁의 비구니 출가사
실을 확인할 수 있다.6) 즉 선조의 조모이자 조선후기 왕들의 할머니라고
할 중종의 후궁 昌嬪 安氏는 모시던 중종이 죽자 관행처럼 인수궁에 들어가
려고 했는데 문정왕후가 만류하였다고 한다.7) 인수궁은 바로 비구니원인
仁壽院이었고 아예 仁壽寺라 불리기도 하였다.8)

　　본고는 태종 이후 명종대 선·교양종의 부흥 이전까지 후궁들 가운데
비구니로 출가한 인물들을 중심으로 비구니 출가와 그 의의를 살펴보고자
한다.

선곤, 「이조초기 비빈고」, 『역사학보』 21, 1963 ; 양만우, 「이조 비빈 숭불 소고」,
　　『논문집』 2, 전주교육대학, 1967 ; 정재훈, 「조선초기 왕실혼과 왕실세력의 형성」,
　　『한국사연구』 95, 1996.) 왕실녀에 대한 기록은 선원록 등의 왕실자료가 있으나
　　실록이 가장 포괄적이다. 이에 대해서는 다음의 논문을 참조하기 바람.(김문식,
　　「조선시대 왕실자료의 현황과 활용방안」, 『국학연구』 2, 2003.)

5) 『현종실록』 권4, 현종 2년, 1월 5일 을묘조.

6) 인수원 내지 자수원에 대해서는 다음의 연구가 대표적이다.(현창호, 「정업원의
　　치폐와 위치에 대하여」, 『향토서울』 11, 서울시사편찬위원회, 1961 ; 한우근, 「정업
　　원과 니승·니사 제한」, 『유교정치와 불교』, 일조각, 1993 ; 이기운, 「조선시대
　　정업원의 설치와 불교신행」, 『종교연구』 25, 2001 ; 이기운, 「조선시대 왕실의
　　비구니원 설치와 신행」, 『역사학보』 178, 역사학회, 2003.)

7) 申晸, 「昌嬪神道碑銘 幷序」, 『汾厓遺稿』 卷10, 碑銘 ; 正祖, 「昌嬪墓致祭文」, 『弘齋全書』
　　卷21, 祭文3.

8) 南九萬, 「昌嬪墓誌銘」, 『藥泉集』 14, 應製錄. 실록에도 자수궁과 인수궁을 각기
　　자수사·인수사로 부르고 있다. 『현종실록』·『현종개수실록』, 「현종대왕 崇陵誌」.
　　자수궁과 인수궁에 대해서는 다음의 논문이 참조된다.(김용국, 「자수궁과 인수궁」,
　　『향토서울』 27, 서울시사편찬위원회, 1966 ; 이기운, 앞의 논문, 2003.)

2. 태종 후궁 의빈 권씨와 신녕궁주 신씨, 숙공궁주 김씨

조선왕조는 숭유억불시책을 전개하였으나, 왕실에서의 불교신행은 고려시대와 마찬가지로 여전했다. 그 가운데 주목되는 것은 태종대로부터 조선후기 현종대 무렵까지 모시던 왕의 죽음 직후 후궁들이 비구니로 출가하였다는 사실이다. 하지만 실제 기록으로 찾아지는 인물은 몇 명에 지나지 않는다. 후궁의 비구니 출가는 다음의 기록에서 보는 바와 같이 태종의 죽음 직후로부터 시작되었다.

> 懿嬪 權氏와 愼寧宮主 辛氏가 임금에게 아뢰지 않고 머리를 깎고 여승이 되었다. 후궁들이 서로 경쟁하여 머리를 깎고 염불기구를 준비하여, 아침과 저녁으로 佛法을 행하였는데, 임금이 금해도 듣지 않았다.[9]

후궁의 비구니 출가는 왕의 허락이 있어야 한 듯하다. 그 이전의 시기인 태조와 정종대, 태종대에도 있었을 듯하지만, 현재 남아 있는 기록에는 찾아지지 않는다. 태종의 후궁들이 세종대 초년에 비구니로 출가한 것은 한국 역사상 처음 있는 일이다.

앞서 인용한 실록에서 보듯이, 의빈 권씨와 신녕궁주 신씨가 비구니로 출가하자 다른 후궁들도 다투어 출가하였다. 태종의 후궁은 12명이 있었지만, 위의 두 후궁과 출궁 후에 출가한 숙공궁주 김씨 외에는 어떠한 기록에도 찾아지지 않는다.[10]

懿嬪 權氏는 成均樂正 權弘의 딸로, 태종의 총애를 받아 1402년 貞懿宮主에 봉해졌다.[11] 고려출신 명나라 후궁 權婆婆와 서신과 선물을 주고받으며 교제도 하였고,[12] 1422년(세종 4) 1녀 정혜옹주를 출산하여 의빈으로 進封되

---

9) 『세종실록』 권16, 세종 4년(1422), 5월 20일 병자조.
10) 집현전 부제학 정창손이 壽康宮에서 한두 사람이 머리를 깎은 일이 있었다고 하였는데 이러한 사실을 가리키는지 모르겠다.
11) 『태종실록』 권3, 태종 2년(1402), 4월 18일 경오조.
12) 『태종실록』 권33, 태종 17년(1417), 5월 17일 임인조. ; 『태종실록』 권34, 태종

었다.13) 의빈 권씨는 세종의 여섯째 아들 錦城大君 瑜를 맡아서 길렀다.14)
권씨는 태종이 죽자 1422년 5월 머리를 깎고 비구니가 되었다. 의빈 권씨의
출가에는 丘氏라는 비구니의 권유가 있었던 듯하다.15) 태종은 그런 비구니
구씨를 궁중에서 쫓아내고 의빈 권씨를 환속케 하려고 하였다.16) 비구니
구씨가 어떤 인물인지 알 수 없으나, 궁중에 출입한 것으로 보아 비구니
고승이었을 것이다.

의빈 권씨는 궁궐뿐만 아니라 지방에서도 불사를 하였다. 그 대표적인
사례를 충남 보령 금강암과 남양주 수종사 등의 불사에서 찾아 볼 수
있다. 1412년(태종 12) 의빈 권씨의 원당인 보령 금강암을 아버지 권홍과
함께 시주하여 無學自超의 제자인 玲巖으로 하여금 중건하고 미륵불을
조성하게 하였다.17)

17년(1417), 7월 25일 무인조 ;『태종실록』권35, 태종 18년(1418), 1월 5일 병진조 ;
『태종실록』권35, 태종 18년(1418), 5월 19일 무진조.

13) 『태종실록』권36, 태종 18년(1418), 11월 8일 갑인조 ;『세종실록』권15, 세종
4년(1422), 2월 20일 정미조 ;『세종실록』권3, 세종 1년(1419), 1월 24일 기사조 ;『세
종실록』권26, 세종 6년(1424), 10월 6일 정미조, 정혜옹주 졸기.

14) 『단종실록』권6, 단종 1년(1453), 6월 26일 신해조.

15) 『세종실록』권94, 세종 23년(1441), 12월 9일 신축조.

16) 후술하는 바와 같이 의빈 권씨의 묘가 발견되어 의빈 권씨가 출가 후 환속했을
개연성도 있다. 하지만 환속을 거절하였던 사실이 있는 점으로 미루어 보아
출가생활을 하였던 듯하다.

17) 「玲巖比丘創金剛庵碑銘」碑文을 소개하면 다음과 같다. "朝鮮大祖康獻王王師無學門
人玲嵒玉上人穀羣确…銘於余曰融未知其由安敢爲茂其再…三適彌峰洞山而執侍數
載四五七辰謁無…本寂中心已寧自爾志筌越乙酉春討金山…迺舥孔角斧又於山之陽
一里許規得靑石…彌勒像之日然則金剛之意明矣轤轆之義…遠塵土而捿之高蹈物表
飽淸閑而樂之獨…心也今玲嵒覿奧而開基此曰悟心而卓庵…明王亦奧宜成銘曰玉壺
涵氷師之其淸塵匣拓鏡師之其明始於峰…絶絶彼離微花自開落鳥弗尋飛指地一片維
庵其…之靑有鍾神秀維山之靈斲成石佛以比天眞中能…住道場度人己馨 永樂十年壬
辰季冬上澣 宮主權氏願堂主判漢城權弘翁主李氏." 명문은 불교문화재연구소 인용
민 선임연구원의 도움을 받았다.(문화재관리국, 『문화유적총람』(충청남도－사찰
편), 1990.) 玲巖은 無學自超의 문도로서 1412년에 충북 보령의 玉溪寺(지금의
金剛巖)를 漢城府尹 權弘(1360~1446)과 翁主 李氏의 願堂으로 창건하였다. 최근
극락전 해체 과정에서 나온 영조 때 지어진 상량문에도 비편과 비슷한 내용이
기록되어 있다. 이 절에 「玲巖比丘創金剛庵碑」가 있으나 현재 파편만이 남아

그리고 남양주 수종사에서도 불사를 하였다. 즉 경내 부도탑의 명문에 의하면 '太宗太后 貞○翁主舍利塔 施主○○柳氏錦城大君 正統 己未年十月日立'이라는 글귀가 찾아진다. 즉 1439년(세종 21) 10월 太宗太后가 貞○翁主舍利塔을 유씨와 금성대군의 시주로 세웠다는 것이다. 태종의 태후라고 한 후궁은 의빈 권씨이며, 금성대군과 함께 딸 정혜옹주의 사리탑을 세웠다고 한다. 1424년(세종 6)에 죽은 딸 정혜옹주[18]의 몸에서 사리가 나왔으므로, 이때 어머니 의빈 권씨가 사리탑을 세웠다. 그만큼 의빈 권씨는 불교신행이 돈독했다고 하겠다.

의빈 권씨는 德壽宮의 의빈전에 머물다가 세종대에는 明嬪과 함께 壽康宮에 머물렀다. 그 후 병환으로 단종대에는 질병가에 머물다가[19] 다시 입궁하여 惠嬪宮에 기거하면서 자신이 양육했던 錦城大君의 보살핌을 받기도 하였고,[20] 1457년(세조 3) 무렵 寧壽宮(懿嬪宮)에서 머물렀다.[21] 70이 넘은

아쉬움을 더해주고 있다.(황인규, 「무학자초의 문도와 그 대표적 계승자」, 『삼대화상연구논문집』 3, 2001 ; 황인규, 『고려말·조선전기 불교계와 고승연구』, 혜안, 2005 ; 문명대, 「조선시대 불교조각사론」, 『한국의 불상조각-고려·조선 불교조각사』, 예경, 2003, 269~270쪽.)

18) 『세종실록』 권26, 세종 6년(1424), 10월 6일 정미조, 정혜옹주 졸기. 사리탑의 명문에 적힌 '貞○翁主'는 『한국사찰전서』 등에서처럼 貞懿宮主 즉 의빈 권씨의 부도가 아니라 1424년에 죽은 의빈 권씨의 딸인 貞惠翁主의 사리탑이다.(박연아, 「수종사 팔각오층 석탑 봉안 왕실발원 금동불상군 연구」, 이화여대 석사학위논문, 2009.) 그런데 의빈 권씨의 딸 貞惠翁主는 雲城府院君 朴從愚와 결혼한 지 넉달만인 1424년에 죽었고, 경기도 파주 미군전용 '스토리사격장'에 있는 어머니 의빈 권씨의 묘와 150m 근처의 부군 박종우의 묘와 합장되었다. 묘 앞의 비석 전면에 종2열로 '輸忠衛社協贊靖難功臣綏祿大夫雲城府院君 貞惠翁主合墓' 후면에는 '成化四年三月立 于御侮將軍繼孫立石'이라고 쓰여 있어서 의빈 권씨의 비석과 같은 해인 1468년(세조 14) 건립되었음을 알 수 있다.(『세종실록』 권26, 세종 6년(1424), 10월 6일 정미조, 정혜옹주 졸기 ; 『중종실록』 권10, 중종 5년(1510), 3월 21일 병자조.) 참고로 세종의 둘째 딸 貞懿公主는 1415년에 태어나 安孟聃에 시집을 갔고 1477년에 죽었다.(『세종실록』 권39, 세종 10년(1428), 2월 13일 을축 ; 『성종실록』 권76, 성종 8년(1477), 2월 11일 경진조, 정의공주 졸기.)

19) 『단종실록』 권6, 단종 1년(1453), 5월 3일 기미조.

20) 『세조실록』 권1, 세조 1년(1455), 윤 6월 11일 을묘조.

21) 『세조실록』 권7, 세조 3년(1457), 5월 22일 갑신조.

나이에도 불구하고 1458년(세조 4) 태종의 후궁 明嬪 金氏와 孝寧大君 등 왕실 宗親들과 함께 경상북도 영풍군 정암산 흑석사(法泉寺)에서 性哲·性修· 惠聰·性聰·逐會·義正·善憂·性圓 등 승려들과 함께 목조아미타불 삼존상을 조성하기도 하였다.22) 최근에 발견된 의빈 권씨의 무덤과 묘표에 의하면, 1468년(세조 14) 立石되었음을 알 수 있다. 따라서 의빈 권씨는 세조 10년대 무렵까지 생존했을 것으로 추정된다.23)

慎寧宮主 辛氏(信嬪 辛氏, ?~1435)의 본관은 靈山 혹은 寧越로, 辛永貴 (1323~?)의 딸이다.24) 태종의 정비 원경왕후의 종(婢)이었다가25) 1414년(태 종 14)에 신녕옹주로 봉해졌다. 그녀는 1422년(세종 4) 태종의 병을 오랫동안 잘 간호했다고 하여 정의궁주(의빈)와 함께 정1품 궁주가 되었다가 1872년

---

22) 「井巖山法泉寺堂主彌陀三尊願成諸緣普勸文」;「黑石寺 阿彌陀如來坐像 服藏記」; 김형수, 「고운사·대곡사·흑석사 관련자료 소개」, 『영남학』 4, 경북대 영남문화연구 원, 2003, 269~275쪽 ; 최소림, 「흑석사 목조아미타불좌상 연구 - 15세기 불상양식 의 일이해 - 」, 『강좌 미술사』 15, 한국불교미술사학회, 2000 ; 김길웅, 「흑석사 목조아미타여래좌상고」, 『문화사학』 10, 1998.

23) 의빈 권씨는 1453년(단종 1) 나이가 70이었다고 하므로, 1358년 무렵 출생하였고 懿嬪宮의 존재가 나타나는 세조 1년과 懿嬪宮의 칭호를 없애고 慈嬪宮으로 개칭한 기록을 찾아진다.(『단종실록』 권6, 단종 1년(1453), 6월 26일 신해조 ;『세조실록』 권2, 세조 1년(1455) 11월 13일 갑신조 ;『세조실록』 권7, 세조 3년(1457), 5월 22일 갑신조.) 그런데 의빈 권씨의 묘는 육군사관학교 화랑대연구소 국방유적연구 실이 2005년 4월 18일~5월 24일 경기도 파주 미군전용 스토리사격장 문화재 조사를 실시하는 과정에서 경기도 연천군 장남면 반정리에서 발견되었다. 봉분 전면에 '慈嬪權氏之墓'라고 기록되어 있고, 후면에 '成化四年'(1468)이라고 음각된 화강암재 짧은 묘표석(세로 78cm×가로 40cm×폭 10cm)이 있다. 그 앞에 넘어져 있는 문단석과 170cm 크기의 또 다른 문단석이 마주하고 있다. 또한 의빈 권씨의 사망연대를 1468년이나 1469년으로 보는 견해가 있다.(박연아, 앞의 논문, 10쪽. http : //www.ohmynews.com 2006.10.20.) 추정컨대, 의빈 권씨의 딸인 정혜옹주는 1424년에 죽고 사위인 운성부원군 박종우는 1464년 죽었다. 1468년 무렵 의빈 권씨가 죽자 연천군 장남리에 무덤을 만들고 정혜옹주와 박종우의 묘표를 함께 건립한 것이 아닐까 한다. 당시 조사 보고서를 찾고자 국방부 관련 연구기관 등에 문의하였으나 남아 있지 않아 아쉬움이 크다. 앞으로 정밀한 고증이 필요하다.

24) 『세종실록』 권45, 세종 11년(1429), 7월 4일 무신조 ;『승정원일기』 고종 9년 임신 (1872), 12월 1일 신해조.

25) 『세종실록』 권11, 세종 3년(1421), 3월 3일 을축조.

(고종 9) 信嬪으로 진봉되었다.26)

1420년(세종 2) 元敬王后의 죽음 후 懿嬪 권씨와 明嬪 김씨가 있었으나, 愼寧宮主 辛氏가 항상 궁궐의 일을 주장하였고27) 蓮花坊과 泉達坊의 신궁에 머물렀다.28) 신녕궁주 신씨는 태종이 총애하여 誠寧君·溫寧君, 謹寧君과 일곱 翁主를 낳았다.29) 1422년(세종 4) 5월 태종이 죽자 의빈 권씨와 더불어 세종에게 고하지 않고, 머리를 깎고 비구니가 되었다. 신녕궁주 신씨는 함께 출가한 후궁들과 염불기구를 마련하여, 아침과 저녁에 불법을 행하였는데, 세종이 만류하여도 듣지 않았다고 한다. 그 후 태종의 명복을 빌기 위하여 세종으로부터 종이를 하사받아 金字『법화경』을 등사하고 나인을 시켜 衣鉢과 燈籠을 만들게 하고 講經을 하는 불구를 장만하였고, 그 일을 청룡사 승려 正恂에게 일을 맡아보게 하였다.30) 또한 1423년(세종 5) 9월 太宗의 명복을 빌고자 文昭殿의 불당, 즉 內佛堂에서 불경을 金字로 사경하였다.31) 신녕궁주 신씨는 1435년(세종 17) 2월에 죽자 弔喪과 致祭를 내리고 관에서 장사를 하고 염에 쓸 의복을 하사하는 등 국모로 대우하였다. 실록에 졸기가 남아 있으며, 묘가 남아 있다.32)

그리고 淑恭宮主 金氏는 金漸(1369~1457)과 權維의 딸 사이의 3녀로 1411년 명빈 김씨가 빈으로 진봉될 때 함께 궁주가 되었다.33) 김점은

---

26)『세종실록』권15, 세종 4년(1422), 2월 20일 정미조 ;『세종실록』권67, 세종 17년 (1435), 2월 2일 갑진조.

27)『세종실록』권16, 세종 4년(1422), 4월 4일 경인조.

28) 위와 같음.

29)『세종실록』권67, 세종 17년(1435), 2월 2일 갑진조.

30)『세종실록』권16, 세종 4년(1422), 6월 21일 병오조.

31)『세종실록』권21, 세종 5년(1423), 9월 21일 기해조 ;『세종실록』권67, 세종 17년 (1435), 2월 2일 갑진조, 신녕궁주 신씨의 졸기.

32)『세종실록』권67, 세종 17년(1435), 2월 2일 갑진조. 남양주 와부읍 도곡리 무덤 묘표에 '愼寧宮主 辛氏之墓'라고 되어 있고 장명등 하대석에 '愼' '寧' '宮' '主'의 글씨가 남아 있다. 최근 2009년 10월 문중에서 '朝鮮國王室信嬪 寧月辛氏之墓'라는 묘비를 세웠다.

33)『태종실록』권22, 태종 11년(1411), 11월 20일 정축 ;『세종실록』권11, 세종 3년 (1421) 4월 13일 을사조.

조선 세종 때의 重臣인데, 지돈녕부사에 임명되었으나 평안감사 재직시에
일어난 비리 문제로 곤란을 겪었다.[34] 그 때 김점은 김포로 쫓겨났고
숙공궁주도 출궁되었다.[35] 숙공궁주 김씨가 언제 비구니로 출가했는지
확실한 것은 알 수 없다. 실록에 의하면, 판부사 李和英의 아내 童氏가
암자에서 법석을 베풀었을 때 비구니로서 참여하였다. 아버지 金漸을 비롯
하여 종실 愼宜君 李仁·開城君 李登과 經文을 書寫한 승려 性澯과 고승
信生 등이 참여하였다.[36]

그리고 의빈 권씨와 흑석사와 수종사 등에서 불사를 함께 하였던 태종의
후궁 명빈 김씨는 비구니로 출가는 하지 않았지만 불교신행이 매우 돈독하
였다. 명빈 김씨는 안동 김씨인 判敦寧府事 金九德의 딸로, 1411년(태종
11) 명빈에 책봉되었다.[37] 자식이 없었으나 세종의 여섯째 아들 錦城大君
瑜와 세조, 그리고 성종을 보양하였다.[38] 명빈 김씨는 1432년(세종 14)
『佛說大報父母恩重經』과 『佛說長壽滅罪護諸童子多羅尼經』을 간행하였
고,[39] 남양주 수종사에서 의빈 권씨와 불사를 하기도 하였다. 그리고 1447년
(세종 29) 昭惠宮主 盧氏, 愼順宮主 正敏,[40] 貴人 崔氏, 淑容 洪氏 등 태종의

<hr>

34) 『세종실록』 권14, 세종 3년(1421), 12월 2일 신묘. 김점은 1457년 89세의 나이로
경기도 김포에서 세상을 떠났다. 그의 사망 소식을 들은 세조는 胡剛이라는 시호를
내렸다. 『단종실록』 권10, 단종 2년(1454) 3월 13일 갑자조 ; 『세조실록』 권9,
세조 3년(1457), 10월 23일 계축조.
35) 『세종실록』 권14, 세종 3년(1421), 11월 27일 병술조.
36) 『세종실록』 권30, 세종 7년(1425), 11월 8일 계묘조 ; 『세종실록』 권30, 세종 7년
(1425), 11월 15일 경술조.
37) 『태종실록』 권22, 태종 11년(1411), 10월 27일 을묘조 ; 『태종실록』 권22, 태종
11년(1411), 11월 20일 정축조 ; 『세종실록』 권39, 세종 10년(1428), 3월 10일 임진조,
졸기. 성종의 후궁으로 茂山君 李悰의 어머니도 숙용 김씨인 明嬪 金氏였다.『중종실
록』 권51, 중종 19년(1524), 7월 11일 갑술조.
38) 『단종실록』 권6, 단종 1년(1453), 6월 26일 신해조 ; 『성종실록』 권105, 성종 10년
(1479), 6월 5일 경인조.
39) 문화재관리국, 『동산문화재 지정보고서 88 지정편』 ; 『佛說大報父母恩重經 合刻
佛說長壽滅罪護諸童子多羅尼經』, 祇林寺 毘盧舍那佛服藏 跋.
40) 愼順宮主 李氏(1390~?)는 李稷(1362~1431)의 딸로서 과부로 있다가 33세에 태상왕
태종의 후궁이 되었다.(『세종실록』 권15, 세종 4년(1422), 1월 6일 갑자조 ; 『세종실

후궁들과 함께 발원하여 『慈悲道場懺法』을 고승 昭月軒 定菴의 勸緣으로 번각하였다.41) 또한 예종대 一山과 제자 覺頓과 一岑 등의 고승들과 많은 불사를 하다가 1479년(성종 10)에 죽었다.42) 이렇듯 태종이 죽자 많은 후궁들이 비구니로 출가하여 궁궐과 지방의 사찰에서 불교신행을 전개하였다.

그러면 태종의 후궁들이 비구니로 출가하게 된 이유나 그 사정은 어디에서 찾아야 할까? 앞서 언급한 대로, 후궁들은 궁궐 밖에 나갈 수 없었고43) 궁궐 내에서 기거할 수밖에 없었다. 즉 대부분의 후궁들은 모시던 왕이 죽으면 달리 마련된 별궁인 후궁에 머물다가 일생을 마쳤다. 이는 '염불기구를 준비하여 아침 저녁으로 불법을 행하였다'는 것을 보면 알 수 있다. 후궁들은 별궁인 후궁에 머물면서, 혹은 내불당(내원당)이나 왕실 및 귀족 사녀의 출가도량인 정업원에 가서 불교신행을 하였다.44) 앞서 언급한

<hr/>

록』권15, 세종 4년(1422), 1월 14일 임신조 ;『세종실록』권15, 세종 4년(1422), 2월 4일 신묘조.) 그런데 『자비도량참법』간기에 보이고 있는 '正敏'은 신순궁주의 법명이 아닐까 한다. 이것이 사실로 받아들일 수 있다면 신순궁주도 태종의 죽음 직후 비구니로 출가하였다고 할 수 있다. 하지만 궁주의 아버지의 신도비문이나 『亨齋詩集』등의 자료에 그러한 사실이 찾아지지 않고 있다. 출가 사실이 은폐된 경우가 적지 않으므로, 앞으로 불교서지류를 좀 더 천착해 볼 필요가 있다.

41) 『慈悲道場懺法』卷4-6(보물 제1143호)은 강태영이 소장하고 있다.(서울특별시 서소문동 34 한화빌딩 5층 아단문고) 이 판본과 같은 傳存本인 권 제10의 刊記에 의하면 '태종대왕·원경왕후·소헌왕후의 선가와 주상전하·세자저하·수양대군·영응대군·왕손의 수복을 빌고, 이어 부모의 극락왕생을 기원하기 위해 번각하였다'고 한다. 이 번각본을 1462년(세조 8) 刊經都監에서 다시 번각한 전라도 장흥 寶林寺 佛腹藏에서 나온 『慈悲道場懺法』卷9·10(잔존 1책, 보물 제1252호)에도 간기가 실려 있다.(문화재청 ; http ://search.cha.go.kr/ ; 서울문화재 ; http ://sca. seoul.go.kr/) 그리고 명빈 김씨는 또한 1451년(문종 1) 貴人 崔氏와 함께 『묘법연화경』을 인쇄하였다. 『묘법연화경』, 호림박물관 소장 권말 : 천혜봉, 앞의 논문, 14쪽.

42) 『예종실록』권4, 예종 1년(1469), 3월 18일 임인조 ;『성종실록』권105, 성종 10년(1479), 6월 5일 경인조. 明賓墓는 경기도 구리시 峨川洞에 있다.(사적 제364호)

43) 『단종실록』권5, 단종 1년(1453), 3월 19일 병자조.

44) 후궁들은 자신의 이름을 딴 별궁에서 머물다가 후에 대부분 문종의 후궁 처소인 자수궁과 疾病家였던 인수궁에 머물렀다.(『문종실록』권1, 문종 즉위년(1450),

바와 같이, 의빈 권씨의 출가에 궁궐의 구씨라는 비구니가 관여했다는 사실로 미루어 보아, 정업원의 비구니가 후궁의 비구니 출가를 주관했던 듯하다.

후궁의 비구니 출가나 불교신행도 왕실불교의 전개 맥락에서 전개되었다. 단종의 비 정순왕후 외에는 조선전기 왕후가 비구니로 출가한 사례는 없지만, 태조의 계비 신덕왕후나 태종의 정비 원경왕후, 세종의 정비 소헌왕후 등 왕실녀들은 돈독한 불교신행을 전개하였다.

특히, 후궁이 시종했던 왕이 죽자 비구니로 출가한 경우가 적지 않다. 태종 이전의 후궁은 비구니로 출가한 사례는 찾아지지 않는다. 즉 태조의 후궁은 의녕옹주, 성비 원씨, 정경궁주 유씨, 화의옹주(七點仙) 등이 있었으나, 비구니로 출가한 인물은 없다.[45] 정종의 후궁도 마찬가지다. 다만 고려말 공민왕의 후비 혜비와, 태조의 8남 의안대군(昭悼君) 芳碩의 妻 沈氏, 그리고 정종의 비 정안왕후의 언니(姉) 김씨가 비구니로 출가하여 정업원 주지로 있으면서 왕실불교를 이끌었던 것은 주목할 만하다.[46]

태종은 재위 중반 이후 호불적인 분위기로 돌아섰고 그의 비 원경왕후는 태종과 왕자를 위하여 궁인을 시켜 四佛 1軸과 八難, 觀音 梵王 帝釋 1軸을 수놓아 만들어 부처에게 바치고 기원하였다.[47] 그리고 양주 회암사 중수기념 경찬회가 베풀어졌을 때 여승과 부녀자들과 함께 참여했다.[48] 왕실녀들의 비구니 출가나 신행활동은 후궁들에게도 적지 않은 영향을 끼쳤고,

---

3월 21일 을축조 ;『중종실록』권23, 중종 11년(1516), 1월 9일 신묘조.) 조선중기 이후 자수궁과 인수궁이 비구니 도량인 원으로 불리게 되었다.

45)『연려실기술』권1, 태조조 고사본말조.

46)『세종실록』권9, 세종 2년(1420), 9월 1일 병인조 ;『세종실록』권16, 세종 4년(1422), 7월 27일 임오조 ;『세종실록』권53, 세종 13년(1431), 7월 30일 임진조 ;『태조실록』권14, 태조 7년(1398), 8월 26일 기사조 ; 황인규,「조선전기 정업원과 비구니」, 『한국불교학』51, 한국불교학회, 2008.

47) 권근,「繡成願佛跋」,『양촌집』권22 ; 천혜봉,「조선전기불서판본」,『서지학보』5, 1991, 7쪽.

48)『세종실록』권64, 세종 16년(1434), 4월 10일 정사조.

1422년(세종 4) 태종이 죽자 시종하던 후궁들이 비구니로 출가하게 된 것이 아닌가 한다.

3. 세종 후궁 신빈 김씨와 문종·세조·성종의 후궁

태종의 후궁에 이어 세종의 후궁 10여 명도 세종의 죽음 직후인 문종 즉위년에 비구니로 출가하였다. 다음의 실록 기록이 바로 그것이다.

> 大行王이 薨逝하던 저녁에 後宮으로서 머리를 깎고 여승이 된 사람이 대개 10여 명이나 되었다. 각 궁의 刺繡 잘하는 사람을 내전에 모아서 부처를 수놓게 하고, 또 밖에서 工匠을 모아서 불상을 만들게 하고, 승도의 무리로 하여금 그 일을 주관하게 하였다.[49]

大行王, 즉 廟號를 받기 전의 왕인 세종이 돌아가던 날 후궁 10여 명이 비구니로 출가하였다는 것이다. 集賢殿 副提學 鄭昌孫 등은 壽康宮에서 비록 한두 사람이 머리 깎는 일이 있었지만, 후궁의 머리 깎는 일이 많은 것은 천고 이래로 처음 들었다고 하였다. 그러면서 후궁이 비구니로 출가하는 것을 금지하라고 왕에게 요청하였다. 문종은 후궁이 머리를 깎는 것은 先王인 태종도 금하지 못하였고, 부왕을 위하는 일이기 때문에 따를 수가 없다고 하였다.[50] 문종은 撫安君의 예전 집을 수리하도록 명하고 이름을 慈壽宮이라 하여 선왕의 후궁을 거처하게 하였다.[51]

태종의 후궁 의빈 권씨가 출가생활을 하고 있을 때였는데, 10여 명이 한꺼번에 비구니로 출가하였다. 세종의 후궁은 8명인데[52] 실제 출가한

---

49) 『문종실록』 권1, 문종 즉위년(1450), 2월 28일 임인조.
50) 『문종실록』 권1, 문종 즉위년(1450), 3월 1일 을사조 ; 『문종실록』 권1, 문종 즉위년, 3월 3일 정미조 ; 『문종실록』 권1, 문종 즉위년, 3월 5일 기유조.
51) 『문종실록』 권1, 문종 즉위년(1450), 3월 21일 을축조 ; 문종실록』 권2, 문종 즉위년, 6월 6일 무인조.
52) 世宗(1397~1450)은 왕비 昭憲王后 沈氏(1395~1446)와 후궁 8명을 두었다. 세종의

것으로 찾아지는 후궁은 愼嬪 金氏뿐이다.

愼嬪 金氏(1406~1464)는 청주 김씨로, 아버지는 僉知中樞府事 金元이고 어머니는 삭령 고씨의 딸이다. 나이 12세에 입궁하여 內資寺 여종(婢)이었는데 원경왕후의 눈에 들어 중궁으로 들어갔다.[53] 비문에 의하면, 1428년(세종 10)에 昭容, 1432년(세종 14) 淑儀, 1433년(세종 15) 昭儀, 1439년(세종 21) 貴人, 1447년(세종 29) 愼嬪에 책봉되었다.[54]

신빈 김씨는 6남 2녀를 낳았는데, 桂陽君 李璔, 義昌君 李玒, 密城君 李琛, 翼峴君 李璭, 寧海君 李瑭, 潭陽君 李璖이며, 딸들은 모두 일찍 죽었다.[55] 그녀는 세종의 둘째 아들 수양대군과 막내아들 영응대군의 유모이기도 하였다.[56]

비문에 의하면, 신빈 김씨는 '세종대왕이 돌아가실 때 머리를 깎아 戒를 받고 따로 자수궁에 살았다'[57]고 한다. 비구니로 출가한 후 아들 潭陽君

후궁은 영빈 김씨, 신빈 김씨, 혜빈 양씨, 숙원 이씨, 상침 송씨, 장의궁주 박씨, 명의궁주 최씨, 후궁 김씨 등이 있었다.(『연려실기술』 권3, 세종조 고사본말조.)

53) 『세종실록』 권84, 세종 21년(1439), 1월 27일 병오조.

54) 김수온, 「愼嬪金氏墓碑」. 비문은 金守溫이 짓고 安惠가 글씨와 篆字를 써서 '成化元年 乙酉五月二十日' 즉 成化 元年(세조 11, 1465) 5월 20일에 세웠다. 『大東金石目』 46쪽에 이름만 적혀 있다. 비문의 글은 화성시 학예사 김진원 선생의 도움을 받아 학계에 처음 보고하게 되었다. 중요내용을 소개하면 다음과 같다. "嬪僉知中樞院事 諱元之女 籍淸州母高氏籍朔寧 以永樂四年丙戌七月十二日生 嬪嬪生有懿德擧止 異常中樞特鍾愛年十三選入 內事世宗莊憲大王小心寅畏毘贊 壺政由是 眷遇日隆 宣德三年爵昭容七年陞淑儀 八年加昭儀 正統四年命爲貴人 十二年冊愼嬪 世宗晏駕祝髮受具戒別居慈壽宮 天順八年甲申秋寢疾 上親閱方品醫藥備 至九月初四日卒于正室 春秋五十九 上震悼輟朝 命有司庀喪具 恩賻有加以其年十二月初六日 禮葬于南陽府治里曰 銀城原曰寅坐申 向之原…." 참고로 신빈 김씨는 공노비에서 왕의 후궁 중에서도 최고 자리인 빈까지 올라서 조선의 신데렐라라고 불리기도 한다.(신명호, 「조선의 신데렐라-신빈 김씨」, 『궁궐의 꽃, 궁녀』, 시공사, 2004.)

55) 愼嬪의 아들 계양군 이증은 서원부원군 韓確의 2녀와 결혼했다. 한확의 6녀는 세조의 1남 의경세자(덕종)과 결혼하여 소혜왕후가 되었다.(지두환, 『조선의 왕실 4-4 세종과 친인척』, 역사문화, 2008, 82~83쪽.)

56) 『세종실록』 권84, 세종 21년(1439), 1월 27일 병오조. 참고로 아들을 가장 많이 낳은 후궁은, 성종의 후궁인 淑儀 洪氏로 7명, 愼嬪 金氏가 6명을 두었다.

57) 김수온, 「愼嬪金氏墓碣」. "…祝髮受具戒別居慈壽宮…." 광평대군의 부인 永嘉府夫人

李琈를 위하여 經文을 인쇄하고자 문종에게 청하기도 하였다.[58] 단종 즉위
년 신빈 김씨의 아들 義昌君 李玒은 어머니의 환속을 주장하면서 의정부에도
문제를 삼기도 했으나 신빈 김씨는 듣지 않았다.[59] 신빈 김씨는 세종을
위하여 妙寂寺 중창을, 승려 覺寬에게 불사를 하도록 하였다.[60] 세조대
愼嬪宮과 의빈궁에 머물렀다가[61] 1464년(세조 10) 59세로 병사하였다.[62]

실록의 기록처럼, 신빈 김씨를 비롯한 출가한 후궁들은 각 궁에서 자수를
잘하는 사람들을 내전에 모아 繡佛을 하고 궁궐 밖의 工匠을 불러 불상을
조성하였는데, 그 일을 승도들로 하여금 주관케 하였다.

그런데 세종의 후궁들이 비구니로 출가하게 된 것은 세종과 그 자녀들의
불교신행과 매우 관련이 깊다. 세종은 세종 6년 부왕 태종의 뜻을 받들어
불교개혁을 매듭지었지만, 재위 말년에 자식들과 왕비의 연이은 죽음
앞에서 숭불로 돌아섰다.[63] 특히 세종의 자식 18남 4녀가[64] 대부분 불교신
행이 돈독했다는 것이다. 그 가운데 세종의 아들 광평대군의 부인 신씨와
영응대군의 부인 송씨의 불교신행도 주목할 만하다. 세종의 5자 廣平大君
璵(1425~1444)의 부인 永嘉府夫人 申氏 慧圓도 1444년(세종 26) 대군이

申氏가 '慧圓'의 법명을, 광평대군의 며느리인 영순군의 부인 최씨가 출가하여
'善柔'의 법명을 지닌 것처럼 왕실녀가 戒를 받은 사실을 확인할 수 있다.

58) 『문종실록』 권1, 문종 즉위년(1450), 3월 16일 경신조.

59) 『단종실록』 권3, 단종 즉위년(1452), 9월 12일 신축조.

60) 金守溫, 「妙寂寺重創記」, 『拭疣集』 권2, 記類.

61) 『세조실록』 권2, 세조 1년(1455), 11월 13일 갑신조. 신빈은 1454년(단종 2)에
온양온천과 1458년(세조 4) 고성온천을 가기도 하였다.

62) 『세조실록』 권34, 세조 10년(1464), 9월 4일 갑인조. 신빈의 묘는 화성시 남양동
산 131-17번지에 위치하고 있으며, 1994년 12월 24일자로 道기념물 제153호로
지정되었다. 李頤命(1658~1722), 「漫錄」, 『疎齋集』 권12, 雜著. "母愼嬪金氏 以士族
選入後宮 墓在南陽銀城里 錄佐理勳." 정조가 신빈을 치제한 글이 남아 있다(『弘齋全
書』 卷24, 祭文5 愼嬪墓致祭文 ; 『홍재전서』 권35, 敎6, 章陵展謁日敎 附註 輦路墓祠
諸處 賜祭敎18.)

63) 세종대 불교시책에 대해서는 다음의 논문이 참조된다.(한우근, 「세종조 선교양종에
로의 정비」, 『유교정치와 불교』, 일조각, 1993 ; 이봉춘, 「조선 세종조 배불정책과
그 변화」, 『가산 이지관스님화갑기념 한국불교문화사상사』 상, 1992.)

64) 『연려실기술』 권3, 세종조 고사본말조.

죽자 머리를 깎고 출가하였다.[65] 그리고 후궁 善嬪(淑善翁主) 安氏(태종의
8子) 소생인 益寧君(1422~1464)도 안평대군과 더불어 1448년(세종 30) 1월
김천 직지사에서 『현행서방경』을 간행하였다.[66]

그리고 세종의 후궁 가운데 비구니로 출가하지 않았지만 왕실녀 가운데
매우 비중이 있는 인물이었던 惠嬪 楊氏는 남평현감 楊景의 딸이었다.
문종이 동궁에 있을 때 들어와서 세자궁 소속의 후궁인 承徽가 되었는데,
왕의 총애를 받았다.[67] 그리고 문종의 비인 顯德嬪이 죽자 궁중의 일을
도맡아서 하였으며, 魯山君을 保育하면서 궁중의 일을 맡아서 하였다.[68]
혜빈 양씨는 다른 후궁들처럼 선왕의 후궁인 慈壽宮에 함께 머물도록
되어 있었으나, 문종 1년(1451) 사헌부 유생들의 반대를 무릅쓰고 궁의
북쪽 민가에 승려들을 동원하여 惠嬪宮을 따로 세웠는데 사람들이 불당이라
고 불렀다고 한다.[69] 이처럼 혜빈 양씨는 돈독한 불교신행을 전개하였는데
아들 수춘군의 부인 정씨는 성종 9년(1478) 비구니로 출가하여 1482년(성종
13) 무렵 정업원 주지를 하게 된다.[70] 그리고 문종의 죽음 후 후궁들도
다음의 실록 기록처럼 모두 비구니로 출가하였다.[71]

집현전 부제학 辛碩祖 등은, 대행왕의 후궁들이 머리를 깎았다는 것을

65) 『성종실록』 권11, 성종 2년(1471), 9월 14일 계미조.
66) 『現行西方經』 발문 ; 동국대 불교문화연구소 제4회 韓國大藏會, 『李朝前期佛書展觀
目錄』, 1965, 40~41쪽.
67) 『단종실록』 권2, 단종 즉위년(1452), 8월 7일 정묘조 ; 洪直弼(1776~1852), 「愍貞嬪楊氏
傳 丙午」, 『梅山先生文集』 권51 傳 ; 이계홍, 「혜빈양씨신도비」, 수춘군파종회, 1999.
68) 위와 같음.
69) 『문종실록』 권6, 문종 1년(1451), 3월 28일 정묘조 ; 『문종실록』 권7, 문종 1년,
5월 22일 기미조 ; 『단종실록』 권13, 단종 3년(1455), 3월 21일 병인조 ; 『세조실록』
권1, 세조 1년(1455), 윤6월 11일 을묘조 ; 『세조실록』 권1, 세조 1년, 윤6월 14일
무오조 ; 『세조실록』 권2, 세조 1년, 11월 9일 경진조.
70) 『성종실록』 권90, 성종 9년(1478), 3월 10일 임신조 ; 『성종실록』 권138, 성종
13년(1482), 2월 2일 신축조 ; 황인규, 「조선전기 정업원과 비구니」, 『한국불교학』
51, 한국불교학회, 2008.
71) 『단종실록』 권11, 단종 2년(1454), 5월 14일 갑자조.

듣고 의논하기를, "신 등이 일찍이 대행왕의 下敎를 친히 들었는데, 말씀하기를, '세종의 후궁이 여승이 된 것은 부득이한 사세 때문이다. 이후로는 반드시 이런 일이 없도록 하라'고 하였다. 지금 후궁이 여승이 되는 것은 실로 대행왕의 뜻이 아니다." 하고, 許詡에게 말하여 皇甫仁·金宗瑞에게 고하여 그치도록 청하였다.[72]

문종이 죽자 단종 즉위년(1452) 문종의 후궁들이 비구니로 출가를 하였다는 것인데, 세종의 후궁이 비구니로 출가한 지 2년 후의 일이다.[73] 세종의 후궁의 출가 때처럼 집현전 부제학이 문제를 삼았다. 하지만 단종은 아랑곳하지 않고 예조에 교지를 내려 문종의 후궁이 사는 별궁을 壽成宮이라고 하였다.[74] 그런데 정작 문종의 후궁 가운데 비구니로 출가했다는 구체적인 기록은 더 이상 찾아지지 않는다.

4. 세조 후궁 근빈 박씨와 연산군 후궁 숙의 곽씨

『연산군일기』에 의하면, 세종·문종·세조·성종의 후궁이 비구니로 출가

---

72) 『단종실록』 권1, 단종 즉위년(1452), 5월 18일 경술조.

73) 문종의 후궁은 폐빈 김씨, 폐빈 봉씨, 사칙 양씨, 숙빈 홍씨, 후궁 장씨, 후궁 정씨, 소윤 윤씨, 후궁 문씨 등이 있었지만 실제 출가한 기록은 찾아지지 않는다.

74) 『단종실록』 권10, 단종 2년(1454), 3월 13일 갑자조. 사지에 의하면, 노산군 부인 송씨가 출가하여 허경이라는 계를 받았고 두 후궁도 청룡사에 출가하여 원경과 혜경이라는 계를 받았다는 것이다.(청룡사 편찬실, 『청룡사지』,청룡사, 1972.) 그러나 단종의 후궁은 兼知司諫院事 김사우의 딸 숙의 김씨와 동부지첨사 권완의 딸 숙의 권씨 그리고 후궁 숙의 조씨가 있었지만 숙의 김씨는 출궁되어 충주에서 살다가 죽었고 숙의 권씨 權仲非는 출궁되어 공신의 婢가 되었다가 1464년에 放免되었다.(『단종실록』 권10, 단종 2년(1454) 1월 24일 병자조 ;『단종실록』 권11, 단종 2년(1454), 4월 17일 무술조 ;『단종실록』 권10, 단종 2년(1454), 1월 8일 경신조 ;『단종실록』 권10, 단종 2년(1454), 1월 10일 임술조 ;『중종실록』 권91, 중종 20년(1525), 2월 11일 경자조 ;『세조실록』 권33, 세조 10년(1464), 4월 18일 경자조.) 때문에 단종의 후궁들의 비구니 출가는 사실과 다른 것이다. 다만 시녀 세 사람은 출가하여 希安, 智心, 戒智라는 계를 받은 것은 사실로 보아도 좋을 것이다.(이긍익, 「복위하고 封陵하다」, 『연려실기술』 권4, 단종조 고사본말조.)

하였다고 한다. 예종 및 덕종의 후궁도 비구니로 출가했을 개연성이 크지만 구체적인 기록은 찾아지지 않는다. 다만 세조의 후궁 가운데 근빈 박씨가 생애 말년인 1504년(연산군 10) 비구니로 출가한 사실만을 알 수 있다.

그런데 세조와 왕후, 대군과 군부인의 불교신행 및 비구니 출가는 매우 주목된다. 즉 1456년(세조 2) 문종의 아들인 노산군(단종)의 부인(정순왕후) 송씨와 단종의 누이 경혜공주도 세조대에 출가하였다. 즉, 경혜공주는 남편 鄭悰이 죽자 아들 정미수와 함께 궁궐로 들어왔는데 정희왕후와 세조의 보호를 받았지만,75) 공주는 1461년(세조 7) 출가하여 비구니가 되었다.76) 단종의 비 정순왕후 송씨는 단종이 죽자 비구니로 출가하여 청룡사와 시양자 정미수의 집에서 기거하다가 1521년(중종 16)까지 생존했다.77) 그리고 조선 최고의 숭불왕후로 잘 알려진 세조의 비 정희왕후(1418~1483), 예종의 비 장순왕후(1445~1461), 덕종의 비 소혜왕후(인수대비, 1437~1504) 등은 비록 비구니로 출가는 하지 않았지만, 돈독한 불교신행을 전개하였다.78) 왕후들은 왕실에서 권좌의 중심에 있었고 후궁들도 불교신행에 동참하였으며, 나아가 비구니로 출가하였던 것이다.

정희왕후는 1469년(성종 즉위) 申叔舟 등 院相들이 肉膳을 들 것을 권유하였으나 수륙재를 지내야 한다고 주장하였고 계속 강요하자 '나는 짧은

75) 『예종실록』 권5, 예종 1년(1469), 4월 10일 계해조.
76) 『성종실록』 권38, 성종 5년(1474), 1월 1일 정해조.
77) 『중종실록』 권34, 중종 13년(1518), 7월 5일 임인조 ; 『숙종실록』 권32, 숙종 24년(1698), 11월 9일 경진조 ; 황인규, 「조선전기 정업원과 비구니」, 『한국불교학』 51, 2008.
78) 이에 대해서는 다음의 논문이 참조된다.(양만우, 「이조 비빈 숭불 소고」, 『논문집』 2, 전주교육대학, 1967.) 정희왕후에 대한 정치사적 연구는 다음과 같은 연구가 대표적이다.(김우기, 「조선 성종대 정희왕후의 수렴청정」, 『조선사연구』 10, 경산 : 조선사연구회, 2001 ; 한춘순, 「성종 초기 정희왕후(세조비)의 정치 청단과 훈척정치」, 『조선시대사학회』 22, 조선시대사학회, 2002.) 그리고 소혜왕후에 대한 대표적인 연구는 다음과 같다.(한희숙, 「조선초기 소혜왕후의 생애와 「내훈」」, 『한국사상과 문화』 27, 한국사상문화학회, 2005 ; 이경하, 「소혜왕후의 불교옹호 발언과 젠더권력관계」, 『한국여성학』 20-1, 한국여성학회, 2004 ; 최연미, 「소혜왕후 한씨 내훈의 판본고」, 『서지학연구』 22. 서지학회, 2001 ; 유원동, 「이조전기의 불교와 여성」, 『아시아여성연구』 6, 숙명여자대학교 아시아여성연구소, 1968.)

머리털도 매우 적지만 이것마저 깎아버리고 淨業院으로 물러가겠다'고
하였다고 한다.79) 정희왕후는 정업원에 불상을 조성하여 보내고 인수대비
는 노산군 부인 송씨에게 물적 후원을 하였다.80) 영순군의 부인 최씨
善柔도 영순군이 1470년(성종 1)에 죽자 비구니로 출가하여 불교신행을
전개하였다. 같은 해 시어머니 광평대군 부인 신씨 혜원과 함께『水陸無遮平
等齋儀撮要』를 印刊하고 김수온으로 하여금 발문을 쓰게 하였고81) 삼화상
學祖를 청해 재를 베풀기도 하였다.82) 그리고 1477년(성종 8) 3월 인수대비가
삼화상 學悅과 學祖가 머물렀던 세조의 원찰 奉先寺에서 金字經을 사경하였
다.83) 특히 세종의 후궁 혜빈 양씨의 둘째 아들인 壽春君 李玹의 부인
鄭氏도 성종 9년 비구니로 출가하여 1482년(성종 13) 무렵 정업원의 주지로
있으면서 불교신행을 전개하였다.84)

　하지만 성종 4년 士女의 출가금지, 성종 6년(1475) 한성 23개 尼舍의
철거, 성종 7년(1476) 비구니의 여염집 출입금지 등 비구니에 대한 본격적인
탄압시책이 전개되었다.85) 특히 태종의 후궁 의빈 김씨와 명빈 김씨 등의

79)『성종실록』권1, 성종 즉위년(1469), 12월 28일 정축조.
80)『동국여지비고』제2편, 한성부 ;『성종실록』권18, 성종 3년(1472), 5월 23일 기미조.
81) 박도화,「15세기 후반기 왕실발원 판화－정희대왕대비 발원문을 중심으로－」,
　　『강좌미술사』18, 한국불교미술사학회, 2002, 164쪽.
82)『연산군일기』권49, 연산군 9년(1503), 4월 4일 경자조 ; 황인규,「세조대의 삼화상고
　　－신미와 두 제자 학열과 학조」,『한국불교학』26, 2004 : 황인규,『고려말·조선전
　　기 불교계와 고승연구』, 혜안, 2005.
83)『성종실록』권78, 성종 8년(1477), 3월 4일 신미조 ; 황인규, 위의 논문.
84)『단종실록』권14, 단종 3년(1455), 6월 5일 기묘조. 수춘군 이현의 졸기. 혜빈
　　양씨가 세종의 후궁으로 뽑혀 들어와서 세 아들을 낳았는데, 漢南君 이어
　　(1429~1459), 壽春君 李玹, 永豊君 李瑃(1434~1457)이다.(『연려실기술』권3, 세종조
　　고사본말조 ;『성종실록』권138, 성종 13년(1482) 2월 2일 신축조 ;『성종실록』
　　권240, 성종 21년(1490) 5월 5일 병진조 ;『성종실록』권240, 성종 21년(1490),
　　5월 5일 병진조.)
85)『성종실록』권33, 성종 4년(1473), 8월 4일 계해조 ;『성종실록』권57, 성종 6년(1475),
　　7월 19일 병인조 ;『성종실록』권64, 성종 7년(1476), 2월 13일 정해조 ;『성종실록』
　　권57, 성종 6년(1475), 7월 19일 병인조 ; 황인규,「조선전기 정업원과 비구니」,
　　『한국불교학』51, 한국불교학회, 2008.

남양주 수종사에서의 불사는 주목된다. 1473년(성종 4) 水鍾寺를 비롯한
成佛寺와 正因寺 등의 사찰에서는 재상의 딸이었던 정업원 비구니 윤씨(유
자환의 처), 비구니 惠社堂·正覺 등이 留宿하면서 7, 8일을 지내는가 하면
세종의 둘째 딸인 貞懿公主(1415~1477)의 원찰인 道成寺에 왕래하였다.[86]
특히 水鍾寺에서는 井觀과 惠社堂 등의 비구니들이 齋를 올리는 등 불사가
전개되었다.[87]

　조선조 대표적 숭불왕후인 세조의 비 정희왕후 윤씨가 1483년(성종
14) 죽었지만, 며느리 인수대비는 이듬해 1484년(성종 15) 근기지방의 왕실
사찰인 수종사를 비롯한 奉先寺·檜巖寺·龍門寺·正因寺·開慶寺와 강원지방
의 사찰인 上院寺·洛山寺, 그리고 도성 비구니 도량인 淨業院을 비롯한
인왕산 福世菴과 소격서동 演窟菴 등 한성부의 사찰을 예조에서 內需司로
이관하여 주장케 하였는데,[88] 왕실불교의 전개를 용이하게 하기 위한
조처였다.

　한편 성종이 1490년(성종 21) 無度牒僧을 充軍시키고, 1492년(성종 23)
度牒制를 폐지하자 인수대비와 인혜왕후가 강력히 저지하고자 하였다.[89]
그리고 성종의 후궁들 가운데 숙용 홍씨, 숙용 정씨, 숙원 김씨 등은 태종의
후궁 의빈 권씨와 명빈 김씨의 불사를 계승하여 전개하였다. 즉 1493년(성종
24) 그들은 남양주 수종사 팔각5층석탑을 조성하고 탑내에 석가여래좌상과
금동좌불상을 봉안하기도 하였다.[90] 이는 「金銅釋迦坐佛像 發願文」[91]에

---

86) 『세조실록』권41, 세조 13년(1467), 2월 25일 신유조, 기성군 유자환 졸기 ; 『성종실
　　록』권32, 성종 4년(1473), 7월 16일 을사조 ; 『신증동국여지승람』권3, 한성부
　　불우조 ; 김수온, 「道成庵記」, 『拭疣集』권2, 記類.
87) 『성종실록』권32, 성종 4년(1473), 7월 20일 기유조.
88) 『성종실록』권173, 성종 15년(1484), 12월 17일 경오조 ; 『신증동국여지승람』권3,
　　한성부 불우조.
89) 도첩제 폐지에 대해서는 다음의 논문을 참조하기 바람.(황인규, 「한국불교사에
　　있어서 度牒制의 시행과 그 의미」, 『보조사상』22, 2004 ; 황인규, 『고려말·조선전
　　기 불교계와 고승연구』, 혜안, 2005 ; 이경하, 「소혜왕후의 불교옹호발언과 젠더권
　　력관계」, 『한국여성학』20-1, 한국여성학회, 2004.)
90) 참고로 심덕부의 후손으로 原從功臣 沈末同의 딸인 성종의 후궁 淑容 沈氏

의하여 알 수 있다.

그러나 조선조 폭군인 연산군은 재위 10년(1504) 무렵부터 폐행과 유불탄
압책을 자행하였다. 즉 어머니 폐비 윤씨를 죽음으로 몰고 가게 했다고
하여 인수대비와 성종의 후궁 숙의 엄씨·숙의 정씨, 덕종의 후궁인 귀인
권씨에 대한 박해를 가하면서 불교계도 탄압을 서슴지 않았다.[92] 즉 1504년
4월 27일 인수대비가 죽자 도첩제를 폐지하였으며, 12월 26일 원각사
마저 폐치하였고, 명종 5년(1550) 선교양종이 부흥될 때까지 무종단의
척불의 분위기가 지속되었다.

숙의 정씨는 앞서 언급한 수종사 불사에 참여한 숙용 정씨인데, 이때
죽음을 당하였고 그 외에 출궁된 후궁들도 있었다. 즉 성종의 洪淑儀도
직첩을 빼앗겨 출궁되었다가 중종 1년(1506) 자수궁에 입궁하게 되며,[93]
수종사 불사에 참여했던 성종의 후궁 淑容 金氏도 출궁되어 집에 불상을
모시고 신행을 하였다가 그러한 사실이 알려져 중종 10년(1515) 문제가
되기도 하였다.[94] 폐비 윤씨의 축출과 관련되었던 덕종의 후궁 귀인 권씨도
죽자 비구니 惠明이 이미 화장했었는데, 무덤이 비어 있다고 하여 혜명
등을 의금부에 가두고 국문하였다.[95] 따라서 덕종의 후궁인 귀인 권씨도
비구니로 출가했을 가능성이 있다.[96]

(1465~1515) 묘표가 전 일본총리 다카하시 고레키요(高橋是淸) 기념공원(도쿄
미나토구 소재)내에 있었다가 2001년 반환되어 서울시 은평구 진관동 126에
다시 세워졌다.

91) 윤무병, 「수종사 팔각5층석탑내 발견유물」, 『김재원박사 회갑기념논총』, 을유문화
사, 1969 ; 불교중앙박물관 소장 ; http ://museum.buddhism.or.kr/ ; 유마리, 「수종
사 금동불감 불화의 고찰」, 『미술자료』 30, 국립박물관, 1982.

92) 『연산군일기』 권52, 연산군 10년(1504), 3월 20일 신사조 ; 『해동야언』 3, 연산군
許筬 撰.

93) 『중종실록』 권1, 중종 1년(1506), 9월 2일 무인조.

94) 『중종실록』 권21, 중종 10년(1515), 1월 18일 병자조.

95) 『연산군일기』 권52, 연산군 10년(1504), 4월 26일 정사조.

96) 덕종의 1남 月山大君 李婷의 부인 승평부부인 박씨는 1489년(성종 20) 1월에
부군의 명복을 빌기 위해 『지장보살본원경』을 인간하고, 그 이듬해 1490년(성종
21)에 대군의 齋庵을 지었다.(學祖, 「地藏菩薩本願經 跋文」 : 천혜봉, 앞의 논문

그런데 앞서 언급한 비구니 고승 혜명은 1482년(성종 13) 무렵 선종판사
乃浩와 인수대비, 그리고 정업원 주지 비구니 尹氏(篔城君 柳子煥의 처)와
惠善·學惠·性戒·戒允 등 비구니들과 교유했다.[97] 혜명은 궁궐을 드나들며
정업원의 비구니와 후궁들과 교유했는데, 중종 3년(1509) 무렵 삼화상
學祖와 더불어 대표적으로 처벌받아야 할 '二妖'로 지목되었다. 그리하여
혜명은 동대문 밖에 기거하였는데,[98] 정순왕후 송씨와 교유했을 것이다.

그런데 연산군 10년(1504) 무렵 세조의 후궁 謹嬪 朴氏는 1425년(세종
7)에 태어나 세조 4년(1459) 무렵 숙의와 귀인이 되었고 성종 14년(1483)
6월 빈에 올라 자수궁(昌壽宮)에 머물렀다. 1남 덕원군 이서와 2남 창원군
이성을 낳았다.[99] 성종 16년 자수궁에 거처하다가 나이 80세에 비구니로
출가하였으나, 연산군의 연회에 동원되는 등 수모를 당하였다.[100] 그 후
성종의 후궁들도 성종이 죽자 비구니로 출가하였다고 하며, 그 출가를
주관한 비구니 善精은 처벌을 받았다.[101]

연산군은 후궁들의 거처를 통제하고 비구니를 환속케 하고자 하였다.
즉, 그 무렵 자수궁·수성궁·창수궁 등에 머물렀던 비구니로 출가한 세종·문

33쪽 및 각주 24) 재인용)

97) 『성종실록』 권140, 성종 13년(1482), 4월 13일 신해조 ; 『성종실록』 권140, 성종
13년(1482), 4월 18일 병진조 ; 『연산군일기』 권3, 연산군 1년(1495), 2월 10일
갑자조.

98) 『중종실록』 권1, 중종 1년(1506), 9월 17일 계사조 ; 『중종실록』 권6, 중종 3년(1508),
5월 14일 신해조 ; 『중종실록』 권6, 중종 3년(1508), 5월 15일 임자조 ; 『중종실록』
권7, 중종 3년(1508), 10월 14일 무인조 ; 『중종실록』 권6, 중종 3년(1508), 5월
10일 정미조.

99) 『성종실록』 권179, 성종 16년(1485), 5월 9일 무오조 ; 『세조실록』 권47, 세조
14년(1468), 11월 28일 갑신조 哀冊文과 誌文 ; 『예종실록』 권2, 예종 즉위년(1468
년), 11월 28일 갑신조. 세조는 정희왕후 외 후궁 세 명을 두었다. 즉 謹嬪 朴氏와
선원계보에 오르지 못한 昭容 朴氏와 신숙주의 딸 淑媛 申氏이다.

100) 『연산군일기』 권55, 연산군 10년(1504), 9월 4일 신묘조. 근빈 박씨의 묘는 경기도
양주군 주내면 광사리에 있다.

101) 『연산군일기』 권56, 연산군 10년(1504), 11월 13일 기해조 ; 『연산군일기』 권56,
연산군 10년(1504), 12월 23일 기묘조.

종·세조의 후궁을 한 궁으로 모아 통제를 하고 성종의 후궁을 환속케
하려고 시도하였으나, 侍婢출신 비구니만 환속케 하였다.[102]

　뿐만 아니라 2년 후인 1506년(연산군 12) 淨業院 비구니에 대한 탄압도
자행하였다. 정업원의 비구니 일부만 남기고 나머지 비구니들은 연방원의
房婢로 삼았다.[103] 불교에 대한 탄압은 중종대에도 더욱 심하여 갔다.
비록 정현왕후와 계비 문정왕후가 있었지만, 궁중과 불교도와의 왕래만
있을 정도였다.[104]

　이렇듯 정업원에 대한 폐치가 거듭되면서 정업원을 대신해 후궁인 별궁
이 불교신행을 대신하기도 하였는데, 중종대에 연산군의 후궁 淑儀 郭氏가
비구니로 출가하여 정업원 주지로 활동하였다. 연산군의 후궁 숙의 곽씨의
아버지 곽인은 柳洙와 繼室인 權致中의 딸을 아내로 두었는데, 권치중의
딸이 후궁 숙의 곽씨의 어머니다. 후궁 숙의 곽씨의 외할머니 李氏는 讓寧大
君의 종 출신 첩의 딸이었다.[105] 후궁 숙의 곽씨는 1492년(성종 23) 후궁이
되었고,[106] 연산군이 죽은 후 비구니로 출가하여 1519년(중종 14) 무렵까지
살았다.[107]

　앞서 살펴 본 바와 같이 연산군과 중종의 불교탄압 강화에도 불구하고
후궁들의 불교신행은 계속되었다. 연산군대 무렵부터는 정업원이 폐치가
거듭되면서 후궁이 정업원의 역할을 하였다. 그 무렵 연산군 10년(1504)
세조의 후궁 謹嬪 朴氏는 비구니로 출가하였고, 특히 연산군의 후궁 숙의
곽씨는 비구니로 출가하여 정업원 주지로 활동하였다. 즉 문정왕후가
1517년(중종 12) 왕비로 책봉될 무렵 단종의 비 정순왕후(1440~1521)도

102)『연산군일기』권53, 연산군 10년(1504), 윤4월 19일 기묘조.
103) 위와 같음.
104)『중종실록』권21, 중종 10년(1515), 1월 18일 병자조.
105)『중종실록』권37, 중종 14년(1519), 12월 17일 정축조.
106)『연산군일기』권61, 연산군 12년(1506), 2월 18일 무진조.
107)『중종실록』권37, 중종 14년(1519), 12월 17일 정축조 ; 황인규,「조선전기 정업원과
　　비구니」,『한국불교학』51, 한국불교학회, 2008.

후궁 숙의 곽씨가 죽은 지 2년 후인 1521년(중종 16)까지 청룡사에서 불교신
행을 전개하였다. 그리고 성종의 계비 貞顯王后 尹氏도 1530년(중종 25)
죽을 때까지 불교신행을 하였고, 중종의 후궁 熙嬪 洪氏는 1543년(중종
38)『자비도량참법』을 간행하는 등 불교신행을 전개하였다. 앞서 언급한
바와 같이, 선조의 조모인 중종의 후궁 昌嬪 安氏는 모시던 중종이 죽자
관행처럼 인수궁에 들어가려고 했는데 문정왕후가 만류하였다고 한다.108)
그래서 인수궁은 바로 비구니원인 仁壽院이었고, 아예 仁壽寺라고 불리기도
하였다.109) 그러한 후궁들의 불교신행 및 비구니 출가는 명종대 문정왕후의
지원 속에 허응보우의 선교양종의 부흥으로 계승되어간다.110)

5. 맺음말

이상으로 조선전기 왕실녀 비구니 출가의 제 기록을 검토하였는데,
그 성과를 정리하면 다음과 같다. 후궁들 가운데 조선전기 태종의 죽음
이후 조선중기까지 관행처럼 십수 명이 출가하여 비구니가 되었다. 하지만
출가한 후궁으로 기록에 남아있는 것은 수 명에 지나지 않는다. 즉, 태종의
후궁인 의빈 권씨와 신녕궁주 신씨, 그리고 출궁을 당한 숙공궁주 김씨도
출가하였다. 또한 세종의 후궁 신빈 김씨, 연산군의 후궁 숙의 곽씨 등이
있다. 그 가운데 후궁 곽씨만이 정업원 주지를 하였고, 그 외에는 후궁에
주석하였다.

이렇듯 후궁들이 출가한 것은 후궁이 본래 지닌 성격 때문일 것이다.

108) 申晸,「昌嬪神道碑銘 幷序」,『汾厓遺稿』권10, 碑銘 ; 正祖,「昌嬪墓致祭文」,『弘齋全書』
    권21, 祭文3 ; 正祖,「昌嬪墓致祭文」,『弘齋全書』권23, 祭文5.
109) 南九萬,「昌嬪墓誌銘」,『藥泉集』14, 應製錄. 실록에서도 자수궁과 인수궁을 각기
    자수사 인수사로 부르고 있다.(『현종실록』·『현종개수실록』,「현종대왕 崇陵誌」)
110) 그동안 문정왕후의 지원 속에서 이루어진 허응당 나암보우의 선교양종 부흥은
    이러한 왕실녀와 후궁의 비구니 출가사실을 간과하였다. 나암보우에 대해서는
    필자도 다음의 논문을 게재한 바 있다.(황인규,「나암보우의 불교계 활동과 문도」,
    『동국사학』40, 동국사학회, 2004 ;「나암보우와 조선불교계의 고승」,『보조사상』
    24, 2005.)

모시던 왕이 죽은 후 궁에서 여생을 보내야 했고 개가를 할 수도 없었다. 하지만 후궁들이 굳이 출가까지 하게 된 것은 불교신행의 발로였다. 고대부터 흥성했던 불교를 계승한 것이었다. 후궁에 머물면서 불교신행을 하거나, 정업원에 출가하여 주지를 하면서 왕실불교를 주도하기도 하였다.

  때문에 억불시책을 폈던 세종이나 억불시책을 본격적으로 강화하였던 성종조차도 선왕의 후궁의 출가를 막지 못했을 뿐만 아니라 보호하였다. 그러나 세조의 비 정희왕후 윤씨의 1476년(성종 7) 수렴청정의 철회와 1483년(성종 14)의 죽음 직후 사림정치가 본격화 되었고, 1504년(연산군 10) 덕종의 비 소혜왕후(인수대비)의 죽음을 계기로 하여 무종단 척불시대가 이어졌다. 하지만 비구니로 출가한 노산군 부인 송씨가 1521년(중종 16)까지 살아 있었고, 중종의 계비 문정왕후가 1517년(중종 12) 왕비로 책봉되었다. 따라서 문정왕후의 숭불은 왕후의 불교신행과 후궁의 비구니 출가 등 숭불신행을 계승하여 1550년(명종 5)부터 명종 20년까지 선·교양종이 부흥하기에 이른다. 즉, 연산군과 중종대의 불교탄압의 강화에도 불구하고 후궁들의 지속적인 불교신행이나 비구니 출가는 명종대 문정왕후와 허응당 나암보우의 불교부흥의 전개에 적지 않은 영향을 끼쳤던 것이다.

제5장 조선 유일의 공주출신 비구니

1. 머리말

고구려와 백제는 왕실에서 불교를 먼저 수용하여 홍포하였고[1] 신라는 법흥왕이 이차돈의 순교를 계기로 불교를 공인하고 불교를 전개하였다. 그 후 법흥왕과 비 묘법부인과 진흥왕과 비 사도부인도 출가하였다.[2]

고려 태조 왕건의 왕후인 神惠王后 柳氏와 부인 小西院夫人·大西院夫人 자매가 출가하였다.[3] 그리고 고려말 공민왕의 후비 惠妃와 愼妃 廉氏는 공민왕이 시해되자 비구니로 출가하였다.[4] 또한 혜비가 조선 건국 이후 처음으로 정업원의 주지가 된 이후, 1408년 의안대군(昭悼君) 芳碩의 부인 沈氏를 비롯한 왕실녀 및 귀족의 사녀들이 정업원에 머물면서 궁궐 및 도성의 불교를 주도해 나갔다.[5]

---

1) 『삼국사기』권18, 고구려본기 6, 소수림왕 2년 6월조 ; 『삼국사기』권24, 백제본기 2, 침류왕 1년 9월조.

2) 『삼국유사』권3, 原宗興法條 ; 『삼국사기』권4, 신라본기 4, 진흥왕조.

3) 『고려사』권88, 후비열전 1, 신혜왕후 유씨 ; 『고려사』권88, 후비열전 1, 대서원부인과 소서원부인 ; 황인규, 「한국 전근대 비구니 도량의 존재양상과 전개－문헌에 나타난 제 기록을 중심으로」, 『한국비구니승가의 역사와 활동』, 한국비구니연구소, 2010.

4) 『고려사』권89, 열전 2, 后妃2 愼妃廉氏 ; 『고려사』권89 열전 2 后妃2 惠妃李氏

5) 이에 대해서는 다음의 논문을 참조하기 바람.(현창호, 「정업원의 치폐와 위치에 대하여」, 『향토서울』11, 서울시사편찬위원회, 1961 ; 한우근, 「정업원과 니승·니사 제한」, 『유교정치와 불교』, 일조각, 1993 ; 이기운, 「조선시대 정업원의 설치와 불교신행」, 『종교연구』25, 2001 ; 이기운, 「조선시대 왕실의 비구니원 설치와 신행」, 『역사학보』178, 역사학회, 2003 ; 황인규, 「조선전기 정업원과 비구니」, 『한국불교학』51, 한국불교학회, 2008.)

이렇듯 숭유억불시책이 가속화되는 상황에서도 왕실녀의 비구니 출가 및 불교신행은 계속되었다. 본고에서 주목하고자 하는 것은 공주가 비구니로 출가한 경우이다. 한국의 역사 가운데 공주가 비구니가 된 사례는 조선시대 이전의 시기에는 찾아지지 않는다. 조선시대에 이르러 태조의 딸 경순공주와 문종의 딸 경혜공주가 비구니로 출가하였다.[6] 두 공주는 왕자의 난과 계유정난 및 단종복위운동이라는 정치적 사건에 연루되어 부군이 죽임을 당하자 비구니로 출가하였던 것이다.

두 공주는 조선시대뿐만 아니라 한국사에서 공주가 비구니로 출가한 유일한 사례이기 때문에 매우 주목된다. 본고는 조선의 경순공주와 경혜공주의 가계와 생애, 그리고 비구니출가와 불교신행에 대해서 살펴보고자 한다.

2. 태조의 딸 경순공주

(1) 가계

慶順公主(?~1407)는 태조 이성계와 계비 神德王后 康氏 사이에서 막내딸로 태어났다. 공주는 태조의 7남 撫安大君 芳蕃과 8남 宜安大君 芳碩의 동복누이이다. 이성계는 두 후비와 네 후궁을 두었다. 첫째 부인은 신의왕후 한씨이고 제2부인은 신덕왕후 강씨였다. 강씨가 죽은 후 誠妃 元氏를 맞아들

6) 조선후기 인조의 딸 孝明翁主(貴人 조씨의 딸, 戒珉比丘尼)가 출가했다고 하나 현재 확증할 만한 사료는 없다.(『戒珉門宗系譜』, 1~2쪽 ; 하춘생, 「근·현대 비구니 사의 전개와 문중확립」, 『한국비구니승가의 역사와 활동』, 한국비구니연구소, 2010, 310~311쪽.) 효명옹주(1637~1700)에 대해서는 다음 두 논저가 기본적으로 참조된다.(지두환, 「제2편 인조의 후궁－제1장 폐귀인 조씨 3. 서1녀 효명옹주」, 『조선왕실과 외척』 16, 역사문화, 2000, 333~342쪽 ; 신명호, 「4. 효명옹주－인조의 딸 : 옹주에서 해도여자로」, 『조선공주실록』, 역사의 아침, 2009.) 두 논저에서도 옹주가 출가한 사실은 찾아지지 않는다. 경혜공주에 대해서는 다음의 글이 있으나(신명호, 「2. 경혜공주－문종의 딸 : 나는 왕의 딸이다.」, 『조선공주실록』, 역사의 아침, 2009.) 불교사적인 천착은 아니다. 지두환, 「제2편 문종의 왕비－제1장 현덕왕후 2. 경혜공주」, 『조선왕실과 외척』 5-1, 역사문화, 2008, 259~276쪽.

였고 貞慶宮主 柳氏와 和義翁主 金氏, 이름이 전해지지 않고 있는 후궁이
한 명 더 있었다.

神懿王后 韓氏(1337~1391, 節妃)는 향처로서 이성계의 세력 근거지인
安邊의 세력가인 贈領門下府事 安川府院君 韓卿의 딸이다. 왕후는 우왕
대 포천의 滓枓洞의 田莊에 거주하였고, 1388년(우왕 14) 威化島 回軍 때
동북면으로 피난하기도 하였다. 왕후 한씨는 부군 이성계가 왕위에 오른
후 元信宅主에 봉해졌으나, 그 이전 1391년 병을 얻어 9월 55세로 죽었고
海淵郡 治粟村에 장사지냈다. 節妃로 봉하였다가 뒤에 承仁順聖 神懿王后라
는 시호를 받았다. 이성계가 왕위에 오르기 전까지 내조하였으나 두 아들이
왕위에 오른 것은 왕후의 죽음 뒤의 일이다.[7]

그런데 태조의 다음 왕위는 장자인 鎭安大君 方雨나 손자인 이복근이
후사가 되어야 했을 것이지만, 다 알다시피 제2남 永安大君 方果와 제5남
靖安大君 方遠이 왕위에 올랐다. 장남 진안군 방우는 아버지의 왕조창업을
지지하지 않았다. 그는 당시의 양주라고 할 燒酒를 많이 마시다가 병이
나서 1393년 12월 13일에 죽었다.[8] 제3남 益安大君 方毅는 조선건국에
참여하였으나 성질이 溫厚하여 時事는 말하지 않았다. 만년에는 병으로
杜門不出하였다. 제6남 德安大君 方衍은 1385년 과거에 급제하여 성균박사
에 올랐으나 일찍 죽었다.[9]

그에 반하여 방간과 방과, 특히 태종 방원은 정치지향적이었다. 즉 제4남
懷安大君 李芳幹은 공신책정에 불만을 품은 朴苞에게 현혹되어[10] 후사가

---

7) 神懿王后는 왕위에 오른 정종과 태종을 비롯하여 6남 2녀를 두었다. 즉 2남 定宗,
   5남 太宗, 1남 鎭安大君 芳雨(配, 贊成事 池奫의 딸), 3남 益安大君 芳毅(配, 鐵原
   崔氏의 딸), 4남 懷安大君 芳幹(配, 判書贈贊成事 閔璿의 딸, 판서 黃亨의 딸, 正郞
   琴仁排의 딸), 6남 德安大君 芳衍(成均博士였으며, 일찍 죽었다.), 1녀 慶愼公主(領相
   居易의 아들인 定社佐命功臣 上黨府院君 景肅公 李蔓의 아내), 2녀 慶善公主(좌의정
   沈德符의 아들 靑原君 沈淙의 아내)이다.(『연려실기술』 권1, 태조조 고사본말조,
   태조.)

8) 『태조실록』 권4, 태조 2년(1393), 12월, 13일 갑신조. 태조의 큰 아들 방우가 조선시대
   당시 일종의 양주였던 소주를 마시고 죽은 최초의 인물이 아닐까 한다.

9) 『태종실록』 권17, 태종 9년(1409), 윤4월 10일 임자조.

될 것이라고 믿었다. 제2남 永安大君 芳果는 왕세자가 되었으나 타고난
자질이 순수하고 근신하며, 의지와 행동은 端雅하고 正大하였기 때문에
장남이라고 불렸다고 한다.[11] 그리고 靖安大君 芳遠은 이성계의 아들 가운
데 가장 야심차고 정치지향적인 인물이었다. 그는 문과에도 급제하여
문무를 겸비하였고, 온건파의 태두 정몽주를 제거하여 이성계가 왕위에
오르는 데에 큰 공을 세웠다.[12]

그리고 앞서 언급했듯이, 이성계의 장남인 진안대군 방우의 아들이자
이성계의 적손인 李福根이 있었으나 세자로 책봉되지 못하였다. 즉 이복근
은 진안군과 奉寧府院君, 1418년(세종 즉위) 9월 大匡輔國奉寧府院君이 되었
다가 1421년(세종 3) 11월 3일 죽었다.[13] 아마도 이성계의 장손인 이복근은
아버지의 기질을 물려받았을 것이며, 게다가 삼촌 방간과 방원 등의 정치적
야심에 눌리어 왕세자가 되지 못했을 것이다.[14] 특히 방원은 위화도 회군
후 태조가 추대되자, 그러한 사실을 신덕왕후 강씨에게 알리고 신덕왕후를
모시고 공양왕을 알현하기도 하였다.[15] 왕후는 방원이 글 읽는 소리를
들으면서 친아들이 아님을 아쉬워했다고 한다.[16]

신덕왕후(?~1396)는 정비 신의왕후보다 5년 더 생존했고 왕후로 있은
지 4년 1개월간 건국초기의 어려움 속에서 살아야 했다. 신덕왕후의 본관은

10) 『태종실록』 권1, 태종 1년(1401), 6월 4일 신유조.
11) 『태조실록』 권15, 태조 7년(1398), 9월 5일 정축조 : 『정종실록』 총서.
12) 『태종실록』 총서 ; 황인규, 「고려말 이성계의 불교계 세력기반」, 『한국불교학』 28, 2001 : 황인규, 『고려후기·조선초 불교사 연구』, 혜안, 2003.
13) 『태조실록』 권7, 태조 4년(1395), 2월 13일 정축조 ; 『세종실록』 권14, 세종 3년(1421), 11월 3일 임술조. 봉녕부원군 이복근의 졸기. 伯剛(李居易의 아들로 태종의 사위)을 淸平府院君으로, 李福根을 大匡輔國奉寧府院君으로 삼아서 종실과 駙馬를 부원군으로 봉하기는 이로부터 시작되었다.(『세종실록』 권1, 세종 즉위년(1418), 9월 7일 갑인조.)
14) 장자가 세자가 되는 것은 관례였지만, 실록 등에 언급조차 되지 않은 것은 이러한 상황을 반증해주는 것이다.
15) 『연려실기술』 권1, 태조조 고사본말사조, 高麗政亂王業肇基 ; 『고려사』 권46, 공양 왕세가, 공양왕 3년, 7월, 정유조.
16) 『東閣雜記』上, 「本朝璿源寶錄」.

谷山(信川)이었고 判三司使 康允成의 딸이다.[17] 아버지 강윤성과 작은아버지 姜允忠·姜允暉 형제들은 충혜왕과 공민왕 때 재상권문가로서 세도를 떨쳤다. 왕후가 계비가 된 배경에는 신천 강씨의 권문세족으로의 명성이 크게 작용했다.

신덕왕후는 태조가 즉위하자 顯妃로 책봉되었다.[18] 실록에 의하면 '왕후는 품성이 貞淑하고 操行이 謹愼하여 평시에도 항상 儆戒하는 마음을 두고, 위태로울 때에는 대책을 결정하는 데에 참여하여 내조의 공이 매우 컸다'[19]고 한다. 그 후 1396년 9월 봉상시에서 현비의 존호를 神德王后로, 능호를 貞陵으로 이름하였다.[20]

그런데 왕후의 승하 후 2년 1개월 만에 제1차 왕자의 난(무인정사)이 일어나 태조는 왕위를 방과에게 물려주게 된다. 태조는 장성하고 왕조창업에 공을 세운 아들들이 있었음에도 불구하고 가장 어린 8남 의안대군 방석(신덕왕후의 소생)을 세자로 삼았는데, 신덕왕후와 정도전의 정치적인 힘이 컸다.[21] 하지만 1차 왕자의 난으로 그러한 시도는 무산되었을 뿐만 아니라 세자 방석과 사위 이제는 죽임을 당하게 된다. 뿐만 아니라 신덕왕후 강씨의 묘가 파헤쳐지고 첩실로 전락되었다.[22] 신덕왕후는 2남 1녀를 낳았다. 세자로 책봉된 의안대군 방석이 제8남이고, 방석의 형이 제7남 撫安大君 芳蕃(1381~1398)이고 이들의 누이가 바로 경순공주이다.[23] 그리

17) 『연려실기술』 권1, 태조조 고사본말조.
18) 『태조실록』 권1, 태조 1년(1392), 8월 7일 병진조.
19) 『태조실록』 권10, 태조 5년(1396), 8월 16일 신축조.
20) 『태조실록』 권10, 태조 5년(1396), 9월 28일 계미조.
21) 신덕왕후에 대한 연구를 소개하면 다음과 같다.(윤두수, 「신덕왕후에 관한 연구」, 『석당논총』 15, 동아대학교 석당학술원, 1989 ; 이현진, 「조선시대 신덕왕후 부묘론의 의의」, 서울대 『인문논총』 54, 서울대 인문학연구원, 2005 ; 윤정, 「숙종대 神德王后 本宮 추부논의와 本宮 인식의 변화」, 『한국사학보』 37, 2009.)
22) 『태종실록』 권17, 태종 9년(1409), 2월 23일 병신조. 후술하는 바와 같이 정릉에 이어 문종의 비 현덕왕후 권씨의 능인 소릉이 변을 당하게 된다.(『연려실기술』 권4, 단종조 고사본말조.)
23) 신덕왕후는 2남 1녀를 낳았다. 즉, 7남 撫安大君 芳蕃(配, 歸義君 王瑀의 딸이며,

고 공주의 이복자매로 신의왕후 소생인 제1녀 慶愼公主(?~1426)과 제2녀 慶善公主가 있었고[24] 후궁 소생으로 서 1녀 宜寧翁主[25]와 서 2녀 淑愼翁主[26]가 있었다.[27]

이와 같이 태조의 후비로는 신의왕후 한씨, 신덕왕후 강씨와 후궁 宜寧翁主의 모, 그리고 선원계보에 없는 和義翁主 김씨(?~1428), 성비 원씨(?~1449), 貞慶宮主 유씨(柳濬의 딸)가 있었다.

태조는 두 후비에게서 8남과 3명의 공주와 4명의 후궁에게서 2명의 옹주를 두었다. 태조의 장남인 진안대군 방우의 아들이자 이성계의 적손인 李福根이 세자로 책봉되지 못하고 계비의 소생인 방석에게 왕위가 결정되면서 경순공주의 생애도 소위 1. 2차의 왕자의 난이라는 왕실의 혈투에 휘말리게 된다.

嗣는 세종의 5남 廣平大君이다.), 8남 宜安大君 芳碩(세자로 봉하였다가 戊寅定社 때에 죽었다. 시호는 昭悼이다. 配는 대제학 沈孝生의 딸이다.), 3녀 慶順公主(開國功臣 興安君 李濟의 아내이다.)이다.(『연려실기술』 권1, 태조조 고사본말조.)

24) 『연려실기술』에 의하면, 태조는 신의왕후와의 사이에 2명의 공주를 낳았다. '1녀 慶愼公主는 定社佐命功臣 上黨府院君 景肅公 李薆의 아내이다. 이애의 初名은 佇이다. 1남을 두었다. 이애의 본관은 淸州이며, 아버지는 領相 居易이다. 그리고 2녀 慶善公主는 靑原君 沈淙의 아내이다. 1녀를 두었다. 심종의 본관은 靑松이며, 아버지는 좌의정 沈德符이다.'(『연려실기술』 권1, 태조조 고사본말조.)

25) 태조의 후궁 가운데 이름이 알려지지 않은 태조의 첫째 옹주인 의령옹주의 어머니가 있었다. 의령옹주는 啓川尉 李登에게 시집갔다.(『세조실록』 권8, 세조 3년(1457), 7월, 1일 임술조, 계천위 이등의 졸기)

26) 태조의 후궁 和義翁主 金氏(?~1428)는 김해 기생으로 이름은 七點仙이다. 관기로 있다가 인물이 출중하여 태조의 눈에 들었고, 딸을 낳은 후 화의옹주에 봉해졌고(『태종실록』 권14, 태종 7년(1407), 11월 2일 임자조.) 1428년(세종 10)에 죽었다.(『세종실록』 권42, 세종 10년(1428), 12월, 14일 신묘조.) 태조와 그녀 사이에서 숙신옹주를 낳았는데, 옹주는 홍언수의 아들 홍귀해에게 시집을 보냈다.(『연려실기술』 권1, 태조조 고사본말조.) 태조의 후궁 가운데 태조의 제1옹주인 의령옹주를 낳은 후궁에 대해서는 이름조차 알려져 있지 않고 있으며, 관기 출신 후궁 화의옹주(七點仙)에게서 제2서녀 숙의옹주를 낳았다.

27) 『연려실기술』 권1, 태조고사본말조 ; 지두환, 『조선의 왕실 1 - 태조대왕과 친인척』, 역사문화, 1999.

(2) 생애와 비구니 출가

앞서 언급한 바와 같이, 慶順公主(?~1407)[28]는 태조의 계비 신덕왕후 강씨의 외동딸로, 1385년(우왕 11) 무렵 신덕왕후 강씨가 곡산에서 머물 때 태어나 성장한 듯하다.[29] 1392년 개국공신 興安君 李濟에게 출가하여 시아버지 이인립을 모시면서 살았다.

> 이제는 본관이 星山이고, 태조의 셋째 딸 慶順公主의 부군이다. 개국 때의 공으로 興安君에 봉해졌고, 시호는 景武公이다. 태조의 개국을 도왔으므로 元勳에 기록하였고, 태조 7년 정도전의 난에 공도 죽음을 면하지 못하였다. 태종이 공과 남은의 공을 폐할 수가 없다고 하여 시호를 주고, 태조의 廟庭에 배향하였다.[30]

위의 인용한 글처럼, 이제는 여러 왕자와 더불어 흥안군이라는 책봉호를 받았고[31] 門下左侍中 裵克廉·右侍中 趙浚·門下侍郞贊成事 金士衡·鄭道傳과 더불어 개국 공신호를 받았다.[32] 또한 전지 170결과 노비 20구를 하사받

---

28) 慶順公主는 실록이나 「건원능신도비」 등의 기록처럼 慶順宮主라고 불렸다. 내명부의 제도가 확립되지 않은 시기였기 때문이다.(「건원능지석문」에 신의왕후의 소생이자 태조의 1녀 경신공주가 慶順宮主라고 잘못 기록되어 있다.) 그래서 조선후기의 기록인 『연려실기술』이나 『해동악부』 등에는 공주로 기록되어 있다. 참고로 성종의 후궁 淑媛 心氏의 소생으로 宜城尉 南致元에게 하가한 慶順翁主가 있었으므로 주의를 요한다.(『성종실록』 권290, 성종 25년, 5월 17일 갑진.) 실록의 宜寧에 있는 洛山寺의 寺田을 例賜田을 받았다(『중종실록』 권19, 중종 8년(1513), 11월 19일 계미조.)는 경순옹주는 태조의 딸 경순공주가 아니라 성종의 딸 경순옹주였다. 또한 소현세자의 3녀도 慶順郡主였고 이성계의 조상 度祖도 敬順王后 朴氏였다.
29) 신덕왕후의 친가 곡산에는 이성계의 권력 집중과 조선개국 과정에서 중요한 임무를 수행했다는 많은 일화가 전해오고 있다.(정약용, 「신덕왕후 강씨의 谷山本宮의 始末에 대한 啓」, 『다산시문집』 권10, 啓.) 곡산은 신덕왕후의 고향으로 이성계의 본향인 영흥에서 개경으로 가는 지름길이었고 개경을 오가다가 왕후를 만난 것 같고, 거기에서 머물면서 군사훈련도 하였다.
30) 『연려실기술』 권2, 태조조 고사본말조, 태조조의 名臣 李濟.
31) 『태조실록』 권1, 태조 1년(1392), 8월 7일 병진조.
32) 『태조실록』 권1, 태조 1년(1392), 8월 20일 기사조.

고,33) 왕실과 같은 종성 이씨를 사사받았는데34) 왕실의 지원과 보호를 받았다.

그런데 공주의 출가 후에 험난한 파도가 밀려오기 시작하였다. 그것은 1396년(태조 5) 어머니 신덕왕후의 죽음과 그로부터 2년 후인 1398년(태조 7) 부군 이제의 죽음이다. 신덕왕후 현비가 언제부터 병환에 있었는지 정확한 사실은 알 수 없다. 실록에 의하면, 1393년 2월에 왕후의 병환기사가 찾아지며, 그 후 1395년 7월에 병환이 다시 재발된 것 같다.35) 1396년 6월 무렵 병환이 다시 깊어지자 舊宮으로 거처를 옮겼다.36) 병환의 쾌차를 위해 내전과 회암사 등에서 기도를 올렸으나 별로 효험이 없었으며,37) 결국 1396년 8월 13일 승하하였다.38) 그 이듬해인 1397년 궁궐에서 그리 멀지 않은 漢城 皇華坊 북쪽에 장사지냈다. 현비의 존호를 神德王后라 하고 陵號를 貞陵이라고 이름하였다.39) 태조는 현비의 죽음을 애도하여 興天寺를 짓고 1천결이나 되는 비용을 지급하고 조계종의 본사를 삼았으며, 사찰내에 사리각을 세워 불경을 봉안하기도 하였다.40)

그런데 慧菴尙聰(생몰연대 미상)이 진주 청곡사에서 신덕왕후 강씨를 기리기 위해 대장경을 인성하고 향완을 조성하였다.

태조 6년(1397) 조선 개국성조의 중궁 神德王后의 본향인 진양대도호부의

33) 『태조실록』 권2, 태조 1년(1392), 9월 16일 갑오조.
34) 『태조실록』 권2, 태조 1년(1392), 9월 21일 기해조.
35) 『태조실록』 권3, 태조 2년(1393), 2월 1일 병자조 ; 『태조실록』 권8, 태조 4년(1395), 7월, 12일 계묘조.
36) 『태조실록』 권9, 태조 5년(1396), 6월 26일 임자조.
37) 『태조실록』 권10, 태조 5년(1396), 7월 1일 병진조 ; 『태조실록』 권10, 태조 5년(1396), 7월 7일 임술조.
38) 『태조실록』 권10, 태조 5년(1396), 8월 9일 갑오조 ; 태조실록』 권10, 태조 5년(1396), 8월 13일, 무술조.
39) 『태조실록』 권10, 태조 5년(1396), 9월 28일 계미조.
40) 『동문선』 권78, 記. 「貞陵願堂 曹溪宗本社 興天寺造成記」 ; 『연려실기술』 권7, 중종조 고사본말조, 승려가 유생들의 옥사를 속여 꾸미다.

비보사찰 청곡사 보광전 향로는 청곡사를 중창하는 尙聰비구가 공경스럽게
조성한다. 온전히 여러 갈래로 상주하는 승당의 소장임을 확인하나니,
법륜은 언제나 굴러서 널리 중생을 제도할 지어다. 이어서 함께 발원한
駕洛府院君 金師幸, 찬성사 金溱과 함께 청동에 은실을 아름답게 수놓은
기술자 金信剛의 이름을 기록하였다.[41]

慧菴尙聰은 1380년(우왕 6) 實相寺 長老의 尙聰이 중건하였으며 신덕왕후
가 죽자 추념하기 위해 대장경을 인성하였는데, 이미 '華藏寺住持 行解相應
圓悟大禪師'로서 염흥방이 발원한 대장경 인성에도 관여하였던 바 있다.[42]

41) 황수영, 『한국금석유문』, 「靑銅 銀入絲 靑谷寺銘 香埦銘」. "大明洪武三十年丁丑
朝鮮國開國祖聖朝中宮神德王后 本鄕晉陽大都護府禪補利靑谷社 普光殿香敬造 靑
谷重創比丘尙聰 全爲百分常住僧堂 所大藏印 成常轉法輪廣度衆生 同願駕洛府院君金
師幸贊成事金溱 入絲金信剛靑銅夫金."

42) 李穡(1328~1396)의 跋文에 의하면, 우왕 7년(1381) 廉興邦의 發願으로 찍어낸
것이다. 발문의 내용은 다음과 같다. 학계에 알려진 바 거의 없으므로 전문을
소개하기로 한다.
"門下評理廉仲昌父語予曰興邦事 玄陵由進士至密直典貢士極儒者榮所以 圖報之靡
所不爲也 如來一大藏敎萬法具擧三根齊被無 幽明無先後草凡成聖之大方便也是 以歸
崇日多流布日廣如吾者亦幸印 出全部焉所以追 玄陵冥福也同吾心助以財者雖甚衆吾
父 領三司事曲城府院君吾母 辰韓國大夫人權氏吾室之義父 判門下漆原府院君尹公前
判書朴公 出錢尤最多幹妓事化楮爲紙化紙爲 經捐其財盡其力者華藏大禪師尙聰 陽山
大禪師行齊寶林社主覺月 禪洞社主達劒又與吾同志者也將誌 諸卷末以告後之人幸子
無辭穡曰吾 先人文孝公事 玄陵濳邸及卽位穡由及第至政堂圖報 之至亦化大藏一部矣
吾二人者心同 事又同焉故不辭蒼龍 辛酉(1381)九月日 推忠保節同德贊化功臣三重大
匡領藝文春秋館事韓山君李穡跋.
同願慶尙道上元帥兼都巡問使推誠翊衛保理功臣重大匡宜春君南秩. 同願慶尙道按 廉使
兼鹽倉安集勸農使轉輪提點刑獄兵馬公事奉常大夫軍簿摠郎全五倫, 同願江州道兵馬使
奉翊大夫晉州牧使兼管內勸農防禦使樸藏,大功德主忠勤勳戴贊化功臣匡靖大夫門下評
理成均大司成藝文館大提學上護軍廉興邦, 平壤郡夫人趙氏, 同願忠誠守義同德論道保理
功臣壁上三韓三重大匡領三司事上護軍曲城府院君廉悌臣, 同願辰韓國大夫人權氏, 同願
推忠秉義同德燮理翊贊功臣壁上三韓三重大匡門下事上護軍漆原府院君尹桓, 同願奉
翊大夫前禮儀判書進賢館提學樸僻, 同願文化郡夫人柳氏, 同願華藏寺住持行解相應圓悟
大禪師尙聰, 同願陽山寺住持廣智圓明妙悟無尋大禪師行齊, 同願寶林社道人覺月, 同願
禪洞社道人達劒, 同願道人惠宗, 幹善道人智正"(樸相國, 「大谷大學의 高麗大藏經」, 『海
外典籍文化財調査目錄 ：日本 大谷大學 所藏 高麗大藏經』, 국립문화재연구소, 2008,
374~375쪽.) 하지만 신륵사대장각에서 대장경을 인성한 南山聰公(李崇仁, 「驪興郡

그리고 향완을 조성하였는데, 후대의 지리지에도 '在月牙山 洪武丁卯神德王
后願堂 有二香爐 篆劃宛然 有願文七十字 皆銀字'라고 하여 향완의 존재를
알 수 있다.[43] 이러한 상총은 선종의 본산인 1396년 신덕왕후 강씨의
능침(정릉)사찰인 흥천사가 조계종 본사가 되자 감주로 취임하였으며,
1398년(태조 7) 왕에게 글을 올려 보조국사 지눌의 유제에 따라 교단을
쇄신할 것을 청하였던 것이다.

흥천사는 태조의 계비 신덕왕후 강씨와 아들 방번과 방석, 경순공주의
사위인 이제를 위한 원당이 되었다.[44] 공주는 어머니가 돌아간 2년 후에
부군 이제의 죽음을 맞게 된다.

새벽에 태조가 淸涼亭으로 거처를 옮겼는데, 조준 등이 백관을 거느리고
들어가 정도전과 남은 등의 죄를 아뢰었다. 또한 다시 세자를 봉하기를
청하니, 태조가 방석에게 이르기를, "너에게는 편하게 되었다." 하였다.
방석이 절하고 하직하자 賢嬪이 옷을 붙잡고 울부짖었지만, 방석은 옷을
뿌리치고 나갔다. 또 방번을 내보내기를 청하니, 태조가 말하기를, "세자는

神勒寺大藏閣記」, 『陶隱集』 권4, 記 ;『한국금석전문』 중세 하, 1984, 1217쪽)이
상총과 동일인물이라고 보기는 어려울 것 같다. 왜냐하면 남산 총공은 공민왕이
南嶽無聞이라는 이름을 남긴 남산종 승려일 가능성이 있으며(이색,「前 兩街禪師
聰公은 호가 無聞이고, 사는 곳은 南嶽인데, 玄陵께서 그에게 南嶽無聞을 친히
써서 내렸다」,『목은시고』 권6, 詩), 尙聰(1330?~1410?)은 『태고화상어록』에 '慧庵松
壙聰長老'로 나오고 있기 때문이다. 앞으로 이에 정치한 고증을 요한다.

43) 한국인문과학원,「晉州一寺刹 : 淸谷寺」,『韓國近代道誌』6(嶺誌要選2), 1991 ; 한국
인문과학원,「佛宇一覽一晉州 : 淸谷寺」,『한국근대도지』9(慶尙道誌), 1991. 그런
데 앞서 언급했듯이, 신덕왕후의 친가가 곡산 일대로 그곳에서 성장하였다고
하였는데 청곡사 일대인 진주에서는 신덕왕의 본향으로서 인식하고 있다. 지리지
에서 "본조에서는 태조가 顯妃의 內鄕이라는 이유로 晉陽大都護府로 승격시켰는
데, 太宗 때에 지금 명칭으로 고쳐서 목으로 만들었다."(『신증동국여지승람』 권30,
경상도 진주목 건치연혁)라는 기록이나, 청곡사 주변에는 태조 이성계가 목마른
말에게 물을 먹였다는 渴馬井과 현비가 그 아름다운 자태를 절 근처의 못에
비쳐보았다는 琴湖池 등에 얽힌 설화가 바로 그것이다. 현비, 즉 신덕왕후 강씨의
어머니가 진주 강씨 姜闓의 딸이었기 때문에, 신덕왕후도 당시 외가에서 아이를
낳는 풍습대로 진주에서 태어나 성장했던 듯하다.

44) 『정종실록』 권2, 정종 1년(1399), 10월 19일 을묘조.

그만이지만 너는 나간들 무슨 상관이 있겠느냐?" 하였다.

興安君 李濟가 옆에 있다가 오히려 칼을 빼어 두리번거리므로 공주가 이제에게 이르기를, "우리 부부가 만약 정안군 집으로 간다면 살 수 있을 것이오." 하였다.

방번이 서문으로 나가자 태종이 손을 잡고 말하기를, "네가 내 말을 듣지 않다가 이 지경에 이르렀다. 잘 가거라 잘 가거라." 하였다. 都堂에서 추격하여 (방석을) 중도에서 죽였다.[45]

위에서 인용한 글은 제1차 왕자의 난(무인정사)에 관련된 내용이다. 공주와 부군 이제와의 마지막 대화내용인 듯하다. 공주는 정안대군(태종)에게 몸을 의탁하여 살아남을 것을 권유하였지만 소용이 없었다. 제1차 왕자의 난으로 남편 이제와 두 남동생 방번과 방석이 芳遠에 의해 죽임을 당하였다. 그런 일이 일어난 이듬해 태조는 공주로 하여금 비구니로 출가하게 하였다.

태상왕이 慶順宮主로 하여금 비구니가 되게 하였는데, 宮主는 李濟의 아내였다. 머리를 깎을 때에 임하여 눈물을 줄줄 흘렸다.[46]

慶順公主는 태조의 딸인데, 芳蕃과 芳碩과 함께 神德王后의 몸에서 태어났다. 興安君 李濟에게 출가했는데, 방석의 난 때에 흥안군도 죽었다. 태조가 친히 나아가서 공주의 머리를 깎으면서 눈물을 줄줄 흘렸다.[47]

태조가 慶順宮主(경순공주)의 머리를 깎아주면서 눈물을 줄줄 흘렸다는 것이다. 1400년 제2차 왕자의 난이 일어나기 직전의 일이며, 태조 자신도 왕위를 둘째 방과(정종)에게 양위하였다. 따라서 태조는 정치적 암투에서 사랑하는 막내 딸의 목숨을 부지하도록 출가를 권유했을 것이다.

---

45) 『東閣雜記』上, 本朝璿源寶錄.

46) 『정종실록』 권2, 정종 1년(1399), 9월 10일 정축조.

47) 沈光世, 『海東樂府』 應敎.

하지만 공주가 비구니로 출가한 것은 근본적으로 불교신행의 발로였다. 특히, 아버지 태조와 어머니 신덕왕후의 불교신앙의 영향을 받았을 것이다. 태조의 후궁 정경궁주는 자신의 원당인 개성 관음굴을 승려 洪照를 주지로 삼아 중수케 하였다.[48] 따라서 태조의 후비뿐만 아니라 후궁들도 불교신행에 적극적이었을 것이다. 그리고 신덕왕후의 소생인 의안대군 방석의 형인 撫安大君 芳蕃의 부인 慶寧翁主 王氏(1377~1446)도 부군을 위해 사찰에서 재를 올리는 등 불교적 신앙심이 돈독했다. 세종의 5남 광평대군이 1437년(세종 19) 무안대군의 후사가 되었는데, 광평대군의 부인 신씨도 역시 1444년(세종 26) 비구니 慧圓이 된다.[49] 특히 의안대군의 부인 심씨는 친정아버지와 부군이 죽임을 당하자,[50] 1398년 무렵 비구니로 출가하였다. 1408년(태종 8) 혜비가 죽자 심씨는 정업원 주지로 재임하게 된다.[51]

경순공주는 비구니로 출가하였다가 1407년 8월에 자식이 없이 죽었고[52] 세종대에 공주의 부군 이제의 아우인 李潑의 아들 李閨을 후사로 삼게 하였다.[53] 공주가 어디로 출가하였는지, 그리고 어떤 사찰에서 머물렀는지 정확한 사실은 알 수 없다. 태조 이성계와 친한 고승으로는 無學·雪悟·祖生·月菴 등이 있었는데, 무학과 이성계가 머물렀던 회암사나 올케 의안대군의 부인이 비구니로 출가하여 머물렀던 정업원에 머물렀을 듯도 하다.[54]

---

48) 『세종실록』권95, 세종 24년(1442), 2월 11일 임인조.

49) 황인규, 「조선전기 왕실녀의 가계와 비구니 출가-왕자군의 부인과 공주를 중심으로 한 제기록의 검토」, 『한국불교학』57, 2010.

50) 『태조실록』권14, 태조 7년(1398), 8월 26일 기사조 심효생 졸기.

51) 황인규, 「조선전기 정업원과 비구니」, 『한국불교학』51, 한국불교학회, 2008.

52) 태종이 경순공주의 빈소에 조상 위문하였는데, 태상왕 태조와 상왕인 정종은 이복 동생의 죽음을 위해 연회에서도 고기반찬을 들지 않았다고 한다.(『태종실록』권14, 태종 7년(1407), 8월 7일 무자조 ;『태종실록』권14, 태종 7년(1407), 8월 16일 정유조.)

53) 『세종실록』권80, 세종 20년(1438), 3월 15일 기해조.

54) 無學은 태조의 왕사였고 祖生은 무학의 제자였다. 雪悟는 함흥에 머물고 있던 태조를 환궁시킨 화엄종 고승이었다.(『태종실록』권4, 태종 2년(1402) 11월 15일 갑오조.) 그리고 무학의 제자인 조생은 회암사 감주였고(『태조실록』권4, 태조 2년(1393), 11월 19일 경신조.), 월암은 태조가 아꼈던 고승이었다.(『세종실록』

경순공주는 비구니로 출가하여 불교신행심이 돈독하였던 올케들과 서로
교유하며 생활하였을 것이다.

3. 문종의 딸 경혜공주

(1) 가계

敬惠公主는 세종의 큰 아들인 5대 文宗 珦(1414~1452, 재위 1450~1452)와
현덕왕후 권씨 사이의 큰딸이자 단종의 친누이다. 문종의 어머니는 昭憲王
后 沈氏로, 문종은 성품이 단아하고 효행으로 세종과 昭憲王后의 총애를
받았다. 1421년(세종 3)에 왕세자로 책봉되었고, 1450년 37세로 왕위에
올랐다. 문종은 세자빈 권씨가 죽은 후부터 세종이 승하할 때까지 대리청정
을 하였고,[55] 문종이 나이 37세에 왕위에 오르자 권씨는 현덕왕후로 추존되
었다. 문종은 2년 4개월간 왕위에 있었으며, 왕비가 없이 지낸 조선 유일의
왕이다.[56] 문종은 현덕왕후 소생의 어려서 일찍 죽은 딸(1432?~1433), 경혜공
주(1435~1473), 사칙 양씨 소생의 敬淑翁主와 죽은 딸(1450~1451), 淑嬪
洪氏의 딸(1441~1444)이 있었다. 그리고 후궁 장씨와 소용 정씨가 어려서

권18, 세종 4년(1422), 10월 25일 기유조 ; 황인규,『무학대사연구-여말선초 불교계
의 혁신과 대응』, 혜안, 1999 ; 황인규,「조선전기 왕실녀의 가계와 비구니 출가-왕
자군의 부인과 공주를 중심으로 한 제기록의 검토」,『한국불교학』 57, 2010.)
55) 문종의 攝政과 관련된 기록이 다음에서 찾아진다.(『세종실록』 권81, 세종 20년
(1438), 4월 28일 신사조 ;『세종실록』 권100, 세종 25년(1443), 4월 19일 갑진조.)
하지만 문종은 섭정을 한 것이 아니라 代理聽政을 하였다고 보아야 할 것이다.
조선시대 문종이 처음으로 대리청정을 한 이후 경종, 경종, 장조(세도세자), 익종(효
명세자) 때 대리청정이 이루어졌다.(김순남,「조선 세종대 말엽의 정치적 추이-
세자의 代理聽政과 국왕·언관간의 갈등」,『사총』 61, 2005 ; 조미은,「조선시대
왕세자 대리청정기 문서 연구」,『고문서연구』 36, 한국고문서학회, 2010.)
56) 조선왕조에서 단종과 더불어 가장 짧은 기간 동안 재위한 왕은 제12대 인종
(1545~1546)으로 8개월, 제8대 예종(1468~1469)이 1년 2개월 동안 왕위에 있었다.
그 다음 문종이 2년 4개월간 왕위에 있었다. 할아버지 태종(1400~1418)이 원경왕후
민씨와 후궁 11명을 두고 아버지 세종(1418~1450)이 소헌왕후 심씨와 후궁 5명을
둔 것과 비교하면 극명하게 대조가 된다. 참고로 13대 명종과 18대 현종은 각기
정비 1명을 두고 후궁은 두지 않았다.

일찍 죽은 아들을 각기 낳았다.57) 敬淑翁主는 上護軍 姜徽의 아들 班城尉
姜子順에게 시집갔다.58)

문종은 1421년 세자로 책봉되어 1450년 즉위할 때까지 29년간이나 세자
시절을 보냈다.59) 14세 때인 1427년(세종 9)에 휘빈 김씨를 세자빈으로
맞이했다.60) 휘빈 김씨는 누대의 명가인 돈녕부판사 김구덕의 손녀이자
김오문의 딸이었다. 문종은 학문에만 전념했고 세자빈에게 관심이 그다지
없었던 듯하다. 세자빈 김씨는 세자의 사랑을 끌기 위해 壓勝의 술법을
행하다가 세종에게 발각되어 2년 3개월만인 1429년(세종 11) 7월 폐출되었
다.61) 3개월 후 세자는 현감 출신 봉려의 딸 純嬪 奉氏와 재혼했으나62)
역시 순빈에게 관심이 없었다. 순빈 봉씨는 2년이 지나도록 아이를 낳지
못하였다.

이에 1431년(세종 13) 3월 知嘉山郡事 권전의 딸 권씨, 直藝文官 정갑손의
딸 정씨, 長興庫 直長의 딸 홍씨 등 세 후궁을 들여 承徽(종 4품)로 삼았다.

57) 문종은 조선왕 중에서 순종 다음으로 가장 오랜 기간 세자로 있었다.(지두환,
「문종대왕 선원록」,『문종대왕과 친인척』조선의 왕실 5-1, 2008.) 恭嬪 최씨는
야사에 나온다. 즉『오주연문전산고』에서는 "문종의 왕후에 全州崔氏가 있었는데,
『古事撮要』와『皇明使』에는 보이지만 조선조에는 전하는 것이 없다."고 하여
공빈이 있었음을 알 수 있다.(이규경,「史籍雜說-한국 : 우리나라 史書의 빠진
글은 증거할 것이 없다는 변증설」,『오주연문장전산고』경사편 4, 사적류 2.)
58)『연려실기술』권4, 문종조 고사본말조.
59) 조선왕조에서 가장 오랫동안 세자로 있었던 인물은 마지막 왕인 순종이다, 2세에
세자로 책봉되어 32년간이나 세자로 있었다.
60)『세종실록』권36, 세종 9년(1427), 4월 9일 정묘조.
61)『세종실록』권45, 세종 11년(1429), 7월 18일 임술조. 휘빈은 남자가 좋아하는
부인의 신을 베어다가 불에 태워서 가루를 만들어 가지고 술에 타서 남자에게
마시게 하였다. 혹은 두 뱀이 교접할 때 흘린 精氣를 수건으로 닦아서 차고 있으면,
반드시 남자의 사랑을 받는다는 믿음을 가지고 있었다. 실제로 藥囊속에 베어
넣은 가죽신의 껍질이 있는 것을 가지고 다니다가 발각되기도 하였다고 한다.(『세
종실록』권45, 세종 11년(1429) 7월 20일 갑자.) 폐빈 김씨의 아버지 김오문과
큰아버지 김중엄 등이 파면을 당하였다.(『세종실록』권45, 세종 11년(1429), 7월
20일 갑자조.)
62)『세종실록』권46, 세종 11년(1429), 10월 15일 무자조.

그러자 순빈 봉씨는 질투가 심해졌고 세종과 소헌왕후는 그런 순빈 봉씨를 위무하였지만 별 소용이 없었던 듯하다. 세종은 '寢室의 일까지야 비록 부모일지라도 어찌 자식에게 다 가르칠 수 있겠는가' 하였다고 한다. 그 무렵 權承徽가 임신을 하게 되자, 순빈 봉씨는 더욱 분개하고 원망하여 소리내어 울기도 하였고 궁궐의 여종 召雙과 동성애까지 하였으며, 결국 그러한 사실이 알려져 1436년(세종 18) 10월에 폐출되었다.63) 세종은 중국에서 황제의 후궁을 황후로 삼았던 고사를 인용해 이미 두 번이나 딸을 낳았던 권 양원을 세자빈으로 삼았다.64) 후궁이 세자빈이 되는 것은 전례가 없었으나, 權專의 딸 良媛과 洪深의 딸 承徽 중에서 승진시켜 嬪으로 삼았다.65) 두 후궁은 일찍이 궁중에 들어와 閨範(예의 범절)이 일찍부터 드러났다고 한다. 두 후궁들은 兩宮(세종과 소헌왕후)의 보살핌을 받았지만 세자는 홍씨를 더 좋아했다. 하지만 결국 성품이 좀 더 어질고 딸을 낳은 良媛(종3품) 권씨가 세자빈이 되었다.66) 세자빈 권씨는 후에 顯德王后로 추존되었으며, 조선시대 후궁이 왕을 낳은 7명의 후궁 가운데 처음으로 왕후가 되었던 것이다.67)

顯德嬪의 誌文에 의하면, 왕후는 태조의 공신인 金幸의 후손인 花山府院君 權專의 딸이다.68) 권전은 딸이 세자빈이 된 후 中樞院副使, 工曹參判, 同知敦寧府事, 知中樞院事, 工曹判書, 中樞院使, 判漢城府事에 올랐는데 딸 권씨가 죽은 같은 해 겨울에 죽었다.69)

---

63) 『세종실록』 권75, 세종 18년(1436), 10월 26일 무자조.
64) 『연려실기술』 권4, 문종조 고사본말조.
65) 『세종실록』 권75, 세종 18년(1436), 12월 28일 기축조.
66) 김안국, 「顯德王后權氏顯陵遷葬誌」, 『慕齋集』 권14, 墓誌.
67) 참고로 왕을 낳은 후궁을 소개하면 다음과 같다. 즉 단종의 어머니 현덕왕후 권씨, 연산군의 어머니 폐비 윤씨, 광해군의 어머니 공빈 김씨, 경종의 어머니 희빈 장씨, 영조의 어머니 숙빈 최씨, 순조의 어머니 수빈 박씨, 영친왕의 어머니 귀비 엄씨이다.
68) 『세종실록』 권93, 세종 23년(1441), 9월 21일 갑인조.
69) 『세종실록』 권94, 세종 23년(1441), 윤 11월 18일 신사조.

세자빈 권씨는 1418년(태종 18) 3월에 洪州 合德縣의 私第에서 태어났
다.[70] 실록에 의하면 '세자빈 권씨는 나면서 정숙하고 아름다워 外華(풍채)
가 보통과 다르고, 말과 행실이 예절에 합하였고 타고난 성품이 閑靜(고요)하
여 入宮하여 칭찬이 잦아, 능히 東宮의 짝이 되었다'[71]고 한다. 세자빈
권씨는 14세에 입궁하여 6년 뒤인 1437년 세자빈이 되었다. 그런데 세자가
20세 때인 1433년(세종 15) 봄 세자빈 권씨가 첫 딸을 낳았으나 요절하였고,
2년 후인 1435년(세종 17) 둘째 딸 경혜공주를 낳았다. 세자빈 권씨는
24세 때인 1441년(세종 23) 7월 단종을 출산하고 산후통으로 다음 날 죽었다.

공주의 동생인 단종(1441~1457, 재위 1452~1455)은 문종의 큰아들로,
제6대 왕이다. 1448년(세종 30) 8세 때 왕세손으로 책봉되고, 1450년 문종이
즉위하자 왕세자로 책봉되었다. 1452년 5월 문종이 재위 2년 만에 경복궁
千秋殿에서 죽자 그 뒤를 이어 勤政殿에서 즉위하였다. 그런데 숙부 수양대
군은 1453년 쿠데타인 계유정난을 일으킨 뒤, 1455년 윤 6월 단종의 측근인
錦城大君 이하 여러 종친·궁인 및 신하들을 모두 죄인으로 몰아 각 지방에
유배시켰다.[72] 단종은 수양대군에게 왕위를 물려주고 상왕이 되어 昌德宮
으로 옮겨 살았다.[73]

1456년(세조 2) 6월 집현전학사 출신인 몇몇 문신과 成勝과 兪應孚 등
무신들이 상왕을 복위시키려는 사건이 일어났다.[74] 동모자인 金礩의 고발
로 실패하고, 이 사건의 주동 인물 중 많은 사람이 사형을 받았다. 이러한
단종복위운동으로 인하여 단종은 1457년 6월 魯山君으로 강봉되어 강원도

---

70) 『연려실기술』 권4, 문종조 고사본말조 ; 『세종실록』 권93, 세종 23년(1441), 9월
   21일 갑인조.
71) 『세종실록』 권93, 세종 23년(1441), 9월 21일 갑인조, 현덕빈 誌文銘.
72) 『단종실록』 권13, 단종 3년(1455), 2월 27일 계묘조 ; 『단종실록』 권13, 단종 3년
   (1455), 3월, 6일 신해조 ; 『세조실록』 권1, 세조 1년(1455), 윤 6월 11일 을묘조.
73) 『세조실록』 권2, 세조 1년(1455), 9월 3일 을해조 ; 『세조실록』 권2, 세조 1년(1455),
   11월 21일 임진조.
74) 『세조실록』 권4, 세조 2년(1456), 6월 2일 경자조 ; 『세조실록』 권4, 세조 2년(1456),
   6월 7일 을사조 ; 『세조실록』 권4, 세조 2년(1456), 6월 8일 병오조.

영월에 유배되었다.[75] 그 해 9월 경상도 순흥에 유배되었던 노산군의
숙부 錦城大君이 다시 단종복위운동을 계획하다가 발각되었다. 이에 단종
은 다시 노산군에서 서인으로 강봉되었다가 10월 마침내 죽임을 당하였
다.[76] 단종은 왕위에 있은 지는 3년, 상왕에 오른 지 2년이 되던 나이
17세로 寧越에서 죽음을 맞이했다. 이때 단종의 어머니 顯德王后 權氏의
어머니 阿只와 그 동생 權自愼도 죽임을 당하였다. 이미 왕후의 아버지
權專도 폐서인이 되었는데 단종의 어머니도 역시 폐서인으로 만들어 改葬하
였다.[77] 이로써 태조의 비 신덕왕후 강씨의 정릉에 이어 문종의 비 현덕왕후
권씨의 능인 소릉도 변을 당하였던 것이다.[78]

경혜공주의 올케인 단종의 비는 定順王后 宋氏(1440~1521)이다. 礪山
宋氏로, 부사 繼生의 증손녀이고, 知中樞院事 復元의 손녀이며, 판돈녕부사
玹壽의 딸이다. 1453년(단종 1) 간택되어 그 이듬해 왕비로 책봉되었다.
1455년 세조가 즉위함에 따라 懿德王大妃에 봉하여졌으나, 이듬해 사육신의
단종복위운동으로 1457년(세조 3) 단종이 魯山君으로 강봉되어 영월에
유배되자 부인으로 강등되었다.[79] 노산군 부인 송씨는 1456년(세조 2)
비구니로 출가하여 東門 밖의 동쪽 땅이 바라보이는 곳에 살았는데 정업원
주지라 했다고 한다.[80]

경혜공주의 유모인 세종의 후궁 惠嬪 楊氏는 남평현감 楊景의 딸이었

75) 『세조실록』 권8, 세조 3년(1457), 6월 21일 계축조.
76) 『연려실기술』 권4, 단종조 고사본말조.
77) 『세조실록』 권8, 세조 3년(1457), 6월 26일 무오조.
78) 『연려실기술』 권4, 단종조 고사본말조. "어느날 밤에 세조가 꿈을 꾸었는데 현덕왕
후가 매우 분노하여, '네가 죄 없는 내 자식을 죽였으니, 나도 네 자식을 죽이겠다.
너는 알아두어라.' 하였다. 세조가 놀라서 일어났는데, 갑자기 東宮(덕종)이 죽었다
는 기별이 들려왔다. 그 때문에 소릉을 파헤치는 변고가 있었다. 왕권을 빼앗긴
임금도 땅속까지 화가 미친 예를 보지 못하였는데, 우리나라에는 정릉·소릉 두
왕비의 능침이 변을 당하였다. 『逐睡篇』."
79) 『연려실기술』 권4, 단종조 고사본말조.
80) 『영조실록』 권117, 영조 47년(1771), 9월 6일 계묘조 ; 서울시사편찬위원회, 「한성
부」, 『東國輿地備攷』 권2 : 『서울사료총서』 1, 1956.

다.[81] 혜빈은 魯山君을 保育하면서 궁중의 일을 맡아서 하였다.[82] 문종이
동궁에 있을 때 들어와서 세자궁 소속의 후궁인 承徽가 되었는데, 세종의
총애를 받았다. 문종의 비인 顯德嬪이 죽자 궁중의 일을 맡아서 하였다.
혜빈의 3남 壽春君 李玹(세종의 서 6남)은 왕실의 비호를 받았는데,[83] 후술하
는 바와 같이, 혜빈 양씨와 아들인 한남군 이어와 영풍군 이전은 1455년(단종
3) 금성대군의 단종복위운동시 사사되었다.[84]

(2) 생애와 비구니 출가

앞서 언급한 바와 같이, 敬惠公主는 文宗(1414~1452)과 비 顯德王后
權氏의 외동 딸이다. 어머니 왕후 권씨는 花山府院君 權專과 12私學 文憲公徒
崔沖의 후손인 서운부정 崔鄘의 딸이다. 왕후 권씨가 24세 때인 1441년
단종을 낳으나 산후통으로 하루 만에 죽었다.[85] 이전에 왕후 권씨는
두 딸을 낳았는데 큰 딸은 돌이 지나지 않아 죽었고 둘째가 바로 경혜공주이
다. 문인 이승소가 지은 공주의 묘지명에 의하면, 공주의 생애를 대략
알 수 있다.[86] 공주의 생애에 있어서 중요한 사실은 공주가 2세 때 그의
어머니 권씨가 후궁이었다가 세자빈으로 간택되었다는 것이다. 공주는
세자빈의 딸이 됨으로써 平昌郡主가 되었고, 어머니 권씨가 왕후가 됨으로
써 공주가 되었던 것이다. 공주는 어머니 권씨와 후궁에서 살다가 세자빈의
거처인 동궁의 正堂으로 옮기게 되었고, 그의 어머니 권씨가 세자빈이
되면서 자선당으로 옮겨와 평창군주로서 어린 시절 대부분을 보냈다.[87]

---

81) 『세종실록』 권110, 세종 27년(1445), 12월 1일 경자조.

82) 『단종실록』 권2, 단종 즉위년(1452), 8월 7일 정묘조.

83) 『성종실록』 권240, 성종 21년(1490), 5월 5일 병진조 ; 『단종실록』 권14, 단종
3년(1455), 6월 5일 기묘조. 수춘군 이현의 졸기 ; 황인규, 「조선전기 정업원과
비구니」, 『한국불교학』 51, 한국불교학회, 2008.

84) 『弘齋全書』 권60, 雜著 7, 正壇 32인 증 의정부 영의정 寧陽尉 獻愍公 鄭悰.

85) 『연려실기술』 권4, 문종조 고사본말조. 昭陵의 폐위와 복위 ; 『세종실록』 권112,
세종 28년(1446), 6월 6일 임인조.

86) 이승소, 「敬惠公主墓誌」, 『三灘集』 권14, 墓誌.

그런데 어머니 권씨는 1441년 동생 단종을 낳고 하루만에 승하하였다. 그 후 공주와 동생 단종은 궁궐에서 나와 趙由禮(?~1455)의 집에서 그의 부인의 보살핌을 받았고[88] 특히 세종의 후궁 혜빈 양씨가 그들을 양육했다.

공주는 16세 때인 1450년(세종 32) 1월 鄭悰(?~1461)과 혼인했다.[89] 경혜공주의 부군은 정종으로, 노산군 부인(정순왕후)이 시양자를 삼은 정미수의 아버지이다. 부군 정종은 寧陽尉에 봉해졌으며,[90] 곧 형조판서가 되어 단종의 두터운 신임을 받았다.[91] 문종은 1451년(문종 1) 3월부터 경혜공주를 위해 궁궐 밖 경복궁과 창덕궁 사이에 위치한 北部 陽德坊의 인근의 집 30여 채를 이주시키면서 저택을 마련했다.[92]

그로부터 얼마 지나지 않은 5월 14일 세종의 3년상을 치르고 난 후 공주의 아버지 문종이 세상을 떠났다. 공주와 단종은 어머니와 할머니 소헌왕후 심씨, 할아버지 세종과 아버지 문종이 잇따라 세상을 떠남으로서 직계의 친혈육은 없게 되었다. 다행히도 그들을 길러준 세종의 후궁 혜빈 양씨와 그녀의 친아들 한남군과 영풍군, 혜빈의 양아들인 세종의 아들 금성대군, 그리고 공주의 부군 정종과 올케인 단종의 비 정순왕후 송씨

---

87) 『세종실록』 권111, 세종 28년(1446), 3월 27일 갑오조. 유모 於里尼라는 白氏와 조유례의 부인은 경혜공주에게 제2의 어머니나 마찬가지였다고 한다. 어리니는 세자빈 권씨 집안의 여종으로 姜善의 부인이며, 소문이 자자할 정도로 아주 총명했다.(신명호, 「2. 경혜공주-문종의 딸 : 나는 왕의 딸이다」, 『조선공주실록』, 역사의 아침, 2009.) 그런데 실록에 의하면 어리니는 성종과 선조의 保母로 나오고 있는데 아마도 다른 인물인 듯하다.(『연산군일기』 권54, 연산군 10년(1504), 6월 27일 병술조 ; 『연산군일기』 권54, 연산군 10년(1504), 6월, 28일 정해조.)

88) 『세종실록』 권117, 세종 29년(1447), 7월 17일 정미조 ; 『문종실록』 권12, 문종 2년(1452), 2월 13일 정축조.

89) 『연려실기술』 권4, 단종조 고사본말조 ; 『세종실록』 권127, 세종 32년(1450), 1월 16일 임진조.

90) 『세종실록』 권127, 세종 32년(1450), 1월 16일 임진조 ; 『세종실록』 권127, 세종 32년(1450), 1월 24일 경자조 ; 『문종실록』 권13, 문종 2년(1452), 9월 1일 경인조. 문종대왕 묘지문(誌文).

91) 『弘齋全書』 권60, 雜著 7 正壇 32인 증 의정부 영의정 寧陽尉 獻愍公 鄭悰.

92) 『문종실록』 권7, 문종 1년(1451), 4월 1일 기사조 ; 『문종실록』 권7, 문종 1년(1451), 4월 3일 신미조.

등의 인물들이 있었을 뿐이었다. 단종은 궁궐보다는 누나 경혜공주와 매형 정종의 양덕방 집이나 할아버지 세종과 할머니 소헌왕후가 자주 머물렀던 금성대군의 집에 머물기도 하였다.[93]

그런데 1453년 숙부 수양대군의 쿠데타인 계유정난이 일어났다. 그 후 단종은 왕위에 오른 지 3년 만인 1455년 윤 6월 11일 숙부인 수양대군에게 왕위를 물려주고 상왕으로 물러났다. 앞서 언급했듯이, 얼마 후 사육신과 금성대군의 단종복위운동으로 인해 공주의 주변인물들이 유배가거나 사사 되었다. 즉, 1455년(단종 3) 세종의 아들 錦城大君 瑜, 혜빈 양씨와 그의 아들 한남군 이어와 영풍군 이전, 공주의 부군 정종 등이 유배되었다.[94] 당시 경혜공주는 21세였고 동생 단종은 15세였다.

공주의 남편 정종도 역시 단종복위운동과 연루되어 1455년(세조 1) 영월 로 유배되었다가 공주의 병으로 인해 세조에 의해 풀려났다. 그러나 1456년 (세조 2) 사육신의 단종복위사건으로 죄가 가중되어 영월·양근·수원·통진 에 유배되었다가[95] 1456년(세조 2) 전라도 광주에 다시 유배되었다.[96] 공주는 유배지인 광주에서 온갖 곤욕을 당하면서도 정종을 원망하거나 불평하지 않았다고 한다.[97]

그런데 鄭悰은 1461년(세조 7) 광주 유배지에서 승려 性坦과 교유하면서 성불하고 사리가 분신하였다고 한다.[98] 정종이 정말 성불했는지 알 수 없으나, 승려 성탄 등 불교계와 모종의 소통을 하였던 듯하다. 이 일로

93) 『세종실록』 권94, 세종 23년(1441), 10월 2일 을축조 ; 『세종실록』 권97, 세종 24년(1442), 8월 27일 갑인조 ; 『세종실록』 권122, 세종 30년(1448), 11월 8일 경인조.
94) 『弘齋全書』 권60, 雜著 7, 正壇 32인 증 의정부 영의정 寧陽尉 獻愍公 鄭悰.
95) 위와 같음.
96) 공주가 순천에 유배했다는 사실이 오류라는 사실에 대해서는 정조가 잘 지적한 바 있다.(『홍재전서』 권60, 雜著 7, 正壇 32인 증 의정부 영의정 寧陽尉 獻愍公 鄭悰.)
97) 李承召, 「敬惠公主墓誌」, 『三灘集』 권14, 墓誌 ; 姜渾, 「鄭眉壽神道碑」; 경기도박물 관 편, 『경기 묘제 석조 미술』 상, 조선전기 도판 편, 경기도박물관, 2007 ; 윤종일, 『구리·남양주 문화유산기행』, 국학자료원, 2003.
98) 『세조실록』 권25, 세조 7년(1461), 7월 26일 갑자조.

정종은 1461년 승려 性坦 등과 반역을 도모하였다는 죄로 죽음을 맞이했다.
그런데 정종이 승려 성탄 등 불교계 세력과 연계하여 반란을 획책했을
개연성도 있다. 즉 담양에서도 승려 惠明이 향리와 관노 등이 나라에서
試才한다고 하면서 手搏戲를 하면서 몰래 勇士들을 뽑았으며,[99] 곧 '계유정
난'이 다시 발발하게 될 것이라고 하였던 것이다.[100] 하여튼 공주는 부군
정종이 죽임을 당한 직후 출가하여 비구니가 되었다.

> 호조에 傳旨하여 敬惠公主에게 賻儀로 쌀·콩 아울러 70碩, 正布 50필, 종이
> 1백권, 石灰 60석, 燭蠟 30근을 내려 주게 하였다.
> 史臣이 논평하였다. "처음에 鄭悰이 誅殺되니, 公主는 머리를 깎고 女僧이
> 되었는데, 매우 가난하였으므로, 세조가 불쌍히 여겨 노비(臧獲)를 돌려주
> 고, 內需司로 하여금 집을 지어서 주게 하였다. 아들 鄭眉壽는 나이 16세로
> 공주가 병이 위독해지면 藥餌(약이 되는 음식)를 반드시 먼저 맛보았고,
> 옷은 띠를 풀지 않았으며, 똥을 맛보기까지 하면서 병을 보살폈다."[101]

실록의 사관은 공주가 부군 정종이 죽자 비구니로 출가하였다고 한다.
하지만 공주의 불교 신행활동에 대한 사실은 그 어디에도 찾아지지 않는
다.[102] 아마도 숭유억불 분위기 때문인 듯하다.

다만 공주가 광주 유배지에서 낳은 아들 정미수를 데리고 입궁하였던
것은 사실인 듯하다.[103] 세조와 정비 정희왕후는 정미수를 문종의 유일한

---

99) 『세조실록』 권9, 세조 3년(1457), 9월 16일 정축조.
100) 『세조실록』 권8, 세조 3년(1457) 7월 5일 병인조. 필자는 이러한 것이 바로 불교계의
  단종 복위운동이었다고 생각한다. 좀 더 정밀한 고찰이 필요하다.
101) 『성종실록』 권38, 성종 5년(1474), 1월 1일 정해조.
102) 공주는 부군 정종이 죽자 출가하여 비구니가 되었다. 그런데 그 후 공주의 비구니
  불교신행활동을 담은 기록은 찾아지지 않고 있다. 이 때문에 환속했다는 견해가
  나오게 된 것이라고 생각한다.(신명호, 앞의 책, 91쪽.) 공주의 환속 가능성에
  대한 문제는 좀 더 정치한 연구가 있어야 할 것이다.
103) 공주가 광주 유배지에 가서 아들 정미수를 낳았다는 사실은 정조가 정리한 바
  있다.(『홍재전서』 권60, 雜著 7, 正壇 32인 중 의정부 영의정 寧陽尉 獻愍公 鄭悰.)

손이라고 하여 정미수를 친히 양육하고 세조가 眉壽라는 이름을 지어주
고104) 몰수한 재산과 노비(臧獲)를 내려 주는 등 환대했다.105)

공주는 실록의 사관이 기록한 것처럼, 1461년(세조 7) 비구니로 출가하였
다. 공주는 이미 비구니로 출가한 올케인 노산군 부인 송씨와 흥인지문
밖 청룡사와 인근 공주의 집에서 머물면서 불교신행을 하였을 것이다.
특히 노산군 부인 송씨는 1521년(중종 16) 죽었는데, 이에 앞서 1482년(성종
13) 무렵에 정업원의 주지에 오르는 세종의 후궁 혜빈의 3남 壽春君 李玹(세
종의 서 6남)의 부인 정씨와도 교유했을 것이다.106) 그리고 공주는 39세인
1473년(성종 4)에 죽음을 맞이했으며,107) 아들 정미수가 노산군 부인 송씨의
시양자가 되었다.108)

4. 맺음말

조선시대 왕후가 비구니로 출가한 사례는 단종의 비 정순왕후 송씨가
유일하다. 하지만 정순왕후(노산군 부인)는 폐빈이 되어 출가하였기 때문에
조선의 왕후가 비구니로 출가한 경우는 없다고 하겠다. 이전의 시기인
고려시대에는 신혜왕후 유씨와 대소서원부인 자매가 비구니로 출가하였고
고대의 시기에 법흥왕과 진흥왕의 왕비가 비구니로 출가하였다.

---

104) 『예종실록』 권5, 예종 1년(1469), 4월 10일 계해조.
105) 위와 같음.
106) 『단종실록』 권14, 단종 3년(1455), 6월 5일 기묘조, 수춘군 이현의 졸기 ; 『성종실록』
    권90, 성종 9년(1478), 3월 10일 임신조 ; 『성종실록』 권138, 성종 13년(1482), 2월
    2일 신축조 ; 『성종실록』 권240, 성종 21년(1490), 5월 5일 병진조 ; 황인규, 「조선전
    기 정업원과 비구니」, 『한국불교학』 51, 한국불교학회, 2008.
107) 경혜공주와 부군 정종의 묘는 경기도 고양시 덕양구 대자동 대자골 마을에 각분으로
    조성되어 있으나, 봉분은 경혜공주의 것만 남아 있다. 묘갈은 높이 122cm, 폭
    43cm이며 앞면에 '朝鮮國 敬惠公主之墓'라고 새겨져 있다. 뒷면은 심하게 훼손되어
    내용을 확인할 수 없다.
108) 『중종실록』 권34, 중종 13년(1518), 7월 5일 임인조 ; 『숙종실록』 권32, 숙종 24년
    (1698), 11월 9일 경진조.

   공주의 경우에도 조선 이전의 시기에는 없었으나 조선시대에 이르러 태조의 딸 경순공주와 문종의 딸 경혜공주가 찾아진다. 참고로 조선후기 인조의 딸 孝明翁主(貴人 조씨의 딸, 戒珉比丘尼)가 출가했다고 하지만 고증할 만한 사실은 찾아지지 않고 있다. 경순공주와 경혜공주는 정변으로 부군을 잃고 출가한 경우이다.

   전근대 여성들 가운데 지도자적 위치에 있었던 인물들이 왕실녀라고 할 수 있다. 그들은 뭇 여성들보다 신분적 경제적 특권을 누렸지만, 그러한 특권이 담보될 때만 가능했다. 하지만 친정인 왕실이나 시가가 정쟁의 회오리 속에 있을 때 왕실녀들도 함께 그 바람을 피할 수는 없었다. 그래서 승려로 출가한 사례도 적지 않다. 조선왕조를 건국한 태조의 딸 경순공주가 바로 그러한 인물이다.

   경순공주는 태조의 세 공주 가운데 가장 어린 딸로서 아버지 태조의 사랑을 받고 자랐을 것이다. 경순공주는 태조와 뜻을 함께 하였던 이제에게 시집을 간 후에도 역시 왕실의 비호를 받았다. 공주의 부군 이제가 전주 이씨 왕가의 성을 하사받은 사실에서 단적으로 알 수 있다. 그러나 어머니가 건국초기의 어수선함 속에 병을 얻어 돌아갔고, 이어 1차 왕자의 난, 즉 형제간의 골육상잔으로 두 남동생과 남편을 잃어야 하는 비극을 맛보아야 했다. 가장 영화로운 왕실의 가문에서 태어났지만 정쟁으로 사랑하는 두 동생과 부군을 보내야 했던 것이다. 공주 마저 신변이 위태로운 상황에 있었다고 생각이 든 태조는 친히 공주의 머리를 깎아 출가를 시켰다. 공주의 비구니 출가는 불교신행심의 발로였다. 공주와 직접 핏줄을 나눈 동생 의안대군(소도군) 방석의 부인 심씨와 무안대군 방번의 부인 왕씨 등과 함께 불교신행을 전개하였을 것이다.

   태조의 증손자 문종의 딸 경혜공주는 후궁이었던 어머니가 세자빈이 되면서 平昌郡主가 되었고 단종이 왕위에 즉위하면서 敬惠公主가 되었다. 어머니 현덕왕후 권씨가 단종을 낳고 다음날 승하하자 세종의 후궁 혜빈 양씨에 의해 양육되었고 鄭悰과 결혼하여 북부 양덕방 저택에서 남부럽지 않은 삶을 살았던 듯하다.

하지만 공주와 단종을 사랑했던 할아버지 세종이 승하한 지 3년만에 아버지 문종이 서거하면서 친혈육은 공주와 동생 단종뿐이었다. 어린 동생이 왕에 즉위하였으나, 숙부 수양대군이 쿠데타를 일으켜 왕위를 빼앗고 공주와 가까이 있었던 양모 혜빈 양씨와 그녀의 친아들 한남군, 영풍군 등 형제와 혜빈의 양아들인 세종의 제6남 금성대군 그리고 동생 단종과 부군 정종 마저 유배되어 사사되었다.

경혜공주는 부군 정종이 영월·양근·통진·수원에 유배를 가게 되자 상경 하게 하였고, 정종이 광주로 다시 유배를 가자, 거기서도 남편 정종을 극진히 모시면서 아들 정미수를 낳았다.

그런데 정종은 성탄 등 불교계 승려와 모종의 소통한 사실이 반역의 혐의를 받아 사사되었고, 그 직후 공주는 비구니로 출가하였다. 그러한 사실은 실록의 사관만이 사론으로 남겼을 뿐 여타의 다른 기록에서는 찾아지지 않는다. 즉 공주와 아들 미수가 세조의 부름을 받고 궁궐로 돌아왔고, 특히 정미수는 세조와 비 정희왕후의 극진한 보살핌을 받았다고 한다.

공주는 남편 정종이 죽은 직후 비구니로 출가하여 홍인지문 밖 아들 정미수의 집에 거주하면서, 인근 청룡사에서 역시 비구니로 출가한 올케 노산군(단종)의 비 노산군부인(정순왕후) 송씨와, 비구니로 출가한 세종의 5남 광평대군의 부인 신씨 혜원과 세종의 서 6남으로 혜빈 양씨의 아들인 수춘군 부인 정씨도 불교신행을 함께 하였을 것이다. 경혜공주는 39세인 1473년(성종 4)에 죽었으며, 아들 정미수는 단종과 정순왕후 송씨의 시양자 가 되었다.

제1장 근대 비구니의 동향과 덕숭총림
제2장 근현대 비구니와 정화운동
자료 소개 : 파주 보광사 관련 기록

제1장 근대 비구니의 동향과 덕숭총림

1. 머리말

비구니는 비구와 더불어 불교계의 양 날개를 이루면서 한국의 고중세 문화를 주도하였다고 생각되지만 그 실상을 알게 해주는 기록들은 찾기 쉽지 않다. 특히 불교가 억압을 받았던 조선시대는 물론이고 불교가 융성했던 고대나 고려시대조차 비구니들의 존재나 활동상이 제대로 알려진 바없다. 비구니들의 존재나 활동이 제한적이었기 때문이라기보다 여성이 남성보다 차별을 받았던 것처럼, 비구니도 비구에 비해 여러 가지 제약을 받았기 때문이었다.

그동안 비구니에 대한 연구성과는 개척 단계에 불과하다.[1] 도성 내에

---

[1] 최근에 이르러 근현대 비구니 고승의 삶과 가르침을 조명한 책이 간행된 것은 그나마 다행한 일이 아닐 수 없다. 즉 한국 근현대 비구니 고승에 대한 연구는 불교신문 기자 하춘생의 비구니 인물열전이라고 할 『깨달음의 꽃』 1.2(여래, 1998, 2001)가 있고, 근현대 비구니 강원과 선원에 대해서는 조계종 교육원의 다음 두 저서가 참고된다.(조계종 교육원, 『강원총람』, 1997 ; 조계종 교육원, 『선원총람』 2000.)
그리고 최근에 한국비구니의 조명을 다룬 두 학술서가 간행되었다.(한마음선원, 『동아시아 전통에서의 한국비구니의 삶과 수행』(학술포럼자료집), 2006 ; 전국비구니회, 『한국 비구니의 수행과 삶』, 예문서원, 2007. 특히 한국 비구니사에 대한 연구는 중앙승가대 불교학과 本覺스님께서 원력을 내시어 설립한 한국비구니연구소에서 10여 년간 기획·연구·출판한 일련의 연구서가 돋보이고 있다. 이를 소개하면 다음과 같다.(『(신문기사로 본) 한국 근현대 비구니 자료집』 1~6, 2003 ;『(신문기사로 본) 한국 비구니 자료집』 1·2(2001~2006), 2007 ;『비구니와 여성불교. 1 : 한국의 비구니와 여성불교』, 2003 ;『비구니와 여성불교. 2-1 : 비구니와 여성성불(1)』, 2003 ;『비구니와 여성불교. 2-2 : 비구니와 여성성불(2)』, 2003 ;『비구니와 여성불교. 3 : 석·박사 학위논문』, 2003 ;『비구니와 여성불교. 4 : 비구니와 여성불교』,

존재했던 비구니 도량인 정업원이 그 대표적인 도량이라고 알려져 있으며,
정업원에 대한 실상도 고려시대보다 조선전기의 기록이 대부분 남아있을
뿐이다. 정업원은 도성의 왕실녀나 사녀의 출가 수행처였다. 그 외 지방이나
산중의 비구니 도량에 대해서는 알려진 바 없다. 다행히 조선후기 여러
기록에 비구니들의 존재 및 그 활동상이 나타나고 있다. 비구니의 존재
및 활동은 조선말기, 특히 근대에 더욱 잘 드러나고 있다. 본고는 근대
비구니의 동향을 알아보고 근대불교를 중흥한 경허와 만공의 선풍의 본산
인 덕숭총림의 비구니들에 대해 살펴보기로 한다.

2. 근대 비구니의 동향

고려시대 이후 비구니 도량으로 잘 알려진 것은 정업원이다. 정업원의
비구니들이 전부인양 알려진 바 있으며, 억불시책으로 정업원은 조선중기
에 폐치되었다.[2] 그 후 현종 2년 무렵까지 慈壽院과 仁壽院이 그 역할을
대신하였다.[3] 도성내의 비구니원은 왕비 및 공주 등 왕실녀와 사족의
부녀자들의 출가와 신행처로서 궁궐 내에 있었던 일종의 내원당 내지

2003 ;『비구니와 여성불교. 5 : 한국 비구니 스님들 이야기』, 2003 ;『한국 고·중세
불교여성·비구니 자료집 : 정사류 편(번역문)』, 2005 ;『한국비구니수행담록』상·
중·하, 2007 ;『한국비구니명감』, 2007.) 비구니 스님에 대한 전거는 대개『한국비구
니명감』,『한국비구니수행담록』에 의하였다. 본고는 비구니 스님의 수행과 교육
및 활동을 바로 알려 한국불교, 특히 비구니 불교의 정체성을 확립하고 그 발전을
위해 서술되었다. 혹 사실과 다르거나, 스님들께 누를 끼치게 되지 않을까 우려된다.
특히 근현대 스님들의 입적시기(생몰연대 포함) 등의 표기는 200년대 조사된
자료에 의거했으므로 사실과 다를 수 있다. 이 점 독자의 양해를 바라마지 않는다.

2) 단종의 비 정순왕후가 청룡사나 그 근처에 주석하였던 사실은 널리 알려져 있다.
그 외에도 禮順비구니가 1624년(인조 2)경 청룡사에 주석하였다. 그녀는 바로
실록과 문집에 보이고 있는 女順 또는 英一이다.(『광해군일기』권147, 광해군
11년(1619), 12월 3일 임자조 ;『광해군일기』권81, 광해군 6년(1614), 8월 17일
정유조 ;『광해군일기』권81, 광해군 6년(1614), 8월 19일 기해조 ;『凝川日錄』
권1, 광해군 7년(1615), 10월 1일조.

3)『현종개수실록』권11, 현종 5년(1664), 윤6월 14일 갑술조 ;『현종실록』부록,
현종대왕 行狀.

내불당이었다.[4]

정업원 외 도성 내 23개 비구니 도량이 있었으나 조선 성종대에 폐치되었다. 실록에 의하면, 한성내 안암사,[5] 盤石坊 산속 2개소, 인왕산의 尼舍[6] 등 尼社 23개소의 비구니 도량이 폐치되었다. 다만 도성에서 멀리 떨어진 溫水洞(현 노원구 온수동)의 尼舍,[7] 東郊(현 동교동)의 尼舍,[8] 終南山 彌陀庵[9] 등의 비구니 도량은 조선후기까지 건재하였다고 하나 더 이상 자세한 사실은 알 수 없다.[10]

조선후기 현종대 이후 한성 외에 산중이나 지방에서도 비구니들의 존재

---

4) 한 기록에 의하면 명종대 무렵 자수원에 5000여 명의 비구니가 살았다고 한다(普雨, 「重修慈壽宮落成慶懺法席疏」, 『懶庵雜著』:『한국불교전서』7. "…萬歲叢林持律之 尼 不減於五千餘指….") 이에 대한 정밀한 검토가 요망된다. 그런데 여기서 하나 짚고 넘어갈 것은 다음과 같은 사실이다. 영조가 단종의 비 정순왕후 송씨를 위해 청룡사를 정업원으로 오인하여 구기비를 세웠으나, 정업원과 청룡사는 다른 사찰인 듯하다. 이와 관련하여 추모동에도 정업원이 있었다는 기록이 확인된다. 추모동은 숙종의 제1계비 仁顯王后의 탄생지로서, 현 서울 중구 순화동 43이다(『고종실록』권39, 고종 36년(1899, 대한 光武 3년), 7월 11일조.)
5) 『성종실록』권7, 성종 1년(1470), 9월 26일 신축조 ; 『연산군일기』권54, 연산군 10년(1504), 7월 29일 정사조.
6) 『성종실록』권55, 성종 6년(1475), 5월 27일 을해조 ; 『성종실록』권56, 성종 6년 (1475), 6월 기축조.
7) 『경종실록』권6, 경종 2년(1722), 3월 26일 신해조.
8) 『영조실록』권51, 영조 16년(1740), 2월 8일 기묘조.
9) 「洛庵堂尼首座思信之浮屠碑」, 『유점사본말사지』, 257~258쪽 : 『한국고승비문총집 조선조·근현대』, 480쪽.
10) 연구에 의하면, 성종 6년(1475) 유생들이 올린 배불폐사의 상소에 따라 22개의 사원의 훼철당하고 청룡사·청량사·보문사·미타사 등 4개의 사찰이 남게 되었고 이 4개의 사찰을 그 후부터 사승방이라고 부르게 되었다고 한다. 즉 조정에서는 이 4개의 승방만을 비구니 사찰로 인정하였기 때문에 다른 비구니 사찰은 공식적으로 인정될 수 없었다고 한다.(김응철, 「정업원과 사승방의 역사로 본 한국의 비구니 승가」, 『전통과 현대』7, 전통과 현대사, 1999, 80~81쪽.) 그러나 그러한 사실을 뒷받침해줄 기록이 찾아지지 않고 있어서 아쉽기 그지 없다. 다만 畵記에 의하면 고종대 이후 미타사를 제외한 3개의 사찰에 비구니들의 존재를 확인할 수 있다. 즉 1867년(고종 4) 普門寺에 道植·學性·布日·性華 등의 비구니들이, 1868년 (고종 5)에 청룡사에 義□·淨□·永□ 등의 비구니들이, 1871년(고종 8)에 청량사에 取允·善弘·永壽·勝喆·應璧 등의 비구니들이 활동하였던 사실을 찾을 수 있다.

가 찾아진다.11) 특히 금강산 일대의 사찰에서 활동한 비구니들을 찾아보면 다음과 같다. 현종대의 表訓寺의 法壯12)·德宗(1662년, 현종 3)13)·法宣(1668년, 현종 9), 영조대의 장안사 德訓14), 신계사의 洛庵思信(1710년, 숙종 36),15) 정조대의 보현사 定有女大師(1782년, 정조 6),16) 순조대의 장안사 관음암의 善根,17) 헌종대의 표훈사 靑蓮庵의 淨根(1838년, 헌종 4)18) 등이다.

그리고 삼남지방의 사찰에서도 비구니들의 존재가 다음과 같이 나타나고 있다. 즉 숙종대의 대구 把溪寺의 義性(1704년, 숙종 30),19) 합천 해인사 삼선암의 金法性(1840년, 헌종 6)20)과 구례 천은사 車性主(1842년, 헌종 8),21) 순조대의 영천 은해사의 處一과 世察(1816년, 순조 16)22) 등이다.

11) 조선후기 주요 비구니 고승을 소개하면 다음과 같다. 즉 광해군대 李女順(英一)(『광해군일기』 권81, 광해군 6년(1614), 8월 17일 정유조 ;『광해군일기』 권81, 광해군 6년(1614), 8월 19일 기해조 ;『광해군일기』 권81, 광해군 6년(1614), 8월 19일 기해조.)과 인조대 惠英(『인조실록』 권47, 인조 24년(1646), 6월 3일 무인조.), 효종대 雪明(『효종실록』 권8, 효종 3년(1652), 3월 4일 을해조), 영조대 假善(『영조실록』 권99, 영조 38년(1762), 윤5월 14일 병자조) 등은 실록에 등장하는, 당시 주목받은 비구니이다.
12) 「44. 회양 표훈사 풍담당 의심대사비문」, 이지관,『한국고승비문총집－조선조·근현대』, 가산불교문화연구원, 2000, 224쪽.
13) 「47. 영변 안심사·회양 표훈사 허백당 명조대사비문」, 이지관,『한국고승비문총집－조선조·근현대』, 가산불교문화연구원, 2000, 237쪽.
14) 「유명 조선국 회양부 금강산 장안사 만천교중건비」,『유점사본말사지』, 357쪽.
15) 「119. 고성 신계사 비구니 낙암당 사신비문」, 이지관,『한국고승비문총집－조선조·근현대』, 가산불교문화연구원, 2000, 480쪽.
16) 「139. 영변 보현사 비구니 정유여대사비문」, 이지관,『한국고승비문총집－조선조·근현대』, 가산불교문화연구원, 2000, 554~555쪽.
17) 「금강산 장안사 관음암 개화기문」,『유점사본말사지』, 382쪽.
18) 「표훈사 청련암 중창기」,『유점사본말사지』.
19) 「68. 대구 파계사 현응당 영원대사비문」, 이지관,『한국고승비문총집－조선조·근현대』, 가산불교문화연구원, 2000, 308쪽. 화기에 의하면, 1707년(숙종 33) 파계사에 義性·學訥·性學·釋仁 등의 비구니들이 더 활동하였음을 알 수 있다.(홍윤식 편,『한국불화화기집』 1, 가람사연구소, 1995, 67쪽.)
20) 한국비구니연구소,『한국비구니명감』, 55쪽.
21) 『운문회보』 13, 1985.7.13 ; 한국비구니연구소,『한국비구니수행담록』 상, 2007, 48~52쪽.

이와 같이 현종대인 1660년대 초반부터 헌종대인 1840년대까지 180여
년간 제 기록에서 찾아지는 비구니는 십수 명에 불과하지만, 그 후 그
수는 점차 증가한다.23) 특히 앞서 언급한 바와 같이 금강산 일대 사찰에서
활동한 비구니들이 적지 않았다. 그 가운데 신계사 思信과 보현사 정유는
如大師라는 칭호를 받고 있어서 주목된다. 비문에 의하면, 1694년(숙종
20)에 思信이 종남산 미타암에 주석하고 있는 '仁氏之後裔', 즉 숙종의
제1계비 仁顯王后의 후예인 듯한 비구니 法贊에게 출가하였다. 思信의
제자로는 태희와 大블 등의 비구니가 있었다.24)

이렇듯 조선후기 비구니의 계속적인 증가는 다음과 같은 사정 때문이라
고 생각된다. 첫째, 조선후기 현종대 척불기를 거치면서 도성내의 비구니
도량은 폐치되었지만,25) 산중에서 비구니 도량의 창건은 오히려 증가되었
다. 즉, 억불시책으로 인하여 세종대 선교양종의 공식 지정사찰 36寺 외에는
모두 산중에 자리를 잡기 시작했고, 비구니들도 점차 산중 사찰에 머물지
않을 수 없었다.26)

---

22) 「151. 영천 은해사 영파당 성규대사비문」, 이지관, 『한국고승비문총집 – 조선조·근
현대』, 가산불교문화연구원, 2000, 597쪽.
23) 1861년(철종 11) 비구니 尙曄이 신계사의 文殊庵을 창건하다.(『유점사본말사지』
「신계사연혁」.) 고승비문과 명감에 나타난 비구니만 그렇다는 것이다. 사찰사지
등의 제 기록을 찾아보게 되면, 그 숫자는 더 상회할 것이다.
24) 「119. 고성 신계사 비구니 낙암당 사신비문」, 이지관, 『한국고승비문총집 – 조선조·
근현대』, 가산불교문화연구원, 2000, 480쪽.
25) 白谷處能이 전국의 승려를 대표하여 한 諫廢釋敎疏의 적극적인 상소도 마지막으로
남은 비구니 도량에 대한 수호였다.(백곡처능, 「諫廢釋敎疏」, 『大覺登階集』 권1,
『한국불교전서』 8 ; 김용조, 「白谷處能의 간폐석교소에 관한 연구」, 『한국불교학』
4, 1979.)
26) 당시 승려가 핍박을 받은 것은 현종대 관에서 지급하던 사원전의 완전 몰수와
인조대부터 시행된 僧尼의 도성출입금지가 그것을 대변해준다.(이재창, 「조선조
사회에 있어서의 불교교단」, 『한국사학』 7, 한국정신문화연구원, 1986. 158~159
쪽.) 뿐만 아니라 양반들이 산사를 찾았을 때에는 주유과 기녀까지 동원해야
했으므로 대접에 소홀히 함이 없기 위해 망을 보는 望臺制度가 만들어지기까지
하였고 그 때문에 相望峰 中望峰 下望峰이라는 지명도 생겨났다고 한다.(표창진,
「구한말 일본불교의 사상적 침투와 조선불교계의 동향」, 『외대사학』 11, 2000,

둘째 士林정치에서 세도정치로 이행되면서 불교신행활동이 전개되었다. 안동 김씨를 비롯한 일부 세도가들이 금강산의 건봉사·유점사·장안사 등의 사찰들에 대하여 후원을 하기 시작하였다.27) 예컨대 헌종 4년(1838) 비구니 淨根이 세도가의 후원으로 표훈사의 靑蓮庵을 중창한 것이나,28) 철종 11년(1860) 비구니 尙曄이 神溪寺 文殊庵을 창건한 것,29) 그리고 고종 18년(1881) 비구니 法正이 표훈사의 新琳庵을 중창한 사례30)들이 바로 그것이다.31)

뿐만 아니라 재력이 있는 비구니들이 등장하여 도량을 중창하기도 하였 다. 예컨대 朴四得(1862~1940)은 많은 재산을 금강산의 유점사·표훈사·마 하연·신계사에 헌납하고 득도암, 홍수암 등의 도량을 창건하였다.32)

셋째 세도가뿐만 아니라 왕실의 불교신행활동도 늘어나기 시작하였다. 고종의 비인 민비는 원자를 낳은 후 승려를 동원하여 명산대찰에서 기도하

297쪽.)

27) 한국역사연구회, 『조선정치사』하, 591쪽 ; 정석종·박병선, 「조선후기 불교정책과 원당(1)─니승의 존재양상을 중심으로」, 『민족문화논총』18·19합, 영남대 민족문 화연구소, 1998, 240쪽 참조.

28) 『유점사본말사지』, 「표훈사 청련암중창기」.

29) 『유점사본말사지』, 「신계사연혁」.

30) 『유점사본말사지』「표훈사연혁」.

31) 이러한 내용은 다음의 논문에서 기본적으로 정리하고 있다.(정석종·박병선, 「조선 후기 불교정책과 원당(1)─니승의 존재양상을 중심으로」, 『민족문화논총』18·19 합, 영남대 민족문화연구소, 1998, 232~233쪽 각주 35)와 240쪽 각주 73).) 이에 대한 본격적인 연구가 아쉬운 실정이다.

32) 비구니 사득은 금강산 유점사 득도암에서 머물다가 1887년 금강산 유점사에서 世默을 은사로 하여 출가하였다. 사득이 불사한 내용을 적은 비문 「金剛山楡岾寺涅 槃禊案書」는 서봉사 경희스님이 금강산 신계사에 갔을 때 일주문 곁에서 처음 발견한 것이라고 한다.(진광, 「본공당 계명선사의 삶과 수행」, 전국비구니회, 『한국비구니의 수행과 삶』, 2007, 297쪽, 각주 4).) 그 가운데 금강산 마하연 선원은 현대 비구니 상근(1872~1951)이 받았던 곳이고, 득도암은 현대 비구니 本空이 출가한 곳이다. 후에 금강산 유점사 홍선암 문중들이 四得을 필두로 하여 본공이 주석한 서봉사를 중심으로 蓬萊門中을 형성하여 지금까지 계승되면서 오대산 월정사 지장암, 대구 기린산 서봉사, 청도 운문사, 서울 삼성사 등을 중심으로 활동을 전개하고 있다.(진광, 위의 논문 참조.)

였고, 엄비는 영친왕 李垠을 위하여 남양주 興國寺에서 만일기도회를 개최하였다. 그리고 조선왕조의 마지막 황제인 순종의 비 純貞孝皇后 尹氏는 순종이 1926년 승하하자 만년에 창덕궁 樂善齋에서 법명을 尹大地月(1884~1966)이라고 하며 불교신행활동을 하였다.[33]

이상에서 살펴본 바와 같이, 산중도량의 증가와 더불어 당시 실세인 세도가와 왕실의 불교신행활동 및 지원으로 비구니 도량도 점차 증가하기 시작한 듯하다.

그즈음인 고종 31년(1894) 5월 한국에 와서 견문록을 남긴 비숍 여사는 금강산의 사찰과 비구니들에 대하여 다음과 같은 기록을 남겼다.

> 42소의 절은 대략 4백 명 정도의 비구와 50명 정도의 비구니들의 본거지인데, 무명이나 삼베옷을 짜 입는 것이 이들의 종교적 고행에 덧붙여준다. 행자들은 거의 1천 명을 헤아린다. 네 개의 주요 사찰 중에서 둘은 산 동쪽에 나머지 둘은 서쪽에 위치하고 있는 이들 사찰에 3백 명 이상의 승려들이 모여 있다.[34]

> …(유점사) 70명의 비구와 20명의 비구니들 말고도 거의 2백 명에 이르는 불목하니(밥짓고 물 긷는 사람)들과 목수들….[35]

금강산 일대의 42소 사찰에는 400여 명의 비구와 50여 명의 비구니들이 수행하고 있었다. 특히 금강산 4대 사찰인 유점사·장안사·신계사·표훈사에 주석하고 있는 승려는 300명 이상이며, 유점사에는 70명의 비구와 20명의 비구니가 주석하였다. 그리고 장안사의 여승방에는 소녀로부터 87세에 이르는 노파까지 100~120명의 비구니들이 있었다.[36]

---

33) 양만우, 「이조비빈 숭불소고」, 『논문집』 12, 전주교육대학, 1967, 99쪽.
34) 이사벨라 버드 비숍, 이인화 옮김, 「한국불교의 현실－유점사 가는 길」, 『한국과 그 이웃나라들』, 살림출판사, 1994, 170쪽.
35) 이사벨라 버드 비숍, 위의 책, 175쪽.
36) 이사벨라 버드 비숍, 위의 책, 162쪽.

신계사 普雲庵에서 개강하여 華嚴宗主로 불렸던 大應坦鍾(1830~1894)은 1893년(고종 30) 무렵 신계사에서 知洪·普和·斗玄·大典 등의 비구니를 지도 하였다.37) 그리고 그 이전인 1875년(고종 12) 무렵 서울 봉은사의 南湖永奇 (1819~1872)는 自休·完璧·香蓮·玩域·性明·性允·恭安·大希 등의 비구니를 양성하였다.38) 그리고 고종대에 비구니들이 많이 찾아지기 시작하며,39) 현대의 비구니들로 이어지고 있다. 그들을 소개하면 다음과 같다.

俞大恩 : 1871년(고종 8) 동학사 미타암 敬田을 은사로 출가.40)

法正 : 1881년(고종 18) 표훈사의 新琳庵 중창.41)

洪祥根 : 1883년(고종 20) 청룡사 창수를 은사로 출가.

李琪守 : 1890년(고종 27) 法性을 은사로 출가.

柳法喜 : 1890년(고종 27) 동학사 미타암 貴完을 은사로 출가.

이긍탄 : 1892년(고종 29) 탑골승방 보문사 세장을 은사로 출가.

性安 : 1892년(고종 29) 운문사 청신암 善德을 은사로 출가.42)

尹有明 : 1895년(고종 32) 서울 미타사 敬三을 은사로 출가

鄭萬善 : 1901년 신계사 心空을 은사로 출가

鄭守玉 : 1902년 견성암 법희를 은사로 출가.

朴慧玉 : 1903년 해인사 삼선암 文悟를 은사로 출가.

沈性吉 : 1903년 충남 영원사 泰守를 은사로 출가.

---

37) 「204. 고성 신계사 대응당 탄종대사비문」, 이지관, 『한국고승비문총집－조선조·근 현대』, 가산불교문화연구원, 2000, 791쪽.

38) 「198. 서울 봉은사 남호당 영기대사비문」, 위의 책, 2000, 767쪽.

39) 화기집에 의하면, 고종대 비구니들의 존재를 적잖이 확인할 수 있다.(홍윤식 편, 『한국불화화기집』 1, 가람사연구소, 1995.)

40) 奉恩寺 南湖永奇의 문도. 1875년(고종 12) 自休·完璧·香蓮·玩域·性明·性允·恭安·大希 (「198. 서울 봉은사 남호당 영기대사비문」, 이지관, 『한국고승비문총집－조선조· 근현대』, 가산불교문화연구원, 2000, 767쪽.)

41) 「표훈사연혁」, 『유점사본말사지』.

42) 신계사 大應坦鍾의 문도. 1893년(고종 30) 知洪·普和·斗玄·大典(「204. 고성 신계사 대응당 타종대사비문」, 이지관, 『한국고승비문총집－조선조·근현대』, 가산불교 문화연구원, 2000, 791쪽.)

鄭性文 : 1904년 해인사 삼선암 보찬을 은사로 출가.
봉려관 : 1907년 해남 대흥사 有藏을 은사로 출가.43)

이상에서 살펴 본 바와 같이, 고종대 무렵 해인사 삼선암과 약수암,
동학사 미타암, 운문사 청신암, 신계사, 수덕사 견성암 등의 지방 비구니
도량이 나름대로 존재했음을 알 수 있다. 앞서 인용한 大應坦鍾(1830~1894)
과 南湖永奇(1819~1872)나 龜岩寺 白坡亘璇(1767~1852), 지리산 七佛庵
大隱朗昈(1780~1841), 월정사 蓮坡永住(1790~1877), 법주사 竺源震河
(1861~1926), 通度寺 海曇致益(1862~1942), 素荷大隱(1899~1989) 등이 조
선말기 선풍과 계맥을 이어가면서 선풍을 진작시켰다.44) 특히, 그들과
더불어 근대선풍을 진작시킨 고승은 경허성우(1849~1912)와 제자 만공월
면(1871~1946)과 한암중원 등이다. 그들은 비구뿐만 아니라 비구니들도
적잖이 양성했다. 즉 1840년대 김법성과 차성주, 그 후 40여 년 뒤인 1871년
출가한 兪大恩과, 50여 년 뒤에 출가한 상근 등의 비구니 등이다. 그리고
그 후인 1890년대 출가한 비구니는 李琪守(1890, 해인사 삼선암)·柳法喜
(1890, 동학사 미타암)·이긍탄(1892, 탑골승방 보문사)·性安(1892, 운문사
청신암·尹有明(1895, 서울 미타사) 등이었다. 그들에 대해서 간략히 살펴보
면 다음과 같다.45)

金法性과 車性主는 조선후기 헌종대에 출가하였다. 김법성(1836~1906)
은 속명이 김소현으로, 1840년 해인사 삼선암의 우경을 은사로 출가하여
1853년 경허를 계사로 사미니계를 수지하고, 1860년 용성을 계사로 비구니
계를 수지하였다. 법성의 제자로는 琪守46)·琪善·善周47) 등이 있었다.48)

43) 이상의 사실은『한국비구니명감』에 의하여 작성되었다.
44) 정광호, 「Ⅵ. 한국 근대불교의 '대처육식」,『근대한일관계사연구』, 인하대학교
   출판부, 1994, 100~101쪽.
45) 경허의 문도는 김법성과 차성주이고 만공의 문도는 柳法喜로 나타나고 있다.
   그들에 대해서는 뒤에서 살펴보기로 한다.
46) 한국비구니연구소,『한국비구니명감』, 2007. 55쪽.
47) 법성의 문도인 善周의 제자로 相仁(1896~1973)이 있었다. 상인은 1935년 해인사

김법성이 출가한 해인사 삼선암은 박혜옥(1903)·정성문(1904)·정정행(1910)·임상인(1935)·이경법(1939) 등이 출가한 비구니 도량이다. 1903년 박혜옥이 출가시 스승 文悟가 주석하였고, 1904년 정성문의 출가사인 寶讚이 주석하였다. 또 1910년 정정행의 출가사 性學 등의 비구니가 주석하였다. 따라서 해인사 삼선암은 조선후기 헌종대인 1840년대 이후 현재까지 근대 불교의 중흥조 경허와 용성 등 선사의 영향 하에 60여 년 이상 비구니 맥이 이어진 곳이다.

그리고 車性主(1826~1921)는 흥선대원군의 수양딸이라고 알려져 있다. 성주는 구례 천은사에서 지언에게 출가하여 경허에게 계를 받고 1903년 해인사 약수암을 창건하였다. 그 후 약수암은 비구니 도량이 되었는데, 1909년 용성이 법문을 내린 바 있으며, 1940년 비구니 선방으로 발전해 나갔다. 성주는 대원군 집정시 국태민안을 위해 대규모로 수륙재를 지내는 등 왕실 귀족들이 불교를 궁중에 선양하는데 많은 노력을 하였다. 제자는 永讚·義永·法輪·道三 등이 있었다.49) 성주가 창건한 해인사 약수암은 정명주(1909)·진쾌유(1911)·서태호(1924)·강학연(1927)·허상덕(1933) 등의 비구

선주를 은사로 출가하여 용성을 계사로 사미니계를 수지하고 1952년 범어사 동산을 계사로 비구니계를 수지하였다. 그 후 안성 칠장사와 범어사 청련암 주지를 거쳐 의정부 석림사를 중창하였다. 문도 보각·보명·보택·보혜·보덕·보륜·보경·만송·보장·보성·법은 등이 있다.(한국비구니연구소, 『한국비구니명감』, 239쪽.)

48) 기수(1874~1960)는 속명이 이기수로, 1890년 해인사 삼선암의 법성을 은사로 출가하여 1895년 고봉과 1898년 용성을 계사로 사미니와 비구니계를 수지하였다. 그리고 해인사 대웅전 계단 및 대웅전 옆 명부전 탑불사를 하고 사전답을 매입하여 수행승보를 만들었다고 한다. 제자 道行·長允·萬福 등이 있었다.(한국비구니연구소, 『한국비구니명감』, 2007, 166쪽.)

萬福(1913~1971)은 속명이 金任善으로 1918년 기수를 은사로 출가하여 1921년과 1929년에 용성을 계사로 사미니계와 비구니계를 수지하고 1938년 해인사 강원 대교과를 졸업하였다. 그는 제자로 祥龍·祥德·相喜·相源·祥仁·志宜 등을 두었다.(한국비구니연구소, 『한국비구니명감』, 2007, 103쪽.)

49) 편집부, 「비구니 원로를 찾아서/ 약수암 초창주 대비구니 성주스님」, 『운문회보』 13, 1985.7.25 ; 한국비구니연구소, 『비구니와 여성불교』 5, 2003 : 『운문회보』 13, 1985.7.13 ; 『한국비구니수행담록』 상, 2007, 48~52쪽.

니가 출가한 사찰이다.50) 김법성과 차성주 비구니는 청해문도를 이루었고,
특히 그들의 출가처와 수행도량인 해인사의 삼선암과 약수암은 오늘날까지
계맥이 이어지는 비구니 도량이라는 점에서 매우 중요하다.

1870년대 이후 활동한 비구니들로 주목되는 인물은 유대은, 창수, 상근
등이다. 兪大恩(1852~1954)은 1871년 동학사 미타암에서 敬典을 은사로
출가하고 金萬化를 계사로 사미니계를 수지하였다. 1914년 마곡사 普明永守
로부터 비구니계를 수지하였다. 그 후 동학사에서 입적할 때까지 참선수행
에 정진하여 經과 律이 통달하였던 三賢門中의 비구니 고승이다.51) 제자
道祥·愼道吉·道弘·道玄·道覺·潤玉·慧眼·滯月·道善·慧日·見性 등이 있으며,
손상좌는 仁貞 등이 있다.52)

昌守(1842~1910)는 청룡사 桂昕에게 출가하여 1902년 正基와 함께 청룡
사를 중수하였다. 두 딸 錦典과 祥根도 비구니로 출가하였다. 그 후 금강산
영원암, 유점사의 반야암·백련암·홍성암, 신계사 법기암 등 사찰에서 주석
하다가 1909년 청룡사 주지에 취임하였다. 1911년부터 7년간 금강산 장안사
에서 수행하다가 1914년 유점사에서 중덕을 제수받고 석두에게서 印月堂이
라는 호를 하사받았다. 1918년 청룡사 주지를 역임하였다.

祥根(1872~1951)은 1883년 속가 어머니인 비구니 창수에게 출가하고
1886년 개운사 극락암의 初庵에게 사미니계를 수지하였다. 즉 상근은 1919
년 3·1운동 당시 한용운·백용성·백초월·신상완 등 비구 승려의 독립운동을

---

50) 해인사 약수암은 1909년 정명주의 출가사 도덕이 주석하였고 태호도 정성문을
   은사로 출가한 곳이기도 하다.
51) 해인사 삼선암 출신인 박혜옥이 근대 비구니 3대 강백으로 불리는 것도 이러한
   전통에 기인한다고 볼 수 있다.
52) 유대은은 동학사 미타암에서 삼현문중을 이룬 비구니고승이다. 손상좌 仁貞
   (1899~1978)은 속명이 이인하로, 1917년 유대은의 제자인 동학사 愼道吉을 은사로
   출가하여 1920년 같은 절 水蓮妙仁을 계사로 사미니계를 수지하고, 1925년 비구니
   계를 수지하였다. 그 후 1926년경 법주사에서 용하와, 1929년경 백초월로부터
   『법화경』과 『화엄경』을 배우고 1932년 유대은으로부터 『목련경』·『지장경』 등의
   경전을 배웠던 동학사 미타암 비구니 고승이었다. 인정의 제자는 智昊·奉敏·惺牛·
   智觀·智晃·慧文·智成·普賢 등이 있다.

후원했으며, 청룡사, 개운사, 금강산 유점사·장안사·표훈사 등 9개 사찰에
재산을 헌납했다.53) 그리고 1935년 선학원 수좌대회에 참여한 6비구니
가운데 한 인물이었다. 제자 윤호·대용·보현·보성·보완·만성·윤여 등이
있다. 이처럼 상근은 고려초 이래 비구니 도량이라고 알려진 서울 청룡사의
계맥을 계승한 비구니 고승이다.

1890년대 출가한 비구니들은 李琪守(1890, 해인사 삼선암), 柳法喜(1890,
동학사 미타암), 이긍탄(1892, 탑골승방 보문사), 性安(1892, 운문사 청신암)
尹有明(1895, 서울 미타사) 등이다. 그들 가운데 주목되는 비구니는 유법희와
이긍탄 등이다.54)

이긍탄은 1891년 탑골승방 보문사 세장을 은사로 출가하여 1902년 금강
산 장안사 벽하를 계사로 사미니계를 수지하였다. 1903년 동학사 강원을
졸업하고 1910년 金萬化를 계사로 비구니계를 수지하였다. 1912년부터
1945년까지 보문사 주지에 재임하였고, 1938년 용성을 계사로 구족계를
수지하였다. 1972년 세계유일의 비구니종단인 보문종을 창종하고 초대
및 제2대 종정에 올랐다. 제자 은영·은각·명오·은득·은강·은진 등이 있다.55)
보문사는 명오(1927), 유세등(1935), 황법준(1937) 등이 출가한 사찰이다.

윤유명(1885~1940)은 1895년 탑골승방 미타사에서 경삼을 은사로 출가
하여 사미니계를 수지하고 1915년 미타사 주지로 있으면서 절을 중창하였
다. 수계제자 지순 등이 있다.56) 미타사는 안혜운(1914)·고천일(1921)·김원

---

53) 『佛敎叢報』 3호, 60쪽에 의하면, '1916년 12월, 長安寺住持 洪尙根 비구니는 白米
500斗를 本寺 楡岾寺에 헌납, 法華大會를 개최하게 하였다'는 보도가 찾아진다.
1932년 표훈사에 獻畓紀念碑가 세워졌고(『유점사본말사지』, 421쪽. 기타 같은
책 13, 147 341쪽에 그러한 사실을 적기하고 있다.) 개운사에는 대공덕비가 세워져
있다. 상근에 대한 대략적인 전기는 다음의 저서를 참조하기 바람(하춘생, 『깨달음
의 꽃』 1, 223~234쪽 ; 『한국비구니수행담록』 상, 60~64쪽.)

54) 덕숭산 출신 비구니에 대한 사실은 다음에서 언급하겠지만, 유법희와 제자 정수옥,
김만성 등이 활동하였다.

55) 하춘생, 『깨달음의 꽃』 1, 여래, 1998 ; 한국비구니연구소, 『한국비구니명감』,
2007, 54쪽.

56) 한국비구니연구소, 『한국비구니명감』, 2007, 348쪽.

만(1929)·최창일(1930)·박지순(1939) 등이 출가한 비구니 도량이다.[57)

또한 성안(1886~1969)은 1892년 운문사 청신암에서 선덕을 은사로 출가하여 1902년 사리를 계사로 사미니계와 비구니계를 수지하였다. 1918년 운문사 청신암에 주석하고 1938년 구포에 보광사를 창건, 1952년 주지에 재임하였으며, 문도 연진·원각 등이 있다.[58)] 성안이 출가하고 주석하였던 운문사 청신암은 유수인(1908)·정금룡(1909)·안광호(1924)·최영오(1930)·이태구(1930)·이성림(1933)·이도원(1935)·김창법(1936)·정법인(1937)·김해운(1937)·이법준(1938) 등이 출가한 대표적인 비구니 도량이다.

이상에서 근대에 활동한 중요 비구니들에 대해서 살펴보았는데, 경허의 비구니 문도였던 김법성과 차성주는 청해문도로, 해인사 삼선암과 약수암이 비구니 도량이 되게 하였다. 1870년대 이후 유대은은 동학사에서 입적시까지 참선수행에 정진하여 經과 律이 통달하였으며, 三賢門中을 이루게 하였다.

祥根(1872~1951)은 1883년 어머니인 창수에게 출가하고 서울 청룡사 주지를 역임하면서, 청룡사가 유명 비구니 도량이 되게 하였다. 1892년 이긍탄은 서울 청룡사와 더불어 4대 비구니 도량인 탑골승방 보문사에 출가하여 훗날 세계유일의 보문종을 탄생하게 하였다. 그리고 尹有明은 1895년 서울 탑골승방 미타사에 출가, 활동하였다. 그리고 1890년대 李琪守(1890, 해인사 삼선암), 柳法喜(1890, 동학사 미타암), 性安(1892, 운문사 청신암) 등은 삼남지방에서 활동하였다.

1840년대 경허의 가르침을 받은 두 비구니가 있었으나 덕숭총림과는 무관하며 문도인 만공과 한암 대에 이르러 다음과 같은 비구니들이 배출되기에 이른다. 즉 兪法喜(1887~1975)·金一葉(1896~1971)·金萬性(1897~1975)·兪守仁(1899~1997)·李大英(1903~1985)·徐本空(1907~1965)·金智明(1921~   )·尹法

---

57) 鄭萬善(1883~1952)은 1901년 신계사 心空을 은사로 출가하고 인천 부용암을 창건하였는데, 제자 육년 등이 있다.

58) 한국비구니연구소, 『한국비구니명감』, 2007, 274쪽.

衡(1921~2001)·朴寶仁(1924~2004)·金明洙(1925~)·徐賢行(1928~2002)·金慈允
(1928~) 등이 滿空月面(1871~1946)에게 계를 받거나 수행하였다. 그리고
徐道準(1900~1993)·徐仁成(1901~1989)·禪敬(1904~1996)·李仁弘(1908~1997)·
金妙瓊(1919~1978)·李雷默(1919~)·柳世燈(1926~1993)·金慶喜(1931~) 등이 漢
岩重遠(1876~1951)에게 계를 받거나 수행했다.[59] 특히 유법희를 중심으로
하여 덕숭총림 비구니선풍이 진작되기에 이른다. 이에 대해서는 다음 장에서
살펴보기로 한다.

3. 덕숭총림의 비구니

   덕숭총림은 경허와 만공이 근대불교의 선풍을 진작시킨 선지종찰로
우리나라 5대 총림 가운데 가장 늦은 1984년에 개설되었다. 경허성우
(1849~1912)는 수덕사가 자리하고 있는 충청도 일대인 동학사·개심사·부
석사·천장암 등에서 활동하였다. 특히 천장사는 경허성우의 인도로 만공월
면(1871~1946)이 출가하여 전법게를 받은 사찰이며, 부석사는 경허와 만공
이 함께 수행하였던 도량이다.

   주목되는 것은 1905년 만공이 예산 德崇山에 金仙臺를 짓고, 대부분의
생애를 덕숭산에 머물렀다는 사실이다.[60] 말년에는 덕숭산 상봉에 轉月舍
를 창건하고 수행하다가 입적하였다. 부도가 금선대 근처에 세워졌고
만공과 스승 경허의 진영이 금선대에 봉안되어 있다. 때문에 수덕사는
만공의 가장 중요한 도량이라고 할 만하다. 그리고 덕숭산 수덕사의 암자인
定慧寺·見性庵, 서산 안면도의 看月庵 등을 크게 중창하였다. 이처럼 만공은
수덕사를 거점으로 활동하였을 뿐만 아니라 서울에 올라와 새로운 선풍을

---

59) 1959년에 세워진 한암의 비문 門人秩 선좌대표 尼로서 淨慈와 仁弘을 들고 있다.(지
   관, 「253. 평창 월정사 漢巖堂 重遠大宗師舊碑文」, 『한국고승비문총집 조선조·근현
   대』, 가산불교문화연구원, 2000, 1008쪽.) 정자는 월정사 지장암에 주석하였던
   대비구니였고 인홍이 바로 출가제자이다.(본각, 「원허당 인홍선사와 비구니승가
   출가정신의 확립」, 『한국 비구니의 수행과 삶』, 예문서원, 2007, 320쪽.)
60) 만공은 1937년을 전후하여 잠시 마곡사의 주지를 맡았다.

전개하기도 하였다. 문도 寶月·龍吟·古峰·西耕·惠庵·田岡·金烏·春城 등 비구와 法喜·萬性·一葉 등 비구니들이 있다.[61] 그 가운데 혜암현문(1884~1985)은 덕숭총림 초대방장으로 추대되었으며,[62] 그 후 제2대 방장 벽초경선(1899~1986),[63] 제3대 방장 원담진성(1926~2008)[64]으로 계승되었다. 碧超鏡禪은 일엽과 교유했고 비구니 도량인 견성암을 중창하였다.[65] 圓潭은 1984년 덕숭총림을 설립했으며, 그 후 『만공법어집』을 발간하는 등 덕숭선맥의 선풍을 계승하였다.[66]

덕숭총림에는 定慧寺 능인선원·개심사 보현선원·향천사 천불선원 등 비구선원뿐만 아니라 見性庵 제일선원·善修庵·極樂庵·歡喜臺·보덕사 선원 등 비구니선원(선방)이 있다.[67] 견성암 제일선원은 비구 참선도량인 정혜사의 능인선원과 함께 대표적인 선원이다.

특히 덕숭산 견성암은 1919년 무렵 덕숭총림 경내에 개설된 한국 최초의 비구니선원이다. 견성암은 1910년대 만공의 지원 아래, 정혜사 옆에서

---

61) 오도송은 다음과 같다. "어묵동정 한마디 글귀를 누가 감히 손댈 것인가. 내게 動靜을 여의고 한마디 이르라면, 곧 깨진 그릇은 서로 맞추지 못한다고 하리라. (修德寺, 『滿空語錄』, 佛紀 2925 ; 姜昔珠·朴敬勛, 『불교근세백년사』, 중앙신서 71.)

62) 『혜암 큰스님 法語集』, 밀알, 1985 ; 『달마가 서쪽에서 온 까닭은』, 弘法院, 1990 ; 『한국민족문화대백과사전』, 한국정신문화연구원, 1991 ; 선원빈, 『큰스님』, 법보신문사, 1992.

63) 김정휴, 「선문일화, 3 : 무상을 넘어서는 대화 : 혜암대선사」, 『법륜』 262, 법륜사, 1990.12, 64~69쪽 ; 전승훈, 「조계종 신임 종정 혜암스님－인물 포커스」, 『신동아』 42-5(476호), 동아일보사, 1999.5, 266~267쪽 ; 「慧庵 대담 海印叢林 副方丈 慧庵큰스님－선지식을 찾아서」, 『修多羅』 4, 해인승가대학, 1989. 2, 99~109쪽.

64) 덕숭총림 수덕사, 『덕숭산법어 원담법어』, 덕숭산 수덕사, 1993 ; 원담, 『걸망 속에 세계를 담고 : 실수 연발 원담스님 세계여행기』, 정신세계사. 1990.

65) 『불교사상』, 1986.4.

66) 덕숭총림 수덕사, 『덕숭산법어 원담법어』, 덕숭산 수덕사, 1993 ; 원담, 『걸망 속에 세계를 담고 : 실수 연발 원담스님 세계여행기』, 정신세계사. 1990.

67) 환희대는 『청춘을 불사르고』를 지은 金一葉이 기거하다가 입적한 곳이며, 견성암 또한 김일엽이 기거하던 곳으로 널리 알려져 있다. 일엽 뿐만 아니라 견성암은 근대 이후 비구니 고승을 배출한 대표적인 비구니 도량이다. 그 외 비구니 도량으로 善修庵, 極樂庵, 歡喜臺, 보덕사선원이 있으나, 본고에서는 다루지 않는다.

선원으로 시작하여 1965년 벽초경선이 발원하여 중창되었다.[68] 정혜사
동북에 있었던 견성암이 언제 창건되었는지 자세히 알려진 바 없다. 유법희
가 1913년 견성암으로 와서 정진하다가 1916년 만공으로부터 인가받았으
므로, 1913년 이전에 이미 견성암이 있었을 것이다. 법희가 수선할 당시
견성암은 두칸 남짓한 토굴에 지나지 않았지만, 결제 때에는 만공을 친견하
려고 40~50명의 비구니들이 북적거렸다고 한다.[69]

견성암을 창건한 공적주는 비구니 도흡으로 알려져 있다. 도흡의 노력으
로 초가집을 지어 산문을 열었던 것이 견성암의 시작이다. 그 후 1928년
만공은 「見性庵芳啣錄序」를 써서 견성암 선원이 비구니선원으로 확고히
기틀을 잡게 하였다.[70] 그 후 함석집에서 기와집으로 개축되었다가 1940년
증축되었다. 1945년 벽초가 지금의 수덕사 서쪽 덕숭산 기슭에 석조 2층
건물로 선방을 세워 중흥하였는데, 당시 도감은 수인, 재무는 정관이었다.
1986년 도감 수연이 견성암 본당 1층에 선방을, 2층 법당 좌측에 西禪堂을
짓고 선방 본당에 기와를 얹었다.[71] 제3대 선원장을 지냈던 박보인의
구술에 의하면, '낮에는 논에 모를 심는 노동을 했고 식량배급으로 대중이
연명했다. 늘 쑥이나 도토리를 채취하고 나무를 하면서도 저녁 기도에
빠지지 않고 정진하였다'고 한다.[72] 지금의 견성암선원이 있기까지 창건주
道洽, 도감 수인과 수연, 재무 정관 등이 중요 역할을 하였다.

견성암의 주요 비구니는 兪法喜(1887~1975), 金一葉(1896~1971), 金應敏
(1923~1984), 李大英(1903~1985) 등을 들 수 있고, 견성암을 거쳐 간 안거승
은 鄭守玉, 金萬性, 徐本空, 金智明 등이 있다. 그리고 견성암의 역대 선원장은
法喜(1대), 修業(2대), 寶仁(3대), 修業(4대), 修蓮(5대), 德修(6대), 淨華(7대),
賢行(8대)이다. 이들에 대해서 좀 더 구체적으로 살펴보기로 한다.

68) 그 후 견성암의 요사채, 서선당(1989), 동선당(2003)이 증축되었다.
69) 조계종 교육원, 「견성암선원」, 『선원총람』, 680쪽.
70) 위와 같음.
71) 『한국비구니수행담록』 상. 「견성암」, 2007, 70~71쪽.
72) 『한국비구니수행담록』 상, 「보인스님」, 2007, 446~449쪽.

우선 근대 초기에 덕숭산 일대에서 활동하였던 비구니들을 열거하면
다음과 같다.(출생순, 『한국비구니명감』에 의함)

○ 1880년대

兪法喜(1887~1975)

○ 1890년대

姜修仁(1894~1976) 崔月慧(1895~1956) 金一葉(1896~1971)

金萬性(1897~1975) 申曉星(1898~1960) 梁一光(1899~1982)

○ 1900년대

鄭守玉(1902~1966) 李大英(1903~1985) 全道圓(1904~1971)

盧禪敬(1904~1996) 徐本空(1907~1965) 李蓮眞(1909~1996)

李無生(1909~)

○ 1910년대

韓性坦(1911~) 陳守贊(1913~1998) 權法性(1914~)

李元默(1914~) 閔智護(1915~1989) 裵妙典(1915~2003)

조대현(1916~1963) 金奉典(1916~1980) 朴守珍(1916~)

金快敏(1916~1992) 李惺牛(1918~) 金昌法(1918~1984)

李雷默(1919~) 孫寶根(1919~) 金掌龍(1919~)

○ 1920년대

尹法衡(1921~) 金智明(1921~) 李指印(1921~) 李孝福(1921~)

趙德修(1922~) 金道成(1922~) 金性牛(1922~) 姜淨華(1922~)

金應旼(1923~1984) 李貞和(1923~) 朴寶仁(1924~2004)

金明洙(1925~) 박보관(1925~) 尹行錫(1925~)

許志亨(1926~) 鄭覺梵(1927~) 黃修蓮(1927~) 金滋允(1928~)

徐賢行(1928~2002) 成相侖(1929~)

○ 1930년대

沈蓮湖(1930~) 吳賢定(1930~) 朴性根(1932~) 柳普和(1933~)

趙雲皓(1933~) 徐性圓(1933~) 鄭正德(1933~) 徐行敦(1933~)

金信典(1934~) 蔡賢讚(1934~) 崔敬柱(1935~) 韓正觀(1935~)

成觀晶(1937~) 金大善(1937~2004) 최보영(1937~)

李昭林(1937~) 徐碧眼(1939~) 姜慈仁(1939~)

○ 1940년대

金성관(1940~) 李明岸(1941~) 金修賢(1941~)

李精耘(1941~2002) 이성우(1942~) 崔性牛(1943~)

金慈恩(1943~) 許慧明(1944~) 金東玄(1945~) 金柱洙(1945~)

廉惠景(1945~) 車道文(1948~) 李眞性(1948~) 金妙靜(1949~)

위의 비구니들 가운데 만공과 법희의 문도는 다음과 같다.

○ 만공의 문도

朴故根 李大英 조대현 金萬性 金明洙 尹法衡 兪法喜 朴寶仁 徐本空 金奉典
趙常淨 兪守仁 應旼 金一葉 (金慈允) 金智明 (許志亨) 최창일 서현행
 *( )의 비구니는 덕숭총림과 무관함

○ 유법희의 문도

金道圓 李無生 成相侖 鄭守玉 陳守贊 金掌龍 李貞和 河宗植

○ 견성암 출가[73] 및 수계자

고경 박고근 이뇌묵 김대선 이대영 조대현 차도문 김도성 김도원
만성 김명수 이명안 이무생 권법성 윤법형 유법희 박보관 손보근
최보영 박보인 서본공 김봉전 성상륜 조상정 박성근 최성우 서성원
이소림 황수연 정수옥 박수진 진수찬 김수현 김신전 이원묵 응민
양일광 김일엽 강자인 김장용 한정관 정정덕 장정화 이정운 강정화
하종식 이종실 김지명 박지문 이지인 민지호 서행돈 윤행석 김주수
오현정 채현찬 서현행 허혜명 이혜진 신효성 김효탄

---

73) 견성암에 출가한 비구니 가운데 중요 인물은 다음과 같다. 즉 정수옥(1902)·조대현
(1929)·김지명(1931)·황수연(1935)·윤법형(1938)·박보인(1938) 등이다.(편집부,「비
구니 원로를 찾아서/ 비구니 묘리법희선사」,『운문회보』6, 1983.10.15 ; 한국비구니
연구소,『비구니와 여성불교』5, 2003 ; 조영숙,『법의 기쁨 사바세계에 가득 : 法喜
滿天』, 민족사, 1998.)

○ 견성암 안거자
정각림 허경원 최경주 성관정 긍탄 조덕수 김동현 배묘전 서벽안
선경 김성우 이성우 한성탄 염수인 이연진 심연호 최월혜 이자득
이진성 김창법 김쾌민 박행원 염혜경 이효복

위의 견성암 출신 비구니들 가운데 중요한 고승은 다음과 같은 분들이다.
즉 兪法喜(1887~1975), 金萬性(1897~1975), 金一葉(1896~1971), 鄭守玉
(1902~1966), 盧禪敬(1904~1996), 全道圓(1904~1971), 徐本空(1907~1965),
金應敏(1923~1984), 李大英(1903~1985) 등이다. 그들에 대하여 좀 더 구체
적으로 살펴보기로 한다.

兪法喜(1887~1975)는 1890년 동학사 미타암 貴完을 은사로 출가하여 1901년
동운을 계사로 사미니계를 수지하였다. 1901년부터 동학사 강원에서 사집과
와 사교과를 수료한 후 1910년 해인사 해광을 계사로 비구니계를 수지하고
동학사로 돌아와 만우로부터 경전을 공부하였다. 1916년 수덕사 견성암으로
가서 만공을 알현하고 전법게와 법호 묘리를 받고 1966년부터 견성암 비구니
총림원장에 취임하였다. 제자 수옥·춘일·영명·영호·도원·장용·혜능·정화·
수찬·원성·도일·상륜·도전·정운·무생·금일·현성 등이 있다.[74]

金萬性(1897~1975)은 1933년 수덕사 만공을 친견한 다음 1936년 수덕사
견성암에서 만공의 속가 모친인 의선을 은사로 출가하고 만공이 주석하고
있던 덕숭산 轉月寺에서 '70여 일을 땅바닥에다 허리를 대지 않고 용맹정진
하여' 1941년 만공으로부터 법을 인가받았다.

그 후 운문사 청신암, 금강산 보덕굴, 쌍계사 국일암 등에서 수행하고
부산 범어사 대성암에서 입적하였다. 이것이 계기가 되어 대성암 선방이
개원되었다. 만성의 제자 賢行·三賢 등이 있다. 만성은 출가 이후 오로지
선에 정진하여 경허와 만공의 사자관계에 비견될 정도로 유법희의 뒤를

74) 하춘생, 「영원히 꺼지지 않는 향성」, 『깨달음의 꽃』 1, 여래, 1998 ; 효탄, 「비구니
선풍의 중흥자 묘리법희 선사」, 『한국비구니의 수행과 삶』, 예문서원, 2007 ; 한국
비구니연구소, 『한국비구니명감』, 2007, 197쪽.

이어 한국불교의 비구니 법맥을 정립시켰다는 평을 받고 있다.[75]

金一葉(1896~1971)은 여성문인으로서 개화운동을 하다가 출가하였다. 33세인 1928년 금강산 서봉암에서 비구니 이성혜를 은사로 입산·출가하여 표훈사 신림암에서 하안거를 마친 후 서울 선학원에서 만공 문하로 득도·수계하였다. 1935년 표훈사에서 은사인 성혜를 계사로 다시 보살계와 비구니계를 수지하였다. 이를 계기로 만공이 입적하던 1946년까지 수도하였다. 1933년 9월 비구니 총림원 견성암에 입산하여 25년 동안 산문 밖을 나가지 않은 채 입승 소임을 맡았고,[76] 1934년 '白蓮道葉'이란 법호와 게송을 만공으로부터 받았다.

일엽은 1966년 71세의 노구에도 불구하고 비구니 총림원 기공식을 봉행하였고, 건립기금 마련을 위하여 1967년 8월 포교연극 「이차돈의 死」를 국립극장 무대에 올리기도 하였다.[77] 입적한 후 영정이 환희대에 봉안되고 5층 석탑인 추모탑이 세워졌다. 상좌·손상좌 1백여 명이 있는데 그 가운데 시자 효상좌 慶喜(환희대)를 비롯하여 道成(견성암)·道善(서울 마야원)·法性(서울 성라암)·淨行(수원 통화사)·崇園·法輪·海觀 등이 있다.[78]

鄭守玉(1902~1966)은 1917년 수덕사 견성암에서 법희를 은사로 출가하여, 그 이듬해 청월을 계사로 사미니계를 수지하였다. 1922년 해인사 강원에서 사미니과와 사집과를 이수하고 1929년 서울 응선암에서 사교과와 사집과를 이수하였다. 그 후 해인사에서 용성을 계사로 비구니계를 수지하였다.

---

75) 편집부, 「비구니 원로를 찾아서/ 만성선사행자」, 『운문회보』7, 1983.12.31 ; 한국비구니연구소, 『비구니와 여성불교』5, 2003 ; 하춘생, 「생사를 초탈한 옹대작대시 김만성」, 『깨달음의 꽃』, 여래, 1998, 56쪽.
76) 일엽의 오도송은 다음과 같다. 古人의 속임수의 헤매이고/ 고생하기 예로부터 그 얼마인고/ 큰 웃음 한 소리에 雪裏에 桃花가 만발하여 산과 들이 붉었네.
77) 이때 손상좌 월송스님이 주연인 이차돈역을 맡아 세간의 화제를 불러일으키기도 하였다.(『경향신문』1967년 8월 26일 ;『동아일보』1967년 8월 26일, '주역에 비구니 출현 포교극 「이차돈의 사」공연')
78) 『주간불교』1998.7.14(화) : 박진영, 「김일엽 ; 한국불교와 근대성의 또 하나의 만남」, 『동아시아 전통에서 본 한국비구니의 수행과 삶』, 2003.5.20~22 ; 경완, 「일엽선사의 출가와 수행」, 『한국비구니의 수행과 삶』, 예문서원, 2007.

그 후 1929년 견성암으로 돌아와 1933년까지 주석하였다. 1937년 일본 미노니중학림 전문과정을 수료한 후 1937년부터 상주 남장사 불교전문학교에서 강사로 활동하였다. 그 후 다시 견성암으로 돌아와 7년간 수행하다가 1947년 서울 보문사 불교전문학교에서 3년간 강사생활을 하였다. 1951년 충남 보덕사 주지에 있다가 1954년 정화운동시 참여하였다. 임시종회의원을 거쳐 1955년 양산 내원사 주지에 있으면서 4대 종회의원에 재임하였다. 수옥은 선·교·율에 통달한 한국근대 비구니 3대 강백으로 불리고 있다. 제자 자호·자윤·자장·도연·자산·향엄·자광·덕겸 등이 있다.79)

盧禪敬(1904~1996)은 1921년 18세 되던 해 麻谷寺 明德을 은사로 출가하여 14년 동안 노스님을 시봉했다. 1936년 수덕사 見性庵에서 만공의 지도 아래 참선공부에 전념하여 깨침을 얻었다. 그 후 1942년 상원사 한암으로부터 전법게를 받고 湛然이라는 법호를 받았다. 그 후 다시 수덕사 견성암으로 돌아와 3년간 별좌소임을 보았다. 1959년경 桐華寺 浮屠庵에서 효봉을 친견하고 안목을 틔고, 1963년 60세에 내원선원에서 입승을 맡으면서 당시 고승 향곡과 조실 경봉과도 법거량을 나누기도 하였다.80)

全道圓(1904~1971)은 1947년 견성암 법희를 은사로 출가하여 1955년 서울 승가사 주지를 하였다. 정화운동시 적극 참여하였고 우담바라회 간부를 지냈다.

徐本空(1907~1965)은 1925년(19세) 금강산 유점사 홍수암에서 상운을 은사로 사미니계를 수지하고 1928년(22세) 유점사 동선 조실스님으로부터 구족계를 받았다. 그해 가을 만공의 법문을 듣고 재발심하여 선문에 들었으

79) 편집부, 「비구니 원로를 찾아서/ 수옥스님 기일에 건당(명성스님)」, 『운문회보』 4, 1983.4.15 ; 한국비구니연구소, 『비구니와 여성불교』 5, 2003 ; 혜등, 「화산당 수옥스님의 생애와 사상」, 『한국비구니의 수행과 삶』, 예문서원, 2007 ; 한국비구니연구소, 『한국비구니명감』, 한국비구니연구소, 2007, 306쪽.
80) 편집부, 「비구니 원로를 찾아서/ 천진 그대로의 선경노스님」, 『운문회보』 26·27, 1988.11.20·1989.1.10 ; 한국비구니연구소, 『비구니와 여성불교』 5, 2003 ; 하춘생, 「밑없는 배에 한평생 싣고서」, 『깨달음의 꽃』 1, 여래, 1998 ; 『한국비구니수행담록』 상, 2007.

며, 그 후 수덕사 견성암에서 7년 동안 용맹정진하였고 만공으로부터 '본공'이라는 법호와 '達磨四行論' 게문을 받았다.[81] 1936년 무렵 만공의 안내로 상원사로 가서 한암에게 참선 지도를 받았다.[82] 그 후 해방 직후인 1948년 해인사 국일암에서 선방을 열고 효봉 회상에서 5년여 동안 정진하였다. 또한 1953년 금정산 대성암, 통도사 보타암, 월래 묘관음사, 동화사 부도암, 그리고 양산 내원사 등 제방선원에 있는 향곡, 石友 등 고승의 회상에서 공부하였다. 특히 석우는 1951년 본공에게 법호인 覺幻 비구니의 이름으로 親說을 내렸다. 문도 경희 외 6명의 비구니가 있으며, '明'字 돌림의 손상좌들이 있다.[83]

金應敏(1923~1984)은 1937년 신계사 법기암 大願을 은사로 출가하고 혜암을 계사로 사미니계를 수지하였다. 1941년 견성암의 만공 지도하에 정진하고 1966년부터 1984년까지 견성암 선원에서 수행 및 지도하였다.[84]

李大英(1903~1985)은 신흥사 전태주를 은사로 출가하여 1922년 견성암 만공을 계사로 비구니계를 수지하였다. 1940년 한암으로부터 無爲라는 법호를 받고 만공으로부터 주장자를 하사받았다. 견성암과 서울 청룡사에서 각기 10년간 입승을 맡았고, 1982년 범어사 산림법회에서 비구니로서는 처음으로 증명법사를 맡았다.[85]

---

81) 이 게문은 현재 대구 麒麟山 瑞鳳寺에 봉안되어 있다.

82) 편집부, 「비구니 원로를 찾아서/ 본공선사행장」, 『운문회보』 10, 1984.11.7 ; 한국비구니연구소, 『비구니와 여성불교』 5, 2003 ; 진광, 「본공당 계명선사의 삶과 수행」, 『한국비구니의 수행과 삶』, 예문서원, 2007.

83) 본공은 해인사 홍련암에 머물 때 생전에 가장 아끼고 사랑했던 손주 상좌 전명성(현재 운문사 강주)을 두었다.(한국비구니연구소, 『한국비구니수행담록』 상, 2007.)

84) 편집부, 「비구니 원로를 찾아서/ 수덕사 견성암 응민 노스님」, 『운문회보』 3, 1990.11.23 ; 한국비구니연구소, 『비구니와 여성불교』 5, 2003 ; 하춘생, 「주경야선의 방울대사」, 『깨달음의 꽃』 1, 여래, 1998 ; 한국비구니연구소, 『한국비구니수행담록』 상, 2007.

85) 편집부, 「비구니 원로를 찾아서/ 수덕사 무위대영 노스님 행장」, 『운문회보』 16, 1986.4.15 ; 한국비구니연구소, 『비구니와 여성불교』 5, 2003 ; 하춘생, 「무위의 삶 살다간 인욕보살」, 『깨달음의 꽃』 1, 여래, 1998 ; 『한국비구니수행담록』 상, 2007.

金智明(1921~)은 1932년(12세) 만공을 계사로 사미니계를 받고 1936년 (16세) 수덕사 견성암에서 정진하고 1938년(18세) 수덕사에서 사집과를 수료한 후 1940년(20세) 만공으로부터 月照라는 당호와 계문을 받았다. 1942년(22세) 설석우를 계사로 비구니계를 수지하고 1943년(23세) 만공의 지시로 견성암 도감을 4년 동안 맡았다. 1943년부터 1945년(25세)까지 쌍계사 국수암에 안거하다가 1946년부터 1952년까지 수덕사 견성암에 안거하였다. 1957년(37세) 개심사 주지에 추대되어 부임하였다. 창건주 차재윤씨의 간청으로 화운사 주지를 수락하고, 그해 4월 성능을 모시고 강원을 개원하였다. 그 후 충남 서산 개심사 총무와 주지, 화운사 주지를 거쳐 1973년(53세) 재단법인 능인선원 서예학원을 설립하고 1988년(68세) 능인선원을 개원하였다. 상좌 혜인·혜범·혜림·혜돈·혜완·혜주·혜도·혜설 등이 있으며, 저서는 『달빛은 우주를 비치네』 등이 있다.[86]

이상으로 견성암의 주요 비구니 고승에 대하여 간략히 살펴보았다. 유법희는 1916년 만공의 지도를 받아 전법게와 법호를 받고 견성암 비구니 총림원장에 취임하였다. 이를 계승하여 김일엽은 비구니 총림건물을 기공 하여 견성암은 비로소 비구니 도량으로서 그 위용을 갖추게 되었다. 법희와 그 선풍을 이은 김만성의 관계는 덕숭총림의 경허와 만공의 사제관계에 비유되고 있다. 1930년대를 전후하여 법희의 선풍을 이은 비구니는 정수옥 과 서본공이다. 정수옥은 비구니 3대 강백으로서 이름이 높고 서본공은 만공으로부터 법호와 계문을 받고 해인사 국일암에서 선방을 개설하였다. 정화시 적극 참여한 전도원도 법희의 제자이다. 1940년대 견성암에서 만공의 지도를 받은 김응민과 이대영도 주요 비구니 고승이다. 특히 응민은 만공으로부터 주장자를 받는 등 도가 높았다.

다음은 앞에서 잠시 언급한 견성암 역대 선원장에 대해서 살펴본다.

86) 한국비구니연구소, 『한국비구니수행담록』 상, 2007 ; 한국비구니연구소, 『한국비 구니명감』, 2007. 김지명은 1943년 견성암 도감 소임을 맡았고 정화후 12마지기의 논을 희사하여 재정을 보탰다.

제1대 法喜, 제2대 修業, 제3대 朴寶仁(1924~2004), 제4대 修業, 제5대 黃修蓮 (1927~), 제6대 德修, 제7대 姜淨華(1922~), 제8대 徐賢行(1928~2002), 제9대 徐性圓(1933~)이다.

제1대 法喜와 제2·4대 修業은 앞서 서술한 바 있거니와, 자료가 없으므로 여기서는 생략한다.[87] 제3대 선원장(1986~1988) 朴寶仁(1924~2004)은 1972년부터 2년간 견성암 입승을 맡은 후 1986년부터 2년간 선원장을 맡았고,[88] 그 후 修業이 2대 선원장에 이어 4대 선원장으로 4년간 재임하였다. 이후 제5대 선원장(1992~)은 黃修蓮(1927~)이 맡았다. 수련은 1985년부터 수덕사 견성암에서 주석하였다. 그 후 4년간 견성암의 도감을 살면서 방사건축 등 불사(1985)를 한 후 1992년 10월부터 5대 견성암 선원장을 역임하였다.[89] 德修는 정화운동에 적극 참여한 후 70세부터 제6대 선원장에 취임했다.[90]

제7대 선원장(1996~1999) 姜淨華(1922~)는 1994년부터 수덕사 견성암에 안거하다가 1996년부터 1999년까지 7대 선원장을 역임하고 안거하였으며, 정화운동시 단식기도에 적극 참여했다.[91] 그리고 제8대 선원장인 徐賢行

87) 제2·4대 선원장 修業에 대한 자료의 확보가 요청된다.

88) 제3대 선원장(1986~1988) 朴寶仁은 1938년 15세에 만공의 법문을 듣고 견성암으로 출가했다. 1940년 수덕사에서 만공을 계사로 사미니계를 수지하고 1950년 범어사에서 동산을 계사로 하여 구족계를 수지하였다. 출가 후 17세 때 윤필암에서 2철을 안거하고 1942년 19세에 최초 비구니 강원인 남장사 전문 강원에서 사교과를 수료했다. 그 후 남장사에서 수연과 함께 수학했다. 1972년부터 2년간 견성암 입승을 소임을 맡아 역임한 후, 현재까지 수행하고 있다.(한국비구니연구소,『한국비구니수행담록』 상, 2007 ; 한국비구니연구소,『한국비구니명감』, 2007.)

89) 한국비구니연구소,『한국비구니수행담록』하, 2007 ; 한국비구니연구소,『한국비구니명감』, 2007.

90) 제6대 선원장 德修는 조선개국공신 조준의 후손으로 18세에 출가하여 19세에 남장사 강원 사집을 수료했다. 그 후 흥국사 주지(7년간)와 장곡사 주지(4년간)를 역임했다.(한국비구니연구소,『한국비구니수행담록』 상, 2007 ; 한국비구니연구소,『한국비구니명감』, 2007.)

91) 제7대 선원장(1996~1999) 姜淨華는 1933년(12세) 강원도 회양군 표훈사 돈도암에서 출가하였다. 1934년(13세) 강원도 고성군 외금강면 신계사에서 김일우를 계사로 사미니계를 수지했다. 1939년 강원도 고성군 외금강면 온정리 여여원에서 효봉을

(1928~2002)은 1977년 견성암 입승과 1989년 견성암 도감을 거쳐 8대 선원장 소임을 맡았고,[92] 9대 선원장 徐性圓(1933~)은 견성암 一悟를 은사로 출가한 후 견성암의 벽초를 계사로 사미니계를 수지하였다.[93]

그 밖에 견성암 비구니들에 대하여 간략히 살펴보면 다음과 같다.[94] 견성암의 입승·재무·도감을 맡은 비구니는 박성근, 채현찬, 이소림, 김수현, 이진성, 정인, 자용 등이, 그리고 공양주나 원주 소임을 맡은 비구니로는 이원묵, 이성우, 손보근 등이 있다. 수덕사 고승의 시봉을 맡은 비구니는 손보근(원담, 혜암), 이소림(혜암), 도성(일엽) 등이 있었다.[95]

다음은 정화운동을 중심으로 덕숭총림의 비구니들의 중요 활동을 알아보기로 한다.[96]

계사로 보살계를 수지하고 1939년부터 1944년까지 온정리 여여원에서 효봉을 모시고 사미과를 수료했다. 1944년 서울시 종로구 이화동 대원암에 안거하고 1945년 서울시 선학원에서 하동산 스님을 계사로 비구니계를 수지했다. 1950년부터 1년간 수덕사 견성암에서 안거하고 1952년 부산 범어사 대성암에서 안거했다. 1961년부터 충남 서산군 개심사의 비구니 강원 총무와 비구니 강원 주지를 역임하다가 1970년부터 1994년까지 서울시 광진구 화양동 광림사를 창건하고 주지를 역임했다.(한국비구니연구소, 『한국비구니수행담록』 상, 2007 ; 한국비구니연구소, 『한국비구니명감』, 2007.)

92) 徐賢行은 18세에 견성암 용음에게 출가한 후 응민과 도반으로서 견성암에서 10여 년, 개심사에서 2년간 정진하였다. 그 후 견성암에서 정진하다가 봉곡사를 거쳐 다시 견성암에서 정진하였다. 1977년 견성암 입승과 1989년 견성암 도감을 거쳐 8대 선원장 소임을 맡았다. 내원사, 진주 대원사, 해인사, 승가사 등지와 견성암에서 50년간 정진하였다.(한국비구니연구소, 『한국비구니수행담록』 상, 2007 ; 한국비구니연구소, 『한국비구니명감』, 2007.)

93) 9대 선원장 徐性圓은 1957년 순천 선암사 강원 사교과를 수료하고 1959년 석암을 계사로 비구니계를 수지하였다.(위의 책.)

94) 출가 순으로 보면 李元默(1914~), 李惺牛(1918~), 孫寶根(1919~), 金智明(1921~), 趙德修(1922~), 金性牛(1922~), 姜淨華(1922~), 金應攺(1923~1984), 朴性根(1932~), 蔡賢讚(1934~), 韓正觀(1935~), 成觀晶(1937~), 李昭林(1937~), 李明岸(1941~), 金修賢(1941~), 車道文(1948~), 李眞性(1948~) 등이다.

95) 한국비구니연구소, 『한국비구니수행담록』 상, 2007 ; 한국비구니연구소, 『한국비구니명감』, 2007.

96) 이하는 필자의 기존 논문(황인규, 「근현대 비구니와 불교정화운동」, 대한불교조계종 불학연구소 편, 『불교정화운동의 재조명』(불교사연구총서 2), 조계종출판사,

최근에 발견된 「首座大會會議錄」에 의하면[97] 일제 강점기인 1935년 4월 禪學院 수좌대회에 비구 65명과 더불어 비구니 6명이 참여하였는데, 그 가운데 견성암과 관련된 비구니는 金荷葉(회양 표훈사)·李慈雲(예산 수덕사)이다. 특히 하엽일엽은 일간지에 당시 상황을 기고하기도 했다.[98]

일반적으로 본격적인 정화운동은 대통령 이승만(1948~1960 재임)의 '대처승 물러가라'는 훈시로부터 시작되었다. 현재 정화운동에 참여한 비구니는 30여 명으로 파악되고 있다. 수덕사 견성암의 바구니는 노쇠한 비구니 외에는 법일과 문도 등 모두 참여했다고 한다. 경무대 시위시 (1954.12.13)에 600명 4부대중이 경무대로 향하게 되었는데, 강자호와 견성암의 정수옥 등 5·6명의 비구니들이 선두에 서고 몇 백명의 비구니들이 뒤따랐다.[99] 덕수 등은 경무대 앞에서 총대를 빼앗아 경찰을 찌른 후 문을 열고 진입하였고[100] 중앙청 뒷문에서 나온 경마순사와 대치하였다.[101]

그러한 비구니들의 정신과 참여 때문에 제2회 임시종회시(1954.11.3) 비구니를 추가해서 의원으로 10명이 배정되었는데, 견성암과 관련이 있는 비구니 정수옥·이성우·이연진·배묘전이 포함되었다.

2008.3)을 덕숭총림 비구니들 입장에서 정리하였음을 밝혀둔다.

97) 이 기록은 1935년 동산 청담 등이 주도하여 조선불교선종수좌대회를 개최한 자료인데 김광식박사가 발굴한 자료이다. 본 기록은 최근에 首座大會會議錄과 安居芳啣錄을 選佛場이란 책제로 간행되었다.(法眞,『선불장 – 안거방함록과 수좌 대회회의록』, 한국불교선리연구원, 2007.)

98) 『동아일보』 1955.8.3, 「만공선사와 불교정화」.

99) 위와 같음.

100) 위와 같음.

101) 위와 같음. 견성암의 덕수(1922~) 등은 서울 대비원에 주석하면서 비구의 뒷바라지를 하였고 대처승들과의 싸움에는 제일 앞서 나아가 싸웠다. 덕수는 입적한 덕문과 함께 박정희 대통령의 장모인 대각화보살과 인연이 깊었고, 그러한 인연으로 비구승측의 탄원서를 박대통령에게 직접 전달하는 역할을 하였다.(「덕수스님·보인스님·정화스님 비구니, 잊혀진 정화의 공로자들」(1998년 1월 20일 수덕사 견성암 인터뷰),『22인의 증언을 통해 본 근현대불교사』, 선우도량 한국불교근현대사연구회, 2002, 263쪽.)

그리고 1955년 6월 23일 전국승려 준비위원회 위원 66명 가운데 정수옥을 포함한 비구니 10명이 선출되었다. 3일 후인 6월 29일 개최된 비공개 간담회에도 이성우 등 3명의 비구니가 참여했고, 같은 해 8월 5일 문교부 방문에는 정수옥이 참여했다.102) 일주일 후인 8월 12일 종희의원 56명 가운데 이성우, 정수옥 등을 비롯한 비구니 7명이 선출되었다. 그리고 견성암을 비구니 총림으로 만든 김일엽은 일제 강점기인 1935년 首座大會會議에 참여한 후 정화운동시 상황을 일간지에 기고하는 등 정화운동에 적극 참여하였다.103)

4. 맺음말

불교는 이 땅에 들어온 이후 한국 정신문화의 중심을 이루었음은 그 누구도 부인할 수 없다. 특히 성리학이 정착하기 시작한 16세기 중엽까지 우리 역사 속에 그 문화의 꽃을 피웠다. 그 주인공은 부처님의 法을 신봉한 스님들과 불자들이었고, 그 가운데 비구니들과 불교여성들의 신행 교화활동은 적지 않았다. 그렇지만 남성중심의 조선 유교적 문화는 과거의 진실마저 왜곡으로 몰아갔고, 그 영향이 오늘에도 지속되고 있다.

또한 개항기 西勢東漸의 분위기 속에 서구의 기독교가 들어오고 제국주의 시대가 전개되면서 일제의 압제 하에 우리의 문화가 굴절·왜곡되기 시작하였다. 고대부터 우리의 고유문화와 함께 하였던 불교문화는 숭유억불시책이 강화되자, 이른바 무종단의 산중불교만이 그 명맥을 이어가고 있었다. 도심지에서 승려는 민가 출입금지를 당하였으며, 조선의 심장부인 도성 한성에는 출입조차 허용되지 않았다.

---

102) 『경향신문』 1954.12.15, 「比丘僧들 示威 13日 景武臺 앞에서」.
103) 『동아일보』 1959.3.22, 「불교정화의 긴급문제…대법원 판결을 앞두고(上)」. 정화운 동에 있어서 핵심이자 선봉에 섰던 청담스님이 1969년 8월 12일 조계종을 탈퇴하는 일이 벌어졌을 때 金一葉은 선학원 중심의 蔡碧岩, 耘虛, 梵香, 徐京保 스님 등 44명과 더불어 전국비구승니대표자대회를 발기하는데 참여하였다.

이러한 무종단의 산중불교시대 척박한 불교적 환경 속에서도 근대 비구니들은 산중에서 수행으로 그 명맥을 이어갔음을 제 문헌에 나타난 기록으로 알 수 있다. 즉, 산중도량의 증가와 더불어 당시 실세인 세도가와 왕실의 불교신행활동 및 지원 하에 비구니 도량도 점차 증가하기 시작한 듯하다.

근대불교의 중흥조 경허와 제자 만공이 한국불교를 중흥시킨 것과 맥락을 같이하며, 특히 만공의 비구니들에 대한 지대한 관심과 교육으로 근현대 비구니들의 활동이 활발해졌다. 만공은 덕숭산 일대를 중심으로 활동하면서 견성암 비구니 선원을 창립케 하였고, 유법희와 제자 정수옥, 김만성 등을 중심으로 덕숭산 비구니원이 발전해갔다.

즉, 兪法喜는 1916년 만공의 지도를 받아 전법게와 법호를 받고 견성암 비구니 총림원장에 취임하였다. 이를 계승하여 金一葉은 비구니 총림건물을 기공하여 견성암이 비구니 도량으로서 그 위용을 갖추게 하였다. 법희의 선풍을 이은 김만성은 덕숭총림의 경허와 만공의 사제관계에 비유되고 있다. 1930년대를 전후하여 법희의 선풍을 이은 비구니는 정수옥과 서본공이다. 정수옥은 비구니 3대 강백으로서 이름이 높고 서본공은 만공으로부터 법호와 게문을 받고 해인사 국일암에서 선방을 개설하였다. 그리고 정화운동시 적극 참여한 전도원도 법희의 제자이다. 1940년대 견성암에서 만공의 지도를 받은 金應敏과 李大英도 역시 중요 비구니들이다. 특히 金應敏은 만공으로부터 주장자를 받았으리만큼 도가 높았다.

견성암을 거쳐 간 안거승 鄭守玉·金萬性·徐本空·金智明 등도 역시 주목해야할 비구니들이다. 견성암 선원의 창건주는 道洽과 도감 수인과 수연, 재무 정관 등이었다. 견성암 역대 선원장도 견성암 비구니 도량을 일구어 온 비구니들이다. 즉 法喜(1대), 修業(2대), 寶仁(3대), 修業(4대), 修蓮(5대), 德修(6대), 淨華(7대), 賢行(8대) 등의 비구니가 그러한 인물들이다.

덕숭총림 비구니들의 활동 가운데 특히 주목되는 것은, 후술하는 정화운동에 적극 참여하였다는 것이다. 당시 수덕사 견성암의 노쇠한 비구니 외에는 모두 다 참석했으며, 특히 법일과 그의 문도가 다 참여했다고 전하고 있다. 제2회 전국비구승대회에서는 견성암과 관련이 있는 조덕수와 박보인의 경우가 두드러지고, 경무대 시위시(1954.12.13) 강자호와 견성암의 정수옥 등 5·6명 비구니들이 선두에 섰다.

　그러한 비구니들의 정신과 참여 때문에 제2회 임시종회시(1954.11.3) 비구니 추가의원 10명이 배정되었을 때, 정수옥·이성우·이연진·배묘전 등 견성암 관련 비구니들이 포함되었다. 그리고 1955년 6월 23일 전국승려 준비위원회 위원 66명 가운데 비구니 10명이 포함되었고, 정수옥이 선출되었다. 같은 해 6월 29일에 개최된 비공개 간담회에도 3명의 비구니 가운데 이성우가 비구니계를 대표하여 참여했다. 같은 해 8월 5일 문교부 방문에는 정수옥이 참여했다. 그리고 제2회 정식 종회의원 56명 이 선출되었는데 비구니 7명 가운데 이성우, 정수옥이 견성암 출신이다. 그리고 김일엽은 일제 강점기 선학원 수좌대회에 참여한 후 현대 정화운동에 당시의 상황을 일간지에 기고하는 등 정화운동에 적극 참여하였다.

제2장 근현대 비구니와 정화운동

1. 머리말

기원전 5세기 부처님 당시 세계 최초의 여성종교교단인 비구니교단이 설립되었다. 타종교, 특히 천주교 여성 성직자교단인 수녀원의 설립 보다 무려 5세기나 앞선 일이다.[1]

현재 우리나라 비구니들의 숫자는 비구 보다 많으며, 실제 각 사찰·포교당에서 비구니들의 활약은 사찰운영이나 유치원·복지관 등 교육·복지 분야뿐아니라 사찰음식·꽃꽂이 범패음악·미술 등 문화 예술 분야에서 매우 활발하다. 한국에 불교가 들어온 이래 비구니의 활동들이 면면히 계승 발전된 것이라고 할 수 있다. 특히 비구니의 활약은 억불숭유의 산중불교시대인 조선시대의 불교를 지탱하게 하였고, 개항 이후 지금까지 한국불교의 발전에는 비구니의 땀과 노력이 숨어 있었던 것이다.

그러나 비구니에 대한 자료는 남아있는 것이 없으며, 대부분이 승려를 통칭한 기록이다. 그마저도 조선시대의 경우 불교를 억압하였던 남성중심의 수직적 사고를 지닌 성리학자들의 기록이기 때문에, 그 실상을 파악하는데 어려움을 더해주고 있다.

우리 근현대 불교의 참모습을 제대로 알기 위해서는 조선후기 불교의

---

[1] 팔경계에 의하여 비구니 승가는 비구 승가에 종속되어야만 했고 각 부파로 분리된 비구승들 사이의 분쟁과 비구승들의 무시 때문에 비구니 승가가 몰락의 길을 걷게 되었다. 비구니 교단의 성립에 대해서는 다음의 논문이 참조된다.(전해주, 「비구니교단의 성립에 대한 고찰」,『한국불교학』11, 1986 ; 황순일, 「남아시불교와 Gender : 율장의 아난다와 고따미 에피소드를 통해 본 초기인도불교의 비구니교단」,『한국불교학』38, 2007.)

실상을 바로 알아야 하고 개화 및 근대기 불교로 어떻게 이행되었으며, 일제 강점기 불교로 어떻게 계승되었는가 하는 문제를 되짚어 볼 필요가 있다. 일제 강점기 한국불교는 사찰령으로 대변되는 일제불교[2]의 영향을 직접적으로 받았다. 36년간의 일제불교는 우리의 현대불교로 바로 이어진다는 점에서 중요하긴 하지만, 1700년 역사의 한국불교라는 전체적인 입장에서 본다면 오히려 작은 것에 불과하다.[3] 본고는 비구와 함께 승단의 한 축을 이루었던 근대 비구니의 존재양상을 살펴본 후 현대불교 정화운동에 있어서 비구니의 역할과 그 의미는 무엇인가 천착하여보고자 한다.[4]

2. 일제 강점기 비구니의 동향

현대 불교계의 정화는 이승만의 유시부터 시작되었다고 알려져 있으나, 이미 일제 강점기부터 일제불교에 대항하여 조선불교의 정체성을 찾는 운동이 제기되었다. 일제불교라고 알려진 소위 대처육식의 일제불교가

---

2) 흔히 근대 우리나라에 침투된 일본의 불교를 왜색불교라고 하고 있으나, 일본의 불교 자체를 모두 다 나쁜 것으로 간주하는 것은 다소 무리다. 대처육식의 성향이 있는 일본의 불교가 우리의 전통적인 불교와 대치되고 제국주의적 침탈적 요소가 있다는 점에서 일제불교라는 용어가 보다 학술적 용어로 적당하다고 생각한다. 용어의 검토와 더불어 일본불교에 대한 보다 깊은 이해가 요청된다.

3) 현대불교 정화에 관련된 대표적인 논저를 소개하면 다음과 같다. 김광식 교수의 일련의 제 학술서들에서 현대불교 정화에 대한 제연구가 진척되어 있는데, 그 가운데 대표적이고 기본적인 논문을 소개하면 다음과 같다.(김광식, 「정화운동의 전개과정과 성격」, 『새불교운동의 전개』, 도피안사, 2002 ; 김광식, 「한국 현대불교와 정화운동」, 『대각사상』 7 ; 『한국 현대불교사연구』, 불교시대사, 2006 ; 「불교 '정화'의 성찰과 재인식」, 『근현대불교의 재조명』, 민족사, 2000 ; 송월주 외, 『교단 정화운동과 조계종의 오늘』, 한국불교근현대사연구회·불교신문사, 2001.)

4) 본고는 비구니의 역할만 강조하여 차별적이거나 독립성을 부각시키기 위함이 아니라, 비구니의 정체성을 되찾아 승가 발전에 조금이라도 도움이 되었으면 하는 바램으로 작성하였다. 혹 필자의 비구니사나 현대 불교사에 대한 일천한 지식으로 오류나 미흡함이 있을 수 있다. 특히 비구니 스님들에 대한 역할이나 위상에 누가 되지 않았을까 조바심이 된다. 이러한 점 독자 제현의 양해를 구하고자 한다.

한국불교계에 어떻게 침투되기 시작하였는지 알아 볼 필요가 있다. 이런 사실과 관련하여 고종 31년(1894) 5월 우리나라를 방문하고 견문록을 남긴 비숍 여사의 다음과 같은 기록이 참조된다.

> 長安寺에는 종교적 드라마들의 무대를 이루는 크고 작은 건물들, 종각과 비각, 참배객들의 조랑말을 위한 마구간, 방들, 승려들의 숙소, 승려들을 위한 요사채(식당), 절의 하인들과 신참승려들을 위한 숙소, 큰 부엌, 넓은 접객실, 女僧房 등이 있었다. 이러한 것들 외에도 절름발이, 귀머거리, 장님, 불구자, 그리고 과부, 고아 극빈자 등 괴로운 사람들을 받아들여 돌보는 숙소가 있었다. 이들 식객들은 1백여 명에 달했는데 절로부터 잘 대접을 받고 있는 것으로 보였다.
> 승려들, 절의 불목하니들, 승려의 길을 걸으려는 동승들 사이 100~120명 가량 보이는 비구니들이 있었다. 이 비구니들은 소녀로부터 87세에 이르는 노파까지 모든 연령층을 포괄하고 있었다. 이 많은 수의 사람들은 산 아래에 있는 사원 토지의 임대료와 생산품들, 그리고 절을 찾는 신도들의 헌금, 그리고 일종의 종교적 수행으로 멀리 서울의 4대문까지 탁발을 다니는 승려들이 모아온 시주 쌀로 부양되고 있었다. 얼마 전까지만 해도 승려들이 4대문 안에 들어선다는 것은 곧 죽음을 의미했으나 민비의 포고령에 의해 점점 출입이 자유로워지고 있다.[5]

금강산 4대 사찰 가운데 하나인 長安寺의 도량을 비교적 자세하게 소개하고 있다. 여승방과 100~120명 가량의 비구니들이 있었고, 비구니들은 소녀로부터 87세 노파에 이르기까지 모든 연령층을 포괄하고 있었다고 한다. 1917년 30本山本末寺別 僧尼 및 信徒數 一覽表 가운데 유점사본말사 비구니 253명·비구니 783명의 기록과[6]과 비교해 보았을 때 이전보다 많은 숫자이다. 사찰 도량승으로서 수행하는 모습을 읽을 수 있고 도성출입금지

---

5) 이사벨라 버드 비숍, 이인화 옮김, 「금강산의 여러 사원들 – 장안사」, 『한국과 그 이웃나라들』, 살림출판사, 1994, 162쪽.
6) 『불교총보』 8호 ; 김광식, 이철교, 『한국근현대불교자료전집』, 민족사, 1996.

가 해제된 사실을 적기하고 있다. 그리고 장안사와 그리 멀지 않은 곳에 위치한 금강산 4대 사찰인 표훈사 승려의 청정한 모습을 다음과 같이 전하고 있다.

> (표훈사) 이 절의 규율은 우유나 달걀조차 허락하지 않는 엄격한 채식주의를 지키는 것이었고, 어디에서도 家禽(기르는 새·닭)이나 가축을 기르고 있지 않았다. 나는 주인들의 편견을 다치지 않게 하려고 차나 밥, 꿀물, 잣, 그리고 잣과 꿀을 잘 버무린 요깃거리로 식사를 때웠다.[7]

그 당시까지 육식의 일제불교의 모습은 찾아 볼 수 없다. 그렇지만 일제불교의 침탈이 있게 되면서 대처육식이 만연해갔다. 그러한 사실은 당시 일본 불교학자인 高橋亨이 다음과 같이 언급한데서 확실하게 알 수 있다.

> 1929년까지, 8할의 사찰이 그 寺法 중에서 娶妻 금지 조항을 삭제함.……그런데 그 후(본말사주지 피선거자의 자격 가운데 '比丘戒及 菩薩戒를 구족해야 한다'는 규정이 있는 각 본말사법이 제정된 뒤를 말함 : 편자) 舊習을 경멸하고 인류생활에 있어서의 자연의 욕망을 중시하는 신사상의 風이 승속을 막론하고 통행하게 되었다. 이에 따라 승려 가운데에는 老壯靑少를 불문하고 실제에 있어서 비구계를 엄수하는 자는 극소하게 되었다.
> 지금은 본산 주지직에 있는 자까지도 몰래 畜妻를 하면서 표면상으로 숨기고 있는 者가 적지 않다. 이것은 승려 상호간에 잘 알려져 있는 사실이다. 따라서 寺法 중 주지자격 규정에 관한 조항은 권위가 없어지게 되었다. 이에 대하여 당국은 본조항이 시세에 합당치 않다하여 大正 15年 10月, 本條項의 삭제를 허가하는 뜻을 指示, 그것을 개정케 한 이래 昭和 4年에 이르기까지 약 8할의 寺刹이 寺法改定을 신청하여 本條項을 삭제하였다. 이 개정은 朝鮮佛敎史에 있어서 한 時代를 긋는 것이 되었다.

7) 이사벨라 버드 비숍, 이인화 옮김, 「한국불교의 현실-유점사 가는 길」, 『한국과 그 이웃나라들』, 살림출판사, 1994, 167쪽.

朝鮮人은 사상의 고착성이 현저하기 때문에 당국에서 지령이 없는 한 사회일반은 물론 승려들도 畜妻해방이 승려라고 하는 신분에까지 주어진다는 것은 영구히 상상도 하지 못했을 것이다. 따라서 조선사찰에서는 乳兒의 웃음은 물론 강보(아이 포대)를 해에 말리는 풍경을 목격하지 못했을 것이다. 그리하여 언제까지나 사회일반으로 하여금 진정한 승려의 청정생활자임을 예찬하게 하였을 것이다. 그러나 이제 그것이 해제됨에 이르러 장래 거의 전부의 조선승려는 制慾(욕심을 억누름)의 고통에서 해방되는 동시에 持戒가 주는 성자의 자각은 상실하게 될 것이다.[8]

자연의 욕망을 중시하는 새로운 풍속이 승속을 막론하고 유행하여 계를 지키는 승려들은 극소수였다. 심지어는 본산의 주지조차 몰래 축처를 하고 있었으며, 승려들 사이에도 널리 알려져 있었다. 때문에 총독부는 持戒조항이 시세에 맞지 않자 1926년 사찰조항을 삭제하라는 지시를 내리고 1929년까지 8할의 사찰이 그 사법 중에서 娶妻를 금지하는 조항을 삭제하였다는 것이다. 그러한 사법의 개정은 조선불교사에서 한 획을 긋는 사건이라고 하였다. 당시 신문은 다음과 같이 보도하고 있다.

이조의 배불책으로 불교의 교세가 위축되었으나 최근 다시 발흥하기 시작. 신도는 현재 169,151人에 달해 1928년보다 2,777명이 증가했다. 그러나 사찰은 97개소가 줄었으며 참선승려도 409명이 줄어 현 참선인 6,454명, 이중 여승도 79명이 감소되어 637명이다. 이와 같이 사찰·승려의 감소는 時運의 변천으로 어느 정도까지 계속되리라 추측하고 있다.
사원 1,358개소(본사 31, 말사 1,327) 승니 6,454명(尼 637 포함), 신도 169,151명(일인 139 포함), 신도증가비율 2%(日人 6%), 포교소 104개소[9]

당시 사찰이 97개소 감소되었고 참선승이 409명이 줄어들었으며, 비구니

---

8) 高橋亨, 『이조불교』, 동경 국서간행회, 昭和48(1973), 953쪽.
9) 『동아일보』 1930.11.2, 「1929년 총독부 종교과, 다음과 같이 전국 사찰·승려의 상황을 조사 보고함」.

도 79명이 감소되었다. 1917년과 비교하면 비구는 5,874명에서 5,817명으로, 비구니는 868명에서 637명으로 조사되었다. 그러한 상황에서 1926년 龍城 震鍾(1864~1940)을 중심으로 127명 비구들의 대처육식을 금지하라는 건의 가 있었으나,[10] 조선불교계는 일제불교의 영향력을 막을 수 없었다. 그리하 여 40년간이나 대처승에게 불교계의 주도권을 빼앗기게 되었다.[11] 당시 신문기사에 의하면, 신도는 전년도에 비해 늘었지만 사찰 100개소와 참선승 409명, 비구니 79명이 줄었다고 한다. 승니를 참선승으로 지칭한 것으로 보아 청정승인 듯하고 비구니도 1년 사이에 79명이나 줄었는데, 앞으로 그러한 추세는 계속될 것이라고 하였다. 취처금지가 해제되었기 때문에 나타난 현상이라고 생각되지만 사찰 승니수는 대체로 큰 변동이 없었다.[12] 훗날 정화운동의 심부름꾼으로 큰 역할을 하였던 비구니 趙德修(1922~)[13]의 다음과 같은 증언에서도 알 수 있다.

> 정화 이전에는 주지가 비구 스님인 사찰이 전무하다시피 하였다. 대부분 대처승들이 큰 절의 주지로 있었고 비구 스님들은 주로 작은 암자에 기거했 었다. 비구 스님들이 선방을 운영하며 살던 절로는 수덕사가 유일하다. 인심이 좋은 본사는 암자에 식량을 대어주었지만 그렇지 않은 경우에는 직접 탁발을 하여 식량을 마련하는 등 어렵게 생활을 꾸려갔다.[14]

---

10) 『동아일보』 1926.5.19.
11) 『동아일보』 1955.8.22.
12) 일제 강점기 승려의 수는 1930년 수준을 유지하였다. 대략 사찰 1,330사, 비구 5,600여 명, 비구니 1000여 명이었다.(대한불교 조계종 교육원 불학연구소, 『한국근현대불교사연표』 참조.)
13) 비구니 스님에 대한 이름은 비구 스님과 마찬가지로 법호와 법명을 사용해야 하나 덕수 스님처럼 법호가 없는 경우도 있고, 널리 알려지지 않은 비구니 스님들도 많다. 때문에 본고에서는 속성과 법명을 부득이 표기했음을 밝혀둔다.
14) 「덕수스님·보인스님·정화스님 비구니, 잊혀진 정화의 공로자들」(1998년 1월 20일 수덕사 견성암 인터뷰),『22인의 증언을 통해 본 근현대불교사』, 선우도량 한국불교 근현대사연구회, 2002.

삼보사찰을 비롯한 대부분의 사찰은 대처승이 장악하였다. 다행히 조선
불교의 일부 선각자들은 청정선풍 진작을 위해 나름대로 노력을 아끼지
않았다. 조선후기 억불시책으로 선이나 계를 지키는 승려가 별로 없었다는
기록도 있으나, 다음과 같이 청정 고승들이 등장하여 활동하였다.

서울 봉은사의 비구니 自休·完璧·香蓮·玩域·性明·性允·恭安·大希 등의
스승인 南湖永奇(1819~1872)는 청정하게 수행을 한 고승이었고,[15] 1893년
(고종 30) 신계사의 비구니 知洪·普和·斗玄·大典 등의 스승인 大應坦鍾
(1830~1894)은 신계사 普雲庵에서 개강하여 華嚴宗主라고 불리었던 고승이
다.[16]

뿐만 아니라 계율을 강조하는 고승들이 조선말기 불교계에 출현하여
활동하였다. 예컨대 龜岩寺의 白坡亘璇(1767~1852), 지리산 七佛庵의 大隱朗旿
(1780~1841), 通度寺의 海曇致益(1862~1942), 오대산 월정사의 蓮坡永住
(1790~1877), 법주사의 竺源震河(1861~1926),[17] 素荷大隱(1899~1989) 등이 바
로 그들이다.[18]

이러한 持戒僧뿐만 아니라 그들의 선풍을 계승한 萬愚常經(1855~1924),
滿空月面(1871~1946), 漢岩重遠(1876~1951), 耘虛龍夏(1892~1980), 타불 등의
선사들은 한국불교계의 선풍을 진작하였다. 특히 滿空月面과 漢岩重遠은 비구
니에게 가장 큰 영향을 끼친 선사로 평가받고 있다. 예컨대 金一葉(1896~1971)·
兪法喜(1887~1975)·金萬性(1897~1975)·兪守仁(1899~1997)·李大英
(1903~1985)·徐本空(1907~1965)·金智明(1921~   )·尹法衡(1921~2001)·朴寶仁
(1924~2004)·金明洙(1925~   )·徐賢行(1928~2002)·金慈允(1928~   ) 등이 滿空에

15) 「198. 서울 봉은사 南湖堂 永奇대사비문」, 이지관, 『한국고승비문총집－조선조·근
    현대』, 가산불교문화연구원, 2000, 767쪽.
16) 「204. 고성 신계사 大應堂 坦鍾대사비문」, 이지관, 『한국고승비문총집－조선조·근
    현대』, 가산불교문화연구원, 2000, 791쪽.
17) 竺源震河는 탄종의 법을 이은 선사였으나 친일행위를 했기 때문에 持戒라는 측면에
    서 볼 때 의구심이 가는 부분이 있는 듯하다. 이에 대해 엄밀한 고증이 필요하다.
18) 정광호, 「Ⅵ. 한국 근대불교의 '대처육식'」, 『근대한일관계사연구』, 인하대학교
    출판부, 1994, 100~101쪽.

게 계를 받거나 수행하였다. 또 徐道準(1900~1993)·徐仁成(1901~1989)·禪敬
(1904~1996)·李仁弘(1908~1997)·李雷默(1919~   )·金妙瓊(1919~1978)·柳世燈
(1926~1993)·金慶喜(1931~   ) 등은 漢岩에게 계를 받거나 수행했다.[19]

비구니들은 나아가 강원과 선원에서 정식으로 교육을 받게 된다. 1916년
1월 수덕사 견성암에서 개설된 최초의 비구니 선원과,[20] 2년 후인 1918년
통도사 옥련암에서 개설된 최초의 비구니 강원[21]을 필두로 여러 강원들과
선원들이 개설된다. 그러한 곳을 통하여 강원교육을 받은 비구니들아
출현하였다.[22] 그들은 아직 비구니가 아닌 비구강사에게 교육을 받은
경우이지만, 해방후 정화운동의 주역으로 활동한 비구니들이 적지 않았다.

이렇듯 근대 비구니사에 있어서 주목되는 것은 비구니 전문선원과 강원
이 개설되어 비구니들도 비구들과 더불어 종단 및 불교계 일선에 참여하게
된다는 것이다. 그러한 교육과 더불어 교단 차원의 움직임도 일게 되었다.
즉, 근대불교의 중흥조로 평가되는 鏡虛惺牛(1849~1912)의 제자 滿空月面
(1871~1946) 등이 선학원을 중심으로 청정불교운동인 선학원수좌대회를
개최하였다. 최근에 발견된 「수좌대회회의록」에 의하면,[23] 일제 강점기인

---

19) 1959년에 세워진 한암의 비문 門人秩 선좌대표 尼로서 淨慈와 仁弘을 들고 있다.(지
    관, 「253. 평창 월정사 漢巖堂 重遠大宗師舊碑文」, 『한국고승비문총집 조선조·근현
    대』, 가산불교문화연구원, 2000, 1008쪽.) 정자는 월정사 지장암에 주석하였던
    대비구니였고 인홍이 바로 출가제자이다.(본각, 「원허당 인홍선사와 비구니승가
    출가정신의 확립」, 『한국 비구니의 수행과 삶』, 예문서원, 2007, 320쪽.)
20) 해주, 「한국 근·현대 비구니의 수행에 대한 고찰」, 『한국사상과 문화』, 한국사상문화
    학회, 2006 ; 「한국 근현대 비구니의 수행」, 『한국비구니의 삶과 수행』, 전국비구니
    회, 2007, 133쪽.
21) 수경, 「한국 비구니강원 발달사」, 『한국비구니의 삶과 수행』, 전국비구니회, 2007,
    22쪽.
22) 이러한 비구니들을 소개하면 다음과 같다. 즉 李亘坦(1885~1980, 동학사)·兪法喜
    (1887~1975, 동학사)·鄭金龍(1892~1965)·鄭性文(1893~1974, 국일암)·李永春(1895~?, 통
    도사)·朴慧玉(1901~1969, 청암사 극락전, 해인사, 법주사 수정암)·鄭守玉(1902~1966,
    해인사, 서울 응선암)·鄭淨行(1902~2000, 해인사 국일암)·金法一(1904~1991, 운문사)·宋
    恩英(1910~1981, 보문사)·혜운(1911~?, 국일암)·安光豪(1915~1989)·李泰具(1920~?, 운
    문사)·李光雨(1925~ , 남장사) 등이다.(수경, 앞의 논문, 21쪽, 도표 참조.)
23) 이 기록은 1935년 동산, 청담 등이 주도하여 조선불교선종수좌대회를 개최한

1935년 4월 선학원 수좌대회에 비구 65명과 더불어 洪詳根(경성 청룡사)·薛妙禎(회양 장안사)·鄭國典(고성 유점사)·金荷葉(회양 표훈사)·金了然(양주 원통사), 李慈雲(예산 수덕사) 등 비구니 6명이 참여하였다. 전국선종수좌대회에서 조선불교선종의 출범을 선언하고 선원의 중앙조직체인 종무원을 구성하였는데, 비구니 6명이 참여했던 것이다.

　1935년 수좌대회에 이어 1941년 2월 고승 遺敎法會가 열렸다. 유교법회에서는 청정승풍과 전통계율의 수호를 위한 설법이 있었다. 종료 후에 선학원은 수좌대회를 개최하여, 그 기념사업으로 習定均慧 비구승만을 중심으로 하는 梵行團을 조직하여 선학과 계율의 종지를 선양하는 노력을 기울였다.[24] 이어 범행단의 후신인 僧團再組織運動과 불교정화운동을 전개하였다.

　　스님의 유지를 이어 스님이 지어두신 중앙선학원에서 스님이 제자들과 스님 문하에서 수련받은 비구 비구니들의 솔선으로 梵行團의 후신인 승단 재조직운동과 불교정화운동을 열렬하게 해가면서 새삼스러이 스님을 懇切히 추모하여 마지못하게 되는 바이다. 그러나 추모니 무어니 하는 말은 未成年인 우리들의 어린 말이고 頭頭物物이 다 스님의 법체요, 소리소리가 다 스님의 유훈으로 스님을 그대로 모신 우리는 스님의 사업체를 우리 힘껏 운영해 나아가며, 스님의 인간적 연륜을 따져 이 땅에 재출현하여 한국불교의 서광이 우주에 비칠 날을 위하여 미리 기뻐하기를 그치지 못할 뿐이다.[25]

　범행단에 이어 승단재조직운동과 더불어 불교정화운동을 전개하는데 비구니들도 참여하였다. 해방후에도 비구니들이 적극적으로 불교대회에

기록인데 김광식 박사가 발굴한 자료이다. 최근에 수좌대회회의록과 安居芳啣錄을 選佛場이란 책제로 간행되었다.(법진, 『선불장 – 안거방함록과 수좌대회회의록』, 한국불교선리연구원, 2007.)
24)「'교계소식', 선학원의 수좌대회 梵行團조직」, 『불교시보』69, 1941.4.15 ; 김광식, 「일제하 선학원의 운영과 성격」, 『한국근대불교사연구』, 민족사, 1996, 136쪽.
25)『동아일보』1955.8.3,「만공선사와 불교정화」.

참여하였다.

> 旣報한 바와 같이 전국불교도대회는 九일 오전부터 壽松洞 太古寺에서
> 僧侶 尼僧 남녀신도대표 등 五백여 명이 참석한 가운데 성대히 열리어
> 열렬한 토의가 진행되었다.[26]

8·15해방 후 교단을 정비하고 식민지 잔재를 청산하기 위한 불교계 혁신단체에서 연합체인 佛敎革新總聯盟을 결성하여 1947년 5월 8일에서 5월 14일까지 독자적인 전국불교도대회를 개최하였다. 마지막 날인 14일 천명한 선언[27]에서 수도승 중심의 교단운영체제와 교도들을 교단내로 흡수한다는 의지를 다졌다. 때문에 여기에 참여한 500여 명 가운데 비구니들도 다수 포함되어 있었으며, 해방 직후 불교정화에 참여하였다.[28]

해방 직후인 1947년 전국불교도대회가 열리고 지방에서는 봉암사결사가 열려 청정승풍운동이 진작되었는데, 1951년 8월 경남 창원의 聖住寺에서 40여 명의 비구니들도 모여 대중결사운동을 전개하였다. 그들은 윤필암에서 정진하고 있던 대중들과 부산으로 피난을 내려갔던 오대산 지장암 대중들이 함께 모인 것이었다. 이 정진은 退翁性徹(1912~1993)을 비롯한 靑潭淳浩(1902~1971), 慈雲盛祐(1911~1992) 등이 주도하여 실시한 봉암사 결사를 그대로 실현한 결사였다. 봉암사결사에서 내걸었던 共住規約이 성주사에서도 李仁弘(1908~1997)을 비롯한 비구니들에 의해 결사운동으로 전개되었던 것이다.[29]

후대 종정에 올랐던 退翁性徹은 대처승이 주지를 하고 있는 경남 창원 성주사에서 비구니들을 지도하였는데, 그들의 명단은 다음과 같다.[30] 朴彰

---

26) 『경향신문』 1947.5.10, 「전국불교도대회」.
27) 「전국불교도연맹 선언문」, 『대한불교』 2, 1947.6.1.
28) 전국불교도연맹의 활동 전모에 대해서는 다음의 논문을 참조하기 바람.(김광식, 「전국불교도총연맹의 결성과 불교계 동향」, 『한국 근현대불교의 현실인식』, 민족사, 1998.)
29) 박원자, 『인홍스님 일대기 길을 찾아 길 떠나다』, 김영사, 2007, 105~115쪽.

浩(1889~1976)·裵性蓮(1920~)·徐仁成(1901~1989)·李仁弘·李惺牛(1918~)·
법연·묘정(무착)·모영·裵妙瓚(1926~)·장호·金玄覺(1935~)·도용·金妙瓊
(1919~1978)·희견·李妙嚴(1931~) 등이다.[31] 그들은 처음으로 普照國師 知訥
의 장삼을 법복으로 삼아 입고 대중결사에 정진하여 '비구니의 출가정신을
회복'[32]시켰던 것이다.

3. 현대 불교정화와 비구니

일반적으로 본격적인 불교정화운동은 앞서 언급한 바처럼 대통령 이승
만(1948~1960 재임)의 '대처승 물러가라'는 훈시로부터 시작되었으나,
외형적인 것에 지나지 않았다. 앞장에서 언급한 바와 같이, 이미 그 이전에
비구니들이 선풍운동을 전개한 바 있다.[33] 정화운동 초기 비구니의 참여문
제가 제기되었고[34] 이후 『정화일지』 감격사에서 정화운동에 비구니의
참여와 그 역할은 매우 컸다.[35]

1954년 9월 28일과 29일 양일 선학원에서 열린 全國比丘僧大會에 비구니
30명과 비구 116명이 참여하였다. 30명의 비구니에 대한 개별 명단은
파악되지 않고 있지만, 후술하는 바와 같이 정화운동에 적극적으로 참여한
비구니들이었을 것이다. 같은 해 9월 30일 淨化日誌에는 제1회 임시종회
개최에 참여한 인원이 146명으로, 비구 116명, 비구니 30명이었다.[36] 그

---

30) 본각, 「원허당 인홍선사와 비구니승가 출가정신의 확립」, 『한국 비구니의 수행과
    삶』, 321~327쪽.
31) 한국비구니연구소, 『한국비구니수행담록』 상, 「仁弘스님」, 500~501쪽 ; 위의 책
    (중), 「현묵스님」, 179~180쪽.
32) 박원자, 『인홍스님 일대기 길을 찾아 길 떠나다』, 김영사, 2007, 114쪽.
33) 이는 이승만의 정화유시가 있기 한 달 전인 1953년 4월에 불국사에 열린 조계종
    법규위원회에서 18개의 사찰을 수좌측에 제공하였다는 사실에서 단적으로 알
    수 있다.
34) 한국불교승단정화사 편찬위원회, 『한국불교승단정화사』, 41쪽.
35) 위의 책, 11~12쪽.
36) 위의 책, 70쪽.

다음달 10월 10일 경무대를 방문하였을 때에도 80명의 비구와 비구니가 함께 하였다.

같은 해 11월 3일 제2회 임시종회에서 종정 河東山과 부종정 鄭金鳥로 임원을 개선하면서 의원 50명이 선정되었는데, 여기에 비구니 10명이 의원으로 선정되었다. 鄭金光(金龍, 1892~1965)·鄭守玉(1902~1966)·李仁弘·李惺宇 (1918~2004)·李蓮眞(1909~1996)·安慧雲(1911~)·강자호·裵妙全(1915~2003)· 裵妙璨(1926~1989)·劉慧春(1919~1998) 등 10명이 그들이다.[37] 임시 종회의원 이기는 하지만 비구니들이 처음으로 종회의원으로 선정된 것은 비구니의 역할과 위상이 제고된 것을 의미한다.

이틀 후 11월 5일 비구측이 태고사를 점령하여 조계사 간판을 붙이는 등 적극적인 실천으로 옮겼을 때 비구측과 대처측의 유혈사태가 발생하였다. 이때 17·18세의 어린 비구니들도 참여한 가운데, 비구니 덕수는 조계사 진입시 문을 장도리로 뜯는 등 적극적인 투쟁을 하였다.[38] 11월 20일 이승만의 3차 정화유시가 내려진 후 12월 1일 전국비구승대회가 열려 종헌을 개정하고 대표자회를 개최하였다. 다음 날 비구니와 비구 80명이 또다시 경무대를 방문하였다.

한달 후 12월 11일부터 13일까지 개최된 전국비구승니대회가 열린 후 500여 명의 비구·비구니들이 경무대 시위 및 방문에 동참하였다.

머리를 빡빡 깎은 스님들이 회색법의를 걸치고 눈 내리는 서울 시가를 시위행진 하였다. 妻를 갖고 있는 帶妻僧을 불교계에서 물리쳐야만 정화될 수 있다는 比丘僧과 比丘尼 스님들의 시위행진이었다. 불교정화운동 제三일 째이며 마지막 날인 十三일 二시 태고사를 출발한 약 五백명의 이 스님들은 전국 각 사찰에서 모여들어 불교정화를 위한 투쟁을 과시한 것이다. 七명의

37) 위의 책, 110쪽.
38) 「덕수스님·보인스님·정화스님 비구니, 잊혀진 정화의 공로자들」(1998년 1월 20일 수덕사 견성암 인터뷰), 『22인의 증언을 통해 본 근현대불교사』, 선우도량 한국불교 근현대사연구회, 2002.

비구승과 비구니 등 대표들은 행진 후 경무대를 방문하고 대처승들의
비행을 시정시키는 조속한 조치 있기를 호소하였다.[39]

위의 글에서 보듯이, 500여 명 비구·비구니들이 경무대로 향하게 되었는
데 강자호와 정수옥을 비롯한 비구니 고승을 선두로 몇 백 명의 비구니들이
참여하여 비구의 2배가 넘었다.[40] 특히 덕수와 같은 비구니는 경무대
앞 총대를 빼앗아 경찰을 찌르고 문을 열고 진입하였고,[41] 중앙청 뒷문에서
나온 경마순사와 대치하는 등 적극적으로 참여하였다.[42]

1954년 11월 11일 전국승려대회에 비구 211명, 비구니 221명이 참여했다.
8월 12일 전국승려대회가 개최된 가운데 종회의원 56명이 선출되었는데
비구니 金慧眞(1924~)·李仁弘·李惺牛·鄭守玉·朴慧玉(1901~1969)·金法一
(1904~1991)·鄭淨行(1902~2000)이 정식 종회의원으로 선출되었다. 여기
서 九山秀蓮(1909~1983)이 比丘尼叢林 장소를 선정하자[43]고 발언한 것도
결코 우연이 아니다.

다음달 12월 22일과 23일 대회에서 거듭 강조한 불교정화대책안에서
승려명단(비구 366명, 비구니 441명, 총 807명)을 치안국에 제출했다. 승려의
일상 수행과 비구와 비구니의 차별이 없다는 것을 전제한 후 비구니의
사찰 주지나 종회의원 1/6 임명사항이 의결되었다.[44] 종회의원 81명 가운데

---

39) 『경향신문』 1954.12.15, 「比丘僧들 示威 13日 景武臺 앞에서」.
40) 위와 같음.
41) 위와 같음.
42) 위와 같음. 이와 관련하여 당시 구술을 들어보면 다음과 같다. 1954년 덕수 스님은
    덕문 스님과 정화운동에 참여하였다. 당시 대비원에서 선학원과 조계사로 출퇴근
    하며 일을 보던 때였다. 스님은 경무대에 진입할 때 경찰의 총을 빼앗아 총대로
    경찰을 찔러 넘어뜨리고 다른 스님들이 안으로 들어갈 수 있도록 길을 여는
    용감한 모습을 보여주었다. 두 줄을 서서 행동할 때에는 앞뒤사람이 떨어지지
    않게 장삼 끈으로 서로 묶고 또 옆 사람과 묶어 몸싸움을 하다가 흩어지지 않도록
    하였다.(한국비구니연구소, 『한국비구니수행담록』 상, 덕수 스님, 477~479쪽.)
43) 한국불교승단정화사 편찬위원회, 『한국불교승단정화사』, 649쪽.
44) 위의 책, 203쪽.

비구니가 10명인 1/8보다 많은 비율이다.[45]

　1954년 12월 25일 비구승측은 승가개혁안을 제출했던데, 360명의 비구와 441명의 비구니가 서명을 했다. 주목되는 것은 1955년 5월 16일 500명의 비구니가 비구들과 불교정화를 위해 단식도 서슴지 않았다는 것이다.[46]

　단식 무언 기도를 올리던 비구승려들은 단식을 시작해서부터 약 百二十五시간만인 十五일 하오 五시 정했던 一주일간의 단식을 마쳤다. 비구승단의 宗正인 河東山씨의 말에 의하면 그들은 十六일 상오 七시까지 단식을 계속할 작정이었으나 외부의 정세가 낙관적인 공기로 돌았으며, 또한 당국자들의 간곡한 중지 권고에 마지 못하여 단식을 미리 중지케 하였다는데, 老僧들은 아직도 계속 단식 기원을 올리고 있다 하며 그들은 문제가 완전히 해결될 때까지 계속할 것이라 한다.
　한편 그동안의 '단식투쟁'으로 比丘尼 三명 比僧 三十三명 도합 三十六명이 생명이 위태로운 상태에 빠져 경찰당국에서는 首都경찰병원에 十一명 國立경찰병원에 二十五명을 각각 수용하고 치료를 가하여 왔는데 이번의 단식기간의 완료와 더불어 十六일 상오에 二十九명을 퇴원시켰으며 나머지 七명만은 아직 건강이 회복되지 못하여 首都경찰병원에서 치료를 계속하고 있다고 한다.[47]

　보인 스님은 1954년 불교정화운동에도 함께 하였는데 조계종 종도라면 모두 동참하였다고 해도 과언이 아닐 것이다. 견성암 스님들도 거동이 불편한 노스님들만 사중을 지키고 모두들 선학원과 조계사 마당에 집결하였다. 스님은 단식대회에서 물도 마시지 말라고 하여 이틀 동안 물 한 모금도 마시지 않았다. 우물에서 손을 씻을 때 물이 너무 마시고 싶었지만 꾹 참았는데, 나중에는 더 이상 버티기가 어려울 만큼 탈진하였다고 한다. 어느 큰 스님께서 '철도국이 우리 조계종 때문에 먹고 산다'고 할 정도로 전국 각지에서 많은 스님이 올라와 동참하였다. 보인 스님은 1952년 8월

45) 전해주, 앞의 논문, 136쪽.
46) 『경향신문』 1955.5.17, 「단식으로 기도 비구 비구니승 신도들」.
47) 『동아일보』 1955.6.17, 「比丘僧 斷食을 中止」.

대성암에서 2안거를 성만하고 다시 견성암에서 1961년까지 정진하다가 1962년 해미 개심사 강원총무로 부임하여 1970년까지 맡은 바 소임을 다하였다.[48]

위의 인용한 글에서 보듯이, '철도국이 우리 조계종 때문에 먹고 산다'고 할 정도로 전국의 조계종도들이 상경하여 정화운동에 모두 동참했다고 해도 과언이 아니었다고 한다. 견성암의 비구니 법령은 尹法衡(1921~2001) 과 제석 등과 함께 노쇠한 승려를 제외하고 상경하여 참여하였다.[49] 뿐만 아니라 陳快愈(1907~1974)는 속리산 수정암 입승인 金淨行(1904~1980)과 함께 속리산에서 대전역까지 걸어가서 기차를 타고 상경해 참여했고,[50] 李仁弘(1908~1997)은 태백산 홍제사의 문도들을 이끌고 정화에 참여했 다.[51] 또한 金道鍊(1911~2004)은 윤필암에서 수행하다가 기차 기관실에서 승차하면서까지 상경하여 참여하였고,[52] 구례 화엄사에서 수행하던 成觀晶 (1937~)은 자호·종현과 함께 서울에 올라가 정화에 참여하였다.[53] 그들은 위에서 언급한 朴寶仁(1924~2004)이나 다음에 인용한 金道鍊처럼 당시 비구니들은 단식투쟁에 적극 참여하였다.

스님은 앉아서 물도 마시지 않고 단식을 하는데 사흘이 지나자 몸에서 너무 냄새가 나서 "몸에서 썩은 냄새가 나다"고 하시니 다른 스님들께서 물을 먹었냐고 물어서 물을 못 먹게 해서 안 먹었다고 하니, 죽을려고 그러냐며 몰래라도 물을 먹어야 한다고 했다고 한다. 단식을 풀고 대중이

---

48) 한국비구니연구소, 『한국비구니수행담록』상, 「寶仁(1924~2004)스님」, 448쪽.
49) 「덕수스님·보인스님·정화스님 비구니, 잊혀진 정화의 공로자들」(1998년 1월 20일 수덕사 견성암 인터뷰), 『22인의 증언을 통해 본 근현대불교사』, 선우도량 한국불교 근현대사연구회, 2002, 279~280쪽 ; 한국비구니연구소, 『韓國比丘尼修行談錄』上, 「寶仁(1924~2004)스님」, 448쪽.
50) 하춘생, 『깨달음의 꽃』2, 2002, 136쪽.
51) 한국비구니연구소, 『한국비구니수행담록』상, 「仁弘(1908~1997)스님」, 500~501쪽.
52) 위의 책(중), 「道鍊스님(1911~2004)」, 155쪽.
53) 한국비구니연구소, 1999~2000년 녹취 취재자료, 관정스님.

죽을 먹을 때 스님께서는 사흘 동안 물 한모금도 마시지 않았기에 죽을
두 숟가락도 넘기지 못하셨다.[54]

그야말로 죽음을 두려워하지 않고 청정불교계를 만들겠다는 고귀한
정신의 발로이다. 단식투쟁 5일째 되는 날인 6월 13일 희찬·김지월·현극·종
수·운영·성덕·혜종 등의 비구와 本賢·正行·妙明 등의 비구니들이 위독하여
병원에 입원하기도 하였다.[55] 특히 비구니 심범현은 위독한 상황에 처하기
도 하였다.

> 비구승들의 단식기도 五일째인 十三일 오후 十一명의 비구승과 비구니가
> 실신함으로써 十시 수도경찰병원에 입원시켰다. 실신한 비구승은 김성덕
> (十七)씨외 十명이며 그중 三명이 비구니이었는데 특히 비구니 심범현(六四)
> 씨는 특히 위독상태이므로 '링겔' 등으로 응급치료를 하였다.[56]

그리고 1955년 6월 23일 전국승려 준비위원 66명 가운데 비구니 이인홍·
정수옥·박혜연·정성문·박혜옥·정금광·김혜진이 선출되었고, 비구니들의
정신과 실제 참여활동 때문에 비구니에게도 정화운동기 1/10의 종회의원을
배석하였는데, 현재보다 그 비율이 높다.[57] 6월 29일에 개최된 비공개
간담회에도 李仁弘·강자호·李惺牛가 비구니계를 대표하여 참여했다.

그리고 역사상 최대의 인원인 900여 명이 참여할 것이라던 전국승려대회
에는 전국의 비구니가 상경하였다고 한다.[58] 같은 해 8월 비구승대회에

---

54) 앞의 책(중), 「道錬스님(1911~2004)」, 155쪽.

55) 한국불교승단정화사 편찬위원회, 『한국불교승단정화사』, 422쪽.

56) 『경향신문』 1955.6.15, 「失神者 續出의 斷食場 比丘僧尼 11명을 警察病院에 收容」.

57) 전해주, 앞의 논문, 136쪽.

58) 「덕수스님·보인스님·정화스님 비구니, 잊혀진 정화의 공로자들」(1998년 1월 20일
    수덕사 견성암 인터뷰), 『22인의 증언을 통해 본 근현대불교사』, 선우도량 한국불교
    근현대사연구회, 2002. 이 대회에 참석자는 비구 350명(동의서 440), 비구니 423명
    (동의서 140) 합 773명(184명 동의)이었다.

423명의 비구니가 250명의 비구와 함께 참여했다.[59)]

> 비구승단에서 개최하는 전국승려대회는 二일 상오 십시 당국의 제지에도
> 불구하고 李靑潭씨 사회로 약 八백명의 비구승니들이 참석한 가운데 개막되
> 었다.
> 당국에서는 一일밤 오늘의 대회중지를 시달한 바 있음에도 불응하고 개최
> 한 동 대회를 해산하려 하였으나 대회를 계속 진행할 것을 허용하라는
> 李大統領에게 보내는 혈서와 장문의 萬人訴를 통영에서 참석한 彌來寺
> 주지 蘇九山씨가 공개하자 대회장은 승려와 신도들의 흥분에 넘친 울음소
> 리로 충만하여 일시 修羅場(싸움으로 큰 혼란상태)을 이루었다.[60)]

8월 2일 개최 후에도 8월 5일 경무대 방문에 비구 河東山·李靑潭·朴碧眼·蘇
九山·金智曉·玄悟·李貞洙와 더불어 비구니 李仁弘이, 문교부 방문에 비구
金呑虛·楊廳雨·宋鶴根·申韶天·金大越·尹月下·金鏡牛·白光豪·李壽山과   더
불어 비구니 鄭守玉이 참여했던 것이다.[61)] 8월 12일 소명자료에 의하면,
전국승려대회의 회의록의 참석인원이 위임장을 포함하여 비구 430명(위임
장 48명), 비구니 571명(위임장 140명)이었다.[62)] 이처럼 비구니들은 비구들
못지않게 정화에 동참하였음을 알 수 있다.
  이상에서 살펴본 바와 같이, 적극적인 정화운동에 힘입어 40년간 대처승
에게 빼앗겼던 불교계의 주도권을 되찾았음은 다음에서 알 수 있다.

> 禪學院계 승려(比丘僧, 尼)들은 四十년간이나 帶妻僧(=舊總務院) 세력에
> 빼앗겼던 한국佛敎의 주도권을 다시 찾고 전국 일선 一百八十 寺刹의 새

59) 『朝鮮日報』1955.8.3,「僧侶大會를 强行 集會 許可 없어서 場內 騷然」; 김광식,
   『근현대불교의 재조명』, 민족사, 2000, 401, 269, 393~397쪽 ; 박포리,「현대 한국
   비구니 사찰의 설립에 대한 고찰」,『동아시아 전통에서의 한국비구니의 삶과
   수행』, 2006, 128쪽.
60) 『경향신문』1955.8.3,「當局勸告도 不應 比丘僧尼大會 開幕」.
61) 한국불교승단정화사 편찬위원회,『한국불교승단정화사』, 534쪽.
62) 위의 책, 664쪽.

주인이 되었으나, 이 많은 사찰을 수호할 住持의 부임은 그들 지도층의 심각한 고민꺼리가 되고 있다.

그들은 오랜 투쟁 끝에 숙원의 敎團 주도권을 자신들의 손아귀에 넣었으나 五천명이 넘는 '대처승'들을 사찰로부터 추출하고 그 뒷자리를 메꾸기에는 너무도 힘이 미약하다는 현실에 부닥치고 말았다.

현재 '선학원'계 승려는 약 八백명(比丘僧 四○○名 比丘尼 四○○名)으로 추산되고 있는데, 이들 전원을 주지로 임명한다는 것은 理智宗敎로 알려진 '불교'의 전도가 높은 지식과 교양을 필요로 하는 점에 비추어 도저히 불가능한 것으로 보여지고 있다.

그들은 전국에서 전통있는 六百二十三 사찰을 골라 주지를 내정하고 있으나 실제로 문교부에 認許를 신청한 것은 十九 사찰에 불과하였다는 것은 그간의 사정을 증명하는 것으로서 결국 '대처승'의 교섭은 불가피한 것으로 관칙되고 있다.

정통한 소식통에 의하면 그들은 일시에 전 사찰을 접수하려던 당초의 계획을 포기하고 모든 대처승을 포섭하게 될 것이라고 말하였다.

또한 二十일 '선학원' 대변인도 '경우에 따라서 대처승도 住持署理로 임명하게 될 것이라'고 언명한 바 있는데, 이로 미루어 보아 '대처승'들은 아직도 僧侶로서의 생명을 계속유지 할 수 있을 것이라는 것이 일반적인 견해로 되고 있다.[63]

위의 기사에서 보듯이, 비구측은 대처측에 빼앗겼던 불교계 주도권을 되찾아 180寺의 주인이 되었다. 그러나 5,100명이 넘는 대처승을 몰아내기에는 아직 힘이 미약하였다. 대처승이 비구측보다 4,200명이나 많았기 때문이었다. 그리하여 전통이 있는 623寺를 골라 주지를 내정하였으나, 문교부에 신청 사찰을 인허받은 것은 19寺에 불과하였다. 그런 가운데 비구니들의 사찰이 종단 차원에서 처음으로 분배되었다.[64]

63) 『동아일보』 1955.8.22, 「대처승 포섭 불가피 선학원측, 주지인선에 부심」.
64) 1955년 10월경 대처승 1000개 사찰 중 450개 사찰을 접수하였다. 비구니들도 사찰을 접수하였는데 현재 선원의 모태가 되고 있다. 덕수의 구술에 따르면, 비구측 지방사찰 주지임명 접수는 운문사(묘전), 천은사(혜운), 선암사였다고 한

1959년 종단에서는 정화운동 당시 살신성인의 정신으로 참여한 비구니 스님들의 노고를 치하하며, 전라도 지역에서는 仙巖寺를 비구니 스님들에게 내어주고, 경상도 지역에는 桐華寺에 비구총림을 내주었다.

성경 스님은 이후 2년 동안 동화사에서 생활하였다. 그러나 중앙 종단에서 비구 스님들이 내려오면서 동화사 강원이 폐지되고 동화사에 상주하던 비구니 스님들은 뿔뿔이 흩어지게 되었다.[65]

특히, 1955년 鄭性文(1893~1974)은 비구니로서는 최초로 本寺인 桐華寺 주지에 취임하였다. 즉 대구 桐華寺를 全國比丘尼叢林으로 개설하기 위한 도량으로 인수하였다. 당시까지 비구니가 교구본사 주지에 참여한 사례는 전무하다. 총무부장은 李仁弘, 교무부장은 金法一,[66] 재무부장은 정안이 맡게 되었다. 그리하여 동화사 비구니 총림에서는 1년간 80명이 함께 수행하였다고 한다.[67]

그만큼 정화운동에 있어서 비구니의 공로가 인정되었던 것이라고 할 수 있지만, 교단사정으로 청도 雲門寺와 맞바꾸게 되었다.[68] 그리하여 동화사 비구니 총림에서 수행하던 비구니들은 경주 분황사, 태백산 홍제사, 선암사 등으로 뿔뿔이 헤어지게 되었다.[69] 실로 불교계에 있어서 비구니의

다.(「덕수스님·보인스님·정화스님 비구니, 잊혀진 정화의 공로자들」(1998년 1월 20일 수덕사 견성암 인터뷰),『22인의 증언을 통해 본 근현대불교사』, 선우도량 한국불교근현대사연구회, 2002.)

65) 한국비구니연구소,『한국비구니수행담록』중,「晟鏡(1941~)스님」, 506쪽.

66) 1953년 동화사 비구니 총림과 1954년 운문사 비구니 강원교무국장을 역임한 스님은 1953년 9월 조계종 중앙종회의원에 피선되어 수년 동안 비구니승가교육에 많은 관심을 기울였다. 1955년 9월 5일 주지로 부임한 대원사는 거의 폐허가 된 절이었다. 대작불사의 원력을 세우고 그 면모를 일신하기까지 스님의 원력보살의 삶 그 자체였다.(한국비구니연구소,『한국비구니수행담록』상,「法一(1904~1991)스님」, 376쪽.) 법일이 정화후 대처승과의 싸움에서 승소하는 등 비구니 도량으로 가꾼 사실에 대해서는 하춘생,『깨달음의 꽃』, 여래, 1998, 257쪽을 참조하기 바람.

67) 한국비구니연구소,『한국비구니수행담록』중,「경주스님」, 151쪽.

68) 본각,「원허당 인홍선사와 비구니승가 출가정신의 확립」,『한국 비구니의 수행과 삶』, 329쪽.

위상과 관련된 단적인 표상이라고 아니할 수 없다.

> 1957년 불교정화운동 당시 수인 노스님께서는 권속들을 데리고 동화사로
> 거처를 옮겨 불교정화운동에 동참하셨다. 동화사의 정화가 끝나자 노스님
> 은 표충사에 가서 3개월 정도 머물다가 다시 운문사로 거처를 옮겼다.
> 그 당시 운문사에는 대처승들이 거주하고 있었다. 노스님이 들어가시면서
> 운문사에도 정화의 바람이 일어나자 대처승과 비구니 스님들이 부처님
> 말씀을 배울 수 있는 장을 마련하셨다. 그리고 길고 어려운 갈등 끝에
> 마침내 대처승들이 운문사를 떠나게 되었다.
> 노스님은 가까이 지내던 부산 소림사 금광 노스님을 모시고 와서 주지
> 소임을 맡게 하시고 당신은 총무 소임을 맡으면서 운문사를 비구니 도량으
> 로 가꿔나가셨다. 그리고 이후 10여 년간 운문사 소임을 맡으셨다.…대처승
> 들과 긴 갈등을 겪으면서 사중의 경제는 극도로 피폐해졌고, 노스님께서
> 운문사 대중을 외호하는 소임을 살고 계셨기 때문에 스님도 노스님을
> 도와 대중을 외호해야 했다.[70]

위의 글에서 보듯이, 정화 후 비구니들의 사찰운영은 쉽지만은 않았다.
그러한 사례로 서울 개운사의 경우를 들 수 있다.

정화 이후 개운사는 비구 스님들의 뒤에서 묵묵히 실질적인 힘을 위해

---

69) 한국비구니연구소, 『한국비구니수행담록』 중, 「경주스님」, 151쪽.
70) 한국비구니연구소, 『한국비구니수행담록』 상, 「妙全(1938~2004)」, 627쪽. 당시
상황에 대한 구술을 소개하면 다음과 같다. 즉 "수인 스님은 정화 이후 팔공산
동화사 비구니 총림에서 운문사로 옮겨오면서 소임을 맡았는데 대처승이 휩쓸고
간 운문사는 폐허가 되었다. 1955년 스님은 운문사 주지직을 맡아 직접 후학의
도제양성을 위해 강원교육 체제를 신설하면서 각종 불사에 전념하였다. 그러던
중 대처승의 모함과 소송제기로 법정에 세 번이나 서게 되었다. 마지막 재판
때에는 승소한 줄도 모르고, 그 자리에서 합장한 채로 관음 주력 삼매에 들었다고
한다. 굴뚝 하나도 온전하지 못했던 운문사를 새로운 청정도량으로 가꾸어가는
데는 수년의 세월이 걸렸다."(한국비구니연구소, 『한국비구니수행담록』 상, 「守仁
(1899~1997)스님」, 114쪽.)

정화를 이룩해낸 비구니 스님들이 살게 되었다. 서울에서 재정이 튼튼한
사찰 중의 하나로 손꼽혔던 개운사는 당시 주지였던 대처승의 횡포가
심하기로 유명했다. 이리하여 개운사의 큰 방에서는 비구니 스님들이
발우공양을 하고 대처승들은 사무실 쪽에서 밥을 지어먹으며 살게 되었다.
당시 개운사의 주지소임은 덕수 스님의 사형이신 덕문 스님이 맡았다.
덕문 스님은 소임을 사는 기간 동안 요사채를 짓고 법당을 짓기 위한
터를 닦아놓았다. 이는 전후 불교역사에 불사의 원력을 더하여 도량 가꾸기
에 전념을 쏟은 비구니들의 역량을 여실히 반영하는 대목이다. 이렇게
비구니 스님들의 개운사 도량중창의 역사가 이루어지는 동안에도 대처승
들의 횡포는 끊임없이 계속되었다.[71]

　이와 같이 정화운동에 적극적으로 참여하였던 德修의 사형 德文이 대처승
의 횡포 속에 개운사를 비구니 도량으로 가꾸어 갔음을 알 수 있다. 그러한
가운데 비구니 사찰의 주지 취임과 더불어 선원과 강원을 일구기 시작하였
다.[72] 선학이 이미 지적한 바와 같이, 비구니들이 강원교육을 받을 수
있는 환경이 조성된 것은 해방 이후이다. 1956년 경봉 스님을 모시고
동학사에 비구니 전문강원을 설립하면서 비구니 강원교육은 활기를 되찾기
시작하였다. 비구니 강사는 경봉·호경·대은 등이었고, 거기에서 배출된
비구니들이 비구니 강원을 설립하여 교육을 하게 되었다.[73]
　최초의 비구니 법사인 鄭金龍(1892~1965)은 정식으로 비구로부터 강맥
을 받은 최초의 비구니이고 1958년 자신의 가르침을 광우에게 전수했다.
비구니가 비구니에게 전한 최초의 강맥이다. 鄭守玉(1902~1966)은 최초로
강사의 지위를 가진 비구니로서 해방 전 유일한 비구니 강사였다.[74] 李永春
(1894~1993)은 30세에 당대 최초의 비구니 화엄법사가 되었고, 鄭淨行

71) 한국비구니연구소, 『한국비구니수행담록』 상, 「덕수스님」, 477~479쪽.
72) 이에 대해서는 수경 스님과 해주 스님의 앞의 논문을 참조하기 바람.
73) 수경, 「한국 비구니강원 발달사」, 『한국비구니의 삶과 수행』, 전국비구니회, 2007,
　　17~18쪽.
74) 박포리, 앞의 논문, 126쪽.

(1902~2000)은 최초의 비구니 전계사이다.

1956년 李妙嚴(1931~)이 경봉으로부터 전강을 받았는데, 비구니가 처음으로 비구에게 전강을 받은 사례이다. 그 후 鄭泰鏡(1930~)이 1945년 해인사 삼선암에서 비구니 鄭性文에게 출가하여 1957년 운문사에서 만우로부터 전강을 받았다. 全明星(1931~)은 1958년 선암사 성능으로부터 전강을 받았고 韓智賢(1933~)이 1960년 범어사에서 대은으로부터 전강을 받았다.

동학사 강원이 설립된 이후인 1960년대 비구니 강원에서 교육을 받았으며, 비구에게 전강을 받은 비구니는 19명이다. 그 가운데 5대 강원인 동학사(1956)의 鄭一超(1943~), 운문사(1958)의 全明星, 봉녕사(1974)의 李妙嚴, 삼선승가대학(1978)의 朴妙洵(1946~), 청암사(1987)의 朴志炯(1947~)이 승가대학을 책임지는 학장으로서 비구니교육을 지휘하고 있다.[75]

그러한 비구니의 총림건설 시도와 사찰 운영, 비구니 전문강원과 선원을 설립하는 등 비구니 도량을 중심으로 청정 불교계를 일구어가고 있었지만, 대처측과의 대립은 쉽게 끝나지 않았다. 그 대표적인 사건이 바로 1956년 6월 15일 서울지방법원의 '종헌 등 결의 무효 확인에 관한 판결문(民 제1326호)'으로 비구측의 제2종헌이 무효로 선고가 되자 비구측은 이에 불복하여 서울고등법원에 항소하였던 것이다.

불교 내의 분규재연은 불가피하게 되어 비구 대처 양측의 대결은 심각한 모습을 새로 나타내기 시작하였는데 二十八일로서 비구승들이 입주하고 있던 曹溪寺를 점거한 대처승들은 조계사라는 간판을 떼고 太古寺라는 간판으로 복구시켜 宗務를 三十일부터 개시하였다.[76]
한편 법원 판결에 의하여 부득이 조계사에서 물러나온 비구승측은 三十일 전국 각처에 산재하고 있는 비구승니에게 시급 전보를 치고 급거 상경할

75) 수경, 앞의 논문, 28쪽 ; 해주, 앞의 논문. 138쪽.
76) 「덕수스님·보인스님·정화스님 비구니, 잊혀진 정화의 공로자들」(1998년 1월 20일 수덕사 견성암 인터뷰), 『22인의 증언을 통해 본 근현대불교사』, 선우도량 한국불교 근현대사연구회, 2002, 271쪽.

것을 통보하여 대처승측을 상대로 새로운 각도로 투쟁을 전개할 준비
공작을 취하고 있다. 그런데 이번 재연된 불교분쟁은 비구승측이 일시
불교 주도권 장악하던 一년 전보다 확대된 기세를 보이고 있는데, 대처승측
은 지난 二十七일자 서울지방법원에서 가처분 결정이 있자 太古寺를 비롯한
海印, 通度, 梵魚 등 三대 사찰과 三十개 본사의 운영권도 장악하게 되어
대처승측 주지를 배치하고 있다는 것이다.
그리고 지방에서 급거 상경 통보를 받은 비구승니들은 三十一일 저녁까지
는 전원이 서울에 도착될 것으로 전해지고 있는데, 이들 비구승니들은
安國洞에 있는 禪學院에 일단 집결되어 투쟁방법을 결정할 것이라고 전하여
지고 있는 바, 이들의 투쟁방법은 관계당국에 해결책을 제시 절충하여
이것이 여의치 못할 경우에는 또 籠城과 斷食투쟁으로 들어갈 것이라
한다.[77]

3년 후인 1959년 3월 22일 대법원 판결을 앞두고는 비구니도 적극 참여하
였다.

정화기 초에 수자적 比丘僧(比丘尼)의 천여 명 대처승으로 熱戰中 曹溪寺
法堂앞에 얼음 땅에 엎드려 간이 오그라들고 손발이 퉁퉁 부어올라도
帶妻僧의 잠근 法堂門을 열 때까지 꼼짝 않고 종일 있던 일이나 六·七일
씩 단식기도 중 三百名의 帶妻僧들의 集團습격으로 數十名이 무르팍이
쪼개지고 다리가 부러지며 갈비대가 다 함께 우그러져 內出血로 죽게까지
되었고, 대통령의 면회를 위하여 경무대 앞 籠城쩍에 빠스와 騎馬가 발부러
대들어도 五·六百名이 깍지끼고 꼭 껴안고 한명도 움직이지 않고 결사적인
태세를 보이던 수도승은 관념적으로라도 생사에 뛰어난 정신이 아니면
그런 집단적 실행은 하지 못하는 것이다.[78]

결국 1960년 11월 23일 5백여 명 승려들이 단식에 다시 돌입하게 되었는

77) 『조선일보』 1956.7.31, 「대처승 종무를 개시 비구측은 지방승니 상경 지시」.
78) 김일엽도 당시 상황에 대해 신문기고에서 같은 내용을 지적한 바 있다(『동아일보』
1959.3.22, 「불교정화의 긴급문제…대법원 판결을 앞두고(상)」.)

데, 다음 날인 11월 24일 지방인 부산 시내 중심가인 광복동·중앙동·동광동·
창선동 일대에서 비구니·비구 약 3백여 명의 시위가 열렸다.79) 그 다음
날인 11월 25일 대법원 판결에 항의하여 비구·비구니들이 대법원 청사에
난입하는 일이 발생하였다. 이에 대해서 당시 일간지는 다음과 같이 보도하
고 있다.80)

> 사법사상 전대미문의 混亂惹起 사백여 명이 마구 난동 20명 부상 경찰,
> 충돌 끝에 모조리 연행 判決에 불만 품고
> '불교분쟁사건'에 대한 대법원판결에 불만을 품은 비구승·비구니 및 신도
> 四백여 명이 二四일 하오 대법원 청사에 난입, 긴급 출동한 경찰관 三백여
> 명과 충돌하여 대법원, 서울고법, 대검, 서울고검 및 서울지검을 포함하고
> 있는 법원청사는 사법사상 전대미문의 대혼란을 일으켰다. 이 난입사건으
> 로 승려 六명이 할복하여 중상을 입고, 충돌로 경상을 입은 자는 二〇여
> 명에 달하며 법원, 경찰의 사무는 약 二시간 동안 계속된 수라장 상태로
> 거의 중단되고 말았다.
> 이날 하오 三시 二〇분경 극렬분자로 보여지는 비구승 六명이 대법원장실
> 에서 裵廷鉉 대법원장 직무대행 대법관을 만나 대법원의 판결에 항의하려
> 다 면담을 거절당하고 할복, 중상을 입자 '승려 一명이 죽었다.'고 와전되어
> 하오 三시 五〇분경 曹溪寺에서 단식하던 비구승 중 三五〇여 명과 비구니
> 및 신도들 五〇여 명, 도합 四백여 명이 光化門 시청 앞을 통과하여 일부는
> 차로, 일부는 도보로 법원청사까지 집결한 다음 '우리도 전부 다 같이
> 죽자' '대법원은 돈먹고 대처승에 유리한 판결을 내렸다'는 등 구호를
> 외치며 법원구내에 난입하였던 것이다.
> 이들 중 약 반수는 법원청사 안으로 난입. 나머지 약 반수는 법원청사
> 앞마당에서 기타 경찰관에 의하여 제지되어 경찰에 욕설까지 퍼부었던
> 것이다. 이 사태는 경찰이 이들 전원을 연행함으로써 二시간 후인 하오
> 五시 반경에 완전히 강제 해산되었다.81)

79) 『동아일보』 1960.11.24, 「비구승니 데모 대처승 물러가라고」.
80) 『동아일보』 1960.11.25, 「여섯명이 할복극」.

비구·비구니들이 법원의 판결에 대항하여 대법원 청사에 진입하였고, 특히 당일 대법원 진입시 정성우(양주 자재암, 35세), 문성각(양주 자재암, 29세, 성준스님), 권진정(여주 구곡사, 25세), 유월탄(합천 해인사, 24세), 이도명(구례 화엄사, 24세), 권도현(구례 화엄사, 20세가량) 등 6명의 비구가 할복을 기도하면서 주장을 펼쳤다.[82] 6비구의 할복소식을 들은 비구와 더불어 비구니들도 서소문 청사로 향하는 등 적극 참여하였다. 비구니 덕수는 3층 사무실로 올라가다가 경찰의 곤봉에 맞아 1층으로 떨어졌고,[83] 참여한 승려들은 시내 11개 경찰서에 분산 수용되었는데, 경찰서 안에는 승려들로 발 디딜 틈이 없었다고 한다.[84] 특히 나이어린 비구니 2명과 노쇠한 여신도 2명이 석방되었지만[85] 비구니 현진은 9일간이나 감금되기도 하였다.[86]

그리고 견성암의 덕수 등은 서울 대비원에 주석하면서 비구의 뒷바라지를 하였고,[87] 대처승들과의 싸움에서 제일 앞에 나아가 싸웠다. 덕수는 입적한 덕문과 함께 박정희 대통령의 장모인 대각화보살과 인연이 깊었고, 그러한 인연으로 비구승측의 탄원서를 박대통령에게 직접 전달하는 역할을 하였다.[88]

---

81) 『동아일보』 1960.11.25, 「比丘僧 大法院 廳舍에 闖入」.

82) 최근 할복 6비구 중 한 명인 성준선사의 열반 30주기 추모학술대회가 신흥사와 계간 불교평론 주최로 설악산 신흥사에서 열렸던 것은 매우 고무적이라고 하겠다.

83) 한국비구니연구소, 『한국비구니수행담록』 상, 「덕수스님」, 477~479쪽.

84) 11월 26일 비구 133명에게 영장이 발부되었다고 한다.

85) 『경향신문』 1960.11.27(朝), 「四名을 釋放 나어린 比丘尼等」.

86) 한국비구니연구소, 『한국비구니수행담록』 중, 「玄眞(1937~)스님」, 477~478쪽.

87) 위의 책, 「현진스님」. 현진은 운동의 주동자가 청담이라는 사실을 말했으면 금방 풀려났을 수 있었음에도 말하지 않아 비구니로서 유일하게 서대문경찰서 유치장에 9일이나 감금되었다. 이렇듯 정화운동의 주역이라고 평가받고 있는 청담을 곁에서 시봉한 스님들 가운데 비구니들이 적지 않았다. 그 대표적인 비구니로 도문(1942~) 등을 들 수 있다.(위의 책, 「도문스님」.)

88) 「덕수스님·보인스님·정화스님 비구니, 잊혀진 정화의 공로자들」(1998년 1월 20일 수덕사 견성암 인터뷰), 『22인의 증언을 통해 본 근현대불교사』, 선우도량 한국불교 근현대사연구회, 2002, 263쪽.

박대통령 장모 대각화보살과 덕수의 은사가 친밀하였는데 박대통령에게 탄원서를 제출할 때 덕수와 덕문이 도맡아 하였고, 채벽암이 쓴 탄원서를 덕수가 전달하였다.[89] 그리고 덕수의 올케는 친정동생인 김성한 동아일보 논설위원에게 정화운동의 보도를 의뢰하였다.[90] 또 혜춘의 부친이 판사였는데 법원의 문제를 도움받았다.[91]

그 후 2년이 지난 1962년 2월 21일에 열린 불교재건비상종회에서 비구측은 불교의 전통을 살려 종단 구성을 비구·비구니 및 신도에 국한하며 대처승은 도저히 승려로 인정할 수 없다고 주장하였다. 그러나 그 밖의 대우, 즉 포교사 등으로 인정해 준다고 주장하고 있는데 반하여, 대처측은 종단을 僧尼 및 신도로 구성하고 승니는 수행승과 교화승으로 나누어 대처승을 교화승으로 인정해야 한다고 주장하였다.[92]

그러한 비구니들의 적극적인 노력으로 1964년 11월 28일·29일 양일에 걸쳐 興天寺에서 열린 중앙종회에서는 정기총회를 열고 남녀교도 출신의원 12명과 비구니의원 5명을 뽑았다.[93]

그러나 정화운동의 막바지에 들어선 1969년 정화운동에서 핵심이자 선봉에 섰던 靑潭淳浩가 1969년 8월 12일 조계종을 탈퇴하는 일이 벌어졌다.[94] 8월 24일 禪學院 중심의 蔡碧岩(禪學院長·東大재산이사장), 耘虛(동국역경원장), 梵香(불국사 주지), 徐京保(동대불교대학장)와 더불어 수덕사 비구니 金一葉 등 44명은 전국비구승니대표자대회를 발기로 靑潭淳浩의 종단 탈퇴의 경위 청취, 종단 비상사태의 수습방안 토의, 종단 정화 진전 상황 재검토 등 안건을 놓고 사태수습을 위한 구체적 해결책을 논의하기로 하였다.[95]

89) 위의 책, 274~276쪽.
90) 위의 책, 275쪽.
91) 하춘생, 『깨달음의 꽃』 2, 여래, 2001, 67쪽.
92) 『동아일보』 1962.2.22, 「양측 시안 상반 새 종헌을 심의중인 불교재건비상종회」.
93) 『동아일보』 1964.11.30, 「사부대중도 임원에 조계종 定總서 선출」.
94) 『조선일보』 1969.8.24, 「재연된 불교분쟁 다시 술렁이는 종단 안팎」.

이렇듯 정화기에 비구니의 역할은 지대했다고 볼 수 있는데 정화운동 과정과 그 후 비구니의 위상의 변화에 대하여 살펴보기로 한다.

정화운동을 전개하는데 있어서 비구를 중심으로 이루어졌다는 것은 전국비구승대회라는 명칭에서 읽을 수 있다. 그러나 비구니의 역할과 그 위상이 중요하게 되면서 제3회에 전국비구·비구니대회라고 하여 그 명칭이 바뀌었다가 아예 전국승려대회로 명칭을 변경한 사실에서 단적으로 알 수 있다.

그리고 정화운동기 당시 비구는 400명, 비구니는 200~300명인데 반하여 대처승은 7,000명 정도였기 때문에[96] 수적으로 불리하였을 것이다.

1954. 9. 28	제2회 전국비구승대회(2일간) 선학원, 146명(비구 116, 비구니 30명).
1954. 12. 27.	정화대책안 서명(비구 366, 비구니 441, 합 807명) 익일에 치안국 전달.
1955. 5. 16.	조계사 단식, 비구 119, 비구니 179, 신도 50, 합 347명
1955. 8. 2.	전국승려대회 개최, 참석자 비구 350(동의서 440), 비구니 423명 (동의서 140), 합 773명(184명 동의)

제2회 전국비구승대회에는 전체 146명 가운데 비구니가 30명 정도 참여했으나, 정화대책안에 서명한 것은 비구니가 75명이나 더 많았다. 조계사 단식기도에 참여한 것도 비구니가 60명이나 더 많았다. 전국승려대회에서도 마찬가지로 비구니가 더 많이 참여했다.

비구니들의 정화에 대한 적극적인 참여 사례를 들면 다음과 같다. 수덕사 견성암에서는 노쇠한 비구니 외에는 다 참석했다거나,[97] 법일과 그 문도가 다 참여했다는 것,[98] 그리고 이인홍과 그 문도들이 다 참여했다는 점이다.[99]

95) 『조선일보』 1969.8.24, 「잡음속 비구승대회」.
96) 김광식, 『근현대 불교의 재조명』, 민족사, 2000, 419쪽.
97) 「덕수스님·보인스님·정화스님 비구니, 잊혀진 정화의 공로자들」(1998년 1월 20일 수덕사 견성암 인터뷰), 『22인의 증언을 통해 본 근현대불교사』, 선우도량 한국불교 근현대사연구회, 2002, 279~280쪽.
98) 위의 책, 279~280쪽 ; 한국비구니연구소, 『비구니와 여성불교』 5, 2003, 449~468

비구니들의 정화운동에 참여한 기록은 근대 이전과 마찬가지로 많이 남아
있지 않아 그 명단을 복원하기 쉽지 않으나 대략 적어 보면 다음과 같다.

觀晶(1937~2004), 金龍(1892~1965), 亘坦(1885~1980), 德修(1922~), 德文, 道鍊
(1911~), 道圓(1904~1971), 妙明, 妙雲(1921~1997), 妙典(1915~1954), 妙璨
(1926~1954) 심범현, 법령, 法一(1904~1991), 법형, 寶仁(1924~2004), 本賢,
성경, 性文(1893~1974), 惺牛(1918~2004), 守玉(1902~1966), 守仁(1899~1997),
蓮眞(1909~1996), 仁弘(1908~1997), 一葉(1896~1971), 자호, 長一(1916~1997),
재덕, 정화, 正行, 金淨行(1904~1980), 鄭淨行(1902~2000), 제석, 종수, 종현,
陳快愈(1907~1974), 玄眞, 慧玉(1901~1969), 慧雲(1911~), 慧眞(1924~), 賢行
(1928~2002), 慧春(1919~1998), 慧陀(1904~1974), 普覺(1904~2004, 신도대
표100))….101)

위의 명단은 정화에 참여한 비구니들이나, 당시의 증언처럼 조계종도로
서 참여하지 않은 승려는 없었다고 했다.102) 앞서 언급한 바와 같이, 문도들
을 이끌고 동참하였고 나이 어린 비구니들도 참여하였다고 하였으므로,
비구니들은 정화운동에 적극적으로 참여했음을 알 수 있다. 비구니들은
"일만 잘하면 된다는 생각으로 살았다. 공부는 일 다 해놓고 하겠다는
마음으로 정화의 일만 열심히 하였던 것"이다.103) 즉 비구니들은 수적인

쪽 ; 한국비구니연구소, 『한국비구니수행담록』 상, 「寶仁(1924~2004)스님」, 448
  쪽.
 99) 한국비구니연구소, 『한국비구니수행담록』 상, 「仁弘(1908~1997)스님」, 500~501쪽.
100) 보각은 정화운동 당시 신도대표로 정화운동에 참여하고 후에 출가하였다. 보각에
  대해서는 다음의 글을 참조하기 바람.(편집부, 「유관순열사와 3·1만세 부르고
  독립자금 제공한 보각스님」, 『대중불교』 124, 1993.11 ; 한국비구니연구소, 『비구
  니와 여성불교』 5, 2003, 415~422쪽.)
101) 위의 사항은 『한국비구니명감』과 『한국비구니수행담록』(상·중·하), 하춘생, 『깨달
  음의 꽃』 1·2, 여래 1998·2002를 중심으로 자모순으로 명단을 작성한 것이지만
  그 외에 다수의 비구니가 있었을 것이다.
102) 한국비구니연구소, 『한국비구니수행담록』 상, 「寶仁(1924~2004)스님」, 448쪽.
103) 한국비구니연구소, 1999~2000년 녹취 취재자료. 현진스님.

측면만이 아니라 적극적인 활동으로 비구 못지않게 열렬히 참여했음을
비구니들의 생생한 증언을 통해 알 수 있다. 그 가운데 두 사례를 더
들어보기로 한다.

> 불사를 하기 위해 우선 절 밑에 움막집을 짓고 부처님을 모시고 쉬지
> 않고 기도정진하여 2년 만에 사리탑 옆에 조그마한 탑전을 짓게 되었다.
> 그러던 중 비구 대처간의 치열한 분규가 있던 정화에 휩싸이게 되어 약
> 4년여의 소송 끝에 고등법원에서 승소를 인정받았다. 그러나 깊고 험난한
> 산골짜기에 불사는 쉽지 않았다. 은사인 법일 스님은 발바닥이 부르트도록
> 탁발을 다니셨고, 총무인 행원은 손발이 얼 정도로 오직 간절한 기도로서
> 불사를 도왔다. 그렇게 기도를 하는 동안 1980년까지 사리전 및 탑전,
> 대웅전, 천광전, 원통전, 산신각 등 17여동 3백 20평에 이르는 불사를
> 완성해서 대원사의 사격을 갖추었다. 불보살의 가피가 아니면 이루기
> 힘든 일이었다.[104]

> 18세 때 수덕사 견성암 등 많은 선방에서 참선수행을 하였고, 39세 때는
> 백련사에 살고 있는 대처승을 내보내고 정화를 하며 들어와서 증·개축의
> 불사를 하여 현재의 모습을 갖추고 있다.[105]

그러면서도 "스님은 충남 보덕사에서도 불사를 하시고 정화에도 참여하
였으며, 많은 비구니회에도 참여를 하였지만 그저 할 일을 했을 뿐이라고만
一笑한다. 다만, 13년 동안 인조를 직접 짜서 생활에 도움이 되게 했을
뿐"이라고 했다.[106]

이와 같이 비구니들이 정화운동에 적극적으로 참여하고 활동한 것은

---

104) 한국비구니연구소, 1999~2000년 녹취 취재자료. 행원스님 ; 한국비구니연구소,
  『한국비구니수행담록』 上, 「행원스님」, 520쪽.
105) 한국비구니연구소, 1999~2000년 녹취 취재자료. 性坦스님(1911~) ; 위의 책,
  160~161쪽.
106) 위와 같음.

한국불교의 정체성을 회복하고자 하는 일념 때문이었고, 그 덕분에 정화 후 최초로 비구니 총림이 탄생하게 되는 것이다. 정화기 최고의 비구니 고승은 다음과 같은 글에서 찾아볼 수 있을 것 같다.

평생 참선수행의 정진에 몰두하였던 스님은 1954년에 일어난 불교정화운 동에도 큰 역할을 하였다. 그해 11월 3일 임시종회 참여 비구니로 활약하였 고 1955년 8월에 열렸던 전국승려대회 준비위원으로도 많은 활동을 하였다. 당시 비구니 지도자로 정금광 스님, 정수옥 스님, 배묘전 스님, 배묘찬 스님, 유해춘 스님, 그리고 이성우 스님 등이 항시 거명된다. 정화운동에 끝까지 애를 쓴 분으로는 수옥 스님과 인홍 스님, 성우 스님이 거론된다. 또한 정화가 끝나고 대구동화사를 비구니 총림으로 잠시 내주었을 때, 인홍 스님이 총무부장을 맡고 성우 스님이 교무부장을 맡아 대중을 인도하 기도 했다.107)

그리하여 비구니들은 사찰을 독립적으로 운영하기 시작했으나 결과적으 로 비구·대처간의 미통합은 1970년 태고종의 창립을 가져오게 되었으며, 2년 뒤인 1975년 세계유일의 비구니 종단인 大韓佛敎普門宗의 창립으로 이어졌다. 다행히 1969년 우담바라회(優曇鉢羅會)의 결성과, 그 뒤를 이은 1985년 全國比丘尼會의 창립으로 비구니의 본산 역할을 하게 된 것은 그나마 고무적인 일이라 아니할 수 없다.

4. 맺음말

비구니는 비구와 더불어 승단을 이끌어가는 양 날개였지만, 그 존재 기록조차 찾아보기 힘든 실정이다. 다만 중세 도성에 왕실녀와 귀족 사녀의 출가도량인 淨業院이 비구니 도량의 대표적인 사례로 알려져 있을 뿐이다. 그 외에 조선시대 도성내 20여 도량의 존재가 확인된다.

---

107) 위의 책, 「惺牛(1918~2004)스님」, 604쪽.

　그마저도 성리학적 예제가 확산되어가기 시작하였던 조선 성종대 무렵 대부분 폐지되고 말았다. 도심의 비구니들은 숭유억불의 산중불교시대의 도심불교의 마지막 보루였다. 더욱이 억불시책이 척불시책으로 강화되어 가던 이른바 성리학적 예제시대인 현종대에는 사찰에 대한 관수급제가 막을 내렸고 승려의 도성출입금지령은 조선불교를 더 이상 도시에 발을 붙이지 못하게 하였다. 그 후 산중의 불교시대로 들어갔다.

　다행히 조선중기 조선불교의 중흥조로 알려진 淸虛休靜과 浮休善修 문도 들이 산중수행으로 불교계의 명맥을 이어갈 수밖에 없었다. 白谷處能의 간곡한 상소는 그러한 상황의 흐름 속에 도심불교의 마지막 보루였던 왕실원당이나 비구니 도량의 폐치에 대한 저항이었다.

　다만 조선말 지방의 산속 사찰에서는 白坡亘璇 등을 비롯한 선사들의 선풍운동으로 새로운 선풍이 진작되어 가고 있었으며, 비구니들도 그들에 게 공부를 배우면서 증가하였고 청정 고승들이 출현하기 시작했다.

　서세동점의 시기에 승려의 도성출입금지 해제로 산중불교시대는 막을 내리는 듯했으나, 곧 일제불교의 침투로 또 다시 조선불교는 주체성과 정체성이 흔들리기 시작했다. 그러한 상황 속에서도 조선말 선풍을 계승한 鏡虛惺牛와 문도 滿空月面을 비롯한 선사들의 禪學院을 중심으로 한 조선불 교의 정체성 회복운동은 도심불교시대와 전국불교시대의 개막이었다. 여 기에 비구니들도 동참했다. 견성암의 兪法喜를 비롯한 선풍진작운동, 鄭金 光(金龍)·鄭守玉·朴慧玉 3대 비구니 강백의 출현과 활동은 향후 비구니 전문 선원과 강원이 개설되는 계기가 되었다.

　해방 직후부터 제기된 일제 잔재의 일소를 위한 불교도대회가 열렸을 때 비구니들도 적극 참여하였고, 1947년 선풍진작운동의 최고봉을 이루고 있는 봉암사결사의 영향으로 1951년 李仁弘을 중심으로 하는 비구니 결사운 동이 열렸다.

　그러한 가운데 1950년대 이승만의 정화유시를 계기로 정화운동이 교단 차원에서 본격적으로 전개되었는데, 비구니들의 적극적 활동이 있었다.

승려대회에 30명의 비구니 참여를 비롯하여 경무대 시위시 선봉적 역할이나 비구보다 2배 이상 많은 비구니 참여, 정화대책안에서 비구보다 더 많은 서명 참여, 조계사 단식 정진시 적극적인 참여 등에서 단적으로 알 수 있다.

특히, 鄭金光(金龍)·鄭守玉·李仁弘·李惺宇·李蓮眞·安慧雲·강자호·裵妙全·裵妙璨·劉慧春·金一葉·朴慧玉·金法一·鄭淨行 등의 지도자들[108]을 중심으로 비구니들의 역할과 참여로 인해 그들의 위상은 점차 높아갔다. 임시종회의원의 추가 선정(10명), 전국승려대회의 준비위원 선정(6명), 비공개간담회의 비구니대표 참여, 경무대와 문교부 방문시 비구니대표 참여, 전국승려대회의 종회의원 피선(7명) 등등이다. 九山秀蓮을 비롯한 고승들이 比丘尼叢林의 신설을 교단에 정식으로 제기하였고, 최초의 비구니 교구본사로 동화사가 선정되어 비구니만으로 이루어진 총림운영이 이루어졌던 것은, 비구니 역사상 처음으로 독립된 비구니만의 불교계 운영이었다.

다만 아쉬운 것은, 그 후 비구니 叢林인 桐華寺가 雲門寺로 자리를 옮기게 되면서 총림의 자리를 잃어버렸고 한국불교태고종의 분종이나 일부 비구니의 종단 창설(大韓佛敎普門宗)은 통합종단의 분열상을 그대로 보여주는 것이었다.

그러나 비구니 전문 강원 및 선원의 확립, 비구니 전계사의 등장, 전국비구니의 창설 및 운영, 비구니 문중 계보의 확립 등은 근세 이래 비구니 선풍운동과 현대 비구니 정화운동의 참여로 이어져, 현대 비구니 불교계의 주체성과 정체성을 일구어 가고 있다.

---

108) 여기서 말하는 비구니 지도자들(無順)은 대체로 종회의원이나 정화운동기 대표 등 정화운동에 대표적으로 활동했던 비구니들이다. 이들 뿐만 아니라 도연·덕수·심범현 등 정화운동에 적극적으로 활동했던 비구니들도 많았다.

자료 소개 : 파주 보광사 관련 기록

보광사의 역사에 있어서 가장 널리 알려진 사실은 『한국사찰전서』에 실린 기록이 아닐까 한다. 그 가운데 보광사의 역사와 관련해 가장 포괄적이면서 오래된 기록은 다음과 같은 종명이다.

가만히 듣건대 이 절은 고려 때, 道詵國師께서 국가의 裨補寺刹로서 지으셨다 한다. 우리 조선에 이르러 명나라 萬曆 20년(1592)의 병화에 전소되어 사슴의 놀이터가 된 지 오래다.

30年이 지난 임술년(1621)에 해서지방의 승려 설미와 호서지방의 스님 德仁이 비로소 이 터에 들러 크게 탄식하여 말하였다. "유명 사찰이 빈 터로 남아 있으니 복구하지 않을 수 없구나!" 雪眉는 法堂을, 德仁은 僧堂을 지었다.

이로써 四海의 賢師들이 구름같이 모였고, 갖가지 도구도 예전에 못지않게 구비했으나 종 하나가 없어서 흠이었다. 德仁이 이를 애석하게 여겨 생각하던 끝에 崇禎 신미년(1631)에 道元 노승을 화주로 추대하니, 3년 동안 애써서 청동 80근을 모으고 중도에서 물러갔다.

지금의 화주 信寬은 해서지방 스님인데 首僧(주지) 學峯의 추천을 받아 道元의 뒤를 맡은 분이다. 이때 절의 대중 20명이 힘을 다해 도왔고 別座인 智什은 德仁의 제자인데 德仁의 본을 받아 정성을 다하기 조금도 지치는 기색이 없었다.[1]

---

1) 「有明朝鮮國楊州地高嶺山普光寺新鑄宝鐘銘序」, 黃壽永, 『韓國金石遺文』, 一志社, 1976.
"竊聞 此寺 高麗時道詵國爲國家裨補營刹也 及於我朝大明萬曆二十年壬辰 兵燹蕩盡 爲 摩鹿所居久矣 越三十年壬寅 海西僧雪眉湖西僧德仁始入玆墟吁然嘆息 名利之爲丘墟 不 可不復 雪眉創法堂 德仁創僧堂 由是四方賢師雲集 一傷百事什物無欠 前美而唯厥一鍾

위의 기록은 1634년에 작성된 종명이다. 이에 의하면, 보광사는 894년(진성여왕 8) 道詵이 비보사찰로 창건하였다. 그 후 1592년(선조 25) 임진왜란 때 폐허화된 것을 1622년(광해군 14)에 雪眉와 德仁이 중건했다. 1634년부터 덕인에 의해 범종불사가 시작되어 그의 제자 道元을 거쳐 信寬이 마쳤다고 한다.

근대인 1901년에 작성된「古靈山普光寺法殿重創丹艧序」에 의하면, 보광사는 도선이 창건하고 강희연간(1662~1722) 智侃과 釋蓮 두 선사가 모연하여 법당을 지었다. 1896년 仁坡英玄이 상궁 천씨의 도움으로 불사를 하여 다음 해에 마쳤다. 그리고 순빈 엄씨가 상궁 홍씨와 더불어 단청을 마쳤다는 것이다. 또한 1898년에는 인파가 대웅보전의 영산후불탱화 등 탱화를 봉안하였다. 1901년(광무 5)에도 인파가 상궁 천씨의 후원을 받아 대웅전을 중창하였다고 한다. 그러한 사실은「紺殿 重創幀畵幷丹艧記」(1901년 작)에도 기록되어 있다.

그 후 현대 보광사의 역사적 사실은 다음과 같다. 즉 1950년 6·25전쟁의 참화로 대웅전과 만세루 등을 제외한 많은 건물이 화재로 소실되었다. 1957년 水閣과 1973년 종각이 세워졌다. 그 후 호국대불(1981년), 지장전과 관음전(1994년), 만세루가 다시 축조되었다.

위의 보광사 연혁에서 매우 중요한 사실이 누락되어 있다. 즉 고승 원진과 무학의 중창 사실과 영조의 친모인 숙빈 최씨의 능침사찰로 지정된 사실이다. 1977년에 편찬된『奉先寺本末寺略誌』에 의하면, 1215년(고종 2) 元眞국사가 중창하고 法敏대사가 불보살상 5위를 조성하여 대웅보전에 봉안했고 1388년(우왕 14) 無學왕사가 중창했다고 한다. 그리고 1740년(영조 16) 보광사 인근에 숙빈 최씨의 묘인 昭寧園이 능침사찰로 조성되자 대웅보전과 光膺殿을 중수하고 만세루를 창건했다고 한다. 보광사를 1215

仁師痛念無已 崇禎辛未 意欲成鐘勸立道元老僧 三年僅募艱得八十斤靑銅成之 不果獻寺 以退 今化主信寬海西僧也 癸酉七月継道元 而立乃首僧學岺之勸也 時寺衆二十員等 皆力 助焉 別座智什仁師之弟子也 体仁寺之念盡成竭力無厭色之鳴呼…"

년 중창했다는 元眞은 圓眞國師 承逈(1187~1221)을 지칭하기도 하지만 이를 뒷받침해 줄 만한 사적은 찾아지지 않는다. 때문에 현재로서는 원진이 승형과 동일인물인지, 그리고 고려말 1388년(우왕 14) 無學이 중창했다는 사실도 다른 기록에서는 더 이상 찾아지지 않고 있다.

더욱이 일제 강점기에 간행된 『봉선사본말사지』나 『봉은사본말사지』에도 실리지 않았고, 1977년 봉선사에서 간행된 『봉선사본말사약지』에 게재되어 있을 뿐이다. 때문에 다음의 인용한 글처럼 남양주 寶光寺의 사실과 섞여 잘못 전해지기도 한다.

> 1851년(철종 2) 華潭선사가 또 중수하여 이유원의 원찰로 삼았고 1894년(고종 31)에는 鳳城화상이 중수하였다.[2]

본고를 작성하면서 다음과 같은 사실과 기록들을 추가할 수 있었다. 보광사는 영조의 어머니 숙빈의 능침사찰이 되고, 『청주집』에 보이듯이 고종대 결사운동이 전개되었다. 그리고 보광사 경내에 전해져 오는 기록들과 일제 강점기 신문이나 잡지에 실린 글들에서 관련된 모습을 추가하였다.

1740년(영조 16) 절 인근 숙빈 최씨의 묘인 昭寧園의 능침사찰로 삼았다는 사실은 다음의 기록에서 확인된다.

> 畿內各寺中 陵園守護 事體自別 彌陁寺 奉獻寺 奉先寺 奉恩寺 奉仁寺 高嶺寺 奉元寺等七寺段 防番錢分排時 永勿擧論爲白齊[3]

경기도의 여러 사찰 가운데 陵園을 守護하는 사찰이 高嶺寺(보광사)와 더불어 彌陁寺·奉獻寺·奉先寺·奉恩寺·奉仁寺·奉元寺 등의 사찰이 있었다는 것이다. 영조가 교서를 내려서 '보광사는 능원의 수호사찰이며 일찍이

---

2) 경기도, 『기내사원지』, 1988, 425쪽 ; 사찰문화연구원, 『전통사찰총서5 - 인천 경기도의 전통사찰 Ⅱ』, 1995, 390~391쪽.
3) 『비변사등록』, 영조 32년, 1월 12일조.

머물러 잤던 곳'이라고 공표하였다.4) 그러한 사실은 다음의 기사 '以普光寺
僧書啓 傳于南鶴聞曰 本寺卽駐蹕之地'5)에서도 단적으로 확인된다. 실제
영조는 1753년(영조 29) 7월에 보광사 관련 시문 57絶 20首를 지었던 바
있다.6) 보광사가 영조의 어머니 묘인 소령원의 능원사찰이라는 사실은
보광사 인근의 흥국사의 기문에서도 영조가 왕위에 오르기 전에 보광사에
이르러 불사를 올렸다고 한다.7)

그리고 고종대 설악문인 幻空治兆(?~1870)가 보광사에서 30년간 淨願結
社를 전개하였는데 보광거사 유운 등이 참여했다. 보광사의 역사에서 처음

---

4) 『승정원일기』, 영조 35년, 3월 28일 무신조. "命書傳敎曰 普光寺 卽園守護之刹
僧宿處."

5) 『승정원일기』, 정조 11년(1787), 8월 23일 무오조. "以普光寺僧書啓 傳于南鶴聞曰
本寺卽駐蹕之地 旣令承宣 召問弊瘼 各米三斗 木一疋題給事 分付賑廳."
또한 이러한 사실은 다음의 기록에서 찾아진다.(『승정원일기』, 정조 11년(1787),
8월 27일 임술조. "南鶴聞 以賑恤廳言啓曰 普光寺僧 等列名單子判付內 本寺卽駐蹕之
地, 旣令承宣 召問弊瘼 各米三斗 木一疋題給事 命下矣普光寺僧五十四名
發遣本廳郞廳與留營中軍 眠同分給次 使之來待畿營矣 卽者僧等十四名 來待畿營 而以
爲他僧徒四十名 或以老病守寺 或以私故出他 不得來待 今此賜給米木 渠輩謹當受出搬
運 ㅡㅡ均分云 事勢旣如此 則有難强令盡數待令 普光寺僧徒五十四名 每名米三斗
木一疋式 合米十石十二斗 木一同四疋 僧統首僧處, 郞廳中軍 眼同都下 使之輪去 各自
分受後 形止 馳告本邑 自本邑轉報巡營 自巡營狀聞事 竝爲分付之意 敢啓 傳曰 知道.")
보광사가 왕이 머물렀던 곳이며, 승도가 54명이나 머무는 큰 사찰이었음을 알
수 있다. 그렇지만 『승정원일기』에는 보광사가 정조대 林川 普光寺 관련 기록도
있었으므로 주의를 요한다.(『승정원일기』, 정조 15년(1791), 4월 30일 갑술조.)

6) 『승정원일기』 영조 29년(1753), 7월 16일 기사조. '命承旨書普光寺御製五七絶二十二
首訖.' 이러한 시문의 출처는 알 수 없다.

7) 「漢美山興國寺萬日會碑記」(1929년 작) ; 『기내사원지』, 454~455쪽. 이러한 사실은
다음과 같은 기문에 의해서 방증되고 있다. 즉, 『승정원일기』, 영조 40년, 6월
24일 갑진조. "以承傳色口傳下敎曰 奉先寺曾已申飭 近者雜人若前云 令禮曹 分付本官
日後此等之人 自本州嚴處 以此觀之 諸刹可知 奉恩寺 奉國寺 輔光寺 奉仁寺 奉元寺
一體申飭 輔光寺東室 辛丑年八月 卽予留宿矣 今方重建云 本官儲置米二十石顧助之意
令禮曹 一體分付楊州牧."
영조가 왕위에 오르기 전인 1721년(경종 1) 輔光寺 東室에서 유숙하였고 1764년(영조
40) 보광사가 중건되었던 듯하다. 그런데 輔光寺가 아마도 파주 보광사인 듯하나
더 정밀한 고증이 필요하다. 그리고 영조 35년 무렵에도 '普光寺翼廊開創'(『승정원일
기』, 영조 35년(1759), 7월 14일 임술조.)라고 했듯이 보광사가 중창된 듯하다.

언급되는 것으로 조선후기 불교계의 결사운동으로 매우 주목된다. 그러한
내용은 환공치조가 찬집한 『淸珠集』에 실려 있다.8) 『淸珠集』은 1870년
가을에 보광사에서 간행한 것이며(주자활자본),9) 『한국불교전서』 11에
다음과 같이 실려 있다.

○ 『淸珠集』 내 幻空治兆의 淨願結社 관련 기문

(1) 幻空治兆, 「自序」, 『淸珠集』 : 『한국불교전서』 11, 7∼8쪽.

(2) 葆光普元, 「結社文」, 『淸珠集』 : 『한국불교전서』 11, 203∼205쪽.

(3) 芙蓮性湛, 「發願文」, 『淸珠集』 : 『한국불교전서』 11, 205∼206쪽.

(4) 霽雲圓明, 「募緣疏」, 『淸珠集』 : 『한국불교전서』 11, 206∼208쪽.

(5) 佛國翁 三沙, 「淸珠集 跋二」, 『淸珠集』 : 『한국불교전서』 11, 213∼214쪽.

그리고 1869년부터 1915년 무렵까지 중수관련 懸板기록 10여 건이 찾아
지는데,10) 이를 열거하면 다음과 같다.

○ 경내 보관 사찰현판 및 기문

(1) 「普光寺上祝序」, 1869년(고종 6).

(2) 「四殿新建施主 芳名錄序」, 1870년(고종 7).

---

8) 『淸珠集』은 卷首에 청주집 敍와 法幢山人 虛舟堂 德眞 和南謹書의 序가 있다.
   그 다음에 自序가 있으며, 卷末에 『청주집』(六然居士 淨信薰沐 謹跋) 및 佛國翁
   三沙의 跋이 있다.
   본서는 앞에 범례 인용서목 목록이 있고 본문에는 정토요결 120則이 서술되어
   있다.(동국대 불교문화연구소, 『한국불교찬술문헌목록』, 235∼236쪽.) 『청주집』
   은 『韓國佛敎全書』 11에 수록되어 있고 美國 BERKELEY大學에도 소장되어 있다.
   동국대불교문화종합시스템 사이트(http ://buddha.dongguk.edu)에서도 제공하고
   있다. 환공치조와 유운의 결사에 관련된 기문은 부록을 참조하기 바람.
9) 『한국불교전서』 11, 19쪽, '淸珠集 古靈山 普光寺 淨願社主 釋幻空堂 治兆 輯.'
10) 이에 대해서는 정영호 교수가 1971년에 자료를 정리한 바 있다.((1)∼(11)) 대부분
   기록내용을 게재하였지만 몇 건은 기문의 제목만 소개하고 있고(위의 표 (5),
   (10), (11)) 시주질은 생략되어 있다.(정영호, 앞의 논문 참조.) 그리고 최완수 선생은
   앞의 현판 가운데 직접 보광사에 가서 내용을 간략히 소개하였다.(최완수, 앞의
   글.)

(3) 「冥府殿 改金改彩 後幀新畵成同參芳錄」, 1872년(고종 9).

(4) 「十六聖衆殿 移建記」, 고종대.

(5) 「楊州古靈山普光寺 大法堂 重建施主錄」, 1898년.

(6) 「紺殿 重創幀畵幷丹艧記」, 1901년.

(7) 「光膺殿 重修記」, 1912년.

(8) 「影堂記」, 1914년.

(9) 「普光寺 祭位踏獻納記文」, 1915년.

(10) 「京畿道楊州郡白石面 高靈山普光寺 念佛堂重修時 大衆寄附錄」, 1911년.

(11) 「京畿道楊州郡白石面 高靈山普光寺 念佛堂重修時 大衆寄附錄」, 1913년.

(12) 산신각 편액 1871년(고종 8).

○만세루 해체복원시(1998년 3월 15일) 발견된 기문

(13) 「古靈山 普光寺 三重建 樓房 上樑文」, 1869년.

(14) <목재 편액편>, 1869년.

위의 기문들을 통해 당대의 사실을 보강할 수 있다. 즉 현판은 전각
내지 불상·불화를 중수 또는 改金·改彩하였다는 것과 전답을 시주했다는
것이다. 그 가운데 光膺殿과 影堂 등 전각을 중수하고 十六聖衆을 명부전에
이안했다는 등등의 사실이 적혀있다. 내용적으로 흥선대원군, 고종과 민비
를 축원하는 내용이 있어서 보광사는 고종대에도 왕실의 원당이었음을
알 수 있다.

그리고 환공치조가 개최하였던 정원사결사시 佛國翁 如如[11]가 현판의
글도 작성하였다. 1912년과 1914년 무렵 주지는 金應成이었다. 조선후기
대략적인 역사를 기록하고 있으며, 특히 秋波璋[12]선사가 尙宮千氏 등 단월
과 함께 1896년부터 20년간 彌陀會를 열었던 사실 등을 알 수 있다.

---

11) 다른 기문에는 佛國翁이 佛國玄翁(「古靈山 普光寺 三重建 樓房 上樑文」)이나 佛國翁
三沙(佛國翁 三沙, 「淸珠集 跋二」, 『청주집』 : 『한국불교전서』 11, 213~214쪽.)라고
나오고 있다. 이에 대한 고증이 필요하다.

12) 추파는 秋波泓宥(1718~1774)와는 다른 인물이다.

또한 그러한 제 기록을 통해 보광사의 전각에 대한 사실을 보충할 수 있다. 보광사의 전각 가운데 지금은 없어졌지만 기록에서 찾아지는 것은 光膺殿,[13] 明鏡堂,[14] 念佛堂,[15] 十六聖衆殿,[16] 妙義齋,[17] 樂西觀[18] 등이다. 그리고 영조의 친필이라는 '大雄寶殿' 편액글씨 및 큰 방 옆에 걸려 있는 '古靈山 普光寺'와 추사 김정희의 글씨로 알려진 광응전의 편액이 있었다고 한다.[19]

또한 1998년 3월 15일 경내 만세루 해체복원 중 천정의 목재 사이에서 상량문과 목재편액 편이 발견되었다. 상량문의 글 가운데 보광사의 풍광을 노래한 시가 실려 있으며, 1869(고종 6) 왕대비 조씨의 수복과 흥선대원군 이하응과 아들 부부인 고종과 명성왕후 민씨의 안녕을 기원하는 내용이다. 세도가인 김병학·김병국·김병기 등 안동김씨 가문이 시주였다는 사실을 알 수 있다. 그리고 목판편액 9장도 발견되었는데, 양주군이 보광사가 능침사찰로서 해야 할 일을 적은 완문이다.[20] 또한 필자가 최근에 소개한

---

13) 「光膺殿 重修記」, 1912년작, 광응전(요사) 마루 벽에 소장되어 있었다.

14) 楓溪明察(1640~1708), 「古靈山 普光寺 明鏡堂 重修 落成祝詞」, 『楓溪集』:『한국불교전서』, 158쪽.

15) 「京畿道楊州郡白石面 高靈山普光寺 念佛堂重修時 大衆寄附錄」, 1911년, 1913년 작.

16) 「十六聖衆殿 移建記」. 고종대 응진전에 소장되었다고 한다.

17) 幻空治兆(?~1870), 「跋文」, 『淸珠集』:『韓國佛敎全書』 11.

18) 위와 같음.

19) 영조의 친필로 알려진 큰방 옆에 걸려 있는 '大雄寶殿'은 영조의 글씨와 다소 차이가 있다. 「甲子中秋 玉潤書」라는 관지가 있는데, 여기서 갑자는 1864년으로 볼 수 있지만 조선중후기의 것으로 보인다.('한국사찰의 편액과 주련' 편찬위원회, 『韓國寺刹의 扁額과 柱聯』상, 대한불교진흥원, 2000, 100쪽.)
  추사 김정희의 증조모가 和順翁主인데, 그녀는 영조와 정빈 이씨 사이에서 태어났다. 정빈 이씨의 시어머니가 바로 숙빈 최씨였다. 수녕원의 곁에 있는 묘가 바로 靖嬪 李氏의 묘인 綏吉園이다. 따라서 추사가 소령원에 와서 글씨를 남겼을 가능성이 있지만 그 실물이 전해지지 않고 있다.

20) 『불교신문』 1998.4.14. 1998년 7월말부터 시작된 집중호우로 전국 64곳의 사찰이 막대한 피해를 입었다.(8월 12일 현재) 그것은 마치 1409년(태종 9) 7월에 강풍과 폭우로 碧蹄와 高嶺 사이에 산이 무너진 곳이 270곳이나 되었는데, 高嶺寺 아랫마을에서 한 가족 22인이 모두 壓死하였다는 장면을 떠올리게 한다.(『태종실록』 권18, 태종 9년(1409), 7월 3일 계유조.) 당시 집중호우로 인해 파주 보광사의 만세루

보광사에 소장되어 있던 산신각 편액도 추가할 사실이다.

한편 근대 이후에 조성된 것이 대부분이지만 화기류가 있다.[21]

ㅇ화기류 목록

(14) 「309. 보광사 십왕도」, 1872년(고종 9), 쌍세전, 『화기집』Ⅰ, 279~280쪽.

(15) 「310. 보광사 장군도」, 1872년(고종 9), 쌍세전, 『화기집』Ⅰ, 281쪽.

(16) 「443. 보광사 영산회상도」, 1898년(광무 2), 대웅보전, 『화기집』Ⅰ, 352~353쪽.

(17) 「444. 보광사 삼장보살도」, 1898년(광무 2), 대웅보전, 『화기집』Ⅰ, 353쪽.

(18) 「445. 보광사 칠성도」, 1898년(광무 2) 대웅전, 『화기집』Ⅰ, 353~354쪽.

(19) 「446. 보광사 감로왕도」, 1898년(광무 2), 대웅전, 『화기집』Ⅰ, 354쪽.

(20) 「447. 보광사 독성도」, 1898년(광무 2), 『화기집』Ⅰ, 354~355쪽.

(21) 「448. 보광사 현왕도」, 1898년(광무 2), 대웅전, 『화기집』Ⅰ, 355쪽.

(22) 「535. 보광사 팔상도」, 1915년, 『화기집』Ⅰ, 403~404쪽.

위의 화기를 통하여 증명법사와 화주자 등을 알 수 있다. 특히 정원사 결사운동을 전개했던 환공치조도 증명법사와 화주로 참여하였다는 사실은 주목된다. 무엇보다도 보광사와 관련된 기록은 정사류 『고려사』에 1건,[22] 실록에 2건[23]에 불과하고 조선초의 문인 서거정의 『사가집』을 비롯해

상량문 원문(1869년)이 멸실되고 삼장탱화 한 점이 상당부분 파손되었으며, 소형 불상 3점도 멸실되었다.(『현대불교신문』 1998.8.19.)
여기에 부록으로 소개하는 이 상량문은 당시 보광사 종무실장이었던 김영일씨(현 조계종 포교부 차장)가 보관하고 있던 필름을 스캔하여 덧붙인 것이다. 씨의 배려에 감사를 드리는 바이다. 그러나 아쉽게도 '목판편액 편'이 전해지지 않았으나 확인 결과 현 주지인 초격 스님이 되찾아 보관중이며, 산신각 기문도 소장하고 있음을 확인하였다. 이러한 기문류를 소개한다.

21) 홍윤식, 『한국불화화기집』 1, 가람사연구소, 1995.
22) 『고려사』 권40, 공민왕세가, 공민왕 13년(1364) 12월 무신조.
23) 『태종실록』 권18, 태종 9년(1409), 7월 3일 계유조 ; 『명종실록』 권2, 명종 즉위년 (1545), 10월 5일 갑오조.

관련기록을 더 찾을 수 있다. 그리고 전근대시기에 있어서 보광사의 고승으로 새롭게 찾아지는 인물은 조선후기 고승 楓溪明察과 앞서 언급한 고종대 幻空治兆와 佛國翁 如如, 秋波瑋, 華雲 등이다.

또한 일제 강점기 총독부관보나 신문에 의해 새로운 사실을 추가할 수 있다. 즉 일제 강점기 주지현황이나 그 관련 사실들이다.[24]

○ 일제 강점기 보광사 역대주지(1915~1942)

(가) 보광사

1915.	5.	4.	임기 만료 재임취직 인가	金應晟
1918.	2.	18.	사직인가 취소 재임취직 인가	金應晟
1918.	4.	4.	취직 인가	李應涉
1922.	10.	10.	사직	金昌海
1922.	11.	15.	취직 인가	金湖
1924.	5.	5.	사직	金湖
1924.	2.	19.	취직 인가	咸幻虛
1927.	2.	18.	임기 만료	咸幻虛
1927.	8.	31.	취직 인가	鄭德化
1930.	9.	26.	재임취직 인가	鄭德化
1932.	4.	16.	사직	鄭德化
1932.	9.	2.	취직 인가	池海雲
1934.	3.	2.	사직	池海雲
1934.	4.	24.	취직 인가	朴致龍
1935.	12.	14.	사직	朴致龍
1936.	2.	19.	취직 인가	崔知悟
1939.	2.	18.	임기 만료	崔知悟

24) 대한불교조계종,「제2장 말사주지」,『일제시대 불교 정책과 현황』, 대한불교조계종, 불기 2545년 7월. 보광사의 암자는 도솔암, 수구암, 영묘암이었다. 현재는 수구암만이 보광사의 산내암자이다.

1939.	2.	21.	재임취직 인가	崔知悟
1942.	2.	20.	임기 만료	大原觀海
1942.	4.	20.	재임취직 인가	大原觀海

(나) 도솔암(普光寺)

| 1917. | 5. | 5. | 임기만료 | 金應晟 |
| 1918. | 4. | 4. | 겸무취직인가 | 李應涉 |

(다) 수구암(守口庵)

| 1917. | 5. | 17. | 임기만료 | 朴明性 |
| 1918. | 4. | 4. | 겸무취직인가 | 李應涉 |

이상에서 살펴보았듯이, 보광사 관련 사실에서 전근대시대 보광사의 역대 주지는 首僧 學岺 외에는 알 수 없는 실정이다.[25] 그리고 정작 보광사 역사에 있어서 중요하다고 할 창건주인 도선, 중창주인 원진과 무학, 임란 직후의 중창주인 설미와 덕인 등 조선후기 고승들의 기록이 중요하다. 다음 보광사 관련 기록을 소개하면 다음과 같다.

1) 『淸珠集』 내 幻空治兆의 淨願結社 관련 기문

  (1) 幻空治兆, 「自序」, 『한국불교전서』 11, 7~8쪽

經曰 人於自衣 繫如意珠 不自覺知 窮露他方 忽有智者 指示其珠 所願從心 致大饒富 方悟神珠 非從外得也 乃知人人分上 各有一顆 無價寶珠 玲瓏瑩澈 常放大光明 故古頌云 般若靈珠妙難測 法性海中親認得 此珠非大亦非小 晝夜光明皆悉照 此之謂也 至若龍女獻珠 受記蒴也 罔象索珠 得無心也 魚目作珠 認賊爲子也 買櫝還珠 迷妄失眞也 又有摩尼珠 帝網珠 髻明珠 在掌珠 種種之珠 無非發明此心珠也 故永嘉解珠 丹霞翫珠 關南獲珠 韶山鍊珠 先德之汲汲於此珠

25) 『봉은사본말사약지』에 의하면 보광사 역대주지로 다음과 같이 열거하고 있다. 즉, 學岺 支干 仁坡 應松 應晟 鏡峰 (敎區 昇格以後) 景庵 相仁 臥雲 載璜 宗眞. 이에 대한 검토와 정리가 필요하다.

者 良有以也 余方節錄諸家淨土要語 以淸珠名集 蓋取諸淸珠 下於濁水 水不得
不淸淨 念投於散心 心不得不一之意也 淨願社友 欲付剞劂 庸廣同志 仍爲社中
規約 證珠以弁卷 噫 吾人 旣到寶所 必須探驪龍握靈蛇 豈可徒手空回乎 若能認
得此衣底本有之珠 則定不暇爲他人數寶 更何有於此集 然畢竟那珠 在甚麼處
咄 萬古碧潭空界月 再三撈漉始應知 同治九年 庚午 余月 浴佛日 雪嶽沙門
幻空治兆 書于普光寺之樂西觀

(2) 葆光普元, 「結社文」, 『한국불교전서』 11, 203~205쪽

夫淨智妙圓 體自空寂 在聖不增 在凡不減 具有德相 本來周徧 無待乎莊嚴修
證 而淸淨本然 忽生山河 一翳在眼 空華亂墮 由是 眞妄混淆 情想分等 以致三有
六趣 升沈輪轉 僧祇劫來 靡所底定 大聖悲憫 應世垂慈 廣施方便 隨機拯濟
諸三昧中 唯淨土一門 簡易直捷 十方利土 大心衆生 發願彙征 卽證無生 非我本
師 攝受之妙力 何以致此 淨名云 隨其心淨 卽佛土淨 以知心淨是因 土淨是果
隨因得果 感應道交 則如水澄月現 秪一念圓明而已 何等簡易直捷哉 粤自東林創
社 劉雷擅美 長蘆建會 賢慧題名 弘誓深願 咸臻常樂故 宋文潞公之願結西方
十萬緣大家 齊上渡頭船 同一慈悲也 歲己巳冬 幻空上人 集同志緇素于古靈山
普光寺 仿古結社 一時英俊 莫不預會 緬追西湖淨行之淸規 媲美曹溪定慧之芳躅
以淨願錫名 是一大事因緣 爲像季之盛擧也 噫 三界炎炎 宛如火聚 衆苦交煎
難以淹留 且況兩曜流邁 石火電光 四大危脆 草露風燈 倘或一失此身 萬劫難復
其忍放逸 甘受淪墜乎 今旣宿生多幸 遇此殊勝 卽能如行氷凌 如救頭然 廻光返
照 思專想寂 則不離當處 超脫苦輪 現證淨智 普與法界 同生寂光 是幻空師結社
之本願也 自顧業重福輕 障深慧淺 然竊聞一切惟心 有願必就 期與同社諸賢
仗此淨願 他日妙意世界 香光池上 把手共行云爾

(3) 芙蓮性湛, 「發願文」, 『한국불교전서』 11, 205~206쪽

稽首慈悲無量壽 二土十方三寶尊 憐憫沈溺衆迷流 必賜感通垂接引 弟子等
迷眞起妄 背覺合塵 惑業無窮 苦果不息 縱修善而耽着有爲 樂無爲而不知出要

幸因宿世福緣 遇斯歸元眞訣 惟我釋迦 慈旨叮嚀 彌陀運悲廣博 有願必迎 無機
不被 六八誓願 願願度生 十六觀門 門門攝化 爰發勝心 糾合同志 懺悔惡緣
恒住淨戒 專念聖號 期生西方 劫石可移 此心不退 念念相續 無有疲厭 仰冀承佛
慈光 三塗息苦 八難蒙化 四恩總報 群有齊資 一會大衆 除微細之法執 悟無諍之
眞源 覩淨土於現前 證菩提於當念 圓無邊之三昧 示無量之神通 具種種之行門
興重重之法化 情與無情 咸臻安養 虛空有盡 我願無盡

(4) 霽雲圓明,「募緣疏」,『한국불교전서』11, 206～208쪽

夫今生受享 賴過去之善根 將來福基 藉見在之下種 然此則通計三生 猶屬迂
遠 至於一念之善 景星慶雲 一念之惡 黑風羅刹 是現前因果 如影隨形 毫髮無爽
敢不兢懼乎 噫 衆生之所以輪轉六趣 良由人我障深 慳貪業重 我佛垂憫 特示檀
波羅門 使之永除業根 卽超淨域 如執左契 豈不殊勝哉 然施有二種 無住而施
則施雖少 獲福大 有相而施 則施雖多 感報劣 譬如田有良瘠 下種雖同 收穫大異
矣 且春種一粒 秋收萬顆 栽植絲髮 其茂十圍 更何疑於因小果大 今或有人 不下
種而望秋實 一何愚哉 雪岳道人幻空 已悟世相之如幻 現證性地之等空 荷擔大法
不惜身命 嚴淨毘尼 凜如霜雪 福慧雙修 自他兼利 今於古靈山普光寺 與四方同
志 結社念佛 以萬日爲期 決定西邁 値此末法 希有勝會 普告善信 庸助供佛飯僧
之資者 欲與諸君子 以無住心 下種福田 共結他日 同蹄樂邦 咸證法忍之緣 至禱

(5) 佛國翁,「淸珠集 跋二」,『한국불교전서』11, 213～214쪽

夫法界珍寶 多般名稱 而奚獨以淸珠 名此集也 此一卷書 雖因紙墨 而不拘文
字 寔由乎人人鼻孔撩天 箇箇脚跟點地之處 則其爲範也 至大至廣 其爲模也
至巧至密 開眼者一觸 如得髻中之珠 有耳者 纔聞 似探衣裏之珠 所以者何 三十
七處 引證 無非先覺 二利圓成之寶鑑 眞是後覺三十七助道品之瓔珞也 百二十則
分科 無非行者 三敎通方之正路 實是法身一十二修多羅之眞金也 全部 雖無分類
宛有警策啓信等 十門 智行體用 互相隱現 寂照不二 理事無礙 盡是萬行 十十無
盡重重交映之梵網摩尼也 吁 以余觀乎述者之意 特以淸珠 題此者 豈不是耶

竊惟是珠 不可以方圓長短之形 靑黃赤白之色 比觀 亦不可以利口之辯 分別之識
擬論 宜乎此珠强名以淸也 處染常淨 淪變靡殊 在六凡而恒照 届四聖而常寂
玆豈非幻空道人 無礙珠 葆光居士 淨願珠 虛舟上人 普光珠 三有含靈 如意珠哉
性湛法侶袖示 請一語 余辭拙不獲 深感普益三根之願 而爲之跋

　　是歲之夏 佛國翁三沙 書于古靈山 普光寺之妙意齋 菩提樹下

　2) 현판 및 상량문
　　(1) 경내 사찰 현판 및 기문26)
　① 普光寺上祝序
　　　古靈山普光寺 上祝序
　　　我
　聖上中興上 寶位之祀卽是上
　　　元甲子歲也上自殿閣營寢下至
　　　閭巷一新刱起至於寺利咸夥
　　　草新焉矧玆古靈久塵刱掃
　　　二殿兩寮一時于新豈非
　　　國家鴻運而

　大院位抹樓下宿願所致歟故
　　　壽鐫永祝俾母替呼萬歲元
　主上殿下(壬子生)聖壽無彊
　王妃殿下(辛亥生)閔氏聖壽無窮
　大院位抹殿下(庚辰生)李氏萬壽元彊
　府大夫人(戊寅生)閔氏萬壽元窮

---

26) 여기에서 소개하는 현판 기문은 정영호 교수가 조사해 발표한 논문에 게재되어
　　있는 내용이다.(鄭永鎬,「古靈山 普光寺 遺蹟－崇禎七年銘 銅鐘을 中心하여－」,
　　『惠庵 柳洪烈博士 華甲紀念論叢』, 1971, 538~542쪽.)

　　歲在己巳李秋上澣佛國爲書

② 四殿新建施主芳名錄序
　　京畿道楊州牧地西嶺鸚鵡峰下古靈山普
光寺四殿新建施主芳名錄序
人間造善不一其端而佛前修綠最勝最」遠佛前造福亦匪一二而獻地宮甚」爲
廣大則今此已傾之貝宮重新革舊」前雜之道場更開純淸八部莊嚴金像」特靈
四衆雲集黃卷掃塵朝夕撤金鼓於」梵霄亦時透法身於蓮界一念及乎」十方三
心屈乎亦趣玆施之努倘夫何」如余不得不隨喜讚擧叙首厥由仍列芳」名于左
永揭未來眼目俾作劫海不朽之規」爾」

③ 冥府殿改金改彩後幀新畵成同參芳綠
楊州古靈山普光寺冥府殿改金改彩後幀」新畵成同參芳綠錄序
窃聞諜在入在天玆府殿閣重卜新基像」 尊塑後幀各部久缺脫爲人所嗟者今
己久」
矣幸以神佑感人之懷尙宮尹氏大心華深自憾」 發不惜如塵之金大施無漏之
功上室長老口倡」普勸宸閣長老協謀圖事各鳩半千餘金他箇老」德亦各行化
又集近金千緝請佛母淨禪始事月逾」 而畢倘非地藏大聖威神力如此巨創佛
事矧堂鑵劫」無障成就乎所謂功德
可擬恒河沙劫說難盡缺改」 彩又換金袍畵幀比前神密若人見聞瞻禮一念開
卽」得利

益人天無量事豈不美哉又悉載芳名俾傳無窮」 而先請塡實事于首故辭拙爲
之序」

④ 十六聖衆殿移建記
楊州古靈山普光寺十六聖衆殿移建記序」 是寺之殿閣自今上元之後這換舊

而冥」府

故墟背左虛谷靈山法場壓腦正殿有耳」· 目人見莫不嗟咲有意方遷而力無可奈者」積

有年矣去丁卯宸殿粤己巳蓮社就今」 庚午冥府移吾法師之願幾了而未了者只」此靈殿未

遷也冥府徭畢之翌日普告大衆」誓傾殘襄而定卜靈基乃正殿之西卬命倕」師荆營默庵

和尙方在蓮社別座之任願納」千葉銅纔踰勸奬大衆戰力圖攻之冥加」哉不可不記事以示

使未來後進相勸母廢」此捨慳造福之行永保此 靈山法會之像」爲作百千劫天人應供之

福田爾吾師是誰」東天竺來渾惺禪師就善也載金馬之夏六」月上澣佛國翁盡山人謹書」

⑤ 紺殿重創幀畵幷丹雘記

古靈山普光寺紺殿重創幀畵幷丹雘記

漢陽之西五十里有山焉名曰古靈山有寺」 爲額曰普光也稽古則羅麗間王龍子之善」□

而荆之寺凡上下千有餘載興廢之相少」 □□之累羅因不能盡言然而略而著之在」昔龍

己之變寺之堂宇盡入於昆明池但衰」草寒烟己於康熙中智侃釋蓮兩禪師」衆募廣緣復

建法宇以今三百年餘間我」先師仁坡和尙勸尙宮千氏重葺鵝殿也和」尙以佛事爲己任

精進爲法事也乃於建陽」丙申冬受之衆請住錫是日陞座說法不惟」悅□衆心抑令尙宮

千氏從曾秋波璋禪師」篤信正法爲彌陀會之檀信者二十年於此也」一聞和尙

柔軟之法
音尤淨□信明年丁酉」夏爲□殿之頹圮捨□家累萬□始營之不」日成之明
年春告及」
淳嬪嚴氏勸裝尙宮洪氏佛事之丹艭之」於是 尊容粲爛金壁照耀田衣苾芻焚」
香撞磬祝
聖壽於如崗如陸祈邦命於」帶河礪山自是年穀累登農酒□熟野老」村嫗相率
而來目不
□捨擧手稱慶則和」尙勸化之能於是乎畢矣庚子春和」尙還瓶鉢於道峰精舍
命汝記
其事壽示」來者是時汝有事未有遂文而和尙先示 微疾是冬遷化嗚乎悲天追
念往嗒哀」

慕之懷尤切無極也正欲屬文恭遵遺命矣」 東林惠禪師謂言禮曰先祖有善而
不知者」不明也知而不傳者不仁也今公之先和尙」重葺□殿佛事丹艭也善莫
大矣熟能」加焉公今不記是不知先師之善也公旣」不知亦難傳先師之跡也然
則不明不仁之」責焉可免乎況公之先師旣有記之命而」不記而傳者是孤負遺
命宜可勉施也」緣聞憂惧幷至惕惕然不揣不才略記事」之細瑣鱗列施之芳名
嗚呼悲夫雖時移」故遷人珠物改後之覽者亦將知餘之有」感於斯也夫
緣化所」證明奐映完修」靑隱僧果」檀岊鎭性」
金魚片手慶船應釋」錦華機焖」龜潭奎祥」雪湖在悟」沙彌允河」
誦呪德海奉玩」無何昌周」
持殿碧山戒順」
奉茶沙彌靈天」
鏡頭化丘守宗」化丘正三」
供司化丘鏡照」
別座化丘德守」
都監錦昊性允

化主仁坡英玄」
大施主尙宮淸信女己酉生千氏淨空心」主管東林法惠」三綱 和尙奉勤」三寶
法樺願以此功德」普及於一切」我等與衆生」當生極樂國」同見無量壽」皆共
成佛道」大韓光武五年辛丑春二月下澣朗應鏡 謹識

⑥ 光膺殿 重修記
光膺殿 重修記
迷夫古靈山普光寺靑邱大古刹也峰巒之秀林泉之」 美京城西路勝地也始自
麗朝玉龍子枊
建經雪眉」德仁和尙重建至今九百九十餘年沙門無淯雜宮殿」免傾漏復有應
成和尙來
自津寬說敎行化俗多」響應出資求福修殿繕閣古靈今靈普光倍光」嘗恨本殿
房舍頹弊
去夏廣賴信徒衆力函修」內外請余記事故頭書施主尾以記之云爾」大正元年
壬子九月
下澣坡平居士徐采謹記」

化主本寺住金應晟

⑦ 影堂記
影堂記
我門中人應晟和尙以利他方便」往有成功業矣今者以誠信」心造成我法傳主
眞影兼
構」影堂而一新丹腰可臨觀之」壯麗也請余略記余曰月白風」淸無非法傳之
本來面
目何必造」成眞影應晟和尙正色曰眞影」元非法傳之本意而如世之爲人臣」
子者以忠

孝事君父君父萬歲之」　後米木主昭穆而事死如事生此乃忠孝之道也我等乃法傳之受」法
資也法傳之在世以誠信事之」法傳萬歲之後設眞影而事之如」事在世法傳此乃誠信之
遺也」法傳之生前死後豈可取捨乎余」愕然揖歎曰失對如請是爲記」世尊應化二千九
百四十一年」大正三年甲寅四月日」謹記」住持 金應晟」書記 鄭德云」門徒秩」
金玩船」全玩海」金大圓」楊應鳳」林鶴松」孫松菴」林玉山」金應晟」元隱
□」宋漢景」金慈菴」安斗菴」李性海」崔靈峰」咸幻虛」李普藝」
石澗穿雲數曲流風光澹泊滿仙樓」侍其茶禮焚香處萬古靈氛渾界遊」楊州郡
白石面
古靈山普光寺眞影記」

⑧ 普光寺 祭位畓獻納記文

京畿道楊州郡白石面高」靈山普光寺」祭位畓獻納記文」
清信女千光明數」十年依托山門修」行念佛之善女人」也漑田十斗落獻」納是寺
而坡州郡」廣灘面汾水里所」有畓五斗落爲」其數十年同居」先師長趙應松」
禪師獻納同郡」同面虎尾里五」斗落爲自己身」後獻納一以爲」奉佛祝願之」
供一以爲忌辰」祭需之資以爲」永久無替之計」盖其本願爲來」蓮池會上人耶」
將賭福田利益」耶若千光明」者可謂知報恩」之義理而勇於」修善女人也然」
則比丘應松禪」師與信女千」光明華仗此」勝綠功德黃」金殿上聽風」柯而逍遙
自在」白玉池中踏」蓮花遊戲決」樂祝祝
乙卯十一月日」楓岳山人」玩海 謹誌」坡州郡廣灘面汾水里」拱字畓五斗落」
(七十沓結七負貳束」七十壹沓結四負壹束) 坡州郡廣灘面虎尾」里」民字畓
五斗落 (二十六畓結十六負三束)
獻納大施主」清信女千光明」古靈山普光寺」三綱」住持 金應晟」監務 金漢松」
書記 咸幻虛」門徒人」金仁聲」李性鎭」

2)「古靈山 普光寺 三重建 樓房 上樑文」

古靈山普光寺三重建樓房上樑文

鶴樓岐東　新荊道場㤗春　禪院㪚新上宿臨　天竺遺衛之師末矢願　戈木丁丁
鸚鵡峀下　重開寶殿而安像　僣窖頼卧誰能起　普光舊章之期今復符信　載匠蕐箕

三重修之高樓緫作華嚴二會之名院　普造千門爲皈巸　國恒安兩民宲均陽樂那今惟
幾百歳之樂壹恩威彌陁九品之寶殿　亘對初景永祈福　兩時若而歳富齋登奇域
信檀如雲自上至下兩髩挾立瑩　鱗瓦載葦而畫簷如罷　聖謨冥加　癹萬歳而新成是以
才子隨風徒迩及遠兩精勒赴役　龍脊炗葉而雕揀若居　底録顯延　援机聖石改割

上元吉辰　昰影長如兜率天時分　靈山大雄與冥府相頒爾爲君三祝　聊賦短唱而書題
春墓花荻誦釋郡若梵衆人歌曲　祥胎實兮三㥄無聖而祛我千穰　助衆領揀而咏歎
阿郎偉抛揀東　明明聖力天然助　兇郎偉抛揀抛　新宬畫頒阮　阿郎偉抛揀抱
萬山園朶一輪紅　歷歷春風自化中　陽明華蓋碧如藍　普祓齋霊各飽念　回龍顧勞半天低　山外

藝藝川簧清　唄音兇誦響傳時　法雲寮畩　㐀郎偉抛揀抛　㐀郎偉
莊莊海色齋　香海鐵圖蓮界化　梵王帝釋俒瞻仰　守口理身休草慶　三千六界春氣旺
抛揀下　子來朝賀　伏願上樑之後　梵音寮會　微厦掷外法身空　㐀郎偉抛揀拋

伏勝縁而者福者共人無漏妙莊嚴樓閣　樹陰溪涼德宲寔而評茶　時刻慢觀念自覺石悟化
建法會而敎人俱塹不二寶相土頂片　茆檐晏院看山水而心通　朝嵐又鵨顧　國泰而民康

主上殿下壬子生李氏　五鰰安寧　如乱轲高頤完香縟　軺乱圓慆慢誰著　阿郎偉抛揀抛
三地殿下辛癸生閔氏　寶體太平　東霊周頣　玄郎揀抛　顯阤德閪　山外

王大妃殿下戊辰生趙氏　燃化慈頤永壽　　首暗頣遑大奎　大子金曼聖達
大院君邸下庚辰生李氏　化蹇盾役　如風善盼　顯阤皎琳　沙彌法珠
京畿縣司書直綱　　派氏大國覚　顯陀鐵鋑　洪千得

判書金炳國　己卯生康氏　　書記讍爲千　金炳得
領議政金炳學　　車中李氏內住幸半　書仙將　金炳相
楊州牧使林漢洙　　日戌子上樑文授書佛國玄宥楮如謹辭

大清同治八秊己巳

3) 보광사 목재편액

自其官若有刷還徵斂之弊是去乃雪山歲儀僧侵之

之事是去乎卽爲来告以爲入

啓處置事

一令此　當署成給者非但專爲瑞雲之事而實勢

重其　啓下刊附之意乎年深歲久則不無[　]光之弊

昭寧園既在於本州高嶺洞而寺刹亦在於　園西至近處故[　]

諸禁火[　]伐守護等事以後矣等擔當使喚事前已

啓下定奪[　]惕念擧行者

啓重各之事

一放矢華火小雜役既在勿侵之中則今不可更設而所謂本官
應遣之侵此諸地侵殳甚苦重而實寺刹雜役最一斷不可仍

其矣別撰編禁白等如有僧前使役則於是去等知為

半寺同宮則畫題鄉邑宰致營門爲共推論後宮役人

啓重者徐平常舉行之地事

一勿論京外宗班班生夫如有科外雜役侵責之輩是去乎

郎粟告同宮則其家事如安子當以挨來治罪同先告還

則小心當人

啓臺堂依比輩行事

一本剃既定齋宮則仍當年議辛事不時凡角可去外

遊客稱以歇泡來接本寺之類若不剝樣防塞門除去

人之從心齋宮之定屬本意今後則如此之類一切永斷俾

4) 산신각 편액

글을 맺으며
새롭게 이해하는 조선불교사

1. 조선 비구 고승의 산중불교의 전개

한양이 국도로 선정된 후 왕사 無學이 인왕산을 주산으로 정할 것을 제안하였으나, 백악산이 주산이 되므로 한양의 주산은 되지 못하고 우백호에 머물고 말았다. 무학자초는 양주 회암사를 축으로 하여 한양을 비보하는 4대 사찰을 지정 운영하였는데, 한양을 중심으로 하는 불교계의 재편이었다. 아울러 인왕사를 비롯한 개운사·일선사 등 도성 안팎의 사찰을 비보사찰로 지정하였다.

특히 주목되는 사찰은 인왕사와 내원당이다. 왕사 무학의 문도인 祖生이 내원당 감주와 인왕사 주지를 겸직하면서 스승 무학에 이어 한양건설에 참여하였고 왕실원찰인 흥천사 주지를 역임하였다. 그리고 인왕산에는 내원당이 창건되어 한 때 도성 궁궐의 왕실불교의 보루가 되었고, 尼社(尼舍)가 건립되어 정업원 등 왕실 비구니승방과 더불어 왕실 여성불교의 중심도량이 되었다.

무학자초가 입적한 지 3개월 될 무렵인 태종 6년부터 세종 6년까지 20년간 대불교탄압시책이 단행되었다. 특히 세종 6년 단행된 선교양종 본산인 도회소를 중심으로 하는 36사체제는 조선중기 '무종단 산중불교'시대가 이루어지기까지 사찰의 운영 또는 통제의 근간이 되었다.

조선초 불교탄압시책으로 사찰과 사원전 및 사원노비가 이전의 1/10로 축소되어 버렸으나, 불교계의 규모와 사세는 여전히 대단하였다. 양종에 소속한 사찰이 9,500여에 달하고 승려가 10만 5, 6천이라 하였을 정도이다. 또한 성종대 '도내의 절이 큰 고을에는 100여 개나 되었고 작은 고을에는 40, 50이었으며 또 새로 짓는 것이 많았다'는 기록이나, 조선중기에 편찬된 『신증동국여지승람』이나 조선후기에 편찬된 『여지도서』에는 여전히 사찰의 수가 1600여에 달하고 있다. 이처럼 조선불교계는 고려시대에 비하면 그 규모나 사세가 축소되었지만, 단순히 조선불교의 침체기라고만 설명될 일이 아니다. 비록 숭유억불시책이 국가정책의 기조가 되었으나, 적어도 조선중기까지 정신문화계에 있어서는 고려시대 못지않게 지배적인 위치를 점하고 있었던 것이다.

숭유억불시책이 전개되는 가운데 조선전기 불교계의 중심기관이었던 선교양종의 도회소체제가 세종 6년(1424)부터 연산군 10년(1504) 무렵까지 81년간 시행되었다.

불교교단의 중심은 엄연히 도회소인 선교양종의 본산인 흥천사와 흥덕사가 중심이 되었을 것이다. 하지만 선종과 교종의 본산인 흥천사와 흥덕사가 특별히 대우를 받은 내용은 별로 찾아지지 않는다. 선교양종 36사 가운데 절반 이상이 왕실원당 및 능침사찰들이었고, 그 때문인지 본산보다 왕실원당 및 능침사찰이 더 위상이 높았다. 불교계의 입장에서도 반드시 본산이 중요시된 것 같지는 않은데, 후술하는 바와 같이, 불교계를 주도하였던 고승들이 대부분 본산의 수장인 판사를 역임하지 않았던 사실에서 알 수 있다. 국가불교를 지향했던 본산체제에 대하여 불교계가 소극적으로 대응한 것이라 생각되지만, 한편 불교계의 대응 방식 가운데 하나였다고 생각된다.

기본적으로 양종의 본산은 이전의 승정기구인 승록사의 기능을 계승했다. 즉, 양종의 본산은 승정인 승려의 출가 및 도첩, 주지파견 및 승직 및 승계제수, 승려의 기강단속 등을 주관하였다. 양종은 行首와 掌務를 중심으로 한 수반으로 운영되었는데 都大禪師와 大都大師로 불리었으며, 한양의 승려의 제반업무를 담당하였다. 또한 예조에 소속되어 외방의 여러 사찰을 통할하고 각 지방의 승려의 제반의 사무를 관장하였다.

현재 기록으로 선종의 본산의 판사로 나타나고 있는 고승은 만우·수미·탄주 등이 태고보우의 문손이고 중호·행호·송은학몽·일암학전·신미 등은 나옹혜근의 문손이다. 교종판사로 나타나고 있는 고승은, 세종대 惠眞·一雲·雪峻, 문종대의 順善雲叟, 성종대의 絶菴海超·佛泉·學能 등이다. 이 가운데 혜진은 무학자초의 문도인 옥봉혜진인 듯하고 설준과 절암해초는 雪岑 金時習의 스승으로 나옹혜근과 가까운 문손이다.

결국 조선전기 불교계 교단의 중추를 이루고 있는 양종의 본산의 수장인 판사는 태고보우의 문손 보다는 나옹혜근의 문손들이 장악하였다고 할 수 있다. 곧 조선전기 불교계는 현 조계종의 법통상의 고승들 보다는 나옹혜근의 문손들이 주도하였다는 사실을 확인시켜준다. 아울러 교종의 본산의 주지까지 교종승 보다는 선종승들이 장악하였다는 것은 선종이 교종 보다 우월했다는 사실을 반증해 주고 있다.

그리고 선교양종의 본산은 선교양종체제가 출범한 지 1년도 안된 시기부터 선교양종을 혁파하거나 1종으로 축소하여 도성 밖으로 내쫓아내자는 주장이 심심치 않게 제기되었다. 더욱이 선교양종의 판사급 고승들이 유생들의 심한 탄핵을 받았고, 심지어는 순교를 당하는 고승들이 생기게 되기까지 하였다. 즉 판사나 판사출신으로서 순교를 당한 고승은 선종계의 行乎·學專·乃浩와 교종계의 雪峻·絶菴·學能 등이었으며, 그 나머지 행적을 별로 알 수 없는 고승들의 경우도 그와 같았을 것이다. 그만큼 불교계의 중추적 위치에 있었던 고승들이 표적이 된 것은 어쩌면 당연한 일인지 모르나, 그들의 피와 땀이 조선불교를 수호하게 하여 오늘날의 불교를 있게 하였다.

그러나 대부분의 승려들이 억불시책이 가속화됨에 따라 산중으로 들어가거나 사회현실에 소극적인 경우도 없지 않았지만, 불교의 흥성을 위해 목숨까지 내놓은 일부 선각자적 순교승들까지 있었다는 사실을 결코 간과해서는 안 될 것이다.

그러한 가운데 불교계의 전면에 나서서 활동한 승려들은 상소 등의 대응으로 조선불교계를 주도하였다. 승려 개인의 올린 경우가 대부분이지만 경외의 승려들이 집단적으로 올린 경우도 있다. 특히 수백 명의 승려를 동원하여 신문고를 치면서 올린 경우도 있어서 매우 주목된다. 상소문의 내용은 불교계의 쇄신을 위한 승풍의 진작, 불교계 탄압시책에 대한 저항, 연화승의 척결, 승과 과목의 현실적 조정 등이었다.

尙孚의 승려의 음주금지, 尙聰의 승풍의 자정노력의 영향으로 흥천사가 후에 선종의 본산이 되었다. 無學自超와 제자 祖禪이나, 省敏의 불교계 탄압에 대한 저항으로 탄압의 유보나 그 강도를 줄일 수 있었다. 왕사 守眉의 연화승 폐해의 근절 상언과 慧覺尊者 信眉의 승과시험의 현실적 조정의 노력은 숭유억불시책이 강화되던 시기에 있어서 불교계의 주체적이고 자발적인 자정과 저항의 모습이다. 그러한 고승들의 땀과 피가 조선의 불교를 수호·발전시킬 수 있었다.

국가의 작위적인 불교계 탄압과 간섭은 연산군과 중종대에 이르러 더욱더 심해져 갔다. 즉 연산군 10년 양종의 도회소인 흥덕사와 흥천사가 화재로 소실된 이후 승과는 실시되지 않았다. 결국 중종 2년 법적으로 양종이 폐지되어 무종단의 교단의 상황에 처하게 되었다.

세종 6년 선교양종의 흥천사와 흥덕사를 도회소로 하는 체제는 당로자인 유생들의 철폐운동으로 연산군 10년(1504)에 폐지된 것이나 다름이 없게 되었다. 그러자 불교계는 근기지방의 청계사를 본산으로 하는 도회소체제를 갖추었으나, 중종 2년(1507) 명목만 남았던 흥천사와 흥덕사를 완전히 폐지함으로써 그 이후 보우에 의해 선교양종의 도회소(본산) 체제가 다시 시작되는 명종 5년(1550)까지 47년간 무종단의 시대였다.

하지만 그 무렵인 중종 4년경에 태어난 虛應普雨는 불교를 배척하려고 하였던 유생들에 의해 명종 20년 순교를 당할 때까지 애오라지 침체된 불교계의 중흥을 위해 애를 썼다. 그러한 불교계의 부흥은 그만의 노력의 산물이었다기 보다 보우를 둘러싼 불교계의 동조 및 지원하에 가능한 것이었다. 침체와 혼란의 무종단의 교단에서 선교양종을 복립하였고, 그것을 통해 사찰과 승려를 정비하였던 것이다.

당시 왕실의 능침사찰로 가장 비중이 있었고 유생들이 승려의 뿌리라고 했던 봉선사와 봉은사를 본산인 도회소로 삼게 되면서 명종 5년(1550)부터 명종 20년(1565)까지 16년간 조선불교가 일시 부흥하게 되었을 뿐만 아니라, 조선중기 이후 불교계가 유지될 수 있게 하였다.

보우가 시행한 불교계의 핵심과제는 전국의 사찰과 승려의 정비였다. 전국의 사찰 336사를 내원당이라는 이름으로 국가의 법정사찰로 운용하였으며, 승과 및 도승제의 실시로 청허휴정과 사명유정과 같은 고승을 배출하고 승려들의 출가를 합법화하였던 것이다.

보우가 불교계의 전면에 나설 무렵 근기지방의 용문사와 회암사에는 고승들이 활동하고 있었다. 용문사에는 보우의 스승 祖遇(祖雨)를 비롯한 고승들이 활동하였는데 조우는 祖禪의 도반이었으며 조우의 문도가 바로 芙蓉靈觀이었다. 회암사에는 보우의 뒤를 이어서 봉은사 주지를 하는 信默과 行思 등의 고승들이 활동하였다.

그리고 봉은사에는 보우의 상수문도로 추정되는 신묵이 보우에 이어 회암사, 휴정에 이어 봉은사 주지를 하였으며, 후에 직지사에서 四溟惟政을 출가시키기도 하였다. 또한 보우의 문도로 추정되는 參寥도 선조대 회암사 주지를 하였다.

그들뿐만 아니라 碧松智嚴의 문도였던 慶聖一禪과도 보현사에서 교유하였으며, 역시 지엄의 제자로 삼척 두류봉에서 수학한 熙법사도 활동하고 있었다. 보우의 선풍을 계승하여 불교계에서 부상하였던 인물 가운데 가장 비중이 있는 고승은 行思와 參寥, 信默 등이었다. 그들은 보우에 이어 봉은사 주지를 하면서 불교계를 주도하였다. 특히 신묵은 유정의 출가사였고 淸虛休靜도 보우에 이어 선종판사를 하면서 봉은사 주지를 하였다.

허응보우의 선교양종의 부흥으로 등장하는 서산 청허휴정은 제자 사명유정과 더불어 임진왜란시 활동한 승장으로 더 많이 알려져 있지만, 조선불교를 중흥시킨 고승으로서의 위상도 매우 크다. 임진왜란이라는 국난을 당하였을 때 국가비보 승군활동은 국가의 존망의 위기를 모면하게 하였고, 이를 계기로 승려의 존재를 다시금 부각하게 하였다. 그러한 때 걸출한 고승 서산이 지리산·금강산·묘향산을 중심으로 수행과 포교를 하면서 불교계를 결집하고 주도하였다.

그런데 마침 왜군의 침략으로 전국토가 유린될 때 선조의 제안을 받아들여 전국의 승려에게 격문을 돌려 5,000여 명의 승군으로 전장에 참가하였다. 임진왜란시 불교 의승군의 역할과 의미는 절대적이었다는 것은 누구도 부인하지 못한다. '불살계'의 계를 어기면서까지 승군활동에 뛰어든 것은 단지 불교계가 살아남기 위한 몸짓이 아니라, 불교가 지니고 있는 국가 비보사상의 발현이었다. 그런 한편 조선 불교계는 산중중심의 불교를 전개해 가면서 왕실의 능침사찰의 수호를 위한 제향도 담당하였다.

임란 후 광해군대 불교고승으로 주목되는 것은 浮休善修와 그의 문도 碧嚴覺性과 孤閑熙彦, 그리고 술승으로 알려진 性智와 비구니 禮順의 활동이다. 특히 부휴선수는 清虛休靜의 문도이자 사명유정의 도반인 玄賓印英처럼 당시 고승들처럼 무고로 옥고를 치루기도 하였으나, 광해군의 어머니 成陵의 원찰 증명법사가 되었다. 1622년(광해군 14) 광해군이 친히 趙仁規(1227~1308)가문의 원찰로 알려진 廣州 清溪寺에서 齋를 크게 베풀 때 부휴선수의 문도인 孤閑熙彦(1561~1647)과 碧嚴覺性이 참여하였다. 그러면서 1619년(광해군 11) 중국에서 진신사리를 이안하여 그 이듬해 奉印寺에 봉안하였다.

광해군은 임진왜란시 불타버린 궁궐을 대신해 仁慶宮 등 궁궐을 지어 왕의 권위를 회복하고자 하였다. 실록에 술승으로 기록된 性智가 궁궐과 능 터를 잡는 등 광해군의 곁에서 자문에 응했는데, 그의 역할이나 위상이 마치 조선초 無學自超와 비슷했다.

비구니 禮順은 權貴 李貴의 딸로, 金自點의 동생인 金自兼의 아내였다. 당시 생불이라 일컬어지며 궁궐을 출입하면서 김개시와 더불어 정업원 등 왕실의 불교계를 관여한 듯하다. 또한 개통이라고 불렸던 金介屎는 왕실 비구니 승방인 정업원에 가서 기도하는 등 유생들의 지속적인 정업원 치폐논란 주장속에서도 정업원을 지키려고 노력한 듯하다.

광해군은 친어머니 恭嬪 金氏를 위해 능침을 成陵이라 추봉하고 奉印寺를 원찰로 삼았다. 조선전기에 이은 왕실의 陵寢寺利制를 계승한 것이며, 조선후기 방계왕실인 덕흥대원군 가문이 자신들의 조상을 추숭하기 위한 것이었다. 그리고 광해군도 중국에서 석가모니 진신사리를 모셔와 봉인사에 浮圖庵을 짓고 봉안하였다. 그러한 광해군의 불교에 대한 관심은 덕흥대원군 가문의 불교신행과 더불어 성리학적 예제가 본격적으로 시행되는 시기에 있어서 명청교체기 유교적 사대주의가 아닌, 불교를 신앙하면서 국가의 정체성을 찾으려 한 것이 아닌가 한다.

조선후기 불교사에서 주목되는 것 중의 하나는 조선후기 영조의 어머니인 숙빈 최씨의 능침사찰인 왕실원당을 파주 보광사로 삼았다는 것이다. 영조의 어머니는 우리나라의 왕비 가운데 신분이 가장 천한 무수리 출신이었다. 자신의 미천함 때문에 아들마저 자신보다 지체가 높은 후궁 영빈김씨에게 맡겨야 했다. 아들이 왕위에 오르기 전에 죽음을 맞이했던 어머니를 위해 삼은 추복도량이 바로 파주 보광사이다. 효의 사찰이라고 하면 수원 화성의 용주사를 떠올리는데, 정조가 가엾게 죽은 아버지 사도세자에 대한 애틋한 효심에서 능을 지키는 사찰 용주사를 크게 중창했던 것이다. 정조를 효심으로 이끌게 하였던 것은, 앞서 왕위에 올랐던 할아버지 영조에게서 체득한 것이었다. 때문에 파주 보광사는 수원 용주사에 선행하는 왕실의 효의 도량이라고 하겠다. 유교적 문화만 치우치지 않고 불교문화를 중시한 것인데, 유불에 대한 탕탕평평책이 아닐까 한다.

보광사는 임진왜란 대전장 가운데 하나였던 벽제관 전투의 참화를 입은 듯하며, 이 전투에 청허휴정의 문도인 사명유정이 참여했을 것이다. 청허휴정의 상수문도이자 산중중심 불교의 주역이었던 편양언기와 법손인 풍계명찰이 보광사에서 활동하고 국가와 왕실의 주목을 받아 왕실의 원당이 되었다. 특히 풍계명찰과 같은 고승의 노력으로 영조에 의해 왕실 능침사찰로서 크게 부각되었다. 그 후 대원군, 고종과 민비 등 왕실의 원당이 되었고, 그로 인해 사세가 진작되고 조선말 환공치조가 보광거사 유운 등과 더불어 결사운동을 전개하고 秋波瑒선사가 상궁 천씨의 후원에 힘입어 1896년부터 20년간 미타회를 전개하였다. 불교공동체인 결사와 미타회가 조선후기 보광사에서 개최된 것이다. 그 후 근대불교계의 주역인 용성진종이 보광사 도솔암에서 수행하게 되면서 대각교운동의 밑거름이 되기도 하였다.

또 하나 조선후기에 주목되는 것은 지눌과 간화선 및 수선사결사를 전개했던 송광사의 위상을 정립하여 조선후기 불교계의 정체성을 확립하고자 한 노력이다. 지눌 이후 수선사에서만 고려말까지 15국사가 탄생하여 당시 불교계를 주도하였을 뿐만 아니라, 조선중기 부휴선수와 제자 벽암각성이 머물면서 서산계의 해남 대흥사와 더불어 조선후기 무종단 산중불교계를 이끌었다. 특히 송광사가 승보종찰이 된 것은 조선중기 부휴선수와 문도들이 송광사의 사세를 진작시키면서 보조국사 지눌 이후 15국사를 받들었기 때문인 듯하다.

16국사의 설정은 임진왜란에 참전했던 부휴선수의 문도인 벽암각성의 동문인 代價希玉이 1621년에 지은 「十六國師眞影記」(조계산송광사고 소재)부터인 듯하다. 無用秀演(1651~1719)도 '송광사는 해동의 하나의 명찰로서 온 나라 사람이 귀천 없이 이것을 한 번 못 보는 것을 일생의 한으로 삼는다'고 하면서 16聖의 옛 자취가 아직 보존되어 있다는 사실을 강조했다. 동방제일도량으로 '인도의 쌍림과 중국의 여산과 같다'고 하면서 鏡巖應允(1743~1804)과 같은 고승은 16국사의 진영에 대한 기문을 남기고 있을 뿐만 아니라, 나옹과 무학도 16국사와 버금가는 송광사 18주지의 반열에 올랐다. 송광사의 정체성을 회복하고자 한 趙宗著(1631~1690)의 「승평조계산송광사사원사적비」에서 찾아 볼 수 있다. 당시 금강산과 묘향산 등 산중불교를 이끌었던 많은 사찰 가운데 송광사와 대적할 만한 사찰이 없다고 했다. 그러면서 보조국사 지눌이 송광사의 기반을 만들었고 불도징이나 구마라즙과 같이 스승없이 수행한 대표적 고승이라는 것이다. 사적인 문도를 중시하기보다 산문을 중시한 것이다.

조선후기의 문신으로 성리학에 정통한 10대 문장가로 꼽혔던 淵泉 洪奭周 (1774~1842)는 1832년(순조 32)에 「淵泉翁遊山錄」을 지었다. 즉 "불가에서 말하기를 동국사찰에는 삼보가 있으니, 통도사에는 佛頭骨이 있어 불보이고 海印寺에는 龍藏이 있어 법보다. 또한 이 절을 승보라 하는데 이곳에서 普照이래 16국사가 나왔기 때문"이라고 하여 송광사가 승보사찰이라고 처음 설정하였다. 또한 개화기 중도우파 인물로 알려진 雲養 金允植 (1835~1922)도 해동 삼보사찰을 언급했고, 1863년(철종 14)에 雪竇有炯 (1824~1889)이 저술한『山史略抄』에 의해 다시 강조되었다. 그런데 1828년 (순조 28)에 호남 12군현을 유람하고 쓴 저자 미상의 기행록인『續南遊錄』은 삼보사찰에 대하여 다른 견해를 보이기도 하였다. 즉 '東國寺利有三寶 金山寺有丈六佛 故曰佛寶 海印寺有龍藏 故曰法寶 此寺謂之 僧寶以出普照以下 十六國師也'라고 하여 金山寺는 불보, 海印寺는 법보, 松廣寺는 승보사찰이라고 하였다.

한편 불교계에는 산중에서 묵묵히 수행한 고승들도 있었지만 불교계를 탄압하려는 세력에 맞서서 적극적으로 불교계를 보호하려고 애쓴 고승들도 적지 않았다.

고구려 승려들은 신라에 불법을 전파하고자 100여 년간 노력하였는데 순교를 마다하지 않았다. 正方, 滅垢玼, 阿道 그리고 異次頓과 法興王의 捨身이 바로 그것이다. 고려초인 성종대 고려 10사찰 가운데 하나인 王輪寺의 고승 巨賓은 금강산에서 분신하여 불사를 성대하게 마치게 하였다. 이처럼 고승의 성스런 순교로 말미암아 고려가 불교문화를 꽃피우게 되었다.

고려말 懶翁惠勤은 부처님의 큰아버지의 108대 후손인 指空禪賢의 계승자였으며, 생불이라 불렸다. 상수제자인 無學自超와 더불어 회암사를 날란다사처럼 불교 중흥의 메카로 만들려다가 유생들에 의하여 목베어 죽임을 당하였다.

억불운동이 본격화되는 세종 때 천태종 고승 行乎도 나옹의 무리라고
하여 존경을 받았으면서도 유생들에 의해 제주도에 유배되어 죽음을 당하
였다. 조선조 유교시책이 본격화되어 억불시책을 강화하였던 성종대 이름
이 잘 알려지지 않은 많은 승려들이 탄압과 순교를 당했을 뿐만 아니라,
불교계를 주도하였던 고승들도 순교를 당하였다. 絶菴海超, 一菴學專, 覺頓.
雪峻 등이 바로 그들이다.

그리고 명종 때 불교중흥을 이루었다가 역시 제주도에 유배된 虛應堂
懶庵普雨도 고초를 받다가 장살되었고, 조선후기 煥醒志安도 제주에 유배되
어 순교를 당하였다. 특히 허응보우는 불교를 중흥하였고 승과에서 청허휴
정과 제자 사명유정을 선발하여 문도들이 조선후기 불교계를 건재하게
하여 오늘에 이르게 하였다는 점에서 우리나라 최고의 순교고승이라 할
만하다. 억불시책이 전개되었던 조선초의 행호, 조선중기 허응보우, 조선후
기 환성지안은 제주에 유배되어 순교를 당하였다는 점에서 조선조 순교
삼화상이라 불러도 좋을 것이다.

이와 같이 우리나라에 불교가 들어온 이래 수많은 고승과 신도들이
불법의 홍포를 위해 피와 땀을 아끼지 않았고, 심지어는 목숨까지 내놓는
이도 적지 않았다. 그들이 있었기에 1,700여 년의 불교 역사가 면면히
이어져 올 수 있었던 것이다.

2. 조선 비구니의 도성불교의 전개

우리나라 비구니는 비구와 더불어 불교계의 양 날개를 이루면서 한국의
고중세 문화를 주도하였다. 기원전 5세기 부처님 당시 세계최초의 여성종교
교단인 비구니교단이 설립되었다. 타종교, 특히 천주교 여성 성직자교단인
수녀원의 설립 보다 무려 5세기나 앞선 일이다.

불교는 이 땅에 들어온 이후 한국 정신문화의 중심을 이루었음은 그

누구도 부인할 수 없다. 특히 성리학이 정착하기 시작한 16세기 중엽까지 우리 역사 속에 그 문화의 꽃을 피웠다. 그 주인공은 부처님의 法을 신봉한 스님들과 불자들이었고, 그 가운데 비구니들과 불교여성들의 신행 교화활동은 적지 않았다. 그렇지만 조선의 남성중심의 유교적 문화는 과거의 진실마저 왜곡으로 몰아갔고 그 영향이 오늘에도 지속되고 있다.

현재 기록에 의하는 한, 한국 전근대 비구니 도량은 고려 태조대 서경의 서원, 고려말 양평 용문산의 윤필암, 엄곡사, 조선초의 오대산 영감암, 강희맹의 집 곁에 있었던 한성의 니사, 개성의 묘각암, 가야산의 정각암, 서울 이태원의 운종사, 조선후기의 서울 북악산 환성암, 괴산 공림사, 수원 청련암 등 25여 사에 이른다. 물론 역사속의 전체 비구니 도량에 비하면 매우 적은 수에 지나지 않다.

우리나라 최초의 비구니 사찰은 아도가 신라 땅에 와서 전법을 도왔던 모레의 집터라고 하겠으나, 정식 사찰은 아니었던 듯하다. 최초의 비구니 도량은 법흥왕의 비인 비구니 묘법이 창건한 영흥사로, 흥륜사에 이어 신라에서 두 번째로 창건된 사찰이다. 그리고 비구니 지혜가 선도산 성모의 도움으로 불사를 한 경주 안흥사도 비구니 도량이었다. 신라의 승관제 가운데 도유나랑이 비구니와 그 도량을 담당한 것이라고 볼 때 신라뿐만 아니라 고대에 많은 비구니 도량이 있었던 것 같으나, 그 정확한 실상을 알 수 없다.

불교를 국가의 정신이념으로 창업한 고려왕조도 선각국사 도선의 비보 사찰설에 따라 많은 사찰이 건립되었으나, 비구니 도량으로 알려진 것은 도성 궁궐의 정업원이 유일하다시피하다. 태조 왕건의 후비를 위해 창건된 두 西院도 정업원과 성격이 비슷한 도성 궁궐도량이었다. 그리고 정업원의 전신으로 알려지고 있는 청룡사는 비구니 혜원 이후 비구니들이 주석한 도량이라고 전하고 있다. 그리고 비구니로서 대사의 칭호를 들었던 변한국 대부인 진혜대사 성효는 출가하였지만 장남의 집에 초당을 짓고 살았다고 한다.

개경 도성 외에 비구니 도량으로 볼 수 있는 것은 비구니 묘덕이 양평 용문산에 불사를 하였던 윤필암이다. 태조 이성계의 왕사였던 무학자초가 비구니 화엄엄곡에게 사찰의 현액을 지어주었던 엄곡사도 비구니 도량이었던 듯하다.

숭유억불을 국시로 창업된 조선왕조에서도 고려시대 이래의 도성 궁궐 도량이라고 할 정업원이 국도인 한성에도 지어졌으나 유생들에 의해 폐치를 요구받았고, 도성내의 비구니 도량도 역시 축출 또는 폐치요구가 계속되었다. 조선 성종대 무렵까지 도성내외에는 23소의 비구니 도량이 니사(尼舍, 尼社)로 불리면서 존재하였으나, 사림파들의 성리학 질서를 본격적으로 시행하게 되는 성종대 초반에 이르러 정업원과 안암사, 반석방 산속 2개소, 인왕산의 니사, 남대문 밖 니사 외에는 폐치되었다. 다만 도성에서 멀리 떨어진 온수동(현 노원구 온수동)의 니사, 동교(현 동교동)의 니사 등의 비구니 도량은 조선후기까지 건재하였다.

지방의 경우 양주 회암사에는 니승방이 있었던 듯하고 나옹의 자취가 서려 있는 오대산 영감암은 비구니 혜명 등이 불사를 하였다. 개성의 묘각암과 가야산의 정각암은 뚜렷한 비구니 도량으로 간주된다.

정업원과 도성내외 비구니 도량은 지방의 사찰과 소통을 통해 불교를 흥성시켰다고 할 수 있다. 그러한 사례를 세조대 문신 강희맹의 도성의 집 근처의 비구니 도량을 들 수 있다. 법당과 집을 짓고 불사를 하면서 강희맹의 부인 순흥안씨에게 교화를 시도했었다. 그리고 정업원의 비구니들은 용문사, 회암사 등의 사찰로 가서 불사를 하거나, 반대로 밖의 매월당 설잠(김시습)은 정업원에 들어가 교육을 담당하기도 하였다. 임진왜란시 왜군에게 유린을 당했다고 전해지는 서울 이태원의 운종사도 비구니 도량이었다.

산중불교화되어 가던 시기에 국난을 당하여 비구처럼 전장에 참여하였지만, 비구니들의 위상은 높아지지 않았다. 광해군대 무렵 정업원이 치폐된 것이 그 단적인 사례이다. 그 무렵 귀족 사녀 출신인 예순은 덕유산에서 출가하였으나, 도성에 하옥되었다가 풀려나 광해군의 절대적인 신임을 받았던 궁녀 김개시(개똥이)와 모녀관계를 맺고 왕실불교를 주도하였다. 그러나 인조반정으로 김개시는 죽음을 당하였고 정업원은 폐치되어 갔다. 다행히 궁궐내의 인수원과 자수궁이 정업원의 역할을 대신하면서 왕실불교를 이끌었으며, 명종대 선종부흥기에는 더욱 활동이 컸을 것이다.

그러나 인조대를 거쳐 1661년(현종 2) 인수원과 자수원 그리고 도성 비구니 도량에 대한 폐치조처로 불교의 마지막 보루였던 궁궐과 도성의 비구니 도량은 최대의 위기를 맞게 된다. 산중불교를 대표한 백곡처능이 간곡한 상소를 올렸는데, 궁궐과 도성 비구니 도량을 수호하기 위한 노력이었다.

비록 궁궐의 비구니원은 철훼되었지만 도성의 4, 5의 비구니 도량은 조선후기까지 건재하였으며, 숙종대에는 동교밖에 비구니 도량이 크게 신축되었다. 지방 산중에도 오대산이나 금강산 등 명산을 중심으로 수행과 교화를 이루어 나아갔다. 그 가운데 금강산 4대 사찰인 신계사나 유점사, 장안사 등에서 숙종대 비구니 낙암사신이나, 박사득(1862~1940) 등이 암자를 창건하거나 중창하여 근현대 비구니불교의 전개로 이어지게 된다. 정조대 정유는 비구니로서는 매우 드물게 女大師라는 칭호를 받게 되었는데, 장단 화장암에서 출가하여 수행하였다. 그리고 비구니 해화당은 서울 북악산 후록에 있는 비구니 도량 환성암에 출가하여 수행하였다. 비구니 도형은 괴산에 공림사를, 비구니 청련은 수원 창성사 암자터에 청련암을 창건하였다. 서울의 비구니 四僧房이라고 알려진 청룡사·보문사·미타사·청량사나, 경기 강화의 정수사나 청련사의 경우처럼 조선 말엽에 이르러 비구니 도량의 수는 더욱 증가하기에 이른다.

이렇듯 비구니들은 조선후기 척불의 시대를 맞이하면서도 도성과 산중을 중심으로 비구니불교계를 나름대로 주도하면서 근대불교계의 또 하나의 주역으로 자리매김 하였다. 비구니들은 일제 강점기 왜색불교와는 전혀 상관없이 순수 수행과 가람수호 및 포교에 전념하였고, 특히 조선말 금강산 일대의 비구니 도량을 중심으로 근대 비구니 불교의 중요한 부분을 차지하며, 근현대 불교의 주역으로 등장하게 되었다. 해방 후 정화운동에서의 비구니의 역할이 바로 그것을 단적으로 말해주고 있다. 고대 이래 불교의 깨달음의 세계와 민중들의 아름다운 세상을 만들려고 하는 비구니의 숭고한 대원력의 발현이다.

비구니 고승 가운데 주목되는 것은, 왕실녀와 일부 귀족 사녀들은 출가하여 도성 궁궐내 사찰인 정업원에 출가하여 수행하였다는 것이다. 조선초기 도성 궁궐에 내원당 내지 내불당이 있었고, 궁궐내 왕실의 비구니 도량인 정업원과 인수궁, 자수궁 등이 조선중기까지 존재하였다.

조선전기 불교를 탄압하고 유교시책을 전개하는 가운데에서도 도성 궁궐 정업원의 비구니들은 불교를 지켜왔으며, 성리학적 예제가 정착하는데 걸림돌이 되기도 하였다.

정업원 주지는 대부분 왕실녀들이었다. 이렇듯 왕실녀의 출가는 남편의 죽음이라는 계기가 되었지만, 그보다 더 중요한 것은 불교신행 때문이다.

신라 법흥왕과 비 묘법부인과 진흥왕과 비 사도부인도 출가하였다. 고려 태조 왕건의 왕후인 神惠王后 柳氏와 부인 小西院夫人·大西院夫人 자매가 출가하였다. 그리고 고려말 공민왕의 후비 惠妃와 愼妃 廉氏는 공민왕이 시해되자 비구니로 출가하였다. 혜비가 조선 건국 이후 처음으로 정업원의 주지가 된 이후 1408년 의안대군(昭悼君) 芳碩의 부인 沈氏를 비롯한 왕실녀 및 귀족의 사녀들이 정업원에 머물면서 궁궐 및 도성의 불교를 주도해 나갔다. 이렇듯 숭유억불시책이 가속화되는 상황에서도 왕실녀의 비구니 출가 및 불교신행은 계속되었다.

조선 초대 정업원 주지인 공민왕의 후비 혜비는 고려왕실의 정통을 이은 후비로서의 위상도 있었겠지만, 백부가 화엄종 고승 체원이었다. 때문에 정업원 주지에 취임케 하고 궁궐내 왕실녀 불교를 주도해 나갔을 것이다. 그녀의 그러한 위상 때문인지 그 이후 정업원 주지는 대부분 왕실녀에서 배출되었다.

그 다음 정업원 주지였던 방석의 부인 심씨의 불교계 행적은 아쉽게도 더 찾아지지 않는다. 그 이후 정업원 주지는 정종의 비인 정안왕후의 언니 김씨로서, 김천서의 딸이었다. 그녀의 외삼촌이 구곡각운이었으므로 그녀의 위상은 대단했을 것이다. 그녀가 정업원 주지였을 때인 1406년 무렵인 태종 6년 교단탄압이 단행되고, 불교계의 수호자 마지막 왕사 무학이나 이성계는 이미 죽은 후이다. 궁궐내 정업원이 내원당과 더불어 유생들의 폐치요구에도 조선전기 내내 존속했던 것은 그러한 정업원의 위상 때문이었을 것이다.

세조대 단종의 비 정순왕후는 단종의 사후 출가하여 연미정동 鄭悰의 집 곁에 집을 짓고 살았다. 그녀의 올케인 경혜공주도 남편인 정종이 단종복위에 연루되어 죽음을 당하자 출가하여 정순왕후와 함께 기거하였다.

성종대에 이르러서 사림파들이 등장하면서 불교에 대한 탄압은 더욱 심해져 갔다. 정업원의 주지는 성종 4년 무렵 유자환의 처가, 성종 13년 무렵 수춘군부인 정씨가 재임해 있었다. 세종과 혜빈 양씨 사이의 아들인 수춘군의 부인이 출가하여 정업원 주지에 재임해 있었고, 연산군의 후궁 곽씨도 선대 왕의 후궁처럼 출가하여 불교탄압이 강화되었던 중종대에 정업원 주지에 있으면서 유생들의 가혹한 비판을 견디어내야 했다. 그 후 정업원 비구니로 나타나는 것은 광해군대 후궁 김개시이다. 그녀는 왕실 비구니 승방인 淨業院에 가서 기도하는 등 유생들의 정업원 치폐논란 속에서도 정업원을 지키려고 노력한 듯하다. 그녀와 모녀관계를 맺었던 禮順(女順) 비구니는 권귀 李貴의 딸로서 金自點의 동생인 金自兼의 아내였다. 그녀는 출가하여 생불이라 일컬어지며 궁궐을 출입하면서 정업원 등 왕실의 불교계를 관여한 듯하다.

정업원은 유생들의 줄기찬 폐치요구에도 존속하면서 조선전기 산중불교시대에 국도의 심장부인 도성 궁궐의 도량으로서 산중도량과 소통역할을 하는 등 왕실 및 사족 여성불교 도량의 본산이자 불교계의 마지막 보루였다.

또한 조선 건국초 이래 정업원의 폐치가 거듭되고 도성의 23니사가 철훼되어 갔지만, 조선중기 이후 정업원을 대신해 인수궁(인수원)과 자수궁(자수원) 등의 후궁과 도성의 몇몇 비구니 도량이 왕실불교의 명맥을 이어갔다.

현종대 척불시책이 강화되어 인수원이나 자수원 마저 폐치되었지만, 도성내외 비구니 도량에서는 여전히 조선말기에 이르기까지 도성불교를 이어갔다. 호불군주는 물론이고 억불군주조차 능침사찰을 운용하였다. 이러한 능침사찰의 운용과 더불어 조선불교에서 중요하게 간주해야 할 것이 바로 정업원, 인수궁·자수궁 등 왕실녀의 불교신행의 중심처였던 후궁이다. 즉 도성과 궁궐에서는 국가적 시책과는 달리 왕실 일부 인물들에 의해 내원당 내지 내불당에서 불교신행이 계속되었다. 특히 왕후와 후궁, 공주, 왕자군의 부인 그리고 귀족 사녀들의 후궁이나 정업원 출가, 혹은 신행활동이 그 중심을 이루었던 것이다.

조선시대 왕후가 비구니로 출가한 사례는 단종의 비 정순왕후 송씨가 유일하다. 하지만 그녀는 폐빈이 되어 출가하였기 때문에 조선의 왕후가 비구니로 출가한 경우는 없다고 하겠다. 이전의 시기인 고려시대에도 없었지만 고대에는 법흥왕과 진흥왕의 왕비가 비구니가 되었다.

공주의 경우도 조선 이전의 시기에는 비구니로 출가한 적이 없었으나, 조선시대에 이르러 태조의 딸 경순공주와 문종의 딸 경혜공주가 비구니로 출가하였다. 조선후기 인조의 딸 孝明公主(貴人 조씨의 딸, 戒珉 비구니)가 출가했다고 하나 현재 고증할 만한 사실은 찾아지지 않아 아쉽기 그지없다.

그리고 왕자군의 부인들 가운데 출가한 여성은 태조 때 세자였지만, 죽음을 당한 의안대군(방석)의 부인 심씨와 세종의 5남 광평대군의 부인 신씨 혜원, 광평대군의 아들 영순군의 부인, 세종의 아들 수춘군의 부인 정씨 등이 찾아진다. 그 가운데 의안대군의 부인 심씨와 수춘군의 부인 정씨는 정업원 주지에 올랐고, 그 외에는 왕실녀 비구니들은 후궁에 머물렀던 듯하다.

이렇듯 조선전기 왕실녀 가운데 공주와 왕자군의 비구니 출가는 왕들이 가장 사랑하는 딸과 며느리들이었으며, 그들은 정치적 사건에 연루된 남편의 죽음 후에 비구니로 출가하였다. 그들은 불교계의 일원으로서 왕실 비구니 도량인 정업원에 머물렀고, 주지를 하면서 왕실불교를 이끌었다. 때문에 억불시책을 폈던 세종이나 본격적으로 강화했던 성종조차도 선왕 후궁들의 출가를 막지 못했을 뿐만 아니라 보호하였다. 특히 세조의 호불시책과 맞물려 나름대로 불교신행을 전개하였다. 이처럼 조선전기 일부 왕자군의 부인과 공주들은 억불시책이 강화되는 상황 하에서도 불교 신행을 전개하고 비구니로 출가하여 고승들과 연계를 가지면서 불교계를 수호하는 역할을 하였다.

왕실녀 및 귀족의 사녀뿐만 아니라 후궁의 비구니 출가는 태종 후궁의 출가 이래 조선후기인 현종대 무렵까지 지속되었다.『현종실록』2년조에는 "선조의 후궁 朴尙宮이 머리를 깎고 비구니가 되어 慈壽院에 나가 수십 년을 살았다"고 한다. 별궁이었던 자수원은 인수원과 더불어 비구니의 신행처로서 인종대를 거쳐 현종대 무렵 폐지되었던 별궁이었는데, 그 무렵까지 후궁의 비구니 출가사실을 확인할 수 있다. 인수궁은 바로 비구니 원인 仁壽院이었고, 아예 仁壽寺라 불리기도 하였다.

조선전기 태종 이후 조선후기까지 관행처럼 왕의 사망 후 후궁 십수 명이 출가하여 비구니가 되었다고 한다. 태종의 후궁인 의빈 권씨와 신녕궁 주 신씨, 그리고 출궁을 당한 숙공궁주 김씨도 출가하였다. 세종의 후궁 신빈 김씨, 연산군의 후궁 숙의 곽씨 등이 그들이다. 그들 가운데 후궁 곽씨만이 정업원 주지를 하였고, 그 외에는 후궁에 주석하면서 불교신행을 하였다.

성종대 세조의 비 정희왕후 윤씨의 수렴청정 철회와 그녀의 죽음 후 사림정치가 본격화되었고, 1504년(연산군 10) 덕종의 비 소혜왕후(인수대비)의 죽음을 계기로 하여 무종단 척불시대가 이어졌다. 그 후 중종의 계비 문정왕후가 1517년(중종 12) 왕비에 책봉되었다. 따라서 문정왕후의 숭불은 왕후의 불교신행과 후궁의 비구니 출가 등 숭불신행을 계승하여 1550년(명종 5)부터 명종 20년까지 선교양종이 부흥하기에 이른다. 즉 연산군과 중종대의 불교탄압 강화에도 불구하고 후궁들의 지속적인 불교신 행이나 비구니 출가는 명종대 문정왕후와 허응보우의 불교부흥의 전개에 적지 않은 영향을 끼쳤던 것이다.

무종단의 산중불교시대 척박한 불교적 환경 속에서도 비구니들은 산중에서 수행으로 그 명맥을 이어갔음을 제 문헌에 나타난 기록으로 알 수 있다. 조선후기 현종대 척불기를 거치면서 도성내의 비구니 도량은 폐치되었지만, 산중에서는 비구니 도량의 창건은 오히려 증가되었다. 재력이 있는 비구니들이 등장하여 도량을 중창하였다.

조선중기 조선불교의 중흥조로 알려진 淸虛休靜과 浮休善修의 문도들이 산중수행으로 불교계의 명맥을 이어갈 수밖에 없었다. 白谷處能의 간곡한 상소는 그러한 흐름 속에 도심불교의 마지막 보루였던 왕실원당이나 비구니 도량의 폐치에 대한 저항이었다.

조선말 지방의 산속의 사찰에서는 白坡亘璇 등을 비롯한 선사들의 선풍운동으로 새로운 선풍이 진작되어 가고 있었으며, 비구니들도 그들에게 공부를 배우면서 증가하였고 淸淨 高僧들이 출현하기 시작했다.

근대불교의 중흥조 경허와 제자 만공이 한국불교를 중흥시킨 것과 맥락을 같이하여, 특히 만공의 비구니들에 대한 지대한 관심과 교육으로 근현대 비구니들의 활동이 활발해졌다. 만공은 덕숭산 일대를 중심으로 활동하면서 견성암 비구니 선원을 창립케 하였는데, 그 대표적 인물인 유법희와 제자 정수옥, 김만성 등을 중심으로 덕숭산 비구니원이 발전해 갔다.

兪法喜는 1916년 만공의 지도를 받고 전법게와 법호를 받고 견성암 비구니 총림원장에 취임하였다. 법희와 그의 선풍을 이은 김만성의 관계는 덕숭총림의 경허와 만공의 사제관계에 비유되고 있다. 1930년대를 전후하여 법희의 선풍을 이은 비구니는 정수옥과 서본공이다. 정수옥은 비구니 3대강백으로서 이름이 높고 서본공은 만공으로부터 법호와 계문을 받고 해인사 국일암에서 선방을 개설하였다. 또한 정화운동시 적극 참여하였다.

해방 직후부터 제기된 일제 잔재의 일소를 위한 불교도대회가 열렸을 때 비구니들도 적극 참여하였고, 1947년 선풍진작운동의 최고봉을 이루고 있는 봉암사결사의 영향으로 1951년 李仁弘을 중심으로 하는 비구니 결사운동이 열렸다.

그러한 가운데 1950년대 이승만의 정화유시를 계기로 정화운동이 교단 차원에서 본격적으로 전개되었다. 여기에서도 비구니들의 적극적 참여가 있었다. 승려대회에 30명의 비구니가 참여한 것을 위시하여 경무대 시위 때 선봉적 역할을 하였으며, 비구보다 2배 이상 많은 비구니가 참여했다. 정화대책안에서 비구보다 더 많은 서명 참여, 조계사 단식 정진시 적극적으로 동참하였다.

比丘尼叢林의 신설이 九山秀蓮을 비롯한 고승들에 의해 교단에서 정식으로 제기되었고, 최초의 비구니 교구본사로 동화사가 선정되어 비구니만으로 이루어진 총림운영이 이루어졌던 것은, 비구니 역사상 최초의 독립된 비구니만의 불교계 운영이었다. 다만 아쉬운 것은, 그 후 비구니 총림인 桐華寺가 雲門寺로 자리를 옮기게 되면서 총림의 자리를 잃어버렸고, 한국불교태고종의 분종이나 일부 비구니의 종단 창설(대한불교보문종)은 통합 종단의 분열상을 그대로 보여주는 것이었다.

그러나 비구니 전문 강원 및 선원의 확립, 비구니 전계사의 등장, 전국비구니의 창설 및 운영, 비구니 문중 계보의 확립 등은 근세 이래 비구니 선풍운동과 현대 비구니 정화운동의 참여로 이어져, 현대 비구니 불교계의 주체성과 정체성을 일구어 나아가고 있다.

3. 불교고승의 추념과 위상 제고

이상으로 조선불교의 양 날개인 비구 고승과 비구니 고승들을 중심으로 조선불교사의 전개상을 개략적으로 그려보았다. 그러면 국가는 자기희생적인 정신을 발휘한 보살적 행위에 대하여 어떤 예우와 이를 기념하는 행사를 하였을까? 그들에 대한 무시와 탄압은 위정자와 지도자들의 역사에 대한 무지와 문화에 대한 편견 때문이었다고 생각한다. 불교는 우리나라에 들어온 이래 국가비보적 역할을 다하였고, 국가나 민중은 불교의 가르침대로 살아왔다. 신라의 경우 皇龍寺 9층 목탑을 짓고 세 나라가 하나로 통합되어 '우리'의 전형적 틀을 마련했고 '부처님의 나라'라는 자부심으로 佛國寺와 石佛寺를 창건하였다. 신라말 선각국사 도선의 국가 비보사상에 의하여 절이 창건 또는 운용되었고, 그러한 정신에 의하여 隨院僧徒가 국가와 사원에 소속되어 있었다. 신라말 왕건의 行軍法師 能兢이나 무신집권기 金允候, 고려말 이성계의 군사참모 神照, 내원당 고승 玄麟은 바로 승군의 수장이었다.

983년(성종 2) 공자와 제자 72현이 고려의 문묘에 종사된 이래 현종 13년 1월 薛聰이 弘儒侯로 추증되고 이어 공자묘에 배향되었다. 그 이듬해인 현종 14년 최치원이 文昌侯로 추봉되었다. 그리고 불교 고승의 경우 고려 숙종조에 원효와 의상을 추증하고 추념사업을 전개하여 다음과 같은 조서를 내렸다.

> 元曉와 義湘은 우리나라의 성인이다. 그런데 비문도 시호도 없어서 그 덕이 알려지지 않고 있으므로, 나는 심히 유감으로 생각한다. 원효는 大聖和靜國師로, 의상은 大聖圓敎國師로 추증한다. 해당 관청에서는 그들의 살던 곳에 비를 세워 공덕을 새겨 영원히 기념하게 하라.(『고려사』 권11, 숙종세가, 숙종 6년(1101) 8월 계사조.)

고려 왕조는 전시대의 인물인 원효를 대성인 和靜國師로, 의상은 대성인 圓敎國師로 추증하였다. 그 후 인종도 원효와 의상과 더불어 도선에 대하여 봉작을 추증하였다. 대개의 경우 국가적 위기에서 덕행이 높은 고승을 추증하였고, 원나라 간섭기 충렬왕대에도 가뭄이 계속되자 최치원, 설총과 더불어 도선에게 봉작을 추가하였다. 그에 앞서 명종시 진표의 비가 세워지는 등 추념사업을 전개하여 고려중기 원효·의상·진표·도선이 四聖으로 추념되었다. 불교계에서는 원효·의상·도선·혜심이 4대 성인으로 추숭되기도 하였다.

조선시대에는 위정자 및 유교사림 지도자들의 역사의 흐름에 대한 무지와 편견으로 인해 불교의 국가 비보사상을 부정하기 시작했다. 그리하여 우리가 중심이 아닌, 중국중심의 中華思想에 매몰되었다. 당시 중화사상은 성리학 문화와 밀접한 것으로, '자기' 외에는 아무도 인정하지 않는 오류를 낳았다. 이것이 바로 필자가 말하는 문화의 편견이다. 그리하여 큰 것을 섬기는 '事大'만이 강조되고 불교의 가르침을 섬기는 '事佛'은 저 너머로 밀리게 되었던 것이다.

임란 당시 불교가 유자들의 몫까지도 대신하여 지켜냈던 국가는 우리의 삶터요, 공동체였다. 불교는 사찰을 중심으로 승도들이 모여 만들고 즐겼다. 이것이 바로 香徒로, 신라 때 미륵사상을 기치로 내세운 김유신의 龍華香徒였다. 그러한 정신을 계승하여 국가적으로 수용한 것이 수원승도적 전통이다.

그렇지만 조선시대는 '事佛'이 아닌 '事大'로 일관한 문화적 편견 시기였다. 그 구체적인 사례를 들면, 임진왜란에서 혁혁한 공을 세운 인물들은 뒷전으로 하고 명나라 황제나 장군에 대한 추념을 내세우는 오류를 저지르고 말았다. 그것이 바로 대보단과 관왕묘의 건립과 숭앙이다.

다행히 '事大'의 물결 속에 '事佛'했던 영·정조대에 그러한 공과가 인정되어 밀양과 해남의 表忠祠와 갑사의 表忠院 그리고 영변의 酬忠祠가 건립되어 국가에서 한 때 제향하였다. 앞서 언급한 바와 같이, 고려시대 원효·의상·진표·도선 四聖에 대한 추념이 있었고 조선초 개국원훈이었던 無學이 한성의 랜드마크라고 할 목멱신사인 국사당에 모셔져 춘추로 제향되었다. 세조대에도 공주 東鶴寺에 사육신 등 사당이 건립되어 추념되었다. 위에서 언급한 갑사의 表忠院, 밀양과 해남의 表忠祠와 영변의 酬忠祠의 전례가 되었다고 생각된다.

우리는 우리 역사 속의 불교가 걸어온 길을 정당하게 이해하고 평가하고 있는가? 지금이라도 종교적 차원은 물론이고 역사문화의 정체성을 정립하기 위하여 수많은 비구와 비구니 고승의 우리 문화에 대한 업적을 제대로 알아, 이러한 정신을 바로 기려야 할 것이다.

참고문헌

1. 원전류

(1) 정사류

『삼국유사』, 『삼국사기』, 『고려사』, 『고려사절요』, 『태조실록』, 『정종실록』, 『태종실록』, 『세종실록』, 『문종실록』, 『단종실록』, 『세조실록』, 『예종실록』, 『성종실록』, 『연산군일기』, 『중종실록』, 『명종실록』, 『선조실록』, 『선조수정실록』, 『광해군일기』, 『숙종실록』, 『영조실록』, 『정조실록』, 『고종실록』, 『승정원일기』, 『비변사등록』.

(2) 유교문집류

『艮齋集』, 『谿谷集』, 『高麗圖經』, 『孤竹遺稿』, 『公私見聞錄』, 『錦溪集』, 『記言別集』, 『企齋集』, 『南溪集』, 『訥齋集』, 『茶山詩文集』, 『東閣雜記』, 『東國李相國集』, 『東溟集』, 『東文選』, 『東岳集』, 『龍門集』, 『梅山集』, 『梅月堂集』, 『慕齋集』, 『牧隱文藁』, 『武陵雜稿』, 『撫松軒集』, 『默齋集』, 『白鹿遺稿』, 『白軒集』, 『樊巖集』, 『別洞集』, 『保閑齋集』, 『蓬萊詩集』, 『四佳集』, 『思菴集』, 『思齋集』, 『三峰集』, 『三灘集』, 『象村稿』, 『西堂私載』, 『雪峯遺稿』, 『成謹甫集』, 『性潭集』, 『惺所覆瓿稿』, 『穌齋集』, 『續陰晴史』, 『蓀谷詩集』, 『順菴集』, 『市南集』, 『息庵集』, 『拭疣集』, 『十淸軒集』, 『餓溪遺藁』, 『陽谷集』, 『陽村集』, 『漁溪集』, 『於于集』, 『研經齋全集』, 『燃藜室記述』, 『五峯集』, 『梧陰遺稿』, 『五洲衍文長箋散稿』, 『玉峯集』, 『龍潭集』, 『龍門集』, 『容齋集』, 『傭齋叢話』, 『容軒集』, 『雲養集』, 『雲坪集』, 『月汀集』, 『栗谷全書』, 『凝川日錄』, 『頤庵遺稿』, 『盆齋亂稿』, 『林塘遺稿』, 『林白湖集』, 『樗村遺稿』, 『靜菴集』, 『霽峯集』, 『遲川集』, 『靑溪集』, 『靑莊館全書』, 『秋江集』, 『春亭集』, 『冲庵集』, 『耻齋遺稿』, 『泰齋集』, 『太虛亭集』, 『退溪文集攷證』, 『坡谷遺藁』, 『河書全集』, 『海東樂府』, 『湖陰雜稿』, 『弘齋全書』, 『希樂堂文稿』, 『續雜錄』, 「淵泉翁遊山錄」, 『續南遊錄』(규장각 古 4790-2).

(3) 불교문집류

『眞覺國師語錄』, 『無衣子詩集』, 『圓鑑國師語錄』, 『湖山錄』, 『涵虛堂語錄』, 『淸虛堂集』, 『大覺登階集』, 『中觀大師遺稿』, 『鏡巖集』, 『海鵬集』, 『無用集』, 『月渚集』, 『淸珠集』, 『龍城禪師語錄』, 『山史畧抄』, 『海東佛祖源流』, 『龍岳堂私藁集』, 『質疑錄』, 『東國僧尼錄』, 『朝鮮寺刹史料』, 『朝鮮佛敎通史』,

『慈悲道場懺法』,『直指寺誌』,『曹溪山 松廣寺 史庫』,『松廣寺誌』,『華嚴寺誌』,『靑龍寺誌』,『奉先寺本末寺略誌』,『畿內寺院誌』,『韓國傳統寺刹叢書』.
『일제시대 불교정책과 현황』(대한불교조계종, 불기 2545. 7.)
『한국불화화기집』 1(홍윤식 편, 가람사연구소, 1995.)

(4) 지리지

『新增東國輿地勝覽』,『東國輿地備攷』,『梵宇攷』,『漢京識略』.

(5) 금석문류

『朝鮮金石總攬』,『大東金石書』,『韓國金石文大觀』.
김용선,『역주 고려묘지명집성』 상·하, 한림대학교 아시아문화연구소, 2001.
이지관,『한국고승비문총집－조선조·근현대』, 가산불교문화연구원, 2000.

(6) 현대 잡지 및 신문

『大韓每日申報』,『朝佛月報』,『朝鮮佛教叢報』,『불교』,『佛教新報』,『삼천리』.

2. 단행본

국립문화재연구소,『프랑스국립기메동양박물관 소장 한국문화재』, 국립문화재연구소, 1999.
동국대 불교문화연구소, 제3회 한국대장회,『이조전기국역불서전관목록』, 1965.
문명대,『한국의 불상조각－고려·조선 불교조각사』, 예경, 2003.
문화재관리국,『동산문화재지정보고서(88년지정편)』, 문화재관리국, 1988.
신명호,『궁궐의 꽃, 궁녀』, 시공사, 2004.
신명호,『조선공주실록』, 역사의 아침, 2009.
유몽인, 신익철 역,『나 홀로 가는 길』, 서울 : 태학사, 2002.
이사벨라 버드 비숍, 이인화 옮김,『한국과 그 이웃나라들』, 살림출판사, 1994.
전국비구니회,『한국 비구니의 수행과 삶』 1·2, 예문서원, 2007·2009.
조명제 외,『역주 조계산송광사사고－인물부』, 혜안, 2007.
조명제 외,『역주 조계산송광사사고－산림부』, 혜안, 2009.
지두환,『조선왕실과 외척』 1~52. 역사문화, 1999~2009.
진옥 편,『호국의 성지 흥국사』, 흥국사, 1989.
천혜봉,『한국전적인쇄사』, 범우사, 1990.
최창조,『한국의 풍수사상』, 민음사, 1984.
한국불교연구원,『송광사』, 일지사, 1975.
한국비구니연구소,『비구니와 여성불교』 1, 2003.

한국비구니연구소, 『한국 고·중세 불교여성·비구니 자료집 ; 정사류 편(번역문)』, 2005.
한국비구니연구소, 『한국비구니승가의 역사와 활동』, 한국비구니연구소, 2010.
한명기, 『광해군』, 역사비평사, 2000.
한우근, 『유교정치와 불교』, 일조각, 1993.
허흥식, 『고려불교사연구』, 일조각, 1986.
황인규, 『무학대사연구-불교계의 혁신과 대응』, 혜안, 1999.
황인규, 『마지막 왕사 무학대사』, 밀알, 2000.
황인규, 『고려후기·조선초 불교사연구』, 혜안, 2003.
황인규, 『고려말·조선전기 불교계와 고승연구』, 혜안, 2005.
Francis Macouin, *Um manuscrit coreen de soutra boudhique au musee Guimet*, Louvre, Paris, 1990.3.
菊竹淳一·吉田宏志, 『高麗佛畵』, 朝日新聞社, 1981.

3. 논문류

강덕우, 「조선중기 불교계의 동향」, 『국사관논총』 56, 1994.
管野銀八, 「高麗曹溪山松廣寺十六國師の承に就いて」, 『靑丘學叢』 9, 1932.
김경탁, 「서산대사의 생애와 사상」, 『아세아연구』 13-3, 고려대학교 아세아문제연구소, 1970.
김상영, 「보우의 불교부흥운동과 그 지원세력」, 『중앙승가대학 교수논문집』 3, 1994.
김상일, 「유몽인이 본 불교인과 불교」, 『한국불교학』 35, 한국불교학회, 2003.
김선곤, 「이조초기 비빈고」, 『역사학보』 21, 역사학회, 1963.
김영미, 「고려시대 비구니의 활동과 사회적 지위」, 『한국문화연구』 1, 이화여대 한국문화연구소, 2002.
김영미, 「신라불교사에 나타난 여성의 신앙생활과 승려들의 여성관」, 『여성신학논집』 1, 1995.
김영태, 「신라의 여성출가와 니승직 고찰-도유나랑 아니를 중심으로」, 『명성스님고희기념 불교학논문집』, 운문승가대학 출판부, 2000.
김영태, 「이조대의 불가상소」, 『불교학보』 10, 동국대 불교문화연구소, 1973.
김영태, 「휴정의 선사상과 그 법맥」, 『한국선사상연구』, 동국대 불교문화연구원, 1984.
김용국, 「자수궁과 인수궁」, 『향토서울』 27, 서울시사편찬위원회, 1966.
김용조, 「백곡처능의 간폐석교소에 관한 연구」, 『한국불교학』 4, 1979.
김용조, 「허응당 보우의 불교부흥운동」, 『논문집』 25, 경상대, 1986.
김용태. 「조선중기 불교계의 변화와 '서산계'의 대두」, 『한국사론』 44, 서울대 국사학과, 2001.
김우기, 「16세기 척신정치기의 불교정책」, 『조선사연구』 3, 복현조선사연구회, 1995.
김우기, 「문정왕후의 정치참여와 정국운영」, 『역사교육논집』 23·24, 1999.

김정희, 「1465년작 관경16관경변상도와 조선초기 왕실의 불사」, 『강좌미술사』 19-1, 2002.

김정희, 「문정왕후의 중흥불사와 16세기 왕실발원 불화」, 『미술사학연구』 231, 한국미술사학
　　회, 2001.

김형수, 「고운사·대곡사·흑석사 관련자료 소개」, 『영남학』 4, 경북대 영남문화연구원, 2003.

노기춘, 「새로 발견된 『주금강반야바라밀경』과 송광사 사명에 관한 연구」, 『서지학연구』
　　29, 2004.

박도화, 「15세기 후반기 왕실발원 판화-정희대왕대비 발원문을 중심으로-」, 『강좌미술사』
　　18, 한국불교미술사학회, 2002.

박상국, 「상원사 문수동자상 복장발원문과 복장전적에 대해서」, 『한국불교학』 9, 1984.

박연아, 「수종사 팔각오층 석탑 봉안 왕실발원 금동불상군 연구」, 이화여대 석사학위논문,
　　2009.

박재광, 「임진왜란기 일본군의 한성 점령과 노원평전투」, 『인문사회과학논문집』 31, 2002.

신대현, 「『연천옹유산록』 현판을 통해 본 송광사 역사의 일면」, 『불교고고학』 1, 위덕대,
　　2004.

안계현, 「제3절 한국의 신화와 불교」, 『한국불교사연구』, 동화출판사, 1982.

양만우, 「이조 비빈 숭불 소고」, 『논문집』 2, 전주교육대학, 1967.

양은용, 「임진난과 호남의 불교의승군」, 『한국종교』 19, 원광대 종교문화연구소, 1994.

양은용, 「임진왜란이후 불교 의승군의 동향」, 『인문학연구』 4, 원광대 인문학연구소, 2003.

우정상, 「서산대사전 약고」, 『조선전기불교사상연구』, 동국대학교 출판부, 1985.

유마리, 「수종사 금동불감 불화의 고찰」, 『미술자료』 30, 국립박물관, 1982.

유원동, 「이조전기의 불교와 여성」, 『아시아여성연구』 6, 숙명여대 아시아여성연구소, 1968.

윤무병, 「수종사 팔각 5층 석탑내 발견유물」, 『김재원박사 회갑기념논총』, 을유문화사, 1969.

이기운, 「조선시대 정업원의 설치와 불교신행」, 『종교연구』 25, 2001.

이기운, 「조선시대 왕실의 비구니원 설치와 신행」, 『역사학보』 178, 역사학회, 2003.

이봉춘, 「조선 성종조의 유교정책과 배불정책」, 『불교학보』 28, 1988.

이봉춘, 「조선 세종조 배불정책과 그 변화」, 『가산 이지관스님화갑기념 한국불교문화사상사』
　　상, 1992.

이봉춘, 「연산조의 배불책과 그 추이의 성격」, 『불교학보』 권29, 1992.

이봉춘, 「중종대의 불교정책과 그 성격」, 『한국불교학』 23, 1997.

이영춘, 「조선후기의 사전의 재편과 국가제사」, 『한국사연구』 118, 한국사연구회, 2002.

이욱, 「조선후기 전쟁의 기억과 대보단 제향」, 『종교연구』 42, 한국종교학회, 2006.

이종익, 「보우대사의 중흥불사」, 『불교학보』 27, 1990.

이지관, 「지눌의 정혜결사와 그 계승」, 『한국선사상연구』, 동국대 불교문화연구소, 1984.

이철헌, 「밀양 유림의 표충사 수호」, 『한국불교학』 47, 2007.

이향순, 「조선시대 비구니의 삶과 수행」, 『한국비구니의 수행과 삶』, 예문서원, 2007.

이호영, 「승 신미에 대하여」, 『사학지』 10, 1976.

장동표, 「조선후기 밀양 표충사의 연혁과 사우이건 분쟁」, 『역사와 현실』 35, 한국역사연구회, 2000.

정석종·박병선, 「조선후기 불교정책과 원당(1)-니승의 존재양상을 중심으로」, 『민족문화논총』 18·19, 영남대, 1998.

정영호, 「고령산 보광사 유적」, 『혜암 유홍렬박사 화갑기념논총』, 1971.

정영호, 「청허당, 사명당 석조삼존비상」, 『문화사학』 18, 한국문화사학회, 2002.

정옥자, 「대보단 창설에 관한 연구」, 『변태섭박사 화갑기념 사학논총』, 삼영사, 1985.

정우택, 「조선왕조시대 전기 궁정화풍 불화의 연구」, 『미술사학』 13, 한국미술사학회, 1999.

조명제·정용범, 「"송광사사고"의 편찬과정과 자료 가치」, 『지역과 역사』 19, 부경역사연구소, 2006.

조영록, 「유, 불 합작의 밀양 표충사-유, 불 조화적 실상」, 『사명당 유정』, 사명당기념사업회, 2000.

천혜봉, 「조선전기불서판본」, 『서지학보』 5, 1991.

최소림, 「흑석사 목조아미타불좌상 연구-15세기 불상양식의 일이해-」, 『강좌 미술사』 15, 한국불교미술사학회, 2000.

탁효정, 「조선후기 왕실원당의 사회적 기능」, 『청계사학』 19, 2004.

한명기, 「광해군대 대북세력과 정국의 동향」, 『한국사론』 20, 서울대 국사학과, 1988.

한우근, 「정업원과 니승·니사 제한」, 『유교정치와 불교』, 일조각, 1993.

한춘순, 「명종대 왕실의 불교정책」, 『인문학연구』 4, 경희대 인문학연구소, 2000.

허흥식, 「조선의 정유와 고려의 진혜-두 시대 여대사의 비교-」, 『정신문화연구』 가을호 27-4(통권 97), 2004.

현창호, 「정업원의 치폐와 위치에 대하여」, 『향토서울』 11, 서울시사편찬위원회, 1961.

홍윤식, 「조선초기 상원사 문수동자상에 대하여」, 『고고미술』 164, 1984.

황인규, 「무학자초의 흥법활동과 회암사」, 『삼대화상논문집』 2, 1999.

황인규, 「여말선초 선승들과 불교계의 동향」, 『백련불교논집』 9, 1999.

황인규, 「고려 비보사사의 설정과 사장운영」, 『동국역사교육』 6, 1998.

황인규, 「고려말 이성계의 불교계 세력기반」, 『한국불교학』 28, 2001.

황인규, 「무학자초의 문도와 그 대표적 계승자」, 『삼대화상연구논문집』 3, 2001.

황인규, 「고려후기 선원사의 창건과 고승들」, 『경주사학』 21, 2002.

황인규, 「고려후기·조선초 가지산문계 고승의 동향」, 『구산논집』 8, 2003.

황인규, 「목우자 지눌과 고려후기 조선초 불교계 고승」, 『보조사상』 19, 2003.

황인규, 「조선전기 천태고승 행호와 불교계」, 『한국불교학』 35, 2003.

황인규, 「나암보우의 생애와 불교계 문도」, 『동국사학』 40, 2004.

황인규, 「백운경한과 고려말 선종계」, 『한국선학』 9, 한국선학회, 2004.

황인규, 「조선전기 불교계 고승과 목우자 선풍」, 『보조사상』 21, 2004.

황인규, 「조선전기 불교계의 고승탄압과 순교승」, 『불교사연구』 4·5합, 중앙승가대 불교사학연구소, 2004.

황인규, 「한국불교사에 있어서 도첩제의 시행과 그 의미」, 『보조사상』 22, 2004.

황인규, 「나암보우와 조선불교계의 고승」, 『보조사상』 24, 2005.

황인규, 「조선전기 불교계 고승의 上疏 검토」, 『한국불교학』 43, 한국불교학회, 2005.

황인규, 「청한설잠의 승려로서의 불교계 활동과 교유인물」, 『한국불교학』 40, 한국불교학회, 2005.

황인규, 「조선전기 선교양종의 本山과 判事」, 『한국선학』 12, 한국선학회, 2005.

황인규, 「고려전기 사굴산문계 고승과 선종계」, 『한국선학』 17, 2007.

황인규, 「고려후기 사굴산문 수선사 고승과 중국불교계－제기록 검토와 그 실상을 중심으로」, 『불교학보』 47, 2007.

황인규, 「고려후기 수선사와 사굴산문－고승의 존재양상과 그 동향을 중심으로」, 『보조사상』 28, 2007.

황인규, 「선각국사 도선과 비보사찰」, 『선각국사 도선』, 영암군·월출산 도갑사 도선국사연구소, 2007.

황인규, 「근현대 비구니와 불교정화운동」, 『불교정화운동의 재조명』(불교사연구총서 2), 대한불교조계종 불학연구소편, 조계종출판사, 2008.

황인규, 「조선전기 정업원과 비구니」, 『한국불교학』 51, 한국불교학회, 2008.

황인규, 「한국불교사의 순교승」, 『불교평론』 34, 재단법인 만해사상실천선양회, 2008년 봄호 2008.3.

황인규, 「근대비구니의 동향과 덕숭총림비구니들」, 대한불교조계종 불학연구소편, 『경허·만공의 선풍과 법맥』(불교학연구총서 2), 조계종출판사, 2009.

황인규, 「광해군과 봉인사」, 『역사와 실학』 38, 역사실학회, 2009.

황인규, 「서산대사의 승군활동과 조선후기 추념사업」, 『불교사상과 문화』 1, 중앙승가대학교 불교학연구원, 2009.

황인규, 「파주 보광사의 역사와 위상」, 『대각사상』 12, 2009.

황인규, 「인왕산사와 무학대사」, 『한국선학』 22, 한국선학회, 2009.

황인규, 「경순공주와 경혜공주의 생애와 비구니 출가」, 『역사와 교육』 11, 2010.

황인규, 「수선사 16국사의 위상과 추념 : 송광사의 승보종찰 설정과 관련하여 試攷함」, 『보조사상』 34, 2010.

황인규, 「조선전기 왕실녀의 가계와 비구니 출가－왕자군의 부인과 공주를 중심으로 한 제기록의 검토」, 『한국불교학』 57, 2010.

황인규, 「한국 전근대 비구니도량의 존재양상과 전개－문헌에 나타난 제 기록을 중심으로」, 『한국비구니승가의 역사와 활동』, 한국비구니연구소, 2010.

황인규, 「조선전기 후궁의 비구니 출가와 불교신행」, 『불교학보』 57, 2011.

찾아보기